Runenkunde

Klaus Düwel · Robert Nedoma

Runenkunde

5., aktualisierte und erweiterte Auflage

J.B. METZLER

Klaus Düwel
(1935–2020)
Göttingen, Deutschland

Robert Nedoma
Skandinavistik
Universität Wien
Wien, Österreich

ISBN 978-3-476-04629-1   ISBN 978-3-476-04630-7   (eBook)
https://doi.org/10.1007/978-3-476-04630-7

Die Deutsche Nationalbibliothek verzeichnet diese Publikation in der Deutschen Nationalbibliografie; detaillierte bibliografische Daten sind im Internet über http://dnb.d-nb.de abrufbar.

Umschlagabbildung: Runenstein von Rök (© Alamy Stock Photos / Rolf_52 / Alamy / mauritius images)

Planung/Lektorat: Ferdinand Pöhlmann
J.B. Metzler ist ein Imprint der eingetragenen Gesellschaft Springer-Verlag GmbH, DE und ist ein Teil von Springer Nature.
Die Anschrift der Gesellschaft ist: Heidelberger Platz 3, 14197 Berlin, Germany

Das Papier dieses Produkts ist recyclebar.

Aus dem Vorwort zur dritten Auflage (2001)

[...] Die Unbekümmertheit des ersten Zugriffs auf ein neues Fachgebiet kennzeichnete die 1. Auflage. Der Blick heute ist eher von Skepsis geprägt im Wissen um die Schwierigkeit bis hin zur Vergeblichkeit, bestimmte Probleme trotz allem neuen Bemühen überhaupt lösen zu können [...]. Die Überlieferung antwortet eben nicht immer auf all unsere Fragen. Ansporn und Entsagung wechseln im geisteswissenschaftlichen Arbeiten, dessen Ergebnis bestenfalls eine gewisse Plausibilität beanspruchen darf. Dennoch hoffe ich, daß die Darstellung dem Charakter einer Einführung entspricht. [...] Die Darstellung ist keiner bestimmten Methode verpflichtet und weder auf ein schriftgeschichtliches oder linguistisches noch auf ein anderes spezielles Interesse ausgerichtet.

Die Runeninschriften des ersten nachchristlichen Jahrtausends sind originale Quellen im Vergleich zur späteren kopialen handschriftlichen Überlieferung, und sie sind zugleich Selbstaussagen von Menschen, über die in jener Zeit sonst nur Nachrichten und Beschreibungen fremder Beobachter mit jeweils eigenen Darstellungsabsichten vorliegen. Den sparsamen Mitteilungen und den öfter formelartigen Inschriften intensiv nachzuspüren und zu versuchen, sie zum Sprechen zu bringen, um zu erfahren, was Menschen vergangener Zeiten gedacht, geglaubt und getan haben könn(t)en, macht den Reiz der Arbeit mit Runeninschriften aus. Dieser Reiz erhöht sich, wenn eine neue Inschrift an den Tag kommt und jeweils eine eigene, neue Herausforderung darstellt (z.B. PFORZEN [Gürtelschnalle]), oder wenn bisher unberücksichtigte Umstände eine entsprechend veränderte Deutung verlangen (z.B. BEUCHTE [Fibel]). Selbst bei den Inschriften des M[ittel]a[lters] (z.B. aus BERGEN) bleibt der Reiz bestehen, handelt es sich doch um Zeugnisse, die einen unmittelbaren Einblick in das Alltagsleben erlauben den die sonstigen vorhandenen erzählenden Quellen dieses Zeitraums weniger ermöglichen. Der Darstellung hier liegt dieses allgemeine kulturgeschichtliche Interesse voraus.

Runologen wissen: es gibt kaum eine Inschrift, die übereinstimmend gelesen und gedeutet wird. Unterschiedliches Sehvermögen und verschiedenartige Vor-Einstellungen, wenn nicht sogar Vor-Urteile, führen zu divergierenden Ergebnissen. Im Grundsatz gilt: Alles ist denkbar, Vieles ist möglich, Wenig ist wahrscheinlich, Nichts ist sicher. So ist es denn auch schwierig, bestimmte Deutungen von Runeninschriften als ›richtig‹ oder ›falsch‹ zu erweisen. Und selbst, wenn sich eine Mehrheit für eine Lösung entscheiden sollte, muß diese darum noch nicht die gültige sein. In dieser Ausgangslage einen Überblick über die Runeninschriften von den Anfängen im 2. Jh. n. Chr. bis in die frühe Neuzeit hinein zu geben, gestaltet sich zu einem gelegentlich halsbrecherischen und hazardösen Unterfangen. Individuelle Vorlieben, besondere Kenntnisse in eigens erforschten Bereichen, der Rückgriff auf selbst erarbeitete Lösungen – welche Runologin und welcher Runologe hielte die eigenen nicht für die besten? –, spezielle Einsichten in benachbarte Fächer wie Religionsgeschichte, Archäologie, Kunstgeschichte u.a. – sie prägen in unterschiedlicher Weise eine Darstellung, auch die hier vorgelegte.

Im Vordergrund stehen im folgenden die Runeninschriften selbst. Gegensätzliche Auffassungen habe ich nicht immer, aber doch in exemplarischer Weise vorgestellt. Jüngst vorgetragene Forschungsergebnisse, auch wenn sie noch nicht diskutiert worden sind, habe ich gelegentlich angeführt. Verallgemeinerungen aufgrund der nur ausgewählt vorlegbaren Inschriften-Überlieferung habe ich möglichst vermieden.

Forschungsliteratur wird reichlich genannt, einmal als Nachweis, zum andern aber auch zum eigenen weiterführenden Arbeiten. [...]

Den ursprünglich gefaßten Plan, auch einiges zur seit etlichen Jahren grassierenden Runen-Esoterik zu sagen, habe ich aufgegeben. Das ist denn doch eine andere Welt, die mit der hier vorgestellten nichts gemein hat. Im übrigen gilt: »Gegen die Esoterik ist kein intellektuelles Kraut gewachsen« (Ludger Lütkehaus in einer Sammelbesprechung in DIE ZEIT Nr. 28 vom 6. Juli 2000, S. 47). Gefährlich bleiben die Wanderer zwischen den Welten und problematisch moderne Mythendeuter. Mit Schrecken und Sorge verfolge ich, daß in rechtsextremistischen Gruppen Runen nach wie vor als Embleme mißbraucht werden.

Göttingen, im August 2000   Klaus Düwel

Aus dem Vorwort zur vierten Auflage (2008)

In dieser 4. Auflage, die mit der vollständig neu bearbeiteten 3. Auflage im kaum veränderten Darstellungsteil seitengleich ist, habe ich Fehler und Versehen korrigiert, soweit möglich Hinweise auf neuere Literatur eingefügt und an einigen Kapitelenden Nachträge angebracht. [...]

Vierzig Jahre nach dem Erscheinen der 1. Auflage, eines schmalen Bändchens zum Preis von DM 6,80, geht nun zu meiner Freude die 4. Auflage heraus, umfangreicher und teurer. Ob ich noch eine möglicherweise nötige weitere Auflage werde betreuen können, bleibt abzuwarten. Auch zukünftig gilt: *nulla dies sine linea.*

Göttingen, im Oktober 2007   Klaus Düwel

Vorwort zur fünften Auflage

Neugier und Staunen
Im Gedenken an Klaus Düwel
(10.12.1935–31.12.2020)

»Als ich im Jahre 1968 die erste Auflage dieses Titels, damals ein schmaler Band von gut 100 Seiten, in Händen hielt, konnte ich nicht ahnen, dass ich mehr als 50 Jahre später noch eine 5. Auflage bearbeiten würde. [...] Zugleich ergab sich aber auch die Frage, wie es weitergehen könnte, wenn es denn im nächsten halben Jahrhundert noch Bücher dieser Art geben sollte. Ich bin sehr froh, in Robert Nedoma einen Mitautor gewonnen zu haben, der die hoffentlich folgenden Auflagen betreuen wird. [...] Unsere Zusammenarbeit, die sich in etlichen Publikationen niedergeschlagen hat, begann vor über zwei Dezennien und zeichnete sich von Beginn an durch gegenseitige Anerkennung, Diskutierfreude, aber auch durch das Austragen und Aushalten kontroverser Auffassungen aus. [...]

Vieles – auch Grundsätzliches – ist bereits in einem früheren Vorwort [s. vorhin] ausgesprochen worden. Hier möchte ich nur auf drei Aspekte kurz eingehen, die ich andernorts [Düwel 2020d] ausführlicher behandelt habe: 1. Gelegentlich wird vorschnell eine Meinung publiziert, eine neue Lesung oder Deutung gefunden, ohne dass gründlich Eigenart und Umfeld des entsprechenden Inschriftenträgers und der darauf angebrachten Zeichen in Betracht gezogen werden und ohne die erforderliche Sorgfalt philologisch-sprachwissenschaftlicher Kärrnerarbeit. 2. Die Beobachtung, dass dergleichen angeblich neue Einsichten von Mitforschenden sofort gutgeheißen und weiterverbreitet werden. 3. Das fast epidemisch grassierende Phänomen, mit solchen unfertigen oder gar verfehlten Auffassungen vorausgehende, akribisch erarbeitete Deutungen zu verschütten, ohne diese angemessen zu diskutieren. Demgegenüber ist das vermehrte Interesse an runologischer Forschung und Verbreitung ihrer Einsichten von großer Bedeutung. [...]«

Als Klaus Düwel diese Worte in Entwurfform zu Ende Mai 2020 (wie immer von Hand übrigens) niederschrieb, konnten weder er noch ich ahnen, dass es ihm nach den über den Sommer erledigten Abschlussarbeiten an der von uns gemeinsam mit Sigmund Oehrl verfassten Edition *Die südgermanischen Runeninschriften* und an seinen ausgewählten Scandinavica minora *Von Göttern, Helden und Gelehrten* leider nicht mehr vergönnt sein sollte, an die vorliegende fünfte Auflage der *Runenkunde* selbst Hand anzulegen. Wie es seine Art war, hatte Klaus im Laufe der letzten Jahre (wie ich auch) Literatur gesammelt, und über einiges – von der Konzeption der in die Jahre gekommenen Kapitel und Textpassagen über zu berücksichtigende Neufunde und Forschungsliteratur bis hin zu Einzelkorrekturen – herrschte bereits zwischen uns bestes Einvernehmen. Die Vorarbeiten waren zwar unter Dach und Fach, aber an der eigentlichen Ausarbeitung hatte Klaus keinen Anteil mehr. Es ist unsagbar traurig, dass er nicht mehr erleben kann, wie dieses Werk, das ihn sein ganzes wissenschaftliches Leben begleitet hat, auf den aktuellen Stand gebracht und auf mehr als das Dreieinhalbfache gegenüber seinem »ersten Zugriff« angewachsen, nun erscheint.

Die Verantwortung für den Text liegt jetzt also bei mir. Seit der 2001 erschienenen dritten Auflage, die in der vierten Auflage aus dem Jahre 2008 nur wenig Veränderungen erfuhr, sind über zwei Jahrzehnte vergangen. In der Zwischenzeit ist eine Reihe bedeutender Neufunde zutage gekommen, die Forschungsliteratur (vor allem aus den skandinavischen Ländern) ist stark angewachsen, es laufen etliche größere und kleinere Projekte – die Runologie erweist sich als höchst lebendige Disziplin, und dies schlägt sich in dem etwas veränderten Gewand und vor allem dem beträchtlich vergrößerten Umfang des Werks nieder. Neu hinzugekommen ist ein eigener Abschnitt über ostgermanische Inschriften sowie ein Anhang zum Thema Runen und Esoterik. Die übrigen Kapitel sind durchwegs erweitert, vor allem die Ausführungen zur späteren Überlieferung. Wenngleich man in Anlage und Art der Darstellung unweigerlich meine ›Handschrift‹ erkennen wird (nicht zuletzt auch in Austriazismen), so habe ich den grundsätzlichen Charakter des Werks – wie von Klaus Düwel (s. vorhin, S. VI oben) gesagt, wird die runenepigraphische Überlieferung selbst in den Mittelpunkt gerückt und Forschungsliteratur reichlich berücksichtigt – naturgemäß beibehalten. Nicht zuletzt hoffe ich auch (und weiß mich da in völligem Einklang mit Klaus), mit dieser Einführung interessierten Lai(inn)en darzulegen, was tatsächlich ›Sache ist‹; die nicht abklingende Verwendung von Runen in rechtsextremistischen und esoterischen Kreisen ist jedenfalls eine andersgeartete Sache.

Auch im Namen von Klaus Düwel möchte ich mich bei allen Mitforscher(inne)n aufrichtig bedanken, die uns im Laufe der letzten Jahre mit Informationen und Antworten auf vielerlei Fragen unterstützt haben; namentlich geht ein ganz besonderer Dank an Morten Axboe, Magnus Källström, James E. Knirk, David Stifter und Kristel Zilmer. Herzlich bedanke ich mich bei Johanna Düwel, Martin Düwel und Philipp Düwel-Mahne, die mir die Arbeits- und Forschungsmaterialien ihres Vaters zur Verfügung gestellt haben, sowie bei Gabriele Siemers-von Loeper für ihre fürsorgliche Gastfreundschaft während der Sichtungsarbeiten. Ferner ist Louis Falkenstein Dank geschuldet, der Klaus Düwel bis in den Herbst 2020 hinein tatkräftig unterstützt hat. Meine Wiener Mitarbeiter(in) Burkhard Bärner, die scharfäugige Elisabeth Becker und Lilian Brault haben diesem Band treffliche Verbesserungen angedeihen lassen; ihnen sei herzlich für ihre Hilfe gedankt. Und ohne den steten und feingeistigen Zuspruch meiner Frau Eleonore Gudmundsson und ihre kundige Stärkung *í íslenskum málum* würde dieses Werk nicht so aussehen, wie es aussieht – *takk fyrir*!

Wien, im August 2023   Robert Nedoma

Inhalt

Abkürzungen und Zeichen

Abkürzungen

Hinweis: Abkürzungen, die durch Tilgung von *-isch* entstehen (z.B. got. = gotisch), werden im Folgenden nicht aufgelistet.

A	Österreich
Abb.	Abbildung
Abt.	Abteilung
adän.	altdänisch
ae.	altenglisch
afries.	altfriesisch
ahd.	althochdeutsch
aksl.	altkirchenslavisch
air.	altirisch
aisl.	altisländisch
Akk.	Akkusativ
alem.	alemannisch
AM	Arnamagnäanische Handschrift (aufbewahrt in Reykjavík oder København)
an.	altnordisch (Oberbegriff)
anfrk.	altniederfränkisch
Anm.	Anmerkung
anorw.	altnorwegisch
aruss.	altrussisch
as.	altsächsisch
aschw.	altschwedisch
awn.	altwestnordisch
Bd.	Band
Bibl.	Bibliothek
BIH	Bosnien-Herzegowina
bzw.	beziehungsweise
c.	*capitulum* (Kapitel)
ca.	circa
CH	Schweiz
cm	Zentimeter
cod.	*codex* (Handschrift)
CZ	Tschechien
D	Deutschland
dass.	dasselbe (bei Bedeutungsangaben)
Dat.	Dativ
d.h.	das heißt
dial.	dialektal
Diss.	Dissertation
DK	Dänemark
dt.	deutsch
ebd.	ebenda

ed.	herausgegeben von, *edited by* u.ä.
et al.	*et alii, -ae, -a* (und andere)
etc.	*et cetera* (und so weiter)
F	Frankreich
F.	Folge
f.	und folgende Seite
f(em).	feminin(es Substantiv)
Festschr.	Festschrift für
ff.	und folgende Seiten
fol.	*folio* (Blatt)
Gedenkschr.	Gedenkschrift für
Gen.	Genetiv
germ.	germanisch
ggf.	gegebenenfalls
gr.	griechisch
H	Ungarn
ha	Hektar
Habil.	Habilitationsschrift
hebr.	hebräisch
heth.	hethitisch
Hs.	Handschrift
I	Italien
i.e.	*id est* (das ist)
Ind.	Indikativ
isl.	isländisch
Jb.	Jahrbuch
Jh.	Jahrhundert
Kl.	Klasse
km	Kilometer
Konj.	Konjunktiv
Kr.	Kreis
langob.	langobardisch
lat.	lateinisch
LB	Landesbibliothek
Lit.	(wissenschaftliche) Literatur
lit.	litauisch
Lkr.	Landkreis
M	Maßstab
m	Meter
MA-Arb.	Ma(gi)sterarbeit
m(ask).	maskulin(es Substantiv)
mbret.	mittelbretonisch

mgr.	mittelgriechisch
mhd.	mittelhochdeutsch
mkymr.	mittelkymrisch
mlat.	mittellateinisch
mm	Millimeter
mnd.	mittelniederdeutsch
mnl.	mittelniederländisch
N	Norwegen
NB	Nationalbibliothek
n. Chr.	nach Christi Geburt
ne.	neuenglisch
n(eutr).	neutral(es Substantiv)
N.F.	Neue Folge
ngerm.	nordgermanisch
nhd.	neuhochdeutsch
nisl.	neuisländisch
NL	Niederlande
Nom.	Nominativ
norw.	norwegisch
Nr.	Nummer
N.R.	Neue Reihe
N.S.	Neue Serie, *New Series* u.ä.
o.ä.	oder ähnlich(e, -es)
obd.	oberdeutsch
ogerm.	ostgermanisch
o.J.	ohne Jahr
ÖNB	Österreichische Nationalbibliothek
o.O.	ohne Ort
p.	*pagina* (Seite)
Part.	Partizip
pass.	*passim* (da und dort, mehrfach)
P(ers.)	Person
PL	Polen
Pl.	Plural
Präs.	Präsens
Prät.	Präteritum
r	*recto* (Vorderseite)
R.	Reihe
red.	redigiert von
Rez.	Rezension
R.N.	Robert Nedoma
RO	Rumänien
S	Schweden
S.	Seite (in vorliegendem Werk)

S.	siehe
Sang.	*Sangallensis* (St. Galler)
schw.	schwedisch
scil.	*scilicet* (nämlich)
Ser.	Serie
SF	Finnland
Sg.	Singular
sog.	sogenannt(e, -er, -es)
Str.	Strophe
Suppl.	Supplement
Taf.	Tafel
tr.	übersetzt von, *translated by* u.ä.
UA	Ukraine
u.a.	und andere(s); unter anderem, unter anderen
u.ä.	und ähnlich(e, -es)
UB	Universitätsbibliothek
Übs.	Übersetzung
UFo	unbekannter Fundort
UK	Vereinigtes Königreich (*United Kingdom*)
Univ.	Universität
unpubl.	unpubliziert
u.ö.	und öfter
urgerm.	urgermanisch
uridg.	urindogermanisch
urn.	urnordisch
usw.	und so weiter
u.v.a.	und viele andere; unter vielen anderen
v	*verso* (Rückseite)
v.	*versus* (Vers)
v.a.	vor allem
Var.	Variante
v. Chr.	vor Christi Geburt
VFo............	verschiedene Fundorte
vgl.	vergleiche
vlat.	vulgärlateinisch
wfränk.	westfränkisch
wgerm.	westgermanisch
ws.	westsächsisch
z.B.	zum Beispiel
Zs.	Zeitschrift
z.T.	zum Teil

Zeichen

Epigraphik (Transliteration)

a .... sicher zu bestimmende Rune
a̧ .... unsicher, aber mit hinreichender Wahrscheinlichkeit zu bestimmende Rune

$^a/_b$ .... Alternativlesung

a͡b .... Binderune (oder Ligatur)

⁽a⁾ .... kontextuell aus vorhandenen Ritzungen hergestellte Rune

⌜a⌝ .... durch Konjektur aus Verschriebenem hergestellte Rune

[a] .... in einer Lücke ergänzte Rune

x .... nicht zu bestimmende Rune

xx(x) .... zwei oder drei nicht zu bestimmende Runen

? .... Textualität des Zeichens nicht zu bestimmen: Rune oder paraschriftliches Zeichen (z.B. Markierung, Symbol, Ornament o.ä.)

≡ .... paraschriftliches Zeichen

a·a .... Interpunktion: ein Trenner (auch a×b etc.)

a:a .... Interpunktion: zwei Trenner (auch a¦b etc.)

a⦂a .... Interpunktion: drei Trenner etc.

[---] .... Lücke beträchtlichen oder unbestimmbaren Ausmaßes

→ab .... rechtsläufige Inschrift

←ab .... linksläufige Inschrift

ab|ab ..... Zeilentrennung

Transkription

rūnōʀ ..... eindeutig zu bestimmende sprachliche Form

b$_a$rȳtʀ ..... sprachliche Form, die einen anaptyktischen Vokal (*a*) enthält

fehu^n ...... sprachliche Form, die einen Nasalvokal (*u^n*) enthält

A(n)do .... durch Auflösung (verkürzter Schreibungen) gewonnene sprachliche Form

þ[i]k .... durch Ergänzung gewonnene sprachliche Form

(...) .... drei sprachlich nicht zu deutende Runen

{ab} .... zu Tilgendes

Sprachwissenschaft

[a] .... Phon, phonetische Einheit

/a/ .... Phonem, phonologische Einheit

›da‹ .... Bedeutungsangabe

»da« .... Konstruktionsangabe oder neuhochdeutsche formale Entsprechung innerhalb einer Bedeutungsangabe, z.B. ›»Argheit«, Unmännlichkeit, Perversion‹, ›»handfertigste« (geschickteste)‹

*ab** .... als solche (zufällig) nicht belegte, aber vorauszusetzende sprachliche Form

**ab* .... rekonstruierte, nicht belegte sprachliche Form

bab-a ..... Segmentierung: Trennung nach Morphemen

a > b ...... *a* wird lautgesetzlich durch *b* ersetzt (*a* wird lautgesetzlich zu *b*)

a < b ...... *a* ersetzt lautgesetzlich *b* (*a* entsteht lautgesetzlich aus *b*)

a → b ..... *a* wird nicht-lautgesetzlich (z.B. analogisch) durch *b* ersetzt

a ← b ..... *a* ersetzt nicht-lautgesetzlich (z.B. analogisch) *b*

a ~ b ...... Variation: *a* variiert mit *b*

a : b .... Opposition: *a* steht im Gegensatz zu *b*

ă, /ă/ .... einmorige Vokallänge (›Kürze‹; meist nicht bezeichnet)

ā, /a(:)/ .... zweimorige Vokallänge (›Länge‹)

X ≏ Y .... Auflösung einer Metapher (in poetischen Texten), z.B. ›Kuckuck der Leiche (≏ Rabe)‹

AALEN ... Runenobjekt, -inschrift mit Fundort Aalen (genauer bezeichnet in Normalschrift: Halsring von Aalen)

I. Einführung

I.1. Allgemeines

Schrift in ihren unterschiedlichen Ausprägungen ist ein universelles Kommunikationsmittel. So etwa können auf Grundlage der 26 Schriftzeichen in der Anordnung des modernen lateinischen Alphabets, des Abc, alle menschlichen Gedanken aufgeschrieben und bewahrt werden. Für andere ist dieses Geschriebene jederzeit lesbar und verständlich. In einer auf Mündlichkeit beruhenden Kultur hat die Erfindung oder Übernahme von Schrift insofern eine umwälzende Neuerung bedeutet, als dem vergänglichen gesprochenen Wort mit dem Niederschreiben Dauer verliehen wird. Schrift ermöglicht in eigener Weise Gedächtnis und Erinnerung (lat. *memoria*) über das Einzelwesen hinaus und wirkt damit traditionsstiftend und -erhaltend.

In vielen Kulturen wird die Erfindung von Schrift einem Gott zugeschrieben. Dieser Mythos ist auch im Germanischen überliefert. In den *Hávamál* ›Sprüche des Hohen‹, Str. 138 f.), in der Sammlung der altisländischen *Lieder-Edda* im späten 13. Jh. aufgezeichnet, spricht Odin davon, wie er am Baum hängend, sich selbst geweiht, die Runen schreiend aufnimmt. Wenn auch fraglich ist, ob es sich hier um einen alten Mythos handelt (vgl. Bremmer 1989), so werden die Runen in den Inschriften auf den beiden Steinen von Noleby (spätes 6. Jh.) und Sparlösa (ca. 800) als ›götterentstammt‹ (urn. *raginaku(n)du** f.); bezeichnet (vgl. S. 41).

Das Ansehen der Schrift in frühen Kulturen, »die Macht der Schrift in Glauben und Aberglauben« (so der Titel des Werkes von Bertholet 1949), hängen mit ihrem göttlichen Entstehungsmythos zusammen. Die Macht der Schrift kann aber auch die Person des Schreibers umgreifen, der durch seine besondere Tätigkeit eine besondere Autorität darstellt. Und schließlich erstreckt sich die Macht der Schrift ebenso auf das Schreibmaterial, (Rot-)Färben von Runen (oder rote Tinte für Pergament) und den Beschreibstoff (z.B. Gold oder Blei).

Nhd. *Rune*, das wir heute nur noch in der Bedeutung ›Schriftzeichen‹ kennen, und zwar als Bestandteil eines spezifisch germanischen Schriftsystems, ist eine gelehrte Neubildung des 17. Jh.s nach skandinavischem Vorbild (dän. *rune*, schwed. *runa*). In älterer Zeit ist das Wort als urn. *rūnu**, wgerm.-lat. *rhuna* (Venantius Fortunatus; s. S. 264) vor-ahd. *rūn**, ae. *rūn*, aisl. *rún* belegt, vgl. ferner ahd. *rūnstab** ›Schrift(stück)‹, ae. *rūnstæf* ›Rune‹, aisl. *rúnastafr* dass. Nach verbreiteter Ansicht handelt es sich bei got. *rūna* ›Geheimnis, Beschluss‹, ahd. *rūna* ›Geheimnis, Geflüster‹, as. *rūna* ›(geheime) Beratung‹, ae. *rūn* ›Geheimnis, geheime Beratung‹, aisl. *rún* ›geheimes Wissen, geheime Beratung‹ (< urgerm. *rūnō- f.) um dasselbe Wort; in diesem Fall ist eine Bedeutungsentwicklung ›Geheimnis, geheimes Wissen‹ → ›(elitäres) Schriftwissen‹ → ›(Runen-)Schrift, Schriftzeichen‹ anzunehmen. Dass die Grundbedeutung nicht ›Geheimnis‹, sondern ›Orakelbescheid‹ gewesen sei (so Lipp 2016, 251 f.), lässt sich nicht erhärten. In der Kollektivbildung *Geraune* (< ahd. *girūni* ›Geheimnis‹, as. *girūni* ›Geheimnis, Beratung‹, ae. *gerўne* dass., got. *garūni* ›Beratung‹), im Pflanzennamen *Alraun(e)* ›menschengestaltige Wurzel‹ und

© Springer-Verlag GmbH Deutschland, ein Teil von Springer Nature 2023
K. Düwel und R. Nedoma, *Runenkunde*,
https://doi.org/10.1007/978-3-476-04630-7_1

im schwachen Verb *raunen* (< ahd. *rūnēn* ›flüstern, raunen‹, vgl. as. *rūnon* ›flüstern‹, ae. *rūnian* dass.) leben Ableitungen von ahd. *rūna* ›Geheimnis, Geflüster‹ noch in der heutigen Sprache weiter; im Hochdeutschen wurde *ū* noch in mittelalterlicher Zeit zu *au* diphthongiert. Frauennamen wie *Gudrun, Heidrun* und *Sigrun* (vgl. vor-ahd. *Ailrūn*, vgl. S. 23) sind dagegen skandinavischer Herkunft. Finn. *runo* ›Gesang, Lied, Gedicht, Vortragende(r)‹ ist wohl aus urgerm. oder urn. **rūnō-* ›Geheimnis‹ entlehnt (LGLO III, 178). Außerhalb des Germanischen finden sich nur im Keltischen Entsprechungen: air. *rún* ›Geheimnis, (geheimes) Wissen‹, mkymr. *rhin* ›Geheimnis, Zauber‹, mbret. *rin* ›Geheimnis‹ (< urkelt. **rūnā-*). Es handelt sich wohl um eine aus dem Urindogermanischen ererbte Bildung, obwohl auch nicht auszuschließen ist, dass das Germanische das Wort aus dem Keltischen entlehnt hat (Näheres und Weiteres zu etymologischen Fragen zuletzt etwa Liberman 2009, Lipp 2016 und EWAhd VII, 729 ff., jeweils mit Lit.).

Der Begriff *Rune* ist jedenfalls nicht auf ähnlich aussehende Symbole anzuwenden, die im germanischen Raum seit der Bronzezeit auf verschiedenen Objekten angetroffen werden. Auch die sog. hunnischen und türkischen Runen (dazu z.B. Nevskaya / Erdal 2015) haben mit den germanischen Runen nichts gemein; sie tragen diese Bezeichnung zu Unrecht.

Eine im Wesentlichen übereinstimmende Anordnung der vorhandenen Runenzeichen findet man in mehreren Inschriften vom 5. Jh. bis ca. 600 (s. S. 30). Es ist die ältere, gemeingermanische Runenreihe (vgl. Abb. 1):

ᚠ	ᚢ	ᚦ	ᚨ	ᚱ	ᚲ	ᚷ	ᚹ
f	**u**	**þ**	**a**	**r**	**k**	**g**	**w**
/f/	/u(:)/	/þ/	/a(:)/	/r/	/k/	/g/	/w/
1	2	3	4	5	6	7	8
ᚺ	ᚾ	ᛁ	ᛃ	ᛇ	ᛈ	ᛉ	ᛊ
h	**n**	**i**	**j**	**ï**	**p**	**z**	**s**
/h/	/n/	/i(:)/	/j/	/i(:)/	/p/	/z/	/s/
9	10	11	12	13	14	15	16
ᛏ	ᛒ	ᛖ	ᛗ	ᛚ	◇	ᛞ	ᛟ
t	**b**	**e**	**m**	**l**	**ŋ**	**d**	**o**
/t/	/b/	/e(:)/	/m/	/l/	/ng/	/d/	/o(:)/
17	18	19	20	21	22	23	24

Angeführt sind idealisierte Runenform (z.B. ᚠ), Transliteration (**f**), Phonem (/f/) und Position in der Runenreihe (1). – Die Vokalzeichen geben sowohl Kurz- als auch Langvokale wieder. Rune Nr. 3 ᚦ /þ/ wird als inter- oder postdentaler Frikativ realisiert (isl., engl. [θ]).

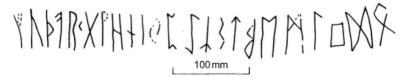

100 mm

Abb. 1: Fuþark auf der Steinplatte von Kylver (nach Liestøl 1981, 247).

Nach dem Lautwert der ersten sechs Zeichen wird diese Reihe als das ältere Fuþark bezeichnet; sie liegt den meisten Inschriften des Zeitraums vom späten 2. Jh. bis ca. 700 n. Chr. zugrunde. In England und Friesland wurde hingegen eine modifizierte Variante, und zwar das anglo-friesische Fuþork, verwendet (S. 98 f.). Die nordischen Inschriften der Wikingerzeit (ca. 750/800–1050/1100 n. Chr.) und des Mittelalters (in der skandinavischen Terminologie ist damit die Zeit ab 1050/1100 n. Chr. gemeint) zeigen Varianten einer verkürzten Runenreihe, des jüngeren Fuþark, bis hin zum mittelalterlichen Fuþork (s. RGA X, 273 ff.; RGA XXV, 567 ff.).

Von den Thesen zur Herleitung der Runenschrift (s. S. 230 ff.) aus mediterranen Alphabeten hat sich bisher keine durchsetzen können. Die Griechisch-These wird nur vereinzelt verfolgt. Eine Reihe von Forschern vertritt die norditalische These, nach der die Runenschrift aus den im Alpengebiet vor der Zeitenwende verwendeten Alphabeten entwickelt wurde. Nach wie vor findet jedoch die Latein-These die stärkste Beachtung. Manche Runenschreiber glaubten an die göttliche Herkunft der Runen, wie in zwei Inschriften angesprochen wird (vgl. S. 1).

Wann man mit der Entstehung der Runenschrift zu rechnen hat, ist nicht völlig klar. Die beiden ältesten Denkmäler gehören jedenfalls noch in die Zeit vor 200 n. Chr.; aus der Zeit um bzw. nach 200 ist eine ganze Gruppe von Inschriften aus dem nach der südschwedischen Landschaft Schonen, nach Jütland und Schleswig ausstrahlenden Kerngebiet der dänischen Inseln (Seeland, Fünen) belegt. Aus Skandinavien stammen etwa drei Viertel der ca. 450 Inschriften im älteren Fuþark.

Mit den weit ausgreifenden Fahrten der skandinavischen Wikinger erweiterte sich das Verbreitungsgebiet der Runeninschriften beträchtlich. Die räumlichen Eckpunkte sind im Norden und im Westen die Insel Kingittorsuaq vor der Westküste Grönlands, im Osten die Insel Berezan' an der Mündung des Dnipro (Dnepr) in das Schwarze Meer und im Süden das griechische Piräus. Auch in der Wikingerzeit und im Mittelalter stammen die allermeisten Runeninschriften aus Skandinavien. Kenntnis und Gebrauch der Runen waren in Dänemark, Norwegen, Schweden, Island und Grönland bis ins 15. Jh. vorhanden, vereinzelt sogar bis ins frühe 20. Jh. In dieser ungebrochenen Tradition begann im Norden bereits im 16. Jh. die Erforschung der Runeninschriften ohne mühsame Entzifferungsarbeit.

Mittlerweile sind etwa 7.100 Runendenkmäler bekannt, zahlreiche unpublizierte Neufunde nicht miteingerechnet. Sie verteilen sich wie folgt auf die heutigen Staaten bzw. Landesteile: Schweden fast 4.100 (darunter ca. 2.440 Runensteine, davon nahezu 1.200 aus der runenreichen Landschaft Uppland), Norwegen fast 1.700, Dänemark ca. 720, Deutschland über 130 (darunter ca. 75 südgermanische Inschriften), England etwa 130 (darunter ca. 110 im anglo-friesischen Fuþork), Grönland ca. 100, Orkneys ca. 60, Island ca. 50, Insel Man ca. 35, Niederlande ca. 25 (die meisten im anglo-friesischen Fuþork), Irland ca. 16, Färöer ca. 10 etc. Diese Verteilung berücksichtigt nur Gebiete, in denen die Runenschrift ursprünglich verbreitet war oder in denen Wikinger eine nennenswerte Anzahl von Denkmälern hinterlassen haben.

In der Regel – so auch hier – werden nur die Runeninschriften bis zur Reformationszeit aufgeführt, also bis ca. 1520/1550; eine gute Arbeitshilfe bietet die Online-Datenbank *Runor*. Im Einzelnen finden sich unterschiedliche Zahlenangaben. Zum einen liegt dies daran, dass man undeutbare Runenfolgen auf Goldbrakteaten längere Zeit nicht berücksichtigt hat; zum anderen ist manchmal schwer zu entscheiden, ob es sich um Runen oder nur um runenähnliche Zeichen handelt. Schließlich werden fälschungsverdächtige Inschriften von den jeweiligen Bearbeiter(inne)n abweichend gewertet. Einen eigenen Überlieferungsstrang bilden jedenfalls nachreformatorische Runeninschriften wie z.B. die ca. 350 Zeugnisse in der schwedischen Landschaft Dalarna (Dalrunen, S. 215), die in mittelalterlicher Tradition stehen.

Die Gesamtzahl der Runendenkmäler vergrößert sich ständig, denn es treten – meist bei archäologischen Grabungen – immer wieder neue Inschriften zu Tage. Die Neufunde von 1985 bis 2003 wurden in dem Mitteilungsblatt *Nytt om runer* publiziert, diese nützliche epigraphische Revue hat jedoch in der seit 2011 erscheinenden Fachzeitschrift *Futhark* leider keine Fortsetzung gefunden.

In Schweden werden oft Runensteine (meist Fragmente) bei Kirchenrenovierungen entdeckt. Vielfach handelt es sich dabei aber um Stücke, die schon aus älteren Zeichnungen oder Drucken bekannt sind. Sensationelle Entdeckungen gelangen während der Grabungen in Bergen in den 1950er und 1960er Jahren: man fand weit über 680 Hölzchen mit Runeninschriften, die die bis dahin bekannten ca. 500 norwegischen Inschriften aus dem Mittelalter auf mehr als das Doppelte vermehrten. Eine größere Zahl von Runenfunden ergab sich auch aus Grabungen in den mittelalterlichen skandinavischen Handelsplätzen, z.B. Trondheim (ca. 120) oder Lödöse (ca. 50). Für die früheste Runenüberlieferung gibt es aus dem Moor von Illerup (Jütland) neun Waffenopferfunde, die die Anzahl der skandinavischen Inschriften aus der Zeit um bzw. nach 200 n. Chr. (vgl. vorhin, S. 3) von 16 auf 25 erhöhten. Im Allgemeinen aber werden nur Einzelfunde gemacht, und in den meisten Fällen gehören die Inschriften in die Wikingerzeit und in das Mittelalter.

Runeninschriften werden auf festem Material angebracht, ein Charakteristikum aller Epigraphik. An Inschriftenträgern unterscheidet man lose Objekte (Schmuck, Waffen, Amulette, Münzen, verschiedene Gebrauchsgegenstände etc.) und ortsfeste Objekte (Steine einschließlich Felsplatten). Während Runensteine tendenziell immobil sind, lassen sich lose Gegenstände weit transportieren. Es gilt, deren Herkunft zu ermitteln und möglichst auch den Ort, an dem sie beschriftet wurden. Holz- und Knochengegenstände aus der ältesten Periode haben sich nur unter günstigen Lagerungsbedingungen (Holz vor allem in Feuchtböden) erhalten. Im Mittelalter treten dann weitere Inschriftenträger hinzu: Metalltäfelchen (vor allem Blei), liturgische Geräte, Taufbecken, Kirchenglocken u.a. (vgl. RGA XXV, 500 ff.).

Handschriften, in denen Runen vorkommen (*runica manuscripta*), gehören im Sinne der Epigraphik nicht hierher. An der Grenze zwischen epigraphischen und Buchrunen liegen mit dem Griffel in weiches Pergament eingetragene Runen. So etwa steht auf der Vorderseite von Blatt 1 eines aus Weißenburg stammenden Codex (9. Jh.) der Anfang von Psalm 1 in lateinischer Sprache (s. S. 248).

Die Inschriftenträger bilden je nach ihrer Art Forschungsmaterial für Archäolog(inn)en, Numismatiker(innen), Kunsthistoriker(innen) oder Naturwissenschaftler(innen) verschiedener Fachrichtungen, die allein eine zuverlässige Datierung der Gegenstände vornehmen können. Nach sprachwissenschaftlichen Kriterien (relative Chronologie von Lautwandelprozessen) oder runologischen Indizen (Aufkommen verschiedener Runenformen) lässt sich in der Regel nur ein ungefährer Zeitraum bestimmen (vgl. z.B. Spurkland 1995; Antonsen 1998). Seit langem ist daher in der Runologie die Zusammenarbeit mit anderen Disziplinen üblich.

Bei dem von archäologischer oder numismatischer Seite gewonnenen Zeitansatz für einen Inschriftenträger wird im Allgemeinen vorausgesetzt, dass die Eintragung der Runen etwa gleichzeitig erfolgt ist. Jedoch muss jeweils geprüft werden, ob sich die archäologische Datierung auf die Herstellung eines Objektes, dessen Niederlegung in einem Grab oder den oftmals Jahrzehnte währenden Zeitraum seines Gebrauchs bezieht (vgl. Steuer 1998). Die Runen können auf einen losen Gegenstand, etwa einer Fibel, bei der Herstellung angebracht worden sein (DONZDORF), während der Nutzungsphase (d.h. während der Tragezeit; dies trifft auf die meisten Fibeln zu) oder erst kurz vor der Niederlegung im Grab (BEUCHTE; s. S. 21 ff.). Eine sorgfältige Untersuchung der Runenritzungen und der Abnutzungsspuren durch Spezialist(inn)en mit entsprechenden Hilfsmitteln (Rasterelektronenmikroskopie, Lichtschnittmikroskopie etc.) vermag dabei eine Entscheidungshilfe zu geben. Gelegentlich sind jedoch archäologische und sprachwissenschaftliche Zeitbestimmung nur schwer miteinander zu harmonisieren.

Dass zu verschiedenen Zeiten zwei oder mehr Inschriften auf dem gleichen Inschriftenträger angebracht worden sind, kommt selten vor. Das eindrucksvollste Beispiel bietet der Stein von Skåäng, der in der Völkerwanderungszeit (Inschrift im älteren Fuþark) und dann noch einmal in der Wikingerzeit (Inschrift im jüngeren Fuþark; s. S. 43. 188) beschrieben wurde. Diese beiden Perioden bilden auch die Höhepunkte der Runenkunst.

I.2. Das ältere Fuþark

Für die Beschreibung der Runen und ihrer Varianten empfiehlt sich folgende Terminologie (Nedoma 2020a, LXXI; vgl. DI, 19 ff.):

Bestandteile:
Stab: senkrechte Linie über die volle Zeilenhöhe (|)
Schaft: senkrechte Linie (unbestimmter Länge)
Balken: waagrechte Linie (unbestimmter Länge)
Schrägschaft: schräge Linie (unbestimmter Länge)
Zweig: schräge Linie über weniger als die volle Zeilenhöhe (`, ´)
Haken: Verbindung zweier Zweige in Form eines Winkels (<, >)
Bogen: gebogene Linie (unbestimmter Länge)

Eigenschaften der Bestandteile:
lang: über die volle Zeilenhöhe reichend
kurz: über weniger als die volle Zeilenhöhe reichend
linksschräg: von links oben nach rechts unten (`)
rechtsschräg: von links unten nach rechts oben (´)

Eine Rune besteht im älteren Fuþark aus null bis zwei Stäben. Stab und Haken können allein auftreten, Zweige dagegen nicht. Zweige treten meist oben an den Stab.

   Was die Runenformen (Graphvarianten) betrifft, so erscheinen die Runen des älteren Fuþark in der vorhin wiedergegebenen Übersicht (Fig. 1, S. 2) in Idealgestalt. In den Inschriften begegnen auch gerundete Versionen (ᚠ, þ, ᚱ, ᚹ, ᛉ, ○, ᛦ), wie überhaupt zahlreiche schreib- und ritztechnisch bedingte Varianten je nach Schriftträger und Kunstfertigkeit der Runenschreiber(innen) auftreten. Eine Reihe von Nebenformen, die vielfach auch eine Entwicklung widerspiegeln und damit eine grobe Datierung ermöglichen, ist vor allem bei **k** (‹, ᚲ, ᚴ, Υ, ᚴ) und **j** (ᛃ, ᛃ, ᚼ, ᚼ, ᛇ) zu beobachten, ferner bei **e**, dessen ältere Form mit Balken ᚾ bald von ᛗ abgelöst wird (vgl. Imer 2011a, 177 ff.). Die zwei Runen ‹ **k** und ᛃ **j** (sowie ◊ **ŋ**) sind ursprünglich kleiner als die anderen Zeichen; die späteren Varianten entspringen wohl vor allem der Absicht, die Höhe der anderen Runen zu erreichen. Die sog. Laternenrune ✧ ist eine Verbindung von ᛁ **i** und ◊ **ŋ** (z.B. **k✧ia** = *kingia* ›Brustschmuck‹, AQUINCUM).

Die Zeichenformen sind im Großen und Ganzen einheitlich, wenn auch eine gewisse Variationsbreite besteht, vor allem bei der *s*-Rune, wo drei- bis achtstrichige Formen entgegentreten (ᛊ, ᛉ, ᛥ, ᛥ). Im Falle der *h*-Rune etwa treten je nach Fundgebiet zwei Varianten auf: das einstrichige **h** (ᚺ) wird im gotischen und nordgermanischen Bereich (sowie früh und selten auch in England) verwendet, das zweistrichige **h** (ᚻ) dagegen in südgermanischen Inschriften (und in den meisten anglo-friesischen Inschriften). Ferner ist für südgermanische (sowie friesische) Inschriften das **b** mit auseinanderliegenden Haken (ᛒ) neben der Normalform ᛒ charakteristisch.

Bei der Wiedergabe der Sprachlaute durch Schriftzeichen (Graphem-Phonem-Korrespondenzen) unterscheidet das ältere Fuþark nicht zwischen Kurz- und Langvokalen. Nicht ganz klar ist die seltene Rune Nr. 13 ᛁ (ı̄), üblicherweise ï transliteriert. Soweit sich in sinnvoll deutbaren älteren Inschriften erkennen lässt, kommt ihr der Lautwert [i(ː)] zu. Damit sind zwei Graphe für *i*-Laute vorhanden, und zwar die Runen Nr. 11 ᛁ **i** und Nr. 13 ᛁ **ï** – ein Luxus, den sich das ältere Fuþark sonst nicht leistet. Biswellen hat man in der ᛁ-Rune auch die Wiedergabe von /ǣ/ (i.e. /ē₁/; Antonsen 1975, 4) oder von [ç] (*ich*-Laut; Grønvik 2001a, 46 f.) erblicken wollen; dem widerspricht jedoch der Befund der älteren Inschriften.

Im Konsonantensystem sind stimmlose Verschlusslaute (/p/, /t/, /k/) und stimmlose Reibelaute (/f/, /þ/, /h/) durch eigene Runen wiedergegeben. Das Phonem /h/ wird anlautend und intervokalisch als Hauchlaut [h], sonst als Reibelaut (je nach Lautumgebung als *ich*-Laut [ç] oder *ach*-Laut [x]) realisiert.

Grob gesagt, werden die Phoneme /b/, /d/ und /g/, wiedergegeben durch die Runen Nr. 18 ᛒ **b**, Nr. 23 ᛞ **d** und Nr. 7 ᚷ **g**, im Anlaut, in der Verdoppelung und nach Nasal als stimmhafte Verschlusslaute [b], [d], [g], in anderen Positionen dagegen als stimmhafte Reibelaute [β], [ð], [ɣ] realisiert. Im Einzelnen ist die Verteilung dieser Allophone in den altgermanischen Sprachen unterschiedlich.

Rune Nr. 16 ᛊ (ᛊ, ᛥ, ᛥ) **s** gibt stets stimmloses /s/ wieder. Rune Nr. 13 Υ (ʎ), nach der äußeren Form Besenrune genannt, steht ursprünglich für /z/, einen stimmhaften *s*-Laut. In den nord- und westgermanischen Sprachen wurde *z* über eine Zwischenstufe *ř* (ähnlich wie in čech. *Jiří*) zu einem *r*-Laut entwickelt (sog. Rhotazismus). Für die frühen und klassischen urnordischen Runeninschriften ist die Transliteration **z** angeraten, für die späten urnordischen Inschriften **ʀ**. Das neuentstandene *r* (»*r₂*«; Υ **ʀ**, Phonem /ʀ/) wurde im Nordgermanischen bis in die spätere Wikingerzeit von dem aus dem Urgermanischen ererbten *r* (»*r₁*«; ᚱ **r**, Phonem /r/) unterschieden.

Rune Nr. 22 ◊ **ŋ** gibt kein Einzelphonem wieder, sondern die Phonemkombination /ng/, wobei /n/ vor Verschlusslaut /g/, /k/ als velarer Nasallaut [ŋ] realisiert ist.

Im Laufe der deutschen Sprachgeschichte ist in der Gruppe [ŋg] der Verschlusslaut weggefallen: es heißt heute [laŋ] *lang* und nicht wie in älteren Sprachstufen [laŋg] (bzw. [laŋk] mit Auslautverhärtung).

In Skandinavien steht Rune Nr. 4 ᛏ am Ende der älteren Runenperiode (7. Jh.) für ein nasales $\breve{\bar{a}}$ (= $\breve{a}^n$, phonetisch [ã(:)], transliteriert **ã**), nachdem der Name der *ansuz*-Rune lautgesetzlich zu *$\bar{a}^n suz$ [ã:suz] geworden ist. Zur Wiedergabe von oralem $\breve{\bar{a}}$ (phonetisch [a(:)], transliteriert **A**) dient die *j*-Rune Nr. 12 in der Spätform ᛃ, da sich der Name der *j*-Rune (*$j\bar{a}ra^n$) lautgesetzlich zu *$\bar{a}r$ entwickelt hat.

Alles in allem besteht also zwischen den Graphemen des älteren Fuþark und den Phonemen des klassischen Urnordischen und anderer altgermanischer Sprachen keine 1:1-Beziehung im Sinne eines *perfect fit*. Die Korrelationen zwischen Schrift- und Sprachebene sind jedoch einigermaßen regelmäßig, sodass das ältere Fuþark den Charakter eines phonologisch flachen Schriftsystems hat.

Die im Großen und Ganzen festliegende Reihenfolge der Zeichen entspricht offensichtlich nicht der aus dem Griechischen, Lateinischen oder anderen mediterranen Alphabeten bekannten Folge. Am besten spricht man daher von Runenreihe und (noch) nicht von Runenalphabet, denn erst im Mittelalter erscheinen Runen auch in alphabetarischer Ordnung. Die Reihenfolge der Schriftzeichen im älteren Fuþark blieb trotz mancherlei Versuche (Seebold 1993, 415 ff.; Vennemann 2006, 381 ff.; Straubhaar et al. 2020) bisher unerklärt.

Die lange Zeit vertretene These, die eckigen Runenformen seien ursprünglich für Einträge in Holz (oder Knochen) geschaffen worden, lässt sich nicht aufrecht erhalten, nachdem in skandinavischen Mooren eine Reihe von Inschriften aus der Zeit 150/160–350 n. Chr. zu Tage kam, in denen auch gerundete Formen begegnen (Hobel und Feuerstahlhandgriff aus Illerup, Kamm und Hobel aus Vimose sowie Axtstiel aus Nydam; Stoklund 2006, 361).

Die Runen zeichnen sich dadurch aus, dass ihnen nicht nur ein Lautwert innewohnt, sondern auch eine sinnvolle Bezeichnung zugeordnet ist. Diese Runennamen sind erst ab dem 8./9. Jh. in (zumeist ›kontinentalen‹) mittelalterlichen Handschriften in Form von Listen und Runengedichten überliefert (s. S. 249 ff.); es wird jedoch vielfach angenommen, dass sie zugleich mit der Ausbildung der Runenschrift entstanden sind. Inschriftlich sind Runennamen nur indirekt (in Form von Begriffsrunen; s. sofort, S. 8) greifbar, jedenfalls nicht vor dem 4. Jh.

Die Runennamen sind nach dem akrophonen Prinzip gebildet, d.h. der Anlaut des Runennamens referiert auf den Lautwert der Rune. Ausnahmen bilden **z** (*algiz*; fraglich) und **ŋ** (*Ingwaz*), da es in den germanischen Sprachen keine Wörter mit anlautendem /z/ und /ng/ gibt. Wie die Reihenfolge der Zeichen im älteren Fuþark unerklärt ist, so gibt es auch keine befriedigende Deutung aller Runennamen: einige sind unsicher, da die späte handschriftliche Überlieferung nicht mehr auf der ursprünglichen Runenreihe beruht.

Die Überlieferung der Runennamen ist nicht einheitlich, mit Vorbehalt sind die urgermanischen Formen folgendermaßen zu rekonstruieren (vgl. S. 259 ff.):

f	*$fehu^n$*	›Vieh, (beweglicher) Besitz, Vermögen‹
u	*$\bar{u}ruz$*	›Ur, Auerochse‹
þ	*$þurisaz$*	›Riese, Dämon‹
a	*$ansuz$*	›Ase (heidnische Gottheit)‹
r	*$raid\bar{o}$*	›Ritt, Fahrt, Wagen‹

k (unklar; **kauna^n*   ›Geschwür‹?)
g **gebō*   ›Gabe‹
w **wunjō*   ›Wonne, Freude‹?
h **haglaz, *-a^n*   ›Hagel‹
n **naudiz*   ›Not, Zwang‹
i **īsa^n, *-az*   ›Eis‹
j **jǣra^n*   ›(gutes, gedeihliches) Jahr‹
ï **eihaz, *eiwaz*   ›Eibe‹
p **pirdrō*   ›Birnbaum‹?
z (ganz unklar   ?)
s **sōw^u/$_i$lō, *suwilija^n*   ›Sonne‹
t **Teiwaz*   Göttername (alter Himmelsgott)
b **berkana^n, *-ō*   ›Birkenzweig‹
e **ehwaz*   ›Pferd‹
m **mannz, *-ō$^{(n)}$*   ›Mensch, Mann‹
l **laguz*   ›Wasser, Gewässer, See, Meer‹
ŋ **Ingwaz*   Göttername (Gott unklarer Funktion)
d **dagaz*   ›Tag‹
o **ōþala^n, *ōþila^n*   ›Stammgut, (ererbter) Besitz, Herkunftsland, -ort‹

Die Runen können neben ihrem Lautwert auch einen Begriffswert repräsentieren, der dem Runennamen entspricht. In den ältesten Inschriften kommen Runen nur in ihrer Lautgeltung vor. Ein sicheres Beispiel für die Auflösung einer Rune mit ihrem Begriffswert bietet der Stein von Stentoften (S; vor 600): ›Hathuwolf gab [gutes, gedeihliches] Jahr‹ (ᛃ **j** für urgerm. **jǣra^n* > urn. **jāra* ›Jahr‹; s. Abb. 8, S. 51). Ein zweiter, sehr wahrscheinlicher Fall einer Begriffsrune begegnet auf dem Goldring von Pietroasele (Pietroassa, RO; 1. Hälfte 5. Jh.; ›Besitz der Goten‹; ᛟ **o** für urgerm. **ōþala^n* > got. **ōþal* ›Besitz‹; s. S. 70 f.). Ein später Reflex scheint in altisländischen und altenglischen Handschriften vorzuliegen, in denen u.a. die Runen ᛘ **m** für aisl. *maðr* ›Mensch, Mann‹ oder ᚹ **w** für *wynn* ›Freude‹ abkürzend verwendet werden. Die zuerst von Lindquist verwendete und von Krause ausgebaute Methode, vor allem einzeln stehende Runen mit ihrem Begriffswert aufzulösen, kann jedenfalls nur mit großer Behutsamkeit angewandt werden (vgl. RGA II, 150 f.), zumal in manchen Fällen eindeutig nicht-begriffsrunische Abkürzungen vorliegen (z.B. Brakteat aus Raum Sønderby: **f** für *fāhi* ›[ich] schreibe‹).

Runeninschriften können grundsätzlich rechts- oder linksläufig angebracht sein. Gelegentlich findet sich ein ein- oder mehrmaliger Wechsel der Schriftrichtung auf einem Denkmal, z.B. zeilenweise in wechselnder Richtung nach Art der Pflugwende (gr. βουστροφηδόν *boustrophēdón*). Auch eine senkrechte Anordnung der Runen kommt, wenn auch nur selten, vor. In den ältesten skandinavischen Quellen überwiegt schon die Rechtsläufigkeit, die auch im südgermanischen Korpus vorherrscht und sich in den Inschriften im jüngeren Fuþark der Wikingerzeit beinahe ausnahmslos durchsetzt. Bei mehrzeiligen runenepigraphischen Texten, bei kreisförmig (auf Brakteaten) angebrachten oder in ein verschlungenes Schlangenornament eingetragenen Inschriften muss der Leseeinsatz versuchsweise ermittelt werden.

Die Bestimmung der Schriftrichtung ermöglichen asymmetrische Zeichen, die aus einem Stab plus Fortsatz an einer Seite des Stabes bestehen: ᚠ **f**, ᚢ **u**, ᚦ **þ**, ᚨ **a**, ᚱ **r**, ᚹ **w**, ᛈ **p** (selten), ᛒ **b** und ᛚ **l**. Dagegen zeigen ᚲ **k**, ᚺ (ᚻ) **h**, ᛃ **j**, ᛁ **ï**, ᚾ **n** und ᛊ (ᛈ, ᛋ) **s** schon in den ältesten Inschriften Wendeformen, also ᚲ, ᚺ (ᚻ), ᛃ, ᛁ, ᚾ und ᛋ (ᛈ, ᛋ), ohne dass damit die Schriftrichtung angezeigt wird. Ebenfalls nicht direktiv sind die symmetrische Formen von ᚷ **g**, ᛉ **z**, ᛏ **t**, ᛖ **e**, ᛗ **m**, ᛜ **ŋ**, ᛞ **d** und ᛟ **o**; dies gilt natürlich auch für ᛁ **i**.

Die Einteilung der 24 Runen des älteren Fuþark in drei Gruppen zu je acht Runen findet sich in zwei inschriftlich belegten Runenreihen. Sie stehen auf den C-Brakteaten von Raum Vadstena und Grumpan (um 500), wo zwei übereinanderliegende Punkte (RAUM VADSTENA) oder acht, vier und sechs nebeneinanderliegende Punkte (GRUMPAN) die Einteilung markieren. Als weiterer Zeuge kann die Bügelfibel von Aquincum (Mitte 6. Jh.) gelten, die in einer abgeschlossenen Zeile nur die ersten acht Zeichen der Runenreihe trägt.

Die einzelne Gruppe von acht Runen heißt aisl. *ætt* f. (Pl. *ættir*) ›Geschlecht, Familie, Generation‹; in der Bedeutung ›Achterreihe‹ ist *ætt* allerdings erst im 17. Jh. in isländischen Handschriften zu belegen. Gleichzeitig erhielten die *ættir* auch Namen, die auf dem Lautwert der ersten Rune jeder *ætt* basieren und die eine Verbindung zu den Göttern herstellen sollen: *Freys*, *Hagals* und *Týs ætt*; dabei scheint jedoch *Hagall* zu diesem Zweck aus dem Runennamen abgeleitet worden zu sein. Das älteste inschriftlich belegte Fuþark auf der Steinplatte von Kylver (5. Jh.) kennt keine Gliederung in Geschlechter, sie fehlt auch bei vier anderen Denkmälern, allerdings mit unvollständiger Runenreihe. Im Einzelnen zeigen die insgesamt zehn Fuþark-Inschriften des 5. und 6. Jh.s unterschiedliche Runenformen und weichen auch in der Reihenfolge der Zeichen (z.B. KYLVER **do**, die vorhin genannten Brakteaten haben dagegen **od**) leicht voneinander ab.

Bereits in den ersten überlieferten Inschriften, sofern sie mehr als ein Wort oder einen Namen umfassen, kommen gelegentlich Trennzeichen (Fibel von Skovgårde/Udby), später auch Schlusszeichen (Kästchen von Garbølle) vor. Sie bestehen aus einem bis fünf übereinanderliegenden Punkten oder kurzen senkrechten Strichen. Verschiedene paraschriftliche Zeichen können zur Markierung des Textbeginns (Sax von Steindorf) oder des Textendes (Steinplatte von Kylver) dienen. Eine natürliche Gliederung liegt vor, wenn die Inschrift in zwei Zeilen (an verschiedenen Stellen) angebracht (Fibel von Beuchte) oder auf beiden Seiten des Inschriftenträgers (Ortband von Thorsberg) eingetragen worden ist. Jedoch kann auch ein Wort durch eine solche Zäsur auseinandergerissen werden (Ortband von Vimose). Die *z*-Rune ᛉ markiert in sinnvollen Inschriften normalerweise eine Wortgrenze: mit ᛉ wird in älterer Zeit /z/ (später /ʀ/, i.e. »*r₂*«) wiedergegeben, das vorwiegend im absoluten Auslaut erscheint.

Die meisten Inschriften sind ohne begrenzende Linien eingetragen. Aber schon in den ältesten Inschriften stehen die Runen gelegentlich auf vorher angebrachten Zierlinien (Fibel von Værløse) oder auf einer vom Graveur eingelassenen Grundlinie (Lanzenspitze von Øvre Stabu, Fibel von Næsbjerg). Dabei fällt auf, dass Inschrift und Grundlinie in der gleichen Technik (Tremolierstich: kleine Zick-Zack-Linien) ausgeführt sind. Es ist ferner bemerkenswert, dass bereits in den ältesten Inschriften runische Zierformen vorkommen (Lanzenschaft von Kragehul, Amulett von Lindholmen). Meist zeigen diese Zierformen doppelt geritzte Stäbe mit gelegentlich schraffierten Zwischenräumen. Eine Besonderheit stellen die sog. Spiegelrunen ⏀ für ᚦ **þ** und ⑂ für ᚹ **w** auf den Schildfesseln II und III von Illerup dar (Pieper 1986, 187; Stoklund 1987, 286 f.; vgl. ferner Rau / Nedoma 2014, 66 ff.). Mit wenigen Ausnahmen bleiben derartige Inschriften auf die dänischen Inseln, Schonen sowie Schleswig begrenzt. Wenn nicht frühe Entwicklungsstufen oder regionale Eigenheiten vorliegen, darf man möglicherweise an Schreibschulen denken.

Mehrfach haben zwei Runen einen Stab gemeinsam. Man spricht in diesen Fällen von Binderunen, die in der Transliteration mit einem Bogen über den betreffenden Buchstaben gekennzeichnet werden, z.B. ᛖᚨ **e͡a** (ᛖ plus ᚨ), ᚨᛉ **a͡z** (ᚨ plus ᛉ). Auch Haken und Zweige können mit vorangehenden Runen kombiniert werden, z.B. ᛖ **e͡k** (ᛖ plus ᚲ), ⏀ **i͡ŋ** (ᛁ plus ᛜ). Will man einen terminologischen Unterschied machen, kann man in Fällen, in denen nicht der Stab das gemeinsame Element ist, von Ligaturen sprechen. Bisweilen kommt es zum Aufeinanderfolgen von Binderunen (bzw. Ligaturen) wie in der Inschrift auf der Fibel von Bratsberg (ᛖᚱᛁᛚᚨᛉ **e͡ke͡ril͡a͡z** = *ek erilaz* ›ich, der [oder: ein] Eril‹). Binderunen mit ᛁ **i** sind *per definitionem* ausgeschlossen (anders MacLeod 2002, 191).

Wenderunen heißen Runen, die gegen die Schriftrichtung gewendet sind. In der rechtsläufigen Fuþark-Folge auf der Steinplatte von Kylver (s. S. 2, Abb. 1) zeigen die Runen ᚠ **a** und ᛒ **b** nach links gerichtete Wendeformen (ᛆ und ᛑ). Sturzrunen stehen im Vergleich zur Normalform auf dem Kopf, z.B. ᛏ gegenüber ᛏ **t**. Die *z*-Rune ᛦ hat die Sturzform ᛣ als reguläre Variante. Bei etlichen Runen greift dieses Konzept indessen nicht, da eine Drehung um 180° die gleiche Form ergibt, z.B. bei ᚷ **g**, ᚺ **h**, ᚾ **n**, ᛁ **i**, ᛜ **ŋ** und ᛗ **d**. Bei anderen Runen haben Sturz- und Wendeformen dieselbe Gestalt, z.B. bei ᚦ **þ** (ᚦ), ᚲ **k** (ᚲ), ᚹ **w** (ᚹ), und ᛊ **s** (ᛋ) und ᛒ **b** (ᛑ).

Während Binde- und Wenderunen schon in den ältesten Inschriften entgegentreten (Ortband von Thorsberg ᛗ **e͡m** und Fibel von Himlingøje II ᚢ **u**), bleiben Beispiele für Sturzrunen selten. Das erste sichere Beispiel zeigt das Schabmesser von Fløksand, dessen linksläufige Inschrift aus der Mitte des 4. Jh.s eine später nachgetragene Sturzrune ᛰ **f** abschließt. Über die Funktion dieser besonderen Runenarten besteht keine Klarheit. Binderunen können einer Verschlüsselung dienen, werden aber vor allem aus Raummangel oder zu Korrekturzwecken verwendet worden sein (MacLeod 2002, 295). Wenderunen treten aus dem epigraphischen Kontext hervor; auf dem Stein von Kylver können die Wenderunen **a** und **b** auf die lateinische Alphabetfolge anspielen.

Was die Schreibung betrifft, lassen sich vier runographische Besonderheiten erkennen (vgl. Nedoma 2020a, XCVII ff.):

1. Zwei aufeinanderfolgende, aber durch eine Wortgrenze getrennte identische Vokale können durch ein einzelnes Schriftzeichen repräsentiert sein, z.B. **ksamella lguskaþi** = **skamella (a)lg̣skaþi* ›Schemel; Hirschschädigung‹ (Schemel von Wremen). Hingegen sind beide Vokale etwa auf der Kapsel von Mannheim-Seckenheim realisiert: **beraado** steht dort für zwei Personennamen *Bera* und *A(n)do*.

2. Zwei aufeinanderfolgende identische Konsonanten werden zumeist durch ein einzelnes Schriftzeichen wiedergegeben, z.B. **atano** = *At(t)ano* (Fibel von Soest).

Diese Regel betrifft nicht nur Geminaten innerhalb eines Wortes, sie wirkt ebenfalls über die Wortgrenze hinweg: so ist **wi hailag** auf dem Ring von Pietroassa als *wī(h) hailag* ›geweiht [und] geheiligt‹ zu fassen (S. 69). Zu den wenigen Gegenbeispielen, in denen ein Doppelkonsonant durch zwei Runen bezeichnet ist, zählt das vorhin erwähnte **ksamella** = **skamella* (WREMEN).

3. Nasal vor einem homorganen (am gleichen Artikulationsort gebildeten) Okklusiv (Frikativ, Plosiv) ist meist, so u.a. in dem Männernamen **ẉiduhudaz** = *Widuhu(n)daz* (›Waldhund‹, Fibel von Himlingøje II), ausgelassen. Seltener sind hingegen Runenfolgen, in denen der Nasal realisiert wird, z.B. **andi** = *andi* ›und‹ (Gürtelschnalle von Pforzen).

4. Hochzungenvokal (*i, u*) kann vor der Folge von Resonant (*l, r, m, n*) plus Okklusiv ausfallen (Grønvik 1985a, 186; Nedoma 2004b, 348 ff.). Dies betrifft jedoch nur relativ wenige Fälle in den älteren Inschriften (**wlþuþewaz** = *W(u)lþuþewaz* Ortband von Thorsberg; S. 31); vielfach werden *i* und *u* in der angegebenen Position auch in der Runenschrift realisiert.

I.3. Umfang und Art der Inschriften im älteren Fuþark

Von den ca. 450 Inschriften in der älteren Runenreihe lassen sich nur wenige einhellig lesen und deuten. Manche Fundstücke sind beschädigt, sodass auch die Inschriften gelitten haben. Mehrfach sind Inschriften (oder auch nur Teile davon) lesbar, ohne dass sich ihr sprachlicher Sinn eindeutig erschließen lässt. Einige Objekte weisen Runenfolgen auf, die mitnichten sinnvolle Wörter oder Wortteile wiedergeben (›nicht-lexikalische Inschriften‹); in diesen Fällen ist aber fraglich, ob die Bezeichnung Inschrift im Sinne einer epigraphischen Textualität angebracht ist. Bisweilen sind Runensequenzen mit paraschriftlichen Zeichen verschiedener Art – z.B. mit Symbolen, Markierungen von Textbeginn oder -ende, Ornamenten, Zeilenfüllseln – vergesellschaftet (Lanzenspitze von Kovel'). Und schließlich tragen manche Gegenstände überhaupt nur runenähnliche Einzelzeichen oder Zeichenkomplexe (s. Graf 2010; Oehrl 2020, CLV ff.).

Insgesamt reichen die Inschriften von einem einzigen Wort mit nur wenigen Runen (vor allem Personennamen) bis zu umfangreichen Mitteilungen (Stein von Eggja mit fast 200 Runen). Zwischenmenschlichen Kommunikationszwecken dienen in erster Linie Inschriften auf freistehenden Steinen. Andere runenepigraphische Texte waren hingegen gewiss nicht dazu bestimmt, von menschlichen Augen gesehen und gelesen zu werden, etwa Inschriften auf Steinen, die in einer Grabanlage dem/der Bestatteten zugewandt waren. Auch die meisten Inschriften auf Trachtzubehör und Schmuckgegenständen, besonders auf Fibeln, sind der Trägerin zugekehrt. Die Inschriften auf diesen Stücken wurden jedoch nicht in spezieller (und schon gar nicht in magischer) Absicht auf der Rückseite eingeritzt: meist blieb einfach kein anderer Raum, da die Vorderseite ornamental ausgefüllt war.

Eine allgemeine Charakterisierung der Inschriften im älteren Fuþark, indem man entweder ihren magischen bzw. auch kultischen Aspekt hervorhebt oder den profanen Inhalt ihrer Mitteilungen betont, lässt sich nur schwer durchführen. Zum einen muss der jeweilige Inschriftenträger und dessen Funktion berücksichtigt werden, denn die schutzverheißende Inschrift auf einem als Amulett getragenen Goldbrakteaten (RAUM KØGE: ›Hariuha heiße ich, der Fahrtenkundige [oder: Gefahrwissende], gebe Schutz‹) ist anders zu beurteilen als das Totengedenken auf einem Runenstein (BØ: ›Hnabuds Grab‹). Zum anderen hängt die entsprechende Bewertung aber auch von der grundsätzlichen Einstellung – vielleicht sogar Vor-Einstellung – der deutenden Runolog(inn)en ab. Überhaupt wirkt sich das beinahe zwangsläufig nur beschränkte Wissen um die Eigenart einer frühen Kultur nachteilig aus, die außer den bescheidenen runischen Selbstdokumenten lediglich Fremdzeugnisse erhellen. Soweit einigermaßen plausible Deutungszugänge erreicht werden, stellt sich heraus, dass die Runenschrift offenbar zunächst ausschließlich zur Fixierung kurzer Mitteilungen gedient hat, die eher im privaten und halböffentlichen Raum angesiedelt waren. Demgemäß umfasst die ältere runenepigraphische Überlieferung vor allem die formelhaften Textsorten Besitzer-, Hersteller-, Schenker-, Runenschreiber-[1] und Gedenkinschriften (mit Nennung der betreffenden Personen) sowie Gegenstandsinschriften, ferner differenzierte Inschriften magischer oder religiöser Art.

Die Runen waren also vorwiegend eine Gebrauchsschrift. Im öffentlich-rechtlichen Bereich scheinen Runen demgegenüber keine Verwendung gefunden zu haben; aus älterer Zeit sind weder Handelskorrespondenz noch Gesetze, Verträge oder Ritualtexte in Runen bekannt. Auch die etwa für die lateinischen Inschriften charakteristischen Weiheinschriften (Typ ›X gibt/schenkt das Objekt der Gottheit Y‹) oder Triumphalinschriften treten in der runischen Überlieferung nicht hervor.

Aus moderner Sicht auffällig sind Runenschreiberinschriften des Typs *Bōso wraet rūna* ›Boso schrieb (ritzte) die Runen‹ (Fibel von Frei-Laubersheim), in denen auf die *literacy* der Genannten referiert wird. Kenntnis und Gebrauch der Runenschrift war in älterer Zeit auf eine nur kleine Personengruppe beschränkt. In insgesamt 12 skandinavischen Denkmälern, die hauptsächlich dem 5. und 6. Jh. angehören, begegnet der Ausdruck **irilaz** (meist auf Steinen) bzw. **erilaz**, etwa auf der Fibel von Bratsberg (um 500; s. vorhin, S. 10), die nur aus der Selbstaussage *ek erilaz* ›ich, der (oder: ein) Eril‹ besteht. Das in den beiden Formen **irilaz** und **erilaz** entgegentretende Maskulinum hängt mit Suffixablaut oder -tausch mit dem Namen der völkerwanderungszeitlichen *gens* der Eruler (urgerm. *Eulōz* Pl.) zusammen und bezeichnet einen runenkundigen Mann (also ›Runenmeister‹ o.ä.), der nicht nur der intellektuellen, sondern auch der sozialen Elite seiner Zeit angehörte. Ob ein derartiger *irilaz/erilaz* darüber hinaus religiöse Funktionen als Kultleiter bzw. ›religiöser Spezialist‹ innehatte (Sundqvist 2009a; Düwel 2015b, 282 ff.) und/oder auch administrativ-militärische Aufgaben wahrnahm (Mees 2003; Iversen et al. 2019, 86 ff.), wird kontrovers diskutiert. Die früher, und zwar spätestens im letzten Viertel des 4. Jh.s (ROSSELAND), bezeugte Form urn. *irilaz* < urgerm. *er-ila-z* stellt sich neben mittelvokalloses *er-la-z*, das in awn. *jarl* ›Jarl, hoher Amts- und Würdenträger‹,

---

1   Ich [R.N.] verzichte bei Textsortenbezeichnungen einfachheitshalber auf gendersensitive Bildungen wie *Besitzer(in[nen])inschriften*. Weiters folge ich der Empfehlung des Rates für deutsche Rechtschreibung für geschlechtergerechte Schreibung (26.3.2021, Ergänzung 14.7.2023), Gender-Asterisk, -Unterstrich und -Doppelpunkt als nicht normgerecht zu vermeiden.

ae. *eorl* ›vornehmer, adeliger Mann‹, as. *erl* dass. fortgesetzt ist; urn. *erilaz* kann eine Kreuzform *irilaz* × **erlaz* sein (vgl. Krause 1970, 61).

Zwischen Runenmeister und Runenschreiber oder -ritzer (im Folgenden jeweils: m./f.) kann, wenn es sich nicht um dieselbe Person handelt, in folgender Weise unterschieden werden: *Runenmeister* bezeichnet eine Person, die Kenntnis der Runen besitzt und einen epigraphischen Text zu konzipieren vermag. Der *Runenschreiber* ist dagegen derjenige, der eine Inschrift auf einem bestimmten Gegenstand anbringt. Vor allem im deutschen Sprachgebrauch heißt dieser meist *Runenritzer*. Das Ritzen jedoch beschränkt sich auf bestimmte Materialien, vor allem Metall; die Bezeichnung *Runenschreiber* ist demgegenüber umfassender und bezieht auch das Einmeißeln von Runen in Stein oder das Einschneiden in Holz mit ein. Ein Runenschreiber musste selbst nicht runenkundig sein. Man nimmt an, dass manche nach Vorlagen gearbeitet haben, wie das etwa für die Inschriften auf Brakteaten gilt (dazu Dillmann 1981, 28 f.; Wicker 2006, 416 ff.). Die traditionell maskulinen Bezeichnungen würden indessen voraussetzen, dass Kenntnis und Gebrauch der Runen ausschließlich oder zumindest vorwiegend Männersache gewesen seien (so z.B. noch Bruder 1974, 15). In jüngerer Zeit ist man jedoch auf etliche Zeugnisse für Runenritzerinnen aufmerksam geworden (Düwel 1989b; 2002a), wie denn regional, und zwar im südgermanischen Gebiet, die Runenkultur maßgeblich von Frauen bestimmt war (S. 78 f.; vgl. RGA XXV, 537 ff.).

Selbstnennungen der Runenkundigen begegnen in den Inschriften nicht selten; das typische Formular lautet ›(ich) X schrieb (die Runen)‹ (*Blīþgu(n)þ wrait rūna* ›Blithgunth schrieb die Runen‹ FREI-LAUBERSHEIM). Es gibt jedoch auch Fälle von ›ich (bin oder: heiße) X‹, z.B. *ek, gudija, U/ungandiz* ›ich, der Kultfunktionär, der keinen Zauber hat (der gegen Zauber gefeit ist)‹ (Stein von Nordhuglo; S. 42), wobei sich nicht entscheiden läßt, ob **ungandiz** Appellativ oder Beiname des Genannten (nach Krause 1966, 147 ein »Runenmagiker«, was fraglich bleibt) ist.

In den typischen Runenschreiberinschriften wird der Wortschatz der Schreib- und Ritztechnik greifbar, darunter urgerm. **wreita-* (Stein von Järsberg), **wurkija-* (Stein von Tune) und **faihija-* (Stein von Noleby). Mit dem erstgenannten Verbum (ae. *wrītan*, ne. *write*, aisl. *ríta*) das allgemein ›ritzen, schreiben‹ bedeutet (nur formal entspricht nhd. *reißen*), wird das Anbringen der Runen auf einem beliebigen Gegenstand bezeichnet. In ähnlicher Weise wird auch **wurkija-* (mit der Grundbedeutung ›machen, hervorbringen, herstellen‹, vgl. got. *waurkjan*, ahd. *wurken*, aisl. *yrkja*) bisweilen auf die Schreibtätigkeit bezogen, z.B. *ek [...] wor$_a$htō r[ūnōz]* ›ich verfertigte (schrieb) die Runen‹ (TUNE). Indessen bezieht sich **faihija-* (ahd. *fēhen*, aisl. *fá*) ›bunt machen, malen, schmücken‹ meist auf ein Färben der Runen, also auf eine sekundäre Tätigkeit. Aus der Wikingerzeit gibt es einige Steine, auf denen vorwiegend rote und schwarze Farbspuren in Schrift und Ornament den aus dem Wortschatz erschlossenen Gebrauch von Farben beweist (s. S. 165).

In den runenepigraphischen Texten kehren etliche Appellativa wieder, sog. Formelwörter. Am häufigsten, in Brakteateninschriften auch in umgestellter oder verkürzter Schreibung, tritt **alu** entgegen; mittlerweile sind etwa 37 Belege bekannt (die Lesung ist nicht in allen Fällen gesichert). Außer auf Brakteaten (s. S. 61 f.) – darunter in den südgermanischen Runeninschriften auf zwei Kleinbrakteaten aus Hüfingen (s. S. 81) – findet sich **alu** auf ca. 15 anderen Inschriftenträgern, vor allem auf Steinen (ELGESEM, ÅRSTAD, vielleicht EGGJA) und Amuletten (LINDHOLMEN, KINNEVED), auf dem Axtstiel von Nydam, dem Trinkgefäß von Uglvig, dem Knochen von Horvnes (Hagland 2017) und dem – in seiner Echtheit aber umstrittenen – Ring von Karlino (Körlin). Ferner enthalten die beiden runisch belegten Personennamen *Alugōd* (VÆRLØSE; Kasus und Geschlecht unklar) und *Alukō* (FØRDE) dieses Appellativ. Trotz vielerlei Versuche konnte keine zufriedenstellende Deutung erzielt werden (vgl. z.B. Nowak 2003, 208 ff.; Heizmann 2011, 533 ff.; Düwel et al. 2020, 295 f.; Schulte 2023a, 9 ff.):

1. In der älteren Forschung hat man eine Verbindung mit got. *alhs*, as. *alah*, ae. *ealh* ›Tempel‹ sowie lit. *al̃kas, alkà* ›(heiliger) Hain‹, gr. ἀλκή *alkḗ* ›Abwehr, Schutz, Hilfe, Wehrkraft‹ und/oder ae. *ealgian* ›schützen, verteidigen‹ (mit grammatischem Wechsel) versucht. Das Fehlen von wurzelschließendem *h* (bzw. uridg. *k*) in **alu** ist jedoch nicht zu erklären.

2. Der Ausdruck aisl. *ǫlrúnar* ›Bierrunen‹ in dem Eddalied *Sigrdrífumál* (›Sigrdrifalied‹, Str. 7 und 19; vgl. ferner Str. 15–17: ›[Runen seien] auf den Schild geschrieben [...], auf die Amulette der Männer, in Wein und in unvergorenem Bier‹) hat die Verknüpfung mit aisl. *ǫl*, ae. *ealu* (Gen. *ealuþ*) ›Bier, Rauschtrank‹ (urgerm. **aluþ-* n.) angeregt. Høst Heyerdahl (1981 / 2006) verweist auf die wichtige Rolle des Trankes in Kult und Magie und meint, dass die Inschriftenträger mit Bier besprengt worden seien, um sie mit übernatürlichen Kräften zu versehen und dadurch Abwehr und Schutz vor bösen Einwirkungen zu erlangen. Derartige Praktiken lassen sich allerdings in den Quellen nirgends nachweisen.

3. Polomé (1996) hingegen hält trotz Kritik an seiner schon 1954 entwickelten Auffassung fest. Er stellt **alu** zu heth. *alwanzatar* ›schwarze Magie, Hexerei‹ und vergleicht weiter gr. ἀλύειν *alýein* ›außer sich sein‹ bzw. lit. *aliótis* ›rasen, sich unsinnig gebärden‹; für **alu** ergebe sich sonach eine Bedeutung ›Raserei, Ekstase‹ bzw. ›in Ekstase hervorgebrachter Zauber‹. Die lautlichen Schwierigkeiten der Verknüpfung mit dem hethitischen Ausdruck, auf die Neu (1974, 77 f. Anm. 139) aufmerksam gemacht hat, sind jedoch beträchtlich; zudem ist die indogermanische Herkunft der hethitischen Wortsippe nicht gesichert (s. Kloekhorst 2008, 171). In diesem Zusammenhang fällt auch auf, dass dem Runenmeister in zwei Inschriften gerade gegenteilige Eigenschaften zugesprochen werden (**unwod[i]ᵲzᵲ** ›der Unwütige, Ruhige‹?, GÅRDLÖSA; **ungandiz** ›der keinen Zauber hat, gegen Zauber gefeit ist‹, NORDHUGLO).

Mit Hilfe der etymologische Methode ist sonach keine verbindliche Deutung von **alu** zu erzielen. Kontextuell-kombinatorische Aspekte führen indessen in den meisten Fällen auf eine Bedeutung ›Abwehr, Schutz‹ o.ä. Auf den drei Steinen, die alle zu Gräbern gehören, dürfte **alu** potentielle Wiedergänger bannen oder Grabfrevler abhalten (so eventuell am Ende der Inschrift von Eggja). Auch auf den körpernah getragenen Amuletten und auf den Brakteaten hat **alu** wohl apotropäische Funktion. Eine energetische Wirkung der anderen **alu**-Inschriften ist zwar nicht direkt zu erhärten, anderseits aber auch nicht auszuschließen.

Im Wesentlichen auf Brakteateninschriften beschränkt sind weitere Formelwörter (dazu S. 61 ff.).

I.4. Zur Sprache der Inschriften im älteren Fuþark

Die Inschriften der älteren Zeit lassen sich je nach Fundregion, runischem Schriftsystem und Sprachvarietäten vier Gruppen zuordnen:

1. nordgermanisches Gebiet (Skandinavien): Inschriften im älteren Fuþark vom späten 2. Jh. bis ca. 700/750, in denen das Urnordische, die früheste Sprachstufe aller nordgermanischen Sprachen, belegt ist (s. Kap. II, S. 28 ff.);

2. ostgermanisches Gebiet (Osteuropa und Ostmitteleuropa, dazu Streufunde aus Burgund und den Niederlanden): Inschriften im älteren Fuþark vom frühen 3. Jh. bis zum späten 6. Jh., in denen verschiedene ostgermanische Sprachen belegt sind, z.B. Gotisch, Vandalisch, Burgundisch (s. Kap. III, S. 68 ff.);

3. südgermanisches Gebiet (Mitteleuropa, in der Hauptsache der heute deutschsprachige Raum): Inschriften im älteren Fuþark von der zweiten Hälfte des 3. Jh.s bis zur Mitte des 7. Jh.s, in denen die frühesten Stufen verschiedener ›kontinentalwestgermanischer‹ (nicht-ingväonischer) Sprachen belegt sind, und zwar Voralthochdeutsch, daneben auch Voraltsächsisch und Frühlangobardisch (s. Kap. IV, S. 73 ff.);

4. südliches Nordseegebiet (England und Friesland): Inschriften im anglo-friesischen Fuþork vom späten 5. Jh. bis ca. 1000 bzw. 900, in denen die frühesten bzw. frühe Stufen der nordseewestgermanischen (ingväonischen) Sprachen belegt sind, und zwar (Vor-)Altenglisch, Voraltfriesisch (s. Kap. V, S. 98 ff.).

Bereits mit dem Einsetzen der Überlieferung werden Unterschiede zwischen den im älteren Fuþark bezeugten Sprachgruppen greifbar. Charakteristisch ist hier der Ausgang des Nominativs Sg. der maskulinen *a*-Stämme: urgerm. *-az ist im Urnordischen erhalten (**raunijaʀ** = *Raunijaz* ›Erprober‹, Lanzenspitze von Øvre Stabu, N; zweite Hälfte 2. Jh.), im Ostgermanischen ist der Themavokal *a* geschwunden (**tilarids** = *Tilarīds* ›Zielreiter‹, Lanzenspitze von Kovel', UA; um/nach 200), im Westgermanischen hingegen ist das auslautende *z* abgefallen (**kaba** = *ka(m)ba* ›Kamm‹, Kamm von Frienstedt, D; zweite Hälfte 3. Jh.).

Im Anschluß an Kuhn (1955, 14. 24) hat man bis in jüngere Zeit – allerdings ohne Kenntnis des erst 2012 publizierten Kammes von Frienstedt – die Sprache der nicht-ostgermanischen Inschriften bis in die Zeit um 450/500 als uniform angesehen; Penzl (1995, 379; 1996, 139 f.) bezeichnet diese Sprache als »Nordisch-Westgermanisch«. Breite Resonanz hat die Annahme einer Einheit von Nordgermanisch und ingväonischem Westgermanisch als »Nordwestgermanisch« (Antonsen 1975, 26 f.; 2002, 32 f.; Nielsen 1998, 552) gefunden. Durch eine minutiöse Analyse des Schwachtonvokalismus der altgermanischen Sprachen hat Nielsen (2000, 77 ff. 89. 294 f.; vgl. 2005) allerdings dargelegt, dass die Sprache der frühen skandinavischen Runeninschriften nur dem ab ca. 700 anzusetzenden Altnordischen zugrundeliegt, nicht aber den westgermanischen Dialekten. Für die Sprache der älteren Inschriften schlägt er den Terminus *Early Runic* vor, der aber in dialektgeographischer Hinsicht keine Aussagekraft hat. Man wird demnach für die Sprache der frühen skandinavischen Runeninschriften am besten den alteingebürgerten Terminus *urnordisch* verwenden (das Präfix *ur-* hier wörtlich ›ursprünglich, frühest‹ und nicht in der in der

Sprachwissenschaft terminologisierten Bedeutung ›ursprünglich und unbezeugt‹; s. Nedoma 2003b, 161 f.).

Die in der älteren Forschung diskutierte und von Euler (1985) aufgegriffene Ansicht, unter den aus Skandinavien stammenden Runeninschriften gebe es ostgermanisch-gotische, die auf die gotische Urheimat in Skandinavien weisen (vgl. ferner jüngst Fulk 2018, 22), muss wohl aufgegeben werden (s. Peterson 1998).

Die Runeninschriften im älteren Fuþark sind – dies hängt auch mit ihrer Kürze zusammen – stark textsortengebunden. So etwa können Besitzerinschriften in den beiden Formularen Besitzer (Gen.) + Objekt (*Hnabdas hlaiwa* ›Hnabds Grab‹, Bø) oder Besitzer (Nom.) + ›hat, besitzt‹ + Objekt (Akk.) (*Domnal(l) Selshǫfuð ā sverð þet(t)a* ›Domnall Seehundskopf besitzt dieses Schwert‹, GREENMOUNT, IrR 1; sichere ältere Beispiele fehlen) realisiert werden. Inwieweit mit Schreibschulen zu rechnen ist, in denen spezielle Runenformen, runographische Eigenheiten und besondere Formulare weitervermittelt wurden, bleibt unklar. Wiederholte Versuche in der älteren Forschung, die Verbreitung der Runeninschriften und vermeintlich altertümliche Sprachmerkmale mit den ursprünglich auf den dänischen Inseln beheimateten Erulern zu verbinden, sind jedenfalls nicht zu erhärten.

I.5. Vom Fund zur Deutung

I.5.1. Allgemeines

Neue Runeninschriften sind in der Regel Zufallsfunde. Zumeist handelt es sich dabei um lose Gegenstände; relativ selten werden unbekannte Runensteine wie etwa die von Malt (1987) und Borup (1995) in Dänemark oder die von Hogganvik (Mandal; 2009), Øverby (Rakkestad; 2017) und Svingerud (Hole; 2022/2023) in Norwegen zutage gefördert. Mitunter werden Runen erst nach Jahren oder gar Jahrzehnten wahrgenommen, da die Fundobjekte nicht immer unverzüglich gereinigt bzw. bearbeitet werden können; so etwa hat man die Inschrift auf dem bereits 2000 geborgenen Kamm von Frienstedt erst 2011 entdeckt. – Auf dem Weg vom Fund zur Deutung einer Runeninschrift liegen folgende Arbeitsschritte:

0. Wenn irgend möglich, ist die Untersuchung des betreffenden Gegenstandes im Rahmen einer Autopsie vorzunehmen. Ein definitiver Eindruck lässt sich in der Regel nur dann gewinnen, wenn man das Objekt sorgfältig mit eigenen Augen, dazu mit Lupe und/oder Mikroskop betrachtet. Mit Hilfe verschiedener technischer Verfahren angefertigte hochauflösende Digitalbilder sind ein willkommenes Hilfsmittel, können aber die Autopsie nicht gänzlich ersetzen.

1.1. Als erste von zwei Vorfragen muss geklärt werden, ob es sich bei den verdächtigen Linien überhaupt um Runen handelt, um schriftähnliche Zeichen oder gar nur um Materialbeschädigungen (die eben zufallsbedingt ›basale‹ Formen wie X, Λ oder I ergeben).

1.2. Im positiven Fall ist zu ermitteln, ob die Runen tatsächlich alt und authentisch sind oder erst rezent angebracht wurden, also Fälschungen bzw. Imitationen sind (vgl. S. 275 ff.).

2. Nachdem man festgestellt hat, dass es sich um echte Runen handelt, sind archäologische bzw. sachkundliche Gesichtspunkte zu berücksichtigen:

2.1. Zum einen ist der Inschriftenträger in seinem kulturellen Milieu zu betrachten; es kann eine Rolle spielen, wie und wie lange das Stück verwendet wurde und welchen materiellen oder auch ideellen Wert es in der betreffenden Gesellschaft hatte. Zu berücksichtigen ist, ob es sich um einen ortsfesten (immobilen) Gegenstand handelt, etwa einen Stein, oder um ein loses (mobiles) Objekt, etwa eine Fibel. Bei Runensteinen ist der ursprüngliche Standort mit seinen naturräumlichen Gegebenheiten zu beachten, eine eventuelle Ortsveränderung abzuklären und die originale Position (liegend oder stehend) bzw. etwaige Fundkontexte zu ermitteln: Handelt es sich um einen einzeln stehenden Stein oder um den Teil einer Steinsetzung, besteht eine Verbindung zu einem (Flach- oder Hügel-)Grab bzw. einem Gräberfeld oder zu Horten in der Umgebung (vgl. Düwel 1992a, 345 f.)? Bei losen Gegenständen ist deren Herkunft zu bestimmen, dabei sind mögliche Wanderwege (Import-, Exportgut) ins Auge zu fassen. Relevant ist auch, ob der Inschriftenträger absichtlich (z.B. als Grabbeigabe oder als im Moor deponierter Gegenstand) oder unabsichtlich (z.B. als Siedlungsabfall) in die Erde gekommen ist. Ferner muss der Zustand des betreffenden Fundkomplexes Berücksichtigung finden: Wurde das Objekt *in situ* oder in einem gestörten Ensemble gefunden, handelt es sich bei Grabfunden um ein originales (und vollständiges) oder um ein gestörtes (und beraubtes) Inventar, gehört das Fundgut zu einem Brand- oder Körpergrab? Von archäologischer Seite erfolgt die Altersbestimmung des Gegenstandes mit Hilfe verschiedener relativer und absoluter Datierungsmethoden wie z.B. Stratigraphie, Korrespondenzanalyse, ^{14}C-Bestimmung, Dendrochronologie, Münzdatierung (vgl. S. 5). Diese objektivierbaren Methoden sind indessen für Steine nicht anwendbar: hier kann etwa anhand stilistischer Kriterien oder durch Anknüpfung an historische Fakten eine ungefähre Altersbestimmung erzielt werden.

2.2. Zum anderen sind Überlegungen zum Miteinander von Runen und Runenobjekt anzustellen. Die Beschaffenheit des beschriebenen Gegenstandes – großer Stein oder kleine Fibel – bedingt die Größe der zur Verfügung stehenden Schreibfläche. Wenn sich die Inschrift auf der Schauseite befindet, kann eine Signalwirkung des runenepigraphischen Textes beabsichtigt sein; bei der Platzierung auf der Rückseite braucht von keiner nach außen gerichteten Mitteilung ausgegangen zu werden. Wichtig ist zu untersuchen, ob die Runen einen anderen Abnutzungsgrad als der Inschriftenträger zeigen; dies lässt darauf schließen, zu welchem Zeitpunkt zwischen der Herstellung des Stückes und dessen Deponierung die Runeninschrift angebracht wurde; in den meisten Fällen kann freilich nicht genau festgestellt werden, in welcher Gebrauchsphase die Inschrift auf den Träger gekommen ist. Ferner kann bei deformierten Gegenständen eine genaue Untersuchung des Schreibduktus eine Aussage darüber ermöglichen, ob die Runen vor oder nach der Deformation eingetragen wurden. Und schließlich kann sich eine Inschrift auf einem reparierten Stück auf die Reparatur beziehen.

3. In einem nächsten Schritt geht es um epigraphische Aspekte (vgl. Waldispühl 2013, 60 ff.).

3.1. Es gilt zunächst allgemein, Äußerlichkeiten wie Anbringungstechnik (Runen geritzt, eingeschlagen, gestempelt etc.), Tiefe, Profil, Richtung, Verlauf und Größe der Runen sowie eventueller paraschriftlicher Zeichen zu untersuchen; wie vorhin (0.) erwähnt, ist dabei eine Autopsie angebracht. Bei der Betrachtung der Runen ist das Vorhandensein einer Vorzeichnung oder Vorritzung zu beachten. Es spielt auch eine Rolle, ob die Inschrift geschickt oder ungeschickt ausgeführt ist; einem ungeübten Schreiber wird man nämlich eher Fehler zutrauen. Wichtig, vor allem bei kürzeren Inschriften aber schwierig zu beantworten ist die Frage, ob der Eintrag von einer Hand oder mehreren Händen stammt (und im letztgenannten Fall deren zeitliche Abfolge).

3.2. Für die Lesung sind nun die einzelnen Runen mitsamt deren Laufrichtung zu bestimmen; die genauen Formen lassen sich mitunter nur mit optischen oder digitalen Hilfsmitteln erkennen. Dabei ist ein unterschiedlicher Lichteinfall – sowohl bei der Autopsie als auch auf Lichtbildern – zu berücksichtigen, der zu konkurrierenden Lesungen führen kann. In manchen Fällen gestatten charakteristische Runenformen eine ungefähre zeitliche und/oder räumliche Zuordnung, die mit der archäologischen Datierung des Inschriftenträgers abzugleichen ist. Zu berücksichtigen sind ferner die Abstände zwischen den einzelnen Zeichen sowie das Vorhandensein von Interpunktionen (Worttrennern). Bei Vorhandensein von paraschriftlichen Zeichen sind Überlegungen zu deren möglicher Funktion anzuschließen (vgl. Graf 2010; dazu Oehrl 2011b). Die einzelnen Runen und der gesamte Inschriftenverbund (mit etwaiger Rahmung oder Ornamentik) sind abschließend präzise zu beschreiben und durch Photographien zu dokumentieren. Grundsätzlich gilt es, alle Runen und runenähnlichen Zeichen in eine Gesamtlesung und -deutung einzubeziehen (Puzzle-Prinzip), Teillösungen sollten vermieden werden.

4. Nachdem die Lesung gesichert ist, beginnt der sprachwissenschaftliche Teil der Beschäftigung mit einer Runeninschrift (›innere‹ Deutung), und zwar auf allen Ebenen der Grammatik:

4.1. Zuerst wird der Lautstand der sprachlichen Formen bestimmt, genauer gesagt die Phonetik bzw. die Phonologie des runenepigraphischen Textes. Dies geht Hand in Hand mit der Grobsegmentierung der Runenfolge; in Denkmälern der älteren Runenperiode sind aber nicht immer Interpunktionen vorhanden, sodass sich die Aufteilung einer fortlaufend geschriebenen Inschrift in einzelne Wörter schwierig gestalten kann. In den runenepigraphischen Texten treten ausschließlich ›tote‹ Sprachen (sog. Korpussprachen) entgegen, im älteren Fuþark Urnordisch, Gotisch, Voralthochdeutsch, Voraltenglisch etc. (s. S. 15) – Sprachen also, deren Vokabular uns nur ausschnitthaft bekannt ist. Die Bestimmung der sprachlichen Formen geschieht daher aus diachronischem Blickwinkel mit den Methoden der historisch-vergleichenden Sprachwissenschaft. Dabei werden in späterer Zeit literarisch belegte Formen (a) aus einer Tochtersprache (urn. **raunijaʀ** ØVRE STABU – aisl. *reynir* ›Erprober‹), (b) aus einer germanischen Sprache (vor-ahd. **husi-** STEINDORF – ae. *hyse* ›Jüngling, Krieger‹) oder (c) aus einer anderen indogermanischen Sprache (Formelwort urn. **alu** – heth. *alwanzatar* ›schwarze Magie, Hexerei‹; s. S. 14) herangezogen; die Beweiskraft ist bei (a) und mit kleineren Abstrichen auch bei (b) stark, bei (c) hingegen wegen der geringen (sprach)historischen Kontiguität nur schwach.

4.2. Als Nächstes (bzw. in der Praxis bereits parallel zur Phonologie) untersucht man die Morphologie der einzelnen Formen. Handelt es sich bei einem Textsegment um ein Substantiv (oder ein Adjektiv, ein Verb etc.), wie ist dieses gebildet, in welchem Kasus steht es? Zuweilen gibt es mehrere Möglichkeiten für die Bestimmung der Flexive, die zur grammatischen Kennzeichnung der Wortformen dienen. In einigen Fällen führen morphologische Notwendigkeiten zu Ergänzungen; so etwa erfordert in der Inschrift auf dem Stein von Gummarp *sat(t)e staba þrjā^n* ›setzte [3. Pers. Sg.] drei (Runen-)Stäbe‹ ein Agens, sodass am Ende des vorangehenden Personennamens **haþuwolAfA** wohl die Nominativ-Endung **-ʀ** hinzuzufügen ist (späturn. *Haþuwolafₐ[ʀ]*; durch ₐ wird ein Sprossvokal bezeichnet). Ohne Not wird man derartige Konjekturen (verbessernde Eingriffe in den überlieferten inschriftlichen Text) aber nicht vornehmen, bergen sie doch stets Unsicherheiten.

4.3. Ferner ist die Semantik der einzelnen Wörter zu bestimmen. Dies geschieht in der Regel ebenfalls unter Rückgriff auf die späteren literarischen Belege der altgermanischen Einzelsprachen. Nicht in allen Fällen wird man zu einer schlüssigen Lösung gelangen können, denn die Bedeutung der Wörter kann – je nach Zeit, Raum und kulturellem Milieu – einem Wandel unterliegen, der aufgrund der Quellenlage bisweilen nur undeutlich nachvollziehbar ist.

4.4. Insbesondere bei längeren Runeninschriften ist auch die Syntax zu beachten; die Wortstellung kann Rückschlüsse auf die Textstruktur liefern.

4.5. Schließlich spielen auch textlinguistische Aspekte eine wichtige Rolle. Unter Berücksichtigung des Fundzusammenhanges und materialtechnischer Gegebenheiten ist bei einzelnen Gruppen von Inschriftenträgern kraft ihres Verwendungszwecks mit bestimmten Wirkungsabsichten der runenepigraphischen Texte zu rechnen. Vor allem kürzere Runeninschriften lassen sich gewöhnlich vergleichsweise wenigen, jedoch häufig verwendeten Textsorten (in verschiedenen Formularen) zuordnen, im älteren Fuþark sind das in erster Linie Besitzer-, Hersteller-, Schenker-, Runenschreiber- und Gegenstandsinschriften (s. Graf 2011, 227 ff.; Nedoma 2020a, CXX ff.; vgl. S. 12). So ist für die auf der Lanzenspitze von Wurmlingen im Zuge des Produktionsprozesses als Silbereinlage angebrachte Runenfolge **dorih** in ›kombinatorischer‹ Hinsicht die Nennung eines Namens (des Herstellers oder Besitzers) zu erwarten; eine Deutung ›mache kräftig und angesehen‹ (Steinhauser 1968, 19) ist von der Texttypologie her unwahrscheinlich und demgemäß auch ohne Parallelen. In den älteren Runeninschriften lassen sich jedenfalls keine Beispiele für die in der lateinischen, venetischen und rätischen Epigraphik so häufigen Votivinschriften – Typ ven. *Aviro Broiokos dōto donon Sainatei* ›A. B. gab ein [Weih-]Geschenk der [Göttin] Sainatis‹ (V-Ca 20; vgl. Untermann 1978, 882) – ausfindig machen.

5. Die soeben erwähnten textlinguistischen Gesichtspunkte berühren bereits die Frage nach der Funktion der Inschrift oder, anders gesagt, nach dem Bezug zur außersprachlichen Wirklichkeit (›äußere‹ Deutung). Hier gilt es zu überlegen, welcher Sinn einem runenepigraphischen Text zu der betreffenden Zeit am betreffenden Ort im betreffenden kulturellen Milieu zukommt. In der Forschung wird noch immer kontrovers diskutiert, inwieweit den älteren Inschriften ein religiöser und/oder magischer Horizont zugrunde liegt. Ein generelles Urteil lässt sich jedoch nicht fällen: Runeninschriften haben sowohl der profanen zwischenmenschlichen Kommunika-

tion als auch der Kommunikation mit der ›anderen‹, übernatürlichen Welt gedient (Düwel 1992b, 36 ff.; Nedoma 1998, 46 f.; Düwel 2004, 126 f.; 2020a, CXXIX ff.). Im irdischen Bereich angesiedelte Inschriften haben allgemeine, weniger komplexe und damit auch ›merkmallose‹ Intentionen, auf den überirdischen Bereich zielende Inschriften sind in diesem Sinne ›merkmalhaft‹. Die sakralen oder magischen Wirkungsabsichten sind also im Hinblick auf ihre Verankerung im betreffenden kulturellen Milieu zu prüfen, sodass im Zweifelsfall die Beweislast den Verfechter(innen) einer nicht-profanen Interpretation zufällt (Nedoma 1998, 29).

Bei der Arbeit an den Inschriften haben Vor-Einstellungen der betreffenden Runolog(inn)en – man ist fast versucht zu sagen: naturgemäß – stets eine Rolle gespielt und damit zu unterschiedlichen, teilweise krass entgegengesetzten Deutungen geführt. In der Fachliteratur ist in diesem Zusammenhang vielerorts von »skeptischen« und »imaginativen« Runolog(inn)en die Rede. Damit sind zwar zumeist Proponent(inn)en gemeint, die profane oder nicht-profane Interpretationen bevorzugen, doch werden bisweilen auch, was die sprachwissenschaftliche Seite betrifft, nur lose auf Fakten basierende Auffassungen vorgetragen. In jedem Fall macht es einen Unterschied, ob eine Runeninschrift von jemandem mit archäologischem, epigraphisch-paläographischem, linguistischem, literatur-, kultur- oder religionsgeschichtlichem Blickwinkel bearbeitet wird.

6. Für die Publikation einer authentischen Runeninschrift hat sich im Anschluss an die soeben dargestellten Arbeitsschritte folgendes Muster bewährt:

– Angaben zum Fundzusammenhang sowie zum Inschriftenträger, dessen Funktion, Datierung und Aufbewahrungsort;
– Beschreibung der Runen und Lesung, die sich in einer Transliteration der Inschrift (eineindeutige Umschrift in lateinischen Buchstaben) manifestiert;
– sprachliche Untersuchung, die in eine Transkription (Wiedergabe in normalisierten Wortformen der betreffenden Sprache) und Übersetzung mündet;
– Überlegungen zum ›Sitz im Leben‹.

Im Einzelnen können diese Punkte natürlich in verschiedener Ausführlichkeit und anderer Reihenfolge abgehandelt werden.

I.5.2. Beispiele

Zur Veranschaulichung von Möglichkeiten und Grenzen der Deutung von Runeninschriften folgen einige knapp ausgeführte Beispiele:

1. Ein bronzenes Schildbuckelfragment aus dem Moor von Thorsberg (Schleswig-Holstein, D; frühes 3. Jh.) trägt am Rand der inneren Seite sechs linksläufige Runen, die somit entweder vor der Montage des Buckels auf den Schild oder nach seiner Demontage bzw. Deformation angebracht wurden. Die Gravuren sind durch eine tuscheähnliche Substanz, die im 19. Jh. zu Ausstellungszwecken aufgetragen wurde, verunklart (vgl. Matešić 2015a/I, 250; 2015b, 95). Dadurch bleibt die Lesung von Rune Nr. 2 unentschieden, sodass sich entweder eine Sequenz **aisgzh** oder auch **ansgzh** ergibt. In dieser Form ist die Inschrift sprachlich undeutbar, sodass man mit Zusatzannahmen – Ergänzung von Vokalen, Begriffsrunen (**h** für ›Hagel‹) und/ oder Abkürzungen, **g** als Wiedergabe von /k/ – operieren muss.

In der älteren Forschung ist man davon ausgegangen, dass der Buckel noch vor dem Aufnieten auf den Schild beschriftet wurde, und hat in der Runensequenz eine Hersteller-, Besitzer-, Runenschreiber- oder Gegenstandsinschrift (Waffenbezeichnung) erblickt. Für Krause (1966, 55 f.) handelt es sich um den Personennamen *Ais(i)g(a)z* (›der Wütende, Rasende‹, ein »Runenmagiker«), gefolgt von der Begriffsrune *h(aglaz)* ›Hagel, jähes Verderben‹. Antonsen (1975, 30 Nr. 3) gewinnt dagegen mit seiner Deutung *aiskz h(agalas)* ›Herausforderer des Hagels (von Speeren und Pfeilen)‹ eine Objektbezeichnung, die auf die Defensivfunktion des Schildes referiert. Vergleichbares findet sich ferner bei Schuhmann (2002, 458 ff.), der in **argzh** (mit fraglicher Lesung von linksläufigem ᛁ **is** als ᚱ **r**) eine Wunschinschrift wgerm. *argz* ›nutzlos, wirkungslos [soll] der [Speer-]Hagel [sein]‹ sieht. Imer (2015a, 291; 2015b, 112) deutet die Sequenz demgegenüber als Herstellerinschrift: **aṇsgz** sei der abgekürzte Name des Produzenten (*Ans(u)g(aisa)z* o.ä.?), **h** stehe für ›Hand‹ (quasi lat. *manu fecit*).

Mitunter hat man auch gemeint, dass die Beschriftung erst nach der Trennung des Buckels vom Schild erfolgt ist; die Runenfolge bezöge sich dann auf die Versenkung im Moor. So etwa überlegt Düwel (1992a, 348 f. Anm. 13), ob in *Ais(i)-g(a)z* ›der Wütende, Rasende‹ ein (Alias-)Name des Gottes greifbar wird, dem die Opferstätte von Thorsberg geweiht ist; **h** als Begriffsrune ›Hagel‹ stehe für ›Verderben (den Feinden)‹. Von unwahrscheinlichen Voraussetzungen geprägt ist die Deutung von Seebold (1994, 66): **a** (für ›Ase‹) *s(e)g(a)z* **h** (für ›Hagel‹) ›dem Asen die Siegesbeute zur Vernichtung‹ (ᛁ **i** wird als Trenner ⁞ genommen).

In der *h*-Rune am Ende könnte auch abgekürztes urn. *haiteka* ›heiße ich‹ vorliegen, aber dies lässt sich genauso wenig erhärten wie die Annahmen in den vorhin referierten Deutungsvorschlägen. Man hat auch an eine sinnlose Inschrift (Moltke 1985, 98 f.) oder eine Schriftimitation (Stoklund 1995b, 327) gedacht; auch in diesen Fällen handelt es sich um ganz unverbindliche Möglichkeiten.

Vieles hängt naturgemäß davon ab, zu welchem Zeitpunkt die Inschrift auf das Objekt gekommen ist. Zwischen den genaugenommen drei Möglichkeiten – (a) vor dem Gebrauch im Gebiet der Besiegten: vor der Montage auf den Schild, (b1) nach dem Gebrauch im Terrain der Sieger: nach der Demontage, aber vor der Deformation, (b2) nach der Deformation, aber vor bzw. anläßlich der Niederlegung im Moor – lässt sich keine stichhaltige Entscheidung treffen (RGA XXX, 485 f.; Düwel 2012, 247 f.). Es gibt Indizien, die auf eine Anbringung vor der Verformung des Schildbuckels (Matešić 2015a/I, 250; 2015b, 95) oder danach (Ilkjær / Lønstrup 1982, 57) deuten. Unabhängig davon ist noch zu fragen, ob die im Thorsberger Moor deponierte Waffenausrüstung von Invasoren stammt, die vor Ort besiegt wurden, oder ob es sich um in der Fremde erbeutete Militaria handelt.

2. Auf der Rückseite der im Jahre 1955 gefundenen silbervergoldeten Bügelfibel von Beuchte (bei Goslar, Niedersachsen, D), die beim Lehmabbau in einem Frauengrab zutage kam, wurden zwei Runenfolgen **fuþarzj** und **buirso** entdeckt (Abb. 2). Der Fibeltyp datiert allgemein in die Zeitspanne von ca. 500 bis 565, die Niederlegung wird um oder kurz nach der Mitte des 6. Jh.s erfolgt sein. Das Grab der erwachsenen Frau gehört zu einem kleinen, eine Generation umfassenden Friedhof ei-

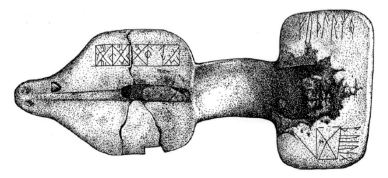

Abb. 2: Bügelfibel von Beuchte (Zeichnung: Braunschweigisches Landesmuseum, Wolfenbüttel, Abteilung Archäologie); M ca. 1:1.

ner wohl sächsischen Familie. Womöglich wurde bei den Abbauarbeiten jedoch ein größeres Gräberfeld unwiederbringlich zerstört.

Die beiden Runenzeilen sind sprachlich nicht ohne Weiteres aufzuschließen – in dieser Form wiederum eine ›sinnlose‹ Inschrift. Krause (1966, 27 f.) hat in seiner magieorientierten Deutung in der Folge **fuþar** den Anfang des älteren Fuþark gesehen und dies als »Heilsrunen« für die Besitzerin der Fibel genommen, der mit **z** und **j** als Begriffsrunen *(algi)z* ›Elch‹ (im Sinne von ›Abwehr‹) und *$j(\bar{a}ra^n)$* ›(gutes) Jahr‹ noch »besondere Wünsche« mitgegeben worden sein. In **buirso** erblickt Krause (mit Umstellung von **ir** zu **ri**) den Namen des Runenritzers *Būriso*, den er sogar ethnisch zuzuordnen versucht (»ein Angel oder Warne«). Mit anderer Etymologie hat Antonsen (1975, 78 Nr. 106) *Burisō* als den Namen der Bestatteten aufgefasst (»i.e. little daughter«), was für einen voraltsächsischen (oder eventuell auch voralthochdeutsch-thüringischen) Frauennamen sprachlich nicht angängig ist, denn in diesem Fall wäre ein Ausgang -*a* zu erwarten.

Die Inschrift erscheint durch materialtechnische Aspekte in einem neuen Licht (Düwel et al. 2020, 28 f.): Die Fibel selbst zeigt deutliche Gebrauchsspuren (Abrieb), wogegen lediglich drei Runen am Rand (**arz**) in den oberen Teilen diskrete Abnutzung zeigen. Bei der Gravur der Rune ᛉ **z** hat der Ritzer eine bereits vorhandene Beschädigung der Oberfläche durch fehlerhaften Guss geschickt umgangen; die asymmetrische Form der *z*-Rune hatte man in der älteren Literatur einem ungeübten Graveur zugeschrieben. Da der runenepigraphische Text demnach erst in der allerletzten Verwendungsphase auf der Fibel angebracht wurde, lässt sich vermuten, dass er für die unmittelbar anstehende Niederlegung der Fibel als Grabbeigabe verfasst wurde. Die Inschrift weist damit auf das Totenbrauchtum, das auch von der Furcht vor Wiedergänger(inne)n geprägt ist. Neben anderen Praktiken zur Verhinderung des Wiedergehens von Untoten (physisch: Fesseln, Pfählen, Zerstückeln des Leichnams) spielt auch die Macht der Schrift eine Rolle, nämlich in Form des schon in der Antike geübten Alphabetzaubers – auf der Fibel von Beuchte scheint die verkürzte Runenreihe diese Funktion zu übernehmen. Und für **buirso** statt zu erwartendem *Būriso* (vgl. ähnlich gebildetes wgot. *Būr-il-a* m.) wird man dem umsichtigen

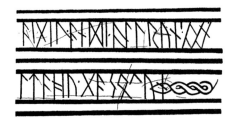

Abb. 3: Inschrift auf der Gürtelschnalle von Pforzen
(Zeichnung: Robert Nedoma); M ca. 1½ : 1.

Runenmeister keine simple Verschreibung unterstellen wollen; es ist hingegen anzunehmen, dass der Name vom Ritzer »bewusst und offenbar tabuisierend, entstellt
wurde«. Mit einer solchen verhüllenden Namennennung ist keine Identität von Be-
zeichnendem und Bezeichnetem mehr gegeben, sodass niemand – auch keine Un-
tote – den wahren Namen des Runenmeisters erkennen und dadurch Macht über ihn
erhalten konnte (Nedoma 1998, 45). Auch andere Runeninschriften enthalten Grab-
bannungen (z.B. GØRLEV, NØRRE NÆRÅ; s. S. 135). Die neue Interpretation der Runeninschrift von Beuchte beruht nicht auf einer sprachlichen Analyse, sondern auf
genauer Beobachtung des Zeitpunktes des Runeneintrages und seiner Einbettung in
totenmagische Vorstellungen als dem ›Sitz im Leben‹ einer solchen Inschrift (vgl.
Düwel 1992a, 353 ff.).

   3. Im Gräberfeld von Pforzen (Lkr. Ostallgäu, Bayern, D) wurde 1992 aus dem
Männergrab Nr. 239 eine silberne viereckige Gürtelschnalle geborgen, die wahrscheinlich in einer Werkstätte in Italien oder auf dem Balkan hergestellt wurde. Das
Grabinventar datiert in das letzte Drittel des 6. Jh.s. Die rechtsläufige Runeninschrift besteht aus zwei Zeilen, die sich bemerkenswerterweise auf der Vorderseite
findet und damit Signalwirkung hat; Zeile I hat am Ende ein Schräggitter, Zeile II
ein Flechtbandornament. Ob die sorgfältig ausgeführten Runen (Abb. 3) vor oder
nach den Ornamenten eingraviert wurden, lässt sich nicht mit Sicherheit bestimmen.
Trenner erleichtern die Aufteilung der Inschrift in einzelne Wörter:

Zeile I: **aigil·andi·aïlrun'** bzw. **aigil·andi·aïlrun'**
Zeile II: **ltahu·gasokun**

Lediglich die ineinander übergehenden Runen Nr. 10/11 in Zeile I konnten erst nach
genauer Detailanalyse als ᛁᛄ **aï** bestimmt werden. Da die Schnalle nicht aus dem
Fundgebiet stammt, ist zu prüfen, ob die Sprache der Inschrift ostgermanisch (gepi-
disch?) oder westgermanisch (voralthochdeutsch) ist. Der Lautstand spricht eindeutig für die letztgenannte Möglichkeit, vgl. **andi** ›und‹ gegenüber got. *jah*, *-(u)h*, **-run**
gegenüber ogerm. *-rūna*. Die Inschrift gibt den Satz vor-ahd. *Aigil andi Ailrūn [...]*
gasōkun ›Aigil (Männername) und Ailrun (Frauenname) [...] kämpften, stritten (vgl.
ahd. *sahhan* ›streiten‹, ae. *sacan* ›kämpfen‹ etc.)‹ wieder. Für den Beginn von Zeile
II ist entweder ein direktes Objekt oder eine Adverbialangabe zu erwarten; die Folge
ltahu lässt sich freilich nicht ohne Weiteres sprachlich deuten. Man hat verschiedene Lösungen vorgeschlagen (das Folgende nach Düwel 2021a, 113 ff.):

(1) In den Ritzungen am Ende von Zeile I wird eine schräggestellte Runenverbindung ᛀ◇ᛁ **aŋi** erblickt und damit ein Frauenname *Angiltahu* gewonnen: ›Aigil und Ailrun schalten die Angiltah‹ – ›Sitz im Leben‹: Frauenzank (Wagner 1995).

(2) Auf **ltahu** wird die Schreibregel angewendet, derzufolge Hochzungenvokal (*i, u*) vor der Folge von Resonant (*l, r, m, n*) und Geräuschlaut nicht repräsentiert ist (s. S. 11); *(l)ltahu* ergibt einen Flussnamen: ›Aigil und Ailrun kämpften, stritten zusammen an der Ilzach‹ – Funktion: Zitat einer Heldensage (von ae. *Ægili* ~ aisl. *Egill* und *Ǫlrún*) als Vorbildhandlung: ein Motto des Schnallenbesitzers (Nedoma 1999; 2004b).

(3) ᛁᛏ **lt**, deren Spitzen der Zweige zwischen den beiden Stäben einander nicht berühren, wird als ›verunglückte‹ Binderune ᛁᛏ (aus einer Schreibvorlage) genommen und die Sequenz **e͡lahu** wie folgt gedeutet:

(3a) (ogerm.) *ēla(a)hu* ›Aalwasser‹: ›Aigila und Ailrun beschwichtigten, bedrohten [mit Erfolg] das [dämonische] Aal-(Schlangen-)wasser‹ – die Gürtelschnalle als Amulett; Funktion: Beschwichtigung bzw. Abwehr böser »Aalschlangen« (Schwab 1999a);

(3b) *elahu[n]* zu *elaho* ›Hirsch‹: ›Aigil und Ailrun haben die Hirsche (Hirschverkleidung, -maskierung, -verwandlung) verflucht‹ – Abschwörung heidnischer Rituale bzw. Annäherung an das Christentum (Düwel 1999a);

(3c) *elahu* zu *elah(h)o* ›Hirsch‹: ›Aigil und Ailrun kämpften, stritten [mit Erfolg] zusammen mit dem Hirschen [i.e. Christus]‹ – Bekundung des Christentums (Grønvik 2003a);

(3d) *elahu[n]* zu *elah(h)o* ›Hirsch‹: ›Aigil und Al(u)run kämpften im »Hirsch« [i.e. in der berühmten Halle (ae.) *Heorot*]‹ – Heldensagenzitat als trotziges Statement des Schnallenbesitzers, das gegen die fränkische Oberherrschaft gerichtet ist (Marold 2004).

(4) **l** und **t** werden als Begriffsrunen **l(agu-)t(īwa-)* aufgelöst und *ahu* zu einem Wort für ›Sinn, Verstand‹ gestellt: ›Aigil und Halrun haben mit Bedacht den See-Gott verworfen‹ – keine Angabe zum ›Sitz im Leben‹ (Seebold 1999).

(5) Vor **ltahu** wird Vokal *a* ergänzt, sodass sich ergibt:

(5a) *[a]l tāhu* ›alle heftig‹: ›Aigil and Ailrun vigorously fought, condemned all‹ – Heldensagenzitat ohne genauere Angabe zur Funktion (Looijenga 2003a);

(5b) *[a]ltahu* ›ich zerstreue, verwirre‹: ›Aigil und Ailrun [bestanden einen erfolgreichen Kampf]. Ich zerstreue, verwirre ganz und gar die Gegner‹ – Heldensagenzitat als Vorbildhandlung (Beck 2010).

Die Einbeziehung des Schräggitters am Ende von Zeile I als Runen (1) ist nicht angängig; ein Frauenzank als Anlass einer Inschrift ist zudem unglaubhaft. Die Ergänzung eines Vokals *a* am Beginn von Zeile II (5a, 5b) geschieht nur der Deutung zuliebe und bleibt daher problematisch. Ohne Grundlage ist das Hantieren mit Begriffsrunen, das auch zu keiner überzeugende Lösung führt (4). Auf Basis einer angenommenen Binderune **e͡l** steht eine Absage an heidnisches Brauchtum mit zwei Eingriffen in den Text (3b), die Abwehr von Wasserschlangen mit sprachlichen Defiziten und hypothesenreicher Deutung (3a), christliche Metaphorik, die für die gerade am Beginn der Bekehrung stehende *Alamannia* des späten 6. Jh.s kaum vorstellbar ist (3c) und eine Referenz auf die germanische Heldensage, bei der die Ver-

bindung mit der aus dem altenglischen *Bēowulf* bekannten Halle des Königs Hroth-
gar ungewiss bleibt (3d).

Es bleibt die Deutung (2), bei der **lt-** für *(I)lt-* steht und den Flussnamen ahd. **Ilz-
aha* (vgl. *Ilz*, Nebenfluss der Donau) im Instrumental in lokativischer Funktion wiedergibt. *Aigil* und *Ailrūn* (gegenüber aisl. *Egill* und *Ǫlrún*) sind »Heldennamen in
mehrfacher Lautgestalt« (Heusler 1910), die aus einer nur bruchstückhaft bezeugten
Heldensage von einem Meisterschützen und seiner walkürischen Frau bzw. Geliebten stammen; bekannt ist die Abbildung auf dem Deckel des Franks Casket (s. Abb.
24.1, S. 108 f.). Dies ist die einzige Deutung, »die, ohne einen Eingriff in die überlieferte Runenfolge vorzunehmen, zu einer sprachlich und sachlich befriedigenden
Lösung führt« und daher den Vorzug verdient (Düwel 2021a, 119 f.). In jedem Fall
beachtenswert ist die poetische Form der Inschrift, die mit Vokaleinsatz in Zeile II
eine reguläre Langzeile bietet, den ältesten Alliterationsvers in einer westgermanischen Sprache: vor-ahd. *Áigil andi Áilrūn ‖ (Í)ltàhu gasṓkun* (vgl. Feulner 2001).

4. Der Runenstein von Stentoften steht heute in der Vorhalle der Kirche von Söl-
vesborg (Blekinge, S; s. Abb. 8, S. 51); er wurde 1820 mit der Inschriftenseite nach
unten auf einem Wiesenhang gegenüber der Halbinsel Lister entdeckt. Die Beschriftung ist in der Zeit vor 600 erfolgt. Die lange Runeninschrift besteht zum einen aus
einem gegenwartsbezogenen Teil und zum anderen aus einer Verfluchung, die sich
in ganz ähnlicher Form auf dem etwas später zu datierenden Stein von Björketorp
wiederfindet (s. S. 50 ff.). Die ersten drei – senkrecht von links unten nach rechts
oben laufenden – Zeilen sind eindeutig lesbar und lauten in Transliteration (⋇ **A** steht
für orales *ă*, ↑ **ā** für nasales *ā*ⁿ, phonetisch [ã(ː)]; s. S. 7):

Zeile I: **niuhAborumR**
Zeile II: **niuhãgestumR**
Zeile III: **hAþuwolAfRgAfj**

Zeile III ›Hathuwolf gab (gutes, gedeihliches) Jahr‹ (mit Begriffsrune ⏦ **j** für urgerm.
**jēra*ⁿ > urn. **jāra* ›Jahr‹; s. S. 8) ist unstrittig; aus dem alten Skandinavien ist belegt, dass ein Herrscher für *ár ok friðr* ›gutes Jahr (gute Ernte) und Frieden (Rechts-
schutz)‹ zu sorgen hatte (Sundqvist 1997, 147 ff.; Hultgård 2003, 283 ff.). Für die
Zeilen I und II wurden mehrere Segmentierungen, Deutungen bzw. Übersetzungen
vorgeschlagen; dabei hat man in **gestumR** zumeist einen Dativ Pl. erblickt:

(1) *nīu hā-borumR, nīu hā-gestumR*
›neun hohen Söhnen, neun hohen Gästen‹ (Marstrander 1953, 116 f. 127);
ähnlich

(2) *nīu hā-borumR, nīu hā-gestumR*
›neun Söhnen des Hohen (aisl. *Hávi*, i.e. Odin), neun Gästen des Hohen‹
(Grønvik 1987a, 124. 129);

(3) *niuha-būrumR, niuha-gestumR*
›den neuen Bauern (Siedlern), den neuen Gästen‹ (Krause 1966, 212 f.);

(4) *nī Ūha borumz, nī Ūha gestumz*
›nicht Uha den Söhnen, nicht Uha den Gästen, [sondern ...]‹ (Antonsen 1975,
84 ff. Nr. 119);

(5) *niuja burumʀ, niuja gestumʀ*
   ›den neuen Nachkommen, den neuen Gästen‹ (Grünzweig 2006, 422 f.).

Ohne hier auf die Probleme jeweils im Einzelnen einzugehen, bleibt bei all den angeführten Interpretationen der zu frühe Eintritt des *i*-Umlauts *a* > *e* in **gestumʀ** (urgerm. **gasti-*) problematisch, vor allem aber wird kein Unterschied zwischen den
beiden Runen ᛉ **A** (für *ą̃*) und ᚦ **ã** (für *ą̃ⁿ*) gemacht. Erst Santesson (1989; 1993) hat
eine Deutung vorgelegt, die diesen beiden Umständen Rechnung trägt:

(6) *nīu hab₀rumʀ, nīu haⁿgestumʀ*
   ›mit neun Böcken, mit neun Hengsten (gab Hathuwolf [gutes] Jahr)‹.

Die folgende Inschriftzeile IV ist defekt und sonach nicht ausreichend zu erhellen.
Indem Santesson den Kontrast zwischen /a/ und /ã/ (durch **A** und **ã** bezeichnet) berücksichtigt, kommt sie zu einer neuen und überzeugenden Deutung: Der ›Kleinkö-
nig‹ Hathuwolf hat ein Tieropfer veranstaltet (*hab₀rumʀ* mit Sprossvokal zu aisl.
hafr, ae. *hæfer* ›Ziegenbock‹ < urgerm. **habra-*, vgl. nhd./dial. *Habergeiß* ›Schreck-
gestalt [halb Vogel, halb Ziege]‹; *haⁿgestumʀ* zu ahd. *hengist*, ae. *hengest* ›Hengst‹
< urgerm. **hangista-*) und damit ein gutes bzw. gedeihliches Jahr für die ihm anbe-
fohlenen Leute herbeigeführt. Diese Interpretation findet eine Bestätigung in einem
Bericht, den Adam von Bremen im späteren 11. Jh. über heidnische Neuneropfer in
Uppsala gibt (›Bischofsgeschichte der Hamburger Kirche‹ IV,27):

> Auch wird alle neun Jahre in Upsala (*Ubsola*) ein gemeinsames Fest aller schwedischen Stäm-
> me begangen. [...] Die Opferfeier geht folgendermaßen vor sich: von jeder Art männlicher Le-
> bewesen werden neun Stück dargebracht (*novem capita offeruntur*); mit ihrem Blute pflegt man
> die Götter zu versöhnen. (Trillmich 1961, 471 ff.)

Damit wird der erste Teil der Inschrift von Stentoften ein Zeugnis für einen Opfer-
ritus, der ein glaubhafter Anlass zur Errichtung eines Steinmonuments ist: »Wenn
die Inschrift sich auf ein Gottesopfer bezieht, passt auch die abschließende Fluchformel gegen denjenigen, der sich an diesem Denkmal vergreift, völlig in das Bild
hinein« (Santesson 1993, 251). Die Darlegungen Santessons haben breite Zustimmung gefunden (z.B. Sundqvist 1997, 146. 169; Antonsen 2002, 304; McKinnell et
al. 2004, 55; Oettinger 2008, 404 ff.; Imer 2015a, 264; Schulte 2015a, 185 ff.; 2018,
99 f. Nr. 12; dagegen z.B. Reichert 2003, 348 ff.).

   5. Aus dem Korpus der Inschriften im anglo-friesischen Fuþork können die Runen auf der wohl in das spätere 5. Jh. zu datierenden Urne von Loveden Hill (Lincolnshire, UK) die Möglichkeiten und Grenzen der Deutung veranschaulichen (s.
S. 104 f.).

   6. Von den wikingerzeitlichen Denkmälern im jüngeren Fuþark gehört etwa die
Inschrift auf dem 1987 entdeckten Stein von Malt (Nordjütland, DK) aus dem 9. Jh.
in diesen Zusammenhang (s. S. 146 f.).

   7. Schließlich bietet unter den mittelalterlichen Runeninschriften der Messergriff
aus der Stadt Schleswig (D; 11./12. Jh.) ein Beispiel für beträchtlich abweichende
Interpretationen (Düwel 1989a; Grønvik 1989; vgl. S. 211).

   Die besprochenen Fälle 1. bis 4. beleuchten die Arbeitsweise von Runolog(in-
n)en in ausreichendem Maße. Wie eingangs dieses Kapitels (S. 16 ff.) dargelegt,

geht es zunächst um eine akribische Untersuchung des Originals (bevorzugt im Rahmen einer Autopsie) mit Beobachtung von eventuellen Abnutzungsspuren. Der genauen Beschreibung der einzelnen Runen folgt eine verbindliche Lesung, die vermittels einer linguistischen Analyse zur sprachlichen Deutung führt. Für die Gesamtinterpretation sind außertextliche Gegebenheiten zu berücksichtigen, um den ›Sitz im Leben‹ bzw. die Funktion einer Inschrift möglichst präzise zu erfassen. Nur wenn all diese Aspekte in der Deutung ihren angemessenen Platz finden (Puzzle-Prinzip) und als Ensemble ein stimmiges Bild ergeben, kann eine Interpretation tatsächlich Plausibilität beanspruchen (Düwel 2021a, 116). Die vorhin referierten Beispiele haben jedoch auch gezeigt, wie sehr unterschiedliche Herangehensweisen zu abweichenden Ergebnissen führen. Es ist ein Charakteristikum geistes- bzw. kulturwissenschaftlichen Arbeitens, dass keine Möglichkeit von Experiment und Beweis besteht: es geht ›nur‹ um argumentativ erreichbare Wahrscheinlichkeiten. Das mancherorts in der Fachliteratur – zumeist mit humoristischem Beiklang – zitierte, offenbar von David Wilson (bei Page 1973, 11; vgl. Page 1995, ix) stammende *First Law of Runo-dynamics* besagt, dass es so viele Interpretationen einer Inschrift gibt wie Runolog(inn)en, die sich damit befassen. Dies ist jedoch zweifellos übertrieben, denn es stellen zwar Forscher(inn)en, die eine vom Bisherigen abweichende Deutung entwickeln, diese in der Regel auch öffentlich zur Diskussion (dies besagt das sog. Ternitzer Natürlichkeitsgesetz), der Rest der Fachzunft schließt sich aber dem einen oder anderen Lager an, sodass sich durchaus Gruppenmeinungen bilden. Es gilt jedenfalls, die eigene Interpretation auf allen Ebenen so präzise wie möglich zu fassen, um damit die Plausibilität der Aussagen zur Deutung von Runeninschriften zu erhöhen. In dieser Hinsicht stellt namentlich die historische Sprachwissenschaft ein scharfes Instrumentarium bereit, das allerdings nicht von allen Zunftgenoss(inn)en in ausreichendem Maße genutzt wird. (Über methodische Fragen und Probleme verschiedener Art informieren z.B. Spurkland 1987; Braunmüller 1998; Nedoma 1998; Knirk 2002, 645 f.; Barnes 2014; Düwel 2021a.)

II. Ältere Runeninschriften aus Skandinavien

Die Inschriften (auch) im älteren Fuþark können nach verschiedenen Gesichtspunkten präsentiert werden, z.B. in zeitlicher Abfolge oder nach Textsorten. Da beide Möglichkeiten interpretationsabhängig sind, ist eine Gliederung nach Inschriftenträgern (lose Gegenstände und Runensteine) vorzuziehen. Weiter kann nach den für lose Objekte wie Fibeln und Waffen typischen Fundstellen (Feuchtgebiete, Gräber) unterteilt werden. In diesem Kapitel erscheinen zunächst eingangs die zeitlich frühesten und die Fuþark-Inschriften (II.1., II.2.) sowie am Ende die Runenbrakteaten (II.7.) in eigenen Abschnitten.

II.1. Die ältesten Runeninschriften

1. Die Fibel von Meldorf (Kr. Dithmarschen, Schleswig-Holstein, D) hat Michael Gebühr im Jahre 1979 zufällig im Magazin des Archäologischen Museums Schleswig entdeckt. Ihre Fundgeschichte ist unbekannt, wahrscheinlich stammt sie aus einem Brandgrab und gehörte einer Frau. Es handelt sich um ein frühes Exemplar einer Rollenkappenfibel, die aus typologischen Gründen in der ersten Hälfte des 1. Jh.s n. Chr. hergestellt wurde. Deutliche Abnutzungsspuren deuten darauf, dass das Stück länger in Gebrauch war. Auf dem Nadelhalter stehen, in Tremolierstich ausgeführt, vier Zeichen (Abb. 4), die von den Verzierungen zahlreicher anderer Fibeln dieses Typs derart abweichen, dass sie als Schriftzeichen verstanden werden können (aber nicht müssen).

Seit 1981 gibt es eine Kontroverse darüber, ob Runen (vielleicht auch nur Vorläufer von Runen) oder lateinische Kapitalisbuchstaben (vielleicht auch nur deren Imitation) vorliegen. Runisch gelesen, ergeben sich vier Möglichkeiten: ‿iþih, iwih oder ‿hiþi, hiwi (mit dem Dreieckzeichen als Wenderune þ oder w). Ein Deutungsversuch versteht hiwi als Widmungsinschrift für eine Frau (›der Hiwi‹), deren Funktion als Familienoberhaupt (*mater familias*) angedeutet sein mag (Düwel / Gebühr 1981). Lateinschriftlich ergibt sich ‿IDIN, worin Odenstedt (1983; 1989) einen germanischen Frauennamen ›für Ida‹ oder Männernamen ›für Iddo‹ gesehen hat. Gegen jede der vorgebrachten Deutungen bestehen gravierende Bedenken. Das gilt insbesondere für die Annahmen, irili = *irili* bedeute ›dem Runenmeister‹ (Mees 1997) bzw. iþih = *Iþīh* sei ein Beiname ›Reisender‹, vielleicht des Odin (MacLeod / Mees 2006, 23; Mees 2012). In den vier Zeichen archaische Runenformen zu erblicken (iþin oder idin, ohne Deutung: Seebold 1991b, 448 f.), ist schließlich methodisch problematisch.

Eine abschließende Beurteilung fällt schwer, da sich keine plausible Lesung anbietet (ᚺ kein regelrechtes h oder N, ◁ kein regelrechtes þ, w oder D) und sämtliche sprachlichen Deutungen mit Problemen behaftet sind. Solange es an Vergleichsma-

© Springer-Verlag GmbH Deutschland, ein Teil von Springer Nature 2023
K. Düwel und R. Nedoma, *Runenkunde*,
https://doi.org/10.1007/978-3-476-04630-7_2

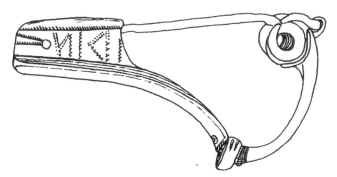

Abb. 4: Rollenkappenfibel von Meldorf (nach
Düwel / Gebühr 1981, 160); M ca. 1 : 1.

terial aus demselben Zeithorizont mangelt, muss man den Quellenwert der Zeichen
(oder vielleicht gar nur Ornamente?) auf der Meldorfer Fibel auf sich beruhen lassen. Dass eine Runeninschrift vorliegt, ist zwar nicht auszuschließen, alles in allem
jedoch unsicher (RGA XIX, 522). Im positiven Fall hätte dies naturgemäß weitrei-
chende Konsequenzen für die Frage nach dem Ursprung der Runenschrift (dazu S.
235 f.), erscheinen die nächsten Runendenkmäler doch erst ca. 100–150 Jahre später
(s. zusammenfassend Düwel 2007). Da ᛗ und ◁ unförmig (und die beiden ᛁ ›basale‹
Zeichen) sind, handelt es sich womöglich lediglich um Schriftimitation – aber auch
das ist naturgemäß nur eine Vermutung, die sich nicht weiter erhärten lässt.

2. Aus Vimose (Odense Kommune, Fünen, DK), kommt neben anderen Runenobjekten (s. S. 32) ein Zweilagenkamm mit den Runen **⌐harja**, die einen Männernamen wiedergeben. Es handelt sich um eine mit *n*-Suffix gebildete Kurzform urn.
Harjã zu einer zweigliedrigen Bildung mit dem Namenstamm *Harja-* (zu got. *harjis*
›Heer‹, ahd. *heri*, aisl. *herr* ›Heer, Schar, Menge‹). Nach den differenzierten Datierungen der Niederlegungen durch Ilkjær (1993, 297. 299; 1996, 73 f.; Rau 2015,
33; vgl. Pauli Jensen 2003, 228 f.) gehört der Kamm in die Zeit um 150/160 bzw.
in das dritte Viertel des 2. Jh.s n. Chr.

3. Die Lanzenspitze von Øvre Stabu (Østre Toten, Oppland, N), aus einer Waf-
fenbestattung in einem Grabhügel geborgen, wurde in der älteren Forschung ebenfalls in die zweite Hälfte des 2. Jh.s n. Chr. gesetzt (s. z.B. Krause 1966, 76). In der
neueren archäologischen Literatur legt man sich demgegenüber weniger fest und
datiert das Stück in die Zeitspanne von ca. 160 bis 250/260 (Ilkjær 1990, 107. 385
Nr. 688; Lund Hansen 1998, 172; vgl. RGA XXII, 12). Die in kleinen Schrägstri-
chen ausgeführte Runeninschrift **⌐raunijaʀ** entspricht Laut für Laut aisl. *reynir* ›Erprober‹. Dies gilt als magisch-poetische Bezeichnung (wobei der erste Bestandteil
als ›operativ‹ zu nehmen ist) und bezieht sich auf die Funktion der beschrifteten
Angriffswaffe, die feindlichen Verteidigungswaffen zu erproben bzw. zu prüfen (s.
Düwel 1981, 142 f.). Hier wie bei den typologisch nahestehenden Lanzenspitzen
aus Illerup und Vimose dürften die Runen bei der Fertigung angebracht worden sein
(s. RGA XV, 22. 32).

Je nach der Verbindlichkeit der Datierung stellt entweder der Kamm von Vimose oder die Lanzenspitze von Øvre Stabu das älteste bekannte Runendenkmal dar; bei der Fibel von Meldorf ist ganz unklar, ob es sich um Runen handelt.

II.2. Fuþark-Inschriften

Insgesamt sind bislang 16 ›Abecedarien‹ mit der älteren Runenreihe (ganz oder verkürzt eingetragen) bekannt geworden. Der wichtigste Fund stammt aus einem Steinkistengrab bei Kylver aus dem 5. Jh. (RGA XVII, 523 f.). Auf einer Steinplatte ist das Fuþark (vgl. Abb. 1, S. 2) in rechtsläufiger Folge belegt, jedoch mit Umstellung von ï und p sowie d und o; die beiden Runen a und b sind nach links gewendet. Die erste Rune – es ist ein f zu erwarten – kann nicht sicher gelesen werden. Nach der o-Rune folgt eine tannenbaumartige Schlussmarke, deren runischer Charakter und Sinn umstritten sind (vervielfachte t-Rune?, Produkt der links und rechts abgehenden Zweige 6×8 = 48 als doppelte Anzahl der Runen im Fuþark?). Rechts oberhalb davon liest man **sueus**, ein Komplex, der rückwärts gleichlautend gelesen werden kann (Palindrom) und vielleicht eine nicht mehr verstehbare magische Formel darstellt. Die genaue Lage der Platte innerhalb des Grabes ist nicht bekannt. Es wird angenommen, dass die Inschrift ursprünglich dem Toten zugewandt war.

Vollständige oder verkürzte Fuþark-Reihen kommen auf verschiedenen Gegenständen vor und zeigen geographisch eine breite Streuung (Düwel / Heizmann 2006, 4 ff.). Zwei C-Brakteaten aus Raum Vadstena (modelgleich das Exemplar aus Raum Mariedam) und von Grumpan (s. S. 9) bieten das Fuþark in drei Gruppen von acht Zeichen (aisl. *ættir*) und mit **od** am Ende. Auch aus Dänemark sind zwei modelverwandte C-Brakteaten (Lindkær-C und Overhornbæk III-A) mit einer vor allem am Ende verderbten Runenreihe bekannt geworden. Ferner finden sich Fuþark-Abbreviaturen auf den Brakteaten von Gudme II-C (**fuþar**), Holvsbakke-C (**fuþiz**), Schonen II-C (**fuþr**) und Overhornbæk II-A (modelgleich Raum Vendsyssel-A: **?uþa**).

Aus dem südgermanischen Gebiet (s. S. 73 ff.) stammt ein merkwürdiger Fund, eine steinerne Halbsäule mit der nicht ganz vollständigen Runenreihe, die 1930 bei Breza (Zenica-Doboj, BIH) zutage trat. Dazu kommen Fuþark-Abbreviaturen auf den Fibeln aus dem alten Aquincum (Budapest, H: **fuþarkgw**, die erste Achtergruppe) und Beuchte (Niedersachsen, D: **fuþar**; S. 21 f.), auf dem Holzstuhl von Trossingen (Baden-Württemberg, D: **fuþ⁽a⁾r⁽k⁾**) sowie auf einem Rinderknochen von (Lány-)Břeclav (Südmähren, CZ: **⁽t⁾bemdo**, sechs der acht Runen der letzten *ætt*; S. 75 f.). Ostgermanischer, und zwar wohl burgundischer Provenienz ist schließlich die Fibel von Charnay-lès-Chalon (Saône-et-Loire, F) mit einer nahezu kompletten Fuþarkreihe (s. S. 72).

Zwei Inschriftenträger überwiegen: Grabbeigaben und als Amulette getragene Goldbrakteaten. Dies legt den Gedanken nahe, dass die Anbringung der Runenreihe vor allem magischen Zwecken gedient hat; die operative Wirkung stellt man sich in verschiedener Weise vor (s. S. 272 f.). Daneben sind aber im Einzelfall auch didaktische Zwecke (Schreibübung) und ornamentale Funktion denkbar.

II.3. Moorfunde

In den heutigen Mooren Jütlands, Schleswig-Holsteins, Fünens, Seelands und Scho-
nens, die in älterer Zeit fast immer Seen bzw. Teiche unterschiedlicher Größe waren, haben systematische Grabungen seit der Mitte des 19. Jh.s eine Fülle bedeutsamer Funde von der späten Latènezeit (200 v. Chr.) an bis in das frühe 6. Jh. n. Chr.
erbracht: alleine aus Dänemark sind ca. 50 große Niederlegungen mit über 40.000
Gegenständen bekannt (RGA XXXIII, 37). Zutage gefördert wurden im wesentlichen verschiedene lose Objekte, manchmal gebündelt oder sortiert: Waffen, Hobel,
Kämme, Amulette, Kästchen, Tongefäße, römische Münzen u.a., die als Weihe-
bzw. Opfergaben an Gottheiten niedergelegt wurden. Beschädigungen an den Waffen sind zum Teil Kampfspuren, vielfach handelt es sich aber um Deformationen
oder Zerstörung als Mittel ›kultischer Unbrauchbarmachung‹ vor dem Versenken
im Gewässer. Unter den tausenden Funden gibt es neben einigen lateinisch beschrifteten Objekten (Schildbuckel aus Thorsberg, gestempelte Schwertklingen aus Illerup; Imer 2007a, 41. 50) eine bedeutende Anzahl von Runendenkmälern, und zwar
nach heutigem Kenntnisstand 27.

»Einige an der Diskussion beteiligten Forscher betrachte[n] das Material als Teil von Waffen und
Ausrüstungen, die von einer lokalen Bevölkerung als Dank für eine hilfreiche Gottheit nach der
gelungenen Abwehr eines Angriffes niedergelegt wurde. Das umgekehrte Modell – die Waffen
und Ausrüstungen werden von der lokalen Bevölkerung nach einem erfolgreichen Angriff in fremden Territorien niedergelegt – wird von anderen favorisiert, ohne dass bislang für die eine oder andere Theorie in der Diskussion abschließende Argumente vorgetragen werden konnten« (Rau / von
Carnap-Bornheim 2012, 522; vgl. Bemmann / Hahn 1992, 66). Dass, um eine dritte Möglichkeit
zu nennen, siegreiche Angreifer vor Ort geopfert haben, ist nur erwägenswert, wenn für die deponierten Objekte keine auswärtige Herkunft wahrscheinlich ist. Nach Maßgabe der Unmenge der
versenkten Heeresausrüstungsgegenstände haben da jedenfalls größere militärische Auseinandersetzungen stattgefunden, von denen die antike Historiographie nichts berichtet. Welches Szenario
plausibler ist (vor Ort oder auswärts erbeutete Objekte), wirkt sich nicht entscheidend auf die Beurteilung der Runeninschriften aus, die in jedem Fall in der Fremde angebracht wurden.

Ein Ortband, das die Spitze einer hölzernen oder ledernen Schwertscheide zusam-
menhielt, stammt aus dem Moor von Thorsberg in Angeln (Schleswig-Holstein, D;
frühes 3. Jh.; Blankenfeldt 2015, 69. 74). Die Inschrift – Seite A: **o wlþuþewaz**, B:
niwajemariz – ist verschieden gedeutet worden: A als ›Erbbesitz. *W(u)lþuþewaz*‹
(mit einer Begriffsrune ᛟ **o** für urgerm. *ōþala^n*), *W(u)lþuþewaz* (mit einem die Inschrift eröffnenden nicht-textuellen Zeichen) oder *Wolþuþewaz* (mit Vertauschung
von **o** und **w**; aus sprachlicher Sicht fraglich). Nach allgemeiner Ansicht nennt der
zweigliedrige Männername, bei dem der Hochzungenvokal *u* vor *l* plus Geräuschlaut ausfällt (s. S. 11), den Eigentümer von Schwert und Scheide (anders Krause
1966, 54: »Runenmeister«). Unklar ist, ob ein sakraler, morphologisch-semantisch
motivierter Personenname ›Ull-Diener‹ vorliegt oder ob es sich um eine profane,
durch Namenvariation entstandene Bildung handelt, dessen Glieder zu got. *wulþus*
›Glanz‹ und *þius* ›Diener‹ zu stellen sind (vgl. Nedoma 2015, 298).

Das Theonym aisl. *Ullr* (< urgerm. **Wulþuz*) ist nur im Norden bekannt. Für den Kult des Gottes
Ull, der in literarischen Quellen nur vereinzelt erwähnt wird, aber in skandinavischen Ortsnamen
reichlich belegt ist, böte die Thorsberger Runeninschrift, falls bodenständig, das früheste datierbare

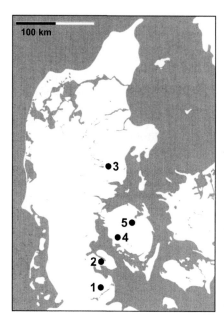

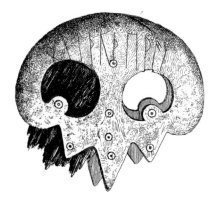

Abb. 5,1 (links): Im Text genannte Heeres-ausrüstungsopfer: **1** Thorsberg, **2** Nydam, **3** Illerup, **4** Vimose, **5** Kragehul (Karte nach Grimm / Pesch 2015, 26). – **Abb. 5,2** (oben): Ortband von Thorsberg, Seite A (nach Engelhardt 1863, Taf. 10,41). M ca. 1 : 1.

Zeugnis. Die Frage nach der Provenienz dieses Stückes – die überwiegende Mehrzahl der Thorsberger Funde rührt aus dem Gebiet zwischen Elbe und Rhein her, aus westgermanischem Gebiet also – hat auch sprachliche Implikationen: das Urnordische zeigt -*az* im Nominativ Sg. der maskulinen *a*-Stämme, im Westgermanischen hingegen ist das auslautende *z* geschwunden (sicher allerdings erst im späten 3. Jh. belegt; vgl. S. 15).

Was Seite B **niwajēmariz** = *ni waje-māriz* betrifft, so bezieht sich nach verbreiteter Ansicht ›der nicht Schlechtberühmte‹ (vgl. got. *waja-merjan* ›lästern‹) auf den Eigentümer, wenn man in **wlþuþewaz** einen Personenname erblickt. Bei einem anderen Versuch wird von *nī wā(g)jē Māriʀ* ›Möge Māriʀ (Schwertname ›der Berühmte‹, vgl. aisl. *mærr*) nicht schonen‹ (Marstrander 1929, 224) ausgegangen. In diesem Fall bezieht sich die Aussage auf die Wirkungsweise des Schwertes, das die Gegner und deren Schutzwaffen nicht schonen, sondern heftig angreifen soll (Düwel 1981, 131 ff.; Stoklund 1995b, 327 ff.). In ähnlicher Weise verläuft auch eine andere Deutung: ›Möge der Berühmte nicht schwanken‹ (Grønvik 1998b, 121 ff.).

Aus dem Moor von Vi (dän. *Vimose*) kommen neben dem vorhin (S. 29) behandelten Kamm sechs weitere runenbeschriftete Kriegsopferfunde, die allesamt in der ersten Hälfte des 3. Jh.s, und zwar wohl um 230/240, deponiert wurden (Pauli Jensen 2003, 226; vgl. RGA XXXII, 403). Es handelt sich um zwei Ortbänder, einen Schwertscheidenbeschlag (oder Riemenbügel), einen Hobel, eine Bronzeschnalle und eine Lanzenspitze (Stoklund 1995b, 334 ff.; RGA XXXII, 410 ff.). Mit Ausnahme des zuletzt genannten Runendenkmals, das eine Herstellerinschrift **wagnijo** (s. sofort, S. 33) trägt, sind Lesung und Deutung dieser Inschriften unsicher.

Im Zuge mehrerer Ausgrabungskampagnen im Tal des Flusses Illerup bei Skanderborg (Jütland, DK) von 1950 bis 1985 wurden mehr als 14.000 Gegenstände zutage gefördert, die in der Zeit um bzw. kurz nach 200 niedergelegt wurden (Ilkjær / Lønstrup 1982, 53. 55; Rau 2015, 35). Es wird diskutiert, ob die deponierten Ausrüstungsgegenstände aus Norwegen bzw. den angrenzenden Teilen Westschwedens stammen (RGA XV, 352) oder aus dem südskandinavisch-norddeutschen Gebiet (Rau 2015, 36 ff.). Runeninschriften tragen drei Schildfesseln (Griffe, an denen die Holzschilde gehalten werden), zwei Lanzenspitzen, dazu ein Ortband, ein Hobel, ein Feuerstahlhandgriff und ein Trinkhornbeschlag (Stoklund 1995b, 101 ff.; RGA XV, 353 f.). Auf der bronzenen Schildfessel I ist der Männername *Swartā* ›der Schwarze‹, ein Beiname (vgl. *Halfdan Svarti*, norwegischer König im 9. Jh.), graviert. Die Schildfesseln II und III bestehen aus Silber; auf der einen wird der Hersteller genannt (*Niþijō tawidē* ›N. machte‹), auf der anderen findet sich mit **laguþewa** ein zweigliedriger Männername, der rein sprachlich gesehen als westgermanisch zu klassifizieren ist (wgerm. *-a* gegenüber urn. *-az*; dazu Nedoma / Düwel 2012, 152 ff.).

In diesem Fall wäre eine Besitzerinschrift naheliegend; bei jenem *Laguþewa* würde es sich wohl um einen Gefolgschaftsherrn aus einem südlicher gelegenen (norddeutschen?, jedenfalls westgermanischen) Gebiet handeln, der sich den in der Mehrzahl skandinavischen Angreifern angeschlossen hat. Der sprachliche Befund ist unanfechtbar, das entworfene Szenario lässt sich jedoch nicht erhärten.

In **swarta** = *Swartā* (mit *a*-Rune ᚠ für schwachtoniges *-ā̄*) und **niþijo** = *Niþijō* (eine Kurzform, zu aisl. *niðr*, got. *niþjis* ›Verwandter‹ oder zu aisl. *níð* ›Beschimpfung‹, ahd. *nīd* ›Feindseligkeit, Hass, Neid‹ als) werden zwei nebeneinander bestehende Ausgänge des Nominativs Sg. der maskulinen *n*-Stämme im Urnordischen greifbar (< urgerm. *-ǣ̄ⁿ* und *-ō̃*; Nedoma 2005). In ᛉᛟᛁᚦᛁᛏ ⌐**niþijo** und ᛁᛈᚾᚦᛈᛚᚲᛏᛏ ⌐**laguþewa** begegnen die *þ*- und *w*-Runen in vertikal gespiegelter Form (vgl. S. 10. 102); mit dieser Einsicht war der Schlüssel für die Lesung ᛉᛋᛁᚺᛉᛏᛈ ⌐**wagnijo** auf den Lanzenspitzen von Illerup und Vimose gegeben.

Zunächst hat man diese Runenfolge mit Fehlritzung ᛈ statt ᛉ **z** versuchsweise ⌐**ojiga⌐z⌐** für *oji(n)gaz* gelesen, was sprachlich undeutbar ist.

Wenn auch die Bildungsweise von *Wagnijō* nicht ganz klar ist, so wird es sich um den Namen des Waffenproduzenten handeln, der auf einer Lanzenspitze aus Vimose (s. vorhin, S. 32) geritzt, auf den Lanzenspitzen aus Illerup einmal geritzt und einmal gestempelt erscheint – dies deutet auf serielle Herstellung. Die Annahme eines Waffennamens hat demgegenüber wenig für sich. Von den übrigen aus Illerup stammenden Runeninschriften scheint die auf einem hölzernen Feuerstahlhandgriff angebrachte Sequenz ⌐**gauþz** (mit einer *þ*-Rune[?] in Form eines D) ein Wurzelnomen, eine (seltene) Bildung ohne Themavokal, wiederzugeben, ohne dass sich eine plausible Deutung ergäbe (vgl. Stoklund 1995a, 209 f.).

Mehrere bereits im 19. Jh. entdeckte Pfeilschäfte aus dem Moor von Nydam (Jütland, DK) tragen runenähnliche Zeichen und Runen, darunter eine Folge ⌐**lua**, in der man eine Verstellung des Formelwortes *alu* (S. 13 f. 62) erblickt hat. Bei Ausgrabungen in den 1990er Jahren kamen zahlreiche weitere Pfeilschäfte dazu; zwei davon tragen ebenfalls Runen, und zwar ⌐**lua** und ⌐**la**. Diese im Bootsfeld deponierten Objekte gehören wohl in die zweite Hälfte des 4. Jh.s (vgl. Jørgensen / Petersen 2003, 263. 270). Ferner fand man einen 94 cm langen Axtstiel, der auf zwei Seiten die Runensequenzen ⌐**wagagastiz** und ⌐**alu:wihgusikijaz:aiþatalaz** trägt. Zu erkennen sind ein zweigliedriger Männername *Wagagastiz* (vgl. aisl. *vágr* ›bewegtes Meer‹, zum gut bezeugten Hinterglied *-gastiz* vgl. S. 39), das Formelwort *alu* und *aiþalataz*, wohl ›Eidsprecher‹ o.ä. Der Sinn der Inschrift bleibt jedoch dunkel (Stoklund 1995b, 341 ff.; Fairfax 2015). Auf einem Riemenbügel aus dem frühen 4. Jh. finden sich die zwei linksläufigen Folgen **h͡arkilaz ahti** und kopfständig **anulą**; hier sind zwei Männernamen wiedergegeben, und **ahti** ist vielleicht als *a(i)ht(a)i* ›besaß‹ herzustellen. *Harkilaz*, der einen auf die hagere Gestalt bezogenen Beinamen ›die Harke‹ trägt, dürfte einer der Anführer des geschlagenen Heeres gewesen sein. In das späte 4. Jh. gehören ein Riemenbeschlag, auf der sich der Männernamen **rawsijo** = *Rausijō* findet, sowie ein Schwertscheidenanhänger mit unklaren Folge **xala**. Schließlich trägt ein im späten 5. Jh. niedergelegter Lanzen- bzw. Speerschaft die mit Spiegel- bzw. Klapprunen versehene Herstellerinschrift **ta͡uiteka** = ›ich [habe] gemacht‹ (klass.-urn. **tawidat-eka*; Rau / Nedoma 2014, 65 ff.).

Eine lange und sorgfältig angebrachte Inschrift (die senkrechten Stäbe sind verdreifacht) bietet der Lanzenschaft aus dem Moor von Kragehul (Fünen, DK), der aus einer Niederlegung des späten 5. Jh.s stammt (Iversen 2010, 133). Die rechtsläufige Inschrift ist unvollständig und durch den brüchigen Schaft und mindestens ein fehlendes Zwischenglied weiter beeinträchtigt. Der erste Teil kann als *ek, erilaz A(n)sugīsalas, Mūha haitē* ›ich, der Eril des Ansugislaz, heiße Muha‹ gedeutet werden; dass *Mūha* als ›Brüller‹ einen Odinsnamen darstellt (Grønvik 1996, 62 f.), liegt aber nicht nahe. Der Genetiv *A(n)sugīsalas* kann indessen auch auf ein Appellativ *mūha* zu beziehen sein (›ich, der Eril, Gefolgsmann [o.ä.] des Ansugislaz‹, vgl. ae. *mūha* ›Haufen‹). Wie darauffolgendes **g͡ag͡ag͡a** zu verstehen ist (die Annahme dreier Abkürzungen *g(ibu) a(uja)* ›[ich] gebe Glück‹ ist ungesichert), lässt sich nicht entscheiden. Das letzte Stück der Inschrift ist lückenhaft und hat zu verschiedenen Interpretationen herausgefordert (vgl. RGA XVII, 280); manche erblicken darin eine Weihung an **Wōd^u/ₐnaz*-Odin, so etwa Krause (1966, 66 f.): ›helmvernichtenden(?) Hagel (= Verderben) weihe ich an den Speer‹.

Der Brauch, einen Kampf durch einen Speerwurf über oder in das feindliche Heer zu eröffnen, ist alt und gut bezeugt. In den alten nordischen Quellen wird er als Weihe an Odin aufgefasst und auf den Gott selbst zurückgeführt. Anschauliche Beispiele bieten die Eddalieder *Vǫlospá* (›Weissagung der Seherin‹, Str. 24) und *Hunnenschlachtlied* (auch *Hlǫðskviða* ›Hlödlied‹, Str. 27 f.); vgl. Düwel 1981, 166 f.; von See et al. I,1, 235.

Weitere Runenfunde aus Kragehul sind bis auf einen Messerschaft verlorengegangen, der zwei Folgen ⌐**aau** (wohl verschriebenes *alu*) und den Männernamen **bera** = *Berā* (Kurzform zu einem zweigliedrigen Anthroponym mit einem zu ahd. *bero* ›Bär‹ gehörenden Namenelement) zeigt.

Die aus den südskandinavischen Mooren geborgenen Heeresausrüstungsgegenstände erweisen das Interesse von überregional im Norden operierenden Kriegergruppen an Runen. Mit deren Gebrauch scheint sich eine germanische militärische Elite von der dominierenden römischen *literacy* absetzen zu wollen (vgl. Stoklund 2003b, 178).

Ein einzelner mit Runen versehener Gegenstand, ein Eibenholzkästchen aus der Zeit um 400, wurde im Moor von Garbølle (Seeland, DK) entdeckt. Auf der Seitenwand steht die Herstellerinschrift *Hagirādaz tawidē* ›H. machte‹ (RGA X, 434 f.). Dieses Stück stammt wie auch das aus Tierhorn gefertigte Amulett aus dem Moor von Lindholmen (Schonen, S) aus keinem Kriegsbeuteopfer. Die Lindholmener Inschrift, die noch in das 5. Jh. gehören mag, bietet wie der Lanzenschaft von Kragehul (s. vorhin, S. 34) dreistrichig geschnittenen Runen, die hier gegenständig in zwei Zeilen angebracht sind: *ek, erilaz sa, Wīlagaz ha[i]teka* ›ich, der Eril da, heiße *Wīlagaz* (›Listig‹)‹ (oder: Genetiv *Sāwilāgaz* ›der Eril des S.‹; Grønvik 1996, 68 f.). Die zweite Zeile enthält acht *a*-, drei *z*- und drei *n*-Runen und nach einer Bruchstelle die Folge **bmuttt:alu:** Man sieht darin einen magischen Text, für dessen Verständnis auf einen isländischen Liebeszauber des 18. Jh.s – *Risti eg þèr / Ása átta, / Nauðir níu, o. s. frv.* ›Ich ritze dir acht Asen, neun Nöte usw.‹ (nisl. *áss* und *nauð* sind die alten Namen der *a*- und *n*-Runen; S. 7 f. 260 f.) – verwiesen wurde; derselbe Spruch ist (mit *þussa þréttan* statt *o. s. frv.*) bereits für einen Schadenzauber aus der ersten Hälfte des 17. Jh.s überliefert.[1] Eine stimmige Deutung – schwarze Magie? – wird damit für die Inschrift von Lindholmen allerdings nicht erreicht.

II.4. Grabfunde

Aus dem Kerngebiet der ältesten Runenüberlieferung – dem alten Dänemark, d.h. den dänischen Inseln samt Südschweden – wurden in Gräbern von Frauen der Oberschicht fünf silberne Rosettenfibeln gefunden (Imer 2011b, 14 ff.; Nedoma 2011, 31 ff.), die aus der ersten Hälfte des 3. Jh.s stammen. Die darauf eingetragenen Namen lassen sich nicht immer eindeutig Frauen oder Männern zuordnen. Soweit es sich um Männernamen handelt, bleibt im Einzelfall unklar, ob damit der Hersteller, Runenmeister oder auch der Schenker des Stückes genannt ist.

1. HIMLINGØJE II (Seeland, DK) bietet eine am Anfang unvollständige (?) rechtsläufige Inschrift **w̥iduhudaz** = urn. *Widuhu(n)daz*, die wohl einen regulär gebildeten, nicht zwangsläufig auch morphologisch-semantisch motivierten zweigliedrigen Männernamen wiedergibt (Wulf 1994, 35 f.). Weniger wahrscheinlich ist die Deutung als metaphorische Selbstbezeichnung ›Waldhund‹ → ›Wolf‹ (Schramm 2013, 72 f.), in der man einen Aliasnamen des Runenmeisters (»des Runenmagikers« nach Krause 1966, 33) erblickt hat.

---

1 Der Text des *kvennagaldur* (nach Jón Ólafsson) bei Árnarson 1862, 449 (in der zweiten Auflage orthographisch leicht abweichend: Árnason 1954, 435). Fälschlicherweise findet sich etwa bei Krause (1937, 59 bzw. 1966, 71; beruft sich auf Olsen 1907, 30: dort allerdings „o. s. frv.“), Moltke (1985, 132), Sundqvist (2009b, 663; jeweils ohne Quellenverweis) und Mitchell (2008, 220; zitiert Árnason 1954, 435) *þussa þrettán* statt *o. s. frv.* Es wird sich um ein Hinzufügsel aus einem sonst übereinstimmenden Spruch (im Abschnitt *Fret Rúner* ›Furzrunen‹) in dem gegen 1650 geschriebenen danisierten Schlussteil der sog. *Galdrabók* handeln: *Rist æg þ(ier) Otte ausse Naudir Nije þossa ôretten* (Lindqvist 1921, 72) – dort sollen dem Adressaten gravierende Verdauungsprobleme bereitet werden.

2. SKOVGÅRDE(-UDBY) (Seeland, DK): Die beiden aufeinander zulaufenden Folgen **◌talgida◌◌lamo** sind als Ritzerinschrift ›L.»schnitzte« (ritzte, schrieb) [zu ergänzen: die Runen]‹ zu deuten. Urn. *Lamō* ist ein auf die äußere Erscheinung referierender Übername (›der/die Lahme‹); der Ausgang **-o** erscheint im Nominativ Sg. urnordischer *n*-Stämme sowohl bei Maskulina als auch bei Feminina. Zur Präteritalform **talgida** (= aisl. *telgði*, zu *telgja* ›schnitzen, [mit dem Messer] bearbeiten‹) s. sofort, 4. (zu NØVLING).

3. VÆRLØSE (bei Kopenhagen, Seeland, DK): In die freie Fläche des am Rand und an den Seiten mit Tremolierstichornamenten verzierten Nadelhalters sind die Runen **◌alugod** graviert, gefolgt von einer Swastika ᛉ in Tremolierstich. Der Ansatz eines Wurzelnomens ›Festopfer‹ (Seebold 1994, 62 f.) ist fraglich. Auch von einem zweigliedrigen Personennamen (im endungslosen Vokativ?) kann man kaum ausgehen, denn das Adjektiv **gōda-* ›gut‹ ist im Hinterglied regulär gebauter germanischer Anthroponyme nicht belegt. Die Inschrift entzieht sich einer zufriedenstellenden Deutung (vgl. Stoklund 1995b, 320 f.).

4. (LUNDEGARDE-)NØVLING (Nordjütland, DK): Die Folge **bidawarijaztalgidai** ergibt eine Ritzerinschrift ›B.»schnitzte« (ritzte) [die Runen]‹. Eine Besonderheit ist die Verbalform der 3. Person Sg. des Präteritums auf **-dai**, der zum einen **-de** (die reguläre Endung, z.B. Schildfessel von Illerup II; s. S. 33) und zum anderen **-da** (SKOVGÅRDE; s. vorhin, 2.) gegenüberstehen. Bei dieser Triplette wird man am ehesten lautgesetzlichen Wandel urn. *-ai* > *-ē* annehmen und **-da** = *-dǣ* als ältere Reliktform erklären (Nedoma 2021, 38 ff.). Dass es sich bei **-dai** um einen Schreibfehler handelt (so zuletzt Schuhmann 2016, 413 ff.; ᚺᛁ **ai** stände für ᚺ, die archaische Variante der *e*-Rune), hat dagegen weniger für sich.

5. NÆSBJERG (Südjütland, DK): In Tremolierstich, der nur selten für Schriftzeichen (etwa MELDORF, s. S. 28 f.; DONZDORF, s. S. 82 f.) oder für Ornamente (hier auf der anderen Seite des Nadelhalters, ferner etwa auf VÆRLØSE; s. vorhin, 3.) verwendet wurde, begegnet die erhaltungsbedingt schwer lesbare Folge **◌?araf/wnịs?**, für die zahlreiche Lese- und Deutungsversuche vorliegen (vgl. z.B. Stoklund 1995b, 325 f.).

Demselben Zeithorizont gehören ferner zwei Bügelfibeln an:

6. GÅRDLÖSA (Schonen, S): Auf dem Nadelhalter ist gegen Ende hin in Schmalschrift **ekunwodx** eingeritzt; die letzte Rune erscheint als ᚱ, das man als unvollständiges ᛉ **z** genommen hat. Wenn davor ᛁ **i** aus Platzgründen unterblieben wäre, ergibt sich eine konjizierende Lesung **unwod[i]ᴵzᴵ**. Dies lässt zwei Deutungen zu: *ek Unwōd[i]z* ›ich, der Unwütige, Ruhige‹ (vgl. aisl. *œði*, ahd. *wuot* ›Wut, Raserei‹; vgl. S. 14) oder *ek unwōd[i]z* ›ich [bin] unpassierbar‹ (aisl. *óœðr* ›undurchwatbar, keinen Durchgang gewährend‹). Im ersten Fall handelt es sich um eine Runenschreiberinschrift, im zweiten Fall wohl um eine Gegenstandsinschrift, die gegen die Bestattete als Wiedergängerin gerichtet ist (vgl. Nedoma 2015, 305). Eindeutig liegen die Dinge jedoch nicht.

7. HIMLINGØJE I: **hariso** (mit einstrichiger *h*-Rune) auf dem nur allgemein in das 3. Jh. zu datierenden Stück kann einen schwach flektierten Frauen- oder Männernamen auf *-ō*, ein mit **Harja-* (zum Heer-Wort) gebildetes Hypokoristikon, wiedergeben.

Aus späterer Zeit gibt es in Skandinavien nur vereinzelt noch Runenfibeln aus Gräbern. Auf der um 550 zu datierenden Bügelfibel von Eikeland (Rogaland, N) bekundet ein Ritzer, er habe die Runen ›hinein‹ (in die Bügelfibel) geritzt: *ek, Wīʀ Wīwjō, wrītu ī rūnōz.* Unklar bleibt, ob **wiʀ** ein Personenname oder eine Standes- bzw. Funktionsbezeichnung ist; **wiwio** kann Genetiv Sg. eines schwach flektierten Frauennamens sein, **asni** am Schluss der Inschrift ist indessen nicht gut zu erhellen (Knirk 2015, 430 f.). Auf der bronzenen Bügelfibel aus dem Frauengrab von Strand (Sør-Trøndelag, N), die in das späte 7. Jh. gehört, steht *sigli's nāhlē* ›der Schmuck ist Totenschutz‹; zum Teil kommen schon Graphem-Phonem-Entsprechungen des jüngeren Fuþark zum Tragen (Schulte 2018, 100 f.). Diese Inschrift richtet sich gegen ein mögliches Wiedergehen der bestatteten Frau; die Furcht vor Untoten ist ein kulturhistorisch weit verbreitetes Phänomen (RGA XXXIII, 598 ff.).

Unter den übrigen runenbeschrifteten Gegenständen aus skandinavischen Gräbern ist das Schabmesser von Fløksand (Hordland, N) bedeutend. Damit wurde eher bei der Flachsbearbeitung hantiert als beim Schlachten das Fleisch von der Tierhaut entfernt (so Seebold 2003). Die in die Mitte des 4. Jh.s zu datierende Runeninschrift ⌐**linalaukaⁱ̂ʀ** ›Lein [und] Lauch‹ (plus kopfständiges **f**) wäre schwer verständlich, gäbe es nicht in der *Flateyjarbók* (›Buch von den Flateyjar‹), einer altisländischen Sammelhandschrift aus dem späten 14. Jh., die ›Geschichte vom Völsi‹ (*Vǫlsa þáttr*, eine Episode aus der *Óláfs saga helga hin mesta* ›Größte Saga von Olaf dem Heiligen‹; Heizmann 2021b, 1 ff.).

Diese Bekehreranekdote um Olaf den Heiligen berichtet von einer Bauernfamilie im nördlichen Norwegen, in der auf Betreiben der Bäuerin ein mit Leinen und Lauch präparierter Pferdepenis (aisl. *vǫlsi*) bei jeder Abendmahlzeit reihum geht und göttliche Verehrung genießt. Die Anwesenden müssen jeweils eine Strophe auf ihn sagen; die Bäuerin beginnt: »Gewachsen bist du, Völsi, und aufgenommen, mit Leinen ausgestattet, aber mit Lauchen gestützt« (d.h. mit Lauch als Konservierungsmittel ›haltbar gemacht‹). Schließlich bekehrt der heilige Olaf die heidnische Bauernfamilie, indem er den *vǫlsi* dem Haushund zum Fraß vorwirft – um diese Pointe ist die junge Völsi-Anekdote aufgebaut.

Ob sich aus den Strophen bzw. dem Text des *Vǫlsa þáttr* tatsächlich alte pagane Elemente im Sinne einer Phallosverehrung herauslösen lassen, wird in der Forschung kontrovers diskutiert (s. jüngst Düwel 2021b und Heizmann 2021c). Gemeinsam haben die Runeninschrift von Fløksand und die Völsi-Strophe die stabende (alliterierende) Zwillingsformel ›Lein und Lauch‹ und den Bezug auf eine Frau (das Schabmesser von Fløksand gehörte sehr wahrscheinlich einer Frau). Wenn sich die *lín-laukr*-Formel zweimal über tausend Jahre hinweg ohne verbindende Zeugnisse findet, können dahinter gemeinsame Vorstellungen stehen, die aber im Einzelnen dunkel bleiben. Ob sich die Inschrift auf dem Schabmesser von Fløksand auf eine heidnische Kultpraxis bezieht (wie im *Vǫlsa þáttr* in literarisch gebrochener Form geschildert) oder ob damit allgemein Fruchtbarkeit und Gedeihen gefördert werden soll, lässt sich schwer entscheiden. Dass die vermutlich später nachgetragene Sturzrune **f** (ᛖ) als Begriffszeichen ›Vieh, Besitz‹ aufzufassen ist (Krause 1966, 86; RGA IX, 217), bleibt jedenfalls fraglich.

II.5. Einzelfunde

Zu den bekanntesten Runendenkmälern zählt das 1734 entdeckte Goldhorn B von Gallehus (Kommune Tønder, Jütland, DK), das zusammen mit einem 1639 nur etwa

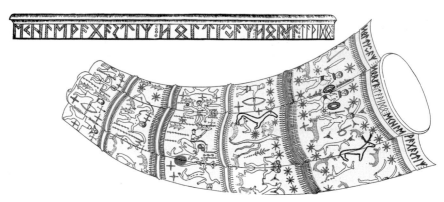

Abb. 6: Goldhorn B von Gallehus (Objekt nach DR II, 16: Abb. 41 [R. Frost bei Gutacker 1736], Inschrift nach Paulli 1734, Taf. 1); M (Objekt) ca. 1:5

20 m entfernt gefundenen Stück ähnlicher Machart im Jahre 1802 gestohlen und sogleich eingeschmolzen wurde. Die aus der Zeit um bzw. nach 400 stammenden Objekte sind der Forschung nur in alten, in kleinen Details abweichenden Kupferstichen und Holzschnitten zugänglich (S. 283 f.; vgl. Abb. 6).

Die Goldhörner waren gebogen und etwas über 50 cm lang. Auf beiden Stücken waren anthropomorphe Gestalten, Mensch-Tier-Mischwesen und Tiere dargestellt, dazu fanden sich verschiedene Ornamente und auf Horn B eine große Anzahl von Sternen. Die reichen Bildwerke zeigen Verbindungen in den Mittelmeerraum, konnten aber noch nicht zusammenhängend interpretiert werden (RGA X, 340 ff.). Die ursprüngliche Funktion – Trink- oder Blashörner? – ist nicht mehr festzustellen. Ein kultischer Gebrauch bzw. eine spezielle religiöse Bedeutung der beiden Objekte ist zwar möglich, aber aufgrund des Fehlens jedweder Beifunde, des nicht einzuordnenden Bildmaterials und des eindeutig profanen runenepigraphischen Textes auf Horn B nicht zu sichern.

Horn A trägt keine Inschrift. Die ersten 26 von 32 Runen auf Horn B sind doppelt konturiert und schraffiert, der letzte Komplex ist wohl aus Platzgründen einfach ausgeführt: **ekhlewagastiz⋮holtijaz⋮horna⋮tawido⋮** = urn. *ek, Hlewagastiz Holtijaz, horna tawidō* ›ich, H. H., machte das Horn‹. Es handelt sich um eine Herstellerinschrift, die offenbar in keinerlei Verbindung mit den Abbildungen steht. Dachte man sich die Sprache dieser Runeninschrift in der früheren Forschung als (noch uniformes) Nordwestgermanisch (vgl. RGA X, 336 ff.), hat sich nach dem Fund des Kammes von Frienstedt (S. 76) herausgestellt, dass es sich eindeutig um Urnordisch handelt (statt *-iz* und *-(ij)az* wären im Westgermanischen *-i* und *-a* zu erwarten). Der runenepigraphische Text hat insofern auch poetologische Bedeutung, als hier die älteste bekannte Langzeile im Germanischen vorliegt (Naumann 2018, 39 ff.):

ek, H̲léwagàstiz H̲óltijaz,   h̲órna táwidō ⋅ | x́x̀x̀x | x́x(x) ‖ x́x | x́xx

(Vereinfachte metrische Notation: x́ Haupthebung, x̀ Nebenhebung, x unbetonte Silbe, ⋅ Auftakt, | Takt-, Versfußgrenze, ‖ Kurzversgrenze; Alliterationen unterstrichen.)

Hlewagastiz ist ein zweigliedriger Männername, dessen Vorderglied eher zu spät-urn. *hlē* (STRAND; s. vorhin, S. 37), aisl. *hlé* ›Schutz‹ denn zu einer nicht bezeugten germanischen Entsprechung von gr. κλέος *kléos* ›Ruhm‹ gehört; im Hinterglied be-gegnet häufig belegtes -*gastiz* (zu got. *gasts*, aisl. *gestr* ›Fremder, [nicht geladener] Gast‹). In *Holtijaz* hat man einen Herkunftsnamen ›der aus dem Wald (oder: aus *Holt*) Stammende‹, ein Patronymikon ›Sohn (Nachkomme) des Holte‹ oder neuer-dings eine reguläre *ija*-Kurzform zu einer zweigliedrigen Bildung mit Vorderglied *Holta-* (Nedoma 2022, 199 ff.) erblickt.

In der Inschrift auf dem Runenhorn hat Klingenberg (1973) »das vollkommen durchmathemati-sierte Runenwerk« zu erkennen geglaubt (und Bildelemente und Sternformen mit einbezogen). Im Mittelpunkt seiner gematrischen Untersuchung steht die ›magische‹ Dreizehn (bzw. Vielfache da-von); mit der Rune Nr. 13 ᛁ **i** sei auf die ›Eibe‹ (Runenname *eihaz*, *eiwaz*) als dem Weltenbaum und auf den Eibengott *Wulþuz*, den *Ullr* der nordgermanisch-altisländischen Mythographie, ge-zielt. Freilich bleibt die Annahme, jeder Rune entspreche ein Zahlwert (**f** 1, **u** 2, ..., **d** 23, **o** 24, sodass etwa **ekhlewagastiz:holtijaz** = [269 plus 4 Trennpunkte =] 273 oder 21 [Anzahl der Ru-nen] × 13), trotz der Einbeziehung zahlreicher anderer Runeninschriften problematisch, wie denn auch Klingenbergs Deutung einzelner Runen mit ihren Begriffswerten methodisch nicht zu sichern ist (Düwel 1979, 238 ff.). Der Versuch, auch auf dem runenlosen Horn A eine kryptische Inschrift zu finden, ist abzuweisen (ebd., 224 ff.).

II.6. Steinfunde

In diesem Abschnitt werden 1. kleine transportable Steine, 2. Felsplatten mit Runen-inschriften, 3. ortsfeste Bautasteine, 4. Bildsteine und 5. die vier Blekinger Steine beispielhaft vorgestellt. Sie kommen nur in Norwegen und Schweden vor, aus dem heutigen Dänemark sind keine Steininschriften in der älteren Runenreihe bekannt. Ebensowenig findet sich derlei im ost- und südgermanischen Gebiet, abgesehen von einer Inschrift im Kleinen Schulerloch bei Kelheim an der Donau (Bayern, D), die der Fälschung verdächtig ist (s. S. 277 f.). – Der 2021–2023 in mehreren Teilen ge-fundene Stein von Svingerud/Hole ist als Nachtrag behandelt (S. 66 f.).

    1. Der Wetzstein von Strøm (Straum, Sør-Trøndelag, N), der in den Anfang oder in die Mitte des 6. Jh.s zu datieren ist, zeigt in zwei rechtsläufigen Zeilen die rhyth-misch einprägsame Folge (Schulte 1998, 99 ff.; vgl. Antonsen 2002, 155 ff.):

Zeile I: **watehalihinohorna** = *Wātē hal(l)i hinō, horna!*
Zeile II: **hahaskaþihaþuligi** = *Haha, skaþī! Haþu, ligī!*

›Netze diesen Stein, Horn! Sichel, schädige! Heu (»Gehauenes«), liege!‹

Offenbar handelt es sich um ein Lied, das während der Arbeit an der Mahd gesungen wurde.

    Bereits seit 1962 ist ein 21 cm langes Stück Sandstein aus Strängnäs (Söderman-land, S) mit der Runeninschrift ⟵---]**rilaʀ·wodinʀ** bekannt. Der zunächst geäußerte Fälschungsverdacht ist mittlerweile entkräftet (Kitzler Åhfeldt 2007; Gustavsson / Swantesson 2011, 307 f.). Die Inschrift spät-urn. *(ek)ʿ e]rilaʀ Wōdinʀ* ist aus laut-historischen Gründen (endsilbiges *a* ist nach langem Haupttonvokal geschwunden, nach kurzem Haupttonvokal bewahrt) in die zweite Hälfte des 6. Jh.s zu datieren

(Nedoma 2014b, 73). Wie das Nebeneinander von Funktionsbezeichnung und Götternamen zu erklären ist, bleibt dunkel; Düwel (2015b, 279) geht von einer »Selbstprädikation des göttlichen Runenmeisters« aus.

2. In Schweden und Norwegen gibt es zahlreiche Felszeichnungen, die vor allem aus der Bronzezeit stammen. Ob runische Felsritzungen an diese Tradition anknüpfen, muss offen bleiben. Die schwer lesbaren Runen ⌐brạiḍọ von Himmelstalund (Östergötland, S) sind im Kontext dieser bronzezeitlichen Felszeichnungen zu finden. Allerdings ist hier vieles – Echtheit, Datierung und Deutung – unsicher.

Die Inschrift auf der Felswand von Kårstad (Vestland, N) steht in zwei Zeilen zwischen Schiffsbildern und einer Swastika mit mehrfach geknickten Armen eingeritzt: ⌐**ekaljamarkịz** und darunter **baijxz** ›ich, der aus »einer anderen Mark« (einem anderen Gebiet, aus der Fremde) Stammende‹ sagt der Runenmeister von sich, ohne seinen eigentlichen Namen zu nennen. Der zweite Komplex scheint von anderer Hand zu stammen; über Lesung und Deutung dieser Zeile besteht keine Klarheit, ebensowenig über den Charakter der beiden Zeilen (spielerische Ritzung oder kultische Inschrift?). Die bildlichen Darstellungen entstanden zu verschiedenen Zeiten, die Runenzeilen dürften im 4. Jh. angebracht worden sein.

Etwas später wird die senkrecht verlaufende Inschrift auf der Felswand von Valsfjord (Sør-Trøndelag, N) datiert. Die deutlich lesbare linksläufige Runenfolge lautet *ek hagustaldaz, þewaz Gōdagas* ›ich, der »Hagestolz« (junge Krieger), der Gefolgsmann des *Gōdagaz*‹.

Ursprünglich meint *hagustaldaz* den nicht erbberechtigten jüngeren Sohn, der ein (nur kleines) eingehegtes Grundstück besitzt (urgerm. **haga/u-* ›Einfriedung, umhegtes Gebiet, Wiese, Weide‹, **stalda-* ›Besitzer, Eigentümer‹), keinen eigenen Hausstand gründen kann (RGA XIII, 354) und damit in abhängiger Stellung verbleibt. Die Entsprechungen in den altgermanischen Sprachen – ahd. *haga-*, *hagustalt*, as. *haga-*, *hagustald*, ae. *hæg(e)steald*, aisl. *haukstaldr* (mit Umdeutung von erwartungsgemäßem **hǫg-* zu *hauk-* ›Habicht‹ – decken das Bedeutungsspektrum ›junger (unverheirateter) Mann, Gefolgsmann, Krieger, Diener, Knecht‹ ab (vgl. EWAhd IV, 742 f.); nhd. *Hagestolz* bezeichnet einen ›älteren, wunderlichen Junggesellen‹.

Dass *þewaz* ›Diener, Knecht‹ hier in den religiösen Bereich weisen würde, ist kaum anzunehmen, zumal auch von einem kultisch verehrten *Gōdagaz* sonst nichts bekannt ist.

3. Die Sitte, Gedenksteine (sog. Bautasteine) allein oder gruppenweise in der Nähe von Wegen, Gräbern und Hügeln aufzustellen, reicht im Norden weit in vorgeschichtliche Zeit zurück (RGA II, 113). Noch in dem Eddalied *Hávamál* (›Sprüche des Hohen‹), Str. 72 heißt es: ›Selten stehen Gedenksteine nahe dem Wege, wenn [sie] nicht ein Verwandter nach dem Verwandten errichtet‹. Seit dem 4. Jh. sind auf diesen Bautasteinen auch Runeninschriften angebracht; das ursprüngliche Verbreitungsgebiet beschränkt sich auf Norwegen und Schweden. Vielfach stehen die Bautasteine mit Grabanlagen in Verbindung; ob sie auch im Grabinneren aufgestellt oder hingelegt wurden, ist umstritten (dagegen z.B. Bæksted 1951, 63 ff.). Die runenbeschrifteten Bautasteine bei Gräbern sollen den Grabfrieden bewahren, das Grab gegen Gefahr von außen (Zerstörung durch Grabräuber) und von innen (Wiedergängertum von Untoten) schützen (Düwel 1978a).

Als eine der ältesten derartigen Inschriften wird [**ek go**]**daga**[**s**]**ṭịzrunofaihido** ›Ich, G., malte eine Rune‹ auf dem Stein von Eịnang (Oppland, N) aus der zweiten

Hälfte des 4. Jh.s angesehen. Der Runenmeister *Gōdagastiz* bezeugt mit der Angabe, er beherrsche die Runenschrift, die Macht der Schrift – und damit, so meinen viele Runolog(inn)en, soll der Grabfrieden gesichert werden. Sundqvist (2015, 124) wendet zu Recht dagegen ein:

> Admittedly, the stone stands on a grave mound, but it is impossible to determine from this context whether the intention behind the inscribed monument was magical, religious or even profane.

Das Verbum urgerm. **faihija-* ›bunt machen, färben, malen; schreiben‹ aus der Terminologie der Runentechnik (vgl. Ebel 1963, 30 f.; Kitzler Åhfeldt 2014, 245) ist mehrfach bis in die Wikingerzeit hinein belegt und zeigt an, dass viele (alle?) Inschriften auf Steinen ursprünglich ausgemalt gewesen sind.

Die allgemeine Bedeutung der zugrundeliegenden Verbalwurzel uridg. **pei̯k̂-* ist vermutlich ›eine Form geben, kennzeichnen‹ o.ä.; einzelsprachlich erscheinen ›heraushauen, einschneiden, schneiden‹ (ved. *piṁśáti*), ›(farbig) schmücken, verzieren, malen, zeichnen‹ (lit. *piešti*) und ›schreiben‹ (aksl. *pьsati*) (vgl. LIV, 465 f.; ALEW, 882 f.). Urgerm. **faihija-* (> urn. *faihijan*, aisl. *fá*, ahd. *fēhen* etc.) ›bunt machen‹ ist hingegen eine Ableitung (Faktitivum) von dem zugehörigen Adjektiv **faiha-* > aisl. *-fár*, ahd. *fēh* ›bunt‹. Die (alte) Bedeutung ›schreiben‹ tritt in Inschriften auf Goldbrakteaten (s. S. 58 f. 61) entgegen, die ja nicht bemalt wurden.

Nur einmal spricht ein runenepigraphischer Text, und zwar die aus dem späten 11. Jh. stammende Inschrift von Överselö (Sö 206), wo von ›Steinen [...], mit Runen gerötet‹, also ›rotgefärbt‹ die Rede ist (s. Dillmann 1996, 67 ff.). Das Verbum aisl. *rjóða* ›röten, mit Blut färben, blutig machen‹ (= ae. *rēodan*) bezieht sich in literarischen Quellen vor allem auf Blutriten bei Opferungen. Farbspuren einer ursprünglichen Bemalung sind jedenfalls auf Runensteinen der Wikingerzeit nachgewiesen worden (s. S. 165).

Auf dem Stein von Noleby (Västergötland, S) aus dem (späten) 6. Jh. sind nur die drei ersten Wörter sicher zu deuten: *rūnō fāhi raginaku(n)dō* ›eine Rune male ich, eine von den Mächtigen (Göttern) stammende‹ (zur Fortsetzung und Interpretation der Inschrift Grønvik 1987a, 92 ff.; Düwel 1997b, 32). Ein zweites Mal bekundet gut 200 Jahre später die Inschrift von Sparlösa (Vg 119) an die ›Betrachtenden‹ gerichtet: *ok rāð rūnaʀ þāʀ rœginuku(n)du* [...] *þar* ›und errate (deute) die Runen, die von den Mächtigen (Göttern) stammenden, da‹ (S. 152).

Auch in den *Hávamál*, Str. 80 heißt es: ›Das zeigt sich da, wenn du nach Runen fragst, den götterentstammten (*reginkunnum*), denen, die die hohen Mächte schufen und die der gewaltige Redner (*fimbulþulr*; i.e. Odin) malte‹ (ähnlich Str. 142). Diese Spruchweisheit steht im unmittelbaren Zusammenhang mit der Runen(er)findung durch den Gott Odin, die in diesem Eddalied geschildert wird (Str. 138 f.; s. S. 265). In der nordgermanischen Mythographie gilt Odin als Erfinder der Schrift; vielfach nimmt man auch an, dass er der göttliche Runenmeister ist, auf den sich die irdischen Runenmeister mit ihren Beinamen und ihrer Funktion (Selbst- bzw. Standesbezeichnung, Titel) *irilaz/erilaz* (S. 12 f.) beziehen, indem sie ihre Schreibmächtigkeit betonen: ›Eine Rune male (schreibe) ich [...]‹.

Die abwechselnd rechts- und linksläufige Inschrift auf dem Stein von Järsberg (Värmland, S; Anfang 6. Jh.) illustriert diesen Sachverhalt ebenfalls: *Ŭbaz h[a]itē, Hrabanaz hait[ē]; ek, erilaz, rūnōz wrītu* ›Ub heiße [ich], Hrabn heiße [ich]; ich, der Eril, schreibe die Runen‹ (eine abweichende Leseanordnung hat Moltke 1981 versucht). Am Beginn können ein oder zwei Runen fehlen, sodass der Personenname etwa zu [*Le*]*ubaz* zu ergänzen wäre, der dann **leub** = vor-ahd. *Leub* auf der Fibel von Mayen (Rheinland-Pfalz, spätes 6. Jh.; falls Anthroponym und kein Appellativ ›Liebes‹) entspricht. Aber auch *Ūbaz* ist als Übername[2] (aisl. *úfr* ›unfreundlich, erbost‹) durchaus möglich. Der Runenmeister nennt sich mit Funktion (*erilaz*), Beinamen und Individualnamen (= aisl. *Hrafn*, eigentlich ›Rabe‹, was sich aber nicht unbedingt auf Odin als aisl. *hrafna guð* ›Gott der Raben‹ beziehen muss).

Auf die Reihen von Odinsnamen im Eddalied *Grímnismál* (›Grimnirlied‹), und zwar Str. 46–50 und insbesondere Str. 54 (›*Óðinn* heiße ich jetzt, *Yggr* hieß ich früher, davor nannte ich mich *Þundr* [etc.]‹), wurde bereits mehrfach hingewiesen. Marstrander (1953, 244) ging so weit zu behaupten:

> Runemagikeren er en inkarnasjon, en emanasjon av guden, ja man kan gjerne si han er guden selv. [›Der Runenmagiker ist eine Inkarnation, eine Emanation des Gottes [Odin], ja man kann gerne sagen, er ist der Gott selbst.‹]

Solche von äußerlichen Ähnlichkeiten angestoßene, ins Mythische ausgreifende Interpretationen führen aber entschieden zu weit. Mehr als dass der Runenmeister mit der Nennung von Namen und Titel seine Schriftmächtigkeit betont, die die Art des Zaubers (Schaden oder Heil) angeben – vielleicht auch im Sinne von Namenmagie – lässt sich nicht sagen.

Für die Inschriften auf Runensteinen hat man gelegentlich auch kultische Aspekte in Anspruch genommen. So etwa steht in der Mitte des großen Steines von Elgesem (Vestfold, N), der in einem wohl in das 5. Jh. zu datierenden Grabhügel gefunden wurde, allein **alu** (s. S. 13 f.). Pflegt man darin eine Abwehr von Grabräubern oder Wiedergängern zu sehen, so erwägt Antonsen (1984), von *alu* als Bezeichnung eines Ekstasezustandes ausgehend, dass diese Runenfolge hier als Kennzeichen einer Kultstätte angebracht sei und der Stein damit als Kultstein gesehen werden könne. Dies ist indessen eine bloße Vermutung.

Die ebenfalls aus dem 5. Jh. stammende unvollständige Ich-Inschrift von Nordhuglo (Hordaland, N) lautet ⌐**ek gudija ungandizih**[--- ›ich, der Kultfunktionär, der keinen Zauber hat (der gegen Zauber gefeit ist) i[n?] H[uglo?]‹. Unklar ist, in welcher kultischen Funktion dieser Kultfunktionär bzw. ›religiöse Spezialist‹ (s. RGA XXIII, 425), um den katholisch konnotierten Begriff *Priester* zu vermeiden, wirkte, nur die Abwesenheit von Zauber (aisl. *gandr*) wird vermerkt (vgl. S. 13). Falls der Stein in einer Grabanlage gestanden hat, könnte es sich um eine Inschrift im Kontext von Totenkult handeln (Sundqvist 2015, 129).

Die größte Gruppe der Bautasteine bilden Inschriften mit Namen. Es kann sich um Memorialinschriften (RäF Nr. 71–94) handeln, vor allem wenn eine Grabanlage damit verbunden ist. Bei dieser Interpretation lassen sich zwei Typen unterscheiden: Steht nur ein Name (im Nominativ oder Genitiv) auf dem Stein, handelt es sich in

---

2 Mit dem Terminus *Übername* werden (zumindest ursprünglich) neben dem eigentlichen Individualnamen stehende Beinamen bezeichnet, die keine Herkunfts- oder Abstammungsnamen sind. Es kann sich also um Ehrennamen, Kosenamen, (annähernd wertfreie) Spitznamen oder (pejorative) Neck- bzw. Spottnamen handeln.

Krauses Terminologie um eine einseitige Gedenkinschrift; eine doppelseitige Gedenkinschrift führt neben dem Namen des Toten auch den des Steinsetzers (oder den des Runenmeisters) auf. Im Einzelnen ist die Zuweisung eines Namens nicht immer sicher.

Eindeutig zeigt den Typ der einseitigen Gedenkinschrift die Runenfolge auf dem Stein von Bø (Rogaland, N; vermutlich um 500): **‿hnabudshlaiwa** ›Hnabuds (›des Verstümmelten‹) Grab‹. Hierher gehört auch auf dem Stein von Rävsal (Bohuslän, Mitte 8. Jh.) **‿hariþulfs:stainaʀ** ›Hariwulfs (mit *ᛈ **w** statt ᚦ **þ**; dagegen Peterson 1992, 94 f.) Steine (spät-urn. *stainaʀ* < *-ōz)‹, wobei diese Pluralform eine Steinsetzung bezeichnet, bestehend aus dem Runenstein und inschriftlosen Steinen.

Die Zuordnung zu diesem Typ gilt auch für Fälle, in denen zwei Namen im Nominativ nebeneinander stehen. Auf dem Stein von Berga (Södermanland, S; ebenfalls wohl ca. 500) sind es *Saligastiz* (zweigliedriger Männername, zu aisl. *salr* ›Halle, Saal‹ und bereits erwähntem *gasti-* ›Fremdling, Gast‹) sowie, später eingetragen, *Fin(n)ō* (Motionsfemininum zu aisl. *Finnr*, zu *finnr* ›Same, Finne‹). Aus derselben Landschaft und Zeit stammt der Stein von Skåäng mit den zwei Männernamen *Harija* und *Leugaz*; auf die Namen folgen jeweils paraschriftliche Zeichen (ᛡ, ᛁ) unklarer Herkunft und Bedeutung (Hofmarken?; Worttrenner und Schlussmarke?; vgl. Bianchi 2012, 35 ff.). Man nimmt an, dass mit der Namenangabe der Toten gedacht wird, auch wenn kein Grab in der Nähe der Steine gefunden wurde. Bemerkenswert ist der Stein von Skåäng auch, weil er als einziger bekannter Runenstein in der älteren Runenperiode und später noch einmal in der Wikingerzeit beschriftet worden ist. Die jüngere Inschrift im Schlangenband besagt (Sö 32; vgl. S. 187): ›Skammhals (m.) und Olof (f.), die ließen dieses Denkmal nach (dem Tod von, im Gedenken an) Svæin, ihren Vater, machen. Gott helfe seiner Seele.‹

Zu den doppelseitigen Gedenkinschriften gehört u.a. der Stein von Kjølevik (Rogaland, N; vor bzw. um 450), dessen Inschrift in drei senkrechten, an unterschiedlichen Stellen einsetzenden linksläufigen Zeilen angebracht ist:

Zeile I: **haduḷaikaz**
Zeile II: **ekhagustadaz**
Zeile III: **ĥlaaiwidomaguminino**

›H. (zweigliedriger Männername, zu aisl. *họð* ›Kampf‹ und *leikr* ›Spiel, Wettkampf, Kampf‹). Ich, der Hagestolz (vgl. S. 40 zu VALSFJORD) begrub meinen Sohn.‹

Beim Einmeißeln der Runen unterlief ein Fehler im Beginn der Zeile III: das erste ᚠ **a** wurde versehentlich für ᛁ **l** geritzt. Da aber der Fehler nicht zu tilgen war, nutzte der runenkundige Steinmetz die Möglichkeit einer Binderune ᚻ, indem er an den linken Stab des ᚻ **h** einen kurzen linksschrägen Zweig ˋ anbrachte.

Im Jahre 1993 wurde in Skramle (Värmland, S) ein in das 6. oder 7. Jh. zu datierender Runenstein in einem Hausfundament entdeckt, dessen linksläufige Inschrift **xxjþa aĥar?farkano** noch nicht zufriedenstellend gedeutet werden konnte (vgl. Gustavson / Swantesson 2011, 311 ff.).

Von den anderen in diese Gruppe gehörenden Inschriften ist diejenige auf dem 1,92 m hohen Stein von Tune (Østfold, N) die längste und besterhaltene aus der Völ-

Abb. 7: Stein von Tune (mit Angabe der Zeilen und Laufrichtung; nach RGA XXXI, 333). Links: Seite B, rechts: Seite A; ohne Maßstab.

kerwanderungszeit (Datierung: um 400). Sie verläuft *boustrophēdón* auf der Vorderseite (A) senkrecht in zwei Zeilen, auf der Rückseite (B) in drei Zeilen (Abb. 5; RGA XXXI, 332 ff.). Die Lesung ist bis auf wenige Runen zweifelsfrei:

Seite A, Zeile I: ↲**ekwiwazafter·woduri**
          II: ↲**dewitad͡ah͡alaiban:worahto:ṛ[---**
Seite B, Zeile I: ↲**---]zwoduride:staina·**
          II: ↲**þrijozdohtrizd͡alidun**
          III: ↲**arbijaʳ/ₛᵢjostezarbijano**

Die Spannweite der Deutungen veranschaulichen die beiden folgenden: ›[A:] Ich, Wiw nach Wodurid, dem Brotwart, wirkte [die Runen]. [B:] [Mi]r(?), dem Wodurid, bereiteten den Stein drei Töchter, das Erbmahl (aber) die vornehmsten (oder alternativ: die zum Erbe Nächstberechtigten) der Erben‹ (so Krause 1937, 117; 1966, 166) oder ›[A:] Ich, Wiw, dichtete nach Wodurid, ihm, der für Brot sorgte, [B:] [ich] bestimmte für Wodurid den Stein. Drei Töchter bereiteten ein angenehmes Erbmahl, die liebsten unter den Erben‹ (so Grønvik 1981, 162 ff.; 1984, 56 f.) bzw. modifizierend ›[A:] Ich, Wiw nach Wodurid, der für das Brot sorgte, »wirkte Rune[n]«, bestimmte den Stein für Wodurid‹ (Grønvik 1998a, 39).

Wie kommen derartig abweichende Auffassungen zustande?

(1) Unterschiedliche Lesungen bedingen verschiedene Deutungen; je nachdem, ob B III, 7(/8) ⸮ⵏ als Wenderune **r** oder als reguläre zwei Runen **si** genommen werden, ergibt sich ein Superlativ **(a)rjostez** = *arjōstēz* ›die vornehmsten‹ (Krause) bzw. **(a)sijostez** = *ā^{n}sijōstēz* ›die lieb(enswürdig)sten‹ (Grønvik; oder: ›die »asischsten«, den Asen am ähnlichsten‹: Marold 2015, 160 im Anschluss an Marstrander 1930, 320 f.).

(2) Die verlorengegangene obere Steinpartie (Ende von A II, Beginn von B I) lässt mehrere Möglichkeiten der Ergänzung des runenepigraphischen Textes zu: r̄[--- (Krause) bzw. ---]h (anstatt ---]z; Grønvik).

(3) Damit zusammenhängend wird **worahto** = wor_ahtō (_a ist ein Sprossvokal, der zur Erleichterung der Aussprache in Konsonantengruppen eingeschoben wird), 1. Person Sg. Präteritum zu urgerm. *wurkija- (aisl. *yrkja*), unterschiedliche Bedeutung zuerkannt: ›wirken, verfertigen‹ (im Sinne von ›schreiben‹; Krause) bzw. ›dichten, verfassen‹ (Grønvik).

(4) Zäsuren werden an verschiedenen Stellen der Inschrift gesetzt und A I – A II (Krause) oder A I – A II – B I (Grønvik) als syntaktische Einheit genommen.

(5) Die einzelnen Deutungszugänge unterscheiden sich in den Auffassungen über die kultischen und erbrechtlichen Aspekte des Totenbrauches, die auf verschiedene Weise rekonstruiert werden können.

Was die Lesung betrifft, stimmt die heutige Forschung (vgl. RGA XXXI, 332 ff.; Schulte 2018, 97 ff.) in Punkt (1) mit Grønvik überein, in Punkt (2) mit Krause. Mit den Deutungen dieser beiden prominenten Runologen, die hier nur stellvertretend stehen, sind die Interpretationsmöglichkeiten aber keineswegs ausgereizt. So stellt Eythórsson (2013) unter Rückgriff auf ältere Arbeiten die Zeile B I als ›[Wīwa?]z [setzte, errichtete] den Stein für *Wōdurīdaz*.‹ her und deutet die restliche Passage auf Seite B als ›Drei Töchter teilten die Erbschaft, die nächstverwandten Erben‹. Dabei verweist er für *sijōstez arbijanō* auf den lateinischen Rechtsterminus *suus hērēs* ›Hauserbe: Familienmitglied, das unmittelbar mit dem Tod des Erblassers das Erbe erwirbt‹ (RE IV A, 664 ff.) – eine syntaktisch und sachlich einleuchtende Deutung (Replik: Mees 2014a; Duplik: Eythórsson 2014), die allerdings auf einer Ergänzung (**satide** ›setzte‹) und einer Konjektur (**da[i]lidun** ›teilten‹) beruht.

Einiges Aufsehen hat die Entdeckung eines Runensteines auf dem Hof Hogganvik (bei Mandal, Vest-Agder, N) im Herbst 2009 erregt, waren doch seit dem letzten Neufund eines älteren Runenmonumentes in Norwegen nicht weniger als 60 Jahre vergangen. Der Gedenkstein befand sich ursprünglich in einem Gräberfeld auf einer Anhöhe (s. Glørstad et al. 2011, 13 ff.). Die Inschrift ist am ehesten in die zweite Hälfte des 4. Jh.s zu datieren (Knirk 2011a, 30; Imer 2011a, 181 f.: 160–375/400). Die 62 linksläufigen Runen verteilen sich wie folgt (Knirk 2011a, 27 ff.; Schulte 2011a, 58 ff.; 2013, 122 ff.):

Zeile I: **kelbaþewas:st̂ainaz:aaasrpkf**
Zeile II: **aarpaa:inananaḅoz**
Zeile III: **eknaudigastiz**
Zeile IV: **ekerafaz**

Kelbaþewas stainaz. **aaasrpkf**, **aarpaa**. *In(n)ana nabōz. Ek, Naudigastiz, ek, Erafaz.* ›K.s Stein. [Zwei nicht-lexikalische Sequenzen.] [Der Stein steht o.ä.] inmitten der Anhöhe (oder: inmitten der Nabe [auf die radähnliche Steinsetzung bezogen]?). Ich, N., ich, E.‹

Auffällig ist die altertümliche Form ∏ der *e*-Rune. Besonderes Gepräge haben die drei Namen, für die sich keine exakten Gegenstücke im altgermanischen Onomastikon belegen lassen. Zwar sind die beiden Hinterglieder -*þewaz* (zu got. *þius* ›Diener‹) und -*gastiz* (zu aisl. *gestr* ›Fremder, Gast‹) häufig bezeugt, aber *Kelba*- (ablautend zu ahd. *kalb*, as. *kalf* ›Kalb‹) ist ein Unikum, und *Naudi*- (zu aisl. *nauðr*, ahd. *nōt* ›Not, Zwang‹) findet sich – wohl zufällig – sonst nicht mit -*gastiz* kombiniert. Diese beiden zweigliedrigen Männernamen sind wahrscheinlich nicht unmittelbar sinntragend, sondern durch Namenvariation entstanden (vgl. S. 50). *Erₐfaz* kann mit Sprossvokal *a* als Beiname ›Marder‹ (**erƀa-* > awn. *jerfr* ›eine Marderart, Vielfraß‹) zu deuten sein, der sich auf die äußere Gestalt, Tracht (aus Marderfell) oder mardergleiche Eigenschaften des Benannten beziehen kann. Sonach lässt sich aus den Namen des Verstorbenen (Zeile I) und des Runenmeisters bzw. Auftraggebers (Zeilen III, IV) selbst keine Aussage über den sozialen Status treffen; die Genannten werden jedoch der Oberschicht angehört haben. Ob den nicht-lexikalischen Runenfolgen am Ende von Zeile I und am Beginn von Zeile II magisch(-apotropäisch)e Funktion innewohnt oder ob es sich um eine irgendwie verschlüsselte sprachliche Äußerung handelt (vgl. Knirk 2011a, 33 f.; Schulte 2013, 122), kann nicht entschieden werden. Wie schwierig es jedenfalls ist, derartigen Sequenzen – vermittels Umstellungen und angenommener Abkürzungen – Sinn zu entlocken, zeigt der vergebliche Versuch von Mees (2017, 20 ff.).

Ein weiterer sensationeller Runenfund in Norwegen ereignete sich im Jahr 2017. Eine große rechteckige Steinplatte, die lange als Treppenstufe auf dem Hof Øverby (Rakkestad, Østfold) diente, scheint ursprünglich bei oder auf einem nahegelegenen Grabhügel gestanden zu sein. Die Inschrift ist vermutlich im 5. Jh. entstanden. Auf einer der beiden Schmalseiten findet sich nach zwei schwer lesbaren Runen – ẹḳ (Schulte 2020, 18) oder ḷụ: = *lū* (Iversen et al. 2019, 68 ff.; Imperativ der 2. Person Sg. eines starken Verbs urn. **lūa*, von dem aisl. *lýja* ›schlagen, hämmern‹ abgeleitet ist) – die Folge ⌐irilazraskazrunoẓ; die Deutungen lauten demzufolge ›ich, der Iril *Raskaz*, [ritz(t)e o.ä.] die Runen‹ sowie ›Haue, rascher (tüchtiger) Iril, die Runen ...‹ (und weiter auf Seite B: ›... ein für Isni‹). Auf welche Eigenschaft des Runenmeisters sich der Beiname *Raskaz* bezieht, lässt sich nur ungefähr sagen; etymologisch entspricht mhd. *rasch* ›schnell, gewandt, kräftig‹ (wgerm. **raska-* < **raþska-*?), eine verwandte Bildung ist aisl. *rǫskr* ›tüchtig, tapfer, furchtlos‹ (ngerm. **raskwa-*; vgl. EWAhd VII, 411 f.). Aus dem altgermanischen Namenschatz ist das Hypokoristikon ogerm. *Rascila* (1.–3. Jh.; LaN I, 553) zu vergleichen. Zwei weitere Runenzeilen auf der glatten Oberfläche des Steines (Seite B) sind stark beeinträchtigt. Von einem vielleicht ca. 18 Runen umfassenden Komplex, der den runenepigraphischen Text gleich unterhalb der Steinkante fortsetzt, ist am Beginn ⌐inisni: und am Ende ạtezfạụ zu erkennen. Eine zufriedenstellende Deutung kann hier nicht erreicht werden; **isni** als Dativ *Īsni* eines *i*-stämmigen Anthroponyms (Iversen et al. 2019, 72) ist ohne Parallele. Weiter unten auf derselben Seite findet sich eine Folge ịnị, die ebenfalls ungeklärt bleibt.

4. Im Vergleich zu den zahlreichen bildlichen Darstellungen auf Steinen aus der Wikingerzeit gibt es in der älteren Runenperiode lediglich vier Bildsteine mit Runeninschrift. Nur in einem Fall sind Bild und Text sicher aufeinander zu beziehen, und zwar auf dem Stein von Roes (Gotland, S), der wohl vor bzw. um 750 zu datieren ist. Hier sieht man neben einem Pferd (Hengst nach Krause 1966, 235 u.a.) in Strichzeichnung die Inschrift **iuþin:u͡dᴙrak**: = *iū þin(n) Ud(d)ᴙ rak* ›dieses Pferd (**ehwaⁿ*) trieb Udd (Männername, entsprechend aisl. *Oddr*)‹. Ob die Bild-Text-Komposition auf einen Schadenzauber weist, den der genannte Udd mit dem Pferd

als Zeichen des Schadenzaubers aussendet, wie man in der älteren Literatur gemeint hat, bleibt allerdings unsicher.

In der altisländischen *Egils saga Skalla-Grímssonar* (›Saga von Egil, dem Sohn des Glatzkopf-Grim‹, c. 57) wird berichtet, dass Egil einen (skelettierten) Pferdekopf auf eine *níðstǫng* (›Schandstange, verhöhnender Pfahl‹) gegen den norwegischen König *Eiríkr blóðøx* und seine Frau *Gunnhildr* steckt, aufpflanzt und mit Runen mit dem *formáli* ›Wortlaut‹ seiner Schmähung versieht, den uns der Sagatext allerdings vorenthält (vgl. S. 268). Die Relevanz dieser erst aus dem 13. Jh. stammenden Schilderung für die Runeninschrift von Roes ist jedoch entgegen Krause (1966, 236) fraglich.

Der bekannteste (und älteste) Bildstein stammt aus Möjbro (Uppland, S) und gehört wohl noch in das 4. Jh. Abgebildet ist hier ein Reiter mit einer Waffe in der erhobenen Rechten und einem Schild in der Linken; zu den Füßen des Pferdes befinden sich zwei tierische Vierfüßer, wohl Hunde. Die zwei linksläufigen Runenzeilen lauten, von unten beginnend, **frawaradaz** und **anahahaislaginaz**; die letzte Rune hat der Steinmetz aus Platzgründen über dem **n** eingemeißelt. *Frawarādaz* ist ein zweigliedriger Männername (zu aisl. *frár* ›schnell‹, ahd. *frō* ›froh‹ bzw. aisl. *ráð*, ahd. *rāt* ›Rat‹). Die Folge **anahahai** – in der älteren Forschung als ›Ane der Einäugige‹ (got. *haihs*) oder ›auf dem Renner‹ (vgl. aisl. *hestr* ›Pferd, Hengst‹) gedeutet – wird von Fridell (2009, 98 ff.) überzeugend als *ana Hahai* ›in *Hahaz*‹ (*Hå*, mehrfach belegter Ortsname in Schweden; schwed./dial. *hå* ›Einbuchtung eines Flusses oder eines Sees‹) erklärt. Die Inschrift besagt demnach ›F. [ist] in H. erschlagen‹ oder, weniger wahrscheinlich, mit Herkunftsangabe ›F. zu H. [ist] erschlagen‹. Die bildliche Darstellung setzt den Toten als eine Art heroisierten Reiter in Szene. Da keine erkennbare Verbindung zu einer Grabanlage besteht, wird es sich um einen Gedenkstein für einen höhergestellten Krieger handeln (vgl. Elmevik 1978; RGA XX, 135).

In der gleichen Landschaft steht der Stein von Krogsta, der vielleicht noch in das 4. Jh. gehört (Imer 2015a, 154) und in Verbindung mit einem Grabfeld von anderen, kleineren Steinen umgeben war. Auf der einen Seite sieht man in Strichzeichnung ein Männchen mit angewinkelt erhobenen Armen und gespreizten Fingern. An seiner rechten Seite ist unterhalb des Ellbogens die Runenfolge (A, von oben nach unten) **⸱mwsïeij?** eingemeißelt. Etwas höher angebracht, liest man auf der anderen Seite (B, ebenfalls von oben nach unten) **⸱sïainaz**; bei Annahme einer Verschreibung **⸱↿** für ↑ lässt sich s⸢t⸣ainaz ›Stein‹ herstellen. Im Vergleich zur Inschrift von Rävsal (S. 43) könnte es sich bei KROGSTA auch um eine einseitige Gedenkinschrift handeln, bei der der Name des Toten in verballhornter Form auf Seite A angebracht wäre; allerdings hat sich trotz zahlreicher Bemühungen seit dem 19. Jh. für die Folge **mwsïeij?** keine überzeugende Deutung gefunden (dies gilt auch für den Versuch von Grønvik 1987a, 144 ff.). So ist rätselhaft, ob die Inschrift mit der Strichzeichnung zusammenhängt; die Bilddarstellung hat man als Adoranten (Anbeter; RGA II, 566) gedeutet oder als menschliche Figur mit apotropäischer Geste (»Abwehr gegen feindliche, den Frieden des Grabes bedrohende Mächte«: Krause 1966, 227).

Eine in der Nähe des Hofes Eggja (Sogndal, Vestland, N) gefundene Steinplatte lag ursprünglich mit der Inschriftseite nach unten als Abdeckung auf einem Flachgrab. Es ist nicht eindeutig zu klären, ob dieses Grab belegt und ausgeraubt wurde oder ein Kenotaph (Scheingrab zum Gedächtnis an einen Toten) war. Der umfängliche runenepigraphische Text gehört wohl in die Zeit um 700. Zwischen zwei längeren rechtsläufigen Runenzeilen (I, II) findet sich die unvollständige Umrisszeichnung eines Pferdes, deren Zusammenhang mit der Inschrift fraglich ist. Eine kurze dritte linksläufige Runenzeile (III) verläuft kopfständig hinter dem Pferdeschweif zwischen den beiden Zeilen I und II. Die Runen selbst sind bereits schwer zu lesen, hinzu kommen unlesbare Partien, die unterschiedlich rekonstruiert werden. Entsprechend vielfältig sind die vielen Deutungsversuche seit 1919, darunter mehrere Monographien (vgl. RGA VI, 462 ff.; Birkmann 1995, 100 ff.); manche Forscher(innen) haben erst in mehreren Anläufen ihre Auffassung festgelegt.

Zur Veranschaulichung folgen drei Interpretationen. – Nach Krause (Zeile I–II: 1966, 232; Zeile III: 1971, 145) besagt die Inschrift:

Zeile I: a. Nicht ist's von der Sonne getroffen und nicht mit einem (eisernen) Messer der Stein geschnitten.
           b. Nicht *lege* man [ihn] entblößt hin, wenn der abnehmende Mond (über den Himmel) wandert.
           c. Nicht mögen irregeführte Männer [den Stein] *beiseite* legen!

Zeile II: a. Diesen [Stein] hier bewarf der Mann (der Runenmagiker) mit Leichensee (Blut), rieb mit ihm (mit dem Blut?) die Dollen(?) in dem bohrmüden Boot(?) ab.
           b. Als wer (in welcher Gestalt) ist der Heer-Ase (Odin?; oder: wer ist als Krieger) gekommen hierher auf das Land der Krieger (oder: der Rosse)?
           c. Fisch, aus dem *schrecklichen* Strom schwimmend, Vogel, *in die Schar der Feinde* schreiend.

Zeile III: Zauber (**alu**) dem Missetäter (Grabfrevler oder Wiedergänger)!

Texteinteilung in Zeilen I und II nach »Sinnabschnitten«. Abweichend von Krauses Wiedergabe sind hier erklärende Zusätze in runde Klammern gesetzt, Sinnergänzungen in eckige Klammern; erschlossene Wörter für defekte Stellen erscheinen kursiv und mit Asterisk. – Zur Lesung und **alu**-Problematik s. Nowak 2003, 222 f.

Die Interpretation von Grønvik (1985a, 162 f.; vgl. Kramarz 1988, 472) lautet demgegenüber:

Zeile A: 1. *Der Hausstand schrumpft,*   über die übrigen warf WīlR die Todeswelle:
[= II]   die Dollen wurden ihnen abgeschliffen   an der im Bohrloch geschwächten Mastspitze:
           2. Wer führte die Schar   hinüber in jenes Land?
           3. Der Menschen-Fisch   von den Strömungsfurchen bei *Firnæy* (›Fern-Insel‹), schwimmend in der Gischt,   von dem Land *mit den leuchtenden Wiesen.*

Zeile B: *Immer* [möge mir] *Hilfe* [zuteil werden], wenn ich dichte!   [= III]

Zeile C: 1. Nicht in der Sonne und nicht mit dem Schwert   wird der beritzte Stein aufgesucht;
[= I]   2. nicht *soll aufsuchen* der Mann,   der die n*ackte Leiche beschreit,   [und] nicht sinnesverwirrte Männer die Liegestätte!

Texteinteilung nach Sinneinheiten und metrischen Einheiten (Kurzversen). Grønviks Zeilen A, B und C entsprechen Krauses Zeilen II, III und I. Für Erklärungen, Ergänzungen und Erschlossenes gilt das vorhin Gesagte. – Seine Auffassungen hat Grønvik mehrfach modifiziert, so etwa in Zeile A,1 ›über meine Lieben warf sich die Todeswelle‹ (1988, 37 ff.) und ›über meine *Familienmitglieder* warf der Wilde (Gewaltige, i.e. der Meeresgott *Ægir*) die Todeswelle‹ (2002, 29 f.) oder Zeile B als ›(er,) *der Reichtum (Glück)* bewirke‹ (1988, 45 f.; eine Art *amen*: 2000, 14); vgl. weiter Grønvik 2002. Zu Grønviks Deutung(en) s. zusammenfassend und abwägend Spurkland 2005, 54 ff.

Ausgehend von Grønviks Arbeiten, kommt Bjorvand (2010, 213 ff. 232 f.) zu folgender Deutung:

Zeile A: (1.) Über die Meinen (über meine nächsten Verwandten) warf ein Wilder (Gefährlicher) eine Todeswelle,
die Dollen wurden ihnen an der im Bohrloch geschwächten Mastspitze abgeschliffen (zerrieben).

(2.) Wer brachte die Menge *hinüber* in das gute Land im Jenseits (Wer tötete sie)?

(3.) Der Leichenfisch aus dem *fürchterlichen* Stromwirbel heraus in (mit) der Gischt schwimmend – [er] ist aus [aller] *Kraft* brüllend.

Zeile B: *Für immer* [sei, werde] *dieses* ey (›göttliche Hilfe?‹), von dem ich dichte.

Zeile C: (1.) Nicht in Sonne, und nicht mit dem Schwert, wird der beritzte Stein aufgesucht;

(2.) nicht *besuche* der Mann, der den nackten (toten) Verwandten beschreit (laut beweint), [und] nicht sinnesverwirrte Männer, [diese] Liegestätte.

Texteinteilung nach Sinneinheiten. Die Zeileneinteilung erfolgt nach Grønvik (A, B und C = II, III und I nach Krause). Für Erklärungen, Ergänzungen und Erschlossenes gilt das oben Gesagte.

Wie bei der Runeninschrift von Tune beruhen die Interpretationen auf unterschiedlichen Voraussetzungen und Vorentscheidungen der hier genannten (und nicht genannten) Runolog(inn)en, und zwar auf allen Ebenen von den sachlichen Grundlagen über die epigraphischen Aspekte und sprachlichen Gegebenheiten bis hin zur Funktion der ganzen Inschrift (vgl. S. 17 ff.):

(1) Grab oder Kenotaph?,

(2) abweichende Lesungen nicht eindeutig bestimmbarer Runen,

(3) unterschiedliche Ausfüllung der Lakunen (Lücken) in der Inschrift,

(4) differierende Lautgeltung einzelner Runen,

(5) andere Deutung von Wortbestandteilen (morphologischen Elementen) und verschiedene Segmentierung der fortlaufend geritzten Inschrift,

(6) abweichende Bedeutungsansätze für manche Ausdrücke,

(7) alternative Auffassung von Wörtern als *nomen appellativum* (Gattungsname) oder als *nomen proprium* (Eigenname),

(8) unterschiedliche Interpretation einer Runensequenz als wortwörtlich oder metaphorisch (als aisl. *kenning*),

(9) alternative syntaktische Einschnitte (und damit andere Anordnung der Textteile),

(10) abweichende religionsgeschichtliche und -psychologische Ausgangspositionen,

(11) die zur Annahme von magischen und kultisch-rituellen Handlungen anlässlich einer Bestattung (gegen eine Grabschändung oder gegen ein Wiedergehen des Toten) führen.

In Zeile I bzw. C besteht Übereinstimmung darin, dass der runenepigraphische Text dem Schutz von Stein und Grab dient; die Wendung *ni's sōlu sōtt* ›nicht wird in der Sonne (bei Tageslicht) aufgesucht‹ kann auf sehr alten Vorstellungen fußen (Oettinger 2020 vergleicht gr. ἀνάλιος *análios* ›nicht mit Sonnenlicht versehen‹). Indessen werden für die Zeilen II–III (bzw. A–B) ganz verschiedene Vorgänge und Absichten angenommen (Überblick bei Birkmann 1995, 103 ff.), und zwar

– Runen- oder Grabsteinweihe durch Übergießen mit Blut (Magnus Olsen),

– Begräbnis eines Häuptlings mit Blutopfer und Weihe des Bootes, auf dem dieser herbeigebracht wurde (Lis Jacobsen),

– Inschrift und Kenotaph sollen einen Verbrecher, der in einem Schiff im Fjord versenkt wurde, am Wiedergehen hindern (Arthur Nordén),

– Aufforderung des Runenmeisters an den Gott Odin, nach Eggja zu kommen, um den toten Krieger nach Hel zu geleiten (Gerd Høst, Wolfgang Krause),
– Gedenken an einen Toten, der Seekrieger besiegt, ihr Blut vergossen und ihr Schiff versenkt hat (Niels Åge Nielsen) und
– Begräbnis in Anwesenheit der Hausgemeinschaft der Toten, die auf einem Schiff eine schwere Havarie erlitten hatten (Ottar Grønvik, Harald Bjorvand).

So muss man sich mit der Einsicht bescheiden, zu der Bjorvand (2010, 233) am Ende seiner gründlichen Studie gelangt:

> Die Eggja-Inschrift ist in dem uns bekannten Zustand so stark vom Zahn der Zeit angegriffen, dass es wahrscheinlich niemals gelingen wird, endgültige und eindeutige Lösungen für die damit verbundenen Lesungs- und Deutungsprobleme zu finden.

5. Eine eigene Gruppe bilden die vier *Blekinger Runensteine* von Istaby, Gummarp, Stentoften und Björketorp in Südschweden (Birkmann 1995, 114 ff.; Schulte 2015a). In den Inschriften sind vier Männer der sozialen Elite genannt – Lokalherrscher bzw. ›Häuptlinge‹, die miteinander verwandt waren. Ihre zweigliedrigen Namen sind durch sog. Namenvariation charakterisiert; dabei wird innerhalb einer Familie bzw. einer Sippe ein gleichbleibendes Namenglied durch das andere variiert, das zusätzlich auch alliterieren kann.

Es handelt sich um ein bekanntes und weitverbreitetes onomastisches Prinzip. So etwa heißen im althochdeutschen *Hildebrandlied* (um 800) Großvater, Vater und Sohn *Heri-brant*, *Hilti-brant* und *Hadu-brant* (›Heer‹, ›Kampf‹, ›Kampf‹ mit *h*-Alliteration + ›Brand, Schwertklinge‹). Unter derartigen Variationsnamen finden sich – das ist eine Frage der Statistik – nicht nur sinnvolle, sondern auch bedeutungsschwache (*Heri-brant* ›Heer‹ + ›Brand, Schwertklinge‹) oder überhaupt ›sinnlose‹ Verbindungen der beiden Namenglieder (vor-ahd. *Blīþ-gu(n)þ* ›mild, freundlich‹ + ›Kampf‹; Holzstab von Neudingen, vgl. S. 78), weil eben die Familienzugehörigkeit signalisiert und kein Glückwunsch o.ä. bei der Namengebung formuliert wird (vgl. Nedoma 2015, 296 f.).

Auf den Blekinger Steinen sind *Heₐru-wulₐfₐ* (1×), *Haþu-wulₐfₐ* (3×, zwei Personen) und *Hari-wulₐfₐ* (2×) belegt (›Schwert‹, ›Kampf‹, ›Heer‹ mit *h*-Alliteration + ›Wolf‹). Alle drei Namen werden auf dem Stein von Istaby genannt, die eine der am besten erhaltenen Inschriften im älteren Fuþark trägt; sie lautet: ›Nach (dem Tod von, zum Gedenken an) Hariwulf [ist dieser Stein errichtet, steht dieser Stein]. Hathuwulf, Hearuwulfs Nachkomme, schrieb diese Runen.‹

Der Stein von Gummarp, der beim Stadtbrand von Kopenhagen 1728 verlorenging, ist nur durch zeitgenössische Zeichnungen bekannt und trug die Inschrift ›Hathuwolf setzte drei (Runen-)Stäbe ᚠᚠᚠ‹ (s. S. 19); die drei *f*-Runen sind als Begriffsrunen *fehuⁿ ›Vieh, (mobiler) Besitz, Reichtum‹ aufzulösen (S. 8). Der Genannte wollte offenbar durch diese magisch-operative Handlung seinen Besitzstand und/oder den seiner Leute vermehren. Auch aus der literarischen Überlieferung, so etwa aus dem Eddalied *Skírnismál* (›Skirnirlied‹, Str. 36), ist das Setzen dreier Stäbe bekannt (s. S. 206. 266; vgl. Schulte 2015a, 178).

Das Besondere an den Blekinger Steinen besteht nicht nur in der Nennung derselben Personen in mehreren Inschriften, sondern auch in der doppelten Überlieferung einer Fluchformel. Der Stein von Stentoften (s. Abb. 8) bietet zunächst in drei rechtsläufigen, von unten nach oben zu lesenden Zeilen einen Rückblick: ›Mit neun Böcken, mit neun Hengsten gab Hathuwolf ᛉ‹ (s. S. 25 f.); die zur Zeit der Abfassung

Abb. 8: Stein von Stentoften (nach DR II, 331: Abb. 820); ohne Maßstab.

der Inschrift nicht mehr gebräuchliche alte *j*-Rune ᛃ (die daraus entstandene Sternrune ᛉ **A** gibt *ặ* wieder; s. S. 7) ist ebenfalls mit ihrem Begriffswert urn. **jāra* ›gutes
(gedeihliches) Jahr‹ zu nehmen (S. 8). Zeile IV, die gegen Ende hin nach links ab-
biegt, scheint eine Art aktuelle Verlautbarung ›Hariwolf [... ist, schafft] nun Schutz‹
o.ä. zu enthalten (Krause 1966, 211; Grønvik 1996, 167 f.); die mittlere Partie ist
aber beschädigt und daher nur mit Vorbehalt zu deuten.

Die übrigen Zeilen V–VI beschreiben ebenfalls eine Kurve und laufen dann auf
der Schmalseite von oben nach unten weiter. Hier findet sich die Beschwörung, die
in ganz ähnlicher und wohl kaum unabhängiger Form auf dem 4 m hohen Stein von
Björketorp (dort mit der aus- und auch eindrücklichen Überschrift **uþ**A**r**A**b**A**sb**A =
spät-urn. *ūþar_abaspā* ›Schadensprophezeiung‹) erscheint. Es ist schwer zu entscheiden, ob eine der beiden Textfassungen Priorität hat (und wenn ja, welche) oder ob
die beiden Inschriften gleichwertige ›Erfüllungsmöglichkeiten‹ bieten. In der Björ-
ketorp-Version lautet die Verwünschung wie folgt:

>›Die Reihe der Glanzrunen verbarg ich hier, mächtige Runen; durch Schändlich-
keit (**A**r**A**g**e**u ›»Argheit«, Unmännlichkeit, Perversion‹) ruhelos draußen (in der
Ferne?) ist ein Vogelfreier (**we**l**A**d**A**ude** »schmählich zu Tötender«) derjenige,
der das (i.e. das Monument) zerstört.‹

Der erwähnte ›Glanz‹ (vgl. ae. *hādor* ›Helligkeit, Klarheit [des Himmels]‹) der Runen muss sich nicht unbedingt auf die himmlische Herkunft von den Göttern beziehen, sondern kann auch ›nur‹ der Ausdruckssteigerung dienen. Die runenepigraphi-

sche Verwünschung bzw. Todesdrohung gilt jedenfalls der Abwehr von Störenfrieden besonderer Orte – die zwei Runensteine zeichnen sich durch ihre Größe, durch Umfang und Inhalt der Inschriften sowie durch die Vergesellschaftung mit (Björketorp: zwei, Stentoften: fünf) weiteren, runenlosen Steinen aus. In beiden Fällen besteht keine Verbindung mit Grabanlagen, sodass man die beiden Plätze zumeist als Kult- bzw. Opferstätten angesehen hat. Demgegenüber wird nunmehr festgehalten, dass »no kind of worship and no ›sacred area‹ could be proven in the vicinity of the rune stones of Stentoften und Björketorp« (Carstens / Grimm 2015, 222) – der genaue Charakter der Steinsetzungen lässt sich also nicht feststellen. Klar ist nur, dass mit den Blekinger Runeninschriften ein politisches Machtzentrum greifbar wird, das in den Jahrzehnten vor und um 600 von vier *Ylfingar* (›Wülfinge‹, nach dem kennzeichnenden Hinterglied *-wulfaz* ihrer Namen) über drei oder vier Generationen dominiert wurde.

Die Geschlechterfolge kann man sich entweder linear oder mit zwei Nachfahren in der mittleren Generation zurechtlegen (vgl. Birkmann 1995, 138 ff.):

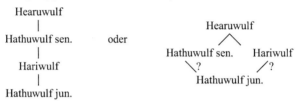

Hariwulf ist der Urheber bzw. Auftraggeber von STENTOFTEN, Hathuwulf jun. der Schreiber bzw. Auftraggeber von ISTABY.

Dass die Namen dieser ›Wülfinge‹ »might have been used as some kind of insignia received after the [ritual] ceremonies«, und zwar von »initiations of young warriors and seasonal community festivals« (Sundqvist / Hultgård 2004, 597), bleibt indessen nach dem vorhin Gesagten unsicher.

Aus sprachlichen Gründen wird man STENTOFTEN in die Zeit vor 600 (etwa 575/ 580) datieren, die übrigen drei Runensteine kurz vor oder um 600 (vgl. Grønvik 1987a, 184 f.; Birkmann 1995, 141 f.).

Um noch einmal auf die Fluchformel zurückzukommen: Die beiden überlieferten Textvarianten sind von einigem sprachhistorischen Interesse, stehen hier doch konservative urnordische Formen (STENTOFTEN; Sprachstufe II c nach Grønvik 1987a, 167 ff.) und progressive urnordische Formen (BJÖRKETORP; Sprachstufe III a nach Grønvik) einander gegenüber. In den beiden Inschriften werden Lautwandelprozesse greifbar, die schon zum Altnordischen hinführen (Grønvik 1996, 194 ff.), so vor allem

– Brechung urn. *e > eæ* (o.ä.) > an. *ja* (vor *a*): **heᴀмᴀʟᴀsᴀʀ** = *her$_a$mala[u]s$_a$ʀ* STENTOFTEN gegenüber **hᴀeʀᴀмᴀʟᴀusʀ** = *heær$_a$malausʀ* BJÖRKETORP ›ruhelos, rastlos‹ (aisl. **hjarm-*, vgl. ahd. *hirmen* ›ruhen, ablassen [von etwas]‹);
– *i*-Umlaut urn. *iu > an. ȳ*: **bᴀriutiþ** = *b$_a$riutiþ* STENTOFTEN gegenüber **bᴀrutʀ** = *b$_a$rȳtʀ* BJÖRKETORP ›zerstört‹ (aisl. *brýtr* ›(zer)bricht, zerstört, verletzt‹; **u** steht für das Umlautprodukt [y:]);
– Kürzung langer Schwachtonvokale: **-ronoʀ** = **-rūnōʀ* STENTOFTEN gegenüber **-runᴀʀ** = *-rūnaʀ* BJÖRKETORP, ferner auch ISTABY (aisl. *rúnar* Akk. Pl. ›Runen‹);
– Ersetzung von (aus dem Urgermanischen ererbten bzw. restituierten) *-iþ* durch *-ʀ* in der 3. Person Sg. Präsens starker Verba: **bariutiþ** = *b$_a$riutiþ* STENTOFTEN (ae. *brēoteþ*) gegenüber **barutʀ** = *b$_a$rȳtʀ* BJÖRKETORP (aisl. *brýtr*), s. vorhin.

II.7. Goldbrakteaten: Text und Bild

Eine eigene Überlieferungsgruppe bilden Inschriften auf Goldbrakteaten (RGA XII, 323 ff.; Heizmann 2011), die von der Mitte des 5. Jh.s bis in das zweite Drittel des 6. Jh.s hergestellt wurden (Axboe 2011, 280). Es handelt sich um runde, dünne Goldbleche (lat. *bractea*) von zumeist 2–3 cm Durchmesser und geringem Gewicht (2–6 g). Sie sind einseitig geprägt und durchwegs mit Abbildungen, vielfach auch mit Lateinschriftimitationen bzw. Runeninschriften versehen.

Das Herstellungsverfahren verlief normalerweise wie folgt (s. Wicker 2006, 415 ff.; Axboe 2007, 1 ff.): 1. Anfertigung eines Vormodels aus Wachs oder Ton (Matrize, seitenverkehrt), 2. Herstellung einer Gussform, 3. Guss eines Bronzemodels, 4. Zurechtschneiden des Goldblechs (ganz selten: Silberblechs), 5. Prägung des Schrötlings auf dem Model (wiederum Matrize), 6. Nachbearbeitung, 7. optional: Verzierung der Randzone, 8. Anlöten der Fassung und Anbringung einer Öse.

Die Öse ermöglicht eine körpernahe Trageweise; die Goldbrakteaten wurden offenbar in der Regel an einem Band um den Hals getragen. Selbst ein Pektorale (Brustschmuck) mit einem Brakteatenensemble aus Gudme (Fünen, DK) konnte rekonstruiert werden (Hauck 1998a). Ösung und Trageweise geben einen Hinweis auf die Funktion als Amulette und/oder Schmuckstücke sowie Statuszeichen; die Goldbrakteaten der Völkerwanderungszeit hatten jedenfalls keine Münzfunktion. Skandinavien ist das hauptsächliche Verbreitungsgebiet; in Südskandinavien und Norddeutschland sind es in der Regel Hort- und Einzelfunde, dagegen auf dem restlichen Kontinent, in Norwegen, Gotland und England zumeist Grabfunde (mehrheitlich in Frauenbestattungen). Es sind auch Frauen, die vorwiegend, jedoch keineswegs ausschließlich als Träger(innen) der Stücke gelten dürfen (vgl. Pesch 2002, 33 f.; Behr 2011, 204 ff.).

Goldbrakteaten haben ihr Vorbild in römischen Medaillonen des 4. Jh.s, die als kaiserliche Geschenke ausgegeben wurden. In das Barbaricum gelangten sie als Tributzahlungen bzw. als Lohn für militärische oder diplomatische Dienste der germanischen *nobiles* (Bursche 1999, 41 ff.). Die 17 Exemplare des Typs M (= Medaillon-Imitationen) stehen ihren spätantiken Vorlagen noch recht nahe, auch darin, dass sie deren Kapitalis-Legenden nachahmen. Auf den Goldbrakteaten wurde das Bildprogramm der imperialen Medaillone – Kaiserportrait auf der Vorderseite (Avers), Kaiser zu Pferd oder Kaiser und Victoria mit Kranz auf der Rückseite (Revers) – offenbar im Zugriff auf einheimisch-germanische Überlieferungen nach- und weitergebildet. Die Produktion von Brakteaten lässt sich am besten in (nord)germanischen Herrschafts-, Kult- und Reichtumszentren wie Gudme (Fünen), Himlingøje (Seeland) oder Uppåkra (Schonen) vorstellen.

Was den Entstehungsprozess betrifft, sind zwei Instanzen auseinanderzuhalten: für die ideelle Seite war ein ›Brakteatenmeister‹ mit Traditionswissen und Schriftkenntnis zuständig, für die materielle Seite ein Goldschmied mit handwerklichem Geschick. Nur in Ausnahmefällen werden Konzeption und technische Umsetzung ein und derselben Person zuzuschreiben sein. Aufgrund der besonderen Produktionsbedingungen – die spiegelverkehrte Matrize wurde von einem zumeist wohl illiteraten Handwerker angefertigt – sowie der geringen Größe der für Bild und Text verfügbaren Fläche sind immer wieder Versehen zu beobachten, die sich bei weiteren Kopiervorgängen vermehrt haben.

Im Unterschied zu nahezu allen anderen Runenträgern konnten Brakteaten (wie sonst Münzen) in Serie hergestellt werden. So sind denn auch mehrmals von demselben Model geprägte Stücke erhalten, mitunter im selben Fund; so etwa waren in Kongsvad Å (IK 101) sechs Exemplare als drei Doppelbrakteaten kunstvoll an einer Goldröhre befestigt. Modelgleiche Stücke können auch auf mehrere Fundorte verteilt sein wie die vier C-Brakteaten von Seeland(?), Overhornbæk (I; 2×) und unbekanntem Fundort (UFo; IK 154,1–3). Wie hoch eine ›Normalauflage‹ einer Brakteatenserie war, lässt sich allerdings nicht feststellen.

Nach den Sujets der von eigentümlichen Ausdrucksformen getragenen Bilddarstellungen unterscheidet man bei den bis Mitte September 2022 bekannten 1 149 Exemplaren (von zumindest 715 Modeln) – die 17 Medaillon-Imitationen (von 15 Modeln) beiseitegelassen – folgende Haupttypen (quasi Bildsorten):

A: Männerkopf bzw. -büste im Profil   125 Exemplare (93 Model)
B: Vollgestalt oder Dreiergruppe, z.T. mit Tieren kombiniert   106 Exemplare (65 Model)
C: Männerkopf im Profil über vierbeinigem Tier (Pferd)   482 Exemplare (318 Model)
D: Untier bzw. Mischwesen, häufig verschlungen oder zerstückelt   393 Exemplare (214 Model)
F: vierbeiniges Tier in Seitenansicht, denen des C-Typs ähnlich   17 Exemplare (12 Model)
     unbestimmbar, verlorengegangen   26 Exemplare (13 Model)

Die Zahlen stammen von Morten Axboe, dem herzlich gedankt sei; zur Fälschungsproblematik s. Pesch 2017. – Haupttyp B kann in B_1 (Vollgestalt) und B_2 (Dreiergruppe) unterteilt werden; dies ist jedoch nicht Usus. In der älteren Forschung als Typ E klassifizierte, hauptsächlich aus Gotland stammende Brakteaten liegen zeitlich später und gehören nicht hierher.

Die genannten Bildsorten lösen einander nicht chronologisch ab, die D-Brakteaten sind allerdings deutlich später als die anderen Haupttypen. Eine relative Chronologie hat Axboe (1998; 2004; 2007; 2011) erarbeitet: durch Seriation von Bilddetails (Elemente der großen menschlichen Häupter) ergeben sich vier Gruppen H1–H4, in denen sowohl A-, B_1- als auch C-Brakteaten enthalten sind. Runeninschriften begegnen auf frühen Exemplaren der Gruppe H1 bis zu frühen Stücken der Gruppe H4; deutbare runenepigraphische Texte reichen allerdings nur von frühen H2-Vertretern bis zu späten H3-Exemplaren. Mit allem Vorbehalt, der derartigen absoluten Zeitangaben innewohnt, kann die Gruppe H1 in das dritte Viertel des 5. Jh.s, H2 in das letzte Viertel des 5. Jh.s und H3 in das erste Viertel des 6. Jh.s datiert werden (Axboe 2011, 280 f.). Für die Interpretation der Bildwerke ist eine Differenzierung in einzelne Untergruppen (Formularfamilien; Pesch 2007a) relevant, denen jeweils eine besondere Konzeption bzw. ein spezifisches Bildformular eigen ist.

In seinen umfang- und weitreichenden Studien zur Ikonologie der Goldbrakteaten ist Hauck (Monographie 1970; danach eine Serie von nicht weniger als 64 Aufsätzen von 1972 bis 2003; vgl. Heizmann 2007; Pesch 2007b, 230 ff.) davon ausgegangen, dass den brakteatischen Bildwerken eine umfassende Regenerationsthematik zugrundeliege. Die Hauptrolle in diesem Mythenprogramm falle *Wōdanaz* (ahd. *Wuodan*, aisl. *Óðinn*) zu, der auf den A- und B_1-Brakteaten als Götterfürst bzw. Zauberarzt in der Kaiserbild-Nachfolge in Szene gesetzt werde. Im besonderen erscheine er auf den C-Brakteaten als göttlicher Heiler von Balders gestürztem Fohlen; ihm ständen tiergestaltige Helfer zur Seite. Dieser Unfall werde im Analogon des althochdeutschen *Zweiten Merseburger Zauberspruches* aufgerufen (zu Übersetzung und Text s. Eichner 2003, 11. 50 ff.):

> ›Phol und Wuodan begaben sich in den Wald.
> Da wurde dem Fohlen Balders sein Fuß verrenkt.
> Da besang ihn (den Fuß oder: es, das Fohlen) Sinthgunt mit Sunna, ihrer Schwester;
> da besang ihn (oder: es) Frija mit Folla, ihrer Schwester;
> da besang ihn (oder: es) Wuodan, wie er [es] gut konnte:
> »So wie die Knochenrenkung, so wie die Blutrenkung,
> so wie die Gliedrenkung [zusammengeklebt wurde] –
> Knochen zu Knochen, Blut zu Blut,
> Glied zu Gliedern –, so seien sie (die vom Unfall betroffenen Glieder) zusammengeklebt!«‹

Auf den B$_2$-Brakteaten (z.B. FAKSE, GUDME II), von Hauck Drei-Götter-Brakteaten genannt, werde Balders Schicksal, seine Tötung mit einem Mistelzweig auf Veranlassung Lokis, verbildlicht – ein exzeptionelles mythisches Ereignis, das im frühen 13. Jh. Snorri Sturluson in seiner *Prosa-Edda* schildert (*Gylfaginning* ›Täuschung des Gylfi‹, c. 49; Faulkes 2005, 45 f.). Die D-Brakteaten würden von Odin vernichtete Ungeheuer bzw. Dämonen abbilden und den großen thematischen Bogen berühren, indem sie den Blick auf die Wiederherstellung (Regeneration) der Götter nach den *ragna rǫk*, dem ›Götterschicksal‹ und Weltuntergang, richten.

Während die große Zahl der D-Brakteaten – mit einer Ausnahme (STAVNSAGER; s. S. 62) – keine Inschriften aufweist, finden sich auf den übrigen Haupttypen (einschließlich M) anfangs vorlagennahe römische Kapitalis-Imitationen, dann aber in zunehmendem Maße Runen. Die Gesamtzahl der mit Inschriften versehenen Brakteaten beträgt um die 270 Stück (von ca. 180 Modeln), wobei die Mehrzahl auf C-Brakteaten entfällt. Mehr als zwei Drittel davon tragen reine Runeninschriften.

Unter den ca. 450 Inschriften im älteren Fuþark (davon ca. 350 aus Skandinavien) ist die Anzahl der Brakteateninschriften außerordentlich hoch. Dennoch hat dieses Textkorpus in der Runologie nur eine untergeordnete Rolle gespielt (vgl. Düwel 1992b, 33 ff.; Williams 2013, 183 f.). Maßgebend dafür war die Ansicht, Runen auf Brakteaten seien als (mehrfache) Kopien fehlerhafter Vorlagen zumeist so entstellt worden, dass ihnen kein sprachlicher Sinn mehr abzugewinnen sei.

In der Tat entziehen sich die meisten Brakteateninschriften dem modernen Verständnis. Sie dürfen deshalb jedoch nicht oder nicht nur als Depravationen, Nonsens oder gar Betrug seitens der Hersteller angesehen werden. Vielmehr ist im Blick auf ihren Amulettcharakter Folgendes zu berücksichtigen (Düwel 1988):

(1) Amulette mit dämonenabwehrender Schutzfunktion tragen über Zeiten und Räume hinweg oftmals Bild- und Schriftelemente. Dabei spielt die »Macht der Schrift in Glauben und Aberglauben« (Bertholet 1949) eine herausragende Rolle. Es genügen schon die Schriftzeichen allein, gelegentlich sogar Pseudo-Buchstaben oder -Runen sowie Beizeichen (Behr 1991), um die abwehrende (apotropäische) Funktion in der Vorstellung der Hersteller und Nutzer zu erfüllen.

(2) Aus der antiken Zauberpraxis und -literatur geht die Bedeutung des wahren, geheimen Namens eines Dämons für den Erfolg einer magischen Prozedur hervor. Die »Sprache der Götter und Geister« (Güntert 1921) weist Ausdrücke und Namen auf, die, wenn sie auch für Menschen bedeutungslos scheinen, »doch alle ohne Ausnahme ihre Bedeutung, ihren Begriffsinhalt, aber natürlich bloß bei den Göttern« haben (Düwel 1988, 102 nach *De mysteriis Aegyptiorum* VII,4

des Neuplatonikers Iamblichos, 3./4. Jh.; vgl. Graf F. 1996, 195 f.; Otto 2011, pass.). Auch die Dämonen, ›Mittelwesen‹ zwischen Menschen und Göttern, benutzen diesen Code in Wort und Schrift (Augustinus, *De civitate Dei* IX,1).

In solche kommunikative Zusammenhänge können die nach ›normalen‹ Maßstäben unzugänglichen Brakteateninschriften aus der antiken Randkultur der Germanen zu stellen sein.

Es gibt aber auch eine Anzahl deutbarer Runeninschriften (Düwel / Nowak 2011, 375 ff.), von denen einige in der Reihenfolge der einzelnen Haupttypen vorzustellen sind. Von zentraler Bedeutung ist dabei die Frage, ob und inwieweit eine Wechselbeziehung zwischen runenepigraphischen Texten und den Bildwerken besteht.

II.7.1. Der göttliche Runenmeister?

Es liegt (nur) unter der Voraussetzung, dass Haucks Götterbild-Interpretationen für die A- bis C-Brakteaten zutreffen, nahe, die Ich-Aussage einer Runeninschrift als Selbstprädikation des dargestellten Gottes Odin zu begreifen.

1. Das wird für SIEVERN-A angenommen. Unter dem Männerkopf steht am Rand **‿rwrilu**, das vermutlich – verkürzt und mit ⌐ I für ⌐ **t** – *r[ūnōz] wrītu* ›Runen schreibe ich‹ wiedergibt. Diese Selbstnennung, sonst als profane Runenschreiberformel ›(ich) X schrieb (die Runen)‹ belegt (s. S. 13. 36. 41. 78 f.), wird hier als Selbstoffenbarung des Gottes Odin verstanden, der damit unter Verweis auf seine (Er-)Findung der Runen (s. S. 265) seine Verfügungsgewalt über die Macht der Schrift dokumentiert (RGA XXVIII, 372 f.; Düwel / Nowak 2011, 446 ff.).

2. Der A-Brakteat aus dem Raum Trollhättan (Abb. 9,1) zeigt in der erhobenen rechten Hand der Männergestalt einen kleinen runden Gegenstand, der als Brakteat identifiziert wird. Hier folgert man, dass es Odin ist, der als Stifter der Goldbrakteaten in Szene gesetzt wird. Die rechtsläufige Inschrift zu beiden Seiten der Männergestalt lautet **tawol aþodu** = urn. *tawō laþōdu* ›ich mache eine Einladung (interpretierend: ich nehme eine Zitation vor)‹. Derartige Textaussagen werden im Rahmen des Hauckschen Theoriegebäudes als Sprechhandlung des Gottes im Vollzug eines seiner Rituale genommen, hier der Herbeiholung seiner tiergestaltigen Helfer, bei der ein Brakteat, wie die Darstellung veranschaulicht, wirksam eingesetzt werde (RGA XXXI, 275 f.; Düwel / Nowak 2011, 439 ff.).

3. Der B-Brakteat von Nebenstedt (I) (Abb. 9,2) zeigt eine nach links schreitende Männerfigur mit überdimensioniertem Auge, die als Odin erkannt wird. Die Runen verteilen sich in der Randzone, unterbrochen von Bein und Haartracht der Gestalt. Die Inschrift mit Sturz- und Wenderunen ist **‿glïaugizu ïurṇzl** zu lesen und wird als urn. *Glīaugiz wī[hi]u r[ū]n[ō]z l[aukaz]* ›[Ich,] der Glanzäugige, weihe die Runen. Lauch (Gedeihen)[?]‹ hergestellt. Dies sei so zu verstehen, dass der abgebildete Gott spricht und unter seinem Namen *Glīaugiz* (vgl. den Odinsnamen aisl. *Báleygr* ›der Flammenäugige‹) die Runen weiht, die er gefunden hat und darum auch schriftmächtig beherrscht. Das **l** am Ende kann indessen nicht in den syntaktischen Kontext eingebettet werden (RGA XXI, 32 f.; Düwel / Nowak 2011, 434 ff.).

4. Beim B-Brakteaten von Sønder Rind handelt es sich um einen Doppelbrakteaten, von dem zwei Exemplare existieren. Die schematische Wiedergabe zeigt in der

Abb. 9,1–4: Goldbrakteaten von Raum Trollhättan I-A (**1**), Nebenstedt (I)-B (**2**), Raum Køge/Seeland II-C (**3**), Tjurkö (I)/Målen-C (**4**) (nach IK I,3, 243. 165. 125. 239: Nr. 189b. 128b. 98b. 184b); M ca. 2:1.

Hauckschen »Chiffrewelt der Brakteaten« den Gott Odin mit Speer und Schwert im Dämonenkampf. Die Runeninschrift läuft am linken Rand entlang und kann sowohl von innen rechtsläufig (mit Sturzrune zu Beginn) als auch von außen gesehen linksläufig (‹ᛁᚴᛁᛉᛁᚢ›) gelesen werden: **uinizik** (vor **u** findet sich ein Schaft, der zur Randbegrenzung zu gehören scheint). Dies gibt urn. *winiz ik* ›Freund [bin] ich‹ wieder, das im erwähnten Sinne als eine Ich-Prädikation Odins mit herausgehobenem Pronomen gewertet wird. Wenn in *Winiz* ein Odinsname gesehen wird (Ellmers 1970, 226), lässt sich die göttliche Selbstaussage als Zuspruch an den/die menschliche(n) Träger(in) des Brakteaten verstehen, der/die sich mit dem Amulett vor Dämonen schützen möchte (Düwel / Nowak 2011, 444 ff.).

5. Der in zwei modelgleichen Stücken vorliegende C-Brakteat aus dem Raum Køge/Seeland II (Abb. 9,3) zeigt als ›religiöse Urkunde‹ den Kopf Odins über einem Vierbeiner – wie vorhin ausgeführt, gehe es um den Sturz von Balders Fohlen, der als schlechtes Omen auf den Tod Balders vorausweise. Die linksläufige Runeninschrift füllt die ganze Randzone bis auf die Partie der mit einem Diadem geschmückten Haartracht: **hariuhahaitika:farauisa:gibuauja∴⸕** = urn. *Hariūhā haitika, Fărawīsā, gibu auja* ›H. heiße ich, F., [ich] gebe Glück (Schutz)‹. Hauck (1998b, 306) erklärt die erste Selbstprädikation als Odinsname ›der Heer-Hohe‹, der mit dem Speerattribut korrespondiert. Dass der Gott die Namen aufzählt, unter denen er aufgetreten ist (*hétomk* ›ich nannte mich‹, *mik héto* ›nannten [sie] mich‹, *ek hét* ›ich hieß‹) begegnet vor allem in den eddischen *Grímnismál* (›Grimnirlied‹, Str. 46–50 und 54; vgl. S. 42), wo die Vielfalt und Variation der meist paarweise genannten Namen Odins ausdrücklich hervorgehoben wird (Str. 48,5–7):

> ›Mit einem Namen allein   nannte ich mich niemals,
>   seit ich mich unter die Kriegerscharen begab.‹

Auch in **farauisa** wird ein Aliasname erblickt, der zweideutig ist und als *Farawīsā* ›der Fahrtenkundige‹ (vgl. z.B. den Odinsnamen *Gangráðr* ›der Wegkundige‹) oder *Fārawīsā* ›der Gefährliches Wissende‹ gefasst werden kann. Der zweiten Deutung gibt Hauck (1998a, 502; 1998b, 321; 1998c, 43) den Vorzug, indem er das angesprochene ›gefährliche Wissen‹ mit dem mythischen Ereignis von Balders Fohlensturz als Todesomen für Balder in Verbindung bringt. Die Heils- bzw. Schutzformel *gibu auja* schließt die Aussage ab, in der Hauck (1998c, 43) die dritte Selbstnennung Odins sieht. Umstritten ist die Deutung des Schlusszeichens; darin wird u.a. eine dreifache *t*-Rune erblickt, für die man auf Str. 6 des Eddaliedes *Sigrdrífomál* (›Reden der Sigrdrifa‹; vgl. S. 266) verweist:

> ›Siegrunen sollst du ritzen,   wenn du den Sieg haben willst,
>   und sie auf den Knauf des Schwertes ritzen,
> einige auf die Klinge,   einige auf die Griffumhüllung (dazu von See et al. IV, 464 ff.)
>   und zweimal den Tyr nennen.‹

Hauck (1998a, 499. 503) und Heizmann (1998b, 533) haben einen schon beschrittenen Weg weiterverfolgt, indem sie in dem ⸕-Zeichen »eine monogrammartige Manifestation« des Odinsnamens aisl. *Fimbultýr* ›gewaltiger Gott‹ (*Vǫluspá* ›Weissagung der Seherin‹, Str. 60,7; Name der *t*-Rune ↑: **Teiwaz* > aisl. *Týr*, auch als Appellativ ›Gott‹) erblicken. Damit überliefere dieser Brakteat »die Fiktion, daß Odin persönlich nach seinen mehrfachen Selbstnennungen mit seinem Fimbultyr-Namen in Monogramm-Form die Inschrift abschloß« (Hauck 1998c, 46; zu RAUM KØGE/SEELAND II allgemein RGA XXVIII, 31 ff.; Düwel/Nowak 2011, 409 ff.).

6. Während das ›Ich‹ des sprechenden Gottes auf SØNDER RIND nachgestellt und auf RAUM KØGE/SEELAND II mit der Verbform enklitisch verbunden ist (*hait-ika*), steht es auf dem C-Brakteaten von Raum Sønderby voran: ‿**ekfakaf**. Das modelverwandte Exemplar von Åsum – mit 123 mm Durchmesser und 100 g Gewicht einer der größten Goldbrakteaten – bietet demgegenüber ‿**e̩ẖeikakazfahi**. Aus diesen beiden Sequenzen lässt sich **ek Fākaz fāhi* ›ich, F., schreibe‹ als gemeinsame Textgrundlage rekonstruieren. Das Verbum urgerm. **faihija-* ›bunt machen, färben, ma-

len‹ und ›schreiben‹ ist mehrfach in Inschriften belegt (s. S. 40 f. 61. 165) und gehört neben *wreita-* ›ritzen, schreiben‹ (s. S. 13. 78) zu den wichtigsten Bezeichnungen für das Anbringen runenepigraphischer Texte. Für *Fākaz,* das zwar als Personenname nicht belegt ist, aber in aisl. *fákr* als poetischer Ausdruck für ›Pferd‹ fortgesetzt wird, erwägt man im Rahmen der Götteramulett-Theorie wegen der engen Beziehung Odins zum Pferd (bekannt ist sein achtbeiniges Ross *Sleipnir*) einen Odinsnamen. Ferner werden verschiedene (Deck-)Namen des Gottes ins Treffen geführt, z.B. *Hrosshársgrani* ›Rosshaarschnurrbart‹ (vgl. Heizmann 2012, 704). Vergleichbar mit der Inschrift auf dem Brakteaten von Sievern würde der göttliche Runenmeister auch mit dieser Selbstprädikation seine Schreibfähigkeit als Ausdruck für die Macht der Schrift betonen, die er selbst erfunden hat.

7. Im weiteren Verständnis können auch die Fuþark-Inschriften ihren Weg in das brakteatische Mythenprogramm finden – zwar nicht in der Weise, dass sie sprachlich deutbar wären, wohl aber in dem Sinn, dass das Fuþark wie die bisher behandelten Brakteateninschriften als Äußerung des schrifterfindenden Odin gelten kann. Im Einzelnen ist bemerkenswert (vgl. S. 9. 30; Düwel / Heizmann 2006, 6 ff.):

– Unter sieben Runendenkmälern, die die ältere Runenreihe (fast) vollständig bezeugen, befinden sich drei Brakteaten (GRUMPAN, RAUM VADSTENA und modelgleich RAUM MARIEDAM), dazu kommen zwei weitere Brakteaten mit leicht verkürzter und gegen Ende depravierter Fuþark-Folge (LINDKÆR und modelverwandt OVERHORNBÆK III).
– Nur auf einem Brakteaten begegnet das Fuþark allein (ohne ›textuelle‹ Inschrift), darüber hinaus in drei Gruppen zu je acht Runen unterteilt (GRUMPAN).
– Unter den neun Belegen für ein verkürztes (›anzitiertes‹) Fuþark machen fünf Brakteaten (GUDME II, HOVLSBAKKE, KONGSVÅD Å, SCHONEN II, OVERHORNBÆK II) mehr als die Hälfte aus.

Da bis auf eine Ausnahme (OVERHORNBÆK II, modelgleich RAUM VENDSYSSEL) die Fuþark-Inschriften und -Zitate nur auf C-Brakteaten vorkommen, wird ein Zusammenhang zwischen Bild (in Hauckscher Sichtweise die Heilung von Balders Fohlen durch Odin) und Runenreihe hergestellt. Im Hinblick auf die Platzierung der Inschriften und der Fuþark-Zitate (bei GRUMPAN und SCHONEN II) spricht Hauck (1998b, 318 f.) von der »Verwendung der Runen im Heilungszauber«. Dabei bietet ihm wiederum die Macht der Schrift, erfunden und verwendet von einem Gott, die wirkmächtig vorgestellte Grundlage (Düwel / Nowak 2011, 457 ff.).

8. Im Jahr 2009 wurde ein spektakulärer Neufund gemacht. Der C-Brakteat von Trollhättan (II) trägt eine Runenfolge ‿eᴋerilaz·mariþeubazhaite·wraitalaþo·, die die gesamte Randzone umläuft. Der Beginn der Ich-Inschrift bietet einen weiteren Beleg für einen Eril (s. S. 12 f.), der sich hier *Mãriþeubaz* nennt. Die beiden Namenelemente gehören zu aisl. *mærr,* ahd. *mãri* ›glänzend, berühmt‹ (kaum zu aisl. *marr,* got. *marei* ›Meer‹) und aisl. *þjófr,* ahd. *thiob* ›Dieb‹. Der letzte Komplex wurde auf verschiedene Art gedeutet und kann als weiteres Beispiel für die Probleme der Interpretation von Runeninschriften (S. 20 ff.) dienen (vgl. Düwel 2020d, 45 ff.):

(1) *wrait alaþō* ›ich schrieb eine kraftgeladene Formel(?)‹ (Källström 2013c, 162 ff.); für die Deutung von **alaþo** sind keine Parallelen beizubringen.

(2a) *wraita – laþō* ›das Schreiben – Zitation‹ (Düwel 2015b, 276); eine derartig blockhafte Syntax ist wenig wahrscheinlich.

(2b) *wraita laþō* ›ich schrieb die Einladung‹ (Mees 2014b, 287 f. [ohne Erläuterung]; Poulsen 2020, 23 ff.); für die Rekonstruktion einer 1. Person Sg. Präteritum eines starken Verbs auf -*a* fehlt es an sicherer Evidenz.

(3a) *wrait ā laþō* ›ich schrieb **laþo** (hin)ein [in das Objekt]‹ (Schuhmann 2016, 450 ff.); die Präposition (aisl. *á*) ist allerdings in der ›Brakteatenzeit‹ als **an** (Tjurkö (I)/Målen-C; unten, 7.2.) oder **ana** (Möjbro; S. 47) belegt.

(3b) *wrait a(nsuz) laþō* ›ich, der Ase, schrieb die Zitation‹ (Kuz′menko 2017a, 468 ff.; Düwel 2020d, 53 ff.).

Während gegen die Deutungen (1) bis (3a) sprachliche Bedenken bestehen, erfüllt (3b) fast alle Kriterien, die für eine begriffsrunische Interpretation erforderlich sind (RGA II, 150 ff.) – ᚨ **a** als Begriffsrune ist freilich graphisch nicht hervorgehoben. Hängt man einer odinistischen Deutungsperspektive an, so nennt sich hier ein Eril als göttlicher Runenmeister mit dem Namen *Māriþeubaz* ›Meisterdieb‹, der tiergestaltige Hilfsgeister herbeizitiert.

So gesehen, würde sich der sprechende Name ›Meisterdieb‹ auf Odins Raub des Dichtermets von dem Riesen Suttung, indem er dessen Tochter Gunnlöd verführt, beziehen lassen; dieser Mythos ist in der *Lieder-Edda* (*Hávamál* ›Sprüche des Hohen‹, Str. 13. 104–110; Neckel / Kuhn 1962, 19. 33 f.) und in der von Snorri Sturluson verfassten *Prosa-Edda* (*Skáldskaparmál* ›Sprache der Dichtkunst‹, c. 1; Faulkes 1998, 4 f.) überliefert.

II.7.2. Irdische Runenmeister

Demgegenüber gibt es auch einige runenepigraphische Texte, die sich nicht ohne weiteres mit der Deutung der Brakteaten als »magische Telegramme« (Hauck 1970, 22. 176) vereinbaren lassen:

1. Der B-Brakteat von Skodborghus/Skodborg hat eine die Randzone umlaufende Inschrift, die unter der Öse beginnt: ⌐**aujaalawinaujaalawinaujaalawinjalawid**. Die Namen *Alawin* und *Alawid* sind wohl als Vokative zu bestimmen; dazu treten *auja* ›Glück, Schutz‹ und **j** als Begriffsrune **jāra* ›(gutes, gedeihliches) Jahr‹ (andere Deutungen des Komplexes **jalawid** leuchten weniger ein). Natürlich kann man in dieser Inschrift auch eine »Anrufungsformel, an göttliche Mächte [...] gerichtet« (Müller 1988, 131) erblicken, und zwar an Odin, der mit zwei Namen angesprochen wird (*Alawiniz** ›All-Freund‹, *Alawiduz** ›»All-Baum«, All-Kämpfer‹: Beck 2011, 304 f.) und ein »Freund seiner Verehrer und Feind der drohenden Dämonen« (RGA XXIX, 21) ist. Doch sind derartige Annahmen letztlich nicht zu erhärten.

2. Der C-Brakteat von Tjurkö (I)/Målen (Abb. 9,4, S. 57) bietet eine in Zirkellinie die ganze Randzone umlaufende Runeninschrift ⌐**wurterunozanwalhakurne·· heldazkunimudiu···**, deren Lesung und Deutung allgemein akzeptiert ist. Es handelt sich um die poetische Version einer Herstellerinschrift:

> *Wurtē rūnōz   an walhakurnē*   x́x | x́x ‖ · | x́x | x́x
> *Heldaz Kunimu(n)diu.*   x́x | x́x | x́x

›[Es] wirkte (verfertigte) auf dem »Welschkorn« (Gold) H. dem K.‹

(Vereinfachte metrische Notation [vgl. S. 38]: x́ Haupthebung, x unbetonte Silbe, · Auftakt, | Takt-, Versfußgrenze, ‖ Kurzversgrenze; Alliterationen unterstrichen.)

Der runenepigraphische Text kann als Halbstrophe gewertet werden, in der auf eine zweigliedrige Langzeile eine ungegliederte Vollzeile folgt, die im Gegensatz zum regulären eddischen *ljóða-háttr* (›Liederversmaß‹, das Metrum mythologischer Lieder) allerdings nicht intern alliteriert, sondern mit einem Reimelement der vorangehenden Vollzeile: *-kurnē – Kuni-* (Naumann 2018, 45 f.).

Hier hat ein Runenmeister *Heldaz* (vgl. aisl. *hjaldr* ›Kampf‹) offenbar für einen Angehörigen der sozialen Elite den Brakteaten mit der stilisierten Inschrift konzipiert. In *Kunimu(n)duz* (›Geschlecht‹ + ›Schutz‹) wird aber nicht unbedingt ein »Selbstzeugnis für die Oberschicht« bzw. eine »erwägbare Königsrolle« (Hauck 1988, 44. 55) greifbar, denn beileibe nicht jeder Träger des zweigliedrigen Namens **Kunja-mundu-* war ein Herrscher; es kann sich gleichwohl um einen Variationsnamen (s. S. 50) handeln (Nedoma 2015, 296).

3. Bei den zwei modelgleichen F-Brakteaten von Äskatorp und Väsby steht die Inschrift ebenfalls kreisförmig im Randbereich, ist jedoch wegen der Ösung im Beginn beeinträchtigt: **⌐fxhiduu̯uilalduuigazee̯rilaz** = urn. *f[ā]hidu wīlald(u) Wīgaz, e[k], erilaz* ›geschrieben [hat] die Kunstwerke W., ich, der (ein) Eril‹. Da die *erilaz*-Inschriften (s. S. 12) in der Regel auch *ek* enthalten, wird dies auch hier für die Binderune **ee̯** gelten. Das Verbum urgerm. **faihija-* ›schreiben‹ (s. S. 13. 40 f. 58 f. 165) erscheint hier als Partizip II *fāhidu* (mit *ā* < klass.-urn. *ai*) und hat nicht wie sonst *rūnōz* ›Runen‹ als Objekt, sondern *wīlaldu* ›Kunstwerke‹ (eine *tlo*-Bildung, vgl. ae. *wīl* ›Kunstgriff, List‹).

Üblicherweise wird der Ausgang von **fahidu** als Schreibfehler für zu erwartendes *-o* = *-ō* in der 1. Person Sg. Präsens (z.B. **faihido** EINANG, s. S. 40; **fahido** RÖ) und **u̯uilald** als Akkusativ Sg. erklärt (so etwa Krause 1966, 264; Düwel / Nowak 2011, 425 f.). Demgegenüber kann zum einen **fahidu** lautgesetzlich einwandfrei als Partizip II im Akkusativ Pl. gefasst werden (Grønvik 1996, 223); zum anderen müsste eine Singularform ›Kunstwerk‹ den Ausgang *-a* zeigen, doch ist mit **u̯uilaldu** = *-u* ein korrekter neutraler Akkusativ Plural zu erreichen, der mit **fahidu** kongruiert.

Was nun aber genau mit den ›Kunstwerken‹ gemeint ist (der Brakteat, die Inschrift, die auffällige Schreibung **uu** für *w*, die Binderune **ee̯**?), bleibt freilich unklar. Mit der Vermutung, Odin sei der Urheber bzw. Sprecher dieses runenepigraphischen Textes, befindet man sich jedenfalls (auch) hier auf schwankendem Boden (vgl. Nowak 2003, 256 ff.; Düwel / Nowak 2011, 430).

II.7.3. Formelwörter (wiederkehrende Einzelwörter)

Bereits die römischen Vorbilder der Medaillon-Imitationen und Brakteaten kennen in ihren Legenden wiederkehrende, auf den Kaiser bezogene Ausdrücke wie *salūs, pietās, pius, fēlīcitās, fēlīx, iūstitia, glōria, spēs, virtūs, victōria* etc. (vgl. Heizmann 2011, 527). Vergleichbare Formelwörter (der Ausdruck offenbar zuerst bei Krause 1937, 24) finden sich auch auf zahlreichen Brakteaten, unmittelbare Entsprechungen gibt es allerdings nicht. (Dass urn. *laþu, laukaz* und *alu* die Äquivalente von lat. *dominus, pius* und *fēlīx* seien [so Andrén 1991, 251], ist nicht glaubhaft.) Vielmehr sind diese runischen ›Repetitiva‹ in ihrer semantischen Besonderheit und hier in ihrer möglichen Verbindung mit der Brakteatenikonographie zu betrachten (s. Nowak 2003, 208 ff.; Heizmann 2011, 533 ff.). Es sind vor allem **laþu, laukaz** und **alu**, die in Brakteateninschriften allein oder zusammen mit anderem Wortmaterial entgegentreten; mit Ausnahme von **laþu** begegnen sie auch außerhalb des Brakteatenkorpus. Ferner sind in diesem Zusammenhang auch **ota** und **ehwaz* zu betrachten. Soweit sich beurteilen lässt, sind diese Formelwörter durchwegs Appellativa und stehen in den Runeninschriften syntaktisch isoliert, d.h. ohne Verbindung zu eventuellen anderen Wörtern, und zwar im Nominativ Sg.; gelegentlich versuchte Namendeutungen verfangen indessen nicht.

Das frequente Vorkommen der Formelwörter führt im Rahmen der Hauckschen Götterbildamulette-Theorie dazu, sie in die Nähe von Zaubersprüchen zu stellen bzw. darin gleichsam auf ein einziges Wort verkürzte Zauberformeln zu erblicken: »In höchster Konzentration repräsentieren sie die Macht des festgeprägten Wortes, das Handlungen und Geschehnisse erzeugt und erzwingt« (RGA XXVIII, 469).

1. **alu** = *alu* ist unklarer Herkunft und Etymologie (s. S. 13 f.) und hat wohl apotropäische Funktion, dient also dem/der Träger(in) als Schutz vor übelwollenden Mächten. **alu** (samt anagrammatischer bzw. verschriebener Varianten **aul**, **lau**, **lua** und **tlu**) findet sich auf mindestens 23 Brakteaten, und zwar

– alleinstehend: BJØRNERUD-A, DJUPBRUNNS-C, HEIDE-B, HJØRLUNDE MARK / SLANGERUP-C, KLÄGGERÖD-C, UFO-C, SELVIK-A, SLIPSHAVN-B und VINDELEV VI-C;
– neben anderen Formelwörtern, Appellativa und Personennamen: BÖRRINGE-C, DARUM (V)-C, FÜNEN (I)-C (s. S. 63), ØLST-C, SCHONEN (I)-B (und UFO-B), SKRYDSTRUP-B, GELTORF (II)-A, KJELLERS MOSE-C, MAGLEMOSE (III)-C, SMÅLAND (?)-C, RAUM TØNDER-B, UPPÅKRA-C (3 Exeämplare), UFO / ODERMÜNDUNG (?)-C und STAVNSAGER-D.

Von besonderem Interesse ist der neugefundene Brakteat von Stavnsager (Axboe / Imer 2017, 152 ff.), das erste bekannte Beispiel für eine Runeninschrift auf dem hohe Stückzahlen erreichenden Haupttyp D. Zu sehen sind fünf rechtsläufige Runen **aalul** mit ›zentriertem‹ Formelwort **alu**; es könnte sich um ein entstelltes Palindrom **alula** handeln (Düwel ebd., 152).

Nicht bewährt haben sich jedenfalls Versuche, *alu* aus manchen Runensequenzen (KONGSVAD Å-A **foslau** oder LELLINGE KOHAVE-B **salusalu**) zu extrapolieren. Was die letztgenannte Inschrift betrifft, so entspricht redupliziertes urn. *salu* genau ahd. *sala* ›Übertragung [von Besitz], Übertragenes [übertragener Besitz]‹ (urgerm. **salō-*), kann also ›Geschenk‹ meinen. (Zumeist sieht man darin aber ein Wort für ›Opfer‹: Grønvik 1999a, 14 f.; Heizmann 2011, 589.)

2. **laukaz** = urn. *laukaz* ›Lauch‹ (aisl. *laukr* etc.) erscheint außer auf dem Schabmesser von FLØKSAND (S. 37) nur auf Brakteaten, und zwar vollständig

– alleinstehend: ÅRS (II)-C;
– neben anderen Formelwörtern und Appellativa: BÖRRINGE-C, SCHONEN (I)-B und SKRYDSTRUP-B.

Bemerkenswerterweise begegnet **laukaz** auf mindestens zehn weiteren Brakteaten in kontrahierten bzw. verkürzten Formen, die von **lauz**, **lkaz** (die häufigste Variante), **luz** und **lz** bis zu **l** allein (NEBENSTEDT [I]-B, S. 56) reichen können (vgl. Düwel 1988, 106). In Ergänzung zur Deutung von *laukaz* im Sinne von ›Gedeihen, Gesundheit‹ betont Heizmann (1987; 2011, 556 ff.) die Bedeutung der Pflanzengattung *Allium* als Universalheilmittel – auch für die Verletzung und Erkrankung von Pferdeextremitäten, was im Rahmen des Hauckschen Theoriegebäudes auf die Ebene »der vom Gott [Odin] geübten Zaubermedizin als Lebenskraut par excellence« bezogen wird (Heizmann 2011, 562). Eine Sonderstellung wird dem B-Brakteaten von Skrydstrup zuerkannt, der in der Bildmitte ⌐lauᵏaz und am rechten Bildrand ⌐alu aufweist. Das Bildgeschehen – dargestellt sind Vollgestalt, Hirsch, Wolf, Vogel und zwei Schlangen – wird von Heizmann (1999, 246; 2011, 566) folgendermaßen gedeutet:

> Daß der Hirsch die Schlangenattacke abzuwehren vermochte und in den Ragnarök [aisl. *ragna rǫk* ›Götterschicksal‹ und Weltuntergang] auch Fenrir [der Fenriswolf], das gewaltige Verschlingungsungeheuer, besiegt wird, ist der sichere Garant für die grundsätzliche Überwindbarkeit aller unheilvollen Mächte. Diese beiden Phasen verbinden somit vergangene Heilstaten und visionär geschaute zukünftige mit der Gegenwart des Amulettträgers und schaffen mit dieser Synopse der Zeiten ein Abbild von Dauer und Ewigkeit.

3. **laþu** = urn. *laþu* ›Einladung‹ (aisl. *lǫð*), interpretierend ›Zitation‹ tritt entgegen

– alleinstehend: HØJSTRUP STRAND-C, verkürzt WELBECK HILL-(?) (**laþ**), ferner vielleicht GURFILES-C (**laþaa**);
– neben anderen Formelwörtern, Appellativa und Personennamen: DARUM (I)-B, FÜNEN (I)-C, HALSSKOV OVERDREV-C (**laþo**), SCHONEN (I)-B (und UFO-B), SKONAGER (III)-C; vgl. RAUM TROLLHÄTTAN-A (**laþodu**).

Im Rahmen der Götteramulette-Theorie dient das Herbeirufen theriomorpher Hilfsgeister der Unterstützung Odins bei seinen Heilungsritualen (vgl. Heizmann 2011, 548 f.). Auf Schonen (I)-B finden sich die drei genannten ›Repetitiva‹ *laþu*, *laukaz* und *alu* neben einem unerklärten ĝakaz. (Darin wurde auch, allerdings wenig einleuchtend, ein onomapoetischer Beiname des »mythischen Repräsentanten« gesehen: *Gåkaz* als »einer, der Tierlaute kreischt«: Beck 2001, 65.)

Der interessanteste und wichtigste Brakteat, der Formelwörter enthält, ist jedoch FÜNEN (I)-C (Abb. 10). Das Stück gehört zu den ältesten Vertretern der Seriationsgruppe H2 von Axboe (2004, 292: Nr. 26; vgl. 1998, 248 Fig. 10) und stellt somit den oder einen der frühesten Runenbrakteaten überhaupt dar. Die Inschrift umfasst Sequenzen an drei verschiedenen Stellen, nämlich

(1) zwischen Pferdekopf und Vorderlauf ⌐**hoṵaz** oder ⌐**hoṛaz**, das als *Hau(h)az* ›Hoher‹ auf die anthropomorphe Gestalt (Odin) oder als *hōraz* ›Geliebter‹ auf das Pferd (Balders Fohlen) bezogen wurde (RGA XIX, 60; zur Problematik von Lesung und Deutung Williams 2013, 198 ff.);
(2) vom Pferdekopf bis zum Perlband der Haartracht des Männerhauptes ⌐**laþu**, dem eine unklare Reihe von links und rechts gewendeten Runen folgt, von Heizmann (2001, 332) **aaeeuaaauiiuu** hergestellt;
(3) rechts des Perlbandes der Haartracht ⌐**alu**.

Heizmann (2001, 338; vgl. 2009, 348) versteht diesen Textverbund folgendermaßen:»*horaʀ* ›das Liebe, das Geschätzte‹ (Kosename des Balderfohlens), *laþu* (Zitation des vogelgestaltigen Helfers), *aaeeuaaauiiuu* (Vokalchiffre für die Vogelsprache), *alu* (Abwehr der das Pferd bedrohenden dämonischen Mächte).«

4. **ota** erscheint nur auf vier C-Brakteaten

– alleinstehend: FJÄRESTAD/GANTOFTA, SCHONEN (III), TJURKÖ (II)/MÅLEN und GADEGÅRD. Dazu kommen zwei Exemplare von Kleinbrakteaten aus Hüfingen (s. S. 81).

Die Deutung ist nicht unproblematisch; am ehesten ist urn. *ōt(t)ā* < *ōhtā* (urgerm. *ōhtan-*) wiedergegeben, das in aisl. *ótti* ›Furcht, Schrecken‹ fortgesetzt ist. Im Gegensatz zu anderen Formelwörtern mit defensiver Schutzfunktion würde **ota** feindli-

Abb. 10: Goldbrakteat von Fünen (I)-C (nach IK I,3, 69: Nr. 58b); M ca. 2:1.

liche Mächte aktiv fernhalten. (Dasselbe könnte in zeichenhafter, nicht-sprachlicher Weise auch durch eine Fratze, Anfassen des Schamteils, Zeigen des Hintern oder eine abwehrende Handgebärde ausgedrückt werden.) Wenig wahrscheinlich ist die Annahme, es handle sich um einen Namen, und zwar des auf dem Brakteaten dargestellten Gottes Odin (Grønvik 1987a, 156; Heizmann 2011, 577).

5. **eĥwu**, das nur auf dem C-Brakteaten von Tirup Heide / Schonen (V) zweifelsfrei bezeugt ist, wurde von Krause (1966, 244) als *ehwē* ›dem Pferd‹ hergestellt; damit sei »vermutlich Odin als Besitzer des Sleipnir angerufen«. Weitere Belege (Heizmann 2011, 582) sind zweifelhaft, und es ist unklar, warum und wie die Nennung des ›Pferd‹-Wortes (im Dativ!) unheilabwehrende Funktion haben sollte. Ein **eh(w)**-Formelwort bleibt sonach aus dem Spiel (Nowak 2003, 278).

II.7.4. Zum Beschluss

Von den einigermaßen gut deutbaren Runeninschriften auf Brakteaten zählen einige zweifellos zur Textsorte Runenschreiberinschrift (z.B. Sievern-A, S. 56; Tjurkö (I)/Målen-C, S. 60 f.; Äskatorp-F = Väsby-Γ, S. 61), den frequent belegten Formelwörtern *alu*, *laukaz* und wohl auch *ot(t)ǣ* (S. 61 ff.) sowie isolierten Folgen wie **anoan̂a** (Norwegen[?]-B) ist magisch-apotropäische Funktion zuzusprechen, und in diesen Kontext sind offenbar auch vollständige oder abgekürzte Fuþark-Reihen (S. 59) zu stellen. Was aber an den runenepigraphischen Texten mit rein philologischen Mitteln tatsächlich plausibel ›dekodiert‹ werden kann, lässt sich nicht direkt auf die visuelle Welt der Brakteaten beziehen – weder wird eine abgebildete Figur durch ihren eigentlichen Namen identifiziert, noch werden Gegenstände bzw. Sachen bezeichnet oder ein bildlich dargestelltes Geschehen ›nacherzählt‹.

Abb. 11: Goldbrakteat von Gudme II-B (nach IK III,2, 132: Nr. 51,3b), Ausschnitt: Bildfeld; M ca. 2:1.

Ganz anders sind die Bild-Text-Bezüge etwa auf dem Franks Casket (Runenkästchen von Auzon; S. 107 ff. mit Abb. 24.1–5) geartet; dort heißt etwa der Bogenschütze auf dem Deckel **ægili**, ein Binsengestrüpp auf der rechten Seite wird als **riski** ausgewiesen, und auf der Rückseite wird über die Geschehnisse in Jerusalem mit ›hier kämpfen [...]‹ und ›hier fliehen [...]‹ berichtet.

Verweise auf die in der altisländischen Dichtung bezeugten Namen Odins (z.B. *Glī-augiz* ›Glanzäugiger‹ NEBENSTEDT (I)-B – aisl. *Báleygr* ›Flammenäugiger‹, S. 56) kommt nur beschränkte Aussagekraft zu, sind doch über 170 derartige Aliasnamen belegt, sodass eine (über)reiche Auswahl an Vergleichsmaterial besteht. Und in Fällen wie *Alawiduz** ganz ohne Parallelen im altisländischen Schrifttum einen Odins-namen ›»All-Baum«, All-Kämpfer‹ (SKODBORGHUS / SKODBORG-B, S. 60) zu sehen oder gar das merkmalneutrale Appellativ *winiz* ›Freund‹ (SØNDER-RIND-B, S. 56 f.) auf einen freundlich gesonnenen Odin zu beziehen, geht nur dann auf, wenn man Haucks brakteatisches Mythenprogramm (Odin als Zentralgestalt, Heilung von Bal-ders Fohlen, Tötung Balders) anerkennt. Die runenepigraphischen Texte erklären also hier nicht die Abbildungen der Brakteaten, sondern werden durch diese erklärt, sodass sie erst mit Hilfe eines Zirkelschlusses zur Erklärung der Abbildungen her-angezogen werden können.

Eine Ausnahme böte der B_2-Brakteat von Gudme II (Abb. 11; modelgleich Killerup). Haucks Göt-teramulette-Theorie zufolge handelt es sich um einen Drei-Götter-Brakteaten (Pesch 2007a, 99 ff.: Formularfamilie B1 mit 8 Vertretern), auf dem links Loki (gefiedert, mit Röckchen, Kugelfüßen und geschultertem Zweig), mittig Balder (mit hantelartigem Rhythmusinstrument) und rechts Odin (mit Speer) abgebildet ist. Ob der Einworttext **undz** allerdings tatsächlich als urn. *undz* ›Spross‹ (vgl. afries. *ondul, andel* ›Marschgras‹) auf den Mistelzweig referiert, mit dem Balder getötet wird, bleibt indessen unsicher (Pro und Contra: Nedoma 2009a, 807 ff.).

Trotz dieser und anderer Vorbehalte ist anzuerkennen, dass Hauck und seine Nach-folger(innen) mit einem elaborierten und geschlossenen Interpretationsmodell ope-rieren, in dem fast alle Bildelemente eine Erklärung finden.

Naturgemäß hat es nicht an konkurrierenden Ansätzen gefehlt. So etwa hat auch Ellmers (1970) gemeint, dass auf den Brakteaten vorwiegend der Gott Odin dargestellt sei – auf dem Haupttyp C zusammen mit einem Pferd, das ihm als Opfer dargebracht werde (worauf der Hörneraufsatz und die heraushängende Zunge deuten würden). Andere beziehen sich auf die *laþu*-Inschriften, die als ›Einladung‹ zu säkularen oder sakralen Festen (*alu* ›Bier[-Fest]‹) verstanden werden. Dabei werden die Goldbrakteaten als Geschenke gesehen (Seebold 2011, 127 pass.), als Andenken (Grønvik 2005, 19) oder als Zeichen für Freundschaft, Allianz oder Unterwerfung innerhalb der Herrschenden, sozusagen als politisches Medium (Andrén 1991; vgl. S. 61).

Wie unterschiedlich die Brakteatenbilder gedeutet werden, veranschaulichen drei hier stellvertretend genannte Arbeiten: 1. Kaliff / Sundqvist (2004) meinen, dass die Darstellungen der C-Brakteaten von den im römischen Reich weit verbreiteten Kultbildern der Mithras-Mysterien beeinflusst seien. 2. Mit vorchristlichen keltischen Münzbildern werden die C-Brakteaten dagegen von Adetorp (2008; dazu Düwel 2010) verglichen. 3. Åkerström-Hougen (2010; dazu Oehrl 2012) hinwiederum erblickt in den B$_2$- und C-Brakteaten römische (und orientalische) Grundlagen; es handle sich um Herrscherdarstellungen bzw. -verherrlichungen. – Überblicke über die weitverzweigte Forschung geben Behr 2011 und Wicker 2015.

Die Debatte um Haucks Brakeatenikonologie und die Deutung der Runeninschriften wird weitergeführt (z.B. Düwel / Heizmann 2009 contra Beck W. 2003, 265 ff.; Heizmann 2011, 540 Anm. 49 contra Mees 2009); einen instruktiven Einstieg in die Materie bieten die kritisch-abwägenden Darlegungen von Wicker / Williams 2013.

Das Korpus der Goldbrakteaten und der darauf angebrachten Runeninschriften vergrößert sich durch Neufunde ständig. Von großem Interesse ist der Ende 2020 entdeckte Goldschatz von Vindelev (Mitteljütland, DK; s. Axboe 2022); die Fundstücke – vier römische Medaillone, 13 Brakteaten (manche mit ausgefallenem Bildwerk), ein Anhänger und ein Schwertscheidenmundblech – wiegen zusammen nicht weniger als 794 g! Bei den neun A- und vier C-Brakteaten handelt es sich offenbar um frühe, noch in das späte 5. Jh. zu datierende Exemplare; einige Stücke sind besonders groß und schwer, darunter der mit einem Durchmesser von 13,8 cm nunmehr größte bekannte Goldbrakteat aus der Völkerwanderungszeit. Sechs Exemplare tragen Runen; die Inschriften auf den beiden A-Brakteaten VINDELEV II und III (IK 731. 735) sind kaum deutbar, VINDELEV VI-C (IK 739) bietet mit ⌐aul verunklartes *alu* (s. S. 13 f. 62), und auf VINDELEV IV-C (IK 737) wird die Inschrift auf FÜNEN I-C (S. 63 mit Abb. 10) variiert. Von besonderem Interesse ist die lange, etwa drei Dutzend Runen umfassende Inschrift auf VINDELEV V-C (IK 738), die eine besser lesbare Version von BOLBRO (II)-C (IK 31[,1]) und VINDELEV I-C (IK 31,2) zeigt; der letzte Textteil ist jüngst als **izwodṇaswer̂az** ›er [ist] Wodans Mann‹ gedeutet worden (Imer / Vasshus 2023, 81 ff.).

II.8. Nachtrag
(zu 6. Steinfunde, S. 39 ff.)

Im November 2021 glückte ein sensationeller Fund; in der Flur Svingerud (Hole, Viken) in Südostnorwegen wurden vier Grabhügel und zwei Brandgruben, A1790 und A4367, aufgedeckt. Unter dem Grabhügel A140 stieß man in der ungestörten

Brandbestattung A4367, die anhand eines Knochenfragments, mehrerer Holzkohlestücke und eines römischen Reitersporns vorläufig in die Zeit von ca. 100 bis 250 n. Chr. datiert wird, auf eine Sandsteinplatte mit Runen, runenähnlichen Zeichen und Linien bzw. Mustern (zum Folgenden ist die Erstpublikation von Zilmer / Vasshus 2023 zu vergleichen). Auf der flachen, ca. 30×31cm großen Vorderseite sind etwa in der Mitte mehrere Runenkomplexe eingraviert, darunter am rechten Rand deutlich →**fuþ**, die ersten drei Runen im älteren Fuþark. Unten links befindet sich eine Sequenz →ᛁᛞᛁᛒᛖᚱᚢᚷ, die **idiberug** zu lesen ist; in ᛒ ein **w** (mit vervierfachtem Haken) und in ᚷ ein **n** zu erblicken, hat auch aus sprachlichen Gründen weniger für sich. Allem Anschein nach handelt es sich hier um den zweigliedrigen Frauennamen urn. *Ī̆dibergū̆* (< **Ī̆dibergō* ~ wfränk. *Iduberga* 7. Jh., Gattin Pippins I.) im Nominativ, wobei die letzten beiden Runen vertauscht sind. Womöglich ist hier die Runenschreiberin genannt; die Knochenreste sind für die Bestimmung des Geschlechts der bestatteten Person nicht aussagekräftig, sodass unklar bleibt, ob mit **idiberug** die Bestattete gemeint sein kann. Nach dieser Sequenz finden sich, durch einen kleineren Zwischenraum getrennt, fünf oder sechs feiner geritzte, schwer zu lesende Runen. Ferner ist auf einer Schmalseite eine aus 20–22 Runen bestehende Folge eingraviert, die sich einer Deutung entzieht. Insgesamt bekommt man den Eindruck, dass hier wenigstens zum Teil Schreibversuche von verschiedenen(?) Händen vorliegen – nicht überraschend bei einem derart frühen Zeugnis, das die älteste bekannte Runeninschrift auf Stein darstellt.

Damit nicht genug, fand man in unmittelbarer Nähe der beiden genannten Brandbestattungen eine Reihe weiterer Steintrümmer, die mit dem Idiberug-Stück und einem aus der Grube A1790 stammenden Steinblock, der einige nicht-schriftliche Ritzungen trägt, ursprünglich ein Ganzes gebildet haben.

Da die runentragende Schmalseite des Idiberug-Stücks an der dem Steinblock zugewandten Kante liegt, kann diese Zeichenfolge erst angebracht worden sein, nachdem der Stein zu Bruch gegangen ist.

Drei aneinanderpassende Fragmente bieten **ek**, eine aus vier bis sechs(?) nicht eindeutig bestimmbaren Runen bestehende Folge sowie **⁞faihido⁞runo**. Es handelt sich um eine Ritzerinschrift *ek,* [...], *faihidō rūnō* ›ich, X, malte (schrieb) die Rune‹; der Singular *rūnō* (Akk.) im kollektiven Sinn findet sich auch auf den Steinen von Einang und Noleby (s. S. 40 f.). (Für Hinweise und Auskünfte zum Svingerud/Hole-Fundkomplex danke ich Kristel Zilmer, Oslo, herzlich.)

III. Ostgermanische Runeninschriften

Die ostgermanischen *gentes* der Spätantike und der darauffolgenden Völkerwanderungszeit (spätes 4. Jh. bis mittleres 6. Jh.; RGA XXXII, 518) traten durch besondere Mobilität hervor; von (Skandinavien[?] und) der südlichen Ostseeküste zogen Gruppen mit gotischen, vandalischen, burgundischen etc. Traditionskernen in Richtung Süden und Südosten und danach durch weite Teile Europas. Von allen Ostgermanen sind lediglich neun gesicherte Runendenkmäler überliefert. Generell werden die weiträumigen Wanderungen der ostgermanischen *gentes* die Ausbildung einer runischen *literacy*, wie wir sie von Skandinavien kennen, negativ beeinflusst haben. Zudem fällt auf, dass nur wenige Runenobjekte aus Gräbern vorliegen – einerseits kann dies durch Beraubung der Gräber der abziehenden ostgermanischen Bevölkerungsgruppen verursacht sein, anderseits auch an der im Vergleich zu Skandinavien, Mitteleuropa oder England weniger intensiven archäologischen Tätigkeit in den betreffenden Gebieten liegen. Das ostgermanische Runenkorpus (Nedoma 2010) besteht aus vier Inschriften auf Lanzen- bzw. Speerspitzen (III.1.), die noch in das frühe 3. Jh. gehören, und aus fünf weiteren Runendenkmälern (III.2.), die zeitlich später liegen und sich nicht zu einer Objektgruppe zusammenfassen lassen.

III.1. Silbertauschierte Lanzen- und Speerspitzen

1. Ein Einzelfund aus der Mitte des 19. Jh.s ist die Lanzenspitze von Sošyčne (Oblast Wolhynien, UA), in der runologischen Literatur meist als Lanzenspitze von Kowel, der polnischen Namenform der ca. 35 km entfernten Stadt Kovel', bezeichnet (Abb. 12). Dieses seit Ende des Zweiten Weltkriegs verschollene Runendenkmal ist wie die übrigen drei Stangenwaffen mit ostgermanischen Runeninschriften in die erste Hälfte des 3. Jh.s zu datieren. Bei allen vier Stücken wurden die Runen und Begleitzeichen als silberne Einlagen (Tauschierungen) in das Basismaterial eingehämmert. Derartige Waffen waren von beträchtlichem materiellen und auch ideellen Wert; sie wurden wohl kaum in Kämpfen eingesetzt, sondern waren Prestige- bzw. Repräsentationsobjekte (RGA XXXIII, 18), die teilweise wohl auch in der rituellen Kampferöffnung verwendet wurden (vgl. S. 34).

Auf der runenlosen Seite der Lanzenspitze von (Sošyčne bei) Kovel' finden sich konzentrische Kreise, zwei Swastiken, ein Doppelhaken, ein ährenförmiges Zeichen und nahe der Tülle ein kleiner Punktkreis; auf der anderen Seite sind – von der Runeninschrift durch die Rippe getrennt – drei Punktkreise, ein Bogen und ein weiteres ährenartiges Zeichen angebracht. Diese ›sarmatischen‹ Zeichen und ›einheimischen Heilszeichen‹ ähneln den Tamgas aus dem nordpontischen Raum, die vorwiegend als Herrschafts- und Besitzmarken gedient haben (s. Hachmann 1993, 373 ff.; Grünzweig 2004, 20 f.). Die Runeninschrift zeigt mit T **t** (statt regulärem ↑) und ☐ **d** (statt regulärem ⋈) zwei durch Streckung der Schrägschäfte gekennzeichnete Sonderformen, die demselben graphischen Prinzip wie archaisches ⊓ **e** (neben sonstigem ⋈)

© Springer-Verlag GmbH Deutschland, ein Teil von Springer Nature 2023
K. Düwel und R. Nedoma, *Runenkunde*,
https://doi.org/10.1007/978-3-476-04630-7_3

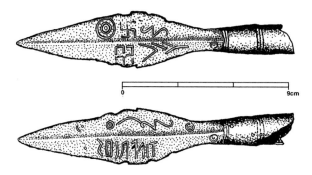

Abb. 12: Lanzenspitze von (Sošyčne bei) Kovel'
(nach Grünzweig 2004, 28: Abb. 1); M ca. 1:2.

folgen (Nedoma 2010, 14). Die Runensequenz ⌐**tilarids** ist wohl als ›Zielreiter‹ zu deuten. Das Vorderglied *Tila-* gehört zu ahd. *zil* ›Ziel, Ende, Grenze‹ bzw. got. *tils* ›»zielgerichtet«, geeignet, passend‹, das Hinterglied *-rīds* (mit typisch ostgermanischem *-s* im Nominativ Sg.) ist ein zum Verb ae. *rīdan*, ahd. *rītan* ›reiten‹ gebildetes Nomen agentis. *Tīlarīds* ist ein – wegen der Herkunft aus einem im Kern gotischen Kulturraum (Bierbrauer 1994, 98 ff.) auch als gotisch zu bestimmender – Name der Runenwaffe, der einer gehobenen, jedenfalls nicht alltäglichen Stilschicht angehört (vgl. z.B. aisl. *Munduðr* ›Zieler‹, eine poetische Schwertbezeichnung). Mit ›Zielreiter‹ wird auf die potentielle Funktion der Waffe referiert, nämlich auf die Ausrichtung auf ein Angriffsziel (die gegnerischen Schutzwaffen und deren Träger; vgl. Düwel 1981, 146; RGA XXXIII, 18); in diesem Sinne handelt es sich um eine operative Inschrift (Krause 1937, 19 u.ö.: »magisch-poetisch«).

2. Die Lanzenspitze von Dahmsdorf, Gemeindeteil von Müncheberg (Brandenburg, D) entstammt einem Brandgrab, das nur unsicher einem burgundischen Fundmilieu zuzurechnen ist; das Stück ist ebenfalls seit 1945 verschollen. Auf einer Seite der Lanzenspitze sind eine Triskele und eine Swastika zu sehen, auf der anderen Seite befindet sich vor der linksläufigen Runeninschrift **ranja** = *Ran(n)ja* ein Kreis, danach folgt eine Sichel. Auch hier haben wir es mit einem Nomen agentis zu tun, das zu dem schwachen Verb ahd. *rennen* ›»rinnen machen«, zusammenlaufen‹, aisl. *renna* ›zum Laufen bringen, treiben‹ gebildet ist. Wiederum handelt es sich um einen operativen Waffennamen, und zwar ›der zum Laufen bringt, der in die Flucht schlägt‹ (nur ungefähr zu vergleichen ist die Schwertbezeichnung aisl. *Fellir* ›Fäller‹). Die Interpretation als ›Anrenner‹ (so etwa Krause 1966, 77; Düwel 1981, 143) liegt von der Wortbildungsbedeutung ferner.

3. Aus einem Reiterbrandgrab von Rozwadów, Stadt Stalowa Wola (Karpatenvorland, PL), das sich im Verbreitungsgebiet einer vandalisch dominierten Kulturgruppe (RGA XXXIII, 209 ff.) befindet, wurde eine Speerspitze geborgen, die neben einer Anzahl von Gabeln und Doppelhaken nach einem Bruch eine undeutbare Runenfolge ⌐**krlụṣ**? trägt. Eine Untersuchung mit modernen Mitteln ist nicht möglich; der Verbleib auch dieses Objektes ist unbekannt.

4. Ebenfalls aus einem Grabfund stammt die Lanzenspitze von Mos (Gotland, S). Da auf Gotland keine ostgermanischen Bevölkerungsgruppen archäologisch nachweisbar sind, aber Silbertauschierung und Beizeichen auf Lanzenspitzen in Skandinavien sonst ungebräuchlich sind, dürfte es sich um ein Importstück handeln (Snædal 2002, 31). Auf beiden Seiten der Lanzenspitze wurden verschiedene Zeichen angebracht, die erst mit technischen Mitteln sichtbar gemacht werden konnten (Thunmark 1970; 1971). Die fünf Runen ⌐**gaois** (mit gewendeter *a*-Rune ᛁ wie auf dem gleichfalls gotländischen Stein von Kylver; s. Abb. 1, S. 2 und S. 10) zeigen einen Ausgang *-is*, der aus dem Urnordischen nicht zu erklären ist, jedoch sehr wohl aus dem Ostgermanischen (< urgerm. **-ijaz*). Ob man die Inschrift allerdings mit Krause (1966, 81; 1971, 155) und anderen als ogerm. *Gaujis* ›Beller, Heuler‹ (zu aisl. *geyja* ›bellen‹) fassen darf (zu vergleichen wäre sodann der Schwertname aisl. *Gellir* ›Schreier, Brüller‹), bleibt angesichts der lautlichen Probleme unsicher (Nedoma 2010, 23 f.).

III.2. Sonstige Einzel-, Grab- und Hortfunde

1. Aus einem Frauengrab des in der zweiten Hälfte des 4. Jh.s belegten, teilweise gotisch geprägten Friedhof von Leţcani (Westmoldau, RO) wurde neben anderen Beigaben ein tönerner Spinnwirtel geborgen (Krause 1969). Die darauf befindliche zweizeilige Runeninschrift ist schlecht lesbar. Mit Vorbehalt erkennt man am Beginn der Zeile II eine Sequenz **ạdons** (mit ᚺ als unvollständiger *a*-Rune; Looijenga 2003a, 171), die einen Frauennamen im Genetiv *Adōns* oder *A(n)dōns* wiedergibt. Unsicher ist, ob Zeile I **rai͡ŋo** einen Frauennamen (*Raingō*, umgestellt **Raginō*) enthält; alles andere ist nicht zu erhellen. So bleibt die Lesung bzw. Deutung Seebolds (1994, 76) ›Für Ida (**įdon**) möge [er, der Wirtel] schnell (**raþo**) in Bewegung geraten‹ nur eine unverbindliche Vermutung.

2. Der Halsring von Pietroasele (früher: Pietroassa, Walachei, RO) war Teil eines außerordentlich kostbaren Schatzfundes von knapp 20 kg Gewicht, der aus verschiedenen Gegenständen (Gefäßen, Halsschmuck und Fibeln) aus Gold bestand. Der Schatz ist einer ostgotischen gentilen Gruppe zuzuschreiben und in die erste Hälfte des 5. Jh.s zu datieren (Tomescu 1994, 230; RGA XXIII, 148). Von den im Jahre 1837 gefundenen 22 Objekten gingen zehn bald verloren. Der Halsring mit Runeninschrift (äußerer Durchmesser ca. 15–15,3 cm) wurde 1875 gestohlen und geviertelt, die zwei beschrifteten Fragmente konnten aber wenig später sichergestellt werden. Nach dem Ersten Weltkrieg blieb der gesamte verbliebene Schatz verschollen, wurde erst 1956 in Moskau wiederentdeckt und sodann nach Rumänien zurückgebracht. Die 15 Runen umfassende Inschrift ist nach Maßgabe eines alten Lichtbildes, mehrerer Abgüsse und Zeichnungen, die allesamt noch vor der Zerstückelung angefertigt wurden, sowie der aktuell vorliegenden Fragmente (Abb. 13, links) einwandfrei zu lesen: ⌐**gutanio wi hailag**, wobei die Schrägschäfte im oberen Teil der zertrennten Rune Nr. 7 **o** (Normalform: ᛜ) nicht zusammenstoßen (Abb. 13, rechts). Die Runeninschrift got. *Gutanī ō(þal) wī(h) hailag* wird als ›Der Goten Besitz, ge-

ᚷ ᚢ ᛏ ᚠ ᚾ ᛁ ᚲ   ᛉ   ᚹ ᛁ   ᚺ ᚠ ᛁ ᛏ ᚠ ᚷ   ᛁ   ᛉ

Abb. 13: Halsring von Pietroasele. Links: Bruchstücke mit Runeninschrift (Foto: Gabriele Gattinger, Institut für Ur- und Frühgeschichte an der Universität Wien); rechts: Stelle vor dem Bruch (nach Smith 1869, Taf. 10; Ausschnitt); ohne Maßstab.

weiht [und] geheiligt (oder: sakrosankt?)‹ gedeutet (RGA XXIII, 155 ff.); nach allem Dafürhalten ist **o** als Begriffsrune *ōþala^n in den syntaktischen Kontext zu integrieren (s. S. 8). Was den ›Sitz im Leben‹ betrifft, so bleibt offen, worauf sich der runenepigraphische Text bezieht (auf den Ring?, auf den Schatz von Pietroasele?, auf alle Schätze der gentilen Gruppe?) und von wem der goldene Halsring getragen wurde (von einem Fürsten?, von einem Priester?, von einer Kultstatue?).

3. Auf einer typisch ostgermanischen Silberblechfibel aus dem zweiten Viertel des 5. Jh.s, die in Győr-Ménfőczanak (Westtransdanubien, H) als Einzelfund zutage kam, findet sich eine Anzahl von Ritzlinien. Zu erkennen sind lediglich eine *a*- und eine *i*-Rune, davor ferner Reste von drei oder vier Runen; ob und wieviel Zeichen auf **ai** folgen, läßt sich wegen fortgeschrittenen Rostbefalls nicht sagen (Nedoma 2009b).

4. Ein weiterer Einzelfund ist ein silbervergoldetes Schwertscheidenmundblech, das im Frühjahr 1996 unter zahlreichen zum Einschmelzen gesammelten Metallstücken in Bergakker bei Tiel (Gelderland, NL) entdeckt wurde. Das Objekt (Maße: 8,3 × 1,4 × 1,9 cm) aus dieser völkerwanderungszeitlichen Recyclingwerkstatt wird in das 5. Jh. datiert (Grünzweig 2009, 159: wohl 420/430–480/490). Die rechtsläufige Runeninschrift besteht aus einer Sequenz größerer Zeichen, die – durch eine Ritzlinie getrennt – zweistöckig fortgesetzt wird (dazu zuletzt Quak 2017; Robins 2019; Kaiser 2021, 263 ff.). Am Beginn häufen sich die Lesungsprobleme: Rune Nr. I,1 sieht wie eine schmale *h*-Rune aus (ᚺ), es hat sich aber herausgestellt, daß der Schrägschaft keine intentionelle Ritzung ist (also ||; Robins 2019, 89 ff.). Rune Nr. I,3 ᛈ ist ein unklares Konsonantenzeichen (unvollständiges ᚦ **þ**?). Das sonst unbezeugte, hier gleich viermal entgegentretende Vokalzeichen ᚹ ist (auch wegen des zweimaligen ᛉ **s**) eher eine doppelt geritzte Sturzform der *u*-Rune ᚢ denn eine Sonderform der *e*-Rune. Der erste Komplex der in größeren Runen geschriebenen Zeile ist sonach **iiaxuþuwa͡s** zu transliterieren; darauf folgt **ann**, das als 1. oder 3. Person Sg. Präsens des in ahd. *unnan*, as. *gi-unnan* ›gönnen, gewähren‹ vorliegenden Verbs zu bestimmen ist. **kusjam** in der oberen ›kleinen‹ Zeile setzt eine Kasusform von urgerm. **kuzjan-* ›Wähler, Erprober‹ fort; die feminine Enstprechung ist aisl. *valkyrja* ›Schlachttotenwählerin, Walküre‹, vgl. weiter aisl. *køri*, *keri* ›Erprober‹ (urgerm. **kuzan*; Malzahn 2001, 91 ff.). Stammauslautendes -*s* sowie -*am* im Dativ Pl.

sind ostgermanische Spezifika. In der unteren ›kleinen‹ Zeile findet sich **loguns** mit ebenfalls ostgermanischem -*s* im Genetiv Sg. eines *n*-Stamms (-*uns* ~ got. -*ins*; Malzahn 2001, 95), der wahrscheinlich in aisl. *logi* ›Flamme, Lohe‹ ein Gegenstück hat. Es ergibt sich sonach ›[...] gönnt den Erprobern die Flamme‹; mit dieser uneigentlichen bzw. poetischen Äußerung ist ›[...] gewährt den Gegnern das Schwert‹ gemeint. Die Inschrift von Bergakker bietet damit eine überraschende Parallele zu den operativen Namen auf den frühen ostgermanischen Lanzen- bzw. Speerspitzen (s. vorhin, S. 68 ff.) – hier wie dort wird das ›Wirken‹ der Waffe thematisiert.

Eine ostgermanische Runeninschrift in der Nähe der völkerwanderungszeitlichen Nordseeküste ist keineswegs befremdlich. So etwa fallen die Vandalen und Burgunden Anfang des 5. Jh.s in Gallien ein, und zur Mitte des 5. Jh.s findet die ›Vielvölkerschlacht‹ auf den Katalaunischen Feldern mit Beteiligung ostgermanischer Gruppen statt. Bei dem Schwertscheidenmundblech von Bergakker mag es sich um ein Beutestück gehandelt haben, das seinen Weg in ein Altwarenlager eines Handwerkers gefunden hat (Nedoma 2010, 38).

5. Die **Bügelfibel von Charnay-lès-Chalon** (Bourgogne-Franche-Comté, F), im zweiten Drittel des 6. Jh.s angefertigt, gilt als Produkt einer fränkisch bestimmten Werkstatt in Burgund. Auf der Längsseite der Kopfplatte ist eine fast vollständige Runenreihe angebracht, die von **f** bis **m** reicht und mit einem zweistrichigen ᚺ südgermanischen Charakter zeigt (vgl. S. 6. 75). Die möglicherweise erst später angebrachte ›Nebeninschrift‹ an den beiden Schmalseiten ⵞ**uþfnþai**ⵞ**id dan**ⵞ**liano** besagt ›Möge Liano (f.) den Idda [im runenepigraphischen Text] ausfindig machen‹, und zwar wohl mit Hilfe der beigegebenen Fuþark-Reihe. In der Folge **uþfnþai** = *u(n)þ-f(i)nþai* kommen zweierlei runische Schreibregeln zum Tragen: Nicht-Realisation von Nasal vor Geräuschlaut und Nicht-Realisation von Hochzungenvokal vor Nasal plus Geräuschlaut (s. S. 11, Punkte 3 und 4). Diese Verbalform der 3. Person Sg. Konjunktiv I (›möge ...‹) zeigt mit -*ai* ein ostgermanisches Charakteristikum; auch der schwach flektierte Männername **iddan** (Akkusativ) ist eindeutig ostgermanisch. Die beiden Textbestandteile sind wohl so zu erklären, dass zunächst der ›Schriftkanal‹ angegeben wird (quasi ›[es folgt ein Text im älteren] Fuþark‹), dessen Kenntnis für das Weitere, eine verrätselte Schenkerinschrift, vorausgesetzt wird. Ist die Runenreihe tatsächlich als ›Entdeckungshilfe‹ zu nehmen, dann könnte *Lianō*, die keinen einheimisch-ostgermanischen Namen getragen hat, nicht mehr oder nur teilweise über das kulturelle Gedächtnis älteren Gepräges verfügt haben (Nedoma 2010, 40 f.) – nicht unwahrscheinlich in einer Zeit der fortgeschrittenen Romanisierung der Burgundia. Eine magische Funktion der Runenreihe, etwa im Sinne eines Liebeszaubers, ist hier nicht sonderlich wahrscheinlich. Schließlich finden sich an zwei anderen Stellen auf der Fibelrückseite noch die beiden Komplexe **kr** und **ïia** (oder **lia**), deren Funktion dunkel bleibt.

Zu **?araf/ᴡnịs?** Næsbjerg (*-wins* nach Antonsen 1975, 73) s. S. 36; zu **mariŋs**≡ Szabadbattyán (*Marings* u.a. nach Marstrander 1953, 62 f.) s. S. 89.

IV. Südgermanische Runeninschriften

Südgermanisch ist nicht als sprachwissenschaftlicher Begriff zu verstehen, sondern dient zur Bezeichnung einer ›Runenprovinz‹ in Mitteleuropa, die sich im wesentlichen von Norddeutschland bis in den Voralpenraum (auch der Schweiz) erstreckt, im Westen streuen die Funde bis nach Frankreich hinein und reichen im Osten bis nach Ungarn (vgl. S. 15). Das Textkorpus umfasst etwa 90 Runendenkmäler; davon sind 85 gesichert, bei weiteren 9 Inschriften ist unklar, ob sie echt sind und/oder ob es sich tatsächlich um Runen handelt (Düwel / Nedoma / Oehrl 2020, CCXXI). Die Überlieferung konzentriert sich auf das südwestdeutsche Gebiet (die *Alamannia*); kleinräumig treten das Quellgebiet der Donau, Bayerisch-Schwaben und die Umgebung von München hervor (vgl. Martin 2004, 190).

In den südgermanischen Runeninschriften sind mehrere ›kontinentalwestgermanische‹ Sprachvarietäten belegt, und zwar die Vorstufen der beiden literarisch bezeugten Sprachen Althochdeutsch und Altsächsisch sowie des nur trümmerhaft überlieferten Langobardischen. In den Inschriften des nachmaligen oberdeutschen Raumes ist mit einer Ausnahme (WURMLINGEN; s. S. 85) die Zweite (Hochdeutsche) Lautverschiebung sowie die Entwicklung *þ* > *d* noch nicht durchgeführt.

Für die Zuordnung eines runenepigraphischen Textes zu einer Sprachengruppe oder einer Sprachvarietät sind – das gilt natürlich auch für die skandinavischen, ostgermanischen und anglo-friesischen Inschriften – mehrere Faktoren von Bedeutung. In zunehmender Beweiskraft sind dies: 1. Fundzeit bzw. Fundort, 2. archäologischer Fundkontext und 3. Objekttyp, sodann 4. Runenformen, vor allem aber 5. Sprachformen und (wenngleich selten) 6. Aussage der Inschrift (Nedoma 2021, 28 f.).

Die im südgermanischen Gebiet gefundenen Goldbrakteaten gelten als Importe aus Skandinavien. Bemerkenswerterweise fehlen Runensteine oder (mit Ausnahme von BREZA; s. S. 75) andere immobile Gegenstände; die Inschriften stehen auf losen Objekten, die größtenteils aus Gräbern von Reihengräberfriedhöfen stammen. Dabei dominieren Frauenbestattungen, aus denen auch die weitaus häufigsten Inschriftenträger, und zwar Fibeln, geborgen wurden; mit deutlichem Abstand folgen Waffen und Waffenzubehör aus Männergräbern. Die mit derartigen, meist qualitätvollen Beigaben bestatteten Personen waren zumindest relativ wohlhabend und hatten eine gehobene soziale Stellung inne (Martin 2004, 191 ff.; Düwel 2008, 68).

Silberne, feuervergoldete Bügelfibeln, die an Schmuckgürteln befestigt waren, wurden stets paarweise von Frauen getragen. Kleinfibelpaare (Scheiben- oder S-Fibeln) oder Einzelfibeln dienten als Mantelverschluss (RGA VIII, 541 ff.). Runeninschriften kommen zumeist nur auf einem dieser Exemplare vor.

In den südgermanischen Inschriften werden in der Regel die zweistrichige *h*-Rune (ᚻ; Ausnahme: Knochen aus der Weser, s. S. 89 f.) und zumeist die *b*-Rune mit auseinanderliegenden Haken (ᛒ) verwendet. Wenn man von ILLERUP III (S. 33) absieht, setzt die Überlieferung mit FRIENSTEDT (s. S. 76 f.) in der zweiten Hälfte des 3. Jh.s ein; aus der Zeit bis etwa 500 stammen sechs weitere Inschriften. Der überwiegende Teil der Fundgegenstände wird in die beiden letzten Drittel des 6. Jh.s datiert. Die

© Springer-Verlag GmbH Deutschland, ein Teil von Springer Nature 2023
K. Düwel und R. Nedoma, *Runenkunde*,
https://doi.org/10.1007/978-3-476-04630-7_4

Beschriftung von losen Objekten – wie erwähnt, hauptsächlich von Fibeln, anderen Trachtstücken und Waffen(zubehör) – scheint eine nur auf zwei bis drei Generationen beschränkte Modeerscheinung gewesen zu sein (vgl. Thews / Behrens 2009); nur wenige Runendenkmäler reichen noch in das 7. Jh. hinein.

Sowohl das Einsetzen als auch der Abbruch der südgermanischen Überlieferung wirft Fragen auf. Dass ab der Mitte des 6. Jh.s vermehrt Runeninschriften auftreten, hat Martin (1997, 501 f.; 2004, 197 f.) mit dem Sieg der Franken über die Thüringer im Jahre 531 in Zusammenhang gebracht – das Thüringerreich soll bis dahin eine Art Sperre für Importe und Anregungen aus dem Norden, darunter auch die runische *literacy*, gebildet haben. Diese Theorie hat zunächst einigen Zuspruch gefunden, es hat sich jedoch herausgestellt, dass Reichweite und Außenwirkung des *regnum Thuringorum* offenbar überschätzt wurden (Siegmund 2000, 34 mit Anm. 37), zudem stand mit dem Rhein eine wichtige Verkehrsader sozusagen am Thüringerreich vorbei stets offen (Nedoma 2006a, 113 f.). Vor allem aber reicht die südgermanische Traditionslinie bis ins späte 3. Jh. zurück, sodass

> es nicht unbedingt der Annahme nordischer, ostgermanischer oder angelsächsischer Einflüsse bedarf, um die bemerkenswerte Funddichte [...] im mittel- und süddeutschen Raum des 6. Jahrhunderts zu erklären. Man mag natürlich einwenden, daß die hier gezogene Traditionslinie durchaus lückenhaft ist, aber es ist zu bedenken, wie wenig Runeninschriften es aus früherer Zeit überhaupt gibt und daß wir eben nur diese wenigen Runeninschriften haben, die deshalb auch ein besonderes Gewicht tragen dürfen (Nedoma / Düwel 2012, 167).

Dass Kenntnis und Gebrauch von Runen im südgermanischen Gebiet ein Ende gefunden haben, ist eine Folge der Bekehrung zum Christentum; ein wesentlicher Faktor ist dabei die damit verbundene Aufgabe der Sitte, Tote für das Jenseits mit persönlichem Besitz auszustatten (Theune-Großkopf 1997; Düwel 2020a, L f.).

Entsprechend dem versteckten Eintrag der Runen auf den Rückseiten der Fibeln, deren Schauseite vor allem mit Kerbschnittmuster und Tierornamentik verziert sind, beschränken sich die inschriftlichen Mitteilungen zumeist auf private Namennennungen. In formaler und funktioneller Hinsicht lassen sich Fuþark-, Gegenstands-, Ritzer- sowie Wunsch- bzw. Zuneigungsinschriften unterscheiden (unten, IV.1.; zu den Textsorten Nedoma 2020a, CXXI ff.). Wegen der elliptischen Ausdrucksweise der syntaxarmen Runeninschriften bleibt nicht selten unklar, wer die genannten Personen (Frauen und Männer) waren – in Frage kommen Besitzer(innen), Hersteller, Runenritzer(innen) oder Schenker(innen) (unten, IV.2.).

So etwa muss offen bleiben, ob **leub** auf der verlorenen Fibel von Mayen ein Appellativ vor-ahd. *leub* ›Liebes, Angenehmes, Freude, Glück‹ oder einen Personennamen (ursprünglichen Beinamen) *Leub* wiedergibt. Im ersten Fall handelt es sich um eine Wunschinschrift, im zweiten Fall kann eine Besitzerinschrift (*Leub* f.), eine Runenritzerinschrift (*Leub* m./f.) oder eine Schenkerinschrift (*Leub* m./f.) vorliegen, auch eine Herstellerinschrift (*Leub* m.) kann nicht ausgeschlossen werden – eine Einwortinschrift, für die nicht weniger als fünf verschiedene Textsortenbestimmungen möglich sind (Nedoma 2020a, CXX)!

In weiteren Abschnitten (IV.3.–IV.6.) wird auf verschiedene thematische Aspekte eingegangen. In der folgenden Auswahl werden neben länger bekannten, wichtigen Inschriften – sie laufen durchwegs von links nach rechts, wenn nicht anders angegeben – mit einzelnen neuen Deutungsperspektiven vor allem Runenfunde aus jüngerer Zeit vorgestellt. Eine ausführliche, alle genannten Gesichtspunkte einbeziehende Darstellung der südgermanischen Runeninschriften bietet die Edition Düwel / Nedoma / Oehrl 2020, die für die folgenden Darlegungen zu vergleichen ist.

IV.1. Inschriften nach Textsorten

IV.1.1. Fuþark-Inschriften

Wie in Skandinavien (II.2., S. 30) begegnen auch im südgermanischen Fundgebiet einige ›Abecedarien‹; keine der fünf (oder sechs) Inschriften enthält das gesamte Zeicheninventar des älteren Fuþark.

1. Mit seinen 20 erhaltenen Runen bietet das Fragment einer steinernen Halbsäule von Breza (nordwestlich von Sarajevo, Zenica-Doboj, BIH) die längste südgermanische Fuþarkreihe. Sie gehört wohl in die Mitte des 6. Jh.s. Ohne Gliederung in Achtergruppen (vgl. S. 30) sind hier die Runen von f bis l zu erkennen, wobei b ausgelassen ist; die zweistrichige h-Rune ᚻ indiziert die Zugehörigkeit zum südgermanischen Korpus (vgl. S. 6. 73). Auf einem anderen Säulenbruchstück am Fundort steht ein lateinisches Alphabet, auf weiteren Fragmenten befinden sich verschiedene lateinische Graffiti und schriftähnliche Zeichen; der außerschriftliche Kontext der Fuþarkreihe von Breza bleibt jedenfalls unklar.

2. Die Bügelfibel aus dem alten römischen Legionslager Aquincum (Budapest, H) stammt wohl aus einer ostgermanischen Werkstatt (Martin 2004, 170) und war Teil eines Schatzes, der vielleicht anlässlich des Eindringens der Langobarden 526/527 (und von diesen?) versteckt wurde. In einer Zeile steht die erste ætt der Runenreihe (f bis w), die andere Zeile referiert mit *klain kingia* ›feiner (kostbarer?) Brustschmuck‹ (Grønvik 1985b, 178 f.) auf den Inschriftenträger; die Funktion der abgekürzten Runenreihe ist nicht zu ermitteln.

3. Dies trifft auch auf einen jüngeren Fund aus Trossingen (Baden-Württemberg, D) zu (Theune-Großkopf / Nedoma 2008). Aus einem reich ausgestatteten Männergrab, das als Besonderheit auch eine Leier enthielt und nach Ausweis dendrochronologischer Daten im Jahre 580 angelegt wurde, sind auf der Schauseite der Querstrebe eines Holzstuhls die schlecht erhaltenen und dementsprechend schwer lesbaren Runen f bis k eingeritzt, die ersten sechs Runen im älteren Fuþark; auffällig ist die seltene Form der *k*-Rune ᚲ.

4. Auf totenmagische Vorstellungen weist der Eintrag der fünf Runen **fuþar** (gefolgt von **zj**) auf der Bügelfibel von Beuchte (Niedersachsen, D). Da die Runen wohl erst kurz vor der Niederlegung im Grab eingraviert wurden, kann hier auf eine magisch-apotropäische Deutung (Alphabetzauber) zurückgegriffen werden (S. 21 ff.).

5. Das Ende der Runenreihe bietet das Bruchstück einer Rinderrippe aus der Flur Lány in Břeclav (Südmähren, CZ), die um 600 zu datieren ist (Macháček / Nedoma 2020). Hier findet sich eine Folge **bemdo**, die Ritzungen davor können als **t** hergestellt werden; es handelt sich demnach um sechs der acht Runen der dritten ætt. Der Knochen wurde aus einer Siedlungsgrube der frühslawischen Prager Kultur zutage gefördert – dies ist der bisher einzige bekannte Fall eines mit älteren Runen verse-

henen Objektes aus einem nicht-germanischen Fundmilieu; bislang hat man meist angenommen, es hätte keinerlei Kulturkontakte zwischen den im Jahre 568 nach Oberitalien abgewanderten Langobarden und den im letzten Drittel des 6. Jh.s nach Südmähren eingewanderten Slaven gegeben. Der Runenknochen von Břeclav birgt zudem insofern einigen Sprengstoff, als es sich um das früheste Schriftzeugnis auf slavischem Boden überhaupt handelt. Ob die Runen von einem Langobarden (m./f.) stammen, der nicht mit dem Großteil der *gens* nach Oberitalien gezogen ist, oder von einem Slaven (m./f.), der sich die runische *literacy* von der benachbarten germanischen Bevölkerung angeeignet hat, lässt sich nicht sagen. Es kann jedenfalls vermutet werden, dass auf dem unzerbrochenen Knochen ursprünglich die vollständige Runenreihe angebracht war. Nicht wahrscheinlich ist indessen, dass die Fuþark-Folge (gleich welchen Umfangs) magisch-operative Funktionen erfüllt hat; angesichts des ungleichmäßigen Duktus der Runenritzungen sowie des wohl fehlerhaften Überspringens von l und ŋ aus der dritten *ætt* des älteren Fuþark (Runen Nr. 21 und 22) wird von einer Schreibübung auszugehen sein.

6. In der Frage, ob die Sequenz **fþae** auf der Bügelfibel von Herbrechtingen (Baden-Württemberg, D) aus dem späten 6. Jh. als Fuþark-Zitat **f[u]þa** plus **e** zu fassen ist, sind die Meinungen geteilt (bejahend: Düwel / Heizmann 2006, 7 f.; skeptisch: Nedoma 2008, 50 Anm. 26; ablehnend: Waldispühl 2013, 91 Anm. 110).

IV.1.2. Gegenstandsinschriften

Ein aufsehenerregender Fund erfolgte im Jahre 2000 bei Straßenbauarbeiten in der Nähe von Friensted (Stadt Erfurt, Thüringen, D). Aus einem Siedlungskomplex des 1. bis 5. Jh.s n. Chr. wurden Bruchstücke eines dreilagigen Kammes aus Hirschgeweih aus einem tiefen Schacht geborgen, der auch Tierknochen, Keramikscherben, ein Bronzeblech und eine Lanzenspitze enthielt. Erst 11 Jahre später wurden bei Restaurationsarbeiten die Runen ᚲᚨᛒᚨ auf dem wieder zusammengesetzten Kamm entdeckt (Abb. 14; Schmidt et al. 2012); zu datieren ist das Objekt in die zweite Hälfte des 3. Jh.s.

Der runenepigraphische Einworttext gibt – mit nicht realisiertem Nasal vor Geräuschlaut (s. S. 11) – die Gegenstandsbezeichnung **kaba** = *ka(m)ba* ›Kamm‹ wieder; es entsprechen ahd. as. *kamb*, ae. *camb*, *comb*, aisl. *kambr* etc. (urgerm. **kambaz*). Die unscheinbare Inschrift ist von einiger sprachgeschichtlicher Bedeutung, handelt es sich doch um den frühesten Beleg für den Schwund von auslautendem *z* im Nominativ Sg. der maskulinen *a*-Stämme gegenüber ogerm. *-s* (s. S. 69) und ngerm. (urn.) *-az* (Nedoma 2020c, 97 ff.). Damit handelt es sich um das älteste sichere westgermanische Sprachdenkmal aus innergermanischer Überlieferung.

An sich ist die Schildfessel III von Illerup (**laguþewa** mit Hinterglied urgerm. **-þewaz*) noch älter (um/nach 200); zwar liegen hier die Dinge sprachlich klar, sind aber vom ›Sitz im Leben‹ her nicht eindeutig (s. S. 33). – Ein weiteres frühes Zeugnis bietet der Schemel von Wremen aus dem frühen 4. Jh. mit **ksamella** ›Schemel‹ (← lat. *skamellus*; s. S. 91).

Die Objektbezeichnung (oder genauer: Inschriftenträgerbezeichnung) lässt zweierlei Lesarten zu, nämlich selbstbezogen ›[ich bin ein] Kamm‹ oder hinweisend ›[dies ist ein] Kamm‹. Aus der runenepigraphischen Überlieferung sind noch drei weitere

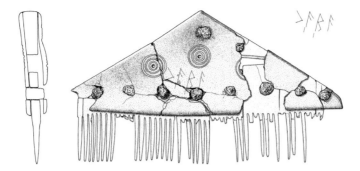

Abb. 14: Kamm von Frienstedt (Zeichnung: G. Hagel-Bischof, Thüringisches Landesamt für Denkmalpflege und Archäologie); M ca. 2:3.

identische Inschriften auf identischen Inschriftenträgern beizubringen: 1. vor-afries. *kɔ(m)bə* auf dem Kamm von Toornwerd (8. Jh.; S. 121), 2. an. *ka(m)bₐʀ* auf dem Kamm von Ribe (frühes 9. Jh.; S. 149) sowie 3. an. *ka(m)bʀ* auf dem Kamm von Elisenhof (um 900; S. 149).

Die Funktion dieser vom heutigen Standpunkt eigenartigen ›Kamm‹-auf-Kamm-Inschriften ist nicht eindeutig zu bestimmen. Bestimmt ist durch die Beschriftung eine Aufwertung des Objektes erfolgt, das damit aus dem Alltäglichen herausgehoben wird. Auch eine Demonstration des Schreibvermögens mag (mit) eine Rolle gespielt haben. Ferner kann die Vorstellung zugrundeliegen, durch die runenschriftliche Bezeichnung des Gegenstandes diesen selbst nach Art der Namenmagie zu fixieren, um durch die »Macht der Schrift« (Bertholet 1949) dem Verlust bzw. Diebstahl vorzubeugen (Düwel 2002b, 285). Schließlich ist zu beachten (Nedoma / Düwel 2012, 161):

> Dem Toiletteartikel Kamm, der heutzutage lediglich als Gerät zur Haarpflege eine Funktion hat, wohnte in früher Zeit und über das Mittelalter hinaus weit mehr inne. Durch den Kontakt mit dem Haar als Sitz des Lebens bzw. der Lebenskraft kam dem Kamm besondere Bedeutsamkeit zu, sodaß er auch nicht-usuelle Funktionen als Schmuck, Amulett, Opfer und Grabbeigabe übernehmen konnte.

Ein weiterer Neufund enthält ebenfalls eine Gegenstandsbezeichnung: 2011 entdeckte man auf dem Silberlöffel, der aus einem um 600 zu datierenden Frauengrab von Ichtratzheim im Elsass (Grand Est, F) stammt, mehrere Inschriftenkomplexe (Fischer et al. 2014). Bereits bei der Herstellung wurde der Evangelistenname MATTEUꟅ eingraviert, später auch zwei Runenzeilen; der eine Komplex nennt das beschriebene Objekt: **lapela** = vor-ahd. *lapela* (vgl. ahd. *leffil*, as. *lepil*) oder *lap(p)ela* (vgl. ahd. *lepfil*) ›Löffel‹; die andere Folge **abuda** ist nicht sicher zu deuten.

Ein dritter Fund aus jüngerer Zeit trägt eine Inschrift, die auf ein Merkmal des Objektes referiert. Im Jahre 2007 hat die Stiftung Preußischer Kulturbesitz das geschlossene, aber vermutlich unvollständige Inventar eines Kriegergrabes aus dem Kunsthandel erworben (Bertram et al. 2019); der in der ersten Hälfte des 5. Jh.s vermutlich im Gebiet des unteren Mains Bestattete scheint Anführer einer Föderatentruppe gewesen zu sein. Zu der reichen Grabausstattung gehörte auch ein Goldgriffschwert mit Scheidenbeschlägen; auf dem Mundblech befindet sich eine im Detail nicht einfach zu lesende Runenfolge **‿gimịlbạlþlik**, die wohl als ›die kleine Öffnung [ist] (schnell) bereit‹ oder ›[dies ist] eine (schnell) bereite kleine Öffnung‹ zu deuten ist. Zu dem Deminutivum vor-ahd. *gīmil* stellt sich aisl. *gíma* ›Öffnung‹, nhd./dial. (alem.) *gīmeli* ›Prise‹, und vor-ahd. *balþlīk* wird durch die Adverbien ahd. *baldlīh-ho*, ae. *bealdlice* ›kühn, entschlossen, (schnell) bereit‹ etc. erhellt (Düwel / Nedoma 2011). Trifft dies das Richtige, zielt der runenepigraphische Text mit der Bereitschaft der ›Öffnung‹ (des Scheidenmundes), das in der Scheide steckende Schwert im Anlassfall unverzüglich freizugeben, auf den Stand-by-Modus der Waffe.

Weitere Gegenstandsinschriften enthalten der Schemel von Wremen (unten, S. 90 f.) und die Fibel von Aquincum (oben, S. 75).

IV.1.3. Ritzerinschriften

Seit langem ist die *scripsit*-Formel eines Mannes namens Boso auf der Bügelfibel von Frei-Laubersheim (Rheinland-Pfalz, D) bekannt; die Inschrift wurde während der Tragezeit (ca. 520–560) angebracht. Eine Runenzeile lautet: **boso:wraetruna:** ›Boso schrieb (ritzte) die Runen‹; die zweite Zeile **þk·daþïna:goida** bietet hingegen eine Schenkerinschrift, die auf zweierlei Arten verstanden werden kann: ›Dich erfreute Dathina [mit der Fibel]‹ oder ›Dich, Dathina, erfreute [er, mit der Fibel]‹. Aus kontextuellen Gründen wird der Verbalform *gō[l]ida* die Bedeutung ›erfreute‹ (aisl. *gœla*) zuzuerkennen sein, kaum aber ›grüßte‹ (got. *goljan*).

Eine Runenritzerin schien im Jahre 1955 auf der größeren der beiden S-Fibeln aus dem Gräberfeld von Weingarten (Baden-Württemberg, D; spätes 6. Jh.) greifbar: **feha:writ'[---]ia**, allerdings ist unsicher, ob in **feha** tatsächlich ein Frauenname erblickt werden kann (Nedoma 2004a, 293 ff.). Eine zweite Runenzeile nennt eine Frau *Alirgu(n)þ*.

Zwei spätere Funde bezeugen indessen eindeutig Frauen als Runenritzerinnen. Ein im Jahre 1979 gefundener Holzstab aus Neudingen (Baden-Württemberg, D; Abb. 15, S. 80), der in die Mitte des 6. Jh.s gehört, hat vermutlich als Spinnrocken oder Flachsstock gedient. Die 30 Runen umfassende einzeilige Inschrift hat zwei Teile; auf den Wunsch ›Liebe (Freude o.ä.) [wünscht] Imuba dem Hamal‹ (s. S. 80) folgt die Runenschreiberformel **bliþguþ:uraitruna** ›Blithgunth schrieb (ritzte) die Runen‹ (Düwel 2002a, 27 f.).

Zu Ende des Jahres 1996 wurden auf dem elfenbeinernen Einfassungsring einer Bronzezierscheibe aus einem um 600 zu datierenden Frauengrab in Pforzen (Bayerisch-Schwaben, D), Runen entdeckt. Neben dem Namen des Schenkers oder glückwünschenden Mannes *Gīsali* steht zu lesen: **aodliþːuraitːrunaː** ›Aodlinth schrieb (ritzte) die Runen‹.

In den drei genannten Umsetzungen der *scripsit*-Formel treten Präteritalformen (*wraet*, **wrait* 3. Person Sg.) des starken Verbs urgerm. **wreita-* > **wrīta-* (ae. as. *wrītan*, ne. *write*, aisl. *ríta* etc.) ›(ein)ritzen, schreiben‹ als Terminus der Runentechnik (Ebel 1963) entgegen (vgl. S. 13). Auch ahd. *rīzan* (nhd. *reißen*) meint ›(ein)-ritzen, schreiben‹; die alte Bedeutung ist noch in Bildungen wie *Aufriss, Grundriss* oder *Reißbrett* erhalten. Das schwache Verb ahd. *rizzen* ›(ein)ritzen, einschneiden, zerkratzen, schreiben‹, nhd. *ritzen* ist dagegen eine Intensivbildung (urgerm. **writt-ija-*) zum starken Verb **wreita-*. Die *scripsit*-Formel ist Ausdruck der Schreib- und Lesekundigkeit (*literacy*); die genannten Inschriften bezeugen zusammen mit dem zahlreichen beschrifteten weiblichen Trachtzubehör (über 45 Fibeln) die herausragende Rolle von Frauen in der merowingerzeitlichen südgermanischen Runenkultur (Düwel 1989b, 1999b; 2002a).

Abweichend vom regulären Formular bietet die langobardische Bügelfibel B von Bezenye (Westtransdanubien, H; Mitte 6. Jh.) mit *Arsibodă segun* ›Zeichen (d.h. Runen) der Arsibod‹ eine besondere Schreiberinschrift; die modelgleiche Fibel A enthält den Frauennamen *Gōdahi*[*l*]*d* und eine kaum lesbare Runenfolge, die nicht zu erhellen ist.

Bislang hat man **segun** nahezu ausschließlich in christlichem Sinn als ›Segen‹ verstanden (so u.a. Opitz 1980, 184). Bei den Segen-Wörtern in den altgermanischen Sprachen handelt es sich um eine Entlehnung aus lat. *sĩgnum* n. ›Einschnitt, Zeichen, Kennzeichen, Abzeichen, Abbild‹, ab dem späten 2. Jh. auch ›Kreuzzeichen‹, vulgärlat. *sĩgnu*⁽ᵐ⁾, **seņņọ* (ital. *segno*). Die ursprüngliche (noch nicht christlich terminologisierte) Bedeutung ›Zeichen‹ zeigt sich in den Neutra ahd. *segan* und ae. *segn*, dagegen hat sich das erst später belegte Maskulinum ahd. *segan* ›Segen, Segnung, Zuweihung‹ sekundär an das schwache Verb ahd. *seganōn*, ae. *segnian* ›segnen, weihen‹ angelehnt. Ein derartiges sog. Bedeutungspostverbale (Wißmann 1975, 109) ist allerdings für die erste Phase der (arianischen) Missionierung der Langobarden schwerlich anzunehmen (Nedoma 2004a, 204 f.). – Zudem ist *Arsibodă* eine genetivische Form, für einen Nominativ wäre lautgesetzlich -*u* (urgerm. **-ō*) oder ggf. auch eine ›Nullendung‹ (*Arsibod*) zu erwarten.

IV.1.4. Wunsch- und Zuneigungsinschriften

Die beiden Textsorten Wunschinschrift und Zuneigungsinschrift sind nicht immer eindeutig zu unterscheiden. So etwa erlaubt in zwei Zeilen angeordnetes **boba⦂leub | agi-rike** auf der Scheibenfibel von Bad Krozingen (Baden-Württemberg, D; Ende 6. Jh.) sowohl eine Deutung ›Boba [wünscht] Liebes (Erfreuliches; **leub** als substantiviertes Adjektiv) dem Agirik‹ als auch ›Boba [ist] lieb (**leub** prädikativ) dem Agirik‹.

Die semantische Bandbreite des Adjektivs ahd. *liob*, (obd.) *liup* ist ›lieb, geliebt, angenehm, wohlgefällig‹, die Substantivierung bedeutet ›Liebe, Zuneigung, Angenehmes, Wohlgefallen, Freude, Glück, Wohl, Seligkeit‹ (AhdWb V, 1025 ff. 1032 ff.). Der Ausdruck begegnet in den südgermanischen Runeninschriften als Appellativ und in Namen überraschend oft (Düwel 2004, 243 ff.). Dass es sich aber bei alleinstehendem **leub** um ein »amuletic or charm word« handelt (MacLeod / Mees 2006, 44 ff.), hat wenig für sich.

Zu **boba** auf der Bad Krozinger Fibel ist übrigens ein maskulines Pendant **bobo** = *Bōbo* auf der Gürtelschnalle aus dem ebenfalls in das späte 6. Jh. zu datierende Kriegergrab von Borgharen (Limburg, NL; Looijenga 2003b) bezeugt. Hier wie da ist an eine sog. Lallform zu denken, vgl. wfränk. *Bobo* zu *Bodigysilus*, ne. *Bob* zu *Robert* etc. (Nedoma 2004, 246 ff.). Auf dem paarigen Gegenstück der Bad Krozinger Fibel steht dagegen nur eine Rune ᚠ **f** oder, um 180° gedreht, ᚨ **a**, deren Funktion dunkel bleibt.

Mehrdeutig ist auch die ›Nebeninschrift‹ **ạwạḷeubwini** auf der größeren Bügelfibel von Nordendorf (Bayern, D), die aus der zweiten Hälfte des 6. Jh.s stammt (s.

Abb. 15: Holzstab von Neudingen (nach Fingerlin 1982, 189); M ca. 2:3.

S. 87). Diese Runensequenz kann nicht nur als Zuneigungsinschrift (›Awa [ist] lieb dem Wini‹) gedeutet werden, sondern auch als Schenkerinschrift (›Awa [und] Leub-wini [schenken die Fibel der ungenannten Besitzerin]‹); aber eine Wunschinschrift (›Awa [wünscht] Liebes dem Wini‹) kommt weniger in Frage, denn der Adressat des Wunsches wäre ein Mann, es handelt sich aber um eine Frauenfibel.

Eindeutig als Zuneigungsinschrift zu bestimmen ist hingegen *Awimund isd* (*ist) *leob Ĭdūn* auf dem Riemenschieber aus dem Frauengrab Nr. 56 von Weimar (Thü-ringen, D) aus der Mitte des 6. Jh.s. Zu beachten ist, dass das Formular ›X (ist) lieb dem/der Y‹ zwei Lesarten zulässt: zum einen ›X ist Y zugeneigt‹ (mit X als aktivem Part), zum anderen ›X ist Y wohlgefällig‹ (mit X als passivem Part).

Im südgermanischen Korpus treten mehrere Ausdrücke entgegen, die aufgrund ihrer Semantik eine Bestimmung des betreffenden runenepigraphischen Textes als Wunschinschrift nahelegen. So begegnet am Beginn der Inschrift auf dem Neudin-ger Holzstab (Abb. 15; s. vorhin, S. 78) **lbi**, das wohl kaum anders als *l*[*iu*]*bī* ›Liebe, Zuneigung, Wertschätzung, Freude, Annehmlichkeit‹ zu deuten ist, die Imuba ei-nem Mann namens Hamal (**hamale** = *Hamale* Dativ, wohl ein Beiname ›Geschore-ner, Mann mit abgeschnittenem Haar‹; Nedoma 2004a, 322 ff.) wünscht.

Ältere Ansätze, die mit ›Formelwörtern‹ *leob, leub, liub* sowie *ala, awa, ida* operieren und weitrei-chende (auch religionshistorische) Überlegungen daran knüpfen (so etwa Jänichen 1951, 257 ff.), haben sich aus sprachlichen und kontextuellen Gründen als nicht tragfähig erwiesen. In jüngerer Zeit hat Schwab ähnliche Ansätze verfolgt (1998b, 411 ff. zu »*leub* [etc.]«, 1998a zu *bāda* ›[Er-langung von] Gesundheit [durch Lebenswärme], Heil‹, 1999b zu **alu, ota** [dazu unten, S. 81] und **odag** ›reich, begütert‹).

Ausgespart ist die Adressatin in der Inschrift aus dem dendrochronologisch um 561 zu datierenden Frauengrab Nr. 911 aus dem großen Reihengräberfeld in der Flur Wasserfurche in Lauchheim (Baden-Württemberg, D; LAUCHHEIM I). Die Sequenz **aoṇofada** enthält einen Männernamen *Aono* (wfränk. *Auno*, ahd. *Ōno* etc., Kurz-form zu einem zweigliedrigen Namen mit Vorderglied *Aun(i)-*), gefolgt von *fada* im Akkusativ (entsprechend ahd. *fata* ›Zustand, Ordnung‹). Der nicht genannten Fi-belträgerin wird also Geregeltsein bzw. eine gute (innere) Verfassung zugesprochen – eine Art *all right*-Wunsch also (Nedoma 2006a, 146).

Dasselbe Formular liegt der zweizeiligen Inschrift auf der nur fragmentarisch er-haltenen Bügelfibel von Bad Ems (Rheinland-Pfalz, D) zugrunde, die in die zweite Hälfte des 6. Jh.s gehört. Der Adressant ist ein Mann namens *Madali*, der der Besit-zerin des Stücks *u(m)*[*ba/i*]*bada* ›Umtröstung‹ wünscht (so bereits Krause 1935a, 332 f.; anders Schwab 1998a, 154 f.: ›Gesundheit, Heil‹); zu vergleichen ist as. *gi-bada* ›Trost, Beruhigung‹. Im Gegenteil kann **ubada** auch als *u(m)bada* ← *u(n)bada*

›Untrost, Unheil‹ aufgefasst werden (Düwel bei Nedoma 2011, 46); Beispiele für derartige ›negative‹ Wunschinschriften sind in der südgermanischen Runenüberlieferung allerdings sonst nicht bekannt.

Eine anders strukturierte Inschrift zeigt die Bernsteinperle aus dem vorhin (S. 80) erwähnten Frauengrab Nr. 56 von Weimar (Thüringen, D). Hier wird zunächst in der Folge ᚦ**ᛁuᚦ:ida** (am Beginn mit verschriebenem ᚹ **w** statt ᚦ **þ**; **wiuþ** ist sprachlich undeutbar) = vor-ahd. *þiuþ, Ĭda* ›Gutes, Ida‹ als Adressatin die Besitzerin der Perle, die bestattete Frau, genannt. Nach einer unleserlichen Partie ist ein Männername **hahwar** = *Hāhwăr* zu erkennen, entweder der Adressant des Wunsches oder Schenker des Stückes.

Je zwei ähnliche Exemplare von Kleinbrakteaten wurden bereits 1976 im Reihengräberfriedhof von Hüfingen (Baden-Württemberg, D) aus einem Frauengrab gehoben, das in das späte 6. Jh. zu datieren ist. Erst 1995 entdeckte man die neben Kapitalis-Imitationen stehenden Runeninschriften **alu** auf dem einen Paar, **ota** auf dem anderen (Fingerlin et al. 1998). Diese beiden Formelwörter (wiederkehrende Einzelwörter) begegnen sonst fast ausschließlich in Skandinavien, und zwar **alu** vor allem auf völkerwanderungszeitlichen Goldbrakteaten, **ota** überhaupt nur auf diesen Stücken (S. 13 f. 62. 63 f.). Ob die vier Hüfinger Kleinbrakteaten aus dem langobardischen Oberitalien stammen (Fischer J.F. 1998, 806 ff.) oder doch einheimische fränkisch-alemannische Produkte sind (Heizmann 2004, 381 f.), bleibt offen. Fest steht jedoch, dass die beiden Runenfolgen gemeinsam mit dem Bildwerk aus der skandinavischen Tradition übernommen worden sind; den urnordischen Ausdrücken *alu* ›Abwehr, Schutz‹ o.ä., urn. *ot(t)ǣ* ›Furcht, Schrecken‹ o.ä. ist im voralthochdeutsch-alemannischen bzw. langobardischen Sprachraum kein unmittelbarer Sinngehalt im Sinne einer Minimal-Wunschinschrift zugekommen, sodass **alu** und **ota** offenbar als eine Art Logo gedient haben (Nedoma 2016, 13 Anm. 34).

IV.2. Verschiedene Nameninschriften

Im Reihengräberfriedhof von Weimar wurden aus zwei benachbarten, jeweils reich ausgestatteten Frauengräbern aus der Mitte des 6. Jh.s drei Runenobjekte geborgen (RGA XXXIII, 396 ff.). Unter den Beigaben aus dem Grab Nr. 56 befanden sich ein Riemenschieber aus Bronze (WEIMAR II) und eine Bernsteinperle (WEIMAR III; s. oben); die Runeninschriften deuten darauf, dass die Bestattete Ida hieß. Auf dem Riemenschieber gehen der vorhin (S. 80) genannten Zuneigungsinschrift drei Personennamen voran: ›Ida [besitzt dieses Objekt]. Bigina [und] Hahwar [schenken, oder: wünschen Glück].‹ Da hier wie auch auf WEIMAR I (s. sofort) Verba fehlen, ist die getroffene Zuordnung zu einzelnen ›Rollen‹ (Besitzerin, Schenker, Glückwünschende) zwar wahrscheinlich, kann jedoch keine letztgültige Sicherheit beanspruchen.

Zum Inventar des Grabes Nr. 57 gehörte ein silbervergoldctes Bügelfibelpaar (WEIMAR I). Die Inschrift auf Fibel A enthält eine Reihe von Personennamen, die wohl in folgenden Kontext einzubetten sind: ›Haribrig [besitzt diese Objekte]. Hiba [und] Liub[i] [wünschen] Liebes (*leob*)‹. Auf Fibel B steht nach neuerer Lesung ›das kleine Schmuckstück (oder: die kleinen Schmuckstücke; **siglįn** = *siglīn* Sg./Pl.) [schenken] Hiba [und] Bubo‹. Demzufolge wird es sich bei der begrabenen Frau um Haribrig handeln.

In den Runeninschriften aus den beiden genannten Gräbern werden jeweils zwei Männer und zwei Frauen genannt: zum einen *Bŭbo*, *Liub*[*i*] m. und *Haribrig*, *Hiba* (2×) f. auf WEIMAR I, ferner *Awimund*, *Hāhwǎr* (2×) m. und *Bigīna*, *Ĭda* (3×) f. auf WEIMAR II und III. In diesen acht Bildungen sind alle Haupttypen altgermanischer Personennamen vertreten:

(1) zweigliedrige Namen (›Vollformen‹): *Awi-mund* m. ›Glück‹ + ›Schutz, Schützer‹, *Hāh-wǎr* m. ›Pferd, Hengst‹ + ›aufmerksam, vorsichtig‹ oder ›wahrhaftig‹, *Hari-brig* f. ›Heer‹ + ›Schutz‹ (mit spezifisch deutschem Hinterglied *-birg* < *-bergijō- neben sonstigem *-bergō-; *-brig* ist eine metathetische Form von *-birg*);

(2) einstämmige Kurzformen: *Ĭd-a* f. (einfaches *n*-Suffix), *Liub-*[*i*] m. (*ija*-Suffx) und *Big-īn-a* f. (Suffixkombination *-īn-ōn-*);

(3) zweistämmige Kurzform: *Hi-b-a* (zu einem Namen wie ahd. *Hiltibirg*); schließlich

(4) sog. Lallform: *Bu-b-o* (mit redupliziertem *b*, zu einem Namen wie wfränk. *Burgoaldo*).

Besteht die Runeninschrift auf einer Fibel aus einem Frauengrab lediglich aus einem Männernamen und einem Frauennamen, lässt sich nicht sagen, ob Schenker oder Runenritzer und Fibelbesitzerin genannt werden oder ob die beiden Namen auf ein Ehe- oder Liebespaar weisen. Im Grunde können alle Beziehungen vorliegen, in denen Männer und Frauen stehen. Beispiele für ein derartiges Nebeneinander bieten die Bügelfibel von Griesheim (Hessen, D; spätes 6. Jh.) mit *Kŏlo* m. und *Agilaþrūþ* f. sowie das Bügelfibelpaar von München-Aubing (D; Mitte 6. Jh.) mit *Segalo* m. und *Sigila* f. Auch im Falle der drei Namen *Bera* f., *A(n)do* m. und *Dūdo* m. auf der zylindrischen Bronzekapsel vom Hermsheimer Bösfeld in Mannheim-Seckenheim (Baden-Württemberg, D) kann man nur vermuten, in welchem Verhältnis die Genannten zueinander gestanden sind (Eltern und Sohn oder Mutter und zwei Söhne als Schenkende?); das betreffende Frauengrab ist in das zweite Viertel des 7. Jh.s zu datieren; die 2013 entdeckte Inschrift ist damit das jüngste bekannte südgermanische Runendenkmal.

Einzelne Männernamen auf weiblichem Trachtzubehör sind am ehesten auf einen Schenker oder Runenritzer zu beziehen, doch gilt freilich auch hier, dass jeder, der mit der Besitzerin des Stückes in engerer Verbindung stand, genannt sein kann. Dies trifft etwa für **mauo** zu, ein nahezu ausschließlich im alemannischen Raum bezeugter Beiname (ahd. *Mau(u)o*, *Mouuo*, zu einem Schallwort wie mhd. *mou(w)en* ›mau machen, miauen‹; Nedoma 2004, 387), der auf der Vierpassfibel von Bopfingen (Baden-Württemberg, D; spätes 6. Jh.) erscheint. Weitere Beispiele bieten eine Bügelfibel von Lauchheim (Baden-Württemberg, D; spätes 6. Jh.; LAUCHHEIM IV) mit **moto** = *Mō-t(t)o* (expressive Kurzform, zu **Mōda*- ›Gemüt, Mut, Zorn‹) sowie die Adlerkopfnadel von Elgg (Zürich, CH; frühes 7. Jh.) mit **domo** = *Dōmo* (reguläre Kurzform, zu *Dōmi*- ›Ruhm, Urteil‹).

In diesem Zusammenhang von Interesse ist die Sequenz ᛖᚺᛟ **eho** auf der Bügelfibel aus einem sehr reich ausgestatteten Frauengrab von Donzdorf (Baden-Württemberg, D), das in die zweite Hälfte des 6. Jh.s bzw. an dessen Ende zu datieren ist. Das Stück gehört zur sog. jütländischen Fibelgruppe; die Runen sind wie die zahlreichen dekorativen Linien auf der Rückseite der Kopfplatte in Tremolierstichtechnik angebracht. In der Frage des Herstellungsortes der Fibel und ihres paarigen Gegenstücks herrscht in der archäologischen Literatur keine Einigkeit; man hat darin skandinavische Produkte erblickt, die als Importgut in den Süden gekommen sind (Martin 2004, 179; Høilund Nielsen 2009, 63. 67 f.), einheimisch-kontinentale Arbeiten nach nordischen Vorbildern vermutet (Siegmund 2015, 478) oder sogar Herkunft aus dem angelsächsischen Raum erwogen (Möllenberg 2011, 35 f.). In epigraphischer Hinsicht spricht indessen die einstrichige *h*-Rune ᚺ für skandinavische Provenienz und die *o*-Rune ᛟ für nicht-englische Herkunft (statt ᛟ **o** wäre in einer anglo-friesischen Inschrift des 6. Jh.s ᚩ **a**$_3$ für die Wiedergabe von /o(:)/ zu erwarten; vgl. S. 99). Eine zunächst versuchte Verbindung mit dem ohnehin ganz fraglichen Formelwort *ehwa-* ›Pferd‹ auf Goldbrakteaten (vgl. S. 64) ist nicht tragfähig, sodass **eho** einen Personennamen bezeichnet. Da die Runen im Zuge des Produktionsprozesses zusammen mit dem Tremolierdekor angebracht worden sind, liegt nahe, darin den Hersteller urn. *Ehō* m. zu sehen (Nedoma 2004a, 290 f.; 2011, 31 f.). Obzwar nicht auszuschließen, hat die Annahme weniger für sich, dass urn. *Ehō* f. die ursprüngliche Besitzerin in Skandinavien gewesen sei (Peterson 1994b, 145), denn es bliebe offen, wie die Fibel (als *second hand*-Stück?) an eine alamannische Frau der Oberschicht gelangt ist. Dieser Einwand betrifft auch die Mutmaßung, dass es sich um eine Art Kultnamen einer Runenmeisterin (urn. *Ehō* f. ›Stute‹) gehandelt habe (Meli 1988, 107). Wenig wahrscheinlich ist schließlich auch die Hypothese, dass ein alamannischer Adeliger oder Kaufherr (vor-ahd. *Ehō* m.) die Herstellung und Beschriftung des Fibelpaares in einer jütländischen Werkstatt in Auftrag gegeben und bei der Rückkehr in die Heimat seiner Frau geschenkt habe (Krause 1981, 723; ähnlich Opitz 1980, 170). Dieses Zeugnis macht beispielhaft deutlich, dass für eine schlüssige Deutung sowohl sachlich-archäologische Aspekte (Provenienz, Trägerin, Ort der Niederlegung als Grabbeigabe) als auch sprachliche Kriterien (Sprachform, Eigenname oder Appellativ) in einen plausiblen Zusammenhang gebracht werden müssen (vgl. S. 17 ff.).

Trifft die vorgestellte Interpretation das Richtige, ist **-o** in urn. *Ehō* der späteste Beleg für urn. *-ō* neben **-a** (urn. *-ǣ* > **-e** = spät-urn. *-e* > an. *-e, -i*) im Nominativ Sg. der maskulinen *n*-Stämme (vgl. S. 33). Ansonsten reicht die Bezeugung von der Zeit um bzw. nach 200 (z.B. **wagnijo**; s. S. 32 f.) bis in das späte 4. Jh. (**rawsijo** auf dem Riemenbeschlag von Nydam; S. 34).

Das feminine Pendant zu urn. *Ehō* m. findet sich übrigens als **eha** = vor-ahd. *Eha* auf der Bügelfibel von Pleidelsheim (Baden-Württemberg, D; nach 550). Es handelt sich um reguläre, mit *n*-Suffix gebildete Kurzformen zu zweigliedrigen ›Vollnamen‹ mit Vorderglied **Ehwa-* (zu ›Pferd‹).

Namen begegnen nicht nur ›offen‹ bzw. unverklausuliert, sie finden sich gelegentlich auch in Art eines Monogramms, das an den vier Enden eines Kreuzes die Zweige der Runen trägt. Ein derartiges Runenkreuz ist auf der goldenen Scheibenfibel von Soest (Nordrhein-Westfalen, D; Abb. 16) angebracht, die aus einem sehr reich ausgestatteten Frauengrab aus der Zeit kurz vor oder um 600 stammt (RGA XXIX, 219 ff.). Zu lesen ist im Uhrzeigersinn, und zwar aus sprachlichen Gründen rechts oben mit **a** beginnend und mit **o** über der Kreuzmitte endend, also **atano**. Der Männername *At(t)ano* (eine expressive Kurzform, zu **Aþana-*) bezeichnet wohl den Runenritzer. Ein anderer Deutungsversuch (Hermann 1989, 16) bezieht das Trägerkreuz als *g*-Rune ᚷ mit ein und betrachtet die kleine *o*-Rune als Besitzmarke, sodass

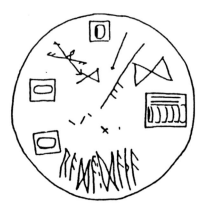

Abb. 16: Scheibenfibel von Soest (nach Hermann 1989, 11); M ca. 1:1.

sich ›Gabe [und] Erbbesitz des Atto‹ ergibt; dies ist aber aus methodischen Gründen problematisch. Ferner wollte man im Runenkreuz **atanato[s]** verborgen sehen, das dem magischen Terminus gr. ἀθάνατος *athánatos* ›unsterblich, ewig‹ in gnostischen Zauberpraktiken entsprechen soll (Schwab 1998b, 380); für eine Mehrfachgeltung von Vokal- und Konsonantenzeichen fehlt es jedoch an der Handhabe, zudem bliebe auslautendes -*s* außer Betracht. Unterhalb des Runenkreuzes stehen jedenfalls zwei erst später eingetragene Frauennamen *Rāda* und *Dăþa* (Waldispühl 2013, 164 ff.), mit denen womöglich die Schenkerinnen der Fibel genannt werden. Um eine »magische Reimformel« vom Typus *hokus pokus* (vgl. *rubus, rabus* in der Bergenser Inschrift N B257; S. 205) handelt es sich entgegen bisweilen geäußerten Ansichten nicht. Es ist schließlich auch nicht angängig, in **rada** ein Wunschwort mit der Bedeutung ›Schutz‹ zu erblicken (so Arntz 1939, 348); ahd. *rāt* und verwandte Bildungen bedeuten ›Rat, Hilfe, Ausweg, Rettung‹ u.ä.

Auch Beigaben in Männergräbern (vor allem Waffen und Zubehör) weisen runeninschriftliche Personennamen auf. Ein weiteres Runenkreuz findet sich auf dem Ringschwert von Schretzheim (Stadt Dillingen, Bayern, D; letztes Drittel des 6. Jh.s; RGA XXVII, 305 f.). Das Kreuz ✕ bildet die Stäbe für die vier Runen **a**, **b**, **a** und **u** oder, wegen einer minimalen Einbuchtung, **r**. Anders als auf der Fibel von Soest ergibt sich hier kein eindeutiger (sprachlich markierter) Leseeinsatz. In beiden Fällen ist der Versuch, in einer einzeln stehenden Rune oder in dem Kreuz als **g** eine Begriffsrune zu erblicken, recht problematisch. Dies gilt in gleicher Weise für Ergänzungen etwa von **au** zu (urn.) *au(ja)* (vgl. S. 58. 60). Erwogen wurde, in **arab** einen im zweiten Glied verkürzten Männernamen *Ara(n)b(erht)* des Waffenschmiedes zu erkennen, der mit diesem Markenzeichen sein Qualitätsprodukt kennzeichnet (Düwel 1981a, 159 f.). Ein anderer Zugriff fasst **abra** als »Kurzform des Zauberwortes *Abraxas, Abrasax, Abracax* usw.« auf (Schwab 1998b, 378). Ohne eine Abbreviatur vorauszusetzen, kommt eine Deutung als Beiname **uaba** = *Wa(m)ba* (ahd. *wamba* f. ›Bauch, Wanst‹) aus. Wegen der prinzipiellen Offenheit der Lesung kann keiner von diesen und auch anderen Deutungsvorschlägen größere Wahrscheinlichkeit beanspruchen. Je nach den Voraussetzungen der einzelnen Runolog(innen) bzw. dem,

Abb. 17: Lanzenspitze von Wurmlingen (Foto: Moritz Paysan,
Landesmuseum Württemberg, Stuttgart), Negativ; M ca. 2½:1.

was sie in sprach-, kultur-, geistes- und religionsgeschichtlicher Hinsicht für das 6.
Jh. als möglich erachten, kommen sie zu unterschiedlichen Ergebnissen, die nicht
selten im Grundsatz weder abgelehnt (falsifiziert) noch gesichert (verifiziert) werden können.

Falls ein Männername auf Waffen und Zubehör erscheint, ist für eine Deutung
aufschlussreich, ob der Eintrag im Fertigungsprozess oder zu einem späteren Zeitpunkt erfolgte. Die bei der Herstellung in Silberdraht eingelegten (tauschierten) Ornamente und Zeichen auf der eisernen Lanzenspitze von Wurmlingen (Baden-Württemberg, D) aus dem frühen 7. Jh. ergeben nach einem stimmgabelartigen Zeichen
Λ und einem Trenner aus zwei kurzen Strichen die Runenfolge **dorih**. Der Versuch,
zwei Wörter *dō rīχ* ›mache mächtig‹ (Steinhauser 1968, 19) zu erkennen, ist bereits
wegen der Art der Mitteilung für eine Waffeninschrift wenig wahrscheinlich. Eine
Deutung als Männername führt auf *Dor-(r)īχ*, dessen Vorderglied zu urgerm. **dō-
ra(n)-* ›Stift, kleiner Bursche‹ gehört (Nedoma 2004a, 284 f.). Das Hinterglied **-rī-
ka-* (zu got. *reiks* ›Ober[st]er, Herrscher‹) ist im altgermanischen Namenschatz sehr
häufig belegt; die Folge *-rih* zeigt, dass hier schon die Zweite (Hochdeutsche) Lautverschiebung /k/ > /x(x)/ stattgefunden hat (Nedoma 2020c, 105 ff.). Dass es sich
um einen Kurznamen *Dŏri* handelt, ist angesichts des dann ›stummen **h**s‹ fraglich
(Findell 2012, 209).

Bisweilen hat man einen Zusammenhang zwischen **-rih** auf der Wurmlinger Lanzenspitze und der
Zweiten Lautverschiebung für unsicher gehalten oder verneint (so z.B. Höfler 1957, 309; Schwerdt
2000, 237; Findell 2012, 307 f.). Als Stütze für diese Annahme dienen vereinzelte Beispiele für
ähnliche (nicht-lautgesetzliche) Entwicklungen in verschiedenen altgermanischen Sprachen, die
jedoch auf andere Art zu erklären sind.

Da die Runeninschrift im Zuge des Produktionsprozesses angebracht wurde, spricht
das für einen Herstellernamen, wenngleich auch ein Besitzername vom Besteller in
Auftrag gegeben worden sein kann. Ein Waffenname wie auf den ostgermanischen
Lanzenspitzen (S. 68 ff.) kommt jedenfalls aus semantischen Gründen nicht in Frage (RGA XXXIV, 345).

Die doppelstrichig ausgeführten Zeichen auf dem Kurzsax von Steindorf (Bayern, D; zweite Hälfte des 6. Jh.s) wurden wohl bei der Herstellung der eisernen Waffe eingeschlagen. Ähnlich wie auf der Wurmlinger Lanzenspitze geht auch hier ein
paraschriftliches Zeichen (◁) der teilweise durch Korrosion beschädigten Runenin-

schrift (ḥusix̣aldxx und weitere Zeichen?) voran, in der offenbar ein zweigliedriger Männername vor-ahd. *Husi-[b]ald* oder -[w]ald wiedergegeben ist.

Wegen des etwas größeren Abstandes zwischen den Runen Nr. 5 und 6 und der auf Nr. 8 **d** folgenden Zeichen haben Graf / Waldispühl (2013, 53 f.) dieser Namendeutung nicht zugestimmt, gelangen aber zu keiner eigenen sprachlichen Erklärung.

Ein Sax ist ein einschneidiges Kurzschwert (oder ›Großmesser‹, wie denn auch der Ausdruck nhd. *Messer* auf ahd. *mezzisahs* < **mati-sahsa-* ›Speise-Sax‹ zurückgeht; EWAhd VI, 393 f.).

Husi-[b]ald oder -[w]ald braucht keine motivierte Bildung (vgl. ae. *hyse* ›Jüngling, Krieger‹ sowie aisl. *baldr* ›kühn‹ bzw. *valdr* ›Herrscher‹) zu sein (Nedoma 2006a, 123 f.) – Personennamen müssen schließlich nicht immer etwas bedeuten. Die Möglichkeit, dass *Husi-[b/w]ald* der Besitzer des Stückes war, wird indessen auch durch Vorliegen eines sinntragenden Namens nicht wahrscheinlicher; am ehesten kommt wiederum eine Nennung des Waffenschmiedes in Frage. Derartige Beispiele deuten die Schwierigkeit an, die Funktion eines Namenträgers zu ermitteln.

Drei weitere Beispiele mögen verschiedene Fragen von Lesung und Deutung illustrieren. Unter den ältesten südgermanischen Runeninschriften kommen zwei Gegenstände einmalig vor:

1. Als Beschlag eines Schwertgurtes diente ein silbernes Zierscheibchen, das aus einem reichen Kriegergrab des sächsischen Friedhofes von Liebenau (Niedersachsen, D) geborgen wurde; die Grablege ist in der ersten Hälfte des 5. Jh.s erfolgt. Auf der zerkratzten Oberfläche des Knopfes stehen am Anfang zwei Runen **ra**; nach einer Lücke, in die eine Rune passt, wurde versuchsweise **z̧wi** gelesen. Im Germanischen gibt es nur ein Etymon, das die Struktur /ra_z/ hat, und zwar urgerm. *rauza-›Rohr, Schilfstängel‹. In **wi** hat Düwel (1972, 138 f.; RGA XVIII, 353 f.) eine verkürzte Form von urgerm. *wīhaz ›Geweihter‹ erblickt; als sinntragender zweigliedriger Männername ›der Rohr- (Speer-)Geweihte‹ genommen, würde die Bildung auf den Besitzer und Träger der Schwertgarnitur weisen. Diese weitreichende Auffassung, die auf eine Weihe an Wodan zielt, ist indessen angesichts der unsicheren Lesung und problematischen sprachlichen Deutung aufzugeben (Düwel in Düwel / Nedoma / Oehrl 2020, 384).

2. Beim zweiten Stück handelt es sich um einen silbernen, ursprünglich feuervergoldeten Halsring, der in oder bei Aalen (Baden-Württemberg, D) als Einzelstück gefunden wurde (Wamers 2001). Einen sehr ähnlichen, jedoch unbeschrifteten Reif hat man aus einem reich ausgestatteten Frauengrab in Herrenberg geborgen (Oeftiger / Dollhopf 2001, 142 ff.), das in die Zeit um 500 zu datieren ist. Dieselbe Zeitstellung ist denn auch dem Aalener Stück zuzuerkennen, das gegenüber der Schauplatte mit 28 eingefassten Almandinscheibchen vier Runen **noru** auf der Innenseite trägt. Darin ist ein Frauenname vor-ahd. *Nōru* zu sehen; *-u* setzt urgerm. **-ō* fort. Es handelt sich um einen Beinamen ›Kleine‹ (vgl. nisl. *nóri* ›kleines Ding, Stückchen, kleiner Knabe‹); schwach flektierte maskuline Gegenstücke sind im Namen der Stadt *Nürnberg* (älter *Nuorenberc* 11. Jh.; ahd. *Nōro) sowie in dem Zwergennamen aisl. *Nóri* bewahrt (s. Nedoma 2020c, 102 ff.). Das Herrenberger Vergleichsstück legt nahe, dass auch der Aalener Halsring von einer Frau (eben *Nōru*) getragen wurde – archäologischer und sprachlicher Befund ergänzen einander trefflich.

3. Bemerkenswert sind schließlich drei Fibeln (je eine Bügel-, Scheiben- und S-Fibel) aus dem Friedhof am Bajuwarenring in Aschheim bei München (Bayern, D). Die Stücke stammen aus Doppel- bzw. Dreifachbestattungen der zweiten Hälfte des 6. Jh.s, wie sie in diesem Reihengräberfeld zahlreich zu beobachten sind; offenbar war dies durch eine Pestepidemie verursacht (Gutsmiedl-Schümann 2015, 458 f.). Die drei Stücke tragen Einzelrunen **o, o** und **d** (ferner **x**?) sowie ᛗᛗᛗ (eine dreifache *d*-Rune oder ein Gitterornament; Bügelfibel aus Grab Nr. 166), eine nicht zu deutende Folge **kahi** (Scheibenfibel aus Grab Nr. 221) und **ḍado** (kaum **mịado**), das einen Männernamen *Dãdo* oder *Da(n)do* wiedergibt (S-Fibel aus Grab Nr. 49). Die Sequenz **dado** ist auch auf der kleineren S-Fibel von Weingarten (spätes 6. Jh.) bezeugt. Wie in den vorhin (S. 81 ff.) genannten Fällen kann es sich um den Schenker oder, etwas weniger wahrscheinlich, um den Runenritzer handeln.

IV.3. Abkehr vom Heidentum

Lange Zeit galten die drei Götternamen auf der größeren Bügelfibel von Nordendorf (Bayern, D), die in der zweiten Hälfte des 6. Jh.s niedergelegt wurde, als »der wichtigste Beleg für heidnischen Götterglauben der Alamannen« (Opitz 1980, 77 f.). Die ›Hauptinschrift‹ besteht aus drei parallelen Zeilen **logaþore**, **wodan** und **wigiþonar**, in denen man die beiden Theonyme vor-ahd. *Wōdan* und -*Þonar* erkennt. Es handelt sich um die ältesten Belege der Namen der zwei prominentesten germanischen Göttergestalten (aisl. *Óðinn*, *Þórr*) im nachmaligen deutschen Sprachraum. Das Bestimmungselement **wigi-** kann als **Wigi-* ›Kampf‹ (zu ahd. *wīgan* ›kämpfen‹; Wagner 1995, 111) oder **Wīgi-* ›Weihe-‹ (zu aisl. *vígja*; Grønvik 1987b, 118 f.) gefasst werden; aus sachlichen wie sprachlichen Gründen ist die erstgenannte Deutung vorzuziehen. In **logaþore** hat man in der älteren Forschung einen dritten Götternamen erblickt, und zwar aisl. *Lóðurr*, dessen Kurzform *Loki* sei (so z.B. Krogmann 1937/38, 68); dieser an sich naheliegende Gedanke geht jedoch aus lautlichen Gründen nicht auf. Eine neue Deutungsperspektive eröffnet die Erklärung von *logaþore* als Appellativ, und zwar als Entsprechung der altenglischen Glossenwörter *logþor* ›arglistig, böswillig‹ (**lugaþura-* ›lügnerisch‹; Bammesberger 1989) und *logeþer* ›Zauberer‹. Der runenepigraphische Text besagt also ›arglistig, lügnerisch (oder: Ränkeschmiede, Lügner o.ä.) [sind] Wodan und Kampf-Thonar (oder: Weihe-Thonar)‹ (Düwel 1992a, 356 ff.). Mit dieser christlichen Äußerung erfolgt eine Dämonisierung bzw. Verteufelung der heidnischen Götter (*interpretatio Christiana*), wie sie im Verlauf der Bekehrungsgeschichte durchgehend zu beobachten ist. Vor der Annahme des neuen christlichen Glaubens musste den alten paganen Göttern, den Unholden und Teufeln abgeschworen werden (*abrenuntiatio diaboli* ›Absage des Teufels, Widersagung des Bösen‹), wie das *Sächsische Taufgelöbnis* und das *Fränkische Taufgelöbnis* (Müller St. 2007, 98 ff.) aus der Zeit um bzw. nach 800 bezeugen. Die Aussage der Nordendorfer Inschrift bewegt sich auf dieser Stufe (RGA XXI, 275 f.).

Diese definitive Absage macht vielleicht erklärlich, warum nicht ein Bekenntnis zu Christus inschriftlich festgehalten wurde, was insgeheim noch ein Geltenlassen der alten Gottheiten möglich erscheinen ließe. In der späteren altisländischen Überlieferung wird von dem Landnehmer Helgi dem Mageren gesagt, an sich ›glaubte er an Christus, aber bei Seefahrten und gefährlichen Unternehmungen rief er Thor an‹ (*Landnámabók* ›Buch der Landnahmen‹ S, c. 218; ÍF 1, 250). Dass jemand *blandinn mjǫk í trú* ›sehr gemischt im Glauben‹ war (Synkretismus), hat es sicher auch auf dem merowingerzeitlichen Kontinent gegeben. Mit der Abschwörung aber war die Macht der alten Götter endgültig vergangen, zumeist begleitet von einem Machterweis des christlichen Gottes, der die Ohnmacht der Heidengötter vor Augen führte, wie die spektakuläre Fällung der Donar-Eiche durch Bonifatius oder die zahlreichen Berichte über Zerstörungen von Götterbildern in der nordischen Bekehrungsgeschichte (Quellensammlung: Schomerus 1936, 89 ff.).

Gegenständig zu diesen Inschriftenzeilen, und zwar neben **wigiþonar**, befindet sich die bereits (S. 79 f.) erwähnte ›Nebeninschrift‹ **a̧wa̧le̜ubwini** (gefolgt von einem eibenrunenartigen Trennzeichen zwischen -ᛈᛁᚻᛁ und ᛦᛁᛁᛉᛞᛈ-). Es bieten sich mehrere Segmentierungs- und Deutungsmöglichkeiten an (**-i** kann Nominativ oder Dativ Sg. eines maskulinen *i*-Stammes wiedergeben), von denen die beiden erstgenannten am meisten für sich haben:

(1) *Awa Leubwini* ›Awa [und] Leubwini [schenken diese Fibel]‹,

(2) *Awa leub Wini* ›Awa [ist] lieb (zugeneigt, wohlgefällig; s. S. 80) dem Wini‹;

(3) *Awa leub wini* ›Awa [ist] lieb (zugeneigt, wohlgefällig) dem Freund‹: weitere Beispiele für appellativische Dativobjekte sind im südgermanischen Korpus jedoch nicht belegt (sonst erscheinen an dieser Position Personennamen, z.B. *Bōba leub Agirīke* BAD KROZINGEN; s. S. 79);

(4) *Awa! Leub wini* ›Awa! Glück [wünscht dir] der Geliebte‹ (vgl. Schwab 1981, 44): die Struktur des Textes ist ungewöhnlich, zu erwarten wäre das Formular ›Der Awa (*Awūn* Dativ) [wünscht] Liebes der Freund‹;

(5) *Awa leub Wini* ›Awa [wünscht] Liebes (Erfreuliches) dem Wini‹: der Adressat des Wunsches wäre ein Mann, es handelt sich aber um eine Frauenfibel; dieser Einwand gilt auch für

(6) *Awa leub wini* ›Awa [wünscht] Liebes (Erfreuliches) dem Freund‹.

Aufgrund des unterschiedlichen Duktus ist anzunehmen, dass ›Haupt-‹ und ›Nebeninschrift‹ von verschiedenen Händen stammen (Waldispühl 2013, 191. 294); auch der Unterschied zwischen der entschiedenen Götterabsage und der privaten Widmung deutet in diese Richtung.

Nicht in bekehrungsgeschichtliche Situationen gehören entgegen früheren Annahmen folgende südgermanische Inschriften:

1. Was den runenepigraphischen Text auf der Gürtelschnalle von Pforzen betrifft, halten die Erklärungen ›Aigil und Ailrun haben die Hirsche (Hirschverkleidung, -maskierung, -verwandlung) verflucht‹ (Düwel 1999a; Abschwörung heidnischer Rituale) sowie ›Aigil und Ailrun kämpften, stritten [mit Erfolg] zusammen mit dem Hirschen [i.e. Christus]‹ (Grønvik 2003a; Bekundung des Christentums) nicht stand; s. S. 23 ff.

2. Die Inschrift auf der scheibenförmigen Pressblechfibel von Osthofen (Rheinland-Pfalz, D; um 600) ist in wesentlichen Partien stark abgenutzt und durch Korrosion beeinträchtigt, sodass christliche Deutungen – zum einen *go[d] fura d[ih] d[eofi]le* ›Gott vor dich, Teufel‹ (Krause 1966, 285; Opitz 1980, 122), zum anderen ›Gott für dich, Theophilus‹ (Jungandreas 1972, 84 f.) – bereits in puncto Lesung problematisch und sodann in sprachlicher Hinsicht (*d[ih]* statt zu erwartendem *þ-*, lateinischer Vokativ *-e*) kaum möglich sind.

Abb. 18: Rinderknochen β von der Weser (nach von Buttel-Reepen 1930, Taf. 18, Abb. 76), Negativ: Ornament und Runenzeilen I–II; M ca. 1:2.

3. **segun** auf der Fibel B von Bezenye ist aus etymologischen, kontextuellen wie auch missionsgeschichtlichen Gründen nicht nach verbreiteter Ansicht als ›Segen‹ zu verstehen, sondern als ›Zeichen‹ (Nominativ Pl.); s. S. 79. Auf Fibel A wollte man ein Wunschwort frühlangobard. [*w*]*un(n)-jă* ›Wonne‹ erkennen, doch ist die auf Wimmer (1894, 31) zurückgehende Lesung **unja** nicht zu halten (zu erkennen ist lediglich **uxx(x)**^{n}/**g**).

4. Die Gürtelschnalle von Szabadbattyán (Mitteltransdanubien, H) aus der Mitte des 5. Jh.s bietet **mari͡ŋs**≡ (≡ eine Art Kreuz mit verschieden abgewinkelten Armen). Die Deutung vor-ahd. *Māring s[egun] d[eda]* ›Maring machte den Segen‹ (Krause 1966, 311) ist – abgesehen von den soeben geäußerten Bedenken gegen einen ›Segen‹ in derart früher Zeit – wegen der fraglichen Lesung des letzten Zeichens und der Unverbindlichkeit der angenommenen Abkürzung nicht stichhaltig. (Der Annahme eines ostgermanischen Personennamens *Marings* stehen lautliche Gründe entgegen; zu erwarten wäre *Marhings* mit bewahrtem *-h-*.)

5. Auf der zylindrischen Bronzekapsel von Schretzheim (Stadt Dillingen, Bayern, D), die im späten 6. Jh. in die Erde gekommen ist, sind zwei Runenzeilen **alaguþ⋮leuba⋮dẹdun** und **arogisd** eingraviert. Was jedoch ›Alagunth [und] Leuba taten‹ bzw. ›Arogis t[at]‹, bleibt dunkel; die bloß anlassbezogene Ergänzung ›Segen‹ (Krause 1966, 299; im Sinne von ›Glück‹) ist jedenfalls trotz des Hinweises auf die Wendung ahd. *segan tuon* ›[jemanden] segnen‹ nicht tragfähig.

IV.4. Text und Bild

Unter den südgermanischen Runendenkmälern gibt es nur vereinzelte Beispiele für ein Nebeneinander von Inschrift und bildlicher Darstellung.

Auf einem der drei bei Brake (Niedersachsen, D) aus dem Aushub von Baggerarbeiten am Unterlauf der Weser gefundenen Tierknochen, der als Knochen α bezeichnet wird, findet sich die Abbildung eines Segelschiffes, das man als grammatisches Objekt zur daneben angebrachten Runensequenz **lokom:her** ›ich sehe (oder: wir sehen) hier‹ ziehen könnte. Zur Vorsicht mahnt allerdings, dass das Piktogramm gegenüber der Inschrift auf dem Kopf steht (quasi [ɟɟɪнɔs] *lōk͡ŏm hēr*) und die Bild-Text-Folge damit nicht ›durchgelesen‹ werden kann. Knochen β zeigt einen Mann, der ein gehörntes Tier mit einem Speer ersticht, und ein Vierpassgebilde (Abb. 18); mit der dreizeiligen Inschrift **latam?hari | kunni?we | hagal** haben aber weder Abbildung noch Ornament etwas zu tun. Auf Knochen γ schließlich sind zwei Runenzeilen **ulu:hari | dede** sowie ornamentale Gebilde und Muster eingeritzt. Man hat die Inschriften der drei (angeblich an verschiedenen Plätzen gefundenen) Knochen als einen zusammenhängenden Text genommen. Pieper (1989) erblickt darin in weit

Abb. 19: Fußschemel von Wremen (Foto: Museum Burg Bederkesa, Bad Bederkesa).
Oben: Unterseite mit Jagddarstellung (M ca. 1:4); unten: Runeninschrift (M ca. 1:2).

ausgreifender Darstellung einen Schadenzauber (in Form eines Unwetter- bzw. Vernichtungszaubers) gegen einen römischen Feind zu Schiff: ›Ich beobachte hier [EIN (RÖMISCHES) SCHIFF]. Lassen wir(,) Inghari(,) Geschlecht Ingwe(,) Hagel (= Verderben). Uluhari tat.‹ Die Probleme, die schon auf der Ebene der Lesung (ᚼ auf Knochen β als :ᛜ: = *Ing-*, ᛉ ebenda als **w**), aber auch in der sprachlichen Deutung entgegentreten, sind nicht zu übersehen. Ähnliche Einwände betreffen die Auffassung von Antonsen (1993, 14 f.) als eine Art Ruf zu den Waffen: ›Ich sehe hier [EIN (RÖMISCHES) SCHIFF]. Lasst uns, Kampf-Geschlecht, Weh-Hagel (= Schlacht) entfesseln. Uluhari tat [dies] (verfertigte [die Mitteilung]).‹ Hier prallen einmal mehr magische und profane Deutung aufeinander – eine alte Streitfrage, die je nach Einstellung der betreffenden Runolog(inn)en auf die eine oder die andere Art beantwortet wird. Guten Gewissens ist den Weserrunenknochen jedenfalls nur ein Lückentext vor-as. α *lōkǫm hēr*; β *lātam hari kunni (...) hagal*; γ *(...) hari dede* ›ich sehe (oder: wir sehen) hier; wir lassen Heer, Geschlecht _ Hagel; _ das Heer tat (o.ä.)‹ abzugewinnen (Nedoma 2021, 29 ff.) – alles, was darüber hinausreicht, ist mit Unsicherheit behaftet, vor allem sonst nicht zu belegendes *Ulu-* als Vorderglied eines Männernamens. Unbestritten bleibt jedenfalls Piepers Verdienst, diese lange wegen des Fälschungsverdachts unbeachteten voraltsächsischen Sprach- und Kulturzeugnisse aus der ersten Hälfte des 5. Jh.s wieder in das Zentrum runologischen Interesses gerückt zu haben (vgl. S. 276 f.).

Ein in mehrfacher Hinsicht sensationeller Fund kam im Herbst 1994 mit der Aufdeckung eines in das zweite Viertel des 5. Jh.s zu datierenden Bootgrabes im Bestattungsplatz an der Fallward bei Wremen (Wurster Nordseeküste, Niedersachsen, D) ans Licht. Dem Toten wurde ein ungewöhnliches Ensemble reich ornamentierter Holzgegenstände mitgegeben: ein Klotzstuhl (sog. Thron aus der Marsch), ein Tisch mit gedrechselten Beinen, ein vogelförmiges Behältnis, eine Schale und ein an der Unterseite ausgekehltes Holzbrett (Abb. 19), das wohl als Fußschemel dem Prunkstuhl zuzuordnen ist. In der feuchten Bodenschicht des Marschenkleis blieben diese

Beigaben aus organischem Material gut erhalten (RGA XXXIV, 246). Zum Grabinventar gehörten ferner ein Bronzekessel und eine qualitätvolle spätrömische Militärgürtelgarnitur. Zu seinen Lebzeiten hat der im Bootgrab Beerdigte im römischen Heer offenbar einen höheren Rang bekleidet. Auf der Unterseite des Schemels, also bei ›normalem‹ Gebrauch unsichtbar, ist eine in elegantem Duktus eingeschnittene Jagdszene abgebildet: ein Hund springt einem nach rechts laufenden Hirsch ins Genick (Schön et al. 2006, 149. 164 f.). An der einen schmalen Längskante des Brettes, das auf der Oberseite mit Kerbschnittmustern üppig dekoriert ist, ist eine zweiteilige linksläufige Runenfolge **ksamella lguskaþi** zu sehen. Die erste Folge **ksamella** gibt vor-as. *skamella* ›Schemel‹ wieder, das aus lat. *scamellus* m. (Nebenform von *scamellum* n.) entlehnt ist. Dabei muss *ks-* statt *sk-* kein Schreibfehler sein, es kann sich auch um eine idiolektale (individuell gebrauchte) Form wie kindersprachliches nhd. *Kselett* statt *Skelett* handeln. Zu beachten ist der typisch westgermanische Ausgang *-a* des Nominativs Sg. (< urgerm. *-az*; vgl. S. 76). Der zweite Komplex kann mit Einfachschreibung zweier aufeinanderfolgender Vokale über die Wortgrenze hinweg (s. S. 10) als Kompositum *(a)lgə-skaþi* hergestellt werden. In dessen Vorderglied steckt eine Entsprechung von aisl. *elgr* ›Elch‹ (urgerm. *algi-*); vgl. mit grammatischem Wechsel ahd. *elh* ›Elch, eine Hirschart‹. Die *u*-Rune in der Kompositionsfuge gibt einen Schwa-Laut wieder, der eine Zwischenstufe des Reduktionsprozesses *(alg)-i- > -ə- > -Ø-* markiert. Im Hinterglied *-skaþi* wird man am ehesten ein Abstraktum *skaþaz/-iz-* ›Schädigung‹ erblicken (Nedoma 2008, 58 f.); die Annahme eines Imperativs (zum schwachen Verb urgerm. *skaþjan* ›schaden, schädigen‹) hat weniger für sich. Die Runeninschrift von Wremen bietet demzufolge ein Nebeneinander von Gegenstandsinschrift (vgl. Düwel 2002b) und Ko-Text ›Hirschschädigung‹, der sich auf die Bildszene bezieht (RGA XXXIV, 249 ff.).

IV.5. Runen und paraschriftliche Zeichen

Die südgermanischen Inschriften sind bisweilen mit runenähnlichen Zeichen, mehr oder weniger schriftfernen Symbolen (sinntragenden Zeichen) und Ornamenten (lediglich in Ausnahmefällen bedeutungsbehaftete, jedenfalls nicht funktionslose Verzierungen) vergesellschaftet. Derartige paraschriftliche Zeichen sind also Gebilde, die »beabsichtigtermaßen eigene Funktionen neben der Schrift haben, aber in letztere integriert sind« (Graf 2010, 57).

In der älteren Forschung sind schriftnahe Zeichen und schriftfernere Symbole, ohne dass hier eine klare Trennung möglich wäre, unterschiedlich und uneinheitlich z.B. als Pseudorunen oder Schriftimitationen (erster Typ), als außerrunische Zeichen, Fremdzeichen oder Beizeichen (beide Typen) und interpretierend auch als Heilszeichen (zweiter Typ) bezeichnet worden.

Die Funktion von paraschriftlichen Zeichen, die entweder direkt mit runenepigraphischen Texten verbunden sind oder in deren Umgebung auf dem betreffenden Inschriftträger stehen (Oehrl 2020, CLIII ff.: Gruppen 1 und 2), ist nur selten einigermaßen genau zu bestimmen. So etwa wurde dem stimmgabelartigen Zeichen auf der Lanzenspitze von Wurmlingen (S. 85 mit Abb. 17) ein apotropäischer ornamentaler Charakter zugesprochen (Marstrander 1939, 321), man hat darin eine »Mistelzweigchiffre als Zeichen einer Auferstehungshoffnung« erblickt (Opitz 1980, 96) und ⋏ als Weggabelpiktogramm gedeutet, das die drei Aspekte Herrschaftszeichen, Schicksalszeichen und Apotropaion umfassen könne (Graf 2010, 77 ff.; dazu Oehrl 2011, 370 ff.); es kann jedoch auch den Texteinsatz signalisieren. Derartige Markierungen von Textbeginn oder -ende sind auch aus anderen Inschriftenkorpora bekannt (Nedoma 1995, 27 ff.). Für das Dreieckzeichen, das den Runen auf dem Sax von Steindorf (S. 85 f.) vorangeht, wurde ein »Markenzeichen des Waffenschmiedes« (Düwel 1981, 159) oder ein »inschrifteneröffnendes Zeichen« (Düwel 1994, 235) erwogen; ferner hat man in ◁ das einleitende Element einer im Ganzen unklaren Zeichenfolge erblickt, die »in arkanisierender oder aber auch beglaubigender Absicht angebracht« worden sei (Graf 2010, 104). Auf der Fibel von Beuchte (S. 22 mit Abb. 2) erscheint unterhalb der Runenfolge **buirso** eine Art Briefkuvert-Zeichen (etwa ⊠), von dessen rechten unteren Ecke eine längere rechtsschräge Linie abgeht; ob es sich um ein magisches Zeichen unbekannter Bedeutung handelt (so Krause 1966, 27), ist ungewiss. Auch die Funktion des geometrischen Musters auf dem Fibelfuss lässt sich nicht erhellen. Die Scheibenfibel von Peigen (Bayern, D) aus dem späten 6. Jh. bietet eine Mixtur von Runen, runenähnlichen Zeichen und einer Art Sichel: es mag sich um Schriftimitation handeln (Graf 2010, 126 f.). Etwa zeitgleich begegnet eine ähnliche Mischung auf dem Sax von Hailfingen (Baden-Württemberg, D). Das Zeichen)(auf dem Knochen β von der Unterweser (S. 89 f. mit Abb. 18) ist nicht näher zu bestimmen (Nedoma 2021, 32).

Besonders reich an ›Beizeichen‹ sind die ostgermanischen Inschriften auf Lanzen- und Speerspitzen (s. S. 68 ff.). – Von den Ritzzeichen auf den Pfeilschäften aus dem Heeresausrüstungsopferfunden von Nydam (vgl. S. 33 f.) sind die ⇑- und ⇞-artigen Gebilde wohl als vereinfachte Pfeil- bzw. Speerdarstellungen zu werten (Oehrl 2011c, 65 ff.).

Die Verflechtung von Schrift und Paraschrift erschwert die Deutung der einen oder anderen Inschrift, so beispielsweise der Ritzungen auf der silbernen Riemenzunge von Niederstotzingen (Baden-Württemberg, D; spätes 6. Jh.), auf der lediglich **liub** (< *leuba/ō- ›lieb‹?; Findell 2012, 71) sicher zu erkennen ist. In diesem Beispiel fällt auch die wenig sorgfältige Ausführung der Inschrift auf, die vielleicht die verfremdete Kopie eines ›echten‹ runenepigraphischen Textes darstellt.

In einem weiteren Sinn werden auch runengleiche oder -ähnliche Einzelzeichen oder runenähnliche Zeichenkomplexe, die nicht zusammen mit Runen entgegentreten, aber im südgermanischen kulturellen Milieu angesiedelt sind (Oehrl 2020, CLV ff.: Gruppen 3 und 4), als paraschriftlich bezeichnet. Von Einzelzeichen, die formal Runen entsprechen, begegnen vor allem Kreuzritzungen verschiedener Art, so z.B. auf dem Fingerring von Bopfingen oder auf der Bügelfibel B von Trossingen (beide Baden-Württemberg, D; zweite Hälfte des 6. Jh.s). Die Deutungen reichen von apotropäischer Wirkung über Eigentumsbeglaubigung bis zur Funktion als Begriffsrune *g(ebō) ›Gabe‹ (vgl. Graf 2010, 128 ff.; Oehrl 2020, CLVII ff.). Für Opitz (1979, 369 f.) bedeutet ✗ auf dem Bopfinger Ring ›[Dieser Ring ist] Gabe [für] Gastfreundschaft [unter dem Zeichen des Kreuzes?]‹ oder ›[Ich] gebe [diesen Ring als] Gabe‹; diese Annahmen sind jedoch nicht mehr als Spekulation. Auch der o-Rune ᚢ ähnliche Zeichen sind mancherorts anzutreffen. So findet sich auf der Scheibenfibel von Krefeld-Gellep (Nordrhein-Westfalen, D; vor bzw. um 400) ein Gebilde ᛉ (nebst zwei Swastiken); gegen eine begriffsrunische Deutung gelten die soeben (S. 92) geäußerten Bedenken. Verfehlt ist es jedenfalls, solche und andere runenähnliche Zeichen – vor allem, wenn sie nur einzeln und/oder auf früh zu datierenden Gegenständen auftreten – ohne große Bedenken als Runen anzusprechen, wie man dies insbesondere in der älteren Forschung im Zuge einer ideologisch gesteuerten ›Runensuche‹ im Dritten Reich unternommen hat. An derartigen höchst unsicheren Kantonisten sind zu erwähnen (vgl. Schnall 1973, 90 ff.):

1. Auf der in die mittlere La-Tène-Zeit (also in das 3. oder 2. Jh. v. Chr.!) zu datierenden Urne von Börnicke (Brandenburg, D) findet sich neben einer Reihe von dekorativen Linien und Formen auch ein schiefliegendes ᚱ-artiges Gebilde, in dem in jüngerer Zeit Seebold (1991a, 31) wieder eine Rune erblickt hat.
2. Der Pokal von Vehlingen (Stadt Isselburg, Nordrhein-Westfalen, D) aus dem 1. Jh. n. Chr. zeigt eine Sequenz ᛏᛁᛁᛁᚠ, die in den Schriftgeschichten von Jensen (1958, 532; zweifelnd) und Friedrich (1966, 115) als älteste Runeninschrift bezeichnet wird.
3. Die Keramikscherbe von Osterrönfeld (Schleswig-Holstein, D), die ebenfalls in das 1. Jh. n. Chr. gehört, bietet zwei Zeichen, die von Dietz / Marold (1996, 183 ff.) als Runen ᚱ-ᚦ oder Lateinbuchstaben angesehen wurden (vgl. Oehrl 2020, CLXX). Es kann sich auch um eine Gewichtsangabe ᛈ-ᛇ (Imer 2011c, 43 f.: 1 Pfund und 2 kleinere Gewichtseinheiten: Unzen) handeln.
4. Die zwei aus dem 3. Jh. n. Chr. stammenden Urnen von Niesdrowitz (heute Niezdrowice) und
5. Sedschütz (heute Dziedzice; beide Opole, PL) bieten im ersten Fall mehrere leiterartige Gebilde und im zweiten Fall eine Zeichenfolge (ᚱᛃ·ᛒ·ᚺᛂᚱᛃᛁ o.ä.), die als (Latein-)Schriftimitation gelten kann.
6. Schließlich zeigt die Urne von Wehden (Niedersachsen, D) aus dem 5. Jh. n. Chr. mehrere Serien von ornamentalen ᛉ-Zeichen.
(Zu den Zeichen auf der Fibel von Meldorf s. S. 28 f.)

In diesen sechs (und anderen) Fällen deuten – zumal bei ›basalen‹ Formen wie ᛁ, ᛚ, ᚷ und ᛏ, ᛉ – Zeitstellung und/oder mangelnde sprachliche Deutbarkeit darauf, dass es sich um keine Runen handelt.

In diesem Zusammenhang ist allerdings zu erwähnen, dass es auch in der südgermanischen Runenüberlieferung eine Anzahl von ganz oder zum Großteil lesbaren Inschriften gibt, denen kein sprachlicher Sinn abzugewinnen ist (Findell 2012, 491 f.; Oehrl 2020, CLXIII ff.: Gruppe 5). Derartige nicht-lexikalische Inschriften, für die die Termini Pseudoinschriften oder Nonsensinschriften wenig passend sind, finden sich u.a. auf den Scheibenfibeln von Aschheim (S. 87) und Osthofen (S. 88). Dabei handelt es sich beileibe um keine Randerscheinung im südgermanischen Runenmilieu. Die hier zu beobachtende *literacy* mit ihren Nameninschriften, nicht-lexikalischen Inschriften und Schriftimitationen hat Lüthi (2006, 171 ff.) mit dem von heutigen Kindern erreichten Status des Schrifterwerbs verglichen – die Parallele mit dem Schriftlichkeitserwerb von merowingerzeitlichen Erwachsenen ist aber nicht schlagend. Graf (2010, 58 f. 167 ff.; vgl. ferner Waldispühl 2013, 246) führt aus, dass offenkundig auch nicht-lexikalischen Zeichenfolgen kraft ihrer visuellen Wirkung Bedeutsamkeit zugekommen ist – oder anders gesagt, wird sich der Mehrwert von Beschriftung nicht in einer damit transportierten sinnvollen Mitteilung erschöpft haben. Eine Aufgabe derartiger ›sprachneutraler‹ Zeichenfolgen wird in der

Ostentation bzw. der Inszenierung von Schrifthaftem gesehen; konkret kann es um Beglaubigung, Bekräftigung und Operativität (namentlich in apotropäischer Funktion) gehen, dabei ist auch an Arkanisierung zu denken (Graf 2010, 166. 145 u.ö.; zu einzelnen Aspekten bereits zuvor Düwel 1988, 101 f.; Schwab 1998, 388 ff.). Ob und inwieweit solche vielversprechende Ansätze auch auf andere Runenkorpora der älteren Zeit – etwa für die englischen und friesischen Inschriften – angewendet werden können, wäre zu prüfen.

Die Inschriften auf den völkerwanderungszeitlichen Goldbrakteaten (S. 53 ff.) sind aufgrund des besonderen Herstellungsverfahrens eine Sache für sich. Für die Runeninschriften im jüngeren Fuþark liegen Studien zu mittelalterlichen ›sinnlosen‹ Inschriften aus Norwegen (Knirk 1994b: Hinweise auf Schrifterwerb) und zu spätwikingerzeitlichen nicht-lexikalischen Inschriften, Runenimitationen und Schriftimitationen aus Uppland und Södermanland (Bianchi 2010, 165 ff., der unabhängig von Graf zu vergleichbaren Ergebnissen gelangt; s. S. 190) vor.

IV.6. Lateinepigraphik der Merowingerzeit im Vergleich

In der Runologie sind die neben den Runeninschriften der Merowingerzeit entgegentretenden Lateininschriften auf losen Gegenständen kaum beachtet worden; es liegt eine einzige zusammenfassende Studie vor (Düwel 1994; dort Nachweise zu den im Folgenden besprochenen Denkmälern). Unter den Inschriftenträgern überwiegen mediterrane Importe, manchmal handelt es sich jedoch auch um Produkte aus einheimischen Werkstätten, in denen in spätantiker Tradition weitergearbeitet wurde. Ob die der Oberschicht angehörigen Besitzer(innen) und Träger(innen) die lateinische Inschrift des ins Grab mitgegebenen Trachtzubehörs auch verstanden haben, muss offen bleiben.

Unter den Männersachen sind die Riemenzungen (Metallverstärkungen von ledernen Gürteln) aus dem Männergrab Nr. 75 von Donzdorf (Baden-Württemberg, D; zweites Drittel des 7. Jh.s) bemerkenswert. Die Hauptriemenzunge trägt die fortlaufend geschriebene, aus dem Eisenkern herausgearbeitete und von eingeschlagenen Silberdrähten umgebene Buchstabenfolge GAVDEATQVIEMEREQVICINCƧER. In verschiedener Segmentierung (*qui emere*, *quie mere*, *quiem ere*) und mit Ergänzung der Verbalendung (*cinxer*[*it*], *cinxer*[*at*]) wurde diese Inschrift wie folgt gedeutet:

(1) ›Es möge sich freuen, der [mich] kaufen [kann und] der [sich mit mir] gegürtet haben wird‹,

(2) ›Ungetrübt möge sich der [ewigen] Ruhe erfreuen, der [mit mir] gegürtet war‹ und

(3) ›Erfreuen möge sich der Ruhe der Herr, der sich [mit diesem Riemen] gegürtet haben wird‹.

Grammatische und sachliche Einwendungen (der Gürtel ist für den Lebenden angefertigt) gegen die unter (1) und (2) angeführten Auffassungen weisen die dritte Deutung als die beste aus – nicht die Kaufwerbung, sondern der christliche Wunsch für eine künftige ewige Ruhe (*quies aeterna*) ist das Ziel der Aussage (s. Neumann bei Düwel 1994, 249 ff.).

Abb. 20: Gürtelschnalle des Leodobodus von unbekanntem
Fundort (nach Werner 1990, 277: Abb. 2,5); M ca. 2:1.

Auf anderen Riemenzungen finden sich Reklameinschriften wie ›Wer mich besitzt, soll mich bewundern, der du mich nicht besitzest, suche ein so schönes Stück
zu erwerben‹ (Nördlingen, Bayern, D; zweites Drittel des 7. Jh.s). Ferner begegnen
christliche Wünsche mit Psalter-Zitaten, z.B. ›Gott möge dir [Ps 69,2: mir] zu Hilfe
kommen‹ (Biessenhofen-Ebenhofen, Bayern, D; zweite Hälfte des 7. Jh.s) oder
›[Denn] er hat seinen [Eng]eln befohlen über dir, dass sie dich behüten (oder: dass
ich [der Gürtel] dich behüte) auf allen deinen Weg[en]‹ (Weilstetten, Stadt Balin-
gen, Baden-Württemberg, D; drittes Viertel des 7. Jh.s) entsprechend Ps 90,11 nach
der Zählung der Vulgata.

Im Jahre 1988 etwarb das Römisch-Germanische Museum der Stadt Köln eine
kostbare Schnalle aus Walrosszahn, die wohl aus dem rheinischen Gebiet stammt
(Werner 1990, 273) und vor bzw. um 600 (ebd., 288) oder im mittleren 7. Jh. (Martin 1991, 287) angefertigt wurde. Auf der Rückseite trägt das Stück in drei Zeilen
eine vom Hersteller eingeschnittene Inschrift EGOLEO | ÐEⅭOBO | DVS FICIT = lat.
ego Leo{de}dobodus fīcit (klass.-lat. *fēcit*) ›ich, Leodobod, habe gemacht‹.

Nach ›ich‹ folgt der germanische Name des Produzenten (›Volk, Leute‹ + ›Gebieter‹) in latinisier-
ter Form. Doch selbst beim Niederschreiben des eigenen Namens kann ein Fehler unterlaufen! Die
erste Zeile schließt mit LEO (O als ◇), die zweite beginnt versehentlich mit LE. Hier stutzt der Her-
steller-Schreiber, korrigiert L in D, bemerkt dann aber, dass für die Fortsetzung mit O (für DOBO)
bereits der falsche Vokalbuchstabe E vorhanden ist und streicht nun beides – das aus L verbesserte
D und das folgende E – durch. Er setzt dann mit ⅭOBOD fort, macht aber diesen Neueinsatz mit einem nach links gewendeten D kenntlich.

Nicht nur die Schreibfähigkeit, sondern auch die Lateinkenntnisse des Herstellers/
Schreibers sind schwach, beginnt er doch mit dem Pronomen der 1. Person, EGO,
und schließt mit der Verbalform der 3. Person, FICIT. Es werden also zwei Formular-
varianten vermischt, nämlich ›ich, X, habe gemacht (*fēcī*)‹ und ›X hat gemacht (*fēcit*)‹. Das auf der Vorderseite der Leodobodus-Schnalle dargebotene ungewöhnliche ›theologische‹ Bildprogramm »Fußwaschung der Apostel durch Christus« hebt
dieses Stück aus vergleichbaren Gürtelschnallen der Merowingerzeit heraus. Dieser
Umstand berechtigt mit Werner (1990, 280), die hier vorhandene »Künstlersignatur
als Zeugnis des Selbstbewusstseins und der persönlichen Zuordnung einer indivi-
duellen handwerklichen Leistung« zu werten.

Nur wenige Frauensachen sind mit Lateininschriften versehen worden. Das prominenteste Beispiel ist die prächtige Bügelfibel aus dem Fürstinnengrab von Wittislingen (Bayern, D), die in der ersten Hälfte des 7. Jh.s hergestellt wurde, entweder in einer rheinischen Werkstätte (RGA XXXIV, 155) oder auch von einem aus dem Rheinland stammenden Goldschmied vor Ort (RGA XXXV, 727 f.). Auf der Rückseite findet sich eine mit Niello (einer schwarz färbenden Masse ausgelegte) umfangreiche Inschrift in lateinischer Sprache: ›Uffila möge glücklich leben in Gott. Unschuldig vom Tode ergriffen, denn, wahrlich, solange ich konnte, war ich sehr gläubig (fromm). Ruhe in Gott.‹ (RGA XXXIV, 154) Es folgt die Herstellerangabe des Goldschmieds VVIGERIG EET (für FET) = *Wīgerīg fē[ci]t* ›W. machte‹. Der Personenname (›Kampf‹ + ›Herrscher‹) zeigt im Hinterglied romanisiertes *g* statt zu erwartendem, noch nicht von der Zweiten Lautverschiebung betroffenem *k* (gegenüber dem im oberdeutschen Raum runisch bezeugten *Dōr-(r)īχ* WURMLINGEN; s. S. 85). Da die Inschrift im Zuge des Produktionsprozesses auf der Fibel angebracht wurde, kann die darin genannte Uffila nicht mit der in Wittislingen bestatteten Dame identisch gewesen sein; denkbar ist daher, dass Uffila die Mutter der Fibelträgerin war. Basierend auf der Annahme einer Herstellung im Rheinland hat man gemutmaßt, die Fibel sei der Wittislinger ›Fürstin‹ als Geschenk (vielleicht zur Hochzeit?) in die weit entfernte neue Lebenswelt mitgegeben worden; dies ist freilich nur eine unverbindliche Vermutung. Die Inschrift bezeugt jedenfalls, dass das Christentum im Laufe der ersten Hälfte des 7. Jh.s im Rheinland und/oder in Südwestdeutschland bereits Fuss gefasst hat.

Mehrfach kommt es vor, dass runisch und lateinisch beschriftete Gegenstände vom selben Friedhof oder von benachbarten Reihengräberfriedhöfen herrühren, wie dies z.B. bei Donzdorf, Eichstetten, Frei-Laubersheim und Weimar der Fall ist. Nur einmal ist bisher ein Gegenstand bekannt geworden, der in éiner Inschrift zweierlei Schriftsysteme vereinigt. Es handelt sich um die goldene Scheibenfibel von Chéhéry (Champagne-Ardenne, F) aus dem späten 6. Jh., die mit einem paarigen Gegenstück aus einem reich ausgestatteten Frauengrab geborgen wurde. Die erste Zeile besteht aus der lateinischen Buchstabenfolge DEOꙄ:DE; die zwei darauffolgenden Runenzeilen enthalten ein lateinisches E, sind aber schwer lesbar (etwa ḥṭid꞉E und sumînjik). Eine zufriedenstellende Deutung kann nicht erreicht werden. Es handelt sich jedenfalls um keine Bilingue, die ein und denselben Text in zwei Schriften und Sprachen bietet; das Inschriftenkonglomerat dokumentiert jedoch (zumindest oberflächliche) lateinische und runische Schriftkenntnis im Umkreis einer bereits dem Christentum verbundenen Dame der fränkischen Oberschicht.

Etwas anders liegen die Dinge im Falle des Silberlöffels von Ichtratzheim (s. S. 77). Hier wurden die Lateininschrift MATTEUꙄ und die beiden Runenzeilen **lapela** und **abuda** zu verschiedenen Zeiten an verschiedenen Stellen angebracht, es besteht auch keine inhaltliche Verbindung.

Im Vergleich zwischen den etwa gleich umfangreichen Korpora der südgermanischen Runeninschriften und der (nur) ungefähr zeitgleichen lateinepigraphischen Überlieferung aus der Merowingerzeit ergibt sich folgendes Bild: Latein- und Runeninschriften stehen als Ausdruck verschiedener Arten der Literalität unvermittelt nebeneinander; auf vergleichbare Inschriftenträger bezogen, ist die runische Überlieferung durchwegs etwas älter als die lateinische Überlieferung. Im Einzelnen zeigen die lateinischen und runischen Schrifteinträge folgende Unterschiede (s. Düwel 1994, besonders 295 f.):

Lateininschriften	Runeninschriften
Statussymbole in Gräbern der Oberschicht	Statussymbole in Gräbern der Mittelschicht
auf Männer- und Frauensachen	vorwiegend auf Frauensachen
meist bei der Herstellung eingetragen	meist nach der Herstellung eingetragen
auf der Vorderseite der Objekte	auf der Rückseite von Gegenständen
repräsentativ-öffentlicher Charakter	verborgen angebracht, zu privater Mitteilung bestimmt
substantieller Bestandteil des Gegenstandes	akzidentieller Charakter
zeigen oftmals Beziehung zum Objekt	zeigen kaum Beziehung zum Gegenstand
halten Herstellung, Art und Funktion des Gegenstandes fest	betonen gelegentlich das Ritzenkönnen
dokumentieren zumeist angenommenes Christentum	dokumentieren Annäherung an den neuen Glauben (verbunden mit Synkretismen)

V. Runeninschriften aus England und Friesland

Vereinzelt seit dem späten 4. Jh. oder dem frühen 5. Jh., verstärkt aber erst ab ca. 450 setzten germanische Scharen aus Norddeutschland und Dänemark, ferner auch aus anderen skandinavischen Regionen sowie aus fränkischen Gebieten nach Britannien über (Härke 2012, 442). Zunächst als Föderaten einheimischer keltischer Herrscher angeworben, eroberten und besiedelten sie allmählich einen großen Teil des Landes. In seiner im Jahre 731 fertiggestellten Kirchengeschichte spricht Beda von Sachsen, Angeln und Jüten (*Historia ecclesiastica gentis Anglorum* I,15; Spitzbart 1997, 58 f.) und fügt an späterer Stelle (V,9; Spitzbart 1997, 452 f.) hinzu, die Angeln und Sachsen würden von Friesen, Rugiern, Dänen, Hunnen, Altsachsen und Brukterern abstammen. Dabei gilt es im Auge zu behalten, dass es sich bei den von Beda erwähnten *Iutae* in Kent, der Isle of Wight bzw. Hampshire, den *Saxones* im übrigen südlichen England und den *Angli* in Ostengland um erst später selektierte Identitäten handelt, die sich auch kaum in richtiggehenden Blöcken niedergelassen haben – die Immigranten bildeten offenbar gemischte Gemeinschaften (Härke 2012, 444; vgl. Behr / Hines 2019, 145. 150). Ferner scheinen ähnliche Wanderbewegungen, die hauptsächlich vom Elbe-Weser-Gebiet ihren Ausgang nahmen, zur germanischen (Neu-)Besiedlung der ab dem 4. Jh. nur dünn bevölkerten friesischen Nordseeküste geführt zu haben (RGA X, 36; Knol / IJssennagger 2017, 11 f.; Nösler / Kuhnert 2019, 321).

Es überrascht demzufolge nicht, dass die in England und Friesland gesprochenen alten germanischen Dialekte einander nahestehen (Nielsen 1985, 103 ff.), ohne dass sie sich aber auf eine gemeinsame Grundsprache zurückführen lassen (Stiles 1995, 211 f.). Etliche Übereinstimmungen zwischen Altenglisch und Altfriesisch sind jedenfalls noch kontinentalen Ursprungs (Reichl 2012, 465). Aus ihrer alten Heimat haben die Einwanderer auch Kenntnis und Gebrauch der Runenschrift mitgebracht; angesichts der vielschichtigen, auch archäologisch belegbaren Wechselbeziehungen zwischen Dänemark, den Gebieten an der südlichen Nordseeküste und England lässt sich aber kein definitiver Verbreitungsweg ermitteln. Sowohl die englische als auch die friesische Runenüberlieferung setzt noch im 5. Jh. ein, und zwar zum einen mit dem Astragalos von Caistor-by-Norwich bzw. dem Goldbrakteaten von Undley (s. unten, S. 101 f.), zum anderen mit dem Kammfutteral von Kantens (Groningen, NL), auf dem nur zwei Runen (l und kopfständiges w) erhalten sind.

Bei den Angelsachsen und den Friesen wurde eine gegenüber dem älteren Fuþark modifizierte Runenreihe verwendet, die *Fuþork* (oder in nicht-interpretierender Art *Fuþa₃rk*; dazu unten, S. 101) genannt wird. In seiner ›klassischen‹ Ausformung in England handelt es um ein 28typiges Schriftsystem; in Friesland waren, soweit erkennbar, nur die Runen Nr. 1–26 in Gebrauch.

Auslöser für die Erweiterung bzw. Umbildung der Zeichenreihe gegenüber dem älteren Fuþark waren mehrere Lautwandelprozesse, und zwar zunächst

© Springer-Verlag GmbH Deutschland, ein Teil von Springer Nature 2023
K. Düwel und R. Nedoma, *Runenkunde*,
https://doi.org/10.1007/978-3-476-04630-7_5

(1) Verdumpfung von *a* vor Nasal bzw. Nasalschwund mit Ersatzdehnung (Runenname urgerm. **ansuz* ›Ase, heidnische Gottheit‹) > **ōⁿsu* > ae. **ōs*,

(2) Aufhellung *a* > *æ* (urgerm. **askaz* > Runenname ae. *æsċ* ›Esche‹) und

(3) Monophthongierung *ai* > *ā* (urgerm. **aikz* > Runenname ae. *āc* ›Eiche‹), ferner im 6. Jh.

(4) *i*-Umlaut *o*, *ō* > *ø*, *ø̄* (Runenname urgerm. **ōþilaⁿ* > ae. *œ̄þel*, *ēþel* ›Stammgut, ererbter Besitz‹) und *u*, *ū* > *y*, *ȳ* (Runenname ae. *ẏr*, Bedeutung unklar), das im kentischen Dialekt des Altenglischen und im Friesischen zu *e*, *ē* weiterentwickelt wird; bereits früher

(5) in England *au* > *ēa* (Runenname ae. *ēar* ›Erde, Grab[?]‹), in Friesland hingegen *au* > *ā*.

Für verdumpftes /ɔ(:)ⁿ/ > /o(:)/ wird die neue Rune ᚩ geschaffen, die den Namen der alten *a*-Rune (**ansuz*) trägt und deren Position (Nr. 4) in der Runenreihe einnimmt. Die alte *a*-Rune ᚪ repräsentiert aufgehelltes /æ(:)/, und für den aus /ai/ entstandenen Monophthong /a(:)/ wird ᚫ verwendet; diese beiden Runen rücken als Nr. 25 und 26 an das Ende der bisherigen Zeichenreihe (vgl. Waxenberger 2019, 65 ff.). Die alte *o*-Rune Nr. 24 ᚭ gibt den aus /o(:)/ umgelauteten Vokal wieder. Nur in England werden Nr. 27 ᛡ für den aus /u(:)/ umgelauteten Vokal und Nr. 28 ᛠ für /æa(:)/ (genauer: sog. Kurzdiphthong /æa/ und Langdiphthong /æa/) hinzugefügt (vgl. Abb. 21):

ᚠ	ᚢ	ᚦ	ᚩ		ᚱ	ᚲ	ᚷ	ᚹ	ᚻ	ᚾ
f	**u**	**þ**	**o**	**a₃**	**r**	**k**	**g**	**w**	**h**	**n**
/f/	/u(:)/	/þ/	/o(:)/		/r/	/k/	/g/	/w/	/h/	/n/
1	2	3	4		5	6	7	8	9	10
ᛁ	ᛡ	ᛄ		ᛈ	ᛉ	ᛋ	ᛏ	ᛒ	ᛖ	
i	**g₂**	**ï**	**(3)**	**p**	**ẍ**	**s**	**t**	**b**	**e**	
/i(:)/	/g/, /j/	/i(:)/	([ç, x])	/p/	/ks/	/s/	/t/	/b/	/e(:)/	
11	12	13		14	15	16	17	18	19	
ᛗ	ᛚ	ᛝ	ᛞ	ᛟ	ᚩ	ᚪ	ᚫ	ᚣ	ᛠ	
m	**l**	**ŋ**	**d**	**œ**	**o**	**a**	**a₂**	**æ**	**a₁**	**y**	**ɛa**
/m/	/l/	[ŋ]	/d/	/ø(:)/	/a(:)/	/æ(:)/	/y(:)/	/æa(:)/	
20	21	22	23	24	25		26		27	28

Angeführt sind idealisierte Runenform (z.B. ᚠ), Transliteration (**f**), Phonem (/f/) und Position in der Runenreihe (1). – Die Vokalzeichen geben sowohl Kurz- als auch Langvokale wieder. Rune Nr. 3 ᚦ /þ/ wird als inter- oder postdentaler Frikativ realisiert (engl. [θ]). Die seltene Rune Nr. 13 ᛄ steht in älterer Zeit für /i(:)/, danach für einen *ich*-Laut [ç] oder *ach*-Laut [x]. Die *k*-Rune Nr. 6 wird in der anglophonen Literatur meist mit **c** transliteriert (daher auch *Fuþorc*). Für ältere Inschriften, bei denen der Lautwert mancher Runen nicht von vornherein feststeht, ist eine nicht-interpretierende Umschrift günstig (z.B. **a₃**, grau unterlegt); s. S. 101.

Abb. 21: Sax von (London-)Battersea (›Kurzschwert‹ aus der Themse; nach von Friesen 1933, 52: Fig. 45, leicht bearbeitet); M ca. 1:7.

Auf dem aus der Themse geborgenen, wohl erst aus der Zeit um 900 stammenden Sax sind in Tauschiertechnik die Runen Nr. 1–28 (mit unüblicher Folge Nr. 20–24 **ŋdlmœ**), der Name des Herstellers oder Besitzers *Bēagnōþ* und mehrere geometrische Muster angebracht. Aus England sind noch zwei weitere ›Abecedarien‹ belegt; in beiden Fällen handelt es sich um scheibenförmige Köpfe von Anstecknadeln des späten 8. Jh.s bzw. frühen 9. Jh.s. Das Stück aus Brandon (Suffolk, East England) trägt 16 Runen von ᚠ **f** bis ᚱ **s** und Reste weiterer Ritzungen, auf dem Exemplar von Malton (North Yorkshire, Yorkshire and the Humber) finden sich acht Runen von ᚠ **f** bis ⌜**w**⌝ (versehentlich ᛁ **l** geritzt), gefolgt von ᚱ, ᚠ und ᛗ.

<small>Die *j*-Rune erscheint als ᛡ (BRANDON) bzw. ᛏ (THEMSE), die *s*-Rune als ᚱ (BRANDON, THEMSE) und die *y*-Rune als ᛦ (mit eingeschriebenem x; THEMSE).</small>

In der Frage, ob und inwieweit man hier mit Alphabetmagie zu rechnen hat, herrscht Uneinigkeit (RGA XXV, 564). Aus dem friesischen Runenkorpus lassen sich hingegen keine Runenreihen belegen.

Aus Großbritannien, um das es hier zunächst gehen soll (ältere Inschriften: V.1., jüngere Inschriften: V.2.), sind ca. 110 Zeugnisse im anglo-friesischen (genauer: angelsächsischen) Fuþork bekannt, die fast alle aus dem Landesteil England stammen. Etwa ein Drittel der Inschriftenträger sind Steine (Kopár 2021), eine Anzahl runenepigraphischer Texte findet sich auch auf diversen Metallgegenständen. Beachtenswert sind von angelsächsischen Pilgern stammende Graffiti in Italien (s. S. 118).

<small>In verschiedenen lateinischen Schriftvarianten sind demgegenüber um die 240 Objekte, vor allem Steine, beschriftet worden (Okasha 1971; 1983; 1992; 2004; 2018).</small>

Weil die Amtskirche die Runenschrift nicht nur akzeptierte, sondern auch in Dienst nahm, konnte sich Kenntnis und Gebrauch von Runen bei den Angelsachsen bis in das 11. Jh. hinein halten; zu den jüngsten Denkmälern zählt der Stein von Whithorn I (Dumfries and Galloway, Südwestschottland; Inschrift defekt) aus dem späten 10. Jh. oder 11. Jh.

Die geographische Verteilung der Runeninschriften zeigt markante Unterschiede. Die Zeugnisse vor 650 finden sich in Ost- und Südengland, die spätere runenepigraphische Überlieferung greift nach Mittelengland und in den Nordwesten über, verbreitet sich aber vor allem entlang der Ostküste nach Norden. Im Anschluss an Page (1999, 114) sind drei große Anwendungsbereiche festzustellen: Totengedenken, alltägliche (jedenfalls profane) Mitteilungen und Magie. Was die Inschriftenträger betrifft, bezeugen die runenepigraphischen Texte auf Münzen die Namen der Münzmeister (Monetare) und Herrscher (Emittenten). Auf losen Gegenständen halten sie Eigentümernamen und -markierungen fest, dazu treten Herstellersignaturen, Aussagen zur Reparatur und Legenden zu Bilddenkmälern. Auf Steinen bieten die Runeninschriften die Namen von Auftraggebern und Handwerkern, in Gedenkinschriften die Namen von Toten, deren *memoria* erhalten bleiben soll, oft versehen mit einem Fürbittgebet und einer Herstellerformel. Für all diese Textsorten werden indessen ebenso Lateininschriften verwendet (Page 1999, 115). Beide Schriften im Mit- und Ineinander sind ein Charakteristikum der englischen epigraphischen Überlieferung (S. 105 ff.).

V.1. Ältere englische Inschriften

In der frühen Phase der angelsächsischen Runenüberlieferung, die in die erste Hälfte des 7. Jh.s hineinreicht, treten – abweichend zum ›Normal-Fuþork‹ (s. vorhin, S. 99) – die einstrichige *h*-Rune ᛡ (wie in Skandinavien), ᚷ und ᛣ **k**, ᚲ, ᛋ und ᛥ **s** sowie ᛗ **d** entgegen.

Gab es zwei Runentraditionen, die ältere aus Skandinavien und die jüngere aus Friesland bzw. aus der südgermanischen Runenprovinz? (Dazu etwa Quak 1994, 222 ff.; Parsons 1999, 102 ff.).

Das Korpus älterer, ausschließlich aus England stammender Runeninschriften umfasst weniger als 20 Inschriften (vgl. Hines 1990, 437 ff.; 2019a, 58 f.), die allesamt auf losen und damit transportablen Gegenständen – Fibeln, Waffen bzw. Zubehör, Urnen etc. – angebracht sind. Der Großteil davon ist jedoch schwer les- und deutbar. Die Sprache der frühen Runeninschriften ist als Voraltenglisch zu bezeichnen; erst mit der Phonematisierung (Systematisierung) verschiedener vokalischer Lautwandelprodukte (s. S. 99 oben) ist das Altenglische im späteren 7. Jh. etabliert.

Für die älteren Inschriften kann die nicht-interpretierende Transliteration a_1 (statt æ) = ᚠ, a_2 (statt **a**) = ᚩ, a_3 (statt **o**) = ᚪ und **o** (statt œ) = ᚩ verwendet werden (in der Tabelle S. 99 grau unterlegt). Der Vorteil dieser (nur) auf den ersten Blick weniger übersichtlichen Methode besteht darin, dass die Schriftebene nicht verlassen und dadurch keinerlei Vorentscheidung über den Lautwert der betreffenden Runen gefällt wird.

Zwei Beispiele: 1. Auf dem Goldbrakteaten von Undley (s. sofort, S. 102 mit Abb. 22) findet sich eine Folge ᚷᚪᚷᚩᚷᚪ; die Transliterationen g͡aga͡nga (Bammesberger 1991c, 400: ᚩ als Binderune ᚠ plus ᚾ **ān**), g͡ag͡aga (Hines 2019a, 31) und g͡æg͡ogæ (so die übliche Wiedergabe) hängen von den lautlichen Interpretationen *gaganga*, *gag͡ōᵑga* und *gægo(n)gæ* ab und lassen keinen umkehrbaren Rückschluss auf die Runen zu (**a** für ᚠ oder ᚩ?, **o** für ᚪ oder ᚩ?). Die Transliteration g͡a₁g͡a₃g͡a₁ ist hingegen eineindeutig (in beide Richtungen eindeutig).
  2. Das Etui von Watchfield (S. 103 f.) enthält die Sequenz ᚻᚫᚱᛁᛒᚩᚲᛁ **ha₁riboki**, auf dem Solidus mit unbekanntem Fundort (S. 119) findet sich die Inschrift ᛋᚲᚪᚾᚩᛗᚩᛞᚢ **ska₂nomodu**. Durch die übliche Wiedergabe (-b)œ(ki) wird verdeckt, dass in (-m)o(du) dieselbe Rune ᚩ vorliegt.

Ein (kleiner) Nachteil freilich ist, dass sich eine Diskrepanz zur Transliteration der jüngeren Inschriften ergibt, für die **æ** = ᚠ für /æ(:)/, **a** = ᚩ, ᚪ für /a(:)/, **o** = ᚪ, ᚩ für /o(:)/ und **œ** = ᚩ für /ø(:)/ (hier nicht mehr interpretierend, da es sich um 1:1-Zuordnungen handelt) angezeigt ist.
  Die früheste in England gefundene Runeninschrift ist auf dem Astragalos (Spielstein aus einem Tierknöchel) von Caistor-by-Norwich (Norfolk, East of England) eingeritzt, der in die Jahrzehnte um 450 datiert wird. Die Folge ᚱᚨᛁᚻᚨᚾ **ra₍₁₎ïha₍₁₎n** ist morphologisch klar: **-an** ist der Ausgang eines *casus obliquus* (eines ›Nicht-Nominativs‹) eines maskulinen *n*-Stammes, der aus dem Urnordischen oder Voraltenglischen erklärt werden kann (urgerm. *-*anaz*). Auch etymologisch gibt es keine Probleme: es handelt sich um die Entsprechung des Maskulinums ae. *rāha*, *rā* (ne. *roe*), ahd. *rēho* ›Rehbock‹ (urgerm. *raihan-); schwach flektiert ist im Nordgermanischen nur ein Femininum aisl. *rá* (*raihōn-) bezeugt. In urn. **raïhan** oder vor-ae. **ra₁ha₁n** hat man eine genetivische Besitzerinschrift ›[Eigentum] des R.‹ erblickt (Page 1968,

Abb. 22: Goldbrakteat von Undley-A (nach IK II,2, 151: Nr. 374,b); M ca. 2:1.

133; Bammesberger 1991c, 403); dagegen spricht aber, dass sich im Namenschatz der altgermanischen *gentes* nirgends ein (Spitz-?)Name ›Rehbock‹ nachweisen lässt (vgl. Müller 1970). Demnach hat die konkurrierende Auffassung als Materialangabe vor-ae. *ræihæn* o.ä. ›[Knöchelchen] des Rehbocks‹ (Eichner 1990, 319) mehr für sich. Die genaue phonetische Realisation des durch a_1 wiedergegebenen Vokals ist diskutabel (ᚠ noch undifferenziert [a], [æ], [ɔ]?).

Ähnlich alt sind drei Urnen aus dem angelsächsischen Gräberfeld von Spong Hill (Norfolk, East of England), die identische Stempelabdrücke ᚠᛏᛗ tragen. Zuerst hat man diese Gebilde für Ornamente oder Versuche gehalten, drei Variationen der *t*-Rune ᛏ oder verunglücktes ᚠᛏᛁᚾ **ttiu** bzw. **tty** (Hills 1974, 89) für den Götternamen *Tīu* (: ae. *Tīw*) wiederzugeben, was aus epigraphischen wie auch sprachlichen Gründen nicht angeht. Pieper (1986; RGA XXIX, 380 ff.) hat darin sog. Spiegelrunen erkannt: die drei Zeichenformen ᚠᛏᚾ sind jeweils vertikal am Stab gespiegelt; dasselbe Prinzip ist auf den Schildfesseln und Lanzenspitzen von Illerup sowie Vimose (ᛎ statt regulärem ᚦ **þ**, ᛩ statt regulärem ᛈ **w**; s. S. 10. 33) angewandt. Die Urnen von Spong Hill sind einheimische Werkstücke; ob die Angelsachsen der Folge a_1**lu** einen sprachlichen Sinn beigemessen haben – aus dem Urnordischen entlehntes *alu* ›Abwehr, Schutz‹ o.ä.; auf homonymes vor-ae. (ws.) **ælu* ›Bier‹ bezogen? – oder ᚠᛏᛗ ihnen als eine Art Logo gegolten hat (wie auf den Kleinbrakteaten von Hüfingen; s. S. 81), bleibt offen.

Die älteste Inschrift, die anglo-friesische Runenformen zeigt, findet sich auf dem Goldbrakteaten von Undley-A (Suffolk, East of England; Abb. 22); das Stück ist in das letzte Viertel des 5. Jh.s zu datieren. Dass es noch in der kontinentalen Heimat der Angeln, also im heutigen Schleswig-Holstein, hergestellt wurde, kann zwar keineswegs ausgeschlossen werden, es spricht aber nichts gegen ein einheimisch-englisches Produkt. In dem einzigartigen Bildwerk sind die Darstellungen beider Seiten der in den 330er Jahren geprägten Urbs-Roma-Münzen Konstantins I. des Großen kombiniert: ein behelmter Männerkopf (in der Nachfolge der Stadtgöttin Roma[!]; Avers) neben einem hundeartigen Tier über zwei kleinen Figuren (in der Nachfolge der Säugung von Romulus und Remus durch eine Wölfin; Revers). Die linksläufige Inschrift $\widehat{ga_1ga_3ga_1}$·**ma₁ga₁**·**medu** lässt in ihrem ersten Komplex eine Parallele zu einem Komplex auf dem Lanzenschaft von Kragehul (g͡ag͡ag͡a; s. S. 34) erkennen, dies ist aber nicht für die sprachliche Deutung nutzbar zu machen. Die Runeninschrift von Undley hat viel Aufmerksamkeit erfahren (vgl. v.a. Suzuki 2005; Düwel / Nowak 2011, 452 ff.; Waxenberger 2018; Nielsen 2021). Relevant für die sprachliche Deutung sind vor allem verschiedene Flexionsformen von:

- g͡a₁g͡a₃g͡a₁: ae. *ġeganga ›Begleiter‹, ġegangan ›gehen‹, u.a. auch ›erlangen, zuteil werden‹;
- ma₁ga₁: ae. maga ›Mächtiger‹, mage ›Bauch‹, māge ›weibliche Verwandte‹, mǣg ›Verwandter, Nachkomme‹;
- medu: ae. medu ›Met‹, mēd ›Lohn, Belohnung‹.

Nicht alles aber, was grammatisch möglich ist, ergibt auch Sinn – von der Fülle an Deutungen gefällt gægo(n)gæ māgæ mēdu ›es werde zuteil dem Verwandten Belohnung‹ (Eichner 1990, 316 ff.) am besten, wenn auch selbst hier der Sitz im Leben nicht genau umrissen werden kann.

Die übrigen Inschriften auf den in England gefundenen Goldbrakteaten bieten zum einen Erwartbares (‿law WELBECK HILL-[?]; wohl als la⌐þ⌐[u] = laþu herzustellen, vgl. S. 63), zum anderen Undeutbares (waxt BINHAM-B [3x] / NÄHE WOODBRIDGE-B).

Das silberne Scheidenmundstück aus einem Männergrab im großen Friedhof von Chessell Down (Isle of Wight, South East England) wurde mit einem Streifen aus Silberblech repariert, auf dem sich eine Inschrift ᚫᚳᚴᛋᛟᚱᛁ findet. Die Runen sind gut erhalten und werden im frühen 6. Jh. eingeritzt worden sein, vielleicht sogar erst kurz vor der Niederlegung als Grabbeigabe; ein Waffenname (wie auf den ostgermanischen Lanzenspitzen; S. 68 ff.) kommt also kaum in Betracht. a₁ka₃ gibt wohl einen Männernamen vor-ae. Æk(k)ɔ (ae. Eacca, Acca) wieder, die zweite Sequenz bleibt dagegen dunkel. In späteren englischen Inschriften ist zwar ᛋ als Nebenform der s-Rune belegt (s. vorhin, S. 100), doch ist sø̃ri sprachlich nicht deutbar. Dasselbe gilt, wenn man ᛋ als – offenbar sonst nicht bezeugte – Variante der k-Rune zulässt (was aber bedenklich ist, da k schon als Rune Nr. 2 ᚴ erscheint); aisl. køri, keri ›Erprober‹ (< urgerm. *kuzan-; vgl. S. 71) bleibt jedenfalls fern. Ob es sich etwa um eine Besitzerinschrift handelt oder ob die Runenfolge zu totenmagischen Zwecken angebracht wurde, ist nicht zu entscheiden; die Inschrift hat je nach Vorentscheidung der damit befassten Runolog(inn)en eine Reihe von spekulativen Deutungen erfahren (s. Parsons 1999, 49 f.).

Vergleichbare Schwierigkeiten betreffen die Inschrift auf einem Metallbeschlag, das zu dem Etui aus einem Männergrab von Watchfield (Oxfordshire, South East England) gehört. Zu datieren ist die Niederlegung in die Zeit vor bzw. um die Mitte des 6. Jh.s; in dem Etui fanden sich eine kleine Waage, drei Gewichte und mehrere Münzen. Die Runeninschrift ↱ha₁riboki⦙wusa₁ enthält im zweiten Teil den Übernamen einer Frau, vor-ae. Wusæ, der in langob. Vuso ein männliches Gegenstück hat. Es handelt sich um einen Spitznamen für eine rastlose bzw. unruhige Person (vgl. nyn. ysja ›wimmeln‹, nhd. wus(s)eln ›sich rasch hin- und herbewegen‹; s. Nedoma 2016, 24 ff.). Der erste Komplex gibt ein etymologisch durchsichtiges Kompositum wieder: das Vorderglied hæri- bietet eine Entsprechung von ae. here, ahd. heri, aisl.

Abb. 23: Urne von Loveden Hill (nach https://commons.wikimedia.org/wiki/File:
British_Museum_Loveden_Urn.jpg; Stand: 3.8.2023, Hintergrund bearbeitet).

herr ›Heer, Schar, Menge‹, das Hinterglied *-bōki* ist zu ae. *bǣċ, bēċ*, ahd. *buoh*, aisl. *bókr* ›Buch‹ zu stellen. Das auslautende **-i** und vor allem die Bedeutung dieser Zusammensetzung (eine Form bzw. Ableitung von ›Heeresbuch‹?) bleiben jedoch unklar. Klar ist nur, dass kein Personenname vorliegt, denn weder **bōk-* ›Buch‹ noch etymologisch verwandtes **bōkō-* ›Buche‹ haben Eingang in den altgermanischen Namenschatz gefunden.

Auch die Inschrift **sïþa₁bᴵᶠdǁþiᵘ/ₖwǁḥlᚠ?** auf einer der Urnen von Loveden Hill (Lincolnshire, East Midlands), in die im späten 5. Jh. oder im frühen 6. Jh. vor dem Brennen des Tons 14 oder 15 Runen grob eingekratzt wurden, ist nur teilweise deutbar. Ob das letzte Zeichen eine *f*-Rune war, die vielleicht mit einem von der Spitze abwärts führenden Zweig zu **w** verbessert wurde (beabsichtigt wäre dann eine Entsprechung von ae. *hlāf* ›Laib [Brot]‹ oder *hlǣw* ›Grabhügel‹), kann nur gemutmaßt werden. Auch der zweite Teil ist knifflig; falls **þiuw** zu lesen ist, wäre die Sequenz als ›Dienerin‹ (ae. *þēow(u)*, ahd. *diu*) zu fassen; dies ist aber ebenfalls lediglich eine unverbindliche Möglichkeit. (Die alternative Lesung **þikw** ergibt keinen sprachlichen Sinn.) Zu sichern ist immerhin ein zweigliedriger Personenname am Beginn; hier wurde die nur in dieser Runeninschrift zu belegende Rune Nr. 6 ᛒ (ähnlich ist Nr. 14 ᚠ) unterschiedlich gelesen, sodass sich folgende Deutungsmöglichkeiten ergeben (vgl. Nedoma 2016, 6 ff.):

(1) ᛒ als ᚨ (**a₁** =) **æ**: Frauenname vor-ae. *Sïþæbæd* (Bammesberger 1994, 17);

(2) ᛒ als ᚨ (**a₁** =) **a**: Männername vor-ae. *Sïþabad* oder *Sïþæbæd* (Parsons 1999, 56);

(3) ᛇ als ᛇ **a**₂: Männername vor-ae. *Sīþæbad* (Nedoma 1993, 120 ff.);

(4) ᛇ als ᛁ **l**: Männername vor-ae. *Sīþæb[a]ld* (Page 1973, 184 f.).

Die Lesungen (1) und (2) setzen eine Verdoppelung des Stabes der ᛁ-Rune voraus, in (4) wird eine Zweifachritzung der ganzen ᛁ-Rune angenommen, und gemäß (3) handelt es sich um eine Sonderform der *āc*-Rune ᚪ.

Wiederholt hat man gemeint, ᚨᛁ **ai** sei nach der Monophthongierung *ai > ā* (S. 98 oben) durch eine Ligatur ersetzt worden. In ᛇ wäre der diakritische Strich nicht am Rand des oberen Zweiges (schräg ᚨ, vertikal ᚨ) oder in dessen Mitte (ᚨ belegt in friesischen Runeninschriften, vgl. S. 119) angebracht, sondern in voller Länge links neben den Stab gesetzt.

Was die sprachliche Deutung des Namens betrifft, ist -*bæd* (1, 2 alternativ) generell problematisch, denn es ist *-*badu*-, *-*badwa*- (zu ae. *beadu*, aisl. *bǫð* ›Kampf‹) anzusetzen. Das Hinterglied ist für Männernamen charakteristisch, sodass die Annahme eines Frauennamens (1) weniger plausibel ist. Als Fugenelement sollte -*æ*- entgegentreten, nicht -*a*- (2 alternativ). In (4) muss eine unvollständige Schreibung in Rechnung gestellt werden. Hingegen ergibt *Sīþæbad* (3) einen lautlich und morphologisch korrekten Personennamen, der in hispano-got. *Sendebadus* (das Vorderglied zu ae. *sīþ* ›Weg, Reise‹, ahd. *sind*) ein genaues Gegenstück hat. Aufgrund der Unsicherheiten der beiden restlichen Teile der Runeninschrift von Loveden Hill können über die Funktion der Inschrift keine Aussagen getroffen werden.

Die mit 19 Zeichen längste Inschrift im älteren englischen Runenkorpus bietet der Schwertknauf von Ash bei Sandwich (Kent, South East England; Fundplatz Gilton), der wohl in die Mitte des 6. Jh.s gehört. Gut erkennbar ist nur eine Folge **sigim**, sodass weitere Überlegungen – etwa die Ergänzung zu einem Männernamen *Sigimēr* – mit großen Unsicherheiten behaftet sind (Hines 2006, 193 ff.).

Im Vergleich zur südgermanischen Überlieferung wurden bisher in England nur wenige runenbeschriftete Fibeln gefunden; die meisten tragen schwer les- und deutbare Zeichenfolgen. Aus der ersten Hälfte des 6. Jh.s stammen die Bügelfibel von Wakerley (Northamptonshire, East Midlands: **buhui**) sowie die kreuzförmige Fibel von West Heslerton (North Yorkshire, North East England: **neim**), etwas später zu datieren ist die Scheibenfibel von Boarley (Kent, South East England: **xtᵒ/ṣil** mit unklarer Schriftrichtung).

Die Inschrift auf der Fibel von Harford Farm ist in der Mitte des 7. Jh.s angebracht worden und gehört bereits der jüngeren Gruppe englischer Runeninschriften an (s. S. 106).

V.2. Jüngere englische Inschriften

Im Gegensatz zu den älteren Inschriften werden in der englischen Runenüberlieferung ab etwa 700 die zweistrige *h*-Rune ᚻ (wie in den südgermanischen Inschriften), ᚲ, ᚳ und ᚻ **k**, ᚻ **s** sowie ᛟ neben ᛗ **d** verwendet. In der Frage, ob diese Differenzen auf einer intendierten Schriftreform beruhen, die im Zuge der Christianisierung von angelsächsischen Klöstern ihren Ausgang genommen hat (Parsons 1999, 76 ff. 109 ff.), oder ob es sich um nicht gesteuerte allmähliche Änderungen gehandelt hat

(Page 2010, 138 ff.), sind die Meinungen geteilt. Angesichts der vergleichsweise wenigen Änderungen und der Uneinheitlichkeit der modifizierten Zeichenformen wird man indessen eher zur letztgenannten Ansicht tendieren.

Zum 28typigen ›Normal-Fuþork‹ (s. S. 99) treten ab der Mitte des 8. Jh.s in einigen wenigen Inschriften aus Nordengland noch drei weitere Runen hinzu: Nr. 29 ᚸ G (Runenname *gār* ›Speer‹) steht für einen velaren g-Laut, Nr. 30 ᚼ ᴋ (*calc*, unklar) und Nr. 31 ᚸ ḱ (kein Runenname überliefert) für velare k-Laute.

Andere Transliterationen sind ḡ oder g^{II} (ᚸ), k oder k^{I} (ᚼ; gegenüber Nr. 6 c ᚲ), k̄ oder k^{II} (ᚸ). Das Aufkommen dieser Zusatzrunen (Ronneberger-Sibold / Kazzazi 2017; Waxenberger 2021 mit Karten) steht in Zusammenhang mit der Palatalisierung bzw. späteren Assibilierung $g > g^j > j$ (bzw. dʒ) und $k > k^j > tʃ$, z.B. ae. *ġeolu* [gʲ] > [j] ›gelb‹, ne. *yellow*; ae. *ċinn* [kʲ] > *ċinn* [tʃ] ›Kinn‹, ne. *chin*. Auffällig ist, dass die drei Runen Nr. 29–31 nur regional und inkonsequent gebraucht wurden. Nr. 31 ᚸ ḱ ist lediglich zweimal, und zwar auf dem Ruthwell-Kreuz (s. S. 111 f.), belegt.

Weitere Runenformen begegnen in der Manuskriptüberlieferung (s. S. 249 ff.). Die Sprache der jüngeren Runeninschriften ist Altenglisch, das literarisch in verschiedenen Dialekten bezeugt ist.

Am Übergang zwischen älteren und jüngeren englischen Runeninschriften steht eine 1990 aus einem Männergrab des Friedhofes in Caistor-by-Norwich (Norfolk, East of England; Fundplatz Harford Farm) gehobene goldene Scheibenfibel, die auf der kunstvoll dekorierten Vorderseite mit zwei Goldblechstreifen zur Mitte des 7. Jh.s repariert wurde. Die Rückseite ist an den Rändern mit in sich verschlungenen Schlangen verziert, und zwischen einem dieser beiden Ornamente und der Nadel sind die Runen **luda₂⋮gibota₁sigila₁** bzw. (in der den jüngeren Inschriften adäquaten Transliteration) **luda⋮gibœtæsigilæ** eingeritzt: ae. *Lūda* (oder *Lūd(d)a*) *gibōt(t)æ sigilæ* ›Lud(d)a besserte (reparierte) die Fibel‹ (Hines 2020, 79 ff.) ist der früheste Beleg für diese spezielle Textsorte.

Wie erwähnt (S. 100), ist die Koexistenz von Runen und Lateinschrift in der epigraphischen Überlieferung eine Besonderheit des kulturellen Milieus im alten England. So finden sich auch mehrfach runen- und lateinepigraphische Zeichenfolgen auf demselbem Gegenstand. Das früheste Beispiel stellt der Schrein des Hl. Cuthbert von Lindisfarne (†687; Findell / Kopár 2017, 119 ff.) dar, wahrscheinlich aus Anlass seiner Exhumierung im Jahre 698 angefertigt und jetzt in der Kathedrale von Durham (Northumberland, North East England) aufbewahrt. Die Inschrift auf *St. Cuthbert's coffin* ist einigermaßen schlecht erhalten (Page 1989); auszumachen sind die in Runen geschriebenen Namen der drei Evangelisten **[x]o̦hann̦[x]s** Johannes, **m̂atḥ[xx]s** Matthäus und **m̂ark[x]s** Markus, hingegen LVCAS sowie (schwer lesbare) andere Apostelnamen in lateinischen Lettern.

Erkennbar ist ferner das *nomen sacrum* ᚤᚲᚤ **x̣ps** (nach lateinschriftlichem XPS (für gr. XP[ICTO]C) – ein Beleg für gelehrte Runentradition in Nordengland (Seebold 1991b, 518; Schwab 2001, 82 f.).

Auf dem Stein von Falstone (Northumberland, North East England; 7./8. Jh.) wurde eine Gedenkinschrift sowohl in Lateinschrift (insularen Majuskeln) als auch in Runen angebracht: ›† [N.N. errichtete] ein Monument (*bēcun*, Grundbedeutung ›Zeichen‹; S. 112) nach Hroethberht, nach seinem Onkel. Betet für seine Seele.‹ Bemerkenswert ist, dass der Vokal im Vorderglied des Personennamens im Anschluss an die lateinische Schreibung (HR)OE(THBERHT) auch in Runen mit **oe** (und nicht mit zu erwartendem **œ**) für /ø:/ realisiert ist. Der mit einem Kreuz geschmückte Stein I von Lindisfarne (Northumberland; 7./8. Jh.) trägt einen Frauennamen in zweifacher Ausführung: **os‖gyþ** in den beiden oberen Quadranten des Kreuzes und †OS‖GYÐ in den beiden unteren Quadranten (dabei markiert ‖ die Trennung durch den Längsbalken). Es muss sich nicht um ein und dieselbe Person handeln, denn zum einen wird durch das Kreuz vor lateinschriftlichem *Ōsgȳþ* das Totengedenken angezeigt, zum anderen finden sich auch auf anderen nordhumbrischen Steinen des 8. Jh.s – z.B. Lindisfarne II, Lindisfarne V sowie (Sunderland-)Monkwearmouth II – die Namen zweier verschiedener Personen (Page 1999, 139 f.). Womöglich sind diese Inschriften also als elliptische Varianten des Formulars ›X errichtete dieses Denkmal nach (dem Tod von; zum Gedenken an) Y‹ aufzufassen (vgl. S. 112). Für die eben und im Folgenden genannten nordenglischen Bild- und Inschriftensteine ist auf die vorzügliche Edition CASSS I–II zu verweisen.

In unterschiedlich sorgfältiger und gekonnter Ausführung tragen zwei kreuzverzierte Steine aus Hartlepool (Durham, North East England) jeweils im unteren Quadranten die Frauennamen **hildi‖þryþ** (Stein I, 8. Jh.; im oberen Quadranten A‖Ω) bzw. **hild‖di^{g}yþ** (Stein II, 7./8. Jh.) in auffälliger Schreibung: **d** doppelt, **g** nachträglich darübergesetzt und Insert durch Punkt markiert (Page 1999, 49 ff.). Von demselben Friedhof gibt es auch mehrere Steine mit lateinischen Inschriften, so etwa BERCHT‖GYD, wiederum mit A‖Ω im oberen Quadranten. Die erhaltenen neun (ursprünglich zehn) aus Gräbern geborgenen Steine von Hartlepool sind die einzigen, die am originalen Ort und wohl noch in ursprünglicher Stellung, also *in situ*, aufgefunden wurden.

Runische und lateinische Inschriften weisen auch zwei der bekanntesten und bedeutendsten frühen englischen Bilddenkmäler auf, die immer wieder neu – vor allem im Blick auf Sinn und Zusammenhang ihrer Bilddarstellungen und deren Beziehung zu den beigegebenen Inschriften – untersucht werden.

1. Das Kästchen von Auzon (Abb. 24.1–5) wurde Mitte des 19. Jh.s in dem genannten Ort bei Clermont-Ferrand in Zentralfrankreich entdeckt; es wird nach Sir Augustus Wollaston Franks, der das unvollständige Stück 1857 erwarb und dem British Museum in London schenkte, auch Franks Casket genannt. Die rechte Seitenplatte wurde erst etwas später aufgefunden und wird seit 1890 im Museum Bargello in Florenz aufbewahrt. In der Zeit um oder nach 700 in Nordhumbrien aus Walbein gefertigt (Maße: 22,9 × 18,9 × 10,9/12,9 cm), hat das Kästchen wahrscheinlich zur Aufbewahrung von Kostbarkeiten gedient; an sich deutet nichts auf eine religiös motivierte Verwendung (Reliquienschrein o.ä.). Die vier Seitenplatten und der Deckel sind mit in Relief geschnittenen Bilddarstellungen versehen, die christlichen, germanischen, keltischen sowie römischen Traditionen entstammen. Auf den Seitenplatten laufen runenepigraphische Texte den Rand entlang (Umschriften), mehrfach finden sich auch Einzelwörter, die einzelne Bildelemente benennen (Zuschriften; RGA XXVII, 311 f.).

Über die Art und Weise der Beziehungen zwischen den einzelnen Abbildungen ist man bislang zu keinem Konsens gelangt (vgl. u.v.a. Becker 1973; Schwab 2008; Webster 2012). Da ein allumfassendes Bildprogramm nicht plausibel zu machen ist,

Abb. 24.1: Runenkästchen von Auzon (Franks Casket):
Vorderseite (nach Stephens 1901, 43); M ca. 1:2.

wird man von mehr oder weniger eigenständigen Darstellungen auszugehen haben, die durch eine losere ikonologische Rahmenthematik miteinander verknüpft sind. Auffällig ist hier, dass viele oder vielleicht sogar alle Szenen auf Geschehnisse bzw. Situationen fern der Heimat rekurrieren. Dies kommt auch in der programmatischen Runeninschrift auf der Vorderseite (Abb. 24.1) zum Ausdruck; hier wird in zwei Langzeilen beschrieben, wie der gestrandete Wal, aus dessen Knochen das Kästchen angefertigt wurde, in ein fremdes Element geraten ist:

links: **↱hronæsban**
oben: **↱fisk·flodu· ahofonferg**
rechts: **↱enberig**
unten: **↳warþga:srikgrornþærheongreutgiswom**

Hrōnæs bān.
Fisc flōd{u} āhōf   on fergenber₍i₎g;
warþ *gārsecg (oder: **Gāstrīc?*) *grorn,   þǣr hē on greut giswom.*

›Knochen des Wals. Den Fisch hob die Flut auf die Berghöhe; der Ozean (oder: Gastrik [›Atem, Leben‹ + ›Herrscher‹], Name des Wals?) wurde traurig, als er auf das Geröll schwamm (strandete).‹

Das linke Feld der Vorderseite zeigt die zentralen Szenen aus der Sage von Wieland dem Schmied (RGA XXXIII, 608 ff.), in England aus dem elegischen Gedicht *Dēor* (*Dēors Klage*) bekannt.

Dargestellt sind die Rachetaten des von dem grausamen König Nidhad (ae. *Nīþhad*, aisl. *Níðuðr*) gefangengenommenen, gelähmten und zur Zwangsarbeit verpflichteten kunstfertigen Schmiedes Wieland (ae. *Wēlund*, aisl. *Vǫlundr*). Zwei Ornamente beiderseits des Kopfes der rechten Frauenfigur zeigen eine szenische Gliederung und damit eine zeitliche Abfolge an: 1. Rechts ist eine Situation dargestellt, die der Rache vorangeht: eine (nur wegen der Aussparung für den Verschluss kleinere) männliche Gestalt, wahrscheinlich einer der beiden Königssöhne, packt zwei Vögel am Hals. 2. Eine andere vor der Rache liegende Situation ist in der Mitte zu sehen: eine Frau, wohl die

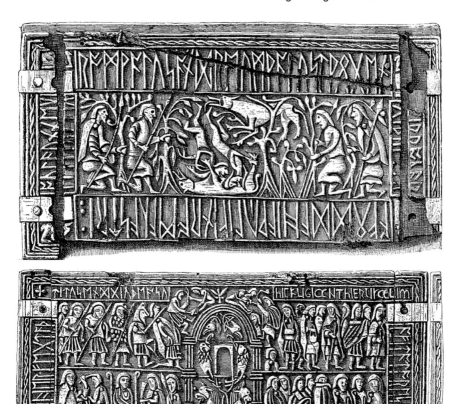

Abb. 24.2–3: Runenkästchen von Auzon (Franks Casket); M ca. 1:2.
Oben: linke Seite; unten: Rückseite (jeweils nach Stephens 1901, 42).

Königstochter Baduhild (ae. *Beadohilde*, aisl. *Bǫðvildr*), trägt einen Gegenstand (einen Ring?) in ihrer Tasche. 3. Die Gewalttaten Wielands sind links dargestellt: zu seinen Füßen liegt der enthauptete Körper eines Königssohnes, und er überreicht Baduhild einen Becher mit Bier, mit dem er sie betäuben und anschließend vergewaltigen wird.

Im rechten Teil bringen drei Könige, die durch eine Zuschrift als **mægi** (= lat. *magi* Mt 2,1, an sich ›persischer Weiser, Weissager, Magier‹) identifiziert werden, ihre Suchfahrt zu Ende – sie werden von einem rosettenartigen Stern und einem Vogel zu einer Arkade geleitet, wo sie dem Jesuskind (darüber: Maria) huldigen.

Die linke Seite (Abb. 24.2) zeigt in der Bildmitte die Zwillinge Romulus und Remus, die im Wald von einer liegenden Wölfin gesäugt und vier Speerbewaffneten entdeckt werden, die zu knien scheinen; ein weiterer Wolf ist im oberen Teil abgebildet. Der Ko-Text besagt (mit merkwürdigen Namenformen): ae. *Rōmwalus and Reumwalus, twǣgen gibrōþær, āfǣddæ hīæ wyl₁f in Rōmæcæstri, ōþlæ unnēg* ›Romu-

Abb. 24.4–5: Runenkästchen von Auzon (Franks Casket); M ca. 1:2. Oben: rechte Seite (nach Stephens 1901, 43); unten: Deckel (nach Stephens 1901, 40).

lus und Remus, zwei Gebrüder – es nährte (zog groß) sie eine Wölfin in der Stadt Rom, fern der Heimat‹.

Auf der Rückseite (Abb. 24.3) ist zu sehen, wie Jerusalem von den Römern unter Titus im Jahre 70 n. Chr. im Kampf eingenommen wird (links oben), einige Bewohner flüchten (rechts oben), über Gefangene Gericht gehalten wird (links unten) und diese abtransportiert werden. Die vierteilige Umschrift thematisiert jeweils ein Bildfeld; sie beginnt am linken Paneel unten und läuft im Uhrzeigersinn: 1. ae. *hēr fegtaþ Titus end Giūþēas{u}* ›Hier kämpfen Titus und die Juden‹; 2. HIC FUGIANT HIERUSALIM **afitatores** ›Hier fliehen (lat. *fugiunt*) aus Jerusalem die Einwohner (*habitātōres*)‹; 3. **dom** = *dōm* ›Gericht, Urteil‹; 4. **gisl** = *gīsl* ›Geisel‹. Womöglich steckt jedoch in zweigeteiltem **domgisl** der Name des Auftraggebers oder auch des Künstlers; die Bildung ist als wfränk. *Domegisilus* bezeugt (LaN I, 238).

Die rechte Seite (Abb. 24.4) veranschaulicht eine keltische Sage (Eichner 1991, 615 ff.; Schwab 2008; dazu kritisch Oehrl 2009). Im linken Teil sitzt Rhiannon, ursprünglich eine Pferdegöttin, zur Buße für einen vermeintlichen Kindesmord auf einem Stein, die Mitte zeigt den wiedergefundenen Sohn und das gerettete neugeborene Fohlen im Wald (**wudu**) (weitere Zuschriften: **bita** ›Beißer, wildes Tier‹, **riski** ›Binse‹), aber die rechte Szene bleibt unklar. Die in der Randzone umlaufende Runeninschrift weist verschlüsselte Vokalzeichen auf, sodass trotz zahlreicher Versuche (Überblick über ältere Ansätze bei Becker 1973, 39 ff.; vgl. Page 1999, 177 ff.) keine ganz verbindliche sprachliche Deutung zu erreichen ist. Immerhin lässt sich erkennen, dass es sich um drei alliterierende Langzeilen handelt, die im Anschluss an Eichner (1991, 605. 608 ff. 615 f.) wie folgt hergestellt werden können:

Hēr Ho[r]s sitiþ   on harmbergi;
āglā[c] drīgiþ,   swā̆ hirǣ Ertae gisgrāf –
sār den sorga   and sefa torna.

›Hier sitzt Hors (~ kelt. *Epona*) auf dem Harmhügel; sie leidet Unbill, wie ihr *Ertǣ* (~ akelt. *Artio*) auferlegt hat – eine schmerzliche Stätte (oder: ein Jammertal?) der Sorgen und der Qualen des Gemüts.‹

Eine Übersetzung der betreffenden Passage aus der mittelkymrischen Erzählung *Pwyll pendefig Dyfed* ›Pwyll, Prinz von Dyfed‹ bietet Maier 1999, 27 ff.

Vom Deckel (Abb. 24.5) ist der obere bzw. untere Rand und damit eine eventuell dort angebrachte Runeninschrift weggebrochen. Zu sehen ist hier ein **ægili** genannter Bogenschütze, der mit Unterstützung seiner Frau bzw. Geliebten eine Festung gegen einen Trupp von Angreifern verteidigt; es muss sich um den aus der altwestnordischen Überlieferung bekannten Meisterschützen *Egill* und seine Walküre *Ǫlrún* handeln.

2. Das heute in der Kirche von Ruthwell (Dumfries and Galloway, Südwestschottland; Majewski 2022) aufbewahrte Steinkreuz erlitt mancherlei Schäden und Verluste, bis es im frühen 19. Jh. – zum Teil allerdings falsch! – rekonstruiert wurde. Das fast fünfeinhalb Meter hohe und damit größte erhaltene angelsächsische Kreuz ist ziemlich schmal (nur 34–50 cm); es datiert in die erste Hälfte des 8. Jh.s und visualisiert auf der Nord- und Südseite heilsgeschichtlich bedeutsame Szenen aus dem Leben Jesu Christi (Verkündigung, Kreuzigung, Verherrlichung). Auf dem Bildrahmen finden sich lateinische Inschriften, die auf das dargestellte Geschehen referieren. So etwa wird im lateinepigraphischen Text auf dem unteren Teil der Südseite die Fußwaschung Jesu durch die Sünderin Maria Magdalena thematisiert:

A̧[TTVLITAL]A̧B[A] | ŞTR̩VMV[NGVE]NTI&STANS[RET]R̩OŞEC̩VSPȨDES· | EIVŞLACRIMISC̩OEPIT RIGAREPȨDEŞEIVS·CAP̧I[LL]I̧S | C[A]P̧ITISSV̧ITȨRGEB[AT] = lat. *attulit alabastrum unguenti et stans retro secus pedes eius, lacrimis coepit rigare pedes eius, capillis capitis sui tergebat* ›sie brachte ein Alabastergefäß mit Salböl und trat von hinten zu seinen Füßen, begann mit Tränen seine Füße zu benetzen und trocknete sie mit den Haaren ihres Hauptes‹. Die Inschrift stimmt fast wortwörtlich mit dem Lukas-Evangelium (7,37 f.) in der Vulgata-Version überein.

An der Ost- und Westseite läuft an jeder der vier Kanten in horizontal angeordneten zwei bis vier Runen von oben nach unten ein runenepigraphischer Text, der bereits 1844 als Variante der zentralen Passage des Gedichtes *The Dream of the Rood* (›Der Traum vom Kreuz‹; v. 39 ff.) erkannt wurde, das erst ca. 250 Jahre später im Vercelli-Buch handschriftlich überliefert ist:

Ostseite oben und rechts: ›[Das Kreuz spricht:] Es entkleidete sich der allmächtige Gott, als er auf das Kreuz steigen wollte, mutig [vor den] Menschen. [...].‹ – Ostseite links: ›Ich [hob empor] den mächtigen König, den Herrn des Himmels; zu beugen wagte ich mich nicht. Die Menschen verspotteten uns beide gemeinsam. Ich war mit Blut bedeckt, be[gossen ...].‹ – Westseite oben und rechts: ›Christus war am Kreuz. Doch da kamen rasch Edle von fern her zu dem einen (Einsamen; i.e. zu Christus). Ich sah das alles; tief war ich von Kummer betrübt, beugte [...].‹ – Westseite links: ›[...] von Pfeilen (Nägeln) verwundet. Sie legten den Gliedmüden (Geschundenen) hin, sie standen zu Häupten seines Leichnams; sie betrachteten da des Himmels [Herrn, ...].‹ (Text, englische Übersetzung und Kommentar zur Ruthwell-Version von *The Dream of the Rood* bei Majewski 2022, 323 f. 329 ff.; vgl. ferner Ball 1991, 110 ff.; Bammesberger 2017, 183 f.; RGA XXV, 628 f.)

In dieser Inschrift ist ein früher nordhumbrischer Dialekt des Altenglischen bezeugt. Auffällig ist die Verwendung der drei Zusatzrunen ᚷ **G**, ᚴ **K** und ᛥ **ḱ** (s. S. 106). Weitere Runenkomplexe sind zum Teil derart beschädigt, dass sie sich einer Deutung entziehen (RGA XXV, 626 ff.). Wozu genau das vielbehandelte Kreuz gedient hat, ist noch nicht geklärt: vermutet wurden ein unvollendet gebliebenes Gedenkkreuz, ein Predigtkreuz oder einfach ein Kreuz *ad maiorem Dei gloriam* ›zur höheren Ehre Gottes‹.

Ein räumlich und zeitlich nahes Pendant ist das in heutigem Zustand etwa 4,40 m hohe Steinkreuz von Bewcastle (Cumbria, North West England; CASSS II, 61 ff.: Nr. 1), das ebenfalls einigermaßen beschädigt ist; zudem ist das Oberteil verloren. Die Westseite ist in drei Zonen unterteilt, in denen Johannes der Täufer mit dem Lamm Gottes (*agnus Dei*), Christus in der Mandorla (*Maiestas Domini*; durch den runischen Ko-Text ›Jesus Christus‹ identifizierbar) und ein Mann, wohl der Evangelist Johannes, mit einem Beizvogel auf einer Sitzstange plastisch dargestellt sind. Zwischen den beiden letztgenannten Bildfeldern findet sich ein längerer runenepigraphischer Text, der verwittert und zu großen Teilen kaum lesbar ist. Womöglich handelt es sich um eine Gedenkinschrift, denn ᛏ**þissigb**[**e**]**k**[**n**] und folgendes **setton̄** werden ›dieses Siegesmonument setzten (errichteten)‹ wiedergeben, mehrere Männernamen (darunter **hwætre**[**d**]) sowie [**æ**]**ft** und ein weiterer Name ›nach (dem Tod von; zum Gedenken an) X‹ würden das Formular komplettieren. Auf der Nordseite ist fragmentarisches ›Jesus‹ und der Frauenname **kyniburᵾɢ** (normal-ae. *Cyneburg*) zu erkennen, und die Südseite trägt Reste weiterer Runen.

Derartige Steine finden sich stets in kirchlichem Zusammenhang. Die Objektposition in Memorialinschriften des Typs ›X errichtete dieses Denkmal nach (dem Tod von; zum Gedenken an) Y‹ (vgl. S. 106 f.) nimmt im alten Nordhumbrien **bekun** ein, dem die Sonderbedeutung ›weithin sichtbares Zeichen, Denkmal, Monument‹ gegenüber literarisch überliefertem ae. (ws.) *bēacn*, *bēacen*, *-on*, (bes. angl.) *bēcan*, *-on* ›Zeichen, Feldzeichen, Erscheinung‹ (ne. *beacon* ›Signalfeuer‹) zukommt. Zwei Beispiele für das vollständige Formular:

– THORNHILL III (West Yorkshire, Yorkshire and the Humber; 9. Jh.): ›†Gilswith (f.) errichtete nach Berhtswith (f.) ein Denkmal auf einem (Grab-)Hügel. Betet für die (i.e. ihre) Seele‹;

– GREAT URSWICK (Lancashire, North West England; 9. Jh.): ›†Tunwini setzte (errichtete) nach Torohtred ein Denkmal, nach seinem **bæurnæ** (›Sohn‹ oder ›Krieger, Fürsten‹; zu ae. *bearn* oder: *beorn*). Bete für die (i.e. seine) Seele‹; es folgt eine Herstellersignatur ›Lyl m[achte, fertigte an] dies.‹

Der Stein von Overchurch (Merseyside, North West England; frühes 9. Jh.) bietet eine etwas anders strukturierte Gedenkinschrift, die zweierlei Deutungen zulässt: zum einen ›Die Leute (**folk**{**æ**}) errichteten ein Denkmal. Betet für (**fote** verschrieben für *fore*) Æthelmun[d]‹ (Page 1999, 55 f.) oder: ›Für die Leute (**folkæ**) errichteten [...] ein Denkmal. Betet für Æthelmun[d]‹ (Bammesberger 1991b, 129 ff.). Vereinzelt wird das logische Objekt **bekun** ausgelassen, so auf dem Stein von Thornhill II (9. Jh.): ›†Eadred setzte (errichtete) nach *Eadthegn‹. Schließlich steht bisweilen auch nur die Fürbittformel, z.B. ›Betet für Cynibalth [und] Cuthbere[ht]‹ auf dem Steinkreuz von Lancaster (Lancashire, North West England; spätes 8. Jh.); lateinische Entsprechungen bieten die Steine von Hartlepool V und IV: OR[A]‖TEPRO [---] = lat. *ōrāte prō* [---] (zwei nachfolgende Personennamen unlesbar; CASSS I, 100) und ORA‖PRO UERM[UN]D [TO]RHT[S]UID = *ōrā prō Vermund Torhtswīđ* (CASSS I, 99 f.; die beiden Namen in den unteren Quadranten).

Bemerkenswert sind einige Inschriften, in denen runische und lateinische Zeichen in einem Wort miteinander vermischt sind, z.B. ⳨æðREDMECAHEAnREDMEC **ag**ROf = ae. *Ǣdrēd mec āh, Eanrēd mec āgrōf* ›Ædred besitzt mich, Eanred gravierte mich ein‹ auf dem Goldring von Lancashire (Manchester?; 9. Jh.) oder ALHSTA**n**, ein Männername auf dem Goldring von Llysfaen (Conwy, Wales; 9. Jh.). Auf dem Stein von Alnmouth (Northumberland, North East England; um 900) findet sich in der Herstellersignatur auf Seite C ebenfalls eine Mischung von lateinischen und runischen Schriftzeichen: MYRED**a**H·MEH·**w**O[*rohtæ*] ›M. (= air. *Muiredach*, appellativische Bedeutung ›Fürst‹) machte mich‹; das Verbum lässt sich ergänzen im Hinblick auf **eoh:woro│htæ** ›Eoh machte [dies]‹ auf dem Stein von Kirkheaton (West Yorkshire, Yorkshire and the Humber; um 900). Es sind auch Sprachmischungen zu beobachten; so trägt der Kamm von Whitby (North Yorkshire; 8./9. Jh.) einen anfangs lateinischen, dann altenglischen Text in Runen, in dem Gott um Hilfe angerufen wird: d͡[æ]us**m͡æus godaluwalu d͡ah͡elipæky**[--- = *deus meus, god al$_u$walu da, helipæ Cy*[--- ›Mein Gott, Gott der Allmächtige, helfe C.‹ (Waxenberger 2011, 74 ff.), einem Mann mit einem zweigliedrigen Namen mit *Cyne-* im Vorderglied (zu ae. *cyn(n)* ›Familie, Geschlecht, Volk‹, aisl. *kyn*, got. *kuni*). Von derartigen und vergleichbaren Zeugnissen gehen Überlegungen zu einer Drei-Schriften-Gesellschaft (*three-script community*) aus, in der Runen, Lateinalphabet und beide Schriften für epigraphische Texte verwendet wurden (vgl. Fell 1994).

Im alten England begegnen Schriftmixturen auch auf Runenmünzen, deren Zahl infolge immer neuer Detektorfunde in die Hunderte geht. Münzen als Inschriftenträger zeichnen sich durch drei Aspekte aus: zum einen sind diese Stücke meist gut datierbar (vor allem bei Prägungen von Herrschern), zum anderen lassen sie sich einer bestimmten Region zuordnen (wenn auch der Prägeort nur selten in der Legende erscheint), und schließlich können mehrere Exemplare von einem Münzstempel geprägt werden. Es ist diese serielle Herstellung, die Münzen und auch Goldbrakteaten (S. 53 ff.) prinzipiell von anderen Objekten unterscheidet, die in der Regel einen sonst nur einmal original belegten runenepigraphischen Text tragen.

Abb. 25.1–3: Angelsächsische Runenmünzen; M ca. 3:2. Links: ⌐beᴎụ:ṭigoıı;
Mitte: ⌐epa; rechts: ⌐lulᵗEðlⲓBERHⱦ+ (nach RGA XXV, 549: Abb. 67.1.4.9).

Nur in wenigen Ausnahmen – **wagnijo** (Lanzenspitze von Illerup [und Vimose]; S. 33) und **alu** (Urnen von Spong Hill; S. 102) – begegnen auch auf anderen Gegenständen gestempelte und daher vervielfältigte Runeninschriften.

In der Regel enthalten die Legenden auf der Vorderseite (dem Avers) und/oder auf der Rückseite (dem Revers) Namen; meist werden die Münzmeister (Monetare), gelegentlich auch die herrscherlichen Münzherrn (Emittenten) genannt. Im Zeitraum von etwa 550 bis 900 sind die Inschriften anfangs überwiegend lateinisch, von 650 bis 750 in Kent und Ostanglien runisch, von 750 bis nach 850 vor allem in Ostanglien und Nordhumbrien gemischt, im Übrigen aber lateinisch (vgl. Blackburn 1991, 166: Fig. 2). Auffällig ist, dass aus dem westsächsischen Gebiet keine Runenmünzen belegt sind (RGA XXV, 552), obgleich auch hier offenbar Münzen geprägt wurden. Immer wieder hat man neue Stücke von älteren kopiert; dabei wurden die Legenden häufig entstellt. – Die Runenmünzen aus dem alten England werden in vier Gruppen unterteilt:

1. Von den Goldmünzen des 7. Jh.s tragen nur wenige Runeninschriften. Die ältesten bekannten Stücke sind vier in die 620er Jahre zu datierende Tremisses (ca. 1,5 g), die von zwei verschiedenen Stempeln geprägt wurden und vielleicht aus dem oberen Themsetal stammen. Die Runeninschriften befinden sich jeweils auf dem Revers, und zwar ⌐beᴎụ:ṭigoıı (Abb. 25.1) bzw. ⌐beᴎụ⁑tid (Hines 1996, 52). Eine anklingende lateinschriftliche Legende ⌐BERᴎΛ tritt auf einem ähnlichen Stück entgegen. Ob den genannten Inschriften ein Personenname abzugewinnen ist, der zu ae. *beorn* ›Krieger, Fürst‹ (vgl. S. 112 f.) gehört, ist jedoch fraglich. Drei andere, stempelgleiche Tremisses, die um die Mitte des 7. Jh.s ebenfalls in Südengland geprägt wurden, zeigen eine undeutbare Runenfolge ⌐deᶥ/ₛaiona. Auch ein in Norfolk gefundenes Einzelstück trägt eine nicht zu erklärende Legende, und zwar ⌐ltoedıı (oder: ⌐ltoedḥ?; Page 1999, 214). In die zweite Hälfte des 7. Jh.s gehören über 30 Kleinmünzen, die in fünf Klassen unterteilt werden und deren Legenden als Monetar ⌐**pada** = *Pad(d)a* (Nedoma 2004, 429 ff.) ausweisen; die (Haupt-)Prägestätte ist in Kent zu verorten. Diese Exemplare bestehen anfänglich aus Elektron (Goldanteil ca. 20 %), später aus reinem Silber, sodass sie den Übergang bilden zu den

2. Silbermünzen (*silver pennies*, ae. *sceattas*; RGA XXVI, 558 ff.) aus der Zeit von ca. 675/680 bis 750, die nun zahlreicher entgegentreten. Die runischen Legenden befinden sich jeweils auf dem Avers, auf dem eine Männerbüste mit Krone abgebildet ist; die Schriftrichtung schwankt. Die Inschriften dokumentieren die Namen dreier Münzmeister: **æpa**, auch **epa** (Abb. 25.2) in Kent und Ostanglien, *Til-*

berht und *Wigrǣd* (in verschiedenen Namenformen) in Ostanglien. Eine Sonderstellung hat eine *sceatta*-Gruppe aus der ersten Hälfte des 8. Jh.s, die auf dem Revers den Personennamen **æþili|ræd** u.ä. in *boustrophēdón* (s. S. 8) trägt. Früher mit König Æthelred von Mercien (675–704) identifiziert, erblickt man heute darin den Monetar, womöglich den Nachfolger des Æpa/Epa in Kent (so Blackburn 1991, 158).

3. In einer Phase zwischen den *sceattas* und den größeren und dünneren Silberpfennigen (*broad silver pennies*) liegen mehrere Prägungen. Aus der Zeit kurz nach der Mitte des 8. Jh.s stammen über 100 Exemplare, die ein sonst wenig bekannter König Beonna (oder Benna) von Ostanglien ausgegeben hat. Auf den Vorderseiten werden sein Name und Titel lateinisch (**+BEONNAREX**), runisch (**beonnareꞩ**) oder auch gemischt geschrieben (**+BEOnnaREX**, **+BEnnaREꞩꞩ**). Diese Stücke scheinen aus mehreren Prägestätten zu stammen; es sind vier Klassen zu erkennen, von denen auf dreien die Namen der Monetare auf den Rückseiten erscheinen: **EFE** (in Lateinschrift), **+wil+red** und **+werferþ** (jeweils in Runen). Etwa zeitgleich ist ein einzelnes Exemplar, das auf dem Avers ohne Angabe eines Titels **eþ|æl|be|rt** (wohl König Æthelberht/Alberht I., Mitkönig des Beonna) und auf dem Revers **þi|æl|re|d** o.ä. trägt (jeweils in Quadranten eingeschrieben; RGA XXV, 551). Nur in wenigen Exemplaren bekannt ist eine andere Gruppe von Prägungen, die auf dem Avers den Münzmeister **lul+** und den Münzherrn **EðIˑBERHT+**, wohl König Æthelberht II. von Ostanglien (†794), nennen (Abb. 25.3) – ein Beispiel für distinktive Funktion der beiden Schriften: Emittent in Lateinbuchstaben, aber Monetar in Runen. Der Revers weist den Münzherrn als **REX** aus.

Die eigentlichen *broad silver pennies* beginnen mit den Emissionen kentischer Könige im späteren 8. Jh. und bleiben lange Zeit in fast ganz England vorherrschend (Page 1999, 127). Von besonderer Bedeutung ist die umfangreiche Prägetätigkeit unter Königs Offa von Mercien (757–796), für den nicht weniger als etwa 30 Münzmeister in London und Kent sowie 6 weitere in Ostanglien arbeiteten. Die Vorderseite mit Porträt trägt stets die Legende **OFFA REX** (verschieden angebracht), die Monetarnamen auf den Rückseiten erscheinen meist in Lateinschrift (Metcalf 1998, 437). Vier Münzmeister jedoch verwenden für ihre Namen Runen, und zwar *Bēagheard* in Kent (allerdings nur die *g*-Rune in **+BEAgHEARD**) und *Botrēd, Ēadnōþ* und *Wihtrēd* in Ostanglien. Auf den Eadnoth-Münzen erscheint für die Bezeichnung des Anlauts eine Sonderrune ᛗᚨ, wohl eine Ligatur ᛗ **e** plus kopfständiges ᛏ **ęa**. Vor allem Wihtred war auch unter den Nachfolgern Offas tätig; auf diesen Münzen findet sich sein Name nicht nur in Runen, sondern auch in Schriftmixtur (z.B. **wiHtR+ED**), zum Teil auch in entstellter Form (etwa **RI|HED|wt**). Die Legenden der späteren Prägungen in Ostanglien zeigen nur selten einzelne Runen (so **RAEgENHEBE** für *Rægenhere*).

4. Im Norden Englands setzte sich die *sceatta*-Prägung fort, es handelt sich dabei vornehmlich um kleinere Münzen, deren Silbergehalt im 9. Jh. stark abnimmt und in der Numismatik *stycas* genannt werden (RGA XXX, 92 ff.). Runen begegnen vor allem auf den Prägungen des nordhumbrischen Königs Eanred (ca. 810–840 [?]). Erwartungsgemäß erscheint auf den Vorderseiten **+EANREDREX** in Lateinbuchstaben, zwei Monetare verwenden Runen für die Legenden auf den Rückseiten, und zwar *Brōþer* (**+broþer**, **+broþer** neben **+BROAþer** u.ä.) und *Wihtrēd* (**+wiʒtred**, **+wihtrr**

neben +VIHtRED u.ä.), der kaum mit dem in Ostanglien tätigen Münzmeister identisch ist. Im Übrigen finden sich nur einzelne Runen in sonst lateinschriftlichen Namen von König Ælfwald (**æ**lEVAlDVS) und manchen Monetaren (z.B. +DAE**g**BERCT, +CVNE-MV**n**D, +LEOFDE**g**N, +VVLFSI**gt**). Besonders häufig unter solchen ›Einschubrunen‹ sind ᚷ **g** (anstatt schwieriger zu bewerkstelligendem G) und ᚾ **n**. Ab dem ausgehenden 9. Jh. gibt es in den Münzlegenden des alten England keine Runen mehr.

Die Bedeutung der Runenmünzen als Textkorpus ist groß. Die stetig wachsende Zahl erlaubt Einblicke in Umlauf und Gebrauch, erweitert den Namenschatz und ermöglicht Hinweise auf die Schrift- und Lesekundigkeit in den Prägewerkstätten. Aus dem Befund der Inschriften ist zu folgern, dass die runische *literacy* im ostanglischen Königreich bis in die Zeit um 800 weit verbreitet war bzw. dass die Runenschrift dort sogar dominanten Status hatte (Metcalf 1998, 438).

Verschiedene runenepigraphische Texte treten auf Kleingegenständen entgegen. Dass auch das englische Runenkorpus magisch-operative Inschriften bereithält, zeigen drei Amulettringe. Auf den zwei vermutlich in das 9. Jh. zu datierenden Goldringen von Bramham Moor (West Yorkshire, Yorkshire and the Humber) und Kingmoor (Cumbria, North West England) ist eine aus 30 Runen bestehende Inschrift angebracht, die sich in entstellter Form auch auf dem Achatring von Linstock Castle (ebenfalls Cumbria) findet. Aus der kaum deutbaren Zeichenfolge stechen die beiden Komplexe **ærʀriu** und **þon** heraus, für die man auf *aer crio* (*ærcrio*) und *thonn* (*thon*) in einem altenglischen Zauberspruch zur Stillung des Blutflusses verwiesen hat (zwei Versionen: Napier 1890, 323; Leonhardi 1905, 17). Ob darin aber tatsächlich unverstandene altirische Einsprengsel zu erblicken sind (Meroney 1945, 178 f.; vgl. Symons 2016, 131 ff.), ist nicht sicher, denn zu erwartendes air. *ar cruu* ›gegen Blut (Akk. Pl.)‹ und *tonn* ›Haut‹ sind keine genauen Entsprechungen (Hinweis David Stifter, Maynooth). Runenepigraphische Texte operativer Art begegnen auch auf meist schwer datierbaren Bleiplättchen, wie sie vor allem aus Skandinavien bekannt sind (s. S. 219 ff.); Nagellöcher zeigen, dass diese dünnen Bleibleche im alten England nicht selten an Holzstücken angebracht wurden. Auf einem 2015 nahe Fakenham (North Norfolk, East of England) entdeckten Bleiplättchen findet sich die zweizeilige Folge **dꜵadisdw|erg** eingraviert: ›tot ist der Zwerg‹ scheint sich auf eine bewältigte Krankheit zu beziehen (Hines 2019a, 36 ff.); so erscheint auf dem Schädelfragment von Ribe ein **tuirk** ›Zwerg‹ als Krankheitsverursacher (s. S. 125).

Inschriften auf anderen Stücken gehören der christlichen Sphäre an. Auf Seite A eines bei March (Cambridgeshire, East of England) im Jahre 2010 aufgefundenen Bleiblechs werden die vier Evangelisten in lateinischer Sprache angerufen: *S*[*ān*]*c*[*tu*]*s Maþþeus, S*[*ān*]*c*[*tu*]*s Markus, S*[*ān*]*c*[*tu*]*s Lūkus, S*[*ān*]*c*[*tu*]*s Iōhonnis, līberā mē ā malo*; die Fortsetzung auf Seite B ist weniger klar (Hines 2019a, 43 f.). Das Knochenplättchen von Derby(shire) (East Midlands) bietet eine Inschrift, deren Segmentierung nicht eindeutig ist (vgl. Page 1999, 163). Wenn die Deutung ›Gott, hilf der Hadde, die dies schrieb (*wrāt*)‹ (Bammesberger 1991b, 133 f.) das Richtige trifft, ist hier eine Frau (*Hadde* Nom.) als Runenritzerin bezeugt; was die Textsorte betrifft, bietet der Kamm von Whitby (s. S. 113) eine Parallele. Das Verb ae. *wrītan* ›(ein)ritzen, schreiben‹ (ne. *write*) als Terminus technicus (vgl. S. 13. 78 f.) erscheint im englischen Runenkorpus auch auf dem 2009 ausgegrabenen metallenen Lesezeichen (Seitenhalter) von Baconsthorpe (Norfolk, East of England; zweite Hälfte 8. Jh.) als Präfixbildung *ā-wrītan*: *Rēdę, sē þe cynne; Bēaw þās rūnę āwrāt* ›[Es] lese derjenige, der kann; Beaw gravierte diese Runen ein‹ (Hines 2020, 76 ff.). Die Inschrift enthält in **red**ᛦ (›möge lesen‹), **b**ᛦ**aw** (Männername) und **run**ᛦ (›Runen‹, Akk. Pl.) eine nur hier vorkommende Sonderrune, die wahrscheinlich einen offenen *e*-Laut [ɛ] wiedergibt.

Ein anderes Unikum ist vorhin (S. 115) erwähntes ᛅ (**ēa**) auf den Eadnoth-Münzen. – Die Fügung (angl.) *rēdę, sē þe cynne* hat eine Parallele in ae. (ws.) *rǣde, sē þe wille* ›es rate derjenige, der will‹ (*rǣdan* ›raten, beraten, erraten, lesen‹) im Rätsel Nr. 17 des *Exeter-Buches* (Pinsker / Ziegler 1985, 98) und entspricht **raþi:saʀ:kuni** = a(o)n. *rāði sāʀ kun(n)i* auf dem wikingerzeitlichen Stein von Nybble (SR-Sö 213; vgl. S. 174).

Einzelne Namen auf losen Objekten sind etwa **+aldred** = *Aldrēd* m. auf der Pinzette von Brandon (Suffolk, East of England; 8./9. Jh.), **+þxxæflæd** = *Þ[æk?]ǽ-flǣd* f. auf der silbernen Riemenzunge von Elsted (West Sussex, South East England; 9. Jh.) und **+b**ᛣ**rnferþ** = *Biarnferþ* m. auf dem Metallgriff (eines Esswerkzeugs?) von Sedgeford (Norfolk, East of England; 8./9. Jh.).

Die zwei zuletzt genannten Inschriftenträger sind Neufunde aus dem Jahre 2017. Auf SEDGEFORD begegnet ein weiterer Sonderling, der kent. *ia* (~ ›normal-ae.‹ *eo*) wiederzugeben scheint (Hines 2019b, 287 ff.).

Eine kuriose Mitteilung liest man auf einem gleichfalls aus Brandon stammenden Griff aus Geweih (Datierung unsicher): **wohswildumde[o]ran͡** ›[ich, es] wuchs auf einem wilden Tier‹ (Page 1999, 169); diese Herkunftsangabe vergleicht sich mit bereits erwähntem **hronæsban** ›Knochen des Wals‹ samt der folgenden ›Materialgeschichte‹ auf dem Kästchen von Auzon (S. 108). Auf dem silbernen Fingerring von Wheatley Hill (Durham, North East England; 8. Jh.) tritt der Inschriftenträger als Sprecher entgegen: **[h]ringik͡hatt[æ]** = *hring ik hāttæ* ›Ring heiße ich‹. Die erste und die letzte Rune werden von zwei der drei erst später auf die Ringschiene montierten Edelsteine verdeckt, sind aber mit Bestimmtheit zu ergänzen.

Ein bemerkenswertes Fundstück aus dem Jahre 1902, auf dem man erst in den 1980er Jahren Runen entdeckt hat, ist das ca. 9,4×6,3 cm große und wohl in das 8. Jh. zu datierende beinerne Schreibtäfelchen von Blythburgh (Suffolk, East of England). In der vertieften Schreibfläche sind sehr feine, nur am Rand etwas deutlicher hervortretende Zeichensequenzen zu erkennen, ohne dass eine zusammenhängende Lesung zu erreichen ist (Parsons 1994, 208 ff.). Die zarten Runen wurden vermutlich mit dem Stilus durch das ursprünglich vorhandene Wachs hindurchgedrückt.

Etliche transportable Objekte wie das Kästchen von Auzon (S. 107 ff.) sind auch außerhalb Englands entdeckt worden. Im Schatz der Kirche von Mortain(-Bocage) (Normandie, F) befand sich ein hausförmiges Bilderkästchen aus Buche mit vergoldeten Kupferblechen, das in das 8. oder 9. Jh. gehört. Auf der einen Dachseite steht ein Hilferuf des Herstellers: ›Gott helfe Æada, [der] dies **kiismeel** machte‹. Eine Erklärung der Objektbezeichnung führt auf ae. **ċis(t)māl* ›Kistenzeichen, -schmuck‹ (Harder 1932, 87 f.); die sachlich näherliegende Deutung als Entlehnung aus mlat. *chrismale* ›Chrisam-, Eucharistiebehälter‹ (so z.B. Musset 1965, 375), *chrismarium* ›Chrisam-, Reliquienbehälter‹ hat weniger für sich.

Desgleichen wurde das ebenfalls hausförmige Kästchen von Gandersheim (Niedersachsen, D) als Chrismale oder Reliquiar verwendet (Wamers 2000a, 82). Das Objekt misst 12,8 × 6,85 × 12,7 cm, besteht aus reich bebilderten bzw. ornamentierten Walrosszahnplatten und wurde in der Zeit um 800 in Südhumbrien gefertigt. Auf der Unterseite des bronzenen Bodenrahmens, der zweifellos erst aus dem 19. Jh. stammt (Pape 2000, 33), ist eine eigenartige Runeninschrift angebracht, deren beide Teile jeweils auf der gegenüberliegenden Längs- bzw. Schmalseite in nahezu identischer Form wiederkehren.

Geht man von einem authentischen runenepigraphischen Text aus, muss mit (mehrfacher?) kopialer Entstellung gerechnet werden. So wie sie ist, kann diese Inschrift jedenfalls nicht befriedigend gedeutet werden, sodass die voneinander beträchtlich abweichenden Vorschläge von Looijenga / Vennemann 2000 (›Ich taufe dich im Zeichen des Kreuzes [unter Verwendung von Krankenöl] im Namen Christi; heiliges Öl [i.e. Chrisam], Wasser‹), Seebold 2000a (›Heilig in dem geschnitzten Tempel sei ihr Leinen-Maphorion‹) sowie Waxenberger 2003 (›[Es] schreibt dies im Zeichen des Kreuzes [bzw. Christi] Æli hier im K[loster] h; möge Christus Æli gemäß [heiligem] Gesetz retten [oder: heilen]‹) hypothetisch bleiben müssen.

Im Frühmittelalter unternahmen auch Angelsachsen Pilgerfahrten nach Rom und weiter nach Jerusalem; in Italien haben diese Reisenden mancherorts ihre Namen als Graffiti in Lateinschrift, aber auch in Runen hinterlassen (Arcamone 2007). Der erste derartige Fund in Rom stammt aus den 1980er Jahren, nämlich +ea͡dbald unterhalb eines Freskos in der Katakombe des Cimitero di Commodilla. Insgesamt hat man in römischen Gewölben hunderte Pilgernamen vom späten 7. Jh. bis ins frühe 9. Jh. ausgemacht, darunter etwa ein Dutzend englische – so auch weitere in Runen, und zwar **fag₂hild** = *Fāghild* f. (Schwab 2006, 239 ff.) und **æþelferþ** auf dem Verputz der unterirdischen Basilika der Märtyrer Marcellinus und Petrus an der Via Labicana. Ferner fanden sich im Michaelsheiligtum von Monte Sant' Angelo (Apulien) zahlreiche in den Kalkstein eingemeißelte Inschriften. An der Eingangsfassade sind die drei altenglischen Personennamen **he͡rebe͡rehkt**, **herræd** und **wigfus** auszumachen, ferner eine schwer lesbare Runenfolge (Derolez / Schwab 1983, 114 f.); im Inneren des Säulenganges erkennt man den Männernamen **leofwini** und die lateinschriftliche Sequenz EADṚHIDSAXSOVH = *Ēadrīd (für -rēd; oder: -rīc, -frid?) Saxō v(ir) h(onestus). Diese Inschriften mögen in das 8. oder 9. Jh. gehören.

Warum manche angelsächsische Pilger für derartige Erinnerungsgraffiti das Fuþork verwendeten, lässt sich nur erahnen – Runen als informelle(re) Schrift?, Runen als eine Art ethnische Marker? Auch dieses Namenmaterial aus Italien zeigt, dass in der Schreibpraxis der Angelsachsen Runen ihren festen Platz neben Lateinbuchstaben hatten (vgl. Waldispühl 2020).

V.3. Friesische Inschriften

Aus dem alten Friesland – grob gesagt, sind das die Küstenregionen zwischen der Rhein- und Wesermündung, also nicht mit der heutigen niederländischen Provinz Friesland (Fryslân) identisch – sind etwa 20 Inschriften im anglo-friesischen Fuþork überliefert; zumeist handelt es sich um Einzelfunde. Dabei überrascht der Anteil von

Inschriftenträgern aus organischem Material (Holz oder Knochen): ca. drei Viertel der runenepigraphischen Texte sind auf Kämmen, Kammzubehör und anderen kleineren Gebrauchsgegenständen angebracht. Diese stammen wie fast alle friesischen Runenobjekte aus künstlich aufgeschütteten Wohnhügeln in der Marschenlandschaft (Terpen, Warften, Wurten); dort sind die Erhaltungsbedingungen für organische Materialien besonders gut. Die meisten friesischen Runeninschriften sind kurz und lassen keine klare Bestimmung der Textsorte zu.

Was die Runenformen betrifft, erweist sich eine neben ᚠ erscheinende Variante der **a**$_2$-Rune mit zentriertem Diakritikon (ᚪ) als Spezifikum der friesischen Runenkultur; womöglich ist auch eine korrespondierende Variante der **a**$_3$-Rune ᚯ, nämlich ᚯ, als Frisismus anzusehen.

Der diakritische Strich der Rune **a**$_2$ erscheint in England schräg (ᚫ) oder vertikal (ᚪ) am Ende des oberen Zweiges, wahrscheinlich auch in voller Zeilenhöhe neben dem Stab (ᚠ LOVEDEN HILL; s. S. 105). Im friesischen Runenkorpus beläuft sich die Verteilung zwischen ᚫ und ᚪ auf 12:4 (ARUM, WESTEREMDEN I, OOSTUM, SOUTHAMPTON), zwischen ᚯ und ᚯ auf 3:1 (TOORNWERD).

Die Sprache der friesischen Runeninschriften ist das Voraltfriesische, das die Vorstufe des literarisch ab ca. 1200 vor allem in Rechtstexten bezeugten Altfriesischen bildet. Ein auffälliges Merkmal ist der Ausgang -**u** im Nominativ und Akkusativ Sg. der maskulinen *a*-Stämme, der das Produkt einer Vokalreduktion auf dem Weg von urgerm. *-az > wgerm. -a (FRIENSTEDT, WREMEN; s. S. 76) > vor-afries. -ǝ > afries. -Ø repräsentiert (Nedoma 2014a, 348 ff.; vgl. Versloot 2016, 22 ff.); es handelt sich wohl um einen geschlossen realisierten Schwa-Laut.

Die Überlieferung setzt noch im 5. Jh. mit der Inschrift auf dem Kammfutteral von Kantens (Groningen, NL) ein; hier sind allerdings nach einem kurzen Vertikalstrich nur ᚾ (**l** und kopfständiges **w**) zu erkennen (S. 98). Die Zeitstellung mancher Runenobjekte ist nur ungenau zu bestimmen; fest steht aber, dass die runische *literacy* in Friesland wohl im Laufe des ausgehenden 9. Jh.s, spätestens aber zur Mitte des 10. Jh.s versiegt ist. Eine detaillierte Gesamtdarstellung der friesischen Runeninschriften, die Giliberto 2000 ersetzt, liegt in Kaiser 2021 vor; dieses Werk ist für die folgenden Ausführungen zu vergleichen.

Eine frühe, gut zu datierende Gruppe besteht aus vier Goldmünzen. Davon gehören drei Solidi (Durchmesser 2–2,3 cm) in das letzte Viertel des 6. Jh.s bzw. um 600/ 610. Von unbekanntem Fundort und seit 1814 im British Museum (London) aufbewahrt ist ein geprägtes Stück, an dem Reste einer Öse zu erkennen sind; es hat demnach als Schmuckstück bzw. Amulett gedient. Der Revers trägt neben der Imitation einer Lateininschrift die rechtsläufige Runenfolge **ska**$_2$**nomodu** (vgl. S. 101), in der ein zweigliedriger Männername vor-afries. *Skānǝmōdǝ* (< urgerm. *Skauna-mōdaz*; ›schön‹ + ›Mut‹) steckt (Nedoma 2021, 42 ff.). Die Zugehörigkeit zum friesischen Runenkorpus wird nicht nur durch vorhin erwähntes -**u** = -ǝ (< *-az), sondern auch durch monophthongiertes *ā* (< *au* > ae. *ēa*) erwiesen.

Bisweilen sieht man den **ska**$_2$**nomodu**-Solidus auch noch in jüngerer Zeit als (potentielles) englisches Runendenkmal an – womöglich eine Nachwirkung dessen, dass eine Diskussion über ein separates friesisches Runenkorpus bzw. die sprachlichen Kennzeichen des Voraltfriesischen im Wesentlichen erst mit der Studie von Düwel / Tempel (1970; vgl. Nielsen 1996) eingesetzt hat.

Abb. 26.1–2: Goldsolidi von Harlingen (1) und Schweindorf (2),
Rückseiten (nach Kegler et al. 2013, 430); M ca. 2:1.

Dasselbe Bildwerk, das auf der spätantiken Darstellung des Kaisers mit Feldzeichen samt Victoria mit Kranz beruht, findet sich auch auf den Rückseiten der beiden übrigen Stücke, die indessen gegossen sind und keine Ösen haben. Der Solidus von Harlingen (Fryslân, NL) trägt auf der linken Seite vier Runen **↲ha₂da₂**, gefolgt von einem 5-ähnlichen Zeichen (Abb. 26.1); es handelt sich um den Männernamen *Had(d)a* (= ae. *Head(d)a*). Ein sehr ähnliches Stück aus dem ostfriesischen Schweindorf (Lkr. Wittmund, Niedersachsen, D) zeigt am linken, oberen und rechten Rand Kapitalisimitationen; am unteren Rand befindet sich die linksläufige Runeninschrift **⌈w⌉ela₂du**, wobei aus platztechnischen Gründen ᛑ statt ᛁ erscheint und die *u*-Rune ᚾ kleiner ausgeführt ist (Abb. 26.2; dazu Düwel 2020d, 57 ff.). Es handelt sich wohl um den Männernamen *Wēlɔ(n)dǝ*, womit jedoch kaum die Sagenfigur Wieland der Schmied (ae. *Wēlund*, aisl. *Vǫlundr*; s. S. 108 f.) gemeint sein wird. Schließlich ist auf den Vorderseiten der zwei stempelgleichen kleineren Goldmünzen (Tremisses) von Folkestone (Kent, UK; verschollen) und unbekanntem Fundort (aufbewahrt in Glasgow), die zeitlich etwas später als die drei genannten Solidi liegen, die Legende **↲a₁niwulu⌈f⌉u** (mit ᛁ statt ᛁ f) für vor-afries. *Æniwuluₐfǝ* (= ae. *Ēanwulf*) angebracht. Auf allen vier Goldstücken sind Männernamen im Nominativ Sg. genannt, in denen die betreffenden Münzmeister zu vermuten sind; dass es sich um (sonst unbekannte) friesische Herrscher als Emittenten handelt, ist angesichts der zeitlichen und örtlichen Dichte der Fundstücke wenig plausibel.

Bemerkenswerterweise machen Runeninschriften auf knöchernen Kämmen und Kammzubehör knapp ein Drittel des friesischen Korpus aus. Aus Oostum (Westerkwartier, Groningen, NL) stammt ein Kamm aus Geweih, der in die Zeitspanne vom späten 8. Jh. bis ca. 900 gehört. Die Kammschalen enthalten eine zweigeteilte Herstellerinschrift: Seite A birgt eine unklare Sequenz am Beginn (**a₁ib** oder: **a₂ib** nach Versloot 2014, 48 f.) und die Objektbezeichnung **ka₂bu** ›Kamm‹, auf Seite B geht **deda₂** ›tat, machte‹ dem Namen des Produzenten **ha₂buku** (= spät-urn. *Haukr₂*, vgl. ›Habicht‹) voran. Auffällig sind die Zierformen der Runen **b** (mit drei Haken) und **h** (mit drei Schrägschäften). Auch andere Deutungen sind versucht worden; die naheliegende Auffassung ›Aib machte den Kamm für Habuk‹ (Versloot 2019, 82 f.)

hat weniger für sich, denn das Habicht-Wort ist ein Maskulinum und wird im altgermanischen Onomastikon nur in Männernamen verwendet (Nedoma 2018, 1592). Die Inschriftenträgerbezeichnung allein steht auf dem Kamm von Toornwerd (Groningen, NL; 8. Jh.): **ka₃bu** = vor-afries. *kɔ(m)bɔ* bietet eine genaue Parallele zu den Inschriften von Frienstedt (S. 76 f.) und Ribe bzw. Elisenhof (S. 149). Auf einem nur teilweise erhaltenen Kamm aus dem 6. oder 7. Jh., dessen Fundort unsicher ist (Amay, Lüttich, B?), liegen drei Runen **ẹda₂** an einer Bruchstelle. Es handelt sich entweder um den Männernamen *Ēda* im Nominativ Sg. oder um den Schlußteil einer Herstellerinschrift [X d]*eda* ›X machte‹. Ähnliches hat man für die Runenfolge auf dem Kamm von Hegebeintum/Hogebeintum (Fryslân, NL), einem Grabfund aus dem späteren 7. Jh., erwogen: hier sind in zwei Zeilen **d͡ẹd** (vielleicht zu *ded*[a] ›machte‹ zu ergänzen?) und ein unklarer Runenkomplex eingeritzt. Von den beiden beschrifteten Kammfutteralen wurde Kantens schon erwähnt (s. S. 119). Ein zweites Futteral, und zwar aus Geweih, wurde nahe Ferwert/Ferwerd (Fryslân, NL; 6./7. Jh.) gefunden; in der Folge **‿mura₁** ist wohl die Besitzerin *Mur(r)æ* genannt, ein (ursprünglicher) Spitzname ›die Murrende, Mürrische‹ (Nedoma 2007, 320 f.).

Weitere Inschriften finden sich auf Objekten aus Eibenholz. Den längsten glatt zu deutenden runenepigraphischen Text im friesischen Korpus hält das 21 cm lange Webschwert von Westeremden (Eemsdelta, Groningen, NL) bereit, das vermutlich aus der Zeit um 800 stammt. Die Runen **a₂dug₂islu⁚me͡þg₂isuh|du** geben einen Dreiworttext *Adɔ-/A(n)dɔ-/Ādɔgīslɔ meþ Gīsɔh(i)ldu* ›A. mit G.‹ wieder (Nedoma 2007, 300 ff.). Das Vorderglied des Männernamens im Nominativ ist mehrdeutig (**Ada*-›stetig‹, **Anda*- ›Zorn [o.ä.]‹, **Auda*- ›Reichtum‹), im Hinterglied des auf *meþ* ›(gemeinsam) mit, samt‹ folgenden Frauennamens (= wfränk. *Gisohildis*) steht -|d- gemäß einer runographischen Regel (s. S. 11) für -*(i)ld*-. In den genannten Personen wird man die Schenker des Stücks vermuten. Ebenfalls in Westeremden wurde ein Stab mit ähnlicher Zeitstellung gefunden, auf dem eine schwierig zu lesende und zu segmentierende Inschrift eingeritzt ist, deren Deutung kontrovers ist (RGA X, 28); drei jüngere Vorschläge sind:

(1) ›Auf der Heimstätte bleibt das Glück. Durch die Eibe möge sie [die Heimstätte] aufwärts wachsen. N.N. besitzt diese‹ (Seebold 1990, 423);

(2) ›Auf der Heimstätte gedachte Æmluþ der Missetaten des Volkes; auf den Knien (kniend) schwiegen sie alle‹ (Grønvik 1994, 99);

(3) ›Auf der Heimstätte gedeiht Zuversicht; (nahe der) Eibe und auf dem Hügel möge [sie] wachsen(?); Wimod besitzt dies‹ (Versloot 2016, 8).

Aus einer Terp nahe Arum (Súdwest-Fryslân, NL) stammt ein 23 cm langes Holzschwertchen aus dem 6. bis 8.(/9.) Jh. Auf einer Seite der ›Klinge‹ ist eine Runenfolge **‿eda₁⁞ba₃da₂** eingeritzt, die mehrere Deutungen zulässt: ›Edæ (m.) [und] Boda (f.)‹, ›Edæ dem Bodæ (m.)‹ oder ›E. dem Boten‹ (Nedoma 2014a, 311 f.). Die Funktion des Inschriftenträgers (symbolbehaftetes Objekt?, Spielzeug?) bleibt indessen offen. Schließlich trägt ein in der Nähe von Britsum (Fryslân, NL) gefundenes, nur unsicher zu datierendes Stäbchen eine Runeninschrift, die sich einer plausiblen Interpretation entzieht (vgl. Kaiser 2021, 326 f.).

Die übrigen friesischen Runeninschriften sind auf verschiedenen Gegenständen aus Knochen angebracht. Ein zeitlich schwer einzuordnendes Beinplättchen aus der Terp Hantum (Noardeast-Fryslân, NL) ist auf beiden Seiten beschriftet: zum einen mit lateinschriftlichem ABA (darunter ein Zickzackzeichen), zum anderen mit runischem **ⵏⵏaₐ1haₐ1ⵏⵏk**, das man als einen von *ik* ›ich‹ umrahmten Frauennamen *Æhæ* gefasst hat; dies ist zwar möglich, jedoch unsicher. Der Schwert- oder Messergriff von Rasquert (Groningen, NL) aus dem 8. oder 9. Jh. trägt ebenfalls auf beiden Seiten Inschriften; die eine ist unleserlich, die andere nur schwer deutbar. Auf dem bereits seit 1881 bekannten (Spazier-?)Stab von Bernsterburen/Bernsterbuorren (Súdwest-Fryslân, NL), der in der Zeit um 800 aus Walknochen angefertigt wurde, hat man die Runeninschrift erst mehr als 100 Jahre später entdeckt. Zwischen dem zweimal geritzten Personennamen **tuda₂** = *Tud(d)a* steht ein aus elf Runen bestehender Komplex, der verschiedene Erklärungen zulässt. Ein aus der südenglischen Hafenstadt Southampton (*Hamwic*) stammendes Knöchelchen, das in das (7./)8. oder 9. Jh. zu datieren ist, bietet die Gegenstandsbezeichnung **ka₂ta₁** = vor-afries. *kātæ* (< *$*kau$-tō(n)*- f.). Hier deuten die charakteristische a_2-Rune ᚨ (s. S. 119) und der Haupttonvokal *ā* (< *$*au$*; vgl. *Skānɔmōdɔ*, s. S. 119) auf friesische Provenienz. Nicht zu erhellen sind indessen die Zeichen auf dem vielleicht noch dem 6. Jh. angehörenden Knochen von Wijnaldum (Harlingen, Fryslân, NL) – durchaus möglich, dass es sich hier um Runenimitation handelt.

Ebenfalls problematisch ist die Authentizität der Ritzungen auf einem Goldanhänger von demselben Fundort (s. S. 278). – Ob es sich bei den Zeichen auf einem in Eenumerhoogte (bei Eenum, Groningen, NL) gefundenen Griffel um Runen handelt, bleibt unklar (Quak 1990, 361).

Der Goldbrakteat von Wurt Hitzum/Hitsum-A (Waadhoeke, Fryslân, NL; frühes 6. Jh.) ist wohl skandinavischer, jedenfalls nicht-friesischer Herkunft, wenn auch die Inschrift **ⵏfozo gu/ᵣoba** nicht einwandfrei zu deuten ist.

VI. Das jüngere Fuþark

In Skandinavien kam es seit etwa 500, in der sogenannten späturnordischen Phase, zu einer Reihe von Sprachveränderungen, die das konservative ›klassische‹ Urnordische durchgreifend umgestaltet und zum Altnordischen (ab etwa 700/725) hingeführt haben. Parallel dazu kam es zur Ausbildung (von Varianten) einer jüngeren Runenreihe; dabei sind folgende Lautwandelprozesse von Bedeutung:

(1) Schwund von *n* vor *s* mit Ersatzdehnung und Nasalierung von *a* (Runenname urgerm. **ansuz* > spät-urn. **ā^nsuʀ* > **ɔ̄^nss* ›Ase, heidnische Gottheit‹, aisl. *áss*),

(2) Schwund von anlautendem *j* vor allen Vokalen (Runenname urgerm. **jāra^n* > spät-urn. **āra* > **ār* ›Jahr‹, aisl. *ár*),

(3) Schwund von anlautendem *w* vor *ŏ̄, ŭ* (Runenname urgerm. **wunjō* ›Wonne, Freude‹ > spät-urn. **unju* > **ynn*, vgl. aisl. *yndi* ›Freude‹); ferner

(4) Brechung von anlautendem *e* vor *a* (und *u*) der Folgesilbe (Runenname urgerm. **ehwaz* > spät-urn. **eahwaʀ* > **eahuʀ* ›Pferd‹, aisl. *jór*) und

(5) *i*-Umlaut *o, ō* > *ø, ø̄* (Runenname urgerm. **ōþila^n* > spät-urn. **ǣþila* > **ǣþil* ›Stammgut, Landbesitz‹; oder: urgerm. **ōþala^n* > spät-urn. **ōþala* > aisl. *óðal*) und *u, ū* > *y, ȳ*.

Was die beiden erstgenannten sprachlichen Entwicklungen betrifft, bleiben die Runennamen bzw. deren neue Anlaute an den Runen ᚠ (alt: orales /a(:)/; nunmehr: nasaliertes /a(:)^n/, phonetisch [ã(:)], transliteriert **ã**) und ᛃ (alt: /j/) → ᚼ (nunmehr /a(:)/, in späturnordischen Inschriften **A** transliteriert) → ᛆ (ebenfalls /a(:)/, in den altnordischen Inschriften aber **a** transliteriert) haften.

Demgegenüber wird im anglo-friesischen Fuþork dem Namen der Rune Nr. 4 bzw. dessen neuem Anlaut urgerm. **ansuz* > **ɔ̄^nsu* > ae. *ōs* ein neues Zeichen ᚩ zugeordnet; die alte Rune ᚠ steht für /æ(:)/, bekommt den neuen Namen ae. *æsc* ›Esche‹ und wird an Position Nr. 26 nachgereiht; /a(:)/ wird durch die neugeschaffene Rune Nr. 25 ᚪ mit Namen ae. *āc* ›Eiche‹ repräsentiert (s. S. 99).

Auch die unter (3) bis (5) genannten Lautwandelprozesse verursachen Änderungen in der Akrophonie der Runennamen (S. 7. 262): ᚹ **w**, ᛖ **e** und ᛟ **o** bezeichnen nicht länger die Anlaute von **wunjō*, **ehwaz* und **ōþila^n*. Diese Runen werden nun nicht etwa mit neuen lautgerechten Namen belegt (wie für ᚹ **w** z.B. **waniʀ₂* ›Wane, heidnische Gottheit‹, aisl. *vanr*), sondern ganz aus dem Grapheminventar eliminiert. Die *i*-Rune ᛁ steht nunmehr auch für /e(:)/, die *u*-Rune ᚢ übernimmt die Vertretung von /w/ und /o(:)/ (und dazu auch noch der Umlautprodukte /ø(:)/ bzw. /y(:)/).

Ferner werden die im älteren Fuþark nur sporadisch entgegentretenden (und phonologisch gesehen redundanten) Runen Nr. 13 ᛇ **ï** und Nr. 22 ᛜ **ŋ** nicht mehr weiterverwendet. Ebenfalls getilgt wird die seltene Rune Nr. 14 ᛈ **p** (für marginales /p/); die *b*-Rune ᛒ repräsentiert dann nicht nur stimmhaftes /b/, sondern auch stimmloses /p/. Durch Auslautverhärtung (mit)veranlasst, bezeichnet die *t*-Rune ᛏ stimmhaftes /d/ wie stimmloses /t/ und die *k*-Rune ᚴ stimmhaftes /g/ wie stimmloses /k/: die alten Runen Nr. 23 ᛗ **d** und Nr. 7 ᚷ **g** werden aussortiert. Auffällig ist, dass die beiden *r*-Laute in Schrift und Sprache noch länger, und zwar regional bis ins 11. Jh. (Larsson P. 2002, 33 f.), geschieden bleiben: ᚱ **r** vertritt das aus dem Urgermanischen ererbte /r/ (»r₁«), ᛦ **ʀ** das durch Rhotazismus aus /z/ entstandene /ʀ/ (»r₂«).

© Springer-Verlag GmbH Deutschland, ein Teil von Springer Nature 2023
K. Düwel und R. Nedoma, *Runenkunde*,
https://doi.org/10.1007/978-3-476-04630-7_6

Am Ende des Transformationsprozesses ist aus dem älteren Fuþark mit 24 Runen das jüngere Fuþark (genauer eigentlich: Fuþãrk) entstanden, das nur mehr 16 Grapheme umfasst. Im Gegensatz zum anglo-friesischen Fuþork (s. S. 99), das seinen Zeichenbestand gegenüber der älteren Runenreihe erweitert hat, zeigt das jüngere Fuþark bei vergrößertem Phoneminventar ein (beträchtlich) verkleinertes Grapheminventar – ein in der Schriftgeschichte einzigartiger Vorgang, dessen Folge auf der Hand liegt: nicht wenige Runen (vgl. auch Abb. 27,1–4, S. 125 f.) sind mehrwertig:

ᚠ	ᚢ	ᚦ	ᚨ ᚫ	ᚱ	ᚲ
ᚠ	ᚢ	ᚦ	ᚨ ᚫ	ᚱ	ᚴ
f	u	þ	ã	r	k
/f/	/u(:), y(:), o(:), ø(:), w/	/þ/	/ã(:), æ̃(:), ɔ̃(:)/	/r/	/k, g/
1	2	3	4	5	6

ᚼ	ᚾ ᚿ	ᛁ	ᛅ	ᛋ ᛌ
ᚼ	ᚾ	ᛁ	ᛆ ᛅ	ᛁ
h	n	i	a	s
/h/	/n/	/i(:), e(:), j/	/a(:), æ(:), ɔ(:)/	/s/
7	8	9	10	11

ᛏ	ᛒ	ᛘ ᛦ	ᛚ	ᛧ
ᛏ	ᛒ ᛓ ᛕ	ᛘ ᛘ	ᛚ	ᛦ
t	b	m	l	R
/t, d/	/b, p/	/m/	/l/	/R/
12	13	14	15	16

Angeführt sind idealisierte Runenformen (z.B. ᚠ, ᚠ: in der ersten Zeile Langzweigrunen, in der zweiten Zeile, grau unterlegt, Kurzzweigrunen; dazu S. 125 ff.), Transliteration (**f**), Phonem (/f/) und Position in der Runenreihe (1). – Die Vokalzeichen geben (nicht immer konsistent, vgl. S. 129) sowohl Kurz- als auch Langvokale wieder. Rune Nr. 3 ᚦ /þ/ wird als inter- oder postdentaler Frikativ realisiert (stimmlos und stimmhaft: isl., engl. [θ], [ð]).

Einige skandinavische Inschriften um 600 zeigen bereits Charakteristika des jüngeren Fuþark, z.B. **hAborumR** (ᛉ **A** für *a*) und **hagestumR** (ᚠ **a** für *aⁿ*) auf STENTOFTEN (S. 25 f.) oder **uþarabAsbA** (-**sba** für -*spā*) auf BJÖRKETORP (S. 51). Aus der nachfolgenden Zeit bis in das 8. Jh. hinein sind relativ wenige runenepigraphische Texte überliefert; die Beschaffenheit des Korpus dieser Übergangsinschriften (engl. *transitional inscriptions*) wird verschieden beurteilt (s. u.a. Birkmann 1995, 219 ff.; Barnes 1998; Grønvik 2001a, 64 ff.; Schulte 2010; Stoklund 2010). Probleme der absoluten Datierung kommen erschwerend hinzu; aufs Ganze gesehen ist aber die Ausbildung des jüngeren Fuþark wesentlich früher als 800 anzusetzen. Im Einzelnen spielt es eine Rolle, ob man den runenepigraphischen Text auf dem Schädelfragment von Ribe (Mitteljütland; DK-SJy 39) – die Fundschicht wurde zunächst in die 720er Jahre datiert, gehört aber vermutlich in die Zeit 725–750 (Søvsø 2014) – noch zu den Übergangsinschriften zählt (Stoklund 1996, 207) oder ob man mit Birkmann (1995, 230 f.) annimmt, es handle sich zusammen mit den undeutbaren, um 700 zu datierenden Inschriften auf der Fibel von Skabersjö (Schonen, S) und dem

Kupferblech von Hallbjäns (Gotland, S) um die frühesten runenpigraphischen Texte im jüngeren Fuþark. Die aus 63 Runen bestehende magisch-operative Inschrift auf dem Cranium von Ribe, das vermutlich als Amulett gedient hat, richtet sich gegen (Kopf-?)Schmerzen. Unstrittig ist der Beginn: *Ulf$_u$R auk Ōðin(n) auk Hō*-**tiuR** ›Ulf (Name oder Appellativ ›Wolf‹, i.e. Fenrir?) und Odin und Hoch-**tiur** (i.e. Tyr?)‹. Für den Folgetext wurden unterschiedliche Deutungen vorgetragen:

(1) ›Hilfe ist **buri** gegen diesen Schmerz. Und der Zwerg (als Krankheitsverursacher; vgl. Marold 2003, 410) [ist] besiegt. Bour‹ (Stoklund 1996, 203 ff.),

(2) ›Hilf dem Sohn, der gegen diesen Schmerz kämpft und [gegen] die Zwergenfrau, Bour‹ (Grønvik (1999b, 111 ff.) und jüngst

(3) ›Hilfe ist getragen (oder: Hilfe Burins) gegen den Zwerg und die Zwergin. Bour‹ (Nordström 2021, 8 ff.).

Die Ausbildung der beiden Hauptvarianten des jüngeren Fuþark ist jedenfalls im frühen 8. Jh. abgeschlossen. Den Formen des älteren Fuþark ähnlicher und demnach typologisch älter sind die Langzweigrunen (schw. *långkvistrunor*, engl. *long-branch runes*), in der älteren Literatur generalisierend und daher weniger treffend auch dänische Runen oder Normalrunen genannt. Ein bekanntes ›Abecedarium‹ findet sich auf dem Stein von Gørlev (Seeland, DK; S. 135 f.) aus dem späten 9. Jh. (Abb. 27,1); ebenfalls aus dem 9. Jh. stammt der Stein von Malt (Jütland, DK; s. S. 146 f.) mit einer Fuþark-Inschrift in der längeren vertikalen Zeile (Abb. 27,2):

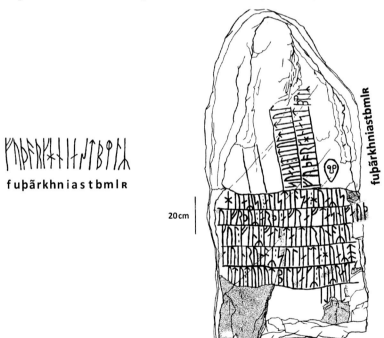

fuþārkhniastbmlʀ

20 cm

fuþārkhniastbmlʀ

Abb. 27,1 (links): Fuþark-Inschrift auf dem Stein von Gørlev (nach DR I, 770); M ca. 1:3.
Abb. 27,2 (rechts): Stein von Malt (nach Stoklund 1994b, 180).

Reduzierte Formen zeigen hingegen die Kurzzweigrunen (schw. *kortkvistrunor*, engl. *short-twig runes*; norw. *stuttruner* ›Stutzrunen‹: Sanness Johnsen 1968); auch hier ist die ältere Bezeichnung schwedisch-norwegische Runen weniger angemessen, da geographische Kriterien nicht entscheidend sind. Ein in Haithabu (Haddeby, Schleswig-Holstein, D; 9./10. Jh.) gefundenes Holzstäbchen zeigt im Kontext einer lesbaren, aber unverständlichen Inschrift eine komplette Runenreihe:

ǃ f u þ ã r k h n i a s t b m l ʀ ǃ

Abb. 27,3: Fuþark-Inschrift auf dem Holzstäbchen I von
Haithabu (DK-SI 8; nach Schietzel 2014, 182); M ca. 1 : 1.

Die im Deutschen übliche Namenform *Haithabu* ist mechanische Umsetzung des Akkusativs (!) **haiþa×bu** = an. (dän.) *Hēðabȳ*, Nom. *-bȳʀ* (s. S. 140).

Zum Vergleich folgen die in der Inschrift auf dem Stein von Rök (Östergötland, S; S. 152 ff.) bezeugten Runen in der Reihenfolge des jüngeren Fuþark:

f u þ ã r k h n i a s t b m l ʀ

Abb. 27,4: Runen des jüngeren Fuþark auf dem Stein von Rök
(Ög 136, normalisiert; Zusammenstellung nach Jansson 1987, 26).

Auf dem Stäbchen III von Haithabu erscheinen die Zweige der Runen **ã**, **n**, **a** und **b** auf beiden Seiten des Stabes (ᛣ, ᛐ, ᛐ, ᛒ), in anderen Inschriften dieses Typs (z.B. RÖK) sind sie einseitig (ᚼ, ᚿ, ᛆ, ᛓ). Ferner tragen **h** und **m** nur keilförmige Vertiefungen (ᛐ, ᛐ), während sonst Zweige den Stab mittig und oben kreuzen (ᛐ, ᛐ). Diese Besonderheiten beruhen wohl auf der Schnitztechnik in Holz; der Unterschied zu den Langzweigrunen (ᚼ **h**, ᛘ **m**) ist recht deutlich.

Die Kurzzweigrunen à la RÖK bezeichnet Sanness Johnsen (1968, 14 f.) als Typ A und die nach Art des Stäbchens von Haithabu (das sie noch nicht kennen konnte!) als Typ B, allerdings mit den Formen ᚼ **h** und ᛘ **m**. Daneben stellt sie einen Typ C, in dem ebenfalls die Formen ᚼ **h** und ᛘ **m** erscheinen, darüber hinaus aber die Zweige bei ᚼ **ã**, ᚿ **n**, ᛆ **a** und ᛓ **b** wie in Typ A einseitig abgehen. Die drei genannten Typen begegnen jedoch kaum einmal in Reinform.

Die beiden Reihen der Lang- und Kurzzweigrunen zeigen eine übereinstimmende Anordnung der Runen. Die Unterschiede zum älteren Fuþark sind:

– Fortfall von ᚷ **g** und ᚹ **w** in der ersten Achtergruppe (aisl. *ætt*; vgl. S. 9), die damit sechs Runen aufweist;

– Versetzung von ᛘ **z** (ʀ) sowie Eliminierung von ᛁ **ï** und ᛈ **p** in der zweiten Gruppe, die danach nur noch fünf Runen enthält;

– Verlust von ᛖ **e**, ◇ **ŋ**, ᛞ **d** und ᛟ **o** in der dritten *ætt*, dafür Eingliederung der ›Besenrune‹ in der Form ᛜ bzw. ı an letzter Position, sodass auch diese Gruppe wiederum fünf Runen umfasst.

Bei geringen Veränderungen wird auch das jüngere Fuþark in drei *ættir* eingeteilt – dies ist auch epigraphisch bezeugt – und ist somit (weiterhin) für den geheimschriftlichen Gebrauch verwendbar (s. S. 241 ff.).

Insgesamt ist die Einstabigkeit der runischen Grapheme (*one-vertical-principle*; Fridell 2011, 76; vgl. Fridell 2016) charakteristisch für das jüngere Fuþark. Markante Formveränderungen gegenüber der älteren Runenreihe zeigen ᚼ/ᚽ **h** (gegenüber ᚺ), ᛅ/ᛆ **a** (gegenüber ᚨ) und ᛘ/ᛙ **m** (gegenüber ᛗ), bei den Kurzzweigrunen auch ᛌ **s** (gegenüber ᛊ), ᛓ **b** (gegenüber ᛒ) und ᛧ **ʀ** (gegenüber ᛉ). Wahrscheinlich ist die Reduktion der graphischen Merkmale der Runen auch eine Folge der Reduktion des ganzen Grapheminventars – ein 16-Zeichen-System bedarf schließlich weniger formaler Distinktionen als ein 24-Zeichen-System.

In der Frage, ob die unterschiedlichen Zeichenformen der beiden Hauptvarianten des jüngeren Fuþark auch verschiedene materialbedingte Gebrauchsweisen widerspiegeln, hat man auch gemeint, die (dekorativeren) Langzweigrunen seien für repräsentative Steininschriften und die (einfacher und schneller geritzten) Kurzzweigrunen für die alltägliche Verwendung auf Holz abgestimmt (so vor allem Wessén 1957, 10 f.). Allerdings lässt sich eine strikte Grenzziehung zwischen Monumental- und Gebrauchsschrift nicht durchführen, denn zum einen gibt es nicht wenige Beispiele von Kurzzweigrunen auf Stein (Källström 2014, 106), zum anderen und vor allem treten auch Inschriften in einer Mischreihe entgegen, die mitunter »ältere norwegische Runen« genannt wird (Seim 2021, 41).

Hier haben idealerweise ᚼ **h**, ᛒ **b**, ᛘ **m** und ᛦ **ʀ** Formen der Langzweigrunen, ᚿ **n**, ᛆ **a** und ᛐ **t** Formen der Kurzzweigrunen; für **s** sind sowohl ᛋ als auch ᛌ in Gebrauch, und ein Spezifikum ist Rune Nr. 4 ᚭ **ã** (formengleich mit der **b**-Variante ᚭ der Kurzzweigrunen!). Die anderen Runen (ᚠ **f**, ᚢ **u**, ᚦ **þ**, ᚱ **r**, ᚴ **k**, ᛁ **i**, ᛚ **l**) sind überall identisch.

Es sei festgehalten, dass die hier vorgestellten zwei (bzw. drei) Varianten des jüngeren Fuþark Idealisierungen sind, denn in manchen Inschriften – z.B. SPARLÖSA (s. S. 151 f.) – finden sich außertourliche Mixturen von Runenformen (vgl. Knirk 2002, 642; Barnes 2006, 26 f.; Seim 2021, 40). Allerdings ist bei christlichen Gedenkinschriften auf Stein ab dem späten 10. Jh. eine Tendenz zu einem einheitlicheren Gebrauch von Runenformen zu beobachten (vgl. Åkerström 2019, 8. 83).

Formtypologisch stehen die Langzweigrunen dem älteren Fuþark näher und sind in dieser Hinsicht ›ursprünglicher‹ als die Kurzzweigrunen, und unter diesen wiederum gilt Typ A (Rök-Runen) als der ältere. Allerdings werden diese beiden Annahmen bisweilen auch in Frage gestellt (z.B. von Barnes 1987, 42 ff.). Wie auch immer, damit ist noch nichts über das Früher oder Später einer der beiden Hauptvarianten des jüngeren Fuþark gesagt. Die Entscheidung darüber ist auch eine Frage der Definition, was Langzweigrunen (im Vergleich zum älteren Fuþark) sind, und hängt nicht zuletzt von den in der Forschung jeweils zugrunde gelegten, zum Teil weiten Datierungen (sogar Datierungsspielräumen) ab, und dies hat wiederum Konsequenzen für die Berücksichtigung bestimmter Runenformen und deren Verbreitungsgebiete. Unter Hinweis auf visuell-kognitive und schreibmotorische Gesichtspunkte hat indessen Fridell (2011, 84) die Meinung vertreten, dass zunächst die Langzweigrunen aus dem älteren Fuþark entwickelt worden seien und dann die weitere Grundlage für die Ausbildung der Kurzzweigrunen (als dezidierte Vereinfachung) sowie später auch der stablosen Runen (S. 129) bzw. der punktierten Runen (S. 129) gebildet hätten.

Über die Entstehung des jüngeren Fuþark und seine Ursachen, den Systemcharakter, die Beurteilung von Zeichenvarianten, die genaue zeitliche Abfolge und geographische Verteilung wie über Verbreitung und Gebrauchsweisen gibt es eine rege, anhaltende Forschungsdiskussion (s. Birkmann 1995, 188 ff.; Schulte 2006). In diesem Zusammenhang sind mehrere Faktoren in durchaus unterschiedlicher Gewichtung zu nennen:

1. Lautwandel I: Die durch Umlauterscheinungen im Späturnordischen entstandenen neuen Phoneme /ø/, /ø:/, /y/ und /y:/ (S. 123) bedingen eine Restrukturierung der Vokalrunen.

2. Lautwandel II: Im Gefolge der Auslautverhärtung kommt es zu einer Neutralisierung der Opposition zwischen stimmhaften und stimmlosen Verschlusslauten am Wortende (und vor *s*), z.B. ᚲᛅᛏ lat EGGJA, um 700 = spät-urn. *la(n)t* /land/ ›Land‹ (dazu Thöny 2017; auch im Neuhochdeutschen [lant] realisiert!); dies habe die generelle Beseitigung von **d** und **g** (zugunsten von **t** und **k**) ausgelöst.

3. Lautwandel III: Veränderungen des Anlautes von Runennamen rufen Störungen im ursprünglichen Akrophonie-Prinzip hervor, sodass **w**, **e** und **o**, die den nicht länger aktuellen Bezeichnungen **wunjō*, **ehwaz* und **ōþila^n* zugeordnet waren (S. 123), getilgt werden.

4. Schreibökonomie: Acht Runen mit komplexen zentralen graphischen Merkmalen werden ausgeschieden, und zwar die selten verwendeten ᛁ **ï**, ᛈ **p** und ◇ **ŋ**, ferner ᚷ **g**, ᚹ **w**, ᛗ **e**, ᛞ **d** und ᛟ **o**. Etliche übriggebliebene Runen werden gegebenenfalls weiter vereinfacht (S. 127).

5. Zahlensymbolik: Für die Konstitution des 24typigen älteren Fuþark wie des 16typigen jüngeren Fuþark sei die Teilbarkeit durch die ›heilige‹ (oder magische?) Zahl 8 ausschlaggebend gewesen.

6. Sprachkontakt: Vereinzelt wurden Einflüsse der lateinischen Schrift und Sprache bzw. der finnougrischen Sprachen auf die Ausbildung der jüngeren Runenreihe in Betracht gezogen.

Heutzutage wird vor allem (und zu Recht) mit den unter 1. bis 4. genannten Faktoren argumentiert, die beiden restlichen Aspekte kommen dagegen schwerlich in Betracht. Kontrovers diskutiert wird indessen die Frage, ob das jüngere Fuþark als Resultat einer intendierten, ›schriftplanerischen‹ Reform (Liestøl 1981, 262 ff.; Barnes 1987; 2003, 53 f.) geschaffen wurde oder ob es sich um einen schrittweisen dezentralen Prozess gehandelt hat (Schulte 2009a; 2009b; 2015b, 94 ff.). Vor allem angesichts der Uneinheitlichkeit der Runenformen in den verschiedenen Varianten des jüngeren Fuþark und dem wiederholten Auftreten verschiedener Runenformen in éiner Inschrift wird man eher zu der zweitgenannten Ansicht neigen (abwägend Barnes 2012, 58 f.).

Wie gesagt (S. 124), führt die Verminderung des Grapheminventars bei Vermehrung des Phoneminventars dazu, dass etliche Runen des jüngeren Fuþark multifunktional sind: **u** ist neunwertig(!), **a** und **ã** sind sechswertig, **i** ist fünfwertig, **k**, **t** und **b** sind zweiwertig.

Die Unschärfe der Graphem-Phonem-Korrespondenzen im jüngeren Fuþark wird zusätzlich noch dadurch vergrößert, dass ein und derselbe Laut bisweilen durch verschiedene Runen bezeichnet wird. Nur drei Beispiele aus dänischen Runeninschriften (Nielsen K. M. 1960, 2 f.): /æ(:)/ wird zumeist durch ᛅ **a** vertreten, aber auch durch ᛁ **i**; vor Nasal wechseln ᚼ **ã** und ᛅ **a**; der Diphthong /æi/ wird teils ᛅᛁ **ai** geschrieben, teils ᛁ **i**.

Um die Verständlichkeit der runenepigraphischen Texte zu verbessern, begann man bereits in der späten Wikingerzeit, den Lautwert mehrwertiger Zeichen mittels diakritischer Punkte oder kurzer Striche zu verdeutlichen (Lagman 1990; Knirk 2010a; Schulte 2020; Krüger 2021). Solchermaßen stehen ᛂ **e** für /e(:)/ (und /æ(:)/), ᛒ **p** für /p/, ᛔ **d** für /d/ und ᚵ **g** für /g/, gelegentlich auch ᚯ für /ø(:)/ und /y(:)/. Die frühesten Belege für derartige punktierte Runen (schw. *stungna runor*, engl. *dotted runes*) finden sich auf den Steinen I und III von Haithabu (s. S. 139 ff.) aus dem ausgehenden 10. Jh. Die Punktierung hat jedoch keinen obligatorischen Charakter; so können ᛁ, ᛒ, ᛏ und ᚴ auch weiterhin /e(:)/ (bzw. /æ(:)/), /p/, /d/ und /g/ bezeichnen. Bisweilen werden beide Schreibungen auch innerhalb éiner Inschrift verwendet; so etwa ist /g/ auf dem Stein von Sele I in Klepp (Jæren, N; N 236, um 1000) als ᚴ **k** in **likia** (awn. *lig(g)ja* ›liegen‹) neben ᚵ **g** in **aign** (awn. *eign* ›Eigentum‹) wiedergegeben. Mehrfach hat man gemeint, dass die punktierten Runen auf den Britischen Inseln ausgebildet wurden, und zwar in einer englisch-skandinavisch-keltischen Kontaktzone wie auf der Insel Man (vgl. S. 228 f.).

Etwa zur gleichen Zeit, also zu Ende des 10. Jh.s bzw. im 11. Jh., verbreitete sich in den schwedischen Landschaften Hälsingland, Södermanland und Medelpad eine Variante mit rigoros vereinfachten Runenformen, die sonst nur noch auf einem einzigen Holzstäbchen aus dem norwegischen Bergen entgegentritt (scil. N B 41; Seim 1998a, 72 ff.). Diese stablosen Runen, die zuerst in Hälsingland erscheinen und sonach auch Hälsinge-Runen genannt werden, setzen einerseits die gleiche (rechtsläufige) Schriftrichtung voraus, andererseits ist für die zum Teil keilförmigen Zeichen ein (in der Regel durch eigens gezogene Randlinien) begrenztes Schriftfeld erforderlich (Peterson 1994a; Fridell 2001):

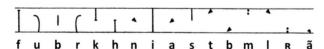

f u þ r k h n i a s t b m l ʀ ã

Abb. 27,5: Stablose Runen (Zusammenstellung nach Peterson 1994a, 246; mit Ergänzung von nicht bezeugtem ã nach Jansson 1987, 28).

Die Hälsinge-Runen sind nach dem Prinzip *pars pro toto* konstruiert: ᚢ **u** bewahrt den Bogen des ᚢ, ᚦ **þ** den Mittelteil des Stabes von ᚦ etc. In der älteren Forschung hat man gemeint, die radikale Reduktion der Zeichenformen sei dem Bedürfnis nach einfacherem und schnellerem Schreiben im Alltagsgebrauch geschuldet. Die mangelnde Praxistauglichkeit lässt sich jedoch auch an dem Umstand ablesen, dass es lediglich etwa 20 Inschriften in stablosen Runen gibt. Mehr für sich hat daher die Annahme, es habe sich um eine Art Geheimschrift gehandelt, deren Verwendung das Lesen und Verstehen der runenepigraphischen Texte nicht erleichtern, sondern im Gegenteil erschweren sollte (Fridell 2011, 83 f.).

In der ausgehenden Wikingerzeit (ab ca. 1050) wurde die Multifunktionalität der Runen allmählich abgebaut, wohl auch als Folge des Kontaktes mit der lateinischen Schriftkultur. Ein erster Schritt war die Verwendung von punktierten Runen (s. vorhin, S. 129). Ferner wurde nach dem – im westlichen Skandinavien früher als im östlichen Skandinavien erfolgten – Zusammenfall von /r/ (»r_1«) und /ʀ/ (»r_2« < /z/; vgl. S. 6) die Rune Nr. 16 ᛣ frei für die Bezeichnung von /y(:)/ (mit Runennamen ȳr ›Eibe‹; vgl. S. 260). Und nachdem sich /ã:/ im Laufe der altnordischen Sprachgeschichte über /ɔ:/ zu /o:/ entwickelt hatte (vgl. Williams 1990, 89), änderte sich der Lautwert von Rune Nr. 4 entsprechend dem zugrundeliegenden Runennamen (< urgerm. *ansuz ›Ase‹). Drei Beispiele mittelalterlicher Runenreihen mögen die einzelnen Stufen veranschaulichen:

f þ ã r k h n i a s t b k m l ʀ

Abb. 28,1: Fuþark-Inschrift auf einem Knochen aus Sigtuna, S, 12. Jh. (›S 103‹; nach NoR 18 [2003, publ. 2005], 22); M ca. 1:3.

f u þ ã r k h n i a s t b m l y

Abb. 28,2: Fuþark-Inschrift auf einem Knochen aus Schleswig, D, 11. Jh. (DK-SIB 12; nach Moltke 1985, 399); M ca. 1:2.

f u þ o r k h n i a s t b l m y

Abb. 28,3: Fuþork-Inschrift auf einem Hölzchen aus Bryggen in Bergen, N, frühes 13. Jh. (N B439; Zeichnung: K. Jonas Nordby (Oslo); M ca. 3:4.

Auf dem Knochen aus Sigtuna (Abb. 28,1; mit ᛣ noch für /ʀ/) ist die k-Rune versehentlich doppelt eingetragen. Die senkrecht und waagrecht gesetzten Punkte auf dem Knochen aus Schleswig (Abb. 28,2; mit ᛣ schon für / y(:)/) geben Hinweise zur Verwendung als Geheimrunen (s. S. 246). In der Runenreihe auf dem Hölzchen aus dem Stadtviertel Bryggen in Bergen (Abb. 28,3; mit ᚮ für /o(:)/ und ᛣ /y(:)/) hat wohl die lateinische Alphabetfolge die Inversion von **ml** zu **lm** bewirkt. (Zahlreiche Belege von Runenreihen aus der altwestnordischen, insbesondere aus der norwegischen Überlieferung dokumentiert Seim 1998a, 336 ff.)

Später, bis zum ausgehenden 12. Jh., kam es zu einer Vermehrung des Zeicheninventars. Bei Rune Nr. 10 ᚭ ᛏ erfolgte eine Graphemspaltung: die Variante ᚭ bezeichnet /a(:)/, und ᛏ ist dem Umlautprodukt /æ(:)/ zugeordnet. In ähnlicher Weise dient die Form ᚧ zur Wiedergabe von /ø(:)/ (und /ɔ(:)/) gegenüber ᚮ für /o(:)/ (s. vorhin). Für die Bezeichnung von /p/ konkurriert ᛒ mit dem ›Neuzeichen‹ ᛕ (transliteriert **p**); so etwa wird auf dem Grabstein von Veum (Telemark, N; N 161) der Bestattete ᛕᛁᛏᚱ:ᛕᚱᛁᛏᛁᛦ **peᵗr:presᵗr** ›Petr, der Priester‹ genannt. Der zunehmende Einfluss der Lateinschrift zeigt sich in neugeschaffenen Runen, z.B. **c** und **z**. Insgesamt sind nicht unbeträchtliche regionale und individuelle Verschiedenheiten zu beobachten, was Anzahl und Form der Runen betrifft. Die Graphem-Phonem-Korrespondenzen sind im runischen Schriftsystem des Mittelalters jedenfalls gegenüber dem jüngeren Fuþark der Wikingerzeit bedeutend verbessert und erreichen beinahe eine 1 : 1-Relation wie im älteren Fuþark, das Pendel schlägt also wieder zurück.

Nach lateinischem Vorbild lassen sich die mittelalterlichen Runen auch in alphabetischer Reihenfolge zusammenstellen, wie das ab dem Ende des 13. Jh.s gelegentlich auch epigraphisch bezeugt ist (Seim 1998a, 151):

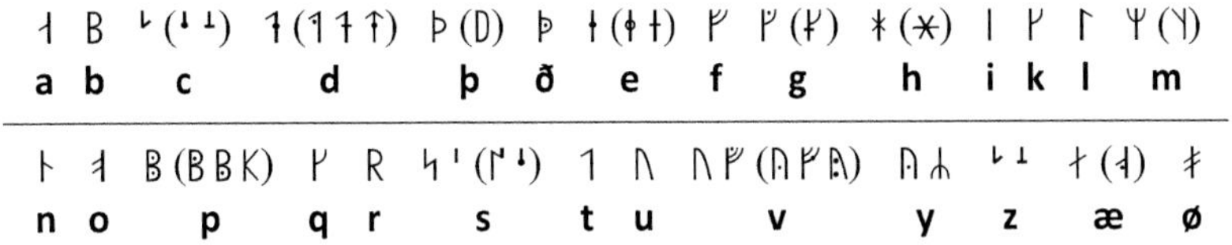

ᚽ	ᛒ	ᛌ(ᛌᛌ)	ᛐ(ᛁᛐᛁ)	ᚦ(ᛑ)	ᚦ	ᛁ(ᛁᛁ)	ᚠ	ᚡ(ᚡ)	ᚼ(᚛)	ᛁ	ᛙ	ᛚ	ᚤ(ᚤ)
a	b	c	d	þ	ð	e	f	g	h	i	k	l	m

ᚾ	ᚮ	ᛒ(ᛒᛒᛕ)	ᛡ	ᚱ	ᚼᛌ(ᛌᛌᛌ)	ᛏ	ᚿ	ᚿᚡ(ᚿᚡᚱ)	ᚿᛘ	ᛌᛁ	ᛏ(᚛)	ᚧ
n	o	p	q	r	s	t	u	v	y	z	æ	ø

Abb. 28,4: Idealisiertes mittelalterliches Runenalphabet mit wichtigen regionalen Varianten (vgl. Svärdström 1982, 2).

Ferner treten in Norwegen die Varianten ᚼ **c** und ᚧ **z** sowie eine zusätzliche *x*-Rune ᛬, ᛭ entgegen (Seim 1998a, 156 ff.), und aus Schweden sind die Formen ᛐ **c** und ᚻ **s** (sog. Stuhl-**s**) bekannt (Meijer 2000, 25 f.; Palumbo 2018, 244).

Die Sprache der Inschriften im jüngeren Fuþark ist das Altnordische (ab ca. 700/725). Während der Wikingerzeit entwickelte sich die altnordische Sprache zwar regional verschieden, die dialektalen Unterschiede blieben jedoch noch längere Zeit relativ geringfügig. Erst im Laufe des späten 11. Jh.s kam es zu Sprachwandelprozessen, die zu Differenzierungen zwischen dem Altwestnordischen (Altnorwegisch, Altisländisch), dem Altostnordischen (Altdänisch, Altschwedisch) und dem Altgutnischen, das den Status einer eigenen Sprache hatte, führten (vgl. Ottosson 2002, 788 ff.).

Von den runographischen Regelungen, die für das ältere Fuþark gelten (s. S. 10 f.), sind auch im jüngeren Fuþark die Einfachschreibung zweier Konsonanten (**aliʀ** = an. *al(l)iʀ* ›alle‹ [m.]) und Auslassung von Nasal vor homorganem Konsonanten (**uikikaʀ** = *vīki(n)gaʀ* ›Wikinger‹) zu beobachten.

Nach herrschendem Usus werden in den nachfolgenden Kapiteln VII–IX Einfachschreibungen und nicht realisierte Nasale in den Transliterationen in der Regel nicht eigens vermerkt, also z.B. *alliʀ* statt *al(l)iʀ*, *vīkingaʀ* statt *vīki(n)gaʀ* etc. – /w/ wurde im Altnordischen noch geraume Zeit bilabial (wie im modernen Englischen) realisiert, wird aber hier einheitlich *v* (und nicht *w*) geschrieben.

VII. Runeninschriften der Wikingerzeit

Die Überlieferung von Inschriften im jüngeren Fuþark erstreckt sich in Skandinavien über die gesamte Wikingerzeit von ca. 750/800 bis gegen ca. 1050/1100 (vgl. RGA XXXIV, 81). Sie umfasst eine Reihe von losen Gegenständen, darunter etliche Blei-, Kupfer- und Bronzebleche, ferner Runenmünzen sowohl aus Norwegen als auch aus Dänemark – hier vor allem im Zeitraum 1065–1070/1075, als unzählige Münzen von verschiedenen Monetaren im Auftrag von König Sven Estridsson geschlagen wurden (DR I, 556 ff.; Moltke 1985, 391 ff.; RGA XXV, 553 ff.). Bemerkenswert ist die große Anzahl von Runensteinen in Dänemark, weniger frequent in Norwegen und weitaus am zahlreichsten in Schweden, hier mit einer erstaunlich hohen Konzentration in Uppland und den umgebenden Regionen. Die Inschriften auf Runensteinen sind schwierig zu datieren, wenn kein archäologischer Kontext eine nähere chronologische Bestimmung ermöglicht. Mit zunehmender Ornamentierung der Inschriftensteine und ausgeführten Bilddarstellungen kann indessen eine kunsthistorische Einordnung möglich werden (s. etwa Gräslund 1994; 2006; 2014; Fuglesang 1998). Wenn in den Runeninschriften Personen genannt werden, die in anderen (in der Regel literarischen) Quellen bezeugt sind, lässt sich ein engerer Zeitraum eingrenzen. Sonst bleiben nur runologisch-epigraphische und sprachliche Indizien, die jedoch nur eine ungefähre Datierung ermöglichen (vgl. allgemein Palm 1992, 22 ff.).

Im 11. Jh. erscheint in Uppland das Setzen von Runensteinen als grassierende Mode, deren soziokulturelle Hintergründe es aufzuklären gilt (Williams 2014). Es handelt sich hauptsächlich um Gedenksteine, deren Inschriften ein stereotypes Formular ›X errichtete den Stein (das Denkmal o.ä.) nach (dem Tod von; zum Gedenken an) Y‹ bestimmt (vgl. Thompson 1975, 12 ff.). An erster Stelle wird eine Person oder auch mehrere (Männer und Frauen) genannt, die einer Person oder auch mehrerer (meist Männer, und zwar Verwandter, Fahrtgenossen, Gefolgsleute oder Handelspartner) gedenken. Oft wird der Tote durch auszeichnende Attribute charakterisiert, z.B. ›redegewandt‹, ›gastfreundlich‹ (s. Elmevik 2001), ›scharfsinnig‹, ›tapferer Krieger‹, ›rechtschaffener Hausherr‹, ›guter Sohn (Vater, Ehemann)‹. Ferner kann auf nähere Umstände des Ablebens hingewiesen werden: ›er ertrank‹, ›er wurde verbrannt‹, ›er wurde erschlagen‹, verbunden mit Ortsangaben wie ›in A‹, ›auf dem Weg nach B‹, ›im Kampf bei C‹; nur selten wird aber der Zweck der Fahrt – Handel mit Fellen (Stenkumla; G 207) oder Steinen (Norrsunda; U 414) – angegeben. Meist handelt es sich bei den Runensteinen um Grabsteine (Epitaphe) von in der Nähe bestatteten Personen. Es kommen jedoch auch Gedenksteine (Kenotaphe) vor, wenn derjenige, den Stein und Inschrift kommemorieren, weit entfernt in der Fremde verstorben ist und wohl auch dort bestattet wurde. Insgesamt kennzeichnet die Wikingerzeit in Skandinavien enorme Mobilität; vor allem junge Männer begaben sich auf Fahrten in den Westen (zu den britischen Inseln oder in das Westfrankenreich), in den Osten (Osteuropa; die Teilnehmer am Ingvar-Zug bis nach Serkland, s. S. 161) oder auch in den Norden (in die Gegenden am Weißen Meer).

© Springer-Verlag GmbH Deutschland, ein Teil von Springer Nature 2023
K. Düwel und R. Nedoma, *Runenkunde*,
https://doi.org/10.1007/978-3-476-04630-7_7

Auslösende Faktoren für die weit ausgreifenden Unternehmungen der Wikinger mögen vor allem die Existenz von lohnenden Zielen, das Wissen um die Existenz dieser lohnenden Ziele und eine spezifische Lebenshaltung, in der Risikobereitschaft bzw. Abenteurertum positiv besetzt war, gewesen sein.

Im Einzelnen lässt sich nicht immer entscheiden, ob Erkundung, Raub oder Handel eine Fahrt veranlasst haben; bisweilen ging auch das eine in das anderen über. So etwa endet eine von dem norwegischen Fürsten Thorir und seinen Leuten im frühen 11. Jh. unternommene Handelsreise nach *Bjarmaland* an der Weißmeerküste in einer Plünderei des dortigen Heiligtums (gefolgt von Auseinandersetzungen der Sieger: *Heimskringla*, *Óláfs saga ins helga*, c. 133; ÍF 27, 227 ff.).

Die runenepigraphischen Texte enthalten auch weitere Angaben. So nennt sich mehrfach der Runenmeister, der Konzeption und Ausführung einer Inschrift vorgenommen hat. Aus den Inschriften im älteren Fuþark bekannt (vgl. S. 13. 56. 78 f.) ist das Formular ›X schrieb (ritzte, hieb, meißelte) die Runen‹. In den wikingerzeitlichen Inschriften sind in diesen *scripsit*-Formeln über 100 Namen von Runenmeistern überliefert (Axelson 1993), die ihr Werk signiert haben. Besonders produktiv war ein gewisser Öpir (**ybiʀ**, **ybir**, **ubiʀ**) in Uppland, der sich in 46 Inschriften nennt; vermutlich sind ihm noch weitere 27 unsignierte Inschriften zuzuschreiben (Åhlen 1997). Gelegentlich sind die runenepigraphischen Texte auch poetisch geformt; die Spannweite reicht von einfachen Versen auf dem Stein I von Gripsholm (S. 161 f.) bis zur kunstvollen Strophe auf dem Stein von Karlevi (S. 174 f.). Manchmal, vor allem in älterer Zeit, kann eine Schutz- bzw. Fluchformel wie etwa ›ein **rati** (vgl. S. 138) werde, wer [den Stein, das Denkmal oder das Grab] bricht (zerbricht, zerstört, verletzt)‹ (Glemminge; S. 138) entgegentreten. Es ist nicht eindeutig, ob hier und in anderen Fällen die Schutzwirkung gegen Störungen von außen (d.h. durch Grabräuber) oder gegen Störungen von innen (d.h. durch einen ›lebenden Leichnam‹) gerichtet ist. Ferner begegnen einige Male Anrufe des heidnischen Gottes Thor (wie auf Sønder Kirkeby; S. 137) ebenso wie verschiedene Zauberformeln, die vielleicht totenmagischen Zwecken dienen (s. S. 138). Nach dem Übertritt zum Christentum wird – vor allem gegen Ende der Wikingerzeit in Schweden – einer Gedenkformel öfter noch ein Wunsch für das jenseitige Leben beigefügt: ›Gott helfe seiner/ihrer Seele‹. Zusätzlich konnten fromme Werke wie Wege- und Brückenbau geleistet und in der Inschrift ausdrücklich genannt werden (S. 186 f.).

Bisweilen finden sich Bilddarstellungen aus Mythologie und Heldensage (s. S. 181 ff.), ferner Abbildungen merkwürdiger Tiere (s. S. 147 ff. 181. 185) und Masken (s. S. 141. 180 f. mit Abb. 37); vereinzelt werden jedoch auch christliche Themen aufgegriffen, z.B. Christus am Kreuz (s. S. 143). Sehr häufig sind Inschriften mit Kreuzzeichen (als christlichem Symbol) versehen; dagegen wurde in noch heidnischem Milieu gelegentlich ein Thorshammer dazugefügt, womöglich auch als Reaktion gegen das vordringende Christentum. Es kommt auch zur Mischung paganer und christlicher Motive (s. S. 143. 185); aus der wikingerzeitlichen Sachkultur sind Gussformen bekannt, mittels derer in einem Arbeitsgang sowohl Thorshämmer als auch christliche Kreuze gefertigt werden konnten (RGA XXX, 227. IV, 598: Abb. 147e) – wer ganz sicher gehen wollte, versorgte sich mit beidem. Von dem isländischen Landnehmer Helgi dem Mageren wird berichtet, er sei ›sehr gemischt im

Glauben‹ (*blandinn mjǫk í trú*) gewesen, indem er an sich an Christus geglaubt, aber bei Seefahrten und gefährlichen Unternehmungen doch lieber auf Thor vertraut habe (*Landnámabók* ›Buch der Landnahmen‹, c. 218; ÍF 1, 250).

Die Inschriften auf Runensteinen in Dänemark verlaufen anfangs meist in vertikal angeordneten Zeilen. Schlangenleiber als Träger der Runeninschriften begegnen ab dem Jahr 1000, z.B. auf dem Stein von Sporup (Moltke 1985, 262 ff.; vgl. SÖVESTAD II; DR 291). In Schlangenköpfen münden die Randlinien auf HÄLLESTAD II (DR 296). In Schweden sind die Inschriften auf Runensteinen vor allem im 11. Jh. in ein Band gesetzt, das von einer, zwei oder auch mehreren kunstvoll ineinander verschlungenen Schlangenkörpern gebildet wird. Ob man Schlangenabbilder wählte, weil sich Runen in die Umrisse ihrer Leiber als Randlinien trefflich einmeißeln ließen, weil sie den ästhetischen Zielen der wikingerzeitlichen Bildkünstler in der Tradition der germanischen Tierstile bis hin zu den artistischen Verschlingungen des Urnes-Stils entsprachen oder weil Schlangen auch symbolische Bedeutung hatten (Schutzfunktionen verschiedener Art; vgl. Andrén 2000, 13), bleibt offen; dies gilt auch für vermutete Beziehungen zur Midgardschlange (Oehrl 2011a, 257). Man hat auch auf Parallelen zwischen den Verschlingungen der Tierornamentik (unter Einschluss der Schlangen auf Runensteinen) und den mitunter verwirrenden syntaktischen Arrangements der Skaldendichtung hingewiesen (Düwel 1997a, 814 ff.).

Der Typus der (Toten-)Gedenkinschrift erhält in den sog. Jarlabanki-Steinen einen übertreibenden Zug, wenn der Genannte sechs teilweise gleichlautende Runensteine ›nach sich selbst als Lebendem‹ setzen lässt und dazu festhält ›und machte diesen Thingplatz und besaß allein die ganze Hundertschaft (den ganzen Distrikt)‹ (s. S. 171 f.). Die *memoria* wird zum *memorabile*, das Gedenken zur Denkwürdigkeit. Spätestens hier wird deutlich, dass sich mit einer Gedenkinschrift mehr als nur Totenmemoria verbinden lässt, nämlich Repräsentation und Machterweis, Herrschaftsanspruch und Rechtsvorgang bis hin zu erbrechtlichen Regelungen – dies alles um so machtvoller, wenn der dänische König Harald Blauzahn seine Großtaten auf dem Stein II von Jelling (S. 142 ff.) verkünden lässt. Die Präsentation der Runeninschriften auf Steinen erfolgte in einer auffälligen Gestaltung von Text und Bild (Figuren, Ornamente und Zeichen), die, farbig ausgemalt, weithin wirkten. Zu ihrem angemessenen Verständnis sind alle diese Aspekte zu berücksichtigen (Andrén 2000, 9 ff.; vgl. RGA XXV, 529 ff.).

Aufs Ganze gesehen sind die Mitteilungen der Inschriften auf wikingerzeitlichen Runensteinen – auch angesichts der Textsortengebundenheit und unter Berücksichtigung des Grundsatzes *De mortuis nihil nisi bene* ›Über die Toten nur gut [sprechen]‹ – eine reiche dokumentarische Quelle (Palm 2004, 120 ff.). Sie ermöglichen zum einen, den Blick auf Variation und Regionalität zu richten (s. Palm 1992), und zum anderen, allgemeine Erkenntnisse zu Mensch und Gesellschaft sowie besondere Einsichten zu Ereignisgeschichte, Handel und Verkehr, Recht, Religion, Dichtung und Multimedialität (Text und Bild) zu gewinnen (s. u.v.a. RGA XXV, 504 ff. 585 ff.; Sawyer B./Sawyer P. 2002, 357 ff.). Nach diesen Aspekten soll im Folgenden eine Reihe wichtiger Runendenkmäler vorgestellt werden; eine wie in den Kapiteln II, III und IV vorgenommene Gliederung nach Inschriftenträgern ist hier wenig zweckmäßig, da ein enormer Überhang von Runeninschriften auf Stein besteht.

VII.1. Dänemark

Runensteine bilden den größten Teil der runenepigraphischen Überlieferung in Dänemark, das zur Wikingerzeit auch Südschleswig sowie die heutigen schwedischen
Landschaften Schonen, Blekinge und Halland einschloss. Es gibt ca. 250 wikingerzeitliche Runensteine; dazu kommen noch etliche Stücke, die nicht sicher der Wikingerzeit zugeordnet werden können. Etwa 30 Runensteine gingen im Original verloren (sind aber meist aus älteren Zeichnungen bekannt), einige Exemplare blieben
nur fragmentarisch erhalten. In der älteren Runenperiode, d.h. vor 700, sind aus dem
dänischen Kerngebiet keine Steine mit Inschriften bekannt. Der Anstoß zur Errichtung von Runensteinen in der frühen Wikingerzeit mag von Blekinge (vgl. S. 50 ff.)
ausgegangen sein (Haugen 1980, 177). Wegen der schwierigen genaueren Datierung von Runensteinen (s. vorhin, S. 132) wird bereits in der Korpusedition *Danmarks Runeindskrifter* (DR; ferner etwa auch von Nielsen N.Å. 1983 und Moltke
1985) eine Einteilung in Zeitstufen vorgezogen, wobei die Inschriften der Wikingerzeit die Periode 2 umfassen.

VII.1.1. Religiöse und soziale Strukturen

Am Beginn steht die sog. Helnæs-Gørlev-Gruppe, die den Zeitraum von ca. 750/800
bis 900 umgreift. Der Stein von Gørlev (Seeland; DR 239; s. RGA XII, 277 f.) trägt
auf Seite A eine Gedenkinschrift einer Frau für einen sozial hochstehenden Mann
(vgl. Birkmann 1995, 359 f.; Föller 2021, 159 f. Anm. 7): ›Thjodvi errichtete diesen
Stein nach **uþinkaur**‹. Der Name des Toten, an. *Ōðinkaurr, -kǫrr* (Peterson 2007,
171), ist noch in drei anderen Inschriften belegt. Es folgt eine Runenreihe vom Typ
der Langzweigrunen (Abb. 27.1, S. 125) und die Grabbannungsformel **niutualkums**
= an. *niut wæl kum*[*bl*]*s* ›Nütze (genieße) das Denkmal wohl (gut)‹, die in ähnlicher
Form auch auf dem Stein von Nørre Nærå (Fünen; DR 211) mit dem Namen *Þor-
mundʀ* (eher der Bestattete als der Runenschreiber) erscheint.

Unter an. *kumbl* verstand man in der früheren Forschung einen ›Grabhügel‹, doch liegt hier eher
noch die ältere (Grund-)Bedeutung ›Zeichen, Marke‹ vor, sodass wohl ›Denkmal, Monument (mit
Runeninschrift)‹ gemeint ist (vgl. Stoklund 1991, 287).

Seite B bietet eine Sequenz **þmkiiissstttiiilll**, die als *þistill* ›Distel‹, *mistill* ›Mi-
stel(zweig)‹ und *kistill* ›Kistchen‹ aufzulösen ist: Runen Nr. 1–3 geben den Anlaut
dreier Wörter wieder, Runen Nr. 4–6 den zweiten Laut etc. Die Distel-Mistel-Formel gilt als magisch; ihre genaue Bedeutung und Wirkungsweise ist indessen nicht
völlig klar; es dürfte um eine apotropäische Formel (Kuz'menko 2017) oder einen
positiven oder negativen Fruchtbarkeitszauber (Schulte 2021) zu handeln. Zweifellos hat der Gleichklang mit jeweils verschiedenem Anlaut, der im Sprechakt eindrücklich hörbar wird, die magische Wirkung verstärkt. Die Formel ist mehrfach
überliefert, z.B. auf dem Stein von Ledberg (S. 182) und in norwegischen Stabkirchen des Mittelalters; literarisch belegt ist eine Fluchstrophe der zauberkundigen
Busla (*Buslubæn* ›Buslas Bitte‹, Str. 9) in der *Bósa saga ok Herrauðs*, die mit einer
in Runen eingetragenen Folge von sechs -*istil*-Wörtern schließt (s. S. 257). Die un-

vollständig erhaltene Inschrift auf Seite B des Steines von Gørlev endet jedenfalls mit ›Ich setzte die Runen richtig. Gunni, Armund [...]‹.

Die Gørlev-Inschrift wurde meist als Ausdruck von Grabmagie und Totenzauber gedeutet: die Grabbannungsformel sollte ein Wiedergehen des Toten verhindern, die Fuþarkreihe als Alphabetzauber in gleichem Sinne wirken (wie auf KYLVER, s. S. 272 f.) oder den Toten bzw. das Denkmal schützen, die Fluchformel schließlich gegen Grabräuber oder gegen Beschädigung des Steines wirken. Diese Deutungsmöglichkeiten werden aber problematisch, wenn – hier wie in den meisten anderen Fällen – keine Hinweise auf ein Grab vorliegen. Man hat zwar manchmal eine Fernwirkung der magischen Formeln zum eigentlichen Grab angenommen, dies ist aber nicht mehr als eine Verlegenheitslösung. Indessen ist zu erwägen, die Funktion der inschriftlichen Formeln auf den Schutz eines Denkmals oder Runensteins gegen Beschädigung oder Verrücken bzw. Entfernen und damit auf die zu bewahrende Weihe des Platzes o.ä. zu beziehen (Düwel 1978a).

Mehrere Steine sind ranghohen, herausgehobenen Personen gesetzt, die als þulʀ (aisl. þulr, ae. þyle), kuþi (aisl. goði) oder þikn (aisl. ae. þegn, ahd. thegan) bezeichnet werden. Der Stein von Snoldelev (Seeland; DR 248), wohl zu einem größeren Monument an einem nachgewiesenen Grabplatz der frühen Wikingerzeit gehörig, bezeugt einen þulʀ. Rechts neben einer Swastika und einer Triskele aus drei Trinkhörnern – eine Referenz auf die Begrüßung toter Krieger in Walhall durch Walküren mit Trinkhörnern, wie auf gotländischen Bildsteinen dargestellt? – verläuft die Runeninschrift in zwei ungleich hohen Zeilen: ›Gunwalds Stein, des Sohnes Hroalds, des Thuls āsalʜaukuṃ‹.

Die gängige Bezeichnung *Walhall* (oder gar *Walhalla*) ist ungenaue Eindeutung von aisl. *Valhǫll* (›Halle der Schlachttoten‹, in der Odin die im Kampf gefallene Krieger versammelt).

Unklar ist, auf wen sich der genannte Titel bezieht, wie auch der Status und die soziale Funktion eines Thuls nicht gut zu fassen sind; es lässt sich nur allgemein sagen, dass es sich um einen wortgewaltigen Sprecher bzw. weisen Redner gehandelt haben wird (Tsitsiklis 2017). Die Annahme, dass man darin einen Kultredner oder gar einen mächtigen religiös-magischen Spezialisten zu sehen hat (Grønvik 2006, 113 f.), ist jedenfalls nicht hinreichend zu begründen. Offen bleibt auch, ob āsalʜaukuṃ (mit alter *h*-Rune ᚼ ʜ) am Schluss der Inschrift als ›auf den Sal-Hügeln‹ (dem heutigen Weiler Salløv) oder ›auf den Heiligtum-Hügeln‹ zu deuten ist (vgl. Düwel 1992b, 65 f.). Dieses einzige gesicherte runenepigraphische Zeugnis für einen Thul und seinen Wirkungsort bleibt in mancherlei Hinsicht rätselhaft (dazu RGA XXIX, 168 ff.; RGA XXX, 544).

Die Inschrift auf dem Stein von Helnæs (Fünen; DR 190; vgl. RGA XIV, 340 f.) beginnt mit zwei Zeilen im *boustrophēdón*, denen zwei rechtsläufige Zeilen folgen: ›Hroulf setzte den Stein, der nuʀa-Gode, nach (dem Tod von; zum Gedenken an) Gudmund, seinem Brudersohn (Neffen); [sie] ertranken [...]. Avair schrieb (faþi = an. *fāþi* < urn. **faihidē*, vgl. S. 41).‹ Da truknaþu = an. *druknaðu* eine Pluralform ist, muss Gudmund mit anderen Männern ertrunken sein: er ist also einen keineswegs heroischen Tod gestorben, ein Zeichen für einen gewissen Realismus in den epigraphischen Texten. Hroulf (rhuulfʀ) scheint auch einen zweiten, allerdings verlorengegangenen Stein gesetzt zu haben (und zwar AVNSLEV, Fünen; DR 189) und erhielt seinerseits einen Gedenkstein (FLEMLØSE I, Fünen; DR 192), den wiederum Avair (**āuaiʀ**) mit Runen beschrieb: ›Nach Roulf steht dieser Stein, der **nuʀa**-Gode war. Es setzten die Söhne [den Stein] nach (seinem Tod; ihm zum Gedenken). Avair schrieb‹ (Text mit Ergänzungen nach älteren Zeichnungen). In **ruulfʀsis** auf dem Stein von Flemløse II (Fünen; DR 193) erscheint der Name *Rōulfʀ* ein weiteres Mal, gefolgt von unerklärtem **sis**, in der ein (magisches) Palindrom oder an. *sess* ›Sitz‹ erblickt wird. Die erste Annahme lässt sich aber nicht erhärten, und bei der zweiten Deutung würde man den Genetiv (und nicht den Nominativ) des Personennamens erwarten. Roulf war ein Gode (RGA XII, 260 ff.); damit wird im alten Skandinavien der Inhaber eines weltlichen wie religiösen Amtes bezeichnet, der als eine Art Bezirkshauptmann bzw. -richter sowie Kultvorsteher fungierte. Zumeist wird **nuʀa** als Genetiv Pl. *nøʀa* ›Landspitzenbewohner‹ (schwundstufig zu aisl. *nes* ›Landspitze‹ < urgerm. **nasja-*) verstanden; dies ist jedoch lautlich problematisch.

Ein zweiter Gode wird auf dem Stein von Glavendrup (Fünen, DR 209) genannt, der etwas jünger als die eben besprochenen Runendenkmäler ist und in die erste Hälfte des 10. Jh.s gehört. Dieser Stein, Bestandteil einer Schiffssetzung (eine Gruppierung von Steinen, die den Umriss eines Schiffes nachbildet), trägt mit 210 Runen die längste dänischen Steininschrift, die vier Teile umfasst:

(1) Doppelte Gedenkinschrift (Seiten A, B): ›Ragnhild, die Schwester Ulfs, setzte diesen Stein nach Alli, dem **saulua** Goden **uialiþs**, dem ehrenwerten Thegn. Allis Söhne machten das Denkmal nach ihrem Vater und seine Frau nach ihrem Mann.‹ An. *þegn* (runisch **þikn**, **þiakn**) bezeichnet einen freien Mann, der politische Rechte innehat; eine Rangbezeichnung oder gar ein Gefolgschaftsterminus liegt – im Gegensatz zu früheren Annahmen – schwerlich vor (Goetting 2006, 401). Für **saulua** (und dessen syntaktische Einbettung) hat man mehrere Deutungen vorgeschlagen, darunter ›nach Alli, dem Bleichen‹, ›dem Goden der Sölver‹ und ›dem Goden in Solvi‹. Auch **uialiþs** wurde auf verschiedene Weise aufgefasst, so z.B. als ›dem Priester des Volkes‹, ›der Priesterschar‹ und ›der Heiligtümer der Hausgenossen (oder: Gefolgsleute)‹ (vgl. RGA XII, 197). Je nachdem, ob religiöse oder politisch-kriegerische Aspekte verfolgt werden, kommen hier unterschiedliche Interpretationen zustande.

(2) *Scripsit*-Formel (Seite B): ›Und Soti ritzte (schrieb) die Runen nach seinem (im Gedenken an seinen) Herrn.‹ Der hier genannte Soti hat auch die Runen auf dem Stein von Tryggevælde (S. 138) graviert und seinem Bruder Ailaif den Stein von Rønninge (Fünen; DR 202) gesetzt.

(3) Weiheformel (Seite B): **þur·uiki·þasi·runaʀ** ›Thor weihe diese Runen‹. Parallele Wendungen begegnen einerseits (ohne Demonstrativum und in gebundenen Runen; dazu S. 140 f.) auf dem Stein von Sønder Kirkeby (Falster; DR 220), anderseits (mit anderem Objekt **kuml** ›Denkmal‹) auf dem Stein von Virring (Nordjütland; DR 110) und schließlich (ohne Objekt) auf dem schwedischen Stein von Velanda (Vg 150).

Sah man darin in der älteren Forschung eine alte sakrale Formel, hat Marold (1974, 220 f.) gemeint, es handle sich um eine der »Neubildungen des Heidentums unter dem Einfluß und nach dem Vorbild des Christentums«, wobei durch »die Analogie von [Thors] Hammer und Kreuz und die Ge-

genüberstellung mit Christus [...] Thor im 9. oder 10. Jahrhundert ein ›Weihegott‹ geworden sein« dürfte. Demgegenüber verweist Hultgård (1998, 726 ff.) auf Hammerminiaturen aus der frühen und mittleren Wikingerzeit, auf das Hammersymbol in der Ikonographie der Runensteine sowie auf das Amulett von Kvinneby (s. S. 178 f.) und wertet die ›Thor weihe‹-Formel wiederum als Beleg »einer genuin altskandinavischen Kultformel«, die »auf eine lebhafte Verehrung dieses Gottes bis in die späte Wikingerzeit hin« deutet.

4. Fluchformel (Seite C): ›Zu einem **rita** werde derjenige, der diesen Stein **ailti** oder nach einem anderen (zum Gedenken an eine andere Person) **traki** (fortträgt, von der Stelle bewegt; formal Konjunktiv II)‹, d.h. um ihn jemandem anderen als Denkmal zu setzen. Neben dieser Interpretation, in der die Präposition **aft** = an. *aft* wie üblich als ›nach (dem Tod von, zum Gedenken an)‹ gefasst wird, ist zu erwägen, ob **aft·ānān** hier im lokalen Sinn ›nach einem anderen [Ort, Platz]‹ meint. Die ansonsten übereinstimmende Fluchformel auf dem Stein von Tryggevælde (s. sofort) hat nämlich an der entsprechenden Position ein Richtungsadverb **hiþan** ›von hier, von dieser Stelle aus‹.

Vier weitere Steininschriften verfluchen denjenigen, der den Stein bzw. das Denkmal (und damit gegebenenfalls das Grab) **auþi** (SØNDER VINGE II, Nordjütland; DR 83) ›vernichte, verwüste‹, **biruti** (SKERN II, Nordjütland; DR 81) bzw. **briuti** (GLEMMINGE, Schonen; DR 338) ›(zer)breche, zerstöre, verletze‹ oder **haukui+|krus+[---]+uf+briuti** in Västergötland (SALEBY; Vg 67) ›entzwei schlägt(?) [oder] (zer)bricht, zerstört, verletzt‹ (RGA XXVI, 338 f.; alle genannten Verbalformen sind formal 3. Person Sg. Konjunktiv II).

Derartige Fluchformeln sind zugleich Schutzinschriften, deren Funktion darin besteht, entweder den Grabfrieden (der bei jeder Störung von außen gefährdet ist) zu sichern oder – sofern es sich um kein Grab handelt – die Unverletzlichkeit des Steines, Denkmals und damit die Weihe des Platzes zu gewährleisten (Düwel 1978a, 238). Etymologie und genaue Bedeutung zweier Wörter sind vieldiskutiert: **rita** (**rata** SØNDER VINGE II, GLEMMINGE, SALEBY; Dativ Sg. eines maskulinen *n*-Stammes) wird eine pejorative Bezeichnung für einen Übeltäter bzw. Schuft sein, und die Konjunktivform **ailti** gehört zu einem Verb, das wohl dem Wortfeld ›zerstören, vernichten‹ o.ä. zuzuordnen ist (RGA XII, 198).

Ragnhild hat einen weiteren Stein zum Gedenken an ihren ersten (oder zweiten?) Gatten gesetzt. Seite A der bereits erwähnten Inschrift auf TRYGGEVÆLDE (Seeland; DR 230) lautet: ›Ragnhild, die Schwester Ulfs, setzte diesen Stein und machte diesen Hügel und diese Schiffssetzung nach Gunnulf, ihrem Mann, einem lauten (lärmenden) Mann, Sohn Nærfis. Wenige werden jetzt geboren, besser als er.‹ Die beiden Seiten B und C bieten eine nahezu identische Version der vorhin behandelten Fluchformel (RGA XXXI, 300 ff.).

In den Jahren 1995 und 1996 wurden in Nordjütland zwei Steine entdeckt, deren Runeninschriften bekannte Inhalte bieten und in das späte 10. Jh. bzw. frühe 11. Jh. zu datieren sind. Auf dem Stein in der Kirche von Borup (DK-Mjy 57) ist zu lesen: ›Asi errichtete diesen Stein nach Thorgot, seinem Vater, Bofis Sohn, dem besten(?) Thegn‹ (Nielsen M.L. 1997). Die Inschrift auf dem Stein in der Kirche von Bjerring (DK-Mjy 10), der rötliche Farbreste in der Maskendarstellung (vgl. S. 141) auf der Rückseite aufweist, ist stellenweise zerstört und unlesbar: ›Thorgunn, Kar(l)ungs Tochter, errichtete d[iesen] Stein nach Thorir, ihrem Mann, Tholfs Sohn, von St[...].

Und Tofi der Schmied, sein Verwandter, hieb (schlug) [die Runen]. Der Stein [...] von dem Platz [...] und Ingulf(?)‹ (vgl. Stoklund 1998).

Die in diesem Abschnitt vorgestellten Inschriften sind, auch wenn sie noch ungedeutete und umstrittene Textpartien enthalten, wichtige Zeugnisse für religiöse und soziale Strukturen, für Familienverbindungen und die Stellung von Frauen sowie für heidnische Vorstellungen zur Wikingerzeit in Dänemark (vgl. u.v.a. Christensen 1969; Randsborg 1980; Stoklund 1991; Jesch 2012).

VII.1.2. Macht und Herrschaft

Die bedeutendste Gruppe runenepigraphischer Texte bilden die sog. historischen Inschriften; hier werden Namen und Taten von Königen greifbar, von denen auch in der literarischen Überlieferung berichtet wird.

Im zentralen Handelsplatz Haithabu (Busdorf, D; RGA XIII, 361 ff.) standen vier Runensteine, die heute im *WikingerMuseum Haithabu* in Schleswig ausgestellt sind. Auf dem großen Sigtrygg-Stein (HAITHABU II; DR 2) ist zu lesen: ›Asfrid machte diese Denkmäler (**kum|bl·þaun** Pl.) nach Sigtrygg, ihrem Sohn und Gnupas‹. Aus der Inschrift auf dem kleinen Sigtrygg-Stein (HAITHABU IV; DR 4) geht hervor, dass Asfrid die Tochter Odinkars ist und ihr Sohn den Königstitel trägt; ferner heißt es dort ›Gorm ritzte (schrieb) die Runen‹ (Föller 2021, 159 ff.). Wohl zu Unrecht vermutet hat man die Identität von *Sigtryggʀ* (runisch **siktriuk** Akk.) mit einem von dem zeitgenössischen Chronisten Flodoard von Reims zum Jahre 943 erwähnten *Setricus*, der in der Normandie fiel (Lewis 2018, 48 ff.). Wahrscheinlicher ist die Gleichsetzung des Vaters *Gnūpa* (runisch **knubu** Gen.) mit dem dänischen König *Chnuba*, von dem Widukind von Corvey in seiner Sachsengeschichte (I,40; MGH SS 60, 59) berichtet, er sei 934 von dem ostfränkischen König Heinrich I. besiegt und zur Taufe gezwungen worden. Nach beider Tod, gegen 950, ließ Asfrid die Gedenksteine errichten. Einer Notiz Adams von Bremen in der Hamburgischen Kirchengeschichte (I,48; Trillmich 1961, 218) zufolge entstammt *Chnob* einem schwedischen Geschlecht, das in Haithabu zu Beginn des 10. Jh.s ein Kleinkönigtum begründet hat. Da man in der Inschrift des großen Sigtrygg-Steines auch schwedische Runen- und Sprachformen zu bemerken glaubte, fand die daraus entwickelte These einer schwedischen Herrschaft in Haithabu zunächst breite Zustimmung. Nach eingehender kritischer Erörterung muss diese Annahme aber mangels tragfähiger Indizien aufgegeben werden (vgl. Stoklund 2001, 112 f. 117 ff.; Lewis 2018, 49 ff.).

Auf den beiden anderen Steinen aus Haithabu wird der dänische König Sven Gabelbart (aisl. *Sveinn tjúguskegg*; † 1014) erwähnt, der Sohn von König Harald Blauzahn (s. S. 142 ff.). Den 1,58 m hohen Skarthi-Stein (HAITHABU III; DR 3) ließ Sven zum Gedenken an seinen Gefolgsmann errichten. Die Inschrift läuft, beginnend auf der breiten Vorderseite (Abb. 29), in fünf Zeilen im *boustrophēdón*:

:suin:kunukʀ:sati:|stin:uftiʀ:skarþa|sin:himþiga:ias:uas:|:farin:uestr:iān:nu: [Schmalseite:]
:uarþ:tauþr:at: hiþa:bu (g = ᛏ, e = ᛁ) ›König Sven setzte den Stein nach Skarthi, seinem Gefolgsmann, der nach Westen (i.e. England) gefahren war, aber nun tot wurde (den Tod fand) bei Haithabu.‹

Abb. 29: Stein III von Haithabu (sog. Skarthi-Stein;
Foto: Robert Nedoma); ohne Maßstab.

Nachdem der deutsche Kaiser Otto II. die dänische Befestigung (Danewerk; RGA
V, 236 ff.) im Jahre 974 überwunden hatte, unterstand Haithabu seiner Herrschaft,
bis es 983 in einem dänisch-slavischen Aufstand zerstört wurde. Dabei wird Skarthi
den Tod gefunden haben, ebenso wie Erik, dessen die Inschrift auf dem Erik-Stein
(HAITHABU I; DR 1) gedenkt: ›Thorulf errichtete diesen Stein, der Gefolgsmann
Svens, nach Erik, seinem Kameraden, der den Tod fand, als die Krieger um Haithabu (**haiþa×bu**) saßen (d.h. Haithabu belagerten), und er war Schiffsführer, ein sehr
tüchtiger Krieger (**tregʀ× | ×harþa:kuþr×**).‹

Aus dem hier genannten Akkusativ ᚼᚨᛁᚦᛆ×ᛒᚢ **haiþa×bu** hat man in nur allzu buchstabengetreuer
Weise den heute im Deutschen gebräuchlichen Ortsnamen *Haithabu* abstrahiert. Der lautgerechte
Nominativ ist indessen an. (dän.) *Heiðabȳr* bzw. *Hēðabȳʀ* (ᚼᛁᚦᛆ- **hiþa-** auf AARHUS I, DR 63 und
HAITHABU III; s. vorhin, S. 139) ›Siedlung an der Heide‹; die altenglische Überlieferung bietet *æt
Hǣþum* ›an den Heiden‹ (Ohtheres Reisebericht in der *Altenglischen Orosius-Übersetzung*; s. S.
142). In den fränkischen und sächsischen Quellen wird der wohl bedeutendste wikingerzeitliche
Handelsplatz in Nordeuropa *Sliesthorp* bzw. *Sliaswich, Slesuuic* ›Ort an der Schlei‹ genannt (Laur
2001, 63 f.), in arabischen Reiseberichten *Salsawīq* bzw. *Silīsabūlī*. Das Gelände der wikingerzeitlichen ›Stadt‹ liegt heute in der Gemeinde Busdorf bei Schleswig; das jetzige Schleswig hingegen
ist eine im (10./)11. Jh. entstandene Nachfolgesiedlung am gegenüberliegenden Ufer des Flusses
Schlei. – Da *Haithabu* fest eingebürgert ist, wird diese Namenform hier beibehalten.

Im letzten Teil der Inschrift sind sechs Wörter in sog. gebundenen Runen geschrieben (dän. *samstavsruner*; in der folgenden Transliteration unterstrichen); dabei sind
jeweils drei oder mehr Runen an einem senkrechten Stab aufgereiht:

Abb. 30: Stein I von Haithabu (sog. Erik-Stein), Seite B:
gebundene Runen (nach Wimmer 1893–1895, 110); M ca. 1:30.

Obwohl Sven hier nicht den Königstitel trägt, wird es sich um König Sven Gabelbart handeln, der den Skarthi-Stein setzen ließ.

Die Inschrift bezeugt eine königliche Gefolgschaft, deren Mitglied **himþigi** = *hēmþegi* ›Gefolgsmann‹ heißt. Untereinander sind sie *fēlagaʀ* ›Kameraden, Genossen‹ (Sg. **filagi** = *fēlagi*; s. S. 167). Sie werden *drængjaʀ* ›(junge) Krieger‹ (Sg. **tregʀ** = *drængʀ*) genannt, und ein herausragender Kämpfer wird als *drængʀ harða gōðʀ* gerühmt. Das Attribut *gōðr* bezeichnet die positiven Eigen-schaften ›(gut,) tüchtig, wacker, angesehen, hervorragend‹. Erik war ein **sturi:matr** = *stȳrimandʀ*, eine Bildung, die lautlich dem nhd. *Steuermann* entspricht, im Altnordischen jedoch ›Eigner und Führer eines (Kriegs-)Schiffes‹ bedeutet (vgl. Düwel 1987, 331). Macht und Ansehen dieser Gefolgsleute zeigt sich nicht zuletzt darin, dass sie auch Runensteine wie ihr König setzen lassen konnten. Thorulf hat sogar die ganz selten gebrauchten gebundenen Runen gewählt, um Erik als außerordentlichen Schiffsführer und Krieger zu preisen (RGA XIII, 384 f.).

Von einem Kampf zwischen Königen berichtet die Runeninschrift auf dem Stein IV von Aarhus (Nordjütland; DR 66), den vier Männer nach ihrem Kameraden Ful errichteten: ›Er wurde [...; unlesbar] getötet, als die Könige kämpften.‹ In Schweden findet sich auf dem Stein von Råda (Västergötland; Vg 40) dieselbe Wendung. Obwohl Austragungsort und Namen der Könige fehlen, lassen sich diese beiden um die Jahrtausendwende zu datierenden Inschriften mit einem bekannten historischen Ereignis verbinden, und zwar mit der nicht näher zu lokalisierenden Schlacht im Jahre 1000 (RGA XXII, 65), in der der norwegische König Olaf Tryggvason (aisl. *Óláfr Tryggvason*) gegen seine norwegischen Gegenspieler Eirik und Svein, den dänischen König Sven Gabelbart und den schwedischen König Olaf Schoßkönig (aisl. *Óláfr skautkonungr*) Kampf und Leben verlor (Moltke 1985, 221 f.). Auf Seite C des Steines von Aarhus ist eine Maske (Abb. 37, S. 181) in eleganter Ausführung abgebildet. Diese auf etlichen Runensteinen begegnende Darstellung (Moltke 1985, 258; Hultgård 1998, Taf. 29–30. 32) hatte hauptsächlich apotropäische, aber wohl auch ornamentale Funktion; im ersten Fall ist unklar, ob eine Gottheit, ein Dämon oder ein Mensch abgebildet ist (vgl. Hultgård 1998, 731 f.; Oehrl 2011a, 218 f.). Eine farbige Gestaltung ist in Resten auf dem Bjerring-Stein erhalten (s. S. 138).

In Jelling (Mitteljütland) sind von einer spektakulären wikingerzeitlichen Anlage Reste einer gewaltigen Steinsetzung und zwei große Hügel sichtbar, zwischen denen zwei Runensteine vor einer in der Zeit um 1100 erbauten Steinkirche stehen (RGA XVI, 56 ff.). Der kleine Stein von Jelling (JELLING I; DR 41), dessen ursprünglicher Standort nicht bekannt ist, trägt auf beiden Seiten die Inschrift:

Abb. 31.1: Großer Stein von Jelling (JELLING II), Seite A
(nach Wimmer 1893–1895, 19); ohne Maßstab.

[Seite A:] **:kurmʀ:kunukʀ:│:k[ar]þi:kubl:þusi:│:a[ft]:þurui:kunu** [B:] **:sina:tanmarkaʀ:but:**
›König Gorm machte diese Denkmäler nach (dem Tod von, zum Andenken an) Thorwih (aisl.
Þorvé; dän. *Thyra*), seiner Frau, Dänemarks Zierde (o.ä.; **but** = adän. *bōt* eigentlich ›Besserung,
Heilung‹).‹ Dies ist die erste Bezeugung des Ländernamens Dänemark in dänischen Quellen;
noch früher, und zwar im späten 9. Jh., wird *Denamearc* indessen im Reisebericht des nordnor-
wegischen Händlers Ohthere erwähnt (anorw. *Ōttarr*; Einschub in der *Altenglischen Orosius-
Übersetzung*; EETS-S 6, 16). **tanmarkaʀ:but:** am Schluss der Inschrift bezieht sich auf die Königin und nicht, wie eine Zeitlang angenommen wurde, als disloziierte Apposition (durch sog.
Umrahmung) auf Gorm den Alten (aisl. *Gormr inn gamli*). Gepriesen werden also wohl Ver-
dienste und/oder Schönheit dieser Königin, die noch von dem Historiographen Sven Aggesen
im späten 12. Jh. *Decus Datiæ* ›Zierde Dänemarks‹ genannt wird (Sawyer B. / Sawyer P. 2003,
692 ff.).

Harald Blauzahn (aisl. *Haraldr blátǫnn*), König Gorms Sohn, ließ einen mächtigen,
auf drei Seiten mit Ornamenten und Bilddarstellungen geschmückten Runenstein
errichten, den großen Stein II von Jelling (JELLING II; DR 42), der noch an seinem
ursprünglichen Ort steht. Seine Höhe misst 2,43 m, die Seiten erreichen in der Breite
2,90 m (A), 1,62 m (B) und 1,58 m (C). Die sog. Inschriftenseite A ist mit einem auf
die beiden anderen Seiten übergreifenden Flechtrahmenwerk verziert, das vier Runenzeilen einfasst (Abb. 31.1):

**:haraltr:kunukʀ:baþ:kaurua│kubl:þausi:aft:kurmfaþursin│aukaft:þaurui:muþur:sina:sa│ha-
raltr[:]ias:sāʀ·uan·tanmaurk** ›König Harald gebot, diese Denkmäler zu machen nach (dem Tod
von, zum Andenken an) Gorm, seinem Vater, und nach Thyra, seiner Mutter – der Harald, der
sich gewann (in seine Gewalt brachte) Dänemark [...]‹

Abb. 31.2: Großer Stein von Jelling (JELLING II), Seite B
(nach Wimmer 1893–1895, 20); ohne Maßstab.

Auf Seite B (Abb. 31.2) ist ein zoologisch nicht genau bestimmbarer Vierbeiner abgebildet, den eine Schlange an Rumpf und Hals umschlingt. Darunter setzt die Inschrift von Seite A mit **ala·auk·nuruiak** ›[...] ganz und Norwegen [...]‹ fort.

Ein direkter Bezug des visuell Dargestellten auf den Runentext (wie auf Seite C) scheint nicht ge-
geben. Das Bildwerk hat verschiedene Deutungen erfahren: Kampf zwischen dem apokalyptischen
Löwen von Juda und dem satanischen Drachen, Kampf zwischen dem herrscherlichen Löwen (als
Symbol für Haralds weltliche Macht) und der Schlange (die für den Feind steht), Kampf zwischen
Hirsch und Schlange als Allegorie der Auferstehung Christi und der Taufe (Wamers 2000b, 154)
oder Fesselung des Fenriswolfes (bzw. des Höllenhundes; Oehrl 2011a, 290 f. 293).

Schließlich hebt sich auf Seite C (Abb. 31.3) eine mit einem Rock bekleidete, als
Christus gedeutete Männerfigur heraus, die mit ausgestreckten Armen aufrecht stehend von Flechtrahmenwerk umschlungen und umgeben ist. Diese älteste Christus-
darstellung des Nordens scheint die Vorstellungen »Christus am Lebensbaum« und
»Odin am Weltenbaum« zu vermischen – ein Fall von Synkretismus also; allerdings
hat man die Abbildung auch rein christlich interpretiert (Radtke 1999, 24). Darunter
endet jedenfalls die Runeninschrift [...] **·auktạni[·]ḳạṛḅị[·]kristnã** ›[...] und die Dänen [zu] Christen machte‹. Es besteht sonach eine Bild-Text-Relation.

   Der traditionellen Gedenkinschrift für die Eltern fügt König Harald auf den drei
Seiten, selbstbewusst mit ›der Harald, der‹ beginnend, drei Großtaten hinzu: zum einen die Gewinnung ganz Dänemarks (Seite A), zum anderen die Bezwingung Nor-

Abb. 31.3: Großer Stein von Jelling (JELLING II), Seite C
(nach Wimmer 1893–1895, 21); ohne Maßstab.

wegens (Seite B) und schließlich die Christianisierung der Dänen (Seite C). Das erste Bravourstück, die Erringung der Herrschaft über *Danmǫrk al(l)a*, lässt sich nicht genau datieren; es bleibt auch unklar, ob damit das Gesamtgebiet mit den östlichen Teilen Seeland und Schonen oder nur das Grenzgebiet im Süden (Schleswig-Holstein) gemeint ist; dorthin griff Harald in den Jahren nach 961 aus. Die zweite bedeutende Leistung bezieht sich auf die Etablierung der Macht in Südnorwegen bzw. den Einfluss, den Harald auf den norwegischen König Harald Graumantel (aisl. *Háraldr gráfeldr*), seinen Neffen, bis 965 ausübte. Die dritte wichtige Begebenheit besteht in der Taufe Haralds und seiner Familie (wohl in den Jahren nach 960; vgl. Gelting 2010) und der anschließenden Missionierung.

Es gilt noch eine weitere Sache zu erwähnen. Die Standardtechnologie für Funkdatenübertragung über kurze Distanz heißt bekanntermaßen *Bluetooth* und bezieht sich auf den Beinamen Haralds, aisl. *blátǫnn* (eigentlich ›Dunkelzahn‹, denn aisl. *blár* deckt das gesamte Spektrum dunkler Farben ab: ›dunkelblau, blauschwarz, schwarz‹); das Bluetooth-Logo ᛒ ist eine (moderne) Binderune ᚼ **h** plus ᛒ **b** (für *Harald* und *Blauzahn* bzw. eben *Bluetooth*).

Die machtvolle Verkündung der großen Taten Haralds entspricht jedoch der historischen Wirklichkeit nicht in vollem Umfang, denn die Runeninschrift stellt die Hegemonie über Norwegen prägnant als Ergebnis dar, was lediglich zum Teil erreicht worden ist. Insgesamt spricht viel dafür, dass König Harald den großen Jelling-Stein auf dem Höhepunkt seiner Macht, um 965, errichten ließ. Diesen Zeitansatz vermag eine stilgeschichtliche Analyse zu bestätigen (Fuglesang 1991, 96 f.); für die Darstellungsweise wird einerseits auf Parallelen zur ottonischen Kunst verwiesen (Wamers 2000b), andererseits wird auch englisch-irischer Stileinfluss angenommen (vgl. RGA XVI, 62).

Die Gesamtanlage von Jelling scheint wie folgt entstanden zu sein: Zunächst ließ König Gorm den kleinen Runenstein und eine stattliche Schiffssetzung mit ca. 1,5 m hohen Steinblöcken errichten. Im Nordhügel (Durchmesser ca. 65 m, Höhe ca. 8 m; Krogh / Leth-Larsen 2007, 79 ff.) stieß man auf eine fast leere Grabkammer aus Holz, in der offenbar ein Mann und eine Frau bestattet worden waren; nach Ausweis der Dendrochronologie war der Baubeginn im Winter 958/959. Der in den Jahren um 970 errichtete Südhügel (Durchmesser ca. 70 m, Höhe ca. 11 m) scheint nur als eine Art Augment gedient zu haben. Unter der romanischen Steinkirche entdeckte man drei hölzerne Vorgängerbauten, von denen das älteste Gebäude mit der Bestattung eines mittelalten Mannes in Verbindung zu stehen schien. Diesen Befund interpretierte man bis zur Mitte der 2000er Jahre dergestalt, dass König Gorm zuerst nach heidnischem Brauch im Nordhügel beigesetzt worden sei und sein zum Christentum übergetretener Sohn und Nachfolger Harald die spätere Überführung des Leichnams in die erste christliche Holzkirche veranlasst habe, wobei die meisten Beigaben im Nordhügel entfernt worden seien. (Eine solche Translation beruht auf der Vorstellung, durch eine christliche Neubestattung für das Seelenheil des Verstorbenen zu sorgen.) Bei geomagnetischen Prospektionen und Ausgrabungen in den Jahren ab 2006 traten indessen weitere bauliche Elemente der Anlage hervor (s. Kähler Holst et al. 2012; Pedersen A. 2014; Staecker 2016). Zum einen lassen weitere Steinblöcke erkennen, dass sich der Nordhügel nicht (wie bislang angenommen) am Rand, sondern im Zentrum einer noch größeren Schiffssetzung mit einer ca. 360 m langen Hauptachse befindet. Zum anderen hat man eine rautenförmige Einfriedung aus Holzpalisaden ausfindig gemacht, die bei einer Seitenlänge von 360–361 m eine Fläche von nicht weniger als ca. 12,5 ha umschloss; in der nördlichen Ecke wurden mehrere Langhäuser und ein Portal lokalisiert. Schließlich hat sich auch herausgestellt, dass die Grablege unter der ältesten Holzkirche wohl unabhängig von deren Bau erfolgt ist, sodass die *translatio*-Theorie aufgegeben werden muss.

Die monumentale Anlage von Jelling diente den dänischen Königen Gorm und Harald als Zentrum bzw. Residenz. Mit seiner bemerkenswerten Größe und auffälligen geometrischen Anordnung ist der Komplex mit anderen zeitgenössischen Königshöfen vergleichbar und ein unübersehbares Zeugnis von Macht und Anspruch, das regionale und überregionale politische Ereignisse widerspiegelt, den Übergang vom Heidentum zum Christentum über zwei Generationen veranschaulicht und den Prozess seines allmählichen Entstehens erkennen lässt.

Es bleiben jedoch noch immer Fragen offen. Unklar in diesem Ensemble ist etwa die Funktion des Südhügels, der sich nicht in die Symmetrie der Anlage einfügt – war noch ein dritter Hügel weiter nördlich geplant? Und vor allem lässt sich nicht sagen, warum der unter großem Aufwand gebaute Komplex anscheinend nach Haralds Tod (ca. 986) nicht weiter genutzt wurde.

Haralds Monument, das Gedenken an seine Eltern und die Rühmung der eigenen Taten scheinen jedenfalls das in Realität zu überführen, was in den eddischen *Hávamál* (›Reden des Hohen‹), Str. 77 poetisch formuliert ist:

> *Deyr fé,   deyia frændr,*
> * deyr siálfr it sama;*
> *ek veit einn,   er aldri deyr:*
> * dómr um dauðan hvern.*

›Besitz stirbt, Verwandte sterben, selbst stirbt [man] ebenso; ich weiß eines, das niemals stirbt: das Urteil über jeden Toten.‹

Haralds Stein, vor der Kirche in der Mitte zwischen den höchsten künstlich aufge-schütteten Hügeln des Landes stehend und ursprünglich in strahlenden, kontrastrei-chen Farben ausgemalt, muss sehr eindrucksvoll gewirkt haben, wie farbig gestalte-te Kopien noch ahnen lassen.

Die Anlage von Jelling erlangte schon 1591 durch den sog. Rantzauschen Prospekt, der ein zeich-nerisches Schaubild der Fundstätte, die Wiedergabe und lateinische Übersetzung der Inschriften auf den Seiten A beider Steine sowie ein Runenalphabet enthielt (Lindeberg 1591, 75 ff.), europa-weite Bekanntheit. Originalgroße Nachbildungen der Runensteine stehen u.a. in London, Rouen und Utrecht, eine farbige Kopie ist in Jelling selbst zu sehen.

König Harald selbst wurde übrigens nicht in seiner Residenz Jelling bestattet, son-dern fand im Dom von Roskilde (Seeland) seine letzte Ruhe – warum dort, ist unge-klärt.

Nach der älteren Literatur soll es in Jelling einen dritten Gedenkstein, und zwar für Haralds älteren Bruder Knut Danaast († 962; aisl. *Knútr Danaást* ›Liebe der Dänen‹), gegeben haben. Zwar wurde in der Friedhofsmauer 1964 ein Steinfragment entdeckt, auf dem sich die Inschrift ›Bas(s)i machte das Denkmal‹ und Reste einer weiteren Runenzeile befinden, es besteht aber keinerlei Verbindung zu den beiden von Gorm und Harald errichteten Steinen (Moltke 1985, 221).

In den Umkreis der Jelling-Dynastie gehören weitere Runensteine wie etwa der Stein I von Sønder Vissing (Mitteljütland; DR 55; vgl. RGA XXIX, 203 ff.), den Tofa, Gattin Haralds (hier **hins·kuþa** ›des Guten‹ genannt!) und Tochter des elbsla-vischen Fürsten Mistivoj, zum Gedenken an ihre Mutter errichten ließ. Nicht derart eindeutig kann man zwei weitere Runensteine aus Mitteljütland zuordnen. Auf dem Stein von Læborg (DR 26) heißt es in zwei Runenzeilen im *boustrophēdón* (mit ab-gebildetem Thorshammer am Ende): ›Rafnunga-Tofi schlug diese Runen nach Thy-ra (**þurui**), seiner Herrin (Königin[?]; **trutnik** = an. *drōttning*).‹ Und der Stein I von Bække (DR 29) hält fest: ›Rafnunga-Tofi und Fundin und Gnypli, diese drei mach-ten Thyras (**þuruiaʀ** Gen.) Hügel.‹ Ist nun die in diesen beiden Inschriften genannte Frau mit dem an sich frequenten Namen an. *Þorwī* tatsächlich als König Gorms Gattin zu identifizieren oder handelt es sich um Tofis eigene Frau (so Sawyer B./ Sawyer P. 2003, 697 ff.)? Und wenn es sich um die Königin handelt: Welcher Hügel in Jelling ist gemeint – etwa der Südhügel, der dann wohl doch zum Gedenken an Thyra errichtet worden wäre?

VII.1.3. Ein vieldiskutierter jüngerer Fund

Für sich steht ein Sensationsfund aus dem Jahre 1987. Südlich von Malt (bei Vejen) im südwestlichen Jütland wurde ein 2,20 m hoher und fast 2,5 t schwerer Steinblock mit zwei senkrechten und sechs waagrechten Runenzeilen (α I–II bzw. β I–VI) ge-borgen (DK-SJy 38; s. Abb. 27.2, S. 125). Mit Ausnahme von JELLING II (s. vorhin, S. 142 ff.) sind die Inschriften auf wikingerzeitlichen dänischen Steinen sonst aus-schließlich in vertikaler Richtung angeordnet; hier ist das horizontale Schriftfeld des längeren Textblocks durch einen Bruch im Stein bedingt, der den oberen Rand der ersten Zeile entlangläuft. Zunächst aufgekommene Bedenken gegen die Echtheit be-stehen nicht mehr. Die Inschrift auf dem Stein von Malt ist offenbar in das 9. Jh. – ob noch in die erste Hälfte, bleibt unsicher – zu datieren.

In den frühen 1990er Jahren hat sich eine lebhafte Diskussion über die Deutung der Inschrift entwickelt (vgl. Stoklund 1994b; Birkmann 1995, 361 ff.). Eine auch nur einigermaßen stichhaltige Interpretation aller Textpartien ist indessen nicht gelungen, obwohl fast alle Runen gut zu lesen sind. Die Unklarheiten beginnen bereits in Zeile I von Block α (**suaai:titultitul**). Die ersten fünf Runen könnten z.B. an. *svā æi* ›so immer‹ wiedergeben, darauffolgendes zweimaliges **titul** bleibt jedoch dunkel; dass damit aus dem Terminus technicus lat. *titulus* ›Inschrift, Titel‹ entlehntes an. *titul(l)* gemeint wäre, ist nicht sonderlich wahrscheinlich. Zeile II bietet eine Fuþarkreihe (vgl. S. 125); über die Funktion des daneben kunstlos abgebildeten Gesichtes lässt sich nichts Definitives sagen. In Block β geht aus Zeile II hervor, dass ein **uifrþur** für seinen Vater etwas (ein Denkmal, eine Watstelle, das Erbbier, i.e. die Totenfeier?) **karþi** ›machte‹. In den darauffolgenden beiden Zeilen liest man **kul:finʀ:falş· taitirunãʀ·u[k] | ạiuinrunãʀ:** = ›*Kolfinnʀ* (oder: *Gullfinnʀ*) verbarg (formal Mediopassiv, zu aisl. *fela*) Freuderunen und Lebenszeitrunen (oder: Ewigkeitsrunen)‹. Für den letztgenannten Ausdruck ist eine Entsprechung in dem eddischen Lied *Rígsþula* (›Merkgedicht von Rig‹, Str. 43) belegt; dort wird erwähnt, dass sich *Konr ungr* (›der junge Konr‹, ein Wortspiel mit *konungr* ›König‹) auf *ævinrúnar* und *aldrrúnar*, zwei quasisynonymische Ausdrücke ›Lebenszeit-, Allzeitrunen‹, versteht (Neckel / Kuhn 1962, 286). Aus dem Eddalied *Sigrdrífomál* (›Reden der Sigrdrifa‹) sind weitere besondere Runenarten bekannt, die die Walküre Sigrdrifa den Sigurd lehrt (s. S. 266 f.), ›Freuderunen‹ sind aber in der literarischen Überlieferung nirgends nachzuweisen. Der Rest von Zeile IV, die mit einem ↑-Zeichen endet, sowie die letzten beiden Zeilen sind wie auch schon Zeile I nicht schlüssig zu deuten.

Viel mehr als dass die Inschrift auf dem Stein von Malt eine Art Gedenkformel enthält, lässt sich kaum wahrscheinlich machen. Es bleibt ja auch dunkel, wie und warum jener **kul:finʀ** mit ›Freuderunen‹ und ›Lebenszeitrunen‹ hantiert, von den übrigen schwer verständlichen Passagen gar nicht zu reden. Es fehlt ganz einfach am Verständnishorizont, in den man diesen runenepigraphischen Text guten Gewissens einbetten könnte. Dass es sich um ein Zeugnis eines Tyr-Kultes (mit ↑ als dreifacher *t*-Rune, deren Name **Teiwaz* > aisl. *Týr* zugeordnet ist) handelt, ist jedenfalls angesichts der vielen Unsicherheitsfaktoren höchst fraglich.

Mitunter taucht auch Verschollenes wieder auf. Alten Zeichnungen und im Jahre 2016 wiedergefundenen Bruchstücken des Steines von Ydby (Nordjütland, um 1000; DR 149 = DK-NJy 41) lässt sich folgender runenepigraphischer Text abgewinnen: **þurkisl·[sati·auk·suniʀ | lifa·i]·s[t]ạþ[·þa] | ·nsi·[sti]ṇ̣·u̯[ftiʀ·lifa]** ›Thorgisl und die Söhne Lefas setzten auf diese Stelle diesen Stein nach (zum Gedenken an) Lefa‹ (Andersen / Imer 2017).

VII.1.4. Text und Bild

Der auf dem großen Stein von Jelling dargestellte Vierbeiner (Abb. 31.2, S. 143) – oft, aber nur bedingt zutreffend auch *Das große Tier* genannt (Oehrl 2011a, 3) – begegnet mehrfach (Moltke 1985, 259). Eine künstlerisch vollendete Darstellung findet sich auf dem Runenstein von Tullstorp (Schonen, um 1000; DR 271), der eine reguläre Gedenkinschrift ›Kleppir (o.ä.) und Asa errichteten diese Denkmäler nach Ulf‹ trägt. Das Schriftband läuft drei Steinkanten entlang, an den oberen Ecken be-

Abb. 32: Monument von Hunnestad mit den Runensteinen HUNNESTAD
I–II (nach Worm 1643, 188 bei Moltke 1985, 251); ohne Maßstab.

finden sich zwei Raubtierköpfe mit aufgerissenen Mäulern, und unter dem Vierbeiner ist ein Schiff abgebildet. Ob dieses Bildwerk heidnische Sujets – Fenriswolf und
Naglfar, das Totenschiff der altisländischen Mythographie – aufgreift, indem es auf
die *ragna rǫk* (vgl. S. 182), das ›Götterschicksal‹ (samt Weltuntergang), verweist
und in seiner apotropäischen Wirkung das Denkmal schützt (so etwa Moltke 1985,
249), muss indessen offen bleiben.

Das vierbeinige Raubtier ist auch, einmal zusammen mit einer Maske, auf zwei
Steinen des schonischen Monuments von Hunnestad (Abb. 32; DR 282–286) einge-
meißelt, das aus der Zeit um 1000 stammt. Von den ursprünglich vorhandenen acht
Steinen sind vier erhalten, von denen zwei Gedenkinschriften bieten: ›Asbjörn und
Tumi, sie setzten diesen Stein nach Roir und Leikfröd, den Söhnen des Gunni Hand‹
(HUNNESTAD I, mit Abbildung eines Axtträgers) sowie ›Asbjörn setzte diesen Stein
nach Tumi, Sohn des Gunni Hand‹ (HUNNESTAD II, mit Abbildung eines verzierten
Kreuzes). Der dritte erhaltene Stein (in Abb. 32 als Nr. 4 bezeichnet) trägt keine Ru-
nen; das Bildwerk lässt sich aus der nordischen Mythologie erklären – es zeigt wohl
die Riesin Hyrrokkin, nach der die Götter schicken, da man das Schiff mit dem
Leichnam Balders nicht zu Wasser lassen kann:

›Aber als sie kam, ritt sie auf einem Wolf und hatte Giftschlangen als Zügel‹, wird in der *Edda*
des Snorri Sturluson (*Gylfaginning*, c. 48 [49]; Faulkes 2005, 46) erzählt. Weiter heißt es dort:
›Da ging Hyrrokkin zum Vordersteven des Schiffs und stieß es mit dem ersten Ruck in das
Wasser, sodass Funken aus den Schiffsrollen stoben und alle Länder bebten.‹

Hier wie in anderen Fällen erhebt sich die Frage, ob sich die der paganen Mythologie zugeordneten Darstellungen auf den Steinen von Hunnestad – Hyrrokkin auf Nr. 4, das ›große Tier‹ auf Nr. 5 und 6 als Fenriswolf (von manchen allerdings als Löwe gedeutet), der Axtträger auf Nr. 1 als Tyr?) – auch christlich verstehen lassen bzw. es zu einer Vermischung paganer und christlicher Vorstellungen gekommen ist (vgl. z.B. RGA XV, 265; Oehrl 2011a, 292 f.; 2015a, 490 f. Källström 2021, 18).

Der vierte heute vorliegende Stein (in Abb. 32 als Nr. 6 bezeichnet) wurde erst jüngst, und zwar bei Kanalisationsarbeiten im Dezember 2020, wiedergefunden (Krogh Hansen 2021).

VII.1.5. Inschriften auf losen Objekten

Wie bereits erwähnt (S. 132), treten in der Wikingerzeit lose Gegenstände (verschiedener Art) gegenüber den tendenziell ortsfesten Steinen als Inschriftenträger in den Hintergrund. Im Folgenden werden einige Alt- und Neufunde vorgestellt.

Aus dem Kammergrab Nr. 1 (erste Hälfte des 10. Jh.s) des südlichen Gräberfeldes von Haithabu wurde eine dreieckige Bronzeschale geborgen, die offenbar zum Händewaschen gedient hat (Steuer 2017, 77 ff.). In den Boden des Gefäßes wurden 5–6 cm hohe Schriftzeichen eingeritzt, die bereits 1964 entdeckt wurden. Erstaunlicherweise hat man darin zunächst eine turkbulgarische Inschrift erblickt, und zwar einen Trinkspruch (vgl. Schietzel 2014, 183); dies ist aber nicht stichhaltig (Nugteren 2017). Es handelt sich um zwei Runenfolgen: Komplex α ist →**iã/ᵦixi** oder (um 180° gedreht:) ←**iḅifi** zu lesen, Komplex β →**inþiʀu** oder (um 180° gedreht:) ←**iaþisk**. Düwel (2017, 92 ff.) fasst **inþiʀu** als *in þerru* ›in dem Handtuch [zu ergänzen wäre: trocknet man die Hände]‹ und belässt die zweite Sequenz als ungedeutet. Eine andere Möglichkeit ist, **iaþisk iḅifi** als *jāðisk ī bifi* ›er bejahte, in der Sache (Angelegenheit; aisl. *bif* n. ›Sprache, Erzählung, Thema‹) [zu sein]‹ zu nehmen. Formal ist dies hinreichend; worauf sich die so ausgedrückte Bekräftigung einer Anteilnahme bezöge, bleibt freilich offen.

Ein im Jahre 2014 gefundener Thorshammer aus Købelev (Lolland, 10. Jh.; DK-Syd 18) trägt die Gegenstandsinschrift **hmar+is** = an. *h[a]marr es* ›ein Hammer ist [das]‹. Demselben Formular folgt der runenepigraphische Text auf der Knochennadel von Højbro Plads (Kopenhagen, spätes 11. Jh.; DK-Sj 23): **sbyta⩔is** ›eine Nadel (ein Stift; aisl. *spýta*) ist [das]‹ (Imer 2017b, 195 f.).

Die Textsorte Gegenstandsinschrift hat zwei Formulare, und zwar hinweisendes ›dies ist X‹ und selbstbezogenes ›ich bin X‹. Der erste Typ, vollständig z.B. in zweimaligem **binisþitabinisþtọ** ›ein Knochen ist dies, ein Knochen ist d[ie]s‹ (Knochen III von Lund, 11.[–13.] Jh.; DK-SkL 15) realisiert, tritt häufiger entgegen. Die elliptische Minimalvariante, in der – wie in den folgenden beiden Beispielen – lediglich der Inschriftenträger genannt wird, ist zweideutig.

Auf zwei Kämmen aus Ribe (Südjütland, Anfang 9. Jh.; Sindbæk / Imer 2018) und Elisenhof (Schleswig-Holstein, D, spätes 9. Jh.; Moltke 1985, 370) sind die Runenfolgen **kãbaʀ** = *ka(m)b$_a$ʀ* und **kãbr** = *ka(m)bʀ* ›Kamm‹ eingeritzt. Genaue Gegenstücke bieten FRIENSTEDT (wgerm. *ka(m)ba*; S. 76 f.) und TOORNWERD (vor-afries. *kɔ(m)bə̣*; S. 121).

Aus dem spätwikingerzeitlichen Schleswig stammen knapp über 20 Runenobjekte aus Knochen (vgl. S. 130 mit Abb. 28.2), Holz und Bernstein. Auf einer Tierrippe (DK-SlB 17) liest man **bukaben**, eine Materialbezeichnung *buk(k)abēn* ›Ziegenbockknochen‹, für die in **hronæsban** ›Walknochen‹ auf dem nordhumbrischen Franks Casket eine Parallele vorliegt (S. 108). Ein Holzstäbchen (DK-SlB 3) bietet auf seinen vier Seiten einen nicht kohärenten runenepigraphischen Text ›Runen ritzte ich auf treibendes Holz; so deutete [sie] der mächtige junge Mann: Asen in der Frühzeit! Gepolter und Lärm (**hulaʀ·auk·bulaʀ**) mögen dir Arsch und Magen sagen!‹ o.ä. (vgl. Stoklund / Düwel 2001, 210 ff.). Obzönen Inhalts ist die Einwortinschrift **fuþbuk** = *fuðbukk* ›Hurenbock‹ (*fuð* ›Fut, Scheide‹, DK-SlB 21).

In Dänemark sind – im Gegensatz zu Schweden (s. S. 177 ff.) – nur wenige aus der Wikingerzeit stammende Runeninschriften auf Metallblechen belegt (Pereswetoff-Morath 2019, 247 ff.).

Münzen mit runischen Legenden gibt es in Skandinavien nur sporadisch im späten 11. Jh. und im frühen 13. Jh. (RGA XXV, 552). Zu nennen sind die Emissionen von König Sven Estridsson ab 1065 (DR, Mø 1–126). Der Hauptprägeort war Lund; ähnlich wie in England (vgl. S. 115) erscheint auf dem Avers mit der Maiestas Domini jeweils oftmals, und zwar meist verderbt, der Aliasname des Münzherrn, MAGNUS REX. Für König Sven waren etwa 50 Monetare tätig; nicht wenige von ihnen kamen aus England. In der Regel befindet sich auf dem Revers der Name des Münzmeisters und der Prägeort, z.B. **+alfrik:on:lundi:** (DR, Mø 8; nach Ausweis seines Namens und der Präposition *on* war der Monetar Engländer) oder **+asmunr·i·lunti** (DR, Mø 16; ein skandinavischer Münzmeister). In éinem Fall (DR, Mø 83) finden sich auf dem Revers beide Schriften verwendet: **+suein:SVENLVINᚠ** (mit zweifach verschriebenem LVINᚠ statt LVNT). Etwas jünger sind die in Roskilde geprägten Runenmünzen, von denen jene mit Avers **sue│rEX│tano│rum** u.ä. (DR, Mø 90) hohe Stückzahlen erreichen. Auf manchen Exemplaren nennen sich die Monetare auf der Vorderseite (Jensen J. St. 2006, 165); auf den Münzstempel bezieht sich **+þ│or:│þ·ạ │mii** = *Þorð ā mik* ›Thord besitzt mich‹ (DR, Mø 133). Viele Exemplare stammen aus verschiedenen Gebieten am Baltischen Meer und bezeugen die Umorientierung dänischer politischer und wirtschaftlicher Interessen von den Nordseeregionen in den Ostseeraum während der ausgehenden Wikingerzeit (RGA XXV, 555).

VII.2. Schweden

Das wikingerzeitliche Schweden (d.h. ohne die historischen Landschaften Schonen, Halland, Blekinge, Bohuslän u.a.) hat eine Fülle von Runensteinen hervorgebracht, von denen die meisten unversehrt oder fragmentarisch erhalten blieben, viele aber auch zerstört wurden oder verlorengingen. Fast jährlich gibt es – vielfach bei Kirchenrestaurierungen – Funde von fragmentarischen und manchmal sogar von vollständigen Runensteinen. Sofern es sich ›nur‹ um verschollene Stücke handelt, lassen sich diese in der Regel mit Hilfe von Johan Göranssons Sammelwerk identifizieren, das er unter dem Titel *Bautil* (›Runenstein‹; Fridell 2014, 184) in der Mitte des 18. Jh.s in Stockholm veröffentlichte (Göransson 1750).

Ein ausgesprochenes Zentrum bildet die mittelschwedische Landschaft Uppland mit ungefähr 1.200 Runensteinen; im Süden schließen sich Södermanland (fast 400) und Östergötland (über 220) an, ferner Västergötland und Småland (jeweils ca. 130) und die Insel Öland (über 156). Die Inschriften stammen in der Hauptsache erst aus der späten Wikingerzeit (11. Jh.). Bei der immensen Fülle des Materials ist es nur allzu verständlich, dass die Korpusedition schwedischer Runeninschriften, 1900 begonnen, noch immer nicht abgeschlossen ist; die Inschriften der ›runologisch‹ wichtigeren Landschaften liegen freilich schon seit geraumer Zeit vor.

Die Siglen beziehen sich auf das Fundgebiet: G = Gotland, Gs = Gästrikland, M = Medelpad, Nä = Närke, Ög = Östergötland, Öl = Öland, Sm = Småland, Sö = Södermanland, U = Uppland, Vg = Västergötland, Vr = Värmland, Vs = Västmanland. Neufunde sind in einer Riksantikvarieämbetet-Webseite verbucht (https://www.raa.se/kulturarv/runor-och-runstenar/nyfynd/; Stand: 6.6.2023). – Die Siglen N (A, B) betreffen norwegische Inschriften im jüngeren Fuþark (vgl. S. 190).

VII.2.1. Zwei vieldiskutierte Inschriften

Zunächst werden zwei bedeutende Steininschriften präsentiert, zu deren Lesung und Deutung viele namhafte Runolog(inn)en beigetragen haben, ohne dass deren Bemühungen, die sich in einer Fülle von Publikationen niedergeschlagen haben, bisher zu einem allgemein akzeptierten Ergebnis geführt hätten.

1. Der Stein von Sparlösa (Vg 119; vgl. RGA XXIX, 322 ff.), ein 1,77 m hoher und 0,69 m breiter zugehauener Steinblock, zeigt auf allen vier Seiten (A–D) sowie auf der Kopfplatte oben (E) Ritzungen. Auf der Westseite A ist unten ein Männerkopf angebracht, der durch Ornamentzeilen von einer Runensequenz getrennt ist; es handelt sich um eine Zeile in monumentalen, die ganze Schriftfläche in vertikaler Richtung ausfüllenden Langzweigrunen.

Den rechten und oberen Rand entlang läuft eine Memorialinschrift **kisli:karþi:iftir:kunar:bruþur**[:] **kubl·þisi** ›Gisli machte nach (zum Gedenken an) Gunnar, dem Bruder, dieses Denkmal‹, die jedoch erwiesenermaßen jüngeren Datums (11. Jh.) ist.

Auf der gegenüberliegenden Seite B finden sich drei stark beschädigte Inschriftenzeilen, die in Langzweigrunen mit einzelnen Kurzzweigrunen ausgeführt sind; darüber sind Reste einer Maskenabbildung zu erkennen. Die nördlich gelegene C-Seite wird von der Darstellung zweier Vögel – Eule und Kranich? – dominiert, die von zwei Schlangen umwunden sind; an den Rändern ist ein runenepigraphischer Text in Kurzzweigrunen mit einzelnen Langzweigrunen angebracht. Die Südseite D ist ausschließlich mit Bildmaterial gefüllt. Von oben nach unten sind ein Gebäude, ein Schiff mit gesetztem Segel und zwei Vogelwesen auf oder über der Rahe sowie ein ›großes Tier‹ mit Tierjungem zu sehen; ein Reiter mit gezücktem Schwert und dahinter ein Hirsch schließen das Bildfeld unten ab. Selbst auf dem Kopf des Steines (E) finden sich noch Runen; es handelt sich um Kurzzweigrunen mit eingestreuten Langzweigrunen. Dieses Nebeneinander von Lang- und Kurzzweigrunen hat man unter anderem damit zu erklären versucht, dass der Runenmeister von Sparlösa der Schöpfer der Kurzzweigrunen gewesen sei. Es spricht nichts gegen die Annahme, dass Abbildungen und Runeninschrift gleichzeitig in den Stein graviert wurden. Aus kunsthistorischer Sicht liegt eine Datierung in das späte 8. Jh. nahe, und von den Runenformen her wird ebenfalls der Zeitraum vor oder um 800 ins Auge zu fassen sein (vgl. Birkmann 1995, 240 f.).

Lesung und Deutung der ursprünglich aus zumindest 280 Runen bestehenden Inschrift wurden – zumal in der älteren Literatur (vgl. Birkmann 1995, 246 ff.) – kontrovers debattiert. Dem Text auf Seite A ist zu entnehmen, dass ›Æiuls (**aᛉiuls**) gab, der Sohn Æiriks, gab dem Alrik (**alrikj**) [...]‹, wobei man am Zeilenende unter anderem **bu͡** gelesen hat, das für einen Akkusativ an. *bū* ›Haushalt, Hof, Wirtschaft‹ (von Friesen 1920, 44 f.) oder *bø̄* ›Wohnstätte, Hof‹ stehen kann; Grønvik (2001b, 239) erblickt in *bū* eine ›Grabstätte‹. Seite B bietet einen Lückentext, dem etwa ›gab als Gegengabe (Bezahlung, Erstattung)‹, ›saß der Vater in Uppsala‹ und die beiden Namen Alrik und Æivisl zu entnehmen sind; die genauen Zusammenhänge bleiben unklar. Klar wird immerhin auf Seite C, dass der Stein zum Gedenken an Æiuls / Æivisl errichtet wurde (**aftaiuis**); es folgt ›Und errate (lese, deute) die Runen dort (**ukraþ|runᴀʀ þaʀ**), die von den Göttern stammenden(?), die Alrik [...] schrieb (**faþi**)‹. Worauf sich die Inschrift auf Seite E bezieht, lässt sich nicht sagen. Angesichts der vielen Unwägbarkeiten, mit denen man hier zu kämpfen hat, sind in jüngerer Zeit kaum noch neue Interpretationen der früher vielbehandelten Inschrift vorgelegt worden. Eine der wenigen Ausnahmen ist der Vorschlag von Grønvik (2001b), demzufolge es sich um die Schilderung einer Begräbniszeremonie in einem dem Gott Freyr geweihten Heiligtum handelt; man muss aber auch diese auf zahlreichen Besserungen fußende Deutung auf sich beruhen lassen (RGA XXIX, 324 ff.).

2. Anders als der Stein von Sparlösa zeigt der berühmte Stein von Rök (Ög 136), ein mächtiger Steinblock von 3,82 m Höhe, kein Bildwerk, sondern ist auf allen Seiten mit Runen beschrieben – vorwiegend mit einem Typ Kurzzweigrunen, die nach diesem Denkmal auch Rök-Runen heißen (Abb. 27.4, S. 126), dazu auch mit Runen im älteren Fuþark in kryptographischer Verwendung sowie mit systematisch eingesetzten Geheimrunen (s. S. 240 f.) verschiedener Art. Der Stein von Rök bietet mit seinen etwa 750 Runen die umfangreichste bekannte Runeninschrift überhaupt; anders als im Falle von SPARLÖSA dauert jedoch die Diskussion über Lesung, Deutung und ›Sitz im Leben‹ in der Forschung unvermindert an.

Konsens herrscht lediglich über die beiden ersten Zeilen der Vorderseite (Abb. 33.1), die seit von Friesen (1920, 29 ff.) wie folgt gedeutet werden: an. *Aft Vāmōð standa rūnaʀ þāʀ. Æn Varinn fāði, faðir, aft fæigian sunu.* ›Nach Vamod stehen diese Runen. Aber Varin schrieb [sie], der Vater, nach dem zum Tod bestimmten (oder: toten) Sohn‹. Der Beginn einer Gedenkinschrift mit Steinsetzung bzw. Denkmalerrichtung wird hier variiert: zum Gedenken stehen die Runen, und der Vater hat sie selbst zur Erinnerung an seinen to(dgeweih)ten Sohn geschrieben.

Alles Folgende wurde auf höchst unterschiedliche Weise interpretiert; die Hauptgründe für die bemerkenswerte Diversität der Auffassungen sind:

– Die kommunikative Funktion des runischen Text(konglomerat)es liegt nicht offen zutage und wird wegen des ungewöhnlichen Umfangs auch ungewöhnlicher Art sein: auf gängige Textsortenmuster kann jedenfalls nur in beschränktem Umfang (s. vorhin) zurückgegriffen werden.
– Die ›große‹ Textstruktur ist nicht eindeutig: die (meist in vertikaler Richtung angebrachten) Runenkomplexe auf der Oberseite, den zwei Breit- und zwei Schmalseiten werden in abweichender Reihenfolge gelesen (zur Leseordnung aus semiotischer Perspektive s. nun Åkerström 2021).
– Die syntaktischen Strukturen können nicht immer verbindlich bestimmt werden: die Runenfolgen sind durch keinerlei Trennzeichen, die Wortgrenzen anzeigen würden, gegliedert.

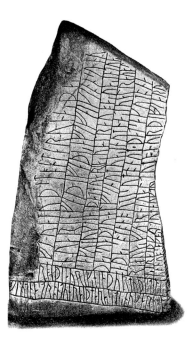

Abb. 33.1: Stein von Rök, Vorderseite (nach von Friesen 1933, 151); ohne Maßstab.

– Die Multifunktionalität etlicher Runen im jüngeren Fuþark erschwert die sprachliche Interpretation, die je nach vermuteter Textintention (die allerdings, wie vorhin gesagt, nicht transparent ist!) verschieden ausfallen kann.

– Ferner sorgen die ›üblichen‹ runographischen Besonderheiten (vor allem Einfachschreibung von Doppelkonsonanten und ›Nichtrealisation‹ eines Nasals vor homorganem Geräuschlaut; S. 10 f.) für Mehrdeutigkeiten.

– Eine Sache für sich sind schließlich die drei Geheimrunenkomplexe an der Oberseite, im oberen Teil der Hinterseite und an einer Schmalseite; dazu kommt eine Zeile im älteren Fuþark (!) im unteren Teil der Hinterseite.

Unklarheiten der sprachlichen Deutung zeigen sich gleich am Beginn von Zeile III der Vorderseite. Der Folge **sakumukminiþat**, die mit und ohne þat ›das, dies‹ auf dem Stein von Rök mehrfach wiederkehrt und daher für das Verständnis der gesamten Inschrift von großer Bedeutung ist, kann eine ganze Reihe formal gleichwertiger Möglichkeiten abgewonnen werden, von denen im Folgenden nur die wichtigsten – ohne eingehenden Kommentar und der besseren Übersicht halber in vereinheitlichter Transliteration – in chronologischer Reihenfolge genannt seien:

(1) *sagum (m)ǫgmin(n)i þat* ›[wir] sagen die Erinnerung an den Sohn‹ (›[ich] erzähle über meinen toten Sohn‹; Bugge 1878, 15 ff.) ›lasst [uns] eine Erinnerung an die Verwandten erzählen‹ (Widmark 1993, 29 ff. 44);

(2) *sagum (m)ōgmæn(n)i þat* ›[wir] erzählen dem ganzen Volk das‹ (Bugge 1888, 9 ff.), ›lasst [uns] dem ganzen Volk das erzählen‹ (Noreen 1904, 492 f.);

(3) *sagum (m)ōg min(n)i þat* ›lasst [uns] dem Volk die [alte] Erinnerung sagen‹ (Brate 1910, 267 f.); ›sagen [wir] dem Volk eine Erinnerung (scil. an alte Ereignisse, d.h. eine Sage)‹ (Lönnroth 1977, 22 f.);

(4) *sagum Yg(g) min(n)i* ›[wir] sagen Ygg (i.e. Odin) die Erinnerung (erinnern Ygg) an das‹ (Nordenstreng 1912, 3), ›lasst [uns] das sagen als Erinnerung für Ygg (Odin)‹ (Holmberg et al. 2020, 18. 20), ›[ich] sage das als Erinnerung für Ygg (Odin)‹ (Williams 2021, 236 ff.);

(5) *sagum u(n)gmæn(n)i þat* ›[ich] sage dem jungen Mann das‹ (oder: ›dem Jungvolk‹; von Friesen 1920, 34 f. 38), ›[ich] sage dem jungen Mann das‹ (oder: ›dem Knaben‹; Höfler 1952, 35. 73. 348);

(6) *sagum (m)ōgmin(n)i þat* ›[ich] sage die Volkssage‹ (oder: ›den Jungen, der Jugend‹; Wessén 1958, 25. 35 f.; RGA XXV, 67 f.);

(7) *sagum ok min(n)i þat* ›[wir] sagen auch zur Erinnerung Folgendes‹ (Reichert 1998, 79 ff.);

(8) *sagumᵤk min(n)i þat* ›ich sage die Erinnerung (i.e. den Erinnerungsspruch)‹ (Grønvik 2003, 48 ff.);

(9) *sāgum ug(g)min(n)i þat* ›[wir] sahen die ehrfurchtgebietende Erinnerung (die furchteinflößende Vision)‹ (Ralph 2021, 469 ff. 843. 899. 907).

An sich ist -*um* eine Pluralendung (1. Person Indikativ oder Imperativ), **sakum** wird aber von manchen als Sprecherplural ›ich sage‹, eine Art *pluralis maiestatis*, gefasst (vgl. S. 165); wegen lautlicher Probleme deutet Ralph (2021, 316 ff.; dazu Fridell / Williams 2022) **sakum** als Präteritalform des starken Verbs *sēa* ›sehen‹. – Aisl. *Yggr* ›der Schreckliche‹ ist ein wohlbekannter Name Odins, der u.a. in dem Eddalied *Vafþrúðnismál* (›Reden des Vafthrudnir‹, Str. 5,6) erwähnt wird.

Auf diese – vielsagenden, jedoch auch vieldeutigen – Worte folgt nach verbreiteter Ansicht ›welche die zwei Beutestücke waren, die zwölfmal als Beutestücke erobert wurden, beide zusammen von verschiedenen Männern‹. Die drei übrigen senkrechten Zeilen auf der Vorderseite besagen: ›Das sage ich als zweites, wer vor neun Menschenaltern bei den Hreidgoten zur Welt kam (oder: starb). Und er entscheidet noch jetzt über Kämpfe (oder: und er starb mit ihnen dort deshalb)‹ (vgl. RGA XXV, 68). In den beiden unteren waagrechten Zeilen, die an der rechten Schmalseite fortgesetzt sind, findet sich eine Strophe im eddischen Versmaß des *fornyrðislag* (›Metrum alter Überlieferung‹), das älteste Stück Poesie Schwedens, ein kostbares Zeugnis für eine sonst wenig bekannte ostnordische Dichtung. Zumeist hat man gemeint, hier sei Theoderich der Große (✝ 526) genannt:

Ræið Þiau[ð]rīkʀ,   hinn þormōði (runisch **raiþiaurikʀhinþurmuþi**; s. auch S. 156)
stilliʀ flotna,   strandu Hræiðmaraʀ;
sitiʀ nū garuʀ   ā guta sīnum,
skialdi umb fatlaðʀ,   skati Mǣringa.

›Es ritt (oder: *rēð* ›herrschte‹) Theoderich, der wagemutige Fürst der (See-)Krieger, auf dem Strand des Hreidmeeres; nun sitzt bereit auf seinem Pferd, mit dem Schild umgebunden, der Anführer der Märinger.‹

Die genaue Bedeutung von ›Hreidgoten‹ und ›Hreidmeer‹ ist nicht klar (RGA XV, 153 f.). Die **þiaurikʀ**-Erwähnung wurde einerseits, namentlich von Wessén (1958; 1976), auf die Theoderich-Reiterstatue bezogen, die Karl der Große im Jahre 801 in

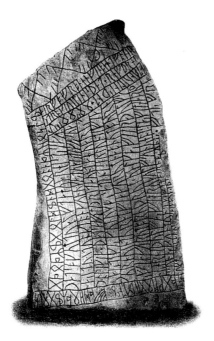

Abb. 33.2: Stein von Rök, Rückseite (nach
von Friesen 1933, 157); ohne Maßstab.

Aachen aufstellen ließ (RGA V, 428 f.). Damit wäre ein *terminus post quem* gefunden, ein Zeitpunkt, nach dem Strophe und Inschrift entstanden sind. Wie weit nach 801 der Stein von Rök datiert werden kann, bleibt offen. Rechnet man den erwähnten neun Menschenaltern als Generation zu 30 Jahren (= 270) Theoderichs Todesjahr 526 hinzu, ergibt sich 796 – dies liegt dicht am realhistorischen Zeitpunkt 801 (Grønvik 1983, 139). Was die Datierung des Rök-Steines betrifft, spricht runologisch einiges für die erste Hälfte des 9. Jh.s (anders jüngst Ralph 2021, 788 ff.: frühes 10. Jh.).

Anderseits wurde, vor allem von Höfler (1952; 1966), die Ansicht vertreten, zugrunde liege der Mythos, Theoderich sei nicht wie andere Menschen gestorben, sondern entrückt worden und lebe im Volksglauben als Reiter in der Funktion des Wilden Jägers fort. Dieser heiße in Südschweden und Dänemark *Oden*, und führe auch im deutschen Sprachraum weithin Namen, die auf *Wode(n)* zurückgingen.

Liest man jetzt die Zeilen in Kurzzweigrunen auf der Rückseite (Abb. 33.2), lautet der Text nach verbreiteter Meinung: ›Das sage ich als zwölftes, wo der Wolf (= das Pferd des Kampfes) Speise erblickt auf dem Schlachtfeld, zwanzig Könige, die da liegen. Das sage ich als dreizehntes, welche zwanzig Könige auf Seeland saßen, vier Winter lang, mit vier Namen, Söhne von vier Brüdern‹, die mit Namen und Vaternamen aufgezählt werden. Nach von Friesen und Höfler schließt sich an: ›Nun ziehe ich mir einen jungen Mann. Gedenke er, wenn er allein ist (d.h. wenn ich tot bin), wer der Rache bedarf (nämlich: für den Verlust des Sohnes)‹; in der Deutung

Wesséns (mit anderer Leseordnung in der schlecht erhaltenen Partie) heißt es demgegenüber: ›Nun sage ich die Geschichten vollständig. Jemand [...] welches er nachfragt.‹

Ohne die noch schwierigeren weiteren Textpartien, die zumeist in Geheimrunen (s. S. 240 ff.) gehalten sind, wegen der divergierenden Auffassungen behandeln zu können, lässt sich das Interpretationsziel schon angeben. Für von Friesen und Höfler handelt es sich um eine Rachemahnung an einen jüngeren Sohn Varins. Höfler verbindet sie darüber hinaus mit einer ›Individualweihe‹: Varin habe den jungen Sohn und künftigen Rächer einer höheren Macht geweiht, verkörpert in dem als Herrn des ›Wilden Heeres‹ mythisierten Theoderich, der wie Odin angerufen werden könne. Wessén hat hingegen keinen unmittelbaren Zusammenhang zwischen der Gedenkinschrift und der folgenden umfangreichen Hauptinschrift gesehen. Darin habe Varin auf verschiedene ihm bekannte Sagen zusammenfassend verwiesen, um mit einem Teil seines Vortragsrepertoires den toten Sohn zu ehren. Mit den Geheimrunen habe der Runenmeister sein Können demonstrieren sowie Leser(innen) auf die Probe stellen und gleichzeitig unterhalten wollen.

Mag man die Rache-Theorie vor allem in Verbindung mit einer ›Individualweihe‹ für zu weitgehend halten, so mangelt der Repertoire-Theorie zum einen die Einheitlichkeit und zum anderen eine plausible Erklärung für den Sprung von der zweiten zur zwölften Sage.

Bis zur Mitte der 2000er Jahre erschienene Studien setzen in der einen oder anderen Form die zwei Erklärungsmodelle fort (Forschungsüberblick: Birkmann 1995, 290 ff.): Nielsen N. Å. (1969) versteht die gesamte Inschrift als strophisches Gedicht, bestehend aus der Gedenkinschrift (Str. 1), einer Odin-Anrufung (Str. 2–8) und einer Thor-Anrufung (Str. 9–12) in dem kryptographischen Runenkomplex. Dieses Gedicht sei vielleicht bei einem feierlichen Begräbnis vorgetragen worden; Odin solle den Einzug des Toten in Walhall bewirken, Thor den Schutz von Stein und zugehöriger Siedlung sichern.

Lönnroth (1977) versucht eine Interpretation im Rückgriff auf die Struktur des Rätsels. Eine dreifache Gliederung liege der gesamten Inschrift und ihrer Teile zugrunde: Vorderseite, Geheimrunenpartie und Rückseite würden jeweils ein erstes und ein zweites Rätsel enthalten, dem eine Antwort in strophischer Form folge. Es gehe um drei nur unvollständig rekonstruierbare Heldensagen (Theoderich und seine Beute, Die zwanzig Könige, Die Heldentaten Vilins). Die Erinnerung an Heldenkampf und heroischen Tod habe bewahrende und didaktische, möglicherweise auch magische Funktion und stelle ein angemessenes Thema für eine Inschrift zu Ehren eines gefallenen Kriegers dar.

Grønvik (1983; 2003b) sieht in der Inschrift ein heidnisches religiöses Dokument; der Rökstein biete eine Grabinschrift. Zunächst werde auf das Geschlecht von Vater und Sohn eingegangen und dann das Schicksal Vamods geschildert, der dem Gott Thor geweiht worden sei. Beim Begräbnis habe man in einer Kulthandlung an Ereignisse der Vergangenheit erinnert und Thor angerufen.

Im Anschluss an Wessén betont Widmark (1997) die soziale Funktion der Inschrift von Rök. Vamod hätte die mündliche Tradition seines Geschlechts als Traditionsträger (þulr) in einer von Oralität geprägten Kultur weiterführen sollen. Sein Tod in einer Übergangszeit, in der die mündliche Überlieferung bedroht gewesen sei, habe Varin genötigt, die Familientradition (mōgminni) in den Runenstein einzumeißeln.

Soweit der Stand der Dinge bis in die 2000er Jahre. – Ralph (2007a, 150 ff.; 2007b, 131 ff.) hat die oben (S. 154) erwähnte Sequenz **raiþiaurikʀhinþurmuþi**, die erste Langzeile der *fornyrðislag*-Strophe, als *Ræið iau / ri(n)kʀ, hinn þormōði* ›es ritt auf einem Pferd (aisl. *jór*; d.h. segelte auf einem Schiff) der Mann, der wagemutige‹ gedeutet und neue Wege zum Verständnis der Rök-Inschrift geebnet – freilich bleibt die ältere Theoderich-Deutung aktuell (Jesch 2017, 188 f. Anm. 3; Lönnroth 2017, 8 f.; Naumann 2018, 150 f.; Males 2023, 124 ff.: *ræið iau* »highly implausible«).

Nach Ralph enthält der runenepigraphische Text Rätsel, wie sie im altenglischen *Exeter Book* überliefert sind. So etwa wird der Passus von den zwei Beutestücken, die zwölfmal erobert werden (s. S. 154) mit dem Rätsel Nr. 27, in der Sonne und Mond agieren und Licht geraubt wird (beginnend mit *Ic wiht geseah wundorlīce* ›Ich sah ein Ding in wunderlicher Weise‹; Pinsker / Ziegler 1985, 54 f.), in Zusammenhang gebracht. – In einer vor kurzem erschienenen, über 950 Seiten(!) umfassenden Monographie deutet Ralph (2021, 348 f.) **hinþurmuþi** als *hin(n) Þōrmōði* ›der »Thorgemute«, der eine Wesensart wie Thor hat‹.

In einer von vier Beiträgern verfassten Studie (Holmberg et al. 2020; vgl. Holmberg 2016; 2021) wird auf die vermutlich durch zwei gewaltige Vulkanausbrüche verursachte Klimaanomalie der Jahre 536–550 zurückgegriffen, die neun Generationen vor der Beschriftung des Röksteines liegt (wenn man diese in das frühe 9. Jh. datiert). Die Inschrift sei von der unausgesprochenen Angst vor einer erneuten Klimakatastrophe gekennzeichnet. Varin wolle den Tod seines Sohnes in den Kontext eschatologischer Geschehnisse einbetten, dem Endzeitkampf gegen die Chaosmächte, an dem Vamod dereinst an der Seite der Götter teilnehmen solle. Der runenepigraphische Text beginnt unstreitig mit der Totenmemoria (s. S. 152); der mythenbezogene Teil der Inschrift bestehe aus neun Rätselfragen, die die vom Fenriswolf angegriffene Sonne und Odin beträfen. Korrespondierende Vorstellungen werden vor allem in zwei Eddaliedern gefunden, und zwar im Wissenswettstreit zwischen Odin und dem Riesen Vafthrudnir in den *Vafþrúðnismál* (›Reden des Vafthrudnir‹) sowie in der Schilderung der *ragna rǫk*, dem ›Götterschicksal‹, in der *Vǫlospá* (›Weissagung der Seherin‹). Schließlich wird ein Zusammenhang mit rituellen Sprechakten bei einem Begräbnis erwogen.

Die vielbehandelte Folge **sakumukminiþat** wird als ›Lasst [uns] das sagen als Erinnerung für Ygg (Odin)‹ gedeutet (s. S. 154, Nr. 4). Gegenüber bisherigen Auffassungen wird eine leicht abgewandelte Gliederung der über die gesamte Steinoberfläche verteilten Runenzeilen vorgenommen.

Williams (2021, 119 ff.), einer der Autoren des soeben genannten ›Viermänneraufsatzes‹, vertieft verschiedene Aspekte der Deutung und begründet diese ausführlich. Dabei werden im Detail neue Auffassungen entwickelt, etwa wenn die Geheimrunentrias **sibi uia vari** an der Oberseite des Steines (s. S. 244) als *sib ī wīa wæri* ›eine Frau in der Heiligen Meer‹ interpretiert wird (ebd., 234 f.); der Schluss der ganzen Inschrift laute sodann ›Der Verderber rötet nicht eine Frau im Meer der Heiligen (der Fenriswolf tötet nicht die Tochter der Sonne in der Wohnung der Götter)‹ – passenderweise am Stein an einer Stelle angebracht, die der Sonne zugekehrt ist.

Demgegenüber erblickt Ralph (2021) in der Rök-Inschrift metaphysische Grundlagen; allgemein gesagt, gehe es darin um die kosmische Ordnung der Dinge. Durch den frühen Tod Vamods sei die Welt (auch des Vaters) durcheinandergebracht worden und habe Varin veranlasst, das Ansehen des Sohnes mit diesem runenepigraphischen Text zu sichern, dem durch seine Enigmatik fraglos ein besonderer Charakter zukommt. Die Inschrift bestehe aus einer Reihe von Rätseln (vgl. vorhin), in deren

Mittelpunkt die Sonne stehe, mit der auch Vamod verglichen werde. Da die Metaphorik textsortenimmanent ist, wird etwa **iau** ›Pferd‹ als ›Schiff‹ gefasst (S. 156 f.) oder die ›zwanzig Könige‹ (S. 155) als ›Winde‹, die Schiffe fortbewegen. Parallelen zu dem thematisierten Kampf zwischen Sonne und Mond bzw. Licht und Dunkelheit werden in Hymnen des altindischen *Ṛgveda* erblickt. Alles in allem liege der Rök-Inschrift das Bemühen Varins zugrunde, mit Hilfe seiner Weisheit bzw. ›weisheitsliterarischer‹ Verfahrensweisen Ordnung zurückzuerlangen und übernatürliche Mächte zu beeinflussen.

Die Diskussion über die beiden neuen Theorien eschatologischer Art (Holmberg et al., Williams) und metaphysischer Art (Ralph) hat naturgemäß erst begonnen (vgl. vorerst Källström 2020; Quak 2022; Schulte 2023b). Es wird sich zeigen, ob diese beiden Ansätze, die in sich geschlossene Konzepte bieten, überzeugen – zum einen im Hinblick auf die Konsistenz der Argumentation, zum anderen im Hinblick darauf, dass eine Gesamtdeutung der Rök-Inschrift dem Rezeptionshorizont der Entstehungszeit im 9. (oder 10.) Jh. angemessen sein muss. Eines aber steht fest: Der runenepigraphische Text, dessen intrikater Charakter schon in der Verwendung verschiedener runischer Schriftsysteme sichtbar wird und sich vor allem in einem verrätselnden bzw. selektiven Formulierungsverfahren manifestiert, hat es auch zeitgenössischen Betrachter(inne)n keineswegs leicht gemacht, verstanden zu werden. Um eine Art wikingerzeitlichen Tweet (dazu Bianchi 2016, 27 f.) handelt es sich jedenfalls gewiss nicht.

VII.2.2. Fahrten nach West und Ost

Die sog. historischen Runeninschriften Schwedens sind unter den zahlreichen Auslandfahrersteinen der ausgehenden Wikingerzeit zu finden.

Einige zeitlich einzuordnende Gedenksteine sind Westfahrern gesetzt, die entweder einen in England erhobenen Dänentribut mit eintrieben und davon profitierten oder in der Leibwache des dänischen Königs Knut des Großen, dem *þingmannalið*, dienten. Hierher gehören zwei Steine aus Yttergärde (RGA XXXIV, 390 ff.): ›Karsi und [Karlbjö]rn, die ließen diesen Stein errichten nach Ulf, ihrem Vater. Gott helfe seiner [Seele] und die Mutter Gottes‹ (U 343). ›Aber Ulf hat in England drei Tribute (**kialt** = *giald* ›Bezahlung, Abgabe, Tribut‹) eingenommen. Der war der erste, den Tosti zahlte; dann [zahlte] Thorkel; dann zahlte Knut‹ (U 344). Ulf, **i baristam** (›in Borresta‹; Källström 2007, 262 ff.) wohnhaft und auch als Auftraggeber eines Gedenksteines für seinen Onkel (U 336) sowie als Runenmeister (U 161) bekannt, hat demnach an der Eintreibung dreier Tributzahlungen in England teilgehabt. Der dänische König Knut der Große, Sohn Sven Gabelbarts (vgl. S. 139 ff.), erhob 1018 von den Angelsachsen einen horrenden Tribut in der Höhe von 82.500 Pfund; damit liegt ein *terminus ad quem* (frühestmöglicher Zeitpunkt) für die Abfassung der Runeninschrift vor. Thorkel der Hohe (aisl. *Þorkell inn hávi*), ein bedeutender Anführer der Jomswikinger, trieb 1012 *giald* ein. Tosti wird allgemein mit dem aus der *Heimskringla* des Snorri Sturluson (*Haralds saga gráfeldar* ›Saga von Harald Graumantel‹, c. 11; ÍF 26, 215) bekannten schwedischen Wikingerführer *Skǫglar-Tosti* gleichgesetzt, der am Ende des 10. Jh.s mit dem späteren norwegischen König Olaf

Tryggvason das erste Danegeld (RGA V, 225 ff.), also *pecunia pro pace*, einforder-te. Ulf ist also während dieser Jahre seines Lebens auf Fahrt gewesen. Dass er im Gefolge namhafter Personen seiner Zeit stand und von diesen an den erpressten Ab-gaben beteiligt wurde, wird den Ruf seines Geschlechtes im heimatlichen Uppland erheblich gefördert haben. Die beiden erwähnten Steine werden dem Runenmeister Asmund Karason zugeschrieben (Thompson 1975, 120). Von Asmund stammt auch der Stein von Väsby (U 194): ›Al(l)i ließ diesen Stein nach sich selbst errichten. Er bekam *Knūts giald* in England. Gott helfe seiner Seele.‹ Die Inschrift von Väsby ist der früheste Beleg dafür, dass sich jemand einen Gedenkstein ›nach sich selbst‹, d.h. noch zu seinen Lebzeiten, setzte. Auch hier wird ein Anteil an dem im Jahre 1018 eingetriebenen Danegeld Knuts erwähnt. Die – im Laufe der Zeit immer höhe-ren – Abgaben der Angelsachsen schlagen sich auch in zahlreichen Funden von eng-lischen Silbermünzen in Schweden nieder, einmal sogar in der Nähe eines Runen-steins, dessen Inschrift eines Jarund gedenkt: ›er war im Westen mit Ulf, dem Sohn Hakons‹ (BETBY, Sö 260). Auf einem weiteren Gedenkstein wird ein *drængR* (›(jun-ger) Krieger‹; s. S. 141) erwähnt, ›der mit Knut war‹ (LANDERYD, Ög 111), und von anderen Männern heißt es ›der im Westen in der Leibwache saß (sich in der Söld-nerschar Knuts befand)‹ (KÅLSTA, U 668), ›er hatte in England zwei Tribute erhal-ten‹ (LINGSBERG, U 241) oder ›Gudver war im Westen in England, bekam seinen Anteil am Tribut (*gialdi skifti*; vgl. S. 164), griff in Sachsen mannhaft Städte an‹ (GRINDA, Sö 166). Einige der auf Memorialsteinen Genannten hatten zweifellos ho-he Positionen inne wie etwa Assur, der ›*skipari* (Schiffsmann, Schiffsführer) König Haralds (wohl der Sohn Sven Gabelbarts, †1018) war‹ (TUNA, Sm 42) oder Vrai, ›*stallari* (Marschall) des Jarls Hakon‹ (SÄVSJÖ, Sm 76).

Auf dem Stein von Bro (frühes 11. Jh.; U 617) wird des Sohnes eines (anderen?) Jarls Hakon gedacht; es heißt dort: **saR×uaR×uikika×uaurþr×miþ×kaeti** ›der war der Beschützer der Wikinger (oder: gegen die Wikinger?) gemeinsam mit Gæitir‹. Es handelt sich um den frühesten bekannten runenepigraphischen Beleg der Bezeich-nung ›Wikinger‹ in Schweden. Nur wenig jünger ist ein im Jahre 1988 entdeckter Fund in Hablingbo auf Gotland (G 370): auf dem Gedenkstein für *Hæilgi* wird fest-gehalten, dass dieser nach Westen **farin miþ uikikum** ›gefahren mit Wikingern‹ ist.

Der früheste Beleg aus Skandinavien überhaupt findet sich auf dem dänischen Runenstein von Tir-sted (Lolland, nicht lange nach 950; DR 216); hier ist indessen nicht ganz klar, wie abschließendes **aliruikikaR** = *alliR vīkingaR* ›alle Wikinger‹ in den Text einzubetten ist (Jesch 2001, 48).

Ohne dass konkrete historisch belegbare Personen oder Ereignisse angeführt wer-den, gehören in diesen Zusammenhang auch Memorialinschriften wie die auf dem Stein von Kjula (Kungshållet, um 1020; Sö 106). Hier schließt an den standardisier-ten Eingang ›Alrik errichtete den Stein, der Sohn Sigrids, nach seinem Vater Spjut,‹ eine dreizeilige Strophe an:

> *sāR vestarla   um vaRit hafði,*
> *borg um brutna   ī ok um barða –*
> *færð han(n) karsaR   kunni allaR.*

> ›der im Westen gewesen war, Burgen »gebrochen« (zerstört), darin auch gekämpft [hatte] – er kannte alle Arten von Festungen (**karşaR**; oder: **karųaR** ›Krankheiten‹?).‹

Ein anderes Beispiel bietet der Stein II von Bjudby (um 1050; Sö 55). Auf ›Thorstein ließ diesen Stein errichten nach sich selbst und seinem Sohn Häfnir‹ folgt die poetische Passage:

Vᴀʀ til Ænglan[d]s   ungʀ drængʀ farinn,
varð þā hæima   at harmi dauðr.

›Nach England war der junge Krieger gefahren, fand dann zu Hause zum Kummer [der Angehörigen] den Tod.‹

Die Inschrift schließt mit ›Gott helfe ihrer Seele. Bruni und Slodi, die [beschrifteten] diesen Stein.‹

Früher als die Westzüge nach England sind Ostfahrten bezeugt, allerdings fehlen hier in der Regel historisch einzuordnende Namen oder Ereignisse. Das älteste aus dem 9. Jh. (und zwar bereits bald nach 800) stammende Dokument ist die Inschrift in Kurzzweigrunen auf dem Stein von Kälvesten (Ög 8): ›stikuʀ (= an. *Styggᵤʀ* o.ä.) machte dieses Denkmal (**kublþau** Pl.) nach Øyvind, seinem Sohn. Der fiel im Osten mit **aiuisl**. Viking schrieb und Grimulf.‹ Für die frühe Datierung sprechen unter anderem sprachliche Indizien und die Übereinstimmung des Namens **aiuisl** (**a** = ᛆ) mit ᴀiᴜisl = *Æivīsl* (Varianten ᴀˣiuls, ᴀiuis; ᴀ = ᛉ) auf dem Stein von Sparlösa (S. 152), der vor oder um 800 zu datieren ist. Ob als Ziel der auf KÄLVSTEN erwähnten Reise in den *austrvegr* (aisl.; i.e. die Regionen südlich und östlich der Ostsee) das Baltikum oder Russland gemeint ist, lässt sich nicht sagen.

Zweifellos haben sich die Nordleute – zunächst aruss. *Rus'*, mgr. Ῥῶς *Rhōs*, arab. *Rūs*, mlat. *Rhos* (*Annales Bertiniani* a. 839), dann auch aruss. *Varęzi* u.ä., mgr. Βάραγγοι *Bárangoi*, arab. *Warank* ›Waräger‹ genannt – schon zur Mitte des 8. Jh.s in Nordwestrussland festgesetzt (vgl. etwa Noonan 2000). Die erste Siedlung mit dauerhafter skandinavischer Einwohnerschaft war Alt-Ladoga (aisl. *Aldeigjuborg*); als Zentrum der skandinavischen Macht- und Einflusssphäre (aisl. *Garðar, Garða-ríki*; vgl. S. 163) kristallisierte sich Kyiv (Kiev, aisl. *Kænugarðr*; RGA XVI, 484 ff.) heraus.

Das größte Unternehmen in den Osten, das in den Quellen zu fassen ist, fand unter der Führung Ingvars, der einer schwedischen Königsfamilie angehörte, statt (dazu Buti 1982, 198 ff.). Bemerkenswerterweise erzählt auch eine altisländische Vorzeitsaga, und zwar die *Yngvars saga viðfǫrla* (›Saga von Yngvar dem Weitgereisten‹), von dieser mehrjährigen Operation, allerdings in stark literarisierter Manier und mit etlichen phantastischen Elementen angereichert.

Die Saga berichtet, dass Yngvar, dem in Schweden eine eigene Herrschaft verwehrt wird, ein Expeditionskorps sammelt, mit 30 Schiffen zunächst nach *Kænugarðr* gelangt und dann weiter in das Landesinnere vordringt. Dort gerät der Trupp in Kämpfe verschiedener Art, und schließlich werden Yngvar und seine Leute auch noch von einer Krankheitsepidemie befallen. Yngvar kommt im Jahre 1041 mit 25 Jahren um (bzw. 1040 mit 30 Jahren: *Yngvars saga*, c. 8; SUGNL 39, 30) und mit ihm der Großteil seiner Begleiter – gerade einmal die Besatzung eines einzigen Schiffes schafft es zurück nach Schweden (und ein weiteres Schiff nach Konstantinopel).

Insgesamt 26 Gedenksteine für Ingvars meist aus dem Mälarsee-Gebiet stammende Fahrtgenossen bezeugen das katastrophale Ende der Ausfahrt, deren Zweck und Anlass unklar ist. Die *Yngvars saga* stellt die ganze Unternehmung als eine Art Erkundungsreise dar; wie dies in der Realität ausgesehen hat, wissen wir nicht. Manche vermuten, dass es sich um ein Heeresaufgebot gehandelt hat, das zunächst Fürst Jaroslav von Kyiv (dem Weisen; aisl. *Jarizleifr*) im Jahre 1036 in den Kampf gegen das Turkvolk der Pečenegen folgte und dann in den Südosten nach Georgien bzw. in die Gegenden um das Kaspische Meer weiterzog (Larsson 1990, 106), sofern das in den Runeninschriften erwähnte *Serkland* tatsächlich als ›Seidenland‹ (zu lat. *sericum* ›Seide‹) aufzufassen ist (vgl. Ruprecht 1958, 55). Freilich gilt *Serkland* der altisländischen Literatur als ›Sarazenenland‹, womit die muslimischen Regionen in Vorderasien und Nordafrika gemeint sind; in diesem Fall wäre Ingvars Schar in den Vorderen Orient gelangt (RGA XXVIII, 218). Inwieweit diese Operation ein Plünderzug war, der dem gewaltsamen Erwerb von Reichtümern diente (wie dies in der Strophe auf dem Runenstein I von Gripsholm hervortritt, s. sofort) oder man lediglich Handel treiben wollte bzw. neue Handelswege – womöglich auch mit militärischen Mitteln – erschließen wollte, lässt sich nicht feststellen.

Den Runenstein von Stora Lundby (Sö 131) setzten Spjuti und Halfdan nach ihrem Bruder Skardi; hier heißt es:

Fōr austr heðan   með Ingvari,
ā Særklandi liggꝛ   sunꝛ Øyvindaꝛ.

›[Er] fuhr von hier nach Osten mit Ingvar, in Serkland liegt der Sohn Øyvinds.‹

Mit dem Stein von Svinnegarn (U 778) gedenken die Eltern ihres Sohnes *Bag(g)i* oder *Banki*: ›Er besaß sein eigenes Schiff und steuerte [es] nach Osten in Ingvars Schar.‹ Weitere Formulierungen für die Fahrt und das Sterben mit ehrender Nennung des Anführers sind:

- ›Er fuhr fort mit Ingvar‹ (TIERPS KYRKA, U 1143); ›er war gefahren (war auf Fahrt) mit Ingvar‹ (HÖGSTENA, Sö 105. BALSTA, Sö 107. GREDBY, Sö 108);
- ›er war gefahren (fuhr) nach Osten mit Ingvar‹ (ATTMARBY, M 4. LUNDY, Sö 131. STÄRINGE, Sö 320. ÄRJA ÖDEKYRKA, Sö 335. STENINGE, U 439. BERGA, Vs 19);
- ›er starb (beendete sein Leben) mit Ingvar‹ (LIFSINGE, Sö 9. HUNHAMMAR, Sö 287).
- ›er starb (beendete sein Leben) im Gefolge Ingvars‹ (SYLTEN, Ög 155. VANSTA, Sö 254);
- ›er starb (fiel, wurde erschlagen) im Osten mit Ingvar‹ (TYSTBERGA, Sö 173. EKILLA BRO, U 644. VARPSUND, U 654. RÅBY, U 661);
- ›sie [kamen um] mit Ingvar in Serkland‹ (STRÄNGNÄS, Sö 281);

Dazu kommt ein weiterer Ingvar-Stein, der im Jahre 1990 bei Wegarbeiten auf dem zwischen Stockholm und Uppsala gelegenen Flughafengelände Arlanda gefunden wurde. Die teilweise beschädigte Memorialinschrift gilt einem Thorstein: ›Er wurde tot (fand den Tod) im Osten m[it Ingv]ar‹ (Snædal 1992, 156 ff.). Es ist die einzige Inschrift dieser Gruppe, in der auch ein Brückenbau (vgl. S. 186) erwähnt wird.

Der zweifellos eindrucksvollste Gedenkstein für einen Teilnehmer an der desaströs endenden Expedition Ingvars steht vor dem Schloss Gripsholm (GRIPSHOLM I, Sö 179; Abb. 34). Der Beginn der Inschrift lautet: ›Tola ließ diesen Stein nach ihrem Sohn Harald errichten, dem Bruder Ingvars.‹ Es folgen drei Verszeilen:

Pæiꝛ fōru drængila   fiarri at gulli
ok austarla   ærni gāfu;
dōu sunnarla   ā Særklandi.

›Sie fuhren mannhaft weit weg (in die Ferne) nach Gold (um Gold zu erwerben) und gaben im Osten dem Adler [Speise] (fütterten den Adler); sie starben im Süden in Serkland.‹

Abb. 34: Stein I von Gripsholm (nach https://commons.wikimedia.org/wiki/File:SÖ179_
Gripsholm_Runestone.jpg; Stand: 3.8.2023, Hintergrund bearbeitet); ohne Maßstab.

›Den Adler (oder ein anderes Schlachtfeldtier: den Raben, den Wolf) füttern‹, und
zwar mit den Leichen im Kampf erschlagener Kontrahenten, bedeutet ›Feinde töten‹ und ist eine poetisch-konventionelle Metapher, die in verschiedenen Variationen nicht selten in der altisländischen skaldischen und eddischen Dichtung entgegentritt (Jesch 2001, 247 ff.). Da Tola, die Mutter Haralds und Ingvars, den Stein
allein setzen ließ, wird ihr Mann bzw. der Vater der Brüder bereits gestorben sein.
Dessen Namen *Æimund*[ʀ] – in der *Yngvars saga* heißt der Vater des Titelhelden
Eymundr – überliefert ein Steinfragment in der Domkirche zu Strängnäs (Sö 279),
auf dem auch **sunarla:a:seᵣkl**[--- ›im Süden in Serkl[and]‹, der Schluss der Strophe
auf GRIPSHOLM, begegnen. Zwei weitere Fragmente aus der Kirche von Strängnäs
gehören ebenfalls zu den Ingvar-Steinen. In einer Inschrift wird des Bruders eines
Ulfs gedacht, und weiter wird erwähnt: ›sie kamen mit Ingvar in Serkland um‹ (Sö
281); in der anderen Inschrift ist davon die Rede, dass der Tote ›nicht wird Ingvars
ma[---‹ (Sö 277). Es ist erstaunlich (und wird ein Produkt des Zufalls sein), dass
von Ingvar selbst kein Gedenkstein erhalten ist; vielleicht wird ein solcher aber eines Tages – ebenso wie GRIPSHOLM (und viele andere Runensteine) in einem Mauerwerk oder Fundament verbaut? – noch gefunden.

Zahlreiche Fahrten gingen nach Osten, zum einen auf der älteren südlichen Route
um Domesnes (Kap Kolka) an der Nordspitze Kurlands über die Bucht von Riga in
südwestlicher Richtung auf der Düna nach Semgallen (Lettland, lett. *Zemgale*) und
darüber hinaus. Von dem Kauffahrer Sven heißt es (Stein von Mervalla, Sö 198):

H[ann] oft siglt[i]   til Sæimgala
dŷrum knærri   um Dōmisnæs.
›Er segelte oft nach Semgallen mit einem wertvollen Frachtschiff (aisl. *knǫrr*) um Domisnæs herum.‹

Zum anderen führte eine nördliche Route über Alt-Ladoga (aisl. *Aldeigjuborg*) und Novgorod (aisl. *Hólmgarðr*; RGA XV, 80 ff.) weiter nach Osten und Süden. Von Sigvid wird auf dem Steinblock von Esta (frühes 11. Jh.; Sö 171) gesagt:

Hann fioll   ī Holmgarði,
skæiðar vīsi,   með ski[pa]ra.
›Er fiel in Holmgard, der Führer des Langschiffs (aisl. *skeið*), mit den Schiffsleuten (mit seiner Schiffsbesatzung).‹

Vom Tod eines Händlers erfährt man auf dem Felsblock von Sjusta (U 687): Spjallbudi starb ›in Holmgard in der Olafskirche. Öpir schrieb (ritzte) die Ru[nen].‹ Art und Umstände dieses (gewaltsamen?) Todes an einem geweihten Ort sind unbekannt. Diese Inschrift ist eines der 46 Werke des äußerst produktiven Runenmeisters Öpir (*Ø̄piʀ*; hier: **ubiʀ**), der in der zweiten Hälfte des 11. Jh.s im Mälartal tätig war; ihm werden noch weitere 27 Runensteine zugeschrieben, in denen er nicht genannt ist (Åhlén 1997; vgl. Källström 2011a).

Eines der Ziele der Ostfahrer ist *Garðar* (Pl.; *garðr* ›befestigter Ort, Stützpunkt‹), der ›rusische‹ bzw. warägische Herrschafts- bzw. Einflussbereich, der in der altisländischen Literatur als *Garðaríki* ›Reich der Städte‹ (auf *Hólmgarðr* und *Kœnugarðr* bezogen) genannt wird. Man konnte im Osten reichlich Profit machen, um etwa damit in der skandinavischen Heimat einen Hof zu kaufen, wie dies von Thorstein auf dem Felsblock von Veda (U 209) gesagt wird. Dieser erwarb zu seinem angestammten Hof Gåderata (U 360) mit den Mitteln, die er als Kaufmann und/oder Kriegsmann im Osten gewonnen hatte, einen zweiten Hof in Veda. Derartiges kann für viele gelten, wenn es auch keine andere Inschrift so deutlich sagt. Für andere mag zutreffen, was von Halfborin berichtet wird: er ›sitzt‹ (hält sich auf) in Gardar (Stein von Gårdby, Öl 28) – sei es als Angehöriger eines schwedischen Kriegskontingents (etwa bei dem bereits genannten) Fürsten Jaroslav in Kyiv, sei es als niedergelassener Kaufmann. Wieder andere, wie Arnfast, fuhren ostwärts **ikarþa** ›nach Gardar‹ (Stein von Låddersta, U 636), manche schließlich fanden dort den Tod wie Farulf (Stein von Innberga, Sö 148) oder Thorstein (Stein von Turinge, Sö 338; s. S. 174):

Hann fioll ī orrustu   austr ī Garðum,
li[ð]s forungi,   lan[d]manna bæstr.
›Er fiel im Kampf im Osten in Gardar, der Anführer der Kriegerschar, der beste der Landesbewohner.‹

Weit auseinanderliegende Reiseziele finden sich gelegentlich in einer Inschrift erwähnt. Auf einem Stein aus Dalum (Vg 197) wird zweier Brüder gedacht: ›der eine fand im Westen, aber der andere im Osten den Tod‹.

Nicht selten erscheint in den Inschriften Griechenland (meist *Grikkiaʀ*, eigentlich ›Griechen‹, nur selten *Grikkland*) als Reiseziel (dazu Källström 2016a). Auf einer Seite des Steinblocks von Ed (U 112) ließ Ragnvald in der zweiten Hälfte des

11. Jh.s eine Gedenkinschrift für seine Mutter Fastvi anbringen, die vor Ort starb; auf der anderen Seite hielt er fest: ›Die Runen ritzen ließ Ragnvald, [er] war in Griechenland, war Anführer der Kriegerschar (*li[ð]s forungi*).‹ Dieser Mann von hoher Abkunft hatte offenbar eine herausragende Stellung in der Warägergarde inne, der Elitetruppe der byzantinischen Kaiser, die sich vornehmlich aus skandinavischen Söldnern zusammensetzte. Zurück in der skandinavischen Heimat, konnte er mit der öffentlich bekanntgemachten Position renommieren. Hier wie auch auf anderen Runensteinen erfolgen Angaben zum Auftraggeber oder Runenschreiber getrennt von der Gedenkformel als ›Hauptinschrift‹, die der Nennung der engeren Familienangehörigen vorbehalten ist (Andrén 2000, 15 ff.).

Dass auch in Griechenland Reichtümer zu holen waren, ist mehreren Inschriften zu entnehmen. Ein eindrucksvolles Zeugnis in poetischer Form findet sich auf einem der Steine von Ulunda (U 792), der einem Mann namens *Myrsi* (?; **mursa** Akk.) zum Gedenken gesetzt ist:

Fō[r] h[ā]fila,   f[ē]aʀ aflaði
ūt ī Gri[kk]um   arfa sīnum.
›[Er] fuhr tüchtig, erwarb Besitz draußen in Griechenland seinem Erben.‹

Hier wie im Falle von VEDA (U 209; s. vorhin, S. 163) bleibt ungesagt, wie die Genannten – mit Handel, durch Raub oder als Söldner? – ihr Vermögen lukriert haben. Auf zwei Gedenksteinen (GRINDA, Sö 165; RYCKSTA, Sö 163) wird jedenfalls erwähnt, dass die Betreffenden *ī Grikkium gulli skifti* ›in Griechenland Gold teilten, sich Anteil am Gold verschafften‹. Die parallele Wendung *gialdi skifti* begegnet auf einem anderen Stein aus Grinda (Sö 166; s. S. 159), der vermutlich vom selben Ritzer verfertigt wurde (Källström 2016a, 174), und zwar in der Zeit um 1000.

Von den meisten Griechenlandfahrern (*grikkfaraʀ*) wird indessen nur lapidar ihr Tod dort vermeldet, z.B.

- ›er starb (*dō*) in Griechenland‹ (DROPPSTA, U 446); ›sie starben (*dōu*) in Griechenland‹ (HANSTA, U 73);
- ›er beendete sein Leben (*ændaðis*) draußen in Griechenland‹ (VÄSTERBY, Sö 85);
- ›er fiel (*fell*) in Griechenland‹ (ÖRBY, U 374);
- ›er fand den Tod (*varð dauðr*) in Griechenland‹ (LÖVSTA, U 1087; ähnlich TUMBO, Sö 82).

Zusammen mit anderen Ausdrücken wie z.B. *varð drepinn* ›wurde erschlagen‹, *varð haggvinn* ›wurde erschlagen‹, *brunnu* (Pl.) ›wurden verbrannt‹ (U 1161), *drunknaði* ›ertrank‹ (vgl. Wulf 1997a), *fōrs* ›ging zugrunde, kam um‹ oder *lēt fior* ›ließ das Leben‹ bieten die Inschriften eine reiche und die Todesarten differenzierende Sterbeterminologie (Belege: Peterson 2006; vgl. Köster 2014, 21 ff.).

Zweimal ist eine Pilgerfahrt nach Jerusalem bezeugt, einmal für eine Frau namens Ingirun (?; **iskirun**), die einen Stein im vorsorglichen Gedenken an sich selbst mit Runen beschreiben ließ: ›Sie will nach Osten fahren und hinaus nach Jerusalem‹ (Steinplatte von Stäket, U 605). Offenbar war sie nicht sicher, ob sie von ihrer Pilgerreise zurückkehren würde. Dass solche Sorge begründet war, erweist das Schicksal eines *Øystæinn*, ›der Jerusalem aufsuchte und draußen in Griechenland sein Leben beschloss‹ (Stein von Broby, U 136). Aus mehreren Gründen ist Ingiruns Steinplatte bemerkenswert: zum einen ist sie Auftraggeberin einer Gedenkinschrift (dies kommt zwar öfters vor, ist jedoch nicht die Regel); zum anderen kommemoriert sie sich selbst (dies ist einmalig, sonst wird einer verstorbenen Frau häufig mit ihrem Ehemann zusammen gedacht); und schließlich tut sie dies mit einer Absichtserklärung, die wohl auch in die Tat umgesetzt wurde. Es dürfte sich um eine außergewöhnliche Frau gehandelt haben, über die sonst nichts bekannt ist (vgl. Jesch 1991a, 68 f.).

In lapidarer Form steht auf dem Wetzstein von Timans (G 216): **:ormiga:ulfuaxr: | krikiaʀ:iaursaliʀ | islat:serklat** ›Ormika, Ulfhva[t]r: Griechenland, Jerusalem, Island, Serkland‹. Ob sich darin die »Weite gotländischer Handelsbeziehungen« bekundet (Ruprecht 1958, 165) oder es sich um eine Auflistung sagenumwobener Personen und Orten handelt (Svärdström 1978, 237), muss unentschieden bleiben. Für die letztgenannte Ansicht spricht, dass sich die zwei Genannten, wenn sie diese Reiseziele wirklich aufgesucht hätten, dessen in angemessener, monumentaler Weise in Form eines Runensteins gerühmt haben würden.

Ein solcher Stein befindet sich in Pilgårds (G 280); in seiner in das späte 10. Jh. zu datierenden Inschrift wird von den Erlebnissen einiger gotländischer Männer beim Überwinden einer der Stromschnellen am Unterlauf des Dnipro (Dnepr) berichtet, über die der Weg von *Kœnugarðr*-Kyiv nach Konstantinopel führte (RGA XXIII, 160 ff.; Snædal 2002, 53 ff.):

›Hellbemalt stellten diesen Stein Hægbiorn [und seine] Brüder Rodvisl, Øystæin [und] Emund (oder: Amund?) auf, die Steine nach Rafn südlich vor Rufstæin aufgestellt haben. Sie kamen weit hinein in [den] Aifor; Vifil [gab den Auftrag].‹ – Hier ist die Rede von einer großen Stromschnelle, ›die auf Skandinavisch (»Rhosisch«) *Aeifór*, auf Slavisch hingegen *Neasít* heißt‹ und umgangen wird: die Nordleute müssen nämlich ihre Schiffe sechs Meilen weit über Land ziehen, wie Konstantinos Porphyrogenetos in seiner Schrift *De administrando imperio* (›Über das zu regierende Reich‹, c. 9; CFHB 1, 58 f.) aus der Mitte des 10. Jh.s zu berichten weiß.

›Hellbemalt‹ (PILGÅRDS), ›Asbiorn schrieb und Ulf bemalte (*stæindi*)‹ (GERSTA, Sö 347) und, mit Nennung desselben Runenmeisters, ›Asbiorn behaute den Stein, bemalt (*stæindan*) als Denkmal‹ (NYBBLE, Sö 213), ›hier soll(en) diese Steine stehen, mit Runen gerötet (*ru[ð]nir*)‹ (ÖVERSELÖ, Sö 206) – dies sind epigraphische Zeugnisse für die Ausmalung von Runensteinen.

Darauf deutet auch die Verwendung des Verbums urgerm. **faihija-*, an. *fá* ›färben, malen, schreiben‹, das bereits in der älteren Runenperiode entgegentritt (s. S. 40 f.). Zu beachten ist indessen, dass es sich in manchen Fällen um ein einfaches *verbum scribendi* handelt: Runen auf Goldbrakteaten (s. S. 58 f. 61) wurden nicht bemalt. – Zur Terminologie der Beschriftung und Errichtung von Runensteinen s. Kitzler Åhfeldt 2014, 244 ff. Was die Schreibpraxis betrifft, sind erwartungskonforme Wörter (z.B. ›schrieb‹, ›Runen‹ ›errichtete‹, ›Stein‹) formal weniger belastet und begegnen öfter verschrieben als nicht taxierbare Wörter wie etwa Namen (Williams 2010, 198 f.).

Auch in der altisländischen Literatur gibt es Hinweise auf das Färben bzw. Bemalen von Runen. So etwa spricht Odin in den eddischen *Hávamál* (›Sprüche des Hohen‹, Str. 157) *svá ek ríst / ok í rúnom fák* ›so ritze ich und färbe in Runen‹ (Neckel / Kuhn 1962, 43; vgl. Str. 80), und in der *Egils saga Skalla-Grímssonar* (›Saga von Egil, dem Sohn des Glatzkopf-Grim‹, c. 44) beginnt Egil eine Strophe mit den Worten *Rístum rún á horni, / rjóðum spjǫll í dreyra* ›Runen ritzen wir (i.e. ritze ich) in das Horn, röten (i.e. röte) im Blut den Spruch (den runenepigraphischen Text)‹ (ÍF

2, 109). Im Laufe der Zeit wurden tatsächlich bemalte Runensteinfragmente gefunden (Jansson 1987, 153 ff.), bei denen nicht nur Runen zur Markierung syntaktischer Einheiten, sondern auch Schlangenbänder und Tierornamente – vorwiegend in den Farben weiß, rot, schwarz oder braun – ausgemalt waren und dies noch in Resten erhalten ist (s. etwa Þráinsson 1999; Tronner et al. 2002; vgl. Düwel 2014a, 45 f.). Nach derartigen Vorbildern werden die Runensteine heutzutage häufig farbig gestaltet.

Ostfahrer und skandinavische Siedler haben gelegentlich auch in Russland, der Ukraine, Griechenland und selbst in İstanbul Runeninschriften hinterlassen. So hat man in Alt-Ladoga (Staraja Ladoga, unweit des Ladoga-Sees) und Gorodišče (bei Novgorod) drei Amulette aus Bronzeblech entdeckt, die wohl alle in das (9./)10. Jh. gehören. Die beiden Stücke aus Gorodišče (9. Jh.) zeigen undurchsichtige Mixturen von älteren und jüngeren Runen sowie Binde- und Spiegelrunen (Mel'nikova 1987, 163 ff.; Birkmann 1995, 270 ff.; Pereswetoff-Morath 2019, 265 ff.). Auf dem Amulett von Alt-Ladoga sind immerhin kurze Sequenzen lesbar, ohne dass indessen eine zusammenhängende Deutung zu erreichen ist (Pereswetoff-Morath 2019, 272 ff.; vgl. Kuz'menko 1997). Ebenfalls aus Alt-Ladoga stammt ein 42 cm langer, gebogener Holzstab aus dem frühen 9. Jh. Im Jahre 1950 entdeckt, handelte es sich um die erste bekanntgewordene Runeninschrift auf russischem Gebiet. Sie ist eines der frühen schwedischen Belege für Kurzzweigrunen; die eingeritzten 52 Zeichen ergeben eine Halbstrophe, die beträchtlich abweichende Interpretationen erfahren hat.

So hat man darin den Teil eines Schildgedichtes mit mythologischen Inhalten gesehen (Høst 1960), ein Preislied für einen gefallenen Krieger (Krause 1960), die Heroisierung eines Bauernhäuptlings, der die Fruchtbarkeit der Erde anspricht (Grønvik 2004) oder einen Wunsch bzw. Zauberspruch, der ein klagloses Arbeiten mit dem Stab, einem Rocken, gewährleisten soll (Kuz'menko 2013).

Wenn auch die Frage des Textverständnisses offen bleiben muss (Naumann 2018, 311 f.), besitzt diese Inschrift, die einen der ältesten ostnordischen Alliterationsverse wiedergibt, großen Wert.

Eine kaum noch lesbare, geschweige denn deutbare Inschrift ist auf dem Sockel eines Marmorlöwen eingetragen, der früher in Piräus (dem alten Hafen von Athen) stand und heute vor dem Arsenal in Venedig zu sehen ist (Kreutzer 2009; Snædal 2014). Selbst in dem in der altisländischen Sagaliteratur häufiger genannten *Mikligarðr* (›Großstadt, Metropole‹; Konstantinopel), dem heutigen İstanbul, finden sich in der Hagia Sophia an den Wänden der obersten Südgalerie die Namen [*H*]*alfdan* und *Arni* eingeritzt (NoR 14, 26). Im Jahre 2011 wurde in der ersten Etage der Nordgalerie die Inschrift a͡riṇba͡rþrraṣtruna͡rþasi = an. *Arinbarðr ræ*[*i*]*st rūnar þā*[*r*]*si* ›Arinbard ritzte diese Runen‹ (Mel'nikova 2017) entdeckt. Und schließlich hat man sogar einen Runenstein auf der Insel Berezan', die an der Mündung des Dnipro (Dnepr) in das Schwarze Meer liegt, gefunden (RGA V, 537 ff.). Obwohl der untere Teil des Steines fehlt, der gotländische Konturen zeigt, blieb die Inschrift vollständig erhalten: ›Grani machte diese »Wölbung« (Grabgewölbe, Grabkammer; ḥalf = *h*[*v*]*alf*) nach Karl, seinem Kameraden (**fi:laka:siṇ**).‹ Die beiden Genannten können als Handelspartner unterwegs gewesen sein; vielleicht waren sie Gotländer, die sich auf Kauffahrt begaben und hier als *fēlagaʀ* bezeichnet werden.

Auch im Osten wurde vielfach Handel getrieben, gelegentlich ist dies aber von gewaltsamem Gütererwerb nicht zu trennen (vgl. S. 133). In den runenepigraphischen Texten ist die Art des Unternehmens meist nicht direkt ausgesprochen, dass es sich um eine Handelsfahrt gehandelt hat, kann aber häufig aus dem Kontext der Inschriften erschlossen werden (dazu sofort; s. Ruprecht 1958, 69 ff.; Düwel 1987, 316 ff.; vgl. RGA XIII, 577 f.).

Wie auf dem Stein von Berezan′ kommt auch in anderen Inschriften die Bezeichnung an. *fēlagi* (Pl. *fēlagaʀ*) vor. Dabei handelt es sich um einen Teilhaber an einem mit *fēlag* bezeichneten Zusammenschluss zur Verfolgung wirtschaftlicher Interessen; es kommt zum Zusammenlegen (-*lag*) von Eigentum (*fē*-; mobiler Besitz: Geld, Handelsware, Ausrüstung, Schiff) für ein gemeinsames Unternehmen, nach dessen Abschluss der Gewinn proportional an die Gesellschafter verteilt wird. Der Ausdruck an. *fēlagi* (das als Lehnwort in spät-ae. *feolaga* erscheint und in engl. *fellow* fortgesetzt ist) deckt die Bedeutungen 1. ›Geschäftspartner, Kompagnon‹ (in eben erwähntem Sinne), 2. ›Kamerad auf Fahrt, Fahrtgenosse‹, 3. ›Kamerad auf Kriegszug, Waffenbruder‹ und schließlich 4. ›Ehepartner‹ ab. Gerade wenn der Ausdruck in Kombination mit der Nennung einer Schiffsbezeichnung wie (aisl.) *knǫrr* ›Knörr, (großes) Frachtschiff‹, einschlägiger Termini wie *gildi* ›Gildebruder‹, einer gewaltfreien Todesart oder christlicher Formeln entgegentritt, spricht viel für die Bedeutung ›Handels- bzw. Geschäftspartner‹.

Ganz sichere Zeugnisse für Handelspartnerschaft bringen zwei Steine aus Sigtuna, die die einzigen Belege für eine Gilde friesischer Kaufleute darstellen. Die Inschriften lauten:

– ›Der Friesen Gi[ldebrüder ließen] diese [Runen ritzen] nach Albod, dem Handelspartner (*fē-lagi*) Slodis. Der heilige Christus helfe seiner Seele. Thorbiorn ritzte‹ (U 391);

– ›Der Friesen Gildebrüder (*gildaʀ*) ließen diesen Stein errichten nach Thor[kel], ihrem [Gildebrud]er. Gott helfe seiner Seele. Thorbiorn ritzte‹ (U 379).

Diese beiden Inschriften aus der 2. Hälfte des 11. Jhs. bezeugen eine ›Friesengilde‹, die an dem bedeutenden Handelsplatz Sigtuna als kaufmännische Vereinigung bestanden hat. Friesen betrieben besonders im Mälarsee-Gebiet (Birka, Sigtuna) Handel (RGA X, 71), der sich von Friesland bis Gotland erstreckte. Das Gildemitglied Thorkel war wie Slodi Schwede, Albod vielleicht Franke oder Sachse, jedenfalls kaum Friese, wie man früher annahm (RGA X, 27). Dieser Albod wird auch nicht als *gildi sinn* bezeichnet, sondern als *fēlagi* Slodis – war also nur Slodi Gildebruder, nicht aber Albod, mit dem ihm eine anders geartete Partnerschaft verband? Wenn die Kaufmannsgilden, diese ältesten von Laien gebildeten Berufsgilden, im 11. Jh. entstanden (RGA XII, 103), handelt es sich bei den beiden Runeninschriften aus Sigtuna um Zeugnisse aus der Frühzeit dieses Gildetyps. Dies gilt auch für den etwas früher, und zwar in die Jahrzehnte um 1000, zu datierenden Stein von Törnevalla, den zwei Männer ›nach Dræng, Øygæirs(?) Sohn, ihrem Gildebruder‹ gesetzt haben. Über dem ∩-förmigen Runenband ist die nur teilweise erhaltene Abbildung eines Segelschiffs zu sehen, das womöglich als Knörr bestimmt werden kann. Den vierten, wohl ebenfalls der Zeit um 1000 angehörenden Runenstein von Bjälbo (Ög 64) errichteten *drængiaʀ* ›nach Grep, ihrem Gildebruder‹. Dachte man früher wegen

der *drængiaʀ* an eine Kriegervereinigung, so wird jetzt eher von einer Kaufmanns-
gilde ausgegangen, zumal wenn anzunehmen ist, dass gelegentlich auch Überfälle
von Seiten der Kauffahrer vorgekommen sein können. Zu fragen wäre schließlich
noch, ob der Ausdruck *drængʀ* im Kontext einer Gilde wirklich den kriegerischen
Aspekt hervorhebt oder nicht vielmehr als selbstehende Bezeichnung eingesetzt
wurde; im Altisländischen hat *drengr* jedenfalls auch die allgemeinere Bedeutung
›junger Mann, tapferer Kerl ‹, und ein *góðr drengr* ist ein ›wackerer Bursche, ehren-
hafter Mann‹. Ausgehend von den vorhin genannten vier vieldiskutierten Inschriften lässt sich festhalten (Düwel 1987, 341):

> Die (Kaufmanns-)Gilde ist eine geschworene Einung, die ohne zeitliche Begrenzung geschlos-
> sen wird, während das *felag* eine Gelegenheitsbindung darstellt.

Dem Personenverband der Gilde steht also die Partnerschaft im *felag* gegenüber.

Dass es im *felag* nicht immer friedlich zuging, zeigen Berichte in den altisländischen Sagas (vgl. etwa *Heimskringla, Óláfs saga ins helga,* c. 133; s. S. 133). Auf
dem Runenstein von Söderby (U 954) ist eine solche Begebenheit festgehalten: ›Øy-
rik(?) und seine Verwandten errichteten den S[tein] nach Helgi, ihrem Bruder. Aber
Sassur erschlug ihn und verübte eine Schandtat (**niþiks:uerk** = *nīði(n)gsverk*), hin-
terging (verriet) seinen Partner (*felagi*). Gott helfe seiner Seele.‹ Im Einzelnen geben die Inschriften spärliche, aber wichtige Hinweise

1. auf Handelswege wie auf dem Stein von Mervalla (Sö 198; S. 162 f.): ›Er segelte oft nach Semgallen mit einem wertvollen Frachtschiff um Domisnæs herum‹ (vgl. Zilmer 2005, 175 ff.);
2. auf Fahrtenziele wie auf dem Stein von Fjuckby (U 1016), den der *styrimaðr* Liut seinen Söhnen
   setzte: Aki kam *uti* (draußen, im Ausland) um, er ›»steuerte«‹ einen Knörr (war Eigner bzw. Führer), kam nach Griechenland‹, Hæfnir dagegen ›starb daheim‹ (Wulf 1997);
3. auf Handelsgüter wie auf dem Stein von Stenkumla (G 207), gesetzt einem Kaufmann, der *sunnarla* (im Süden) mit Fellen (Pelzen) Handel trieb, oder wie auf dem verlorengegangenen Stein
   von Norrsunda (U 414), der nach Ausweis der Inschrift *af Gotlandi* (von Gotland) herbeige-
   schafft wurde und den umfangreichen Export gotländischer Steinmetzarbeiten dokumentiert;
4. auf Handelsutensilien wie auf der Kupferdose von Sigtuna (s. S. 176), wo der Erhalt von *skālaʀ*
   (Waagschalen) eingetragen wurde. Waagen dieser Art, unabdingbare Ausstattung von Händlern,
   wurden in der Gewichtsgeldwirtschaft der Wikingerzeit zum Abwiegen der Kaufsumme in Gold
   oder (Hack-)Silber benutzt (Düwel 1987, 323 f.; RGA XXXV, 569 ff.).

VII.2.3. Recht und Gesellschaft

Zu den ältesten literarischen Zeugnissen der schwedischen Sprache gehören Rechts-
texte. Noch früher sind indessen einige Rechtsdokumente auf Runensteinen belegt;
in das frühe 9. Jh. gehört die Inschrift auf einer Felsplatte bei Oklunda (Östergötland; vgl. RGA XXII, 41 f.). Der Beginn, der zweieinhalb horizontal laufende Zeilen umfasst, lautet: ›Gunnar *fáði* (malte, schrieb) diese Runen. Und er floh schuldig,
suchte [zum Schutz] dies Heiligtum (**uiþita** = *vī þetta*) auf.‹ Für den Norden ist dies
der älteste Beleg für Asylrecht (RGA I, 462) in einer heidnischen Kultstätte. Der
Rest dieser in Kurzzweigrunen gehaltenen Inschrift wird verschieden beurteilt (ältere Literatur bei Birkmann 1995, 282 ff.; neuere Vorschläge: Gustavson 2003a; Fridell / Óskarsson 2012).

Auf der Felsplatte von Hillersjö (U 29) auf einer Insel im Mälarsee ist die längste Inschrift Upplands angebracht. Darin beerbt eine Gæirlaug ihre zwei Ehemänner und schließlich ihre Tochter – ein Erbgang, der auch im uppländischen Gesetz (*Upplandslag*; RGA XXXI, 524 ff.) aus dem Jahre 1296 kodifiziert ist:

> [Folge α, linkes Schlangenband:] ›Errate (lese) du [die Runen]! Gæirmund bekam Gæirlaug in Jungfräulichkeit (zur Frau). Dann bekamen sie einen Sohn, bevor er ertrank, und der Sohn starb danach. Dann bekam sie Gudrik (zum Mann); er [...]; Lücke von etwa 25 Runen] diesen. Dann bekamen sie Kinder. Aber einzig ein Mädchen blieb am Leben, es hieß | [Folge β, rechtes Schlangenband:] ›[In]ga. Sie bekam Ragnfast in Snutastadir (zum Mann). Dann fand er den Tod und der Sohn danach. Aber die Mutter (i.e. Inga) kam zum Erbe ihres Sohnes (beerbte ihren Sohn). Dann bekam sie Æirik (zum Mann). Dann fand sie den Tod. Dann kam Gæirlaug zum Erbe ihrer Tochter (beerbte ihre Tochter). Thorbiorn Skald ritzte die Runen.‹

Die Inschrift ist auf zwei Schlangenkörper aufgeteilt; die eine Folge (α) bezieht sich auf die Familie Gæirlaugs, die andere Folge (β) gilt der ihrer Tochter Inga; die Geschehnisse sind wohl deswegen so ausführlich dargestellt, weil sie alles andere als alltäglich waren. Thorbiorn brachte auch die Runeninschrift auf dem Stein von Roslags-Bro (U 532) an; sein Beiname **skalt** = *skald* ›Dichter‹ mag seine poetischen Fähigkeiten charakterisieren.

Der Stein von Vreta (U 332) knüpft mit seiner Inschrift direkt an den zuvor beschriebenen Erbgang an: ›Inga errichtete Stab (Pfahl; s. S. 171) und Steine nach Ragnfast, ihrem Mann. Sie kam zum Erbe ihres Kindes (beerbte ihr Kind).‹ Der in der Inschrift von Hillersjö genannte Ragnfast erhielt diesen und drei weitere Memorialsteine (U 329–331) von seiner Witwe Inga gesetzt, die auf seinem vom Vater ererbten Hof *Snutastaðiʀ* (heute: Snottsta) errichtet wurden. Auf einem davon (U 331) ist zu lesen:

> [Folge α, linkes Schlangenband:] ›Inga ließ die Runen ritzen nach Ragnfast, ihrem Mann. Er besaß allein‹ | [Folge β, rechtes Schlangenband:] ›diesen Hof nach Sigfast, seinem Vater. Gott helfe ihren Seelen.‹

Auch diese Inschrift ist auf zwei Schlangenkörper verteilt; dabei referiert die eine Folge (α) auf Inga und ihre Familie, die andere Folge (β) nennt die ihres Schwiegervaters. Die übrigen drei Steine haben ein einziges Schlangenband, und ihre Inschriften beziehen sich ausschließlich auf Ingas Familie. Dies sind Beispiele dafür, dass Schlangen(körper und die darin eingeschriebenen Inschriften) Familien repräsentieren können (Andrén 2000, 12 ff.).

Eine Art Familienurkunde bietet der Malsta-Stein (Hs 14) aus der ersten Hälfte des 11. Jh.s, der mit ursprünglich ca. 250 Runen (des stablosen Typs; S. 129) eine der längsten schwedischen Runeninschriften bietet (Peterson 1994a, 224 ff.):

> [Folge α, äußeres Schlangenband auf der Vorderseite:] ›Hro[d]mund errichtete diese(n) Stein(e) nach He-Gylfi, Brisis Sohn. Und Brisi war Linis Sohn. Und Lini war Uns Sohn. Und Un (*Unʀ; vgl. Peterson 2012, 39 ff.) war Ofæigs Sohn. Und Ofæig war Thorirs Sohn.‹ | [Folge β, inneres Schlangenband:] ›Hro[d]mund, der Sohn He-Gylfis, malte (schrieb) diese Runen. Wir holten diesen Stein im Norden in *Balas[tæ]in* (Balsten).‹ | [Folge γ, Band links oben:] ›Groa war die Mutter He-Gylfis.‹ | [Folge δ, Band rechts oben:] ›Und dann Berglæif, und dann Gudrun.‹ | [Folge ε, Schlangenband auf der linken Seite:] ›Gylfi erwarb dieses Land und dann im Norden in **uika** (?) drei Anwesen und dann Lønangr und dann Fædrasio.‹

hi- in *Hē-(Gylfi)* ist ein charakterisierender Namenzusatz, dessen Bedeutung unklar ist (›Familie-‹?, ›Hell-‹?; Peterson 1994a, 248 f.).

In ähnlicher Weise wird auf dem Stein von Sandsjö (um 1000; Sm 71) eine Reihe männlicher Vorfahren versammelt. In derartigen Inschriften zeigt sich das Interesse an Genealogien, das im Norden besonders verbreitet war. Die altwestnordische Literatur kennt etliche *ættartǫlur* ›Geschlechteraufzählungen‹, und noch jede Isländersaga verfolgt die Vorfahren der Hauptpersonen bis in die Landnahmezeit Islands zurück. Abweichend von der Christus-Genealogie (Mt 1,1 ff.) wird aber die Ahnenreihe in den schwedischen Runensteinen von den Lebenden aus zurückverfolgt, auf MALSTA über sieben, auf SANDSJÖ über fünf Generationen. Den Hintergrund geben wohl der Stolz ab, in einer langen Geschlechterfolge zu stehen, und ein damit verbundenes Empfinden von Geborgenheit. In den Vordergrund tritt aber bei dieser Art von Inschrift die gleichsam urkundliche Dokumentation von Erb- und Eigentumsanspruch. Über die hier vorgestellten Rechtsdokumente hinaus hat B. Sawyer die kontrovers diskutierte These vertreten, dass eine Vielzahl der Runensteine in Skandinavien, besonders aber in Schweden, erbrechtlich relevante Inschriften trägt, die unterschiedliche, in den späteren Landschaftsgesetzen kodifizierte Erbfolgeregelungen auch für Frauen spiegeln, weshalb in ihnen die verwandtschaftlichen Beziehungen der Steinsetzer(innen) zum Toten eine so große Rolle spielen (Sawyer B. 1998, 770 ff.; 2000, pass.; Sawyer B./P. 1993, 182 ff.; 2002, 360 ff.).

In anderen Inschriften auf Runensteinen dominieren eigentums- und herrschaftsrechtliche Ansprüche und Bestätigungen. Dies gilt für die mehrfach erwähnte Einrichtung von Thingstätten (Versammlungsplätzen), den Orten politischer und rechtlicher Entscheidungen (RGA V, 464 f.). Zwei Runensteine von Bällsta aus dem beginnenden 11. Jh. dürften das Zentrum eines derartigen Versammlungsortes gebildet haben; die beiden Inschriften bilden eine Einheit. Auf BÄLLSTA I (U 225) wird zunächst festgehalten: ›[Ulfkel?] und Arnkel und Gyi, die machten hier eine Thingstätte (*þingstað*).‹ In Versen heißt es weiter (vgl. Düwel 2014a, 37 f.):

> [M]*unu æigi mærki   meiRi verða,*
> *þan Ulfs syniR   æftir gær*[*ðu*],
> [*sniall*]*iR svæinaR,   at sinn faður.*

›Es werden keine größeren Denkmäler zustandekommen als [diejenigen], die Ulfs Söhne nach [ihm] mach[ten] (errichteten), [tüchtig]e Burschen, nach ihrem Vater.‹

Auf BÄLLSTA II (U 226) steht eine reguläre *fornyrðislag*-Strophe:

> *Ræistu stæina   ok staf unnu* (?),
> *ok inn mikla,   at iarteknum.*
> *Ok Gyrīði   ga*[*t*]*s at veri;*
> *þȳ man ī grāti   getit lāta.*

›[Sie] errichteten die Steine und machten den Stab (Pfahl), auch [ihn,] den großen, als Wahrzeichen (sichtbaren Zeugnissen des Ruhms). Und Gyrid gefiel ihr Mann (Gyrid liebte ihren Mann); deshalb soll in Trauer (**ikrati**) [von ihm] gesprochen werden.‹

Die Bedeutung von **ikrati** = *ī grāti* (wortwörtlich: ›im Weinen‹) ist umstritten. Dabei hat die herkömmliche Auffassung ›in Trauer‹ bzw. ›in Tränen‹ mehr für sich als ›in einem Trauergedicht, in einer Elegie‹ (als Genrebezeichnung); Diskussion und Literatur bei Naumann 2018, 242 f.

Am Ende folgt ›Gunnar schlug [die Runen in] den Stein‹. Zur Erklärung des ›großen Stabes‹ verweist man auf den Reisebericht des Arabers Aḥmad ibn Faḍlān, der in den Jahren 921 und 922 Mitglied einer diplomatischen Gesandtschaft des Kalifen von Bagdad war und bei den Wolgabulgaren, einem Turkvolk an der mittleren Wolga, die Bestattung eines ›angesehenen Mannes‹ der Nordleute (*Rūs*; vgl. S. 160) miterlebte (AKM 24,3, 88 ff.):

> Der ›Häuptling‹ wird zusammen mit Hab und Gut sowie einer Sklavin in einem Schiff verbrannt. Danach wirft man einen runden Erdhügel auf und errichtet in dessen Mitte ›einen großen Balken aus Birke‹, in den die Namen des Toten und des Königs der *Rūs* geschrieben (wohl: in Runen geritzt) werden.

Bemerkenswert ist der Ausdruck von Liebe und Trauer Gyrids auf BÄLLSTA II – kaum einmal ist das so eindrücklich in Runeninschriften ausgesprochen; meist wird der Tote als *gōðr bōndi* charakterisiert.

> An. *bōandi*, *bōndi* bedeutet ›(freier) Bauer, Hausherr, Ehemann‹ (Jesch 2014, 82 ff.). Ist nicht speziell der Ehemann gemeint, empfiehlt sich, um Missverständnisse zu vermeiden, *bōndi* nicht mit ›Bauer‹, sondern mit ›Bonde‹ (RGA III, 216 ff.) zu übersetzen als Bezeichnung für einen freien Mann, der fest ansässig, in der Regel verheiratet ist und dessen Wirkungskreis vorwiegend Haus und Hof umfasst (Düwel 1975, 185 ff.; zu *gōðr* Wulf 1989).

Ganz in der Nähe der Thingstätte von Bällsta richtete zwei bis drei Jahrzehnte später *Iarla-Banki* (**iarlabaki**; Peterson 2007, 133), nachdem er zum mächtigsten Mann in seiner Umgebung aufgestiegen war, einen neuen Thingplatz ein – wohl um nicht mehr im Schatten des Prachtdenkmals seines Vorgängers Ulf und seiner Söhne stehen zu müssen, wie Jansson (1987, 121 f.) annimmt. Unter den 16 Runensteinen der Jarlabanki-Familie von Täby (heute ein nördlicher Vorort Stockholms) ist der von Vallentuna (U 212) von größtem Interesse. Er bietet – für Uppland ganz selten – auf beiden Seiten eine Inschrift.

> Die glatte Seite A besagt: ›Jarlabanki ließ diesen Stein errichten na[ch sich selbst als Le]bendem. Er besaß allein ganz Tæby. [Gott helfe] seiner Seele.‹ Die Inschrift auf der vom Brechen des Steins rauhen Seite B beginnt wie Seite A, setzt dann aber (nach ›Lebendem‹) fort: ›und diese Thingstätte machen und besaß allein diese ganze Hundertschaft (**hu[n]ṭari**)‹.

Wie sind diese beiden Inschriften zu verstehen? Sie sind nicht fortlaufend zu lesen, wie etwa die Runen auf den beiden Steinen von Bällsta. Zuerst wurde der Stein in Täby gesetzt und auf der Seite A mit dem Besitzvermerk über Täby beschrieben. Die Runen auf Seite B wurden erst eingemeißelt, nachdem der Stein beschädigt worden und an den neueingerichteten Versammlungsplatz für das Thing in Vallentuna gekommen war. In dieser Zeit hatte sich Jarlabanki vom Eigentümer des Dorfes Täby zum Inhaber der höchsten Gewalt im *Valænda hundari* – (Gebiet) der ›Hundertschaft der Valand-Leute‹; *hundari* ist die mittelalterliche Bezeichnung für einen Gerichts- und Verwaltungsbezirk in Schweden (RGA XV, 233 f.) – aufgeschwungen. Ursprünglich bildeten die vier Jarlabanki-Steine VALLENTUNA (U 212), DANDERYD (U 127), TÄBY I (U 164, Abb. 35) und FRESTA (U 261) die sog. Jarlabanki-Brücke, von der es in den drei fast gleichlautenden Inschriften von Danderyd, Täby und Fresta heißt: ›Jarlabanki ließ diese Steine errichten nach sich als Lebendem und machte diese Brücke für seine Seele. Und er besaß allein ganz Täby. Gott helfe seiner Seele‹

Abb. 35: Stein I von Täby (nach https://commons.wikimedia.org/wiki/File:U_164,_ Vallentuna.jpg; Stand: 3.8.2023, Hintergrund bearbeitet); ohne Maßstab.

(die letztgenannte Formel fehlt auf FRESTA). An die Stelle des nach Vallentuna versetzten Steines (U 212) trat der Stein von Täby II (U 165), dessen Inschrift mit den übrigen Brückensteinen übereinstimmt (Gustavson / Selinge 1988, 84 f.). Jarlabankis Steine standen je zwei gegenüber an der ›Brücke‹, einem etwa 150 m langen Wegedamm, der von weiteren kleineren inschriftlosen Steinen gesäumt war.

Zweifellos war Jarlabankis Brücke eines der eindrucksvollsten Monumente in Schweden, mit dem wohl nur der Fahrdamm beim Thingplatz in Badelunda bei Västerås konkurrieren konnte (Jansson 1987, 108). Die Inschrift auf dem Stein von Västerås (Vs 13) auf dem Thingplatz in der Nähe des Anundshügels mit seinen ca. 60 m Durchmesser und ca. 14 m Höhe (RGA I, 577 f.) besagt: ›Folkvid errichtete alle diese Steine nach seinem Sohn Hedin, Anunds Bruder. Vrœid schlug die Runen.‹ Die in der Inschrift genannte Vielzahl von Steinen kam bei Ausgrabungen 1960/61 wieder zu Tage. Es handelt sich um 14 inschriftlose Gedenksteine, sog. Bautasteine (aisl. *bauta(r)steinar*), die einst mit anderen, heute verlorenen Steinen und dem in der Mitte postierten Runenstein das stattlichste Wegemonument Schwedens bildeten. Das Steinensemble stand an einem Weg, den die schwedischen Könige nach ihrer Krönung durch das Land nahmen, um als Herrscher durch das Volk auf seinen Versammlungen bestätigt zu werden; diese Rechtsinstitution heißt *Eriksgata*.

Runensteine wurden oft an Wegen als sichtbare Zeichen von Repräsentation aufgestellt (Düwel 1986b), gleichsam öffentliche Bekanntmachungen von Erb- und Besitzanspruch oder anderen Mitteilungen, gelegentlich mit dem ausdrücklichen Hinweis versehen, die Runen(inschriften) zu *rāða* ›erraten, (laut) lesen, deuten, verstehen‹ (s. S. 152. 169. 174; vgl. Wulf 2003, 998). Styrlaug und Holm ›errichteten die Steine nach ihren Brüdern, dem Wege am nächsten‹ (TJUVSTIGEN, Sö 34); und

> *Hēr mā standa   stæinn nær brautu*
> ›Hier kann (soll) der Stein nahe dem Wege stehen‹

(RYDA, U 838) – dies ist der Weg, der zum dortigen Königsgut führt. Solche Verszeilen finden ihre unmittelbare Entsprechung in den eddischen *Hávamál* (Str. 72,4–6; Neckel / Kuhn 1962, 28):

> *Sialdan bautarsteinar   standa brauto nær,*
>   *nema reisi niðr at nið.*
> ›Selten (i.e. nie) stehen Gedenksteine nahe dem Wege, wenn [sie] nicht ein Verwandter nach dem Verwandten errichtet.‹

In diesem Zusammenhang bietet die Inschrift auf dem Stein von Ågersta (U 729) ein herausragendes Beispiel für eine textliche und visuelle Verknüpfung. Sowohl die Situation der Äußerung (Schreiber, Leser, Akt des Schreibens, Ort und Zeit) als auch ihre Visualisierung in zwei Schlangenbändern, durch deren Verschlingung Wortkreuzungen entstehen, sind bemerkenswert (Andrén 2000, 18): ›Vidhugsi ließ diesen Stein errichten nach Særef (oder: Sigræif), seinem guten Vater; er wohnte in Agurstadir.‹ Es schließen drei Verszeilen an:

> *Hiær m[u]n standa   stæinn miðli bȳia.*
> *Rāði tœkr,   þāʀ rȳnn sē,*
> *rūnum þæim,   sum Balli risti.*
> ›Hier wird der Stein stehen zwischen den Höfen. Es errate (lese) der Findige (geistig Rege o.ä.), der runenkundig ist, die Runen, die Balli ritzte.‹ (**tekr** als *tœkr*: Salberger 2003, 675 ff.; Williams 2011, 32 f.; dagegen **tekr** als *d[r]ængr*: Jesch 1998, 468; Naumann 2018, 263.)

VII.2.4. Dichtung in Runeninschriften

In den soeben genannten drei Fällen begegnen wie insgesamt im Korpus schwedischer Runeninschriften der Wikingerzeit nicht selten poetische Textpassagen – einzelne oder mehrere Verszeilen bis hin zu ganzen Strophen. Prominente Beispiele finden sich auf den Steinen von Rök (S. 154) und Gripsholm (S. 161).

Allen altgermanischen Literaturen gemeinsam ist der Verstyp der Langzeile; die frühesten Beispiele sind in Skandinavien die urnordische Inschrift auf dem Horn B von Gallehus (S. 38) und im südgermanischen Korpus die voralthochdeutsche Inschrift auf der Gürtelschnalle von Pforzen (S. 25). Eine Langzeile besteht aus zwei Teilen (Kurzverse: Anvers und Abvers), die jeweils zwei betonte bzw. rhythmisch-metrisch hervorgehobene Silben (Hebungen) aufweisen und durch Alliteration (Stabreim) dergestalt miteinander verbunden sind, dass die erste Hebung im Abvers mit der ersten, der zweiten oder beiden Hebungen im Anvers reimen.

In der altisländischen eddischen Dichtung besteht eine typische Strophe im *fornyrðislag* (›Metrum alter Überlieferung‹) aus vier Langzeilen, der *ljóðaháttr* (›Versmaß der [Zauber-]Lieder‹) zeigt einen zweifachen Wechsel von Langzeile und ungegliederter, in sich stabender Vollzeile. In den wikingerzeitlichen Runeninschriften do-

miniert »das einfache Kurzverspaar [...], das in den prosaeingeleiteten Memorialinschriften des 11. Jahrhunderts vielfach Höhepunkt und Ausklang des Epitaphs bildet« (Naumann 1998, 697); gängig sind jedoch auch zwei- und dreizeilige Verspartien. Nicht immer besteht Einigkeit darin, welches Versmaß einzelnen Inschriftenzeilen oder gar einer ganzen Inschrift zugrunde liegt (vgl. Hübler 1996, 30 ff.; Wulf
2003; Naumann 2018, 13 ff.). Und schließlich sind auch die Grenzen zwischen sti-
lisiertem Alliterationstext und regelhaft versifizierter Poesie bisweilen verwischt.

Mustergültig für eine *fornyrðislag*-Strophe steht die Inschrift auf dem Stein von
Bällsta II (S. 170). Weitaus seltener sind indessen Verspartien im *ljóðaháttr* zu beobachten; so etwa lautet der Anfang der metrisch gestalteten Inschriftenpassage auf
dem Stein von Turinge (Sö 338, vgl. S. 163; Alliterationen unterstrichen):

> *Brøðr vāru þæiʀ   bæstra man(n)a*
> *ā landi ok ī liði ūti.*

›Die Brüder zählten zu den besten Männern im Lande und in der Kriegerschar draußen (auf
See).‹

Eine Besonderheit bietet der Schlußteil der Inschrift auf dem Stein von Nybble (Sö
213); hier findet sich eine *ljóðaháttr*-Abart mit »Anreimung« in Form einer zeilen-
übergreifenden Versverschränkung (vgl. Naumann 2018, 219):

> *Hann vaʀ bōandi   bæstr i Kīli.*
> *Rāði saʀ kunni.*

›Er war der beste Bonde (freier Bauer) in Kil (im Nordwesten von Selaön, der größten Insel im
Mälarsee). Errate (lese, deute) [die Runen], wer kann.‹

Auf dem Stein von Karlevi (Öl 1 = DR 411; vgl. RGA XVI, 275 ff.; s. Abb. 36) ist
eine vollständige Strophe im Hauptversmaß der formal hochstehenden Skaldendichtung, dem *dróttkvætt* (›Hofton‹), überliefert; hier hat die Verszeile in der Regel sechs
Silben und drei Hebungen. In der im *boustrophēdón* angebrachten Inschrift von
Karlevi (wohl spätes 10. Jh.) wird eines dänischen Wikingerführers gedacht, der offenbar auf der Insel Öland den Tod fand. Eine sprachliche Zuordnung ist schwierig,
da sowohl westnordische als auch ostnordische Charakteristika vorhanden sind. Zuerst liest man eine dreizeilige Steinsetzer- bzw. Gedenkformel ›Dieser Stein ist gesetzt nach Sibbi dem Guten (Trefflichen), Sohn Foldars (Fuldars); und sein Gefolgsmann setzte bei (an, in) [...; kaum deutbar]‹. Im zweiten Textteil, der sechs Runenzeilen umfasst, folgt ein eindrucksvoller Totenpreis (Alliterationen unterstrichen,
Binnenreime fett; rechts eine Wort-für-Wort-Übersetzung):

Folginn liggr hinn's fylgðu	›Verborgen liegt der, dem folgten
– flæstr vissi þat – mæstar	– die meisten wußten das – die größten
dæðir, dolga Þrūðar	Taten, (der Kämpfe der Thrud)
draugr ī þæimsi haugi;	(der Baum; oder: Wiedergänger) in diesem Hügel;
munat ræið-Viðurr rāða	nicht wird ein (Wagen-Vidur) herrschen
rōgstarkr ī Danmǫrku	kampfstarker in Dänemark
[Æ]ndils iǫrmungrundar	(der weiten Welt des Ændil)
ørgrandari landi.	makelloserer über ein Land.‹

›Der Krieger, dem – die meisten wußten das – die größten Taten anhafteten, liegt verborgen in
diesem (Grab-)Hügel; kein kampfstarker Seekrieger, der weniger Makel hat, wird in Dänemark
[je wieder] Land beherrschen.‹

⊢   II   ⊣   Runeninschrift   ⊢   I   ⊣   Lateininschrift

Abb. 36: Stein von Karlevi (nach DR II, 404: Abb. 1012–1013); ohne Maßstab.

Zum Verständnis der Übersetzung folgt die Erklärung der *kenningar*, der typisch skaldischen Metaphern: In der ersten Strophenhälfte (aisl. *helmingr*) steht *dolga Þrúðar* ›der Thrud (Göttin) der Kämpfe‹ (Gen.; aisl. *Þrúðr* ist der Name einer Tochter Thors, eigentlich ›Kraft‹) für ›der Walküre‹, und der *draugr* ›Baum(stumpf)‹ (poetisch) bzw. ›Wiedergänger‹ (prosaisch) ›der Walküre‹, die die Schlachttoten bestimmt, umschreibt ›Kämpfer, Krieger‹. Den zweiten Teil der Strophe beherrscht eine viergliedrige *kenning*. Hier ist *Ændil* ein sagenhafter Seekönig, und *iǫrmungrundar* ›des gewaltigen Grundes, der weiten Welt‹ des *Ændil* meint ›des Meeres‹; dessen *ræið* ›Wagen‹ bezeichnet ein ›Schiff‹, wodurch der *Viðurr* (ein Name Odins) ›des Schiffs‹ für ›Seekrieger‹ steht.

Ob mit der Reimverbindung *draugr* als ›Wiedergänger‹ und *haugi* ›Hügel‹ auch eine Verbindung zwischen dem Bestatteten und dem Grab hergestellt werden sollte und damit ein Abwehrzauber anklingt (Foote 1985, 327), lässt sich nicht entscheiden.

Auf dem mit seiner Höhe von 1,37m keineswegs auffälligen Stein von Karlevi vertritt der poetische Schmuck den ornamentalen und figürlichen Schmuck anderer Runensteine (Düwel 2014a, 52). In einer für die Skaldendichtung typischen und formvollendeten Weise werden die Qualitäten des Verstorbenen als kriegerischer Seefahrer und Territorialherrscher in Dänemark gerühmt; typisch ist ebenfalls, dass dessen Unvergleichlichkeit betont wird. Obwohl der Stein auf einer schwedischen Insel steht und die Strophe eines ranghohen Dänen gedenkt, wird allgemein angenommen, dass sie einem westnordischen Skalden (Norweger oder eher Isländer) zuzuschreiben ist. Hier liegt die einzige *dróttkvætt*-Strophe vor, die aus der Wikingerzeit, in der viele Skalden gedichtet haben, original belegt ist; skaldische Einzelstrophen, Strophengruppen und Gedichte sind sonst erst in der handschriftlichen Überlieferung des alten Island ab dem 13. Jh. überliefert.

Auf dem Stein von Karlevi finden sich ferner auf der Seite, die der *dróttkvætt*-Inschrift gegenüberliegt, zwei lateinschriftliche Zeilen, und zwar ---?]NINONI⊦ und ---?]EH⊦ (oder um 180° gedreht: ⊣INONIN[---? und ⊦HE[---?). Es bleibt offen, ob darin (im zweiten Fall) verderbtes *in nomine Iesu* (Foote 1985, 323; Jesch 2017, 191) erblickt werden kann.

Im wikingerzeitlichen Schweden gibt es sonst nur noch einen weiteren Runentext im *dróttkvætt*. Es handelt sich um zwei Verszeilen auf einer ebenfalls in das 10. Jh. zu datierenden Kupferdose aus Sigtuna, die zur Aufbewahrung zweier Waagschalen gedient hat (vgl. S. 168):

> *Fugl vælva slæit falvan;*
> *fan(n) gauk ā nās au[k]a.*

>›Der Vogel zerriss (zerfleischte) den fahlen Räuber; [ich oder: man] merkte (nahm wahr), wie der Kuckuck der Leiche (≙ Rabe) sich vergrößerte (aufblähte).‹

Mit dem *gaukʀ nās* ›Kuckuck der Leiche‹ ist der ›Rabe‹ gemeint, der wie Adler und Wolf ein Schlachtfeldtier ist, das sich an den Körpern getöteter Kämpfer delektiert – eine Vorstellung, die in der skaldischen und eddischen Dichtung vielfach begegnet (s. S. 162). Angesichts der schwachen Bezeugung skaldischer Dichtung im ostnordischen Raum ist indessen unsicher, ob die beiden Verszeilen von einem Schweden (und nicht von einem Norweger oder Isländer) verfasst wurden. Die Funktion des poetischen Textes sieht Naumann (1998, 701; 2018, 282) in einem Analogiezauber – einem Räuber der Dose mit den Waagschalen soll es so ergehen wie dem Räuber in den beiden *dróttkvætt*-Zeilen.

Indessen sind nicht nur selbständige Strophen und Strophenteile – in der Skaldik ist die Autorschaft in der Regel durch die Nennung des Dichternamens gekennzeichnet – in den wikingerzeitlichen Runeninschriften Schwedens überliefert, sondern auch einzelne Zeilen, die wie Zitate aus anderen Werken wirken und vielleicht zu größeren, heutzutage verlorenen poetischen Texten gehört haben. So etwa steht auf dem Stein von Skarpåker (Sö 154), dessen Inschrift in Langzweigrunen geritzt ist, zunächst ›Gunnar errichtete diesen Stein nach Lydbiorn, seinem Sohn‹; dann folgt eine Langzeile in stablosen Runen:

> *Jarð s[k]al rifna   ok upphiminn.*
> ›Die Erde wird bersten und der »Obenhimmel« (Himmel in der Höhe).‹

Im Vergleich mit den Topoi des Fürstenpreises (vgl. etwa *Hákonarmál* ›Hakonlied‹, Str. 20; AnB 10, 133) erschließt sich der zugrunde liegende Gedanke, der bereits in der vorhin (S. 174 f.) behandelten Inschrift auf dem Karlevi-Stein hervortritt: Die Welt wird vergehen, ehe wieder ein derart unvergleichlicher Mensch – König, Fürst, Krieger oder eben Lydbiorn – geboren wird (vgl. Naumann 2018, 197).

Die antithetische Reimformel aisl. *jǫrð – upphiminn* (mit vokalischer Alliteration) im Sinne von ›gesamte Welt, Universum‹ findet sich in mehreren Eddaliedern (Lönnroth 1981; von See et al. I,2, 1046 ff.), z.B. *Vafþrúðnismál* (›Reden des Vafthrudnir‹), Str. 20 und *Oddrúnargrátr* (›Klage Oddruns‹), Str. 17. Bemerkenswert ist die Ähnlichkeit der Schilderungen vom Anbeginn der Welt in der altisländischen *Vǫlospá* (›Weissagung der Seherin‹) und dem althochdeutschen *Wessobrunner Gebet* (8. Jh.); in beiden Fällen geht es um eine Schöpfung aus dem Nichts:

Vǫlospá, Str. 3,3–8 (Neckel / Kuhn 1962, 1):

vara sandr, né sær   né svalar unnir
iǫrð fannz æva   né upphiminn,
gap var ginnunga   enn gras hvergi.

›Sand war nicht, weder Meer noch nasskalte Wellen; Erde fand sich nicht, noch der Himmel oben, ein Schlund der Abgründe (ein gähnender Abgrund) war [da] und nirgends Gras.‹

Wessobrunner Gebet, v. 2–6 (Müller St. 2007, 200 f.):

[...,] *dat ero niwas   noh ūfhimil,*
noh paum   noh perec niwas,
ni [zu ergänzen: *sterro?*] *nohheinīg   noh sunna niskein,*
noh māno niliuhta   noh der māreo sēo.

›[...,] dass die Erde nicht war und nicht der Himmel oben, weder Baum noch Berg war, kein [Stern?] und nicht die Sonne schien, weder leuchtete der Mond noch das glänzende Meer.‹

Über die altisländischen Belege und das althochdeutsche Beispiel hinaus ist zweifellos auf eine gemeingermanische Formel zu schließen, die auch im Altsächsischen (*Heliand*, v. 2886: *erðe endi uphimil*) und häufig im Altenglischen (z.B. *Andreas*, v. 798 und *Christ*, v. 967: *eorðan* [...] *ond upheofon*; ASPR II, 25. III, 30) begegnet, und zwar vor allem in Texten über das Entstehen und Vergehen der Welt. Anderen Inhalts ist indessen ein altenglischer Spruch gegen verzaubertes Ackerland, der eine Parallele in der wohl gegen Malaria gerichteten Runeninschrift auf dem fast 30 cm langen Holzstab von Ribe (Südjütland, DK; um 1300) hat:

Flursegen I, v. 2–6 (ASPR VI, 117):

[...,] *bidde ic þone mǣran domine,   bidde þone miclan drihten,*
bidde ic þone hāligan   heofonrīces weard,
eorðan ic bidde   and upheofon
and þā sōðan   sancta Marian
and heofones meaht   and hēahreced, [...].

›[...,] ich bitte den herrlichen Herrn, bitte den großen Herrn, ich bitte den heiligen Wächter des Himmelreiches, die Erde bitte ich und den Himmel oben und die wahre heilige Maria und die Macht des Himmels und die hohe Halle (den Palast), [dass ...].‹

›Heilstab‹ von Ribe (DK-SJy 41):

Iorð bið ak uarðæ   ok uphimæn,
sōl ok santæ Maria   ok sialfæn Gud drōttæn, [...].

›Die Erde bitte ich zu schützen (um Schutz) und den Himmel oben, die Sonne und die heilige Maria und Gott, den Herrn, selbst, [dass ...].‹

Im ersten Teil des altdänischen Spruchs ruft der Heiler-Sprecher das ganze Universum (in heidnischer Tradition?) und die christlichen Mächte an, um sich ihres Beistands bei der anschließenden Dämonenaustreibung zu versichern (Moltke 1985, 493 ff.; RGA XXIV, 555 f.).

VII.2.5. Inschriften auf losen Objekten

Die vorhin (S. 176) erwähnte Inschrift auf der Kupferdose aus Sigtuna zählt zu den relativ wenigen runenepigraphischen Texten auf losen Gegenständen im wikingerzeitlichen Schweden. Von den Runeninschriften auf Kupferblechen haben das meiste Interesse erfahren:

1. Ebenfalls in Sigtuna wurde ein gelochtes Amulett (Pereswetoff-Morath 2019, 70 ff.) gefunden, das wohl in die erste Hälfte des 11. Jh.s zu datieren ist. Das Stück ist auf beiden Seiten mit einer über 100 Runen umfassenden Beschwörung beschrieben; zunächst heißt es:

> [Seite A:] › Troll (Dämon, schadenbringende Macht) des Wundfiebers, Herr der Trolle (**þursa trutin**), flieh du nun, gefunden (entdeckt) [b]ist [du]! (oder, wegen der Parallele zur Canterbury-Formel aber weniger wahrscheinlich: gefunden ist der Troll etc. [erneuter Leseeinsatz am Beginn]).‹ [Seite B:] ›Hab (erhalt) du drei Qualen, Wolf, hab (erhalt) du neun Nöte, Wolf!‹

Die letzte Zeile der Seite B widersetzt sich einer glatten Erklärung. Aus der älteren Literatur sei nur Krause (1970, 55 f.) genannt, der diesen Textteil im Anschluss an Lindquist (1936, 43; vgl. Nordén 1943, 171 f.) wie folgt deutet: ›iii, diese Eis(runen) mögen bewirken, dass du dich zufrieden gibst, du Wolf! Genieß des Zaubers (im Sinne von: Lass dich von dem Zauber bezwingen)!‹ Eine Neulesung von Pereswetoff-Morath (2019, 98 ff.) ergibt demgegenüber ›Der Wolf hat (erhält) diese [Qualen und Nöte], und damit ist der Wolf beruhigt (verhält sich der Wolf ruhig). Benütze den Zauberspruch!‹ Der Zusammenhang der Eingangspassage mit der sog. Canterbury-Formel (DR 419; Moltke 1985, 360) wurde bereits früh erkannt; dieser Runeneintrag in einer aus Canterbury stammenden Handschrift (British Library London, Cotton Caligula A XV; beendet 1073) zählt zu den wichtigen *runica manuscripta* (S. 248 ff.) und lautet (an den unteren Rändern von fol. 123v und 124r):

> ›Gyril Wundenbringer, entweiche du nun, gefunden (entdeckt) bist du! Thor weihe dich [dem Untergang] (i.e. töte dich), Herr der Trolle (**þorsatrutin**), Gyril Wundenbringer! Gegen Eiter in den Blutgefäßen (Blutvergiftung).‹

Indem das schadenbringende Wesen beim Namen genannt bzw. identifiziert wird, verliert es seine Macht – eine Vorstellung, die auch dem Rumpelstilzchen-Märchen (KHM 55) zugrunde liegt.

2. Nach älterer Ansicht richtet sich die ebenfalls etwas mehr als 100 Runen zählende Inschrift auf dem Kupferblech von Högstena (um 1100; Vg 216) gegen einen möglichen Wiedergänger (Krause 1970, 55; vgl. Nordén 1943, 175 ff.):

> ›[Zauber] gegen den Zaubernden, gegen den Gehenden, gegen den Reitenden, gegen den Rennenden, gegen den Sitzenden, gegen den Segelnden (?; Niedersinkenden?), gegen den Fahrenden, gegen den Fliegenden! Es soll vollständig (**s[k]a͡lalt** = *skal allt*) sich **fuþ** (der Schurke, i.e. der Wiedergänger; etymologisch entspricht nhd./dial. *Fut* ›weibliches Geschlechtsteil‹) dahinquälen(?) und sterben.‹

Nach Pereswetoff-Morath (2019, 179 ff.) handelt es sich indessen um eine Ritualformel, die sich auf Menschenopfer bezieht:

> ›Mit dem/den Zaubernden, mit dem/den für den Galgen Bestimmten, mit dem/den Schwingenden, mit dem/den Beendenden (Tötenden), mit dem/den Opfernden, mit dem/den Zaubernden (*sign[and]a*), mit dem/den Fahrenden, mit dem/den Fliegenden! Das Begräbnismahl (**s(x)a͡lǫlt** = *sālǫld* »Seelenbier«) nährt (**fuþiʀ** = *føðiʀ*) auch mithilfe der Toten (oder: nach dem Tod).‹

3. Im Jahre 1955 wurde in Södra Kvinneby, südwestlich von Kalmar auf der Insel Öland gelegen, ein dünnes, 52 × 49 mm großes gelochtes Kupferblech (Pereswetoff-Morath 2019, 113 ff.; wohl 11. Jh.) gefunden, das auf der Vorderseite in fünf und

auf der Rückseite in vier Zeilen mit 143 Runen (jeweils in *boustrophēdón*-Art) beritzt ist; das Ende der Inschrift markiert ein eingravierter Fisch. Nach einem weitgehend unbeachtet gebliebenen Aufsatz von Nilsson B. E. (1976) eröffnete die umfassende Studie von Lindquist (1987) eine rege Diskussion zur Deutung dieser schwierig zu lesenden Inschrift (RGA XXIX, 194 ff.). Lindquist (1987, 76 ff.) sieht darin einen poetischen Text, in dem *Bōfi* (**bufi**) eine Erdgöttin *Fuld* (**fult**) lobpreist und ein Gebet um Schutz gegen den Krankheitsdämon **Āmʀ* (**am**) an den Donnergott Thor richtet. Darauf folge eine Beschwörung dieses Dämons: er solle Bofi, dem die Götter über und unter ihm beistehen, nichts antun. Aufgrund einer anderen Lesung der Eingangspassage kommt Westlund (1989, 53) zu einer abweichenden Auffassung: der Schreiber spreche zu Bofi, dem Träger des Blech-Amuletts: ›Hier ritz(t)e ich Schutz für dich, Bofi.‹ Als persönliches ›gedichtetes‹ Gebet, das der fromme Heide Bofi an den Gott Thor aus tiefer Angst richtet, um den Krankheitsdämon zu vertreiben, versteht Grønvik (1992, 76 ff.) den Text. Eine weitere Interpretation von Louis-Jensen (2001, 267 ff.) geht ebenfalls von der Beschwörung eines Krankheitsdämons unter Anwendung ritueller Formeln aus. Der an einer Hautkrankheit leidende *Būfi* sei allerdings weder Verfasser noch Ritzer der Inschrift, sondern der Patient in einer an ihm praktizierten Heilkur, in der der Ruß der Feuerstelle ebenso eine Rolle spiele wie das Amulett selbst. Der Forderung, dass in eine Gesamtdeutung die Abbildung des Fisches einzubeziehen ist (vgl. Hultgård 1988, 142 f.), trägt Pereswetoff-Morath (2019, 135 ff. 317) Rechnung, die darin einen »reminder« an Thors physische Stärke und magische Kraft erblickt. Die Inschrift wird als Schutzzauber gefasst, in dem der Gott um Beistand für Bofi angerufen werde, auf dass sich dieser allem Bösen (*allt illu*) und schädlicher Magie entziehe; die Nennung von Feuer (*hyrr*) und Thors Hammer könne auf einen rituellen Akt deuten, der in Zusammenhang mit dem Ritzen der Runeninschrift stehe. Trotz divergierender Deutungen kann die Inschrift von Södra Kvinneby für die Religionsgeschichte des ausgehenden Heidentums wichtig bleiben, zumal Synkretismen beobachtet werden können. Hier wie in den beiden zuvor behandelten Fällen zeigt sich, wie offen derartige runenepigraphische Texte sind, die dementsprechend auch mit verschiedenem Verständnis ›aufgefüllt‹ werden können (vgl. Palumbo 2017, 90 f.).

4. Ein christliches Gegenstück stellt das Kupferblech aus der Umgebung der Kirche von Boge (G 278) dar, das aber bereits nachwikingerzeitlich ist. Die lateinische Inschrift in 185 Runen lautet (Gustavson 1984, 61 f.):

> ›Im Namen unseres Herrn Jesu Christi, **kuþloh**, des Herrn, des Vaters und des Sohnes, **kuþloh**, [und] des Heiligen Geistes, **kuþloh**, amen. Kreuz [Chris]ti: Vater, Kreuz [Chris]ti: Sohn, Kreuz [Chris]ti: Heiliger Geist, **kuþloh**, amen. Christus regiert (**rihnaþ** ~ *rēgnat*), Christus, **kuþloh**, siegt (**finsiþ** ~ *vincit*), Christus herrscht (**imbiraþ** = *imperat*), amen.‹

Das eingefügte **kuþloh** ist der Name einer Frau *Guðlaug*, für die das Kupferblech bestimmt war. Die konsequent aufgebaute Inschrift mit der Häufung sakraler Wörter drückt insbesondere die Macht Christi aus und dürfte als dämonenvertreibendes und schützendes christliches Amulett für die Genannte angefertigt worden sein. Die Schlusspartie begegnet literarisch wie epigraphisch, so auch auf dem Bleiblech von Blæsinge (s. S. 222).

Aus der Vielzahl weiterer Runeninschriften auf losen Objekten sei lediglich noch ein Exquisitum genannt. Es handelt sich um den ursprünglich an der Kirchentür von Forsa befestigten eisernen Ring mit 43 cm Durchmesser, der auf seinen beiden Seiten insgesamt fast 250 Kurzzweigrunen trägt (Hs 7). Vornehmlich in der älteren Literatur wollte man die Inschrift in das 12. Jh. datieren (RGA XIII, 283), doch gehört sie wohl in das 10. Jh. (s. Källström 2010a; Schulte 2011b, 18). In der Schlusspartie sind zum einen *Anundr ā Tārstaðum* (Tåsta) und *Ōfæigʀ ā Hiortstaðum* (Hjortsta), die den runenepigraphischen Text formuliert haben (s. Källström 2007, 200 f.), zum anderen der Ritzer *Vībiorn* genannt. Festgehalten wird eine Bestimmung **at liuþriti** (*at liuðretti* ›nach Volksrecht‹), derzufolge man für die nicht durchgeführte Wiederinstandsetzung einer Beschädigung beim ersten Mal einen Ochsen und zwei Öre zu bezahlen hat, beim zweiten und dritten Mal jeweils das Doppelte; ob damit die Beeinträchtigung (von Teilen) eines heidnischen Kultplatzes gemeint ist (so Ruthström 1990, 45 ff.; Brink 1996a, 36; dagegen Källström 2011b, 39 ff.) bleibt aber unklar. Das Objekt kann als Eidring (vgl. RGA VI, 549 ff.) gedient haben (Strauch 2016, 485). In jedem Fall zählt der Ring von Forsa jedoch zu den frühesten Rechtsquellen Schwedens.

VII.2.6. Text und Bild

Neben dem poetischen Schmuck prunkt eine Reihe von Runensteinen mit mehr oder minder umfangreichen Abbildungen, und zwar von monoszenischen Darstellungen (Einzelbildern) bis zu pluriszenischen Darstellungen (Bilderfolgen).

Für sich stehen die gotländischen Bildsteine, die sich in fünf Gruppen aus der Zeit vom 5. bis 11. Jh. einteilen lassen (Lindqvist S. 1941–1942). Es handelt sich um charakteristische, oft pilzförmige Kalksteinplatten, die mit reichen Abbildungen, Symbolen und Ornamenten versehen sind und vielfach (oder durchwegs?) dem Totengedenken dienen. Soweit erkennbar (jüngst mit verbesserten, und zwar digitalen Methoden: s. Oehrl 2017; 2019), sind die Bildszenen der (nord)germanischen Mythologie und Heldensage zuzuordnen, auf jüngeren Stücken findet sich auch Christliches. Nicht immer lässt sich aber das Abgebildete zweifelsfrei deuten. Das wohl bekannteste Exemplar ist der Stein von Ardre VIII, auf dem u.a. die Ankunft eines Helden in der Valhöll, die Kernhandlung der Wielandsage und die Bestrafung des für die Tötung Balders verantwortlichen Loki in Szene gesetzt wird; dass auch Thors Angelung der Midgardschlange dargestellt wird, ist entgegen bisheriger Annahmen weniger wahrscheinlich (Oehrl 2019, 186 ff.). Gelegentlich tragen gotländische Bildsteine auch Runeninschriften, die sich jedoch nie auf die Bilddarstellungen beziehen. Zumeist handelt es sich um den aus dem schwedischen Runenkorpus bekannten Typ der Gedenkinschriften, z.B. auf den Bildsteinen von Tjängvide (G 110; dazu Snædal 2002, 52 f.), Ardre I–II und V–VI (G 114), Ardre III (G 113), Ardre IV (G 111) und Ardre VII (G 112).

Die Ornamentik der schwedischen Runensteine des 11. Jh.s kennzeichnen kunstvolle Schlangenbänder. In stilistischer Hinsicht lassen sich sieben Gruppen erkennen (Gräslund 1994; 2006; RGA XXV, 586 ff.; Detailabbildungen: Gräslund 2006, 132 ff. Fig. 1–9; vgl. Fuglesang 1998, 210 ff. Fig. 1–6). Am Beginn steht der ›unornamentierte‹ dänische Typ (ca. 970/980–1020), es folgen die einander überlappenden fünf Gruppen Pr 1 (Ringerike-Stil, ca. 1010–1040) und Pr 2–5 (Urnes-Stil; ca. 1020–1130) mit dem Tierkopf im Profil; daneben stehen Steine mit dem Tierkopf in Draufsicht (hierher die meisten Ingvar-Steine; ca. 1010–1050). Ferner zeigen ei-

Abb. 37: Stein IV von Aarhus (DR 66), Seite C
(Foto: Robert Nedoma); ohne Maßstab.

nige Steine Darstellungen von Masken (Abb. 37) mit hauptsächlich abschreckend-schützender Funktion (s. S. 141; vgl. S. 148. 151. 185).

Auf dem Stein von Tumbo (Sö 82) ist wohl ein Wolf innerhalb eines Schlangen-bandes dargestellt: ›Ve[st]æin [errichtete den Stein] nach Frøystæin, seinem Bruder, [er] fand [in] Griechenland den Tod‹. Vor dem aufgerissenen Maul des Wolfes ist þuþʀ = [varð] dauðʀ (wörtlich: ›[wurde] tot‹) eingraviert, eventuell ein Hinweis auf des Kommemorierten Tod in einer Schlacht (Andrén 2000, 18 f.). Das ›große Tier‹ (S. 147 ff.) kommt – z.B. auf Frugården (Vg 181), Enköping (U 759), Västra Väppeby (U 703), Hemsta (U 740), Litslena (U 753) und Norrby (U 766. 767) – in verschiedenen Variationen vor.

Dazu gehört auch die Darstellung eines Vierfüßlers auf dem 1977 gefundenen Stein von Ösby (in Uppland) mit einer defekten Brückeninschrift; dieses Tier lässt sich als Löwe (*Panthera leo*) mit der allein für ihn typischen Schwanzquaste bestimmen. Könnte es sein, dass hier und in anderen Fällen – so es sich nicht um einen Wolf handelt – eine Beziehung des Löwen auf Christus ange-deutet ist (Düwel 1986b, 95 f.)? Die Frage nach der Art und Intention der Bilddarstellungen, ob noch heidnisch oder schon christlich, manchmal auch gemischt, durchzieht die verschiedenen Deu-tungsversuche.

Unter den mythologischen Stoffen waren die Abenteuer des Gottes Thor beliebt. Von seiner Fahrt zum Riesen Hymir und dem sich anschließenden Kampf zwischen Thor und der Midgardschlange erzählen das Eddalied *Hymiskviða* (›Hymirlied‹; Neckel / Kuhn 1962, 88 ff.) und Snorri Sturluson in seiner *Edda* (›Täuschung des

Gylfi‹, c. 48; Faulkes 2005, 44 f.). Die entscheidende Szene – Thor hat seinen Hammer in der rechten Hand und zieht mit aller Kraft, so dass er den Bootsboden durchtritt, die Midgardschlange an der mit einem Ochsenkopf als Köder versehenen Angelschnur nach oben – zeigt die Bildseite des Steines von Altuna (U 1161) mit einer Gedenkinschrift, die ›Balli und Frøystæin, die Leute Livstæins, [ritzten]‹. Die Angelszene hat man als Versuch verstanden, »auch manche Göttererzählungen, insofern sie eine gewisse Ähnlichkeit mit Vorstellungen der neuen Religion zeigen, in der Art einer Typologie auf das Christentum zu beziehen« (Gott-Vater angelt mit Christus als Köder den Leviathan, vgl. Ijob 40,25 ff.; Gschwantler 1968, 163). Über dieser Szene ist eine männliche Gestalt abgebildet, die auf einem Gerüst bzw. einer Art Balkon (mit Querverstrebungen) steht; links daneben sieht man den Kopf eines Vogels, darunter einen Reiter mit seinem Schwert in der erhobenen Rechten. In der stehenden Figur wollte man Odin auf dem ihm zugeordneten Aussichtsplatz *Hliðskjálf* (*Snorra Edda, Gylfaginning*, c. 9; Faulkes 2005, 13) mit einem seiner beiden Raben (*Huginn* und *Muninn*) erblicken (z.B. Weber 1972). Dies ist jedoch fraglich, denn zum einen weiß die altisländische literarische Überlieferung nichts von einer Szene zu berichten, in der Odin beim Ausguck einen Reiter mit Schwert sieht oder diesem begegnet, und zum anderen ist Hlidskjalf ja stets als eine Art Thron (*hásæti* ›Hochsitz‹, kein ›Hochstand‹!) gedacht. Wie auch immer, im Bildwerk des Steines von Altuna tun sich jedenfalls keine christlichen Bezüge auf.

Auch die Kämpfe beim Weltuntergang, den *ragna rǫk* n. Pl. ›was sich bei den Göttern begeben wird, Schicksal der Götter‹ (später *ragnarøk(k)r* n. Sg. ›Dunkelwerden der Götter, Götterdämmerung‹), sind mehrfach dargestellt worden. So etwa zeigt der Ledberg-Stein (Ög 181) wohl den Fenriswolf, der im Begriff ist, Odin zu verschlingen (Oehrl 2011a, 229 f. 292; anders Heizmann 1999, 235). Unter dem Vierfüßler befindet sich dieselbe anthropomorphe Figur, diesmal aber beinlos – dieselbe Szene in fortschreitender Handlung? Die Runeninschrift auf LEDBERG besagt: ›Bisi setzte diesen Stein nach Thorgaut [...], seinem Vater, und Gunna den beiden [...]‹; ihr folgt die magische Formel **þmk:iii:sss:ttt: iii:lll** (S. 135).

Auf den schwedischen Runensteinen werden Szenen aus der Sigurdsage häufiger dargestellt, einem in der Wikingerzeit offenbar beliebten heroischen Stoff. Erst in späterer Zeit, und zwar im mittelhochdeutschen *Nibelungenlied* (um 1200) und in der mittelniederdeutsch-altnorwegischen *Þiðreks saga af Bern* (›Saga von Thidrek von Bern‹), wurde die Siegfried-Sigurdsage mit der Fabel vom Untergang der Nibelungen verbunden. Hier findet Gunnar, die Harfe schlagend, in der Schlangengrube den Tod; diese Szene ist am Taufbecken von Norum (Bohuslän; NIyR V, 222) zusammen mit einer Herstellerinschrift der Zeit um 1100 in einem christlichen Kontext bildlich dargestellt, wohl in Anspielung auf den alttestamentarischen Daniel in der Löwengrube (Dan 6,17 ff.). Bei der Abbildung auf dem Stein von Västerljung (Sö 40) hingegen ist unklar, ob es sich tatsächlich um Gunnar in der Schlangengrube handelt (Oehrl 2006, 107 ff.).

Die bekannteste und prachtvollste Darstellung aus der Sigurdsage findet man auf dem Ramsund-Felsen bei Eskilstuna (Sö 101; RGA XXIV, 124 ff.). Das nicht weniger als ca. 4,7 × 1,8 m messende Bildwerk, das in der ersten Hälfte des 11. Jh.s ent-

Abb. 38: Sigurddarstellung auf dem Ramsund-Felsen
(nach SR III, Pl. 206); ohne Maßstab.

standen ist, stellt eine Illustration zu den Taten Jung-Sigurds dar (Abb. 38), wie sie in dem Eddalied *Fáfnismál* gedichtet und sowohl in der *Snorra Edda* (*Skaldskápar-mál* ›Sprache der Dichtkunst‹, c. 40) als auch in der *Vǫlsunga saga* (›Saga von den Völsungen‹, c. 18–20) nacherzählt sind, während sie im mittelhochdeutschen *Nibelungenlied* nur in einem Bericht Hagens kurz erwähnt werden (Str. 97: Hortgewinn, Str. 100: Drachentötung). Sigurd durchsticht von unten (nach der literarischen Überlieferung: aus einer Grube heraus) den sich zum Wasser wälzenden Drachen Fafnir, der auf dem Ramsund-Felsen als unterer Teil des doppelten Schlangenbandes zu sehen ist. Darin läuft auch die Runeninschrift: ›Si[g]rid, die Mutter Alriks, die Tochter Orms, machte diese Brücke (**bur** = *brō*) für die Seele Holmgæirs, ihres Mannes, des Vaters von Sigfröd‹ (Jesch 1991b, 130; oder, nach älterer Ansicht: ›[...] Holmgæirs, des Vaters Sigfröds [und] ihres Mannes‹). Auffälligerweise ist der Drachenstich genau zwischen **fur** ›für‹ und **salu** ›Seele‹ abgebildet; in dieser Weise sind Text und Bild (indirekt) aufeinander bezogen.

Im Inneren der von den Schlangenbändern umschlossenen Fläche wird das Geschehen ›weitererzählt‹: Regin veranlasst Sigurd, das Drachenherz zu braten. Sigurd probiert, ob das Herz schon gegart ist, verbrennt sich dabei aber seinen Finger. Er steckt sich den Daumen in den Mund – und als das Drachenblut seine Zunge benetzt, vermag er plötzlich die Sprache der im Baum sitzenden Vögel zu verstehen. Diese sprechen von Regins hinterhältigem Plan, ihn, Sigurd, zu ermorden und raten dazu, dass Sigurd dem zuvorkommen und Regin töten solle. Das tut Sigurd denn auch: er schlägt Regin den Kopf ab; der enthauptete Schmied ist mit seinen Werkzeugen in der linken Ecke zu sehen. In der Bildmitte steht Sigurds Pferd Grani mit dem Goldhort des Drachen beladen; Gold wird ja auch mit *byrðr Grana* ›Bürde Granis‹ umschrieben, wie es bei Snorri heißt (*Snorra Edda, Skáldskaparmál*, c. 40; Faulkes 1998, 47). Das oben im linken Bildteil liegende(?) Tier scheint ein Zitat aus der Vorgeschichte des Hortes zu sein, in der der Tod eines *Otr* (= Otter) mit Gold gebüßt werden muss, das der sich in den Drachen Fafnir verwandelnde Bruder thesauriert. Nach dem Vorbild der Ramsund-Ritzung scheint die plumpe Darstellung auf dem Stein von Gök (Sö 327) gefertigt, ferner wohl auch zwei uppländische Steine, und zwar zum einen DRÄVLE (U 1163) samt der vermutlichen Kopie STORA RAMSJÖ (U 1175) und zum anderen ÅRSUNDA (Gs 9; hier befindet sich die Schwertspitze im Schlangenleib und sieht einer *u*-Rune ∩ zum Verwechseln ähnlich). Bildwerke auf anderen Steinen sind unabhängig von den genannten Darstellungen ausgeführt und zeigen, soweit die Szenen überhaupt erkennbar sind, verschiedene Motive dieser und vielleicht auch anderer Sagen. Jedenfalls genügen sie nicht den strengen Kriterien, um sie als gesicherte Sigurd-Darstellungen werten zu können (Düwel 1986a, 235 ff. 246 f.).

Die Überlieferung außerhalb Schwedens miteinbeziehend, lassen sich drei Gruppen unterscheiden (RGA XXVIII, 412 ff.). Dabei gehören die Sigurddarstellungen auf den Steinkreuzen von der Insel Man (*Manx Crosses*; vgl. S. 228 f.) aus dem 10. Jh. zu den ältesten Bildzeugnissen der Sage und weichen nur im Detail von den literarischen Fassungen in Skandinavien ab. Eine zweite Schicht bilden die eben genannten Sigurdritzungen in Schweden, die aus dem 11. Jh. stammen. Schließlich klingen die Sigurddarstellungen in den Schnitzereien an Portalen norwegischer Stabkirchen des 12. und 13. Jh.s aus, z.B. HYLESTAD, VEGUSDAL und LARDAL (Hohler 1999, Nr. 114. 252. 123).

Die Frage nach dem Sinn der Sigurdgestalt auf fast ausschließlich christlichen Denkmälern hat man dahingehend zu beantworten versucht, dass es sich um eine außerbiblische Typologie handelt, in der ein Typus des Untierbezwingers wie Herkules oder Sigurd auf den Antitypus Christus (Sieg über den Höllendrachen; vgl. S. 209) vorausweist (Düwel 1986a, 270). Diese Deutung dürfte wohl eher für die Portale der Stabkirchen als für die Ritzung auf dem Ramsund-Felsen zutreffen.

VII.2.7. Die neue Religion

Die Missionierung und Christianisierung Skandinaviens erfolgte zu verschiedenen Zeiten, beginnend mit der Mission Ansgars nach Schweden ab 829. Hier hat es aber im Gegensatz zu anderen Regionen Jahrhunderte gedauert, bis sich das Christentum endgültig durchgesetzt hatte (von Padberg 1998, 120 ff.; Winroth 2012, 117 ff.). Einige Stationen der Christianisierung, v.a. im 11. Jh., lassen sich in den Inschriften vieler Runensteine verfolgen – etwa die Taufe, die in weißen Kleidern empfangen wurde. ›Er starb (bzw. sie starben) in weißen Gewändern (*ī hvītavāðum*)‹ (dazu Williams 2012) heißt es entsprechend (MOLNBY, U 243; GÅDERSTA, U 364; TORSÄTRA, U 613; TENSTRA, U 1036; mit Zusatz ›in Dänemark‹: AMNÖ, U 699; HÅGA, U 896).

Die erste Hinwendung zum neuen Glauben erfolgte oftmals durch eine Zuerkennung des Status eines Katechumenen (Taufbewerbers). In der altisländischen Literatur ist die aisl. *prímsigning* (RGA XXIII, 445 ff.; ~ lat. *prima signatio*) mehrfach bezeugt, z.B. *Egils saga Skalla-Grímssonar*, c. 50; *Brennu-Njáls saga* (›Saga von Mordbrand-Njal‹), c. 51. Dieser rituelle Aufnahmevorgang durch Handauflegen und Bezeichnen mit dem Kreuz wird bereits von Rimbert in seiner *Vita Anskarii*, c. 24 erwähnt (vgl. Düwel 1978b, 255 f.). Wer mit dem Kreuz gezeichnet war, konnte am Gottesdienst teilnehmen. Kauffahrern ermöglichte diese *prímsigning*, an wichtigen Zentren wie etwa dem friesischen Dorestad (RGA VI, 61 ff.) mit christlichen Kaufleuten Handel zu treiben und geschäftlich zu verkehren. Das Kreuz ist von Beginn an das Zeichen für Christus, und es kennzeichnet diejenigen, die ihm zugehören; es ist Schibboleth, Erkennungszeichen und Losungswort. Eine reiche Formenvielfalt hat das Kreuz seit alters hervorgebracht; so ist es denn nicht überraschend, dass es auf zahlreichen Runensteinen eingemeißelt worden ist, sogar dann, wenn in der Inschrift selbst keine ausdrücklichen christlichen Bezüge zu finden sind – weder Gebet noch Fürbitte, weder Brückenbau noch Errichtung von Herbergen (KARBERGA, U 996: **siluaus** = *sālu[h]ūs*; ASPÖ, Sö 174 und GRYTA, U 818: **likhus** = *līk[n]hūs*) als fromme Werke. Besonders auf den uppländischen Runensteinen findet sich oft ein Kreuz (vgl. Thompson 1975, 30 f. mit Fig. 3.10), das ein zeichenhaftes Bekenntnis bzw. demonstratives Zeugnis sein kann, vereinzelt scheint man es auch nachträglich angebracht zu haben (DR I, 838). In vielen Fällen formt es eine konzeptionelle Einheit zusammen mit den christliche Formeln aufweisenden Runeninschriften und eventuellen Bildelementen; dazu gehört vielleicht das ›große Tier‹ (s. Oehrl 2011a), wenn zoologisch als Löwe bestimmbar (vgl. S. 181), ferner die bildliche Wiedergabe von Sigurds Drachentötung, für die der Drachenkampf des Erzengels Michael Vorbild gewesen sein kann (Düwel 1986a, 264 ff.). Darüber hinaus wurde auch versucht, in vereinfacht abgebildete Masken (vgl. S. 141) auf drei sörmländischen Steinen (KOLUNDA, Sö 112; LANDSHAMMAR, Sö 167; SLÄBRO, Sö 367), deren Gedenkinschriften keine christliche Aussagen enthalten, Christusdarstellungen zu sehen (Hultgård 1998, 732): »Christus ist hier in die Rolle einer vorchristlichen Gottheit (Odin?) geschlüpft, die sich ursprünglich hinter dem Grundtypus der Maske verbarg.« Indessen scheinen Anhänger der heidnischen Religion in Kontakt und Konkurrenz mit den christlichen Zeichen die Präsenz der eigenen Religion mit Abbildungen des Thorshammers (JURSTA, Sö 140; STENKVISTA, Sö 111; ÅBY, Sö 86) und sogar eines Thor-Gesichtes (ÅBY) bekundet zu haben (Hultgård 1998, 733 ff.). Auch Formen des Synkretismus mögen sich in diesem Zusammenhang erkennen lassen. Zwar ist das religionsgeschichtliche und theologische Forschungsinteresse an diesen ikonographischen und sprachlichen Quellen groß, es besteht jedoch keine Einigkeit über den Stellenwert der Runensteine im Prozess des Religionswechsels (aisl. *siðaskipti*; vgl. Hultgård 1998, 730; Gräslund 2015).

Fest steht aber, dass sich die (in den literarischen Quellen fassbare) heidnische Reaktion in den Runendenkmälern nicht adäquat widerspiegelt. Das Zentralheiligtum (*templum*) befand sich in Alt-Uppsala (*Ubsola*; RGA X, 409 ff.) mit den Statuen der Götter *Thor* (er ›gleicht mit seinem Szepter offenbar dem Jupiter‹; damit ist wohl der Hammer Mjöllnir gemeint), *Wodan* und *Fricco* (vulgo Freyr), wie Adam von Bremen im späteren 11. Jh. in seiner Hamburgischen Kirchengeschichte zu berichten weiß (IV,26; Trillmich 1961, 470 f.). In Alt-Uppsala gab es ›Priester‹ (*sacerdotes*), und hier fand auch alle neun Jahre ein gemeinsames Opferfest aller schwedischen Stämme statt, bei dem Menschen geopfert wurden, vermeldet Adam (IV,27) – anscheinend ging von da die heidnische Opposition aus. Die große Zahl uppländischer christlicher Runensteine erklärt sich wohl auch aus der Notwendigkeit, hier besonders intensiv die Missionserfolge zu demonstrieren.

Der dänische König Harald verkündet auf dem Stein von Jelling II, er habe die Dänen christianisiert (S. 143 f.). Vergleichbar, wenn auch hier keine königliche Autorität zugrunde liegt, ist der runenepigraphische Text auf dem nördlichsten Runenstein Schwedens, zugleich dem einzigen in der Provinz Jämtland (RGA X, 102 f.); die Inschrift von Frösö, einer Insel im See Storsjön, lautet: ›Austmann (*Austmaðr*), Gudfasts Sohn, ließ diesen [Stein] erricht[en] und diese Brücke machen, und e[r lie]ß Jämtland christianisieren (*kristna Iamtaland*). Asbiorn machte die Brücke. Trion und Stæin ritzten (schrieben) diese Runen.‹ Es ist die einzige schwedischen Runeninschrift, die eine solche Angabe macht und zudem eine der wenigen, die einen noch heute bestehenden Landschaftsnamen anführt. Es handelt sich nicht um eine Gedenkinschrift, vielmehr scheint eine Art öffentliche Bekanntmachung beabsichtigt zu sein. Ungewöhnlich sind zwei weitere Eigenheiten: sowohl der Auftraggeber als auch der Ausführende des Brückenbaus werden genannt, und zwei Männer haben in gemeinsamer Arbeit die Runen eingemeißelt (vgl. Källström 2007, 184 ff.). Zahlreiche Fragen knüpfen sich an diese Inschrift aus der Zeit um bzw. nach der Mitte des 11. Jh.s.

Austmanns Stellung und Rang sind unbekannt, vielleicht war er Gesetzessprecher. In wessen Auftrag er die Bewohner Jämtlands zum Christentum bekehrte – etwa indem er einen Thingbeschluss ausführte, wie vermutet wird – und inwieweit er selbst in die Missionsarbeit eingebunden war, lässt sich nicht beantworten. Die Namen der in der Inschrift genannten Personen gelten als jämtländisch (s. Williams 1996a, 52 ff.). Im Blick auf die spätere politische Zugehörigkeit Jämtlands zu Norwegen, während es kirchlich der Erzdiözese Uppsala unterstand, spielt auch die Frage eines norwegischen bzw. schwedischen Einwirkens auf den Christianisierungsakt und die Form der Runenschlinge mit Kreuz eine Rolle. *Frösön*, ›die Freysinsel‹, enthält den Namen des Fruchtbarkeitsgottes aisl. *Freyr*, aschw. *Frø̄* (in Ortsnamen); derartige theophore Bildungen weisen in der Regel auf das Vorhandensein einer alten Kultstätte. Tatsächlich ergaben Grabungen in der Kirche von Frösö Hinweise auf einen heidnischen Opferplatz, sodass an diesem Ort eine Kultkontinuität vorliegt (vgl. RGA X, 102. 103; mehrere Beiträge in Brink 1996b). Der Runenstein steht heute am Östersund; die in der Inschrift genannte Brücke führte aber wohl nicht über das offene, tiefe Wasser, sondern überquerte einen kleineren Wasserlauf (Mjällebäcken).

Im Zuge der Missionierung förderte die Kirche den ›Brückenbau‹, d.h. die Anlage von Wegen und Dämmen über unwegsames Gelände, darunter sicher auch die eine oder andere echte Brücke, die ein Gewässer überquert (RGA III, 557 ff.). Dieses fromme Werk kam nicht nur dem Seelenheil der Verstorbenen zugute, sondern es ermöglichte auch Missionaren und Priestern, Kirchgänger(inne)n und Pilger(inne)n ein sicheres Fortkommen. Es versteht sich von selbst, dass Händler und Kaufleute, Abenteurer und Krieger diese Wege ebenso genutzt haben. Wie eng aber Mission und Brückenbau zusammengehen, zeigt gerade der Runenstein von Frösön; die errichtete ›Brücke‹ diente dem zukünftigen Seelenheil des Auftraggebers Austmann.

Eine gängige Formel in den ca. 120 Brückeninschriften (dazu Klos 2009, 72 ff.) lautet *gær(v)a brō fyriʀ sāl(u)/siāl* ›eine Brücke für die Seele machen (errichten)‹, gelegentlich auch *til siālubōtar* (NÄS, U 347) ›zur Seelenrettung, zum Seelenheil‹.

Im Lateinischen entspricht *pro remedio animae*, ein häufiger Zusatz, mit dem Seelgeräte – Vermächtnisse an kirchliche Institutionen gegen die Zusage ständiger Fürbitten im Gebet, besonders einer alljährlichen Seelenmesse – versehen wurden.

Eine genauere Analyse der einschlägigen Belege hat Peterson (1991) zu der Annahme geführt, dass *fyriʀ* + Akkusativ ›im Austausch für, als Bezahlung für‹ bedeutet und der Brückenbau sonach den Preis für den Loskauf einer Seele darstellt. Damit läge eine dem Ablass verwandte Vorstellung vor (Gschwantler 1998, 757 ff.). Bemerkenswert ist der hohe Anteil von Frauen, die einen Brückenbau veranlasst haben (Sawyer B. 1991, 221 ff.), wie denn überhaupt die Rolle von Frauen im Christianisierungsprozess betont wird (z.B. Jesch 1991a, 68 ff.; Gräslund 1996, 333 f.; Gräslund / Lager 2008, 634).

Brückenbau wird nicht nur in Gedenkinschriften für Verstorbene erwähnt, sondern auch in Proklamationen von Lebenden wie eben Austmann oder auch Jarlabanki (S. 171 f.). Hier wird die Vorstellung der Jenseitsbrücke insofern eine Rolle spielen, als die Brücke, die man zu Lebzeiten gebaut hat, in der anderen Welt zur Seelenbrücke wird (Dinzelbacher 1973, 183; 1981, 133; vgl. Düwel 1986b, 92 ff.). Auf eine stattliche Brücke wird in einer feierlichen *fornyrðislag*-Strophe auf dem Stein von Sälna (U 323; vgl. Naumann 2018, 246 ff.) verwiesen:

> *Æi mun liggia,   með aldr lifiʀ,*
> *brō harðslagin,   bræið, æft gōð[an]*;
> *svæinaʀ gærðu   at sinn faður:*
> *mā æigi brautaʀkuml   bætra verða.*

›Immer wird liegen, solange die Menschheit fortlebt, die festgefügte, breite Brücke, nach dem Guten (Trefflichen); junge Männer machten sie nach ihrem Vater; nicht kann ein besseres Wegdenkmal zustandekommen.‹

Der selbstbewusste Ton dieser poetischen Partie kontrastiert den demütig klingenden Eingang der Inschrift, in dem die drei Brüder Øystæin (oder: Iostæin), Iorund und Biorn ihres Vaters gedenken: ›Gott helfe seinem »Geist« und seiner Seele (*and ok sēlu*), vergebe ihm Schuld (*sakaʀ*, Pl.) und Sünden (*syndiʀ*, Pl.).‹ Nur selten wird in den Runeninschriften Schulderlass und Sündenvergebung erbeten; dies deutet einen bereits vertieften christlichen Glauben an, wie das wohl auch zum einen für den Zusatz (›Gott helfe seiner Seele,‹) *bætr þæn hann hafʀ til gært* ›besser als er es verdient hat‹ (BRÖSSIKE, Sö 195; ähnlich KOLSUNDET, Sö 197; KLIPPINGE, Sö 210; LILLA LUNDBY, Sö 212; KRÅGTORP, Sö 321; EGGEBY, U 69) und zum anderen für die Bitte um Gottes bzw. Christi Erbarmen (*miskunn*) bereits in der ältesten Schicht christlicher Runeninschriften (FINNSTA, U 909; BRÄCKSTA, U 1039) anzunehmen ist.

Demgegenüber steht die Textschablone ›Gott helfe *and(u)* (›dem »Geist««‹) und/oder *sāl(u), sēl(u), siāl(u)* (›der Seele‹) [der/des Verstorbenen]‹ sehr häufig: die beiden Ausdrücke *and* ›Atem, Hauch, Geist; (in christlichem Kontext:) Seele‹ und *sāl(a), sēl(a), siāl(a)* ›Seele‹ bringen es jeweils auf ca. 150–200 Belege. Aschw. *and* (aisl. ǫnd) f. ist aus dem Urgermanischen ererbt (*andō-, woneben *andán- m. > aisl. andi), während *sāl(a), sēl(a), siāl(a)* f. im Gefolge der christlichen Missionierung aus dem Westgermanischen (ae. *sāwol, sāwl*, afries. *sēle, sēl*, as. *siala*, anfrk. *sēla, siele*) entlehnt wurde. Hinter dem gelegentlich begegnenden Wortpaar *and ok sēlu* (wie auf SÄLNA, s. vorhin) steht keineswegs schon der biblische Unterschied von *spiritus* und *anima* (vgl. 1 Thess 5,23 in der Dreiheit mit *corpus*), vielmehr handelt es sich in den Runeninschriften schlicht um eine Tautologie, die der Ausdrucksverstärkung dient (Gschwantler 1992, 65 f.). Williams (1996c, 293) hat sogar gemeint, die Fügung *æftiʀ* (oder: *at*) *Y* ›nach Y‹ in Gedenkinschriften sei mit ›für Ys Seele‹ (Y der Name der/des Verstorbenen) gleichzuhalten.

Auf EGGEBY (U 69) begegnet übrigens auch die von BÄLLSTA I (s. S. 170) bekannte Wendung *munu æigi mærki mæiʀi verða* ›es werden keine größeren Denkmäler zustandekommen‹.

Ein Unikum stellt der Stein von Skåäng (Sö 32) dar; bereits mit älteren Runen beschrieben (s. S. 43), erhielt er im 11. Jh. eine christliche Inschrift (*Guð hialpi sālu hans*).

Wenn in diesen Formeln und anderswo Gott (*guð*) angerufen wird, ist weniger Gott-Vater, sondern meist Gott-Sohn (Christus) gemeint (Williams 1996c, 304 ff.), dessen Macht und Herrlichkeit die Missionspredigt eindrücklich vorgestellt haben dürfte. Diese Auffassung verdeutlicht die Runeninschrift auf dem Stein von Risbyle (U 160), die in das frühe 11. Jh. gehört und damit eine der ältesten in Uppland ist; den Stein setzten Ulfkætil, Gyi und Un(n)i ihrem Vater Ulf, der *ī Skul(h)ambri* (in Skålhamra) wohnhaft war: ›Gott helfe seinem »Geist« und Seele (*hans and ok sālu*) und Gottes Mutter, [sie] mögen ihm Licht und Paradies (**lus·ukbaratis**) verleihen.‹ Auch in der Inschrift von Timmele (Vg 186) wendet man sich an Gott-Vater und – falls *hæilagʀ Kristr ī himinrīki* nicht nur *guð* expliziert – an Christus (und zudem an die Gottesmutter), nicht aber an den Heiligen Geist, der auch sonst nicht explizit erwähnt wird (Williams 2016, 35). Die Vorstellung der Trinität, des dreieinigen Gottes, dürfte für die Neu- wie Alt-Bekehrten schwer verständlich gewesen sein und hat daher in der Missionspredigt wohl nur eine untergeordnete Rolle gespielt.

Des eben genannten Ulfs gedenken auch zwei Runensteine aus Bällsta (s. S. 170 f.) und ein weiterer in Risbyle (U 161), den der Runenritzer Ulf in Borresta (**ulfʀ·** [...] **ibarstam** = *ī Bār[i]sta[ðu]m*) im Auftrag von **ulfkil** beschrieb; dieser *Ulfkæll* ist wohl identisch mit dem *Ulfkætill* des ersten Risbyle-Steins (U 160).

Ulf von Borresta wird auch auf den in das frühe 11. Jh. zu datierenden Steinen von Yttergärde (s. S. 158) genannt; er trat auf einer seiner Auslandsfahrten zum Christentum über und wurde nach seiner Heimkehr »der älteste christliche, wenn nicht überhaupt der älteste Runenmeister Upplands im 11. Jh.« (Ruprecht 1958, 149).

›Licht und Paradies‹ – was ist darunter zu verstehen? ›Licht‹ (*liūs*) bezieht sich alleinstehend auf den ›Himmel‹ (KIMSTAD, Ög 161); ›Paradies‹ (*paradīs*, aus lat. *paradīsus* entlehnt) kommt schon biblisch als Aufenthaltsort der Gottgefälligen vor (Lk 23,43). Nahm man dafür früher einen Reflex aus Missionspredigten an, so hat Gschwantler (1992) die Herkunft der Paarformel ›Licht und Paradies‹ aus der christlichen Totenliturgie wahrscheinlich gemacht, auch in der Erweiterung der Inschrift auf dem Stein von Folsberga (U 719), den Aguti nach Tum(m)i setzen ließ: ›Christ lasse Tum(m)is Seele in Licht und Paradies kommen und in die für Christen beste Heimat (*hæim*).‹

In fünfzig wikingerzeitlichen Inschriften Schwedens wird die Gottesmutter, deren Name Maria indessen lediglich viermal (vgl. Williams 1996b, 66 Anm. 106; so z.B. aus der 1. Hälfte des 11. Jh.s: ABRAHAMSTORP, Vg 122) erscheint, als Fürsprecherin (*advōcata*) der Seele angerufen. Vorhin erwähnt wurden die Inschriften von Risbyle (U 160) und Timmele (Vg 186); zwei weitere Beispiele finden sich auf dem Runenstein von Kimstad (Ög 161) und auf dem Neufund von Odensala (Källström 2013a). Für die herausragende Stellung der Gottesmutter als Mittlerin aller Gnaden, v.a. als Helferin beim jüngsten Gericht, sprechen zahlreiche frühmittelalterliche Belege, die vor allem aus England stammen. Ein gelegentlich erwogener ostkirchlicher Einfluss wird dadurch unwahrscheinlich (Gschwantler 1998, 745 ff.). Ob charakteristische Züge der heidnischen Freyja, Göttin der Schönheit und Liebe, im Marienkult fortleben (so Näsström 1996, 343 ff.), bleibt ebenfalls fraglich.

Nach Gott-Vater, Christus und der Gottesmutter wird auch der Erzengel Michael in seiner Eigenschaft als Seelengeleiter und Führer zum Licht angerufen. Neben zwei schwedischen Zeugnissen – ›Michael nehme sich seiner Seele an‹ (ÄNGBY, U 478) und ›der heilige Michael helfe seiner Seele‹ (HOGRÄN, G 203; dazu Källström 2017) – treten vier Runensteine von der Insel Bornholm, die zwar seit dem späten 10. Jh. zu Dänemark gehörte, in puncto runischer *literacy* jedoch mit Schweden verbunden war. Und so werden die Inschriften auf den Bornholmer Steinen von schwedischen Runenmeistern stammen; auf dem in die Jahrzehnte um 1100 zu datierenden Stein von Klemensker I (DR 399) heißt es im zweiten Textteil (Seiten A, D und C): ›Christ helfe der Seele (**kristr:hialbi:siolu**) Ødbjörns und Gunnhilds und Sankt Michael (**auk:santamikel**) zu Licht und Paradies.‹ Der Heilige Michael als Seelenführer hat seinen festen Platz in der lateinischen Totenliturgie.

Der Erzengel hat in der Missionspredigt für die Nordleute eine wichtige Rolle gespielt, wie die Bekehrung des Isländers Hall zeigt, dem der sächsische Missionar Thankbrand (aisl. *Þangbrandr*) im ausgehenden 10. Jh. erklärt, Michael *er settr til þess, at fara mót sálum kristinna manna* ›ist dazu bestimmt, den Seelen der Christenmenschen zu begegnen‹ (*Kristni saga* ›Saga [von der Einführung] des Christentums‹, c. 7; ÍF 15,2, 18; vgl. *Brennu-Njáls saga*, c. 100). Die *Óláfs saga Tryggvasonar en mesta* (›Größte Saga von Olaf Tryggvason‹, c. 216; EA-A 2, 152) lässt Thankbrand weiter ausholen und ihn unter anderem sagen: ›Dem Erzengel Michael ist auch von Gott insbesondere Gewalt über die Seelen der Christenmenschen (*yfir kristinna manna sálum*), die aus dieser Welt scheiden, gegeben, um sie entgegenzunehmen (*taka við þeim*) und in die erhabene Ruhe des Paradieses zu geleiten.‹ Darüber hinaus zeichnet sich Michael als Drachenkämpfer aus und konnte in dieser Eigenschaft in Skandinavien mit Sigurd verglichen werden (s. S. 185).

Die vorgestellten Inschriften, wenn sie so verstanden werden dürfen, sind nicht nur einfache Dokumente zur Mission und Christianisierung in Schweden zur späten Wikingerzeit, sondern sie können darüber hinaus als Zeugnisse vertieften Glaubens und damit als solche der Frömmigkeitsgeschichte angesehen werden. Die Missionspolitik zielte auf Umwandlung alter Kultorte in christliche Stätten, damit einer bereits bei der Bekehrung Englands bewährten Strategie von Papst Gregor dem Großen folgend (von Padberg 1998, 75. 238). Und so hat denn auch die Kirche den aus Dänemark übernommenen Brauch, Steine mit Gedenkinschriften zu setzen, in ihren Dienst gestellt. Diese wurden vor allem an alten Gräberfeldern platziert (Klos 2009, 249 ff.) bzw. in der Nähe von Kirchen, ausnahmsweise auch darin (BJÄRBY, Öl 36; um 1050: Fastulf *iaʀ grafinn ī kirkiu* ›ist begraben in der Kirche‹; vgl. Ljung 2016/I, 145 f.). Mit der Bestattung auf dem Kirchhof trat dann der Übergang zur mittelalterlichen Grabsteinsitte ein (RGA II, 200 ff.).

Wie erwähnt (S. 150), zeigt Uppland – die Region Schwedens, in der das Heidentum am längsten fortgedauert hat – mit nahezu 1.200 Runensteinen eine bemerkenswerte Dichte. Ob dies mit einer von christlicher Seite intendierten ›plakativen‹ Wirkung in einem noch vorwiegend paganen Milieu zu erklären ist oder ob sich in der Errichtung einer derartigen Fülle von Runensteinen bereits eine schnelle und durchgreifende Christianisierung widerspiegelt, lässt sich nicht zweifelsfrei entscheiden. Die Diskussion über den Religionswechsel in der ausgehenden Wikingerzeit bzw. über die politischen, sozialgeschichtlichen und kulturellen Implikationen dauert jedenfalls an (was Runen betrifft, vgl. z.B. Nilsson 1996, bes. 431 ff.; Williams 2014;

Ljung 2016/I, bes. 229 ff.). In semiotischer Hinsicht sind Runensteinritzungen insofern multimodal, als Runen (teilweise auch aus verschiedenen Varianten des jüngeren Fuþark), runenähnliche und andere schriftähnliche Zeichen zusammen mit Ru-
nenschlingen, Kreuzen, Ornamenten und Abbildungen einen visuellen Verbund bilden (s. Bianchi 2010, 38 ff. 229 f.). Die Wirkung des Arrangements hängt offenbar
nicht ursächlich davon ab, dass auch sprachlicher Sinn transportiert wird, denn Steine mit nicht-lexikalischen Inschriften – sie machen in Uppland und Södermanland
ca. 2 % des epigraphischen Korpus aus und begegnen ab etwa 1100, wobei sich Ru-
nen- und Schriftimitate an der Peripherie der ›Runenbezirke‹ häufen (Bianchi 2010,
165 ff. 233 ff.) – sind in puncto Aufwand in der Formgebung durchaus den ›normalen‹ Steinen an die Seite zu stellen.

Auch in der südgermanischen Runentradition der Merowingerzeit treten etliche ›sinnlose‹ Inschriften entgegen (s. S. 93 f.). So verschieden die kulturellen Milieus auch sind, in beiden Fällen scheint
Schriftimitation einen Eigenwert zu haben, der über die in Runen gegossenen sprachlichen Äuße-
rungen hinausreicht.

VII.3. Norwegen

Inschriften, die die Sigle N tragen (N 1 etc.), sind in der Korpusedition NIyR publiziert. Dort noch
nicht veröffentlicht sind mit N A (Fundort: Norwegen ausgenommen Bryggen, Bergen) und N B
(Fundort: Bryggen, Bergen) bezeichnete Inschriften (N A1, N B1 etc.), die in der Datenbank *Runor*
abgerufen werden können.

Zu den frühesten wikingerzeitlichen Inschriften in Norwegen gehören zwei runenepigraphische Texte aus dem bekannten Schiffsgrab von Oseberg (Vestfold; RGA
XXII, 306 ff.), das nach dendrochronologischer Datierung der für die Grabkammer
benutzten Bretter in das Jahr 834 (oder kurz danach) datiert werden kann (Bonde /
Christensen 1993, 581). Auf einem Holzeimer steht die Besitzerangabe **asikriʀ** =
an. (anorw.) *ā Sigrī[ð]ʀ* ›[mich, den Eimer] besitzt Sigrid‹ (N 138). Auf einer Holz-
stange unklarer Funktion liest man eine Folge **litiluism** (N 137), die man verschieden gefasst hat (vgl. Birkmann 1995, 261 f.); am meisten für sich hat wohl die Deutung als *lītilvīss m(aðr)* ›wenig weiser Mann‹ (**m** als Begriffsrune ›Mann‹) als Umschreibung des Personennamens aisl. *Óspakr* ›Unklug‹.

In Norwegen gibt es – im Vergleich zu Schweden und Dänemark – weniger wikingerzeitliche Runensteine, und zwar nur über 80 Exemplare, die mehrheitlich in
die Jahrzehnte um 1000 gehören und vielfach in Kurzzweigrunen geschrieben sind.
Etliche Inschriften haben ereignisgeschichtliche Bezüge:

1. Für die Bekehrungsgeschichte wichtig ist die Inschrift auf dem Stein von Kuli
(Møre und Romsdal, N 449; vgl. RGA XVII, 413 f.), die sogar eine Angabe über
den Zeitpunkt der Entstehung enthält. Auf einer Schmalseite ist ein Kreuzzeichen
zu sehen. Die ca. 40 cm lange Spitze des Steines fehlt; ob sich darauf jemals Runen
befunden haben, muss offen bleiben. Auf der verwitterten Schmalseite sind etliche
Runen der zweizeiligen Inschrift nur schwer zu erkennen; mit Hilfe einer Laserab-
tastung (Mikrokartierung; Swantesson 1998, 127 f.) wurde die ältere Lesung über-
prüft (Hagland 1998; 2016; dazu Knirk 2018). Der Text lautet:

Zeile I: *Þōrir auk Hallvarðr ræistu stæin þen(n)si æft* [...].

Zeile II: *Tvǫlf vintr hafði kristendōmr verit* (**u̧irit̯**; oder: **um(:)rit̯** *um rētt*?) *ī Nor-egi* [...].

›Thorir und Hallvard errichteten diesen Stein nach Ulfljot (?). Zwölf Winter (Jahre) war das Christentum in Norwegen gewesen (oder: hatte das Christentum [die Dinge] in Norwegen verbessert?) [...].‹

Zur Transkription: Es ist Usus, norwegische Runeninschriften der Wikingerzeit im Sprachgewand des normalisierten Altisländischen wiederzugeben und demnach etwa in Zeile I *ok* (statt *auk*) und *reistu stein þenna* (statt *ræistu stæin þen(n)si*) oder in Zeile II *Tolf vetr* (statt *Tvǫlf vintr*) zu schreiben; dieses Verfahren hat naturgemäß den Vorteil, dass damit eine Kontinuität zu einer außerordentlich reich überlieferten altwestnordischen (norrönen) Sprache hergestellt wird. (Noch um 1200 hat es zwischen den altnorwegischen Dialekten und dem Altisländischen keine tiefgreifenden Unterschiede gegeben.) Strenggenommen handelt es sich dabei jedoch um eine Übersetzung von runisch bezeugten altnorwegischen Sprachformen des 9.–11. Jh.s in literarisch bezeugte altisländische Sprachformen des 13. Jh.s, denn der Stein von Kuli bietet eben die Konjunktion ᚼᚢᚴ **auk** = *auk* (Noreen 1923, 131 § 152,2), den Diphthong ᚨᛁ **ai** = *æi* (ebd., 92 § 97. 106 § 117), die älteren Formen ᚦᛁᚿᛋᛁ **þinsi** = *þen(n)si* (ebd., 315 § 470 Anm. 2) und ᛏᚢᛆᛚᚠ **tualf** = *tvǫlf* (ebd., 73 § 77,10) sowie eigentümliches ᚢᛁᚿᛏᚱ **uintr** = *vintr* (ebd., 99 § 110,1. 193 § 266,2). Wie schon mehrfach vermutet wurde, können die drei letztgenannten Formen auf ostnordische Herkunft deuten (vgl. Sanness Johnsen 1968, 205). Im Folgenden werden jedenfalls – entgegen herrschenden Gepflogenheiten – die wikingerzeitlichen Runentexte aus Norwegen (wie auch die aus Dänemark und Schweden) in ›engerer‹ Transkription dargeboten; zur Lautgestalt der Personennamen s. Peterson 2007.

Was die Lesung betrifft, ist der Name des Verstorbenen (**u̧lf̣liut̯**?) nicht über jeden Zweifel erhaben. Der Landesname Norwegen (**nu̧riki**) ist hier zum ersten Mal in einer einheimischen Inschrift belegt. Ob das Christentum (*kristendōmr* ist aus ae. *cristendōm* entlehnt) zwölf Jahre vor Abfassung der Runeninschrift von Kuli in Norwegen ›nur‹ existiert oder dort bereits für Verbesserungen gesorgt hat, macht sachlich an sich keinen Unterschied. Im zweiten Fall käme eine positivere Einstellung dem neuen Glauben gegenüber zum Ausdruck, was auf eine intensive Missionspropaganda schließen ließe (vgl. Hagland 1998, 139). Für die Einführung des Christentums in Norwegen kommen vor allem zwei Ereignisse in Betracht. Fällt sie in die Regierungszeit von König Olaf Tryggvason (995–1000) auf dem Thing von *Dragseið* im Jahre 996 oder 997 (Snorri Sturluson, *Heimskringla, Ólafs saga Tryggvason-ar*, c. 59; ÍF 26, 308), kann die Inschrift dementsprechend 1008 oder 1009 datiert werden. Wahrscheinlicher ist jedoch die Annahme des Christentums auf dem Thing auf der Insel Moster zur Zeit von König Olaf dem Heiligen (aisl. *Óláfr inn helgi*) im Jahre 1022 oder 1024. Dies würde zwar zur dendrochronologischen Datierung von Holzresten, die am vermuteten ursprünglichen Standort des Steines gefunden wurden, in das Jahr 1034 passen; diese Lagebestimmung und die Annahme, die hölzernen Überreste und der Runenstein würden als Teile einer alten Brückenkonstruktion zusammengehören, sind aber ganz unsicher (Spurkland 2005, 111).

2. Die norwegischen Inschriften auf Gedenksteinen der Wikingerzeit unterscheiden sich in puncto Textsortenformular kaum von ihren dänischen und schwedischen Gegenstücken (vgl. ferner S. 193). In die Gruppe der Auslandfahrersteine gehört der nur in Bruchstücken erhaltene Stein von Galteland (Ost-Agder, N 184; vgl. RGA X, 403 ff.); die Inschrift in sog. älteren norwegischen Runen (S. 127), die ebenfalls auf

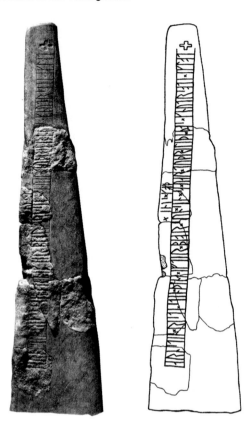

Abb. 39: Stein von Galteland (nach Seim
2021, 56: Abb. 7.21); ohne Maßstab.

historische Ereignisse referiert, kann nach älteren Zeichnungen wie folgt ergänzt werden (Abb. 39):

> Zeile I: *Arn[stæinn] ræisti stæin þe[nna] æftir Bjōr, [s]un sinn. [Sā var] dauðr ī liði, þ[ā's Knūtr sōtti England].*
> Zeile II: *Æinn is goð.*

› Arnstæin errichtete diesen Stein nach Bjor, seinem Sohn. Der fand den Tod in der Kriegerschar, als Knut England eroberte. – Einer (einzig) ist Gott.‹

Es handelt sich um den Angriff des dänischen Königs Knut des Großen in den Jahren 1015/1016, bei dem Bjor (aisl. *bjórr* ›Biber‹) starb; nicht lange danach, also in den Jahren bis etwa 1020, wird die Memorialinschrift von Galteland entstanden sein. Zum ersten Mal wird hier in einer zeitgenössischen Quelle ein Norweger in Verbindung mit Knut genannt. Die Inschrift in Zeile II **×inis×kā[þ]** ist ein deutliches Bekenntnis zum christlichen Glauben, wozu das große Kreuz am Ende von Zeile I passt. Die Inschrift von Galteland ist auch von einigem paläographischem Interesse, steht hier doch Rune Nr. 4 ᚼ **ā** nicht mehr nur für nasales /ã(ː)/ (**iklāt** = *E(n)gla(n)d*), sondern auch bereits für /o(ː)/ (**biār, sāti, kāþ** = *Bjōr, sōt(t)i, goð*). Ferner werden die Diphthonge *æi* und *au* verkürzt durch **i** und **u** wiedergegeben.

3. Zu den Auslandfahrersteinen zählt auch der Stein von Stangeland (Rogaland, N 239). Die zweizeilige Inschrift lautet: ›Thorbjörn der Skalde (**skalt**) errichtete diesen Stein nach S[...]-Thorir, seinem Sohn, der in Dänemark (**ā:t̬ānm̬arku**) fiel.‹

Aus der literarischen Überlieferung sind insgesamt acht Skalden bekannt, die (aisl.) *Þórbjǫrn* heißen; es handelt sich um einen häufigen Namen, sodass es sich auch um einen sonst unbekannten (neunten) *skáld* handeln kann. Der Name des Verstorbenen ist vielleicht zu **s[tin]:þuri** = *S[tæin]-þóri* (Akk.) zu ergänzen.

Die Inschrift kann noch in das 10. Jh. datiert werden, wenn der Kommemorierte in der Schlacht am Limfjord (um bzw. nach 970) getötet wurde, in der König Harald Graumantel (aisl. *Haraldr gráfeldr*) sein Leben verlor, oder wenn er bei der Verteidigung des Danewerks (974; vgl. S. 140) starb, bei der der norwegische Jarl Hakon (aisl. *Hákon jarl Sigurðarson*) den dänischen König Harald Blauzahn erfolglos gegen den deutschen Kaiser Otto II. unterstützte.

4. Eine weitere ›historische‹ Inschrift, deren ältere norwegische Runen (S. 127) an manchen Stellen schwer lesbar sind, findet sich auf dem Steinkreuz von Stavanger (Rogaland, N 252; ca. 1030): ›Alf[...]ir der Priester errichtete diesen Stein nach seinem Herrn Erling [...], als er mit Olaf kämpfte.‹ Von diesem innernorwegischen Konflikt, in dem *Erlingr Skjálgsson*, der mächtigste Mann im Westland, Ende der 1020er Jahre in einer Seeschlacht den Tod fand, weiß Snorri Sturluson in seiner *Heimskringla* (*Óláfs saga ins helga*, c. 175 f.; ÍF 27, 312 ff.) ausführlich zu berichten. Das Geschehen ist übrigens auch in dem zehn Strophen umfassenden *Erlingsflokkr* (›Preisgedicht auf Erling‹) verarbeitet, der von dem Skalden *Sigvatr Þórðarson* stammt.

5. Eine gut bekannte Person wird womöglich auf dem Stein von Oddernes (West-Agder) genannt, der zum einen bereits im früheren 10. Jh. auf der Breitseite (N 209) und zum anderen im 11. Jh. auf der Schmalseite (N 210) mit Runen versehen wurde. Die jüngere Inschrift besagt: *Æyvindr gærði kirkju þessa, goðsunr Ōlāfs* **hins×hala**, *ā ōðali sīnu* ›Æyvind machte (ließ erbauen) diese Kirche, Patenkind Olafs des Heiligen(?), auf seinem Erbbesitz (Erbhof)‹. Der im Altwestnordischen sonst nur noch einmal belegte Ausdruck für das männliche Patenkind, *goðsunr*, ist offenbar aus ae. *godsunu* (ne. *godson*) entlehnt.

Eine Schwierigkeit hält der Beiname Olafs bereit, der als schwach flektierter Genetiv der Adjektive aisl. *háll* ›glatt, schlüpfrig‹ oder *hallr* ›geneigt, zugetan, ergeben‹ gedeutet werden kann; Spurkland (2005, 115) spricht sich für die zweitgenannte Möglichkeit aus. Wenn man indessen eine unvollständige Schreibung **hal[k]a** = anorw. *hæilga* in Rechnung stellt, entpuppt sich der Taufpate als König Olaf der Heilige (vgl. S. 191; †1030). Weitere Probleme, etwa die Verbindung der genannten Eigenkirche (RGA VI, 559 ff.) zur ältesten Kirche in Oddernes und die Frage, ob Æyvind selbst oder ein Nachkomme die Inschrift anbringen ließ, behandelt Olsen (NIyR III, 97 ff.) ausführlich. Er will den Æyvind der Inschrift als den in der *Óláfs saga ins helga* (c. 62 ff.; ÍF 27, 82 ff.) erwähnten Gefolgsmann Olafs *Eyvindr úrarhorn* (›Auerochshorn‹) identifizieren; demzufolge böten sich für die Taufpatenschaft Olafs die Jahre 1016 bis 1019 an. Die Runeninschrift wäre dann bald nach Olafs Tod bzw. der kurz danach beginnenden Heiligenverehrung entstanden, also ca. 1035 oder etwas später. Freilich ist diese Gedankenkette nur eine bloße Möglichkeit (Birkmann 1995, 329 f.).

Wie erwähnt (S. 191), folgen die meisten norwegischen Memorialinschriften der Wikingerzeit bekannten Mustern. Das Basisformular ist etwa auf dem Stein von Tu in Jæren (Rogaland, N 228; um 1000) realisiert: ›Hæilgi (aisl. *Helgi*) errichtete diesen Stein nach Kætil (aisl. *Ketil* Akk.), seinem Bruder.‹ Eine elaborierte Variante bietet dagegen der in unmittelbarer Nähe befindliche Stein von Klepp I (N 225), der ebenfalls der Zeit um 1000 angehört: ›Thorir, Sohn des Hörd, errichtete diesen Stein nach Asgærd, seiner Frau, Tochter des Gunnar, des Bruders von Hælgi auf Klepp.‹ Ob die dreizeilige Inschrift in Kurzzweigrunen mit ihren unüblichen Zusatzangaben (Abstammung bzw. Verwandtschaft, Verbindung zu dem Hof *KleppʀR**) ›nur‹ einen besonderen sozialen Status der trauernden Familie oder doch (auch) Erbansprüche dokumentieren sollte, lässt sich nicht entscheiden.

hailki = *Hæilgi* (TU) und **halka:ā:klabi** = *Hælgi ā Klæppi* (KLEPP I; zu *æi* neben *æ* Noreen 1923, 114 § 128) sind wohl ein und dieselbe Person (vgl. NIyR III, 159 f.).

Eine weitere Gedenkinschrift bietet sodann – wiederum auf dem Gebiet der Kommune Klepp – der Stein von Bore IV (N 234): **+arṭiþ:anbiarnar:** = *ārtīð Arnbjarnar* ›Jahrestag [des Todes] des Arnbjörn‹ (zum Formular Zilmer 2006, 444 f.). Auf den Charakter als Denkmal (dazu Düwel 2014a) referiert die nur fragmentarisch erhaltene Inschrift auf dem Stein von Presterud (Oppland, N A22): ---]**ti·marki** = ... *ræis*]*ti* (oder: ... *se*]*tti*) *mærki* ›... errichte]te (oder: ... setz]te) das Denkmal‹. Bemerkenswert ist, dass die wikingerzeitlichen Runensteine in Norwegen – anders als in Schweden oder auch in Dänemark – in der Regel nicht signiert sind; ein Einzelfall ist *Skōgr b[arði]* ›Skog schlug [die Runen]‹ auf dem Stein von Skollevoll (West-Agder, N 213; um 1000). In Norwegen sind auch nur wenige Runensteine bebildert bzw. ornamentiert; drei prominente Beispiele werden unten (S. 195 ff.) behandelt.

Von einer unglücklichen Seereise, die vielleicht in das Packeis vor der grönländischen Küste geführt hat, berichtet die poetische Inschrift auf dem Stein von Hønen (Buskerud, N 102), der bald nach seiner Entdeckung, und zwar wohl in den Jahren um 1830, verlorengegangen ist und von dem lediglich die Kopie einer alten Zeichnung existiert (vgl. Sanness Johnsen 1968, 177 f.; Naumann 2018, 305 f.):

> *Ūt ok vītt ok þurfa   þerru ok āts*
> *vindkalda ā īsa   ī ōbygð at kvǫmu;*
> *auð mā illt vega, [at] dœyi ār.*

›Hinaus (auf das Meer) und (**uk**) weithin kamen [sie] auf (oder: in) windkaltes Eis in eine(r) unbewohnte(n) Gegend und bedürfen Trocknung und Nahrung; Schlimmes kann den Reichtum (Unglück kann Glück?) verdrängen, [sodass (man)] früh stirbt.‹

Datierung (erste Hälfte oder Mitte des 11. Jh.s?) und sachliche Hintergründe (eine folgenschwere Handelsfahrt von Ringerike nach [Ost-]Grönland?) sind nicht ausreichend zu erhellen.

Im nördlichen Norwegen kamen in einem Depotfund auf der Insel Senja (Troms, N 540) vier Silberobjekte – zwei Halsketten mit Anhängern (darunter ein Kruzifix) und zwei Halsringe – zutage. Der kleinere Halsring (Durchmesser ca. 19 cm) trägt auf der Innenseite der beiden geplätteten Verschlussstücke eine Halbstrophe:

> *Fōru[m] drængja   Frīslands ā vit,*
> *auk vīgs fǫtum   vēr skiftum.*

›Wir fuhren zum Treffen mit den Kerlen Frieslands (um die Krieger Frieslands aufzusuchen), und die »Kampfesgüter« (Kriegsbeute) teilten wir auf.‹

Diese *fornyrðislag*-Verse können von den Runen- und Sprachformen her norwegischer oder auch schwedischer Herkunft sein. In jedem Fall ist der Quellenwert der wohl in das frühe 11. Jh. zu datierenden Runeninschrift beträchtlich, handelt sich doch um eine Mitteilung aus erster Hand über Plünderfahrten von Norwegen nach Friesland. In der literarischen Überlieferung werden mehrere derartige Unternehmungen angesprochen; so etwa berichtet Snorri Sturluson von dem vorhin (S. 193) erwähnten Gefolgsmann König Olafs des Heiligen, *Eyvindr úrarhorn*, seine sommerlichen Wikingerzüge hätten ihn bisweilen auch südwärts *til Fríslands* ›nach Friesland‹ geführt (*Óláfs saga ins helga*, c. 62; ÍF 27, 82). Dass sich die Runeninschrift von Senja gerade auf diese Raubfahrt bezöge, wäre trotz passender Zeitstellung ein Zufall.

Freilich lässt die Halbstrophe von Senja auch eine andere Lesart zu, und zwar ›Wir fuhren, um die [Handels-]Männer Frieslands aufzusuchen, und »Kampfesgüter« (Waffen) tauschten wir‹ (Jesch 1997, 8 ff.). Dabei bleibt jedoch unklar, warum man die triviale Mitteilung über eine Handelsfahrt in den kostbaren Silberring, dessen Herkunft (aus einer friesischen oder skandinavischen Werkstatt?) übrigens nicht feststeht, geritzt hätte.

Von den wenigen runischen Bildsteinen sind ALSTAD, VANG und DYNNA (Abb. 40) zu nennen. Auf dem Bildstein von Alstad (Oppland, nunmehr Innlandet) finden sich zwei Inschriften in sog. älteren norwegischen Runen (S. 127). Aus der Zeit um 1000 stammt eine Gedenkinschrift (N 61), die auf der geraden Schmalseite beginnt und auf der Vorderseite endet; Lesung und Deutung sind an etlichen Stellen nicht unproblematisch. Sichern lässt sich indessen am Anfang die Formel ›Jorun errichtete den Stein nach [...]‹, ferner wird festgestellt, dass die Genannte den Stein **af᛬ hrikariki᛬uṭan᛬urulb᛬aui[u]** ›von Hringariki (Ringerike) draußen, aus Ulfæy (Ulføya)‹ heranschaffen ließ und dass es sich um einen **ṃunta᛬stain** = *myndastæin* ›Bildstein‹ handelt. Der jüngere runenepigraphische Text (N 62) gehört in die Mitte oder in die zweite Hälfte des 11. Jh.s und befindet sich auf der Vorderseite unterhalb des Bildwerks.

Von oben nach unten sind auf dem ca. 2,50 m hohen Stein zu sehen: 1. ein großer Raubvogel, 2. ein Canide (Hund oder Wolf), 3. auf einem Pferd ein Reiter, der einen Raubvogel (wohl einen Jagdfalken) hält, 4. ein zweiter Canide, 5. ein reiterloses Pferd, 6. schließlich auf einem Pferd ein Reiter mit einem Stab oder einer Keule in der Hand. Wie diese Bildreihe zu verstehen ist, bleibt ungewiss; es besteht jedenfalls kein Zusammenhang mit dem runenepigraphischen Text. (Die Rückseite des Steines zeigt kunstvolle Blätter- und Rankenornamentik im Ringerike-Stil.)

Die in drei horizontalen Zeilen angeordnete Inschrift lautet: ›Ængli errichtete diesen Stein nach Thorald, seinem Sohn, der den Tod fand in Vitaholm (**iuitaholṃi**), zwischen Ustaholm und Gardar (**miþliustaulmsaukkarþa**)‹. Kleiber (1965, 70 f.) identifiziert Vitaholm mit dem etwa 50 km von Kyiv entfernten Vytačiv (Vitičev) sowie Ustaholm mit dem nahegelegenen Ustʹe (vgl. RGA V, 536 mit Abb. 72), zwei Befestigungsanlagen am Dnipro (Dnepr) auf der Route nach Konstantinopel. Dazu will aber schlecht passen, dass das Pluralwort *Garðar* nicht nur Kyiv (aisl. *Kœnugarðr*) bezeichnet, sondern die gesamte skandinavische Macht- und Einflusssphäre in Osteuropa (das sog. Kiever Reich) und müsste demnach auch die zwei genannten Stützpunkte eingeschlossen haben. Man hat auch gemeint, dass sich Vitaholm und Usta-

holm auf andere Örtlichkeiten (außerhalb des Reiches der Rus′) beziehen und sich
der Todesfall bereits auf der Hinfahrt von Norwegen nach *Garðar* ereignet hat (so
Schramm 1983, 227). Wenn auch die Diskussion über die Lokalisierungsfrage nicht
abgeschlossen ist (vgl. etwa Zilmer 2005, 155; Jackson 2006, 90), so enthält die Runeninschrift von Alstad II den einzigen Beleg für eine Ostfahrt eines norwegischen
Wikingers.

Auf dem Stein von Vang (Oppland, N 84) aus der ersten Hälfte des 11. Jh.s ist
auf einer Schmalseite die Gedenkinschrift ›Gasis Söhne errichteten den Stein nach
Gunnar, dem Brudersohn‹ angebracht. Die Vorderseite zeigt oberhalb einer reichen
Ornamentik vor einem spiralartigen Gebilde ein ›großes Tier‹, in dem man zumeist
einen Löwen erblickt hat. Eher handelt es sich jedoch um einen Wolf (Källström
2016b, 269 ff.; vgl. Oehrl 2011a, 41. 89), der nach der altisländischen Mythographie
beim Weltuntergang die Sonne verschlingt (RGA XXIX, 244 ff.).

Ein christliches Bildprogramm bietet der 2,82 m hohe
Stein von Dynna (Oppland, N 68). Im unteren Teil ist ein
um 90° nach links gedrehtes Haus zu sehen, in dem sich
Personen befinden. Rechts davon bewegt sich am Boden
des Hauses ein Pferd nach oben. Darüber stehen nach einer akzentuierten ornamentalen Begrenzung drei Reiter
auf Pferden übereinander, und über ihnen ist eine christliche Figur mit Heiligenschein und Weihnachtsstern abgebildet. An der Spitze des Steines befinden sich Ornamente. Das Bildwerk wird als Anbetung Jesu durch die heiligen drei Könige (vgl. S. 109) gedeutet und zusammen mit
der Runeninschrift in die Zeit um 1040 datiert: ›Gunnvör
machte die Brücke, Thry[d]riks Tochter, nach Astrid, ihrer Tochter; die war das »handfertigste« (geschickteste)
Mädchen in Hathaland.‹ Der letzte Satz ist in Form einer
Langzeile gehalten:

    Sū vas mǣr họnnurst   ā Haðalandi.

Worin Astrids Fingerfertigkeit bestand, wird nicht gesagt.
Olsens Annahme (NIyR I, 201), sie habe die Webkunst
beherrscht und womöglich einen Bildteppich mit den heiligen drei Königen angefertigt, ist eine schöne Vermutung. Ein Brückenbau wie hier wird auf zahlreichen, insbesondere schwedischen Steinen erwähnt, doch ist in diesem Fall bemerkenswert, dass eine Frau sie erbauen und
den kostbaren Stein zum Gedenken an eine andere Frau,
ihre unverheiratete Tochter, setzen ließ. Das Formular ist
einfach realisiert: *gera brū* ›eine Brücke bauen‹, wie auf
dem dänischen Stein von Fjenneslev (DR 238), einem der

Abb. 40: Stein von Dynna (nach NIyR I, 195); ohne Maßstab.

insgesamt fünf dänischen Zeugnisse (ferner: ÅLEBÆK, DR 210; SANDBY, DR 229; TÅRNBORG, DR 235; KÄLLSTORP, DR 269).

Bis zum Abschluss von NIyR V (1960) bot der Stein von Dynna die einzig bekannte norwegische Brückeninschrift. Mit der Auffindung des Steines von Eik (Rogaland, N A 53) im Jahre 1972 trat eine zweite hinzu, die auch – wie von zahlreichen schwedischen Beispielen bekannt (s. S. 186 f.) – ein erweitertes Formular aufweist: *Saxi gerði Goðs þakka firir sǫlo mōðor sinnar, Þorrīði, brū þessa* ›Saxi machte zum Dank Gottes für die Seele seiner Mutter, Thorrid, diese Brücke.‹ Hagland (1999, 40), der die Inschrift an den Beginn des 11. Jh.s datiert, knüpft weitreichende Überlegungen an die aus ae. *Godes þances* (lat. *Dei gratia*) im Zuge der Mission entlehnte und auch in der schwedischen Inschrift von Årby (U 1033) belegte Wendung:

> Die in Runen geschriebenen Ansprüche, durch einen Brückenbau in den beiden Fällen einen Beitrag ›Gott zu Dank‹ (*Guðs þakka*) geleistet zu haben, könnten mit gebührender Zurückhaltung als Reflexe auf frühe Versuche der missionierenden Kirche interpretiert werden, eine Art von Zehntsystem zu errichten, in dem Nachlass für Dienste an der Allgemeinheit gewährt wurden.

Inwieweit Brückeninschriften in dieser Weise ausgewertet werden können, werden künftige Arbeiten zeigen.

Schließlich erscheinen Runen auch auf etwa einem Drittel der während der Regierungszeit von König Olaf dem Ruhigen (aisl. *Óláfr kyrri*; 1067–1093) geprägten 2.742 Münzen (Gullbekk 2018, 49), die von den Prägungen des dänischen Königs Sven Estridsson (s. S. 150) beeinflusst sind (RGA XXV, 555). Die fast durchwegs auf den Reversen befindlichen Legenden nennen entweder den Münzherrn (N 600: **ālafrkunukr** = *Ōlāfr konungr*) oder den Münzmeister – dies entweder in einfacher Form (N 601: **aslak**) oder als Inhaber eines Münzstempels (N 602: **kunar·a·mātþita** = *Gunnarr ā mōt þetta*; N 599: **+askel·lābenek:þen** = *Āskell ā penning þenn[a]*).

Mōt n. ist offenbar die Verkürzung eines aus lat. *moneta* ›Münze, Münzstätte‹ entlehnten Terminus technicus, und *penningr* m. (an sich ›Pfennig, Münze‹) meint wohl dasselbe.

Es begegnet auch sekundäre Beschriftung. Aus dem in die Mitte des 9. Jh.s zu datierenden Goldhort von Hoen (Øvre Eiker, Buskerud; RGA XV, 52 f.) stammt ein islamischer Dinar, der zu Zeiten Hārūn al-Rašīds geprägt wurde. Auf dem Revers ist eine Runensequenz **×laku** eingeritzt, die als *lǫngu* ›lange (vor langer Zeit)‹ (Knirk 2003, 354) gedeutet werden kann. Alternativ ist an den Genetiv Sg. eines schwach flektierten Frauennamens – Nominativformen: (ursprünglicher) Beiname *La(n)ga* ›die Lange‹ oder *Lāga* ›die Kleine (oder: Leise)‹, Kurzform *Læ(i)ka* (vgl. aisl. *leikr* ›Spiel, Kampfspiel, Kampf‹) – zu denken; in diesem Fall würde eine Besitzangabe vorliegen. Es handelt sich um einen der Fälle, in denen aufgrund der ›Weitmaschigkeit‹ des jüngeren Fuþark keine Entscheidung gefällt werden kann.

VIII. Runeninschriften im Mittelalter

Auf die Wikingerzeit (ca. 750/800 bis gegen ca. 1050/1100) folgt in Skandinavien das Mittelalter (bis um 1500). Aus dieser Periode liegt ebenfalls eine große Zahl von Runeninschriften vor, die vor allem in den großen Handelsplätzen (z.B. in Norwegen: Bergen und Trondheim, in Schweden: Sigtuna und Lödöse, im damaligen Dänemark: Lund und Schleswig) vermehrt zutage gekommen sind und weiterhin gefunden werden. Der Reiz und die Besonderheit der mittelalterlichen runenepigraphischen Texte besteht vielfach in ihrer Unmittelbar- und Alltäglichkeit. Neben den für eine Öffentlichkeit bestimmten Grabsteinen mit monumentalen Inschriften gibt es Hölzchen (aisl. *kefli* Sg./Pl.) mit situationsgebundenen privaten Mitteilungen, die schnell eingeschnitten werden konnten. Daneben stellt sich eine wachsende Überlieferung literarischer Art und zeitgeschichtlicher Bezüge. Erstaunlich groß ist der Anteil runischer Inschriften in lateinischer Sprache (s. VIII.4., S. 215 ff.). Schließlich wird im Mittelalter ein neuer Objekttyp, zusammengefaltete Bleiamulette, greifbar. Kenntnis und Gebrauch der Runenschrift versiegten in Skandinavien in der Regel während des 15. Jh.s; in der schwedischen Landschaft Dalarna überdauerte ein Ableger der lebendigen Runentradition allerdings bis in das frühe 20. Jh.

In der folgenden groben Übersicht werden – zum einen nach den skandinavischen Ländern, zum anderen nach Objekt- und Fundgegebenheiten gegliedert – einige Inschriften vorgestellt.

Wichtige Überblickswerke zu den mittelalterlichen Runeninschriften sind Benneth et al. 1994 (allgemein); Spurkland 2005, 131 ff. 150 ff.; Haugen O. E. 2018, 206 ff.; Seim 2021, 61 ff. (Norwegen); Moltke 1985, 398 ff.; Imer 2018, 64 ff. (Dänemark); Svärdström 1972; Jansson 1987, 162 ff. (Schweden).

VIII.1. Norwegen

Aus der Zeit vom frühen 12. Jh. bis zum späten 14. Jh. sind ungefähr 350 Runeninschriften in (noch bestehenden oder abgerissenen) Stabkirchen oder in Steinkirchen bekannt. In Stabkirchen wurden vor allem Säulen, Wandbretter und Portale mit runischen Graffiti versehen (Blindheim 1985; Zilmer 2016, 200 ff.; vgl. Bernobi 2020, pass.; dazu Bollaert 2022), z.B. in

– Oppland: LOM (N 30–52. A68–A70), VÅGÅ (N 54), LOMEN (N 75), HURUM (N 85–89. 564), HEDAL (N 554–559. A76), REINLI (N A75);
– Buskerud: TORPO (N 110–120), ÅL (N 121–124), GOL (N 565–577);
– Telemark: ATRÅ (N 148–152), VINJE (N 170 f.), NESLAND (N 172–177), EIDSBORG (N A115);
– Sogn og Fjordane: FORTUN (N 303–309), URNES (N 318–343), BORGUND (N 350–383), KAUPANGER (N A84–A96);
– Møre og Romsdal fylke: RØDVEN (N A79–A83).

Von abgetragenen Stabkirchen blieben manchmal einige mit Runen beschriebene Hölzer bewahrt. Die Graffiti umfassen Verschiedenes, vor allem Namen von Perso-

© Springer-Verlag GmbH Deutschland, ein Teil von Springer Nature 2023
K. Düwel und R. Nedoma, *Runenkunde*,
https://doi.org/10.1007/978-3-476-04630-7_8

nen, den Hofnamen Urnes (**ornesi** Dat., N 342), Freundschaftsgrüße (N 318), Bitten (N 42. 46. 54. 309), Gebete (N 34. 570: *Pater noster*; N 383: *Ave Ma*[*ria*]; vgl. Zilmer 2014, 151 ff.), Segnungen (N 149), Bauinschriften (N 110. 121), Kirchweihinschriften (N 148: Weihe durch Bischof Ragnar, ca. 1180; N 172: dem Hl. Olaf geweiht, 1242). Dazu kommen Gelegenheitseinträge wie ›Priester Aslak schrieb diese Runen‹ (N 150; zu weiteren Ritzerinschriften s. Zilmer 2016, 212 ff.) oder – gelehrter in lateinischer Sprache – *hic versum scribo* ›hier schreibe ich eine Zeile‹ (N 43). Über die Beschaffung von Bauholz für die Stabkirche von Hurum ist zu lesen, dies sei erfolgt, als ›Jarl Erling in Nidaros fiel‹ (N 564). Dieses auch aus literarischen Quellen bekannte Ereignis wird ferner in einem wahrscheinlich aus dem Jahr 1194 stammenden Graffito (s. Knirk 2010b; Bagge 2011) angesprochen, der sich auf einem Türrahmen des Südportals der abgerissenen Kirche von Vinje befunden hat (N 170):

> ›Sigurd, Sohn des Jarls, schnitt diese Runen am Samstag nach der Botolfsmesse (17. Juni) ein, als er hierher floh und nicht zum Vergleich mit [König] Sverrir gehen wollte, dem Töter seines Vaters und der Brüder.‹ – Vom Tod von Sigurds Vater, Jarl Erling (1179), und dem Halbbruder, König Magnus (1184), berichtet die altisländische *Sverris saga* (›Saga von Sverrir‹, c. 37. 120; ÍF 30, 60. 144).

In denselben Türrahmen hat offenbar zur gleichen Zeit *H*[*a*]*llv*[*a*]*rðr grenski* (›der Grenische‹, bezogen auf Grenland, eine Landschaft in Telemark) eine *dróttkvætt*-Strophe eingeritzt (N 171):

> ›Glücklich ist niemals ein Schuft, der betrügt; die Vergeltung (Strafe) für diesen Eid ist, dass die Krankheit des Grettir (≙ der Winter) Sorge auf dem Platz des Scheitels (≙ im Kopf) schafft. Nicht sind die Helden des Baldr der Windscheite [≙ Schiffe] (≙ des Seekriegers) durch die unheilvollen Hexen-Heimtücken vollends niedergestürzt (geschlagen, erledigt) und bewahren die Unerschrockenheit.‹

Ereignisgeschichtlicher Hintergrund sind die im späten 12. Jh. ausgebrochenen Bürgerkriege in Norwegen. Mit dem ›Schuft‹ (**fyla**), der betrogen und Eide gebrochen hat, muss König Sverrir gemeint sein, vor dem Sigurd (†1203) und Hallvard, der mit dem in der *Sverris saga* erwähnten *Hallvarðr bratti* identisch sein kann, nach Vinje geflohen sind. Die erste Halbstrophe ist gegen den königlichen Widersacher gerichtet, der zweite gilt der eigenen Ermutigung (vgl. Tveito 2005). Die Anbringung der beiden Inschriften an einer gut sichtbaren Stelle hat naturgemäß plakativen Charakter.

Bemerkenswert an der *dróttkvætt*-Strophe ist die Erwähnung des Titelhelden der *Grettis saga Ásmundarson* (›Saga von Grettir, dem Sohn Asmunds‹), einer in der vorliegenden Form erst um 1300 entstandenen Isländersaga. Es bestehen auch wörtliche Anklänge an eine dem Grettir zugeschriebene Strophe (*Grettis saga*, c. 22 [Nr. 21]; ÍF 7, 79).

In älteren Traditionen stehen Fuþork-Inschriften (N 116. 379; vgl. S. 130), -*istil*-Formeln (N 75. 364. 365; s. S. 135 f.), die Aufforderung ›Errate (lese, deute) diese Runen richtig‹ (N 575, ähnlich N 352 mit einer zweiten, rätselhaften Zeile; vgl. S. 173) und eine schwer deutbare Geheimruneninschrift in Zweigrunen (N 360; vgl. Nordby 2018, 356). Selbst eine anzügliche (und zweifelsohne kompromittierende) Notiz wie ›Priester Arni will Inga haben‹ (N 337) fehlt nicht.

Auch am Mauerwerk und an den Säulen von Steinkirchen hat man Graffiti angebracht, so etwa eine Ritzerinschrift des Priesters Eirik im Baujahr der Kirche von Hesby (Rogaland, N 583; spätes 13. Jh.), ein Unbekannter nennt die Kirche von Dale (Sogn und Fjordane, N 314; 13. Jh.) **sankte:nikulaus:kirkia**, und in der Domkirche von Nidaros (anorw. *Niðarōss*, modern Trondheim; N 469–506) sind seit der zweiten Hälfte des 12. Jh.s verschiedene Hände am Werk gewesen. Eine dieser Inschriften ist die Todesanzeige auf einer Säule im nördlichen Querschiff, die sich auf eine historisch bezeugte Havarie im Jahre 1316 bezieht (N 497): ›Diese versanken (ertranken) im Fjord: Johan, Eirik, Lodin der Bischof (wenn **bkb** als *b[is]k[u]p* zu fassen ist), der Kaplan [...]‹. In der Kirche von Sakshaug (Nord-Trøndelag; N 527) ist eine grobe Schiffsskizze zu sehen, zu der es heißt: ›Hier stand der *knǫrr* draußen‹ (wenn das Frachtschiff Erzbischof Øystæins gemeint ist, 1184 zu datieren). Einige Inschriften gehören in die Bauzeit der Kirchen, die meisten sind indessen erst im Laufe ihrer langen Nutzung entstanden.

Von den Gegenständen des Kircheninventars sind unter anderem Glocken (GJERPEN, N 142: vollständiger Engelsgruß *Ave Maria*; SANDEID, N 268: Priester Svæin als Auftraggeber) und zwei Kruzifixe mit Runen versehen worden. Auf dem Kreuz in der Kirche von Lunder (Buskerud, N 108; etwa 1240) befindet sich am rechten Fuß der Christusfigur die Inschrift ›Ich heiße Jesus der Nazarener‹, an einer Falte des Lendenschurzes ›Ich erlitt einen schweren Tod‹ und am rechten Unterarm nahe dem Nageleinschlag ›Thomas‹ (der ›ungläubige‹ Apostel, Joh 20,25). Das Kruzifix in der Kirche von Nesland (Telemark, N 173) trägt die Evangelistensymbole an den Enden der Kreuzbalken, darein die vier Namen **matheus**, **lukas**, **markus** und **iohannes** gesetzt sind.

Die Tradition der Gedenkinschriften auf den Runensteinen der Wikingerzeit führen mehr als 40 mittelalterliche Grabsteininschriften mit dem typischen Beginn *Hēr hvīlir X* ›Hier ruht [+ Name]‹ (N 79. 95. 128. 161. 297. 391) fort. Im Einzelnen gibt es Variationen; so etwa bittet auf dem Grabstein von Flatdal (Telemark, N 157; 12. Jh.) der Runenschreiber Ogmund ›den allmächtigen Gott, dass er zu sich nehme die Seele Gamals, über dem der Stein liegt‹. Eine Besonderheit ist die Inschrift auf einem Grabstein in der Osloer Hallvardskirche (N 549; um 1200):

+olafr:let:læg[---]ursins:havehu͡ǽærer͡ræþrþæssalisthimin|rikis:uisst
›Olaf ließ leg[en diesen Stein über das Grab (o.ä.)] seines [Vat]ers (oder: [Brud]ers). Habe jeder, der diese (Runen-)Kunst errät (liest, deutet), eine Wohnung im Himmelreich.‹

Der letzte Satz (anorw. *Hafe hverr, er rǽðr þessa list, himinrīkis vist*) ist als Vers mit Endreim geformt; es scheint eine Anspielung auf das Jesuswort *in domo patris mei mansiones multae sunt* ›im Haus meines Vaters gibt es viele Wohnungen‹ (Joh 14,2) vorzuliegen. Wenn die defekte Inschrift richtig ergänzt ist, sind Anklang und Differenz zum älteren Formular bemerkenswert; statt ›X ließ den Stein nach Y errichten‹ heißt es hier ›X ließ den Stein über Y legen‹ – den aufrechten Gedenkstein der Wikingerzeit löst der liegende Grab- oder Leichenstein ab.

Der informelle Charakter von mittelalterlichen Runeninschriften tritt in nichtkirchlichem Kontext stärker hervor. So finden sich insgesamt 18 Ritzungen trivialer Natur an verschiedenen Stellen einer Felswand bei Storhedder (Ost-Agder, N 190–

207), einem idealen Rastplatz für Jäger. Es handelt sich um mehrere Nameneinträge, acht Fuþork-Inschriften, die Feststellung ›Vifil wohnte hier‹ (N 198), die banale Beobachtung ›Für dich ist Pause hart‹ (N 195) und den – durchaus verständlichen – Wunsch ›Ich wollte das Mädchen küssen (**kusa** = *kyssa*; oder = *k[j]ōsa* ›wählen‹?), das das schönste in der Welt ist‹ (N 192, 11./12. Jh.; vgl. Knirk 2017, 224).

Aufforderungscharakter hat indessen **kysmik** ›Küss mich‹ auf einem Rinderknochen aus Gamlebyen in Oslo (N A41, um 1100). Auf einem hölzernen Spinnwirtel, der ebenfalls in Gamlebyen zutage gekommen ist, werden Liebhaber, Geliebte und deren Familienzugehörigkeit genannt (N A7, 12./13. Jh.): ›Nikulas liebte die Frau gut, die Gyrid heißt, die Stieftochter von Pitas(?)-Ragna‹. Auf Seite D eines in Tønsberg (Vestfold, N A39; zweite Hälfte 13. Jh. oder Anfang 14. Jh.) gefundenen Holzstocks wird ein ehebrecherisches Verhältnis in einer spöttelnden Halbstrophe festgehalten (vgl. Marold 1998, 678):

> *Þau ero bǣðe   ī buð saman,*
> *Klaufa-Kāre   ok kona Vil[h]jalms.*

›Sie sind beide in einer Bude zusammen, Klauen-Kare und die Frau Vilhjalms.‹

Deftigen Inhalts ist hingegen der auf einem Rinderknochen aus Gamlebyen in Oslo (N A322, um oder nach 1200) angebrachte Dialog (vgl. Thoma 2021, 48 f.):

[Seite A:] ›Wie lautete der Spruch (oder: verlief die Sache; **for·mal**), den (die) du in der Kreuzkirche ritztest? Gut ist [es] da (?).‹ – [Seite B:] ›Oli ist nicht abgewischt (**oskøyntr**, vgl. nisl. *óskeindur*) und in den Arsch gefickt (**stroþen**). **þor** (unklar). Gut lautete (oder: verlief; **for**) das.‹

In diesem Dialog bleibt unklar, was es mit dieser im alten Skandinavien zutiefst ehrenrührigen Bezichtigung der passiven Homosexualität (vgl. RGA XXVIII, 255 f.) genau auf sich gehabt hat – nur ein derber Scherz in privatem Rahmen?

Der Felsblock von Hennøy (Sogn und Fjordane, N 420–428) trägt mehrere, zum Teil verstümmelte Inschriften aus dem Anfang des 13. Jh.s, von denen N 422 am besten erhalten ist: ›Hier lagen die Männer, die aus Risaland auf einem mit Gold beladenen Schiff kamen; und das [Gold] ist in diesem Stein.‹

Zur Erklärung dieser Runeninschrift greift Liestøl (NIyR IV, 232) auf die altisländische *Ǫrvar-Odds saga* (›Saga von Pfeile-Odd‹) zurück, eine *fornaldarsaga* (›Vorzeitsaga‹), in der die zahlreichen Abenteuer des Protagonisten geschildert werden. Auf einer seiner Fahrten gelangt Odd nach *Risaland* (›Riesenland‹) und verhilft dort dem Riesen Hildir zum Königtum. Dieser schenkt ihm als Belohnung zwei Kisten voll Gold (sowie einen mit Silber gefüllten Kessel) und verbirgt diese Reichtümer auf den *Vargeyjar* (als Vardøya an der Barentssee gedacht?) unter einer Steinplatte, wo sie Odd in Besitz nimmt (*Ǫrvar-Odds saga*, längere Fassung, c. 18). Die Ritzung von Hennøy spielt wohl auf eine ähnliche Lokaltradition an. Nicht alle haben jedoch den runenepigraphischen Text für Fabelei gehalten – jemand hat den Stein gespalten, um sich des Goldes zu bemächtigen, aber seine Mühe wird vergebens gewesen sein.

Der Glaube an verborgene Schätze wird auch auf dem Steinblock von Hjelmeset (Sogn og Fjordane, N 430; 13. Jh.) thematisiert, und zwar wohl auf ironische Weise: ›Hier sind Gold und Irrtümer (**gullōkuilur**) darunter‹; dass *vil(l)ur* ›Hexereien‹ bedeutet (NIyR IV, 247), hat weniger für sich. Eine besondere Art der *scripsit-* Formel bietet eine andere, wohl humoristisch gemeinte Inschrift auf dem Felsen von Hennøy: ›Ein starker Riese ritzte die Runen‹ (N 425).

Ein Spottgedicht im *fornyrðislag* auf ein ungleiches Ehepaar – der Mann träge, dumm und ein Bettnässer, die Frau snobistisch – ist auf zwei Seiten eines Runenhölzchen aus Årdal (Sogn und Fjordane, N 344; um 1200) eingeschnitten (normalisierter ›norrön-altisländischer‹ Text):

Liggr ī palli,   lifir heimsliga
hinn er beð undir sēr   bleytir stundum;
þar munu maðkar   margir gauga
sem ā dūni søfr   dōttir Atla.

›Es liegt auf der Bank, lebt einfältig (oder: sinnlos), der die Bettunterlage unter sich zuweilen durchfeuchtet; dort werden sich viele Würmer winden (**gauga** für *gaufa*?), wo auf dem Daunenkissen die Tochter Atlis schläft.‹

Bei Ausgrabungen in der Stabkirche von Lom im Gudbrandsdal (Oppland) wurden im Jahre 1973 mehrere Holzstäbchen mit Runeninschriften gefunden. Davon haben vier Amulettcharakter (N A71–73. A 77: Evangelistennamen, Beginn des *Pater noster*, dazu unklare lateinische bzw. latinoide Texte), hingegen wird im fünften runenepigraphischen Text ein Heiratsantrag formuliert (N A74, [spätes?] 13. Jh.; vgl. Liestøl 1977):

›Havard sendet Gu[dny, -nnhild ö.ä.] Gottes Gruß und seine Freundschaft. Und nun ist es mein voller Wille (ernster Vorsatz), um dich zu werben, wenn du nicht bei [Kol]bæin bleiben willst. [Triff] deine Entscheidung (**þitraþ**) und lass mich deinen Willen (deine Absicht) wissen.‹

Wie diese Dreiecksbeziehung ausgegangen ist, bleibt ungewiss: es handelt sich um keine historisch bekannte Personen.

Eine Kuriosität stellt das im Original verlorengegangene *Kong Olufs oblatjern* (›König Olafs Oblateneisen‹) von unbekanntem Fundort (N 547, wohl 15. Jh.) dar. Auf einer Seite des Hostieneisens (Durchmesser ca. 19 cm) läuft um eine grob ausgeführte Bilddarstellung von König Olaf dem Heiligen am Rand ein Runenalphabet **a** bis **u** und dazu **hyzøæ** (✳ **h** dient wegen seiner äußeren Form als Surrogat für X), dem die Herstellerinschrift ›Ivar machte mich, Sohn von Thorir, dem Sohn des Sindri‹ folgt.

Als 1960 die Korpusedition der norwegischen Inschriften im jüngeren Fuþark (NIyR) mit Band V vorläufig abgeschlossen wurde, waren 602 Inschriften bekannt. Im Zuge der langjährigen archäologischen Untersuchungen, die nach dem großen Brand im ehemaligen Hanseviertel Bryggen (Tyskebryggen, Deutsche Brücke) in Bergen ab 1955 durchgeführt wurden, kamen über 680 Runenobjekte zutage (Zilmer 2020a, 67), die die Gesamtzahl jüngerer Inschriften in Norwegen um mehr als das Doppelte vermehrte (vgl. allgemein Spurkland 2005, 173 ff.).

Nach Auswahlpublikationen Liestøls (1964; 1973; 1974) ist 1980 NIyR VI,1 (Runeninschriften in lateinischer Sprache; dazu Nachträge von Dyvik 1988) erschienen, 1990 NIyR VI,2 (Geschäftsbriefe und Eigentumsmarken; Teilveröffentlichung von Zeugnissen für Handel und Verkehr: Sanness Johnsen 1987). Mit diesen beiden Faszikeln liegen 171 Inschriften (N 603–773) von *Bryggen i Bergen* vor, die übrigen Inschriften (darunter viele mit nicht mehr lesbaren Runen, runenähnlichen Zeichen u.ä.) werden in den folgenden Teilbänden publiziert. Die jüngste zusammenfassende Arbeit über die Runeninschriften aus Bergen ist Zilmer 2020a (vgl. Zilmer 2020b; s. auch Magin 2023. – Der in Vorbereitung befindliche Band NIyR VII wird etwa 120 Inschriften aus Trondheim enthalten (s. vorläufig Hagland 1997/2003; vgl. ferner Hagland 1990; 1994).

Sieben verschiedene Brandschichten erlauben die Datierung der in Bryggen ausgegrabenen Runenobjekte im Zeitraum vom späten 12. bis in das späte 15. Jh. hinein.
Die überwiegende Zahl der Inschriftenträger sind im feuchten Boden gut erhaltene
Holzstäbchen (aisl. *kefli* Sg./Pl., norw. *pinne* Sg.) von zumeist ca. 10–15 cm Länge,
auf deren geglätteten – im Idealfall (bei annähernd quadratischem Querschnitt) vier,
sonst zwei – Seiten Runen eingetragen wurden (aisl. *rúnakefli*, norw. *runepinne*).
Wie auch in anderen mittelalterlichen Inschriften sind in Bergen gegenüber den ›regulären‹ Kurzzweigrunen des jüngeren Fuþark zum einen geänderte Graphem-Pho-
nem-Zuordnungen (Rune Nr. 4 ᛁ für /o(:)/, Rune Nr. 16 ᛣ für /y(:)/; S. 130) zu beobachten, zum anderen werden zusätzliche Runenzeichen verwendet.

Dies betrifft vor allem ᚫ für /æ(:)/ neben ᛆ für /a(:)/, ᚯ für /ø(:)/ (gelegentlich auch ᚯ für /ɔ(:)/) neben
ᛆ für /o(:)/, ferner die punktierten Runen ᛁ für /e(:)/ ᛒ für /p/, ᛐ für /d/ und ᚹ für /g/; dazu kommen
vereinzelt weitere Zeichen (s. S. 131).

Stark vertreten sind Inschriften mit dem Fuþork (fast 12 %) und lateinische Texte
(über 10 %). In den Runeninschriften von Bryggen in Bergen spiegelt sich ein Großteil des Spektrums menschlicher Kommunikation wider. Inhaltlich erstrecken sich
die runenepigraphischen Texte von Geschäftskorrespondenz (Bestellungen, Liefer-
scheine, Rechnungen, Quittungen) und privaten Mitteilungen bis hin zu christlichen
Gebeten und magischen Formeln, von der inbrünstigen Bitte bis zur groben Obszönität – oder anders gesagt: vom Sakrament bis zum Exkrement.

Viele Inschriften gehören ortsbedingt in die Welt des Handels. Bemerkenswert
sind ca. 110 Hölzer, die als Etiketten (Liestøl 1973, 135 f.) – oft mit Handgriff und
Loch oder Einschnitten am Rand versehen und spitz zulaufend – an Warenpaketen
befestigt, an Säcke gebunden oder in das Handelsgut hineingesteckt werden konnten (Abb.: NIyR VI, 225). Darauf erscheint vielfach der Name des Eigentümers in
Runen mit der Verbalform *ā* ›besitzt‹, z.B. **æinar:a** ›Æinar besitzt [dies]‹ (N B169)
oder **rannra:kārn:þætta** ›Ragnar besitzt dieses Garn‹ (N 722).

Es ist nicht immer klar, wie viele Personen hinter einem mehrfach entgegentretenden Namen stehen. So etwa tragen in Bergen fünf Hölzchen die Eigentümermarke *Gunnarr ā* (N 698–702); zwei
weitere derartige Etiketten wurden in Trondheim gefunden (N 788–789 = A135. 158). Zumindest
N 699 und N 789 = A158, dazu wohl auch N 698 (allesamt vor oder um 1200 zu datieren) meinen
indessen denselben Händler (Auskunft James Knirk, Oslo; vgl. Sanness Johnsen 1981, 125).

Erwartungsgemäß begegnen auf den ›Merkhölzchen‹ beinahe ausschließlich einhei-
misch-norwegische Namen. Aus Gotland stammt indessen ein *Bōtlaifr* (N 670; vgl.
Knirk 1997, 25) und aus (Nord-)Deutschland ein *Dīdrīk* (N 673); die Frage, ob auf
den Bergenser (und Trondheimer) Warenetiketten auch Isländer greifbar sind, wird
unterschiedlich beurteilt (Hagland 1988, 148 ff.; Seim 1989).

Auf einem Lieferschein (N 651, um/nach 1200) steht ›Thorkæl der Münzmeister
sendet dir Pfeffer‹. Ausführlich schrieb ein südlich von Bergen wohnhafter Händler
seinem Partner folgenden Geschäftsbrief auf einem ca. 25 cm langen *kefli*, in dem
man ein Anzeichen für den Niedergang des norwegischen Handels in Bergen nach
1300 gesehen hat (N 648):

[Seite A:] ›Hafgrim, seinem Handelspartner, sendet Thorir der Schöne Gottes und seinen Gruß,
wahre Kameradschaft (*sannan fēlagskap*) und Freundschaft. Manches fehlt‹ [Seite B:] ›mir,

Partner! Es gibt weder Bier noch Fische. Ich will, dass du [das] weißt, aber verlange nichts [von mir].‹ [Seite C:] ›Bitte den Bonden, südwärts zu uns zu kommen, um zu sehen, wie es um uns steht. Dränge ihn dazu, aber verlange nichts von mir; und lass nicht‹ [Seite D:] ›Thorstæin den Langen [davon] wissen! Sende mir einige Handschuhe. Wenn Sigrid etwas nötig hat, biete es ihr an. Verheiß du mir keine Prügel wegen meiner Hilflosigkeit (Not)!‹ – Im Folgenden wird die Verteilung der Runenfolgen auf die einzelnen Seiten der Hölzchen nicht durchgängig angegeben.

Ein namenloser Kaufmann bilanziert vor 1198: ›Peter gab her (lieferte) zwei *merkr*, Olaf 13 *pund*. Sverdolf III [drei senkrechte Striche] nichts be[zahlt]‹ (N 654). Bei (aisl.) *mǫrk* f., Pl. *merkr* und *pund* n. handelt es sich um regional und zeitlich unterschiedliche Gewichtseinheiten (auch je nach Ware). Eine Aufstellung von Geldforderungen an verschiedene Personen bewahrt N 655 (vor 1332); hier steht nach den Namen der Schuldner (*Barðr*, *Heinrekr* und *Ingimundr sauðr* ›das Schaf‹) und den betreffenden Beträgen jeweils ⱀІ⁕І **uihi**, i.e. verderbtes lateinisches *vidi*, auf dessen anlautendes *v* das noch heute übliche Häkchen √ (zur Markierung von Erledigtem oder Gutgeheißenem) zurückgehen soll. Auf einem anderen Holzstab findet man eine Art Einkaufszettel (N B238, 14. Jh. oder frühes 15. Jh.; vgl. Seim 2021, 70 ff.); auf drei Seiten fehlt das Ende:

›Lunaney, seiner Frau (oder: Hausherrin), sende[t ...] Gottes und seinen [Gruß]. Ich will, daß Otto **kapp**[...] Stockfisch, [für] den du etwas **mor**[...] bekommst, [wenn es] nicht »überteuer« (zu teuer) ist.‹

In den Rahmen der mehr als 15 Handelskorrespondenzen gehört auch ein historisch bedeutsamer Runenbrief, den Sigurd Lavard (†1200; *lāvarðr* ›der Herr, Gebieter‹ = ae. *hlāford* > ne. *lord*), der älteste Sohn von König Sverrir, im letzten Jahrzehnt des 12. Jh.s vermutlich eigenhändig geschrieben hat (N B448; vgl. Liestøl 1973, 137; Sanness Johnsen 1987, 740):

›Sigurd Lavard sendet [...] Gottes und seinen Gruß. Der König (**k** = *k*[*onungr*]; oder [*i*]*k* ›ich‹?) wollte (die Form **uildi** = *vildi*, an sich 3. Person Sg. Konj. II, kann im Altnorwegischen ab ca. 1200 auch für die 1. Person Sg. Konj. II stehen; Noreen 1923, 363 f. § 536,1) deine Schmiedearbeit für Bewaffnung haben, um [...] Speere aus Eisen im Wert von 18 Ellen [Lodenstoff], den ich dir mit Johan Øri sende. Nun ist es mein Anliegen, dich zu bitten, dass du meinem Anliegen in dieser Sache nun entsprichst (mir behilflich bist) [...]. Wenn du nun meinen Wunsch erfüllst, sollst du dafür unsere wahre Freundschaft jetzt und immerzu haben.‹

Diese Botschaft gehört in das Umfeld der norwegischen Bürgerkriege (ca. 1130– 1230; vgl. S. 199); Sigurd agierte in diesen Auseinandersetzungen unglücklich und starb als junger Mann. Aus dem Anfang des 13. Jh.s stammt ein weiterer Runenbrief (N B368; vgl. Liestøl 1973, 137), in dem ein Ungenannter aufgefordert wird, bei den kriegerischen Auseinandersetzungen die Seiten zu wechseln. Der runenepigraphische Text wurde in das Holz einer Wachstafel eingeritzt; die brisante Aufforderung wurde durch die darüberliegende Wachsschicht vor unbefangenen Betrachtern verborgen.

Eine ganze Reihe von Runeninschriften von Bryggen in Bergen sind im privaten Bereich angesiedelt. Hier bilden die ca. 80 Fuþork-Inschriften eine eigene Gruppe (Seim 1998a, 352 ff.). Häufig sind diese vollständigen oder verkürzten Runenreihen mit Inschriften unterschiedlichen Inhalts vergesellschaftet, die Personennamen, Ritzersignaturen, Geheimrunen, Christliches, Magisches oder auch Erotisches enthalten können. Alleinstehende Fuþork-Inschriften sind in erster Linie Alphabet-Darbietungen, die unterschiedlich gedeutet werden – als Schreibübungen, als Schmuck oder Verzierungen, aber auch als magische (Schutz-)Formeln (Knirk 1994b, 181); dabei spielen unterschiedliche Auffassungen von Magie eine Rolle (s. Seim 1998a, 164 ff.). Sicher zu Lernzwecken gedacht waren jedenfalls Silbenfolgen oder Syllabarien wie **fufafefifoþoþaþiþu** (N B647): hier sind Konsonanten mit fünf Vokalen kombiniert, und zwar nicht in der Reihenfolge des Fuþork (Seim 1998b, 509).

Neben einer vollständigen Runenreihe steht auf einem *kefli* (N B17) **ost:min: kis:mik** ›Mein Liebling, küss mich!‹ – ein Liebeszauber, mit dem der/die Ritzer(in) das Verlangen sicherer erfüllen zu können hoffte? Die alttradierte -*istil*-Formel (s. S. 135) ist auch aus Bryggen in Bergen bezeugt (N B391, zweite Hälfte 13. Jh. oder erste Hälfte 14. Jh.): **mtpkrgb**, entsprechend siebenfach sind auch die Folgerunen **istil** eingeschnitten.

Mistill ›Mistel‹ und *kistill* ›Kistchen‹ sind fester Bestandteil der Formel, dazu kommen hier *pistill* ›Epistel, Brief‹ und *ristill* ›Pflugschar‹; *tistill*, *gistill* und *bistill* sind unklar (Deutungsvorschläge bei Schulte 2021, 111).

Einen wuchtigen Liebeszauber (ohne beigegebene Fuþork-Reihe) bietet ein anderer, längerer runenepigraphischer Text (N B257, Ende 14. Jh.), der sich wie ein hauptsächlich im *fornyrðislag* gehaltenes späteddisches Lied ausnimmt:

Ríst ek bótrúnar (**bot:runaͬ**) , *ríst ek biargrúnar,* [...]
[Seite A:] ›Ich ritze Besserungsrunen (Heilungsrunen), ich ritze Schutzrunen, [und weiter:] einfach gegen Alben, zweifach gegen Trolle, dreifach gegen Thur[sen (Riesen) ...],‹ [Seite B:] ›gegen die schädliche Hexen-Walküre (**skah:uaͬlkyrriu**), sodass [sie] nicht vermöge, obgleich [sie es] immer will, die hinterlistige Frau, deinem Leben zu sch[aden ...].‹ [Seite C:] ›Ich sende dir, ich sehe an (bereite) dir der Wölfin Argheit (Schamlosigkeit; **eͬrhi**) und Unerträglichkeit (unerträgliche Pein; **oþola** Akk.). An dir gehe Unerträglichkeit und **iª/₀luns**-Zorn in Erfüllung! Sitz du niemals, schlaf du niemals! [... dass du (o.ä.)] [Seite D:] ›mich liebst wie dich selbst!‹ Es folgen einige latinoide Wörter, die wohl – ähnlich wie *hokus pokus* – die Wirkung des operativen Textes verstärken sollten: **beirist:rubus: rabus: eþ:arantabus:laus:abus:rosa:gaͣua** [...].

Der Spruch aus Bergen hilft textkritische Probleme in der *Lieder-Edda* zu lösen (s. Liestøl 1964, 43 ff.). In Strophe 19 der *Sigrdrífomál* (›Reden der Sigrdrifa‹) ist der nur dort belegte, dem Sinn nach wenig passende Ausdruck *bócrúnar* (Codex regius: ᛒᚬᚳ ᚱ.) in der Fügung *Þat ero bócrúnar, þat ero biargrúnar* ›Das sind Buchrunen (oder: Buchenrunen), das sind Schutzrunen (Rettungsrunen)‹ (Neckel / Kuhn 1962, 193) offenbar als – paläographisch einsichtige – Verschreibung zu werten und analog zu runischem **bot:runaͬ** (gefolgt von *biargrúnar*) zu *bótrúnar* (*ᛒᚬᚳ ᚱ.) ›Besserungsrunen, Heilungsrunen‹ zu korrigieren (anders von See et al. V, 590 f.).

Zum Bergenser Spruch ist ferner zu bemerken: 1. Liestøl (1973, 134) hat auf Parallelen zu einem aus Basel im Jahre 1407 belegten frühneuhochdeutschen Liebeszauber hingewiesen: *Ich sich dir nâch und sende dir nâch nün gewere wolffe* (Werwölfe)*: drîe, die dich zerbyssent; drîe, die dich zerryssent; drîe, die dir dîn hertzlich blůt uss lappent und sûgent* [...]. *Das du mîn in dînem hertzen ze gůttem nyemer mögest vergessen* [...]. *Das helffe mir Lutzifer in der helle und alle sîne gesellen* (Hoffmann-Krayer 1905, 65). – 2. **uiþeͣnne:skøþo:skah:uaͬlkyrriu** ist wohl wegen des Gleichlaufs mit *Helgakviða Hundingsbana in fyrri* (›Das erste Lied von Helgi, dem Töter Hundings‹, Str. 38:

in scæða(,) scass(,) valkyria) als ›gegen die schädliche Hexen-Walküre (oder: Walküre der Hexen)‹ zu fassen (Krause 1964, 147). – 3. Das Nebeneinander von *ergi* und *ōþoli* kehrt in dem Eddalied *Skírnismál* (›Reden des Skirnir‹, Str. 36) wieder; dort droht der Diener des Freyr dem schönen Riesenmädchen Gerd an: ›Einen *þurs* (Name der *þ*-Rune, s. S. 260; vgl. dazu S. 265) ritze ich dir, und [zwar] drei Stäbe (Runen): [für] Argheit (Schamlosigkeit; *ergi*) und Wut (Raserei; *æði*) und Unerträglichkeit (unerträgliche [erotische?] Pein; *óþola* Akk.)‹ (Neckel / Kuhn 1962, 76). – 4. Wie man jedoch **iᵃ/₀luns(:moþ** ›Gemüt, Gemütsbewegung, Leidenschaft, Zorn‹) aufzufassen hat (vgl. **iolun** N B 145; s. unten), bleibt trotz vieler Versuche unklar: ***iotuns:moþ** ›Riesenzorn‹ (aisl. *jǫtunn*)?, **ioluns:moþ** ›Verleumdungselend‹ [o.ä.] (Liestøl 1964, 42. 49 f.; 1973, 134: ›-zorn‹; vgl. aisl. *iǫll*)?, **ioluns:moþ** ›Verrücktheit [o.ä.]‹ (Söderberg 1988, 364 f.; ***jollun** ›Dummheit, leeres Gerede‹)?, ***iatuns:moþ** ›Wut, Raserei [o.ä.]‹ (Lozzi Gallo 2001, 138. 148)?

Auch andere Runeninschriften von der Deutschen Brücke enthalten poetische Passagen, die einen guten Eindruck von der Verwendung eddischer Metren geben, zumal ja ein Teil in das Jahrhundert der Vorlage(n) des *Codex regius* der *Lieder-Edda* (frühes 13. Jh.) und dessen Niederschrift (um 1270) zu datieren ist. Ein Holzstäbchen aus der Zeit um 1185 bietet eine Halbstrophe im *galdralag* (›Zauberweise‹), einer Abart des *ljóðaháttr*; dabei folgt auf eine Langzeile eine Vollzeile, die variierend wiederholt wird (N B 380):

> *Hæil(l) sē þū   ok ī hugum gōðom;*
> *Þōrr þik þiggi,*
> *Ōðenn þik æigi.*

›Sei du wohlauf (willkommen; **hæil** = anorw. *hæill* m. oder *hæil* f., Adj.) und guten Sinnes; Thor empfange dich, Odin habe dich.‹

Ganz ähnlich heißt es in der eddischen *Hymiskviða* (›Hymirlied‹), Str. 11: *Ver þú heill, Hymir, í hugom góðom* (Neckel / Kuhn 1962, 90).

Die Inschrift, die wohl einem oder einer Toten gilt, kann man sich im späten 12. Jh., also in tief christlicher Zeit, schlecht als veritable heidnisch-religiöse Formel vorstellen. Es ist wohl entweder an einen ›montierten‹ Text in parodistischer Absicht oder an einen Fluch (mit den beiden Göttern Thor und Odin als dämonischen Mächten) zu denken, ohne dass eine Entscheidung getroffen werden kann (verschiedene Auffassungen bei Liestøl 1964, 37 f.; Knirk 1995; Marold 1998, 680 f.).

Um Liebe geht es in anderen Inschriften, so etwa in einem an- und endreimenden Versstück (N B 118, um 1200):

u͡nþu·mær·a͡nek·þær·gunnild͡r·kysmik│kanᴇkþik
Unn þū mǣr,   ann ek þær, Gunnildr.
Kyss mik,   kann ek þik.

›Lieb du mich, ich liebe dich, Gunn(h)ild. Küss mich, ich kenne dich [gut].‹

Eine ähnliche Passage bietet N B 493 (erste Hälfte des 13. Jh.s): ›Mein Geliebter, lieb mich! Ich liebe dich aus Liebe (mit Hingabe) und von ganzem Gemüt (aus ganzem Herzen)‹. Derartiges erinnert an die mittelhochdeutsche Zuneigungsformel *Dû bist mîn, ich bin dîn* (z.B. MF I, 21 [Nr. I,VIII bzw. 3,1]).

Eine im Detail schwer verständliche *dróttkvætt*-Strophe handelt von einer zwanghaften Liebesbeziehung (N B 145, vor bzw. um 1250; Seiten A–C). Die Kernaussage – der Dichter gerät in den Bann einer schönen dämonischen Frau – wird vermittels hochartifizieller *kenningar* (Umschreibungen für ›Sinn‹, ›Frau‹, ›Dichter‹) in

Szene gesetzt. Ob die Strophe einen realen Hintergrund hat oder ›nur‹ das im europäischen Mittelalter verbreitete Erzählmotiv der gefährlichen Liebe zu einer zauberischen Frau verarbeitet (Marold 1998, 688 ff.), bleibt offen.

Nicht wenige Runeninschriften sind deftig-erotischen bis roh-obszönen Inhalts. Zu lesen sind ›dokumentarische‹ Mitteilungen wie ›Ingebjörg liebte mich, als ich in Stavanger (**isþafa͡kri**) war‹ (N B390, um 1185) oder ›Smid fickte (*sarð*) Vigdis von den Snældebeinern‹ (N B39, Ende 13. Jh.); das starke Verb *serða* ist wie auch *streða* (s. sofort) ein Vulgarismus, die Herkunftsangabe ›Spindelbeiner‹ ein sonst nicht bezeugter Gruppen- oder Sippenname. Eine unverblümte Aufforderung bietet N B628 (um 1225; Seite A mutmaßlich von anderer Hand als Seiten B und C):

> [Seite A:] ›Rannveig die Rote sollst du ficken (**s͡terþ** = **streða*).‹ [Seite B:] ›Das sei größer als ein Männerschwengel (-penis; aisl. *-reðr*), aber kleiner als ein‹ [Seite C:] ›Hengstschwengel.‹

Unklar ist hingegen die auf zwei Seiten verteilte Inschrift (N B11, um 1250)

+felleg:er:fuþ:sin:bylli|+fuþorglbasm

> [Seite A:] ›Wertvoll (stattlich, aisl. *félig* f.; oder: häßlich, aisl. *ferlig*) ist die Fut (Scheide); der Schwanz (Penis; aisl. *sin* ›Sehne, Tierpenis‹) schenke [ihr] ein (fülle [sie], *bylli* = aisl. *byrli* Konj. I)!‹ [Seite B:] ›Nymphomanisch (?; *fuð-ǫrg* f., vielleicht auch ›nur‹ die ersten sechs Runen des Fuþork parodierend) [..., undeutbar].‹

In der poetisierenden Runenfolge auf Seite A scheint *fēleg* sachlich angebracht, für *felleg* sprechen verstechnische Gründe (Binnenreim *-ll-* mit *bylli*). Der derbe Ausdruck für das weibliche Geschlechtsteil, aisl. *fuð* f. (nisl. *fuð*, norw./dial. *fud*, mhd. *vut*, Gen. *vüde*, nhd./dial. *Fut* < urgerm. **fuþi-*), findet sich ferner auf einem Holzstück aus der Mitte des 13. Jh.s mit den Beinamen dreier Männer verbunden (N B434):

> ›Jon Seide-**fuþ** besitzt mich, und Guthorm **fuþ**-Schlecker ritzte mich, und Jon **fuþ**-Kugel liest (deutet) mich‹.

Bemerkenswert ist, dass *Jón silki* und *Jón kúla* aus der Zeit um 1200 bezeugte Personen aus der sozialen Elite Norwegens sind (Liestøl 1971, 93 ff.), mit denen die an der Bergenser Runeninschrift Beteiligten aus zeitlichen Gründen nichts zu tun haben können. Sehr wohl aber kann der Zweitgenannte mit dem **gu͡þormslæikir** in der – nur allgemein in das 13. Jh. – zu datierenden Grabinschrift von Tanberg I (Ringerike; N 95) identisch sein.

Es dürfte sich um einen Wirtshausspaß nach reichlichem Alkoholgenuss (nhd./dial. [österr.] *b'soffene G'schicht*) gehandelt haben – auf solche Schauplätze bzw. Umstände referiert wohl auch eine der raren Knocheninschriften aus Bergen (N B190, ca. 1200): ›Nun ist großer Streit (gibt es großen Aufruhr)!‹ In welcher Situation indessen der Ausruf **þuirtør** ›Du bist verrückt!‹ samt unklarer Folge **boþịnafi-bobæshafịbo**[--- (N 644, zweite Hälfte 13. Jh.) entstanden ist, bleibt dunkel. Dass sich Schankbetriebe seit jeher ziemlicher Anziehungskraft erfreut haben, erweist jedenfalls eine seufzende Bemerkung eines Ungenannten (N B308, um 1250): ›Würde ich [nur] viel öfter dem Methaus (**mio͡þ:ra͡nci** = *mjǫðranni*) nahe kommen!‹

In ein ›gastronomisches‹ Umfeld gehört vermutlich auch der Dialog, der sich auf zwei Seiten eines Runenhölzchens aus der Zeit um 1200 befindet (N B149, s. Abb. 41; vgl. Schulte 2012, 176 ff.; Zilmer 2020a, 77 ff.):

Abb. 41: Runenhölzchen aus Bergen N B149 (Foto: Kristel Zilmer, Oslo; Hintergrund bearbeitet). Oben: Seite A, unten: Seite B; Maßstab ca. 1 : 1.

Seite A:	ᚵᛦᛆ:ᛌᛅᚼᛁᚱ:ᛆᛏᚦᚢ:ᚴᛆᚴᚼᛅᛁᛘ
	gya:sæhir:atþu:kakhæim
sprechsprachlich:	*Gya sæγir, at þū: gakk hæim!*
normalisiertes Altisländisch:	*Gyða segir at þú: gakk heim!*
	›Gya sagt, dass du: geh heim!‹
Seite B:	**þa͡nsak:a͡ḅæ̣kista͡n:rþis**

In dem Appell auf Seite A, der aus einem rezenten Kurznachrichtendienst stammen könnte, sind mehrere Erscheinungen der gesprochenen (im Vergleich zur normalisierten literarischen) Sprache zu beobachten: Schwund von intervokalischem *ð* in **gya**, Frikativ *γ* in **sæhir** statt Okklusiv *g* und Anakoluth (Satzbruch) in *at þū* ›dass du‹, gefolgt von einem Imperativ *gakk hæim!* ›geh heim!‹ Der zur dringlichen Heimkehr (aus dem Wirtshaus) Aufgeforderte hat offenbar auf Seite B geantwortet; diese Ritzungen sind aber unsicher ausgeführt, die Runenfolge unverständlich – weil der Ritzer nicht mehr in allerbester mentaler Verfassung war?

Unter Einschluss der lateinischen Inschriften in Runen (s. S. 215 ff.) vermitteln die runenepigraphischen Texte einen lebendigen Einblick in die mittelalterliche Lebenswelt der Stadt Bergen, deren wirtschaftliche Grundlage im Handel lag. Ihre Oberschicht kannte und schrieb altwestnordische und lateinische Dichtung. Nicht zuletzt spiegelt sich aber auch das alltägliche Leben in den überlieferten Inschriften. Die Runen aus Bryggen in Bergen bezeugen jedenfalls eine eindrucksvolle Schrift- und Lesekundigkeit (*runic literacy*).

Aus Norwegen ist eine Anzahl neuzeitlicher Runeninschriften überliefert, die allerdings – anders als in Schweden (s. S. 215) – keine lebendige Tradition fortsetzen; es handelt sich um eine Art *second life*, das in der Buchliteratur des 16. und 17. Jh.s wurzelt (Nordby 2001, 132).

VIII.2. Dänemark

Gegen Ende der Wikingerzeit endete in Dänemark die Sitte, Runensteine zu errichten. Die wenigen Ausnahmen auf der Insel Bornholm beruhen auf schwedischem Einfluss (Stoklund 1993, 552, vgl. 2006, 372).

Christliche Grabsteine, fast alle auf einem Grab liegend, datieren zumeist in den Zeitraum 1150–1250. Auf THISTED (Nordjütland, DR 156) liest man ›Thord, Amdis

Sohn, ruht (*hvīler*) hier‹ und auf BJOLDERUP (Südjütland, DR 14) ›Kætil Urnæ liegt (*liggir*) hier‹. Der kistenförmige Grabstein von Bregninge (Fünen, DR 184) aus Granit ist mit einer einfachen stehenden Christusfigur verziert, am Rand läuft die Inschrift ›Sven, Sohn des Sasær, liegt hierunter. Hælge, der Diakon, schrieb mich. Meister Bo machte mich.‹ Der Geistliche entwarf die Grabinschrift in Runen, vielleicht auch die Bilddarstellung, der Steinmetz führte dessen Konzeption aus.

In den romanischen Steinkirchen Dänemarks finden sich unter anderem Bauinschriften; so etwa heißt es auf dem Sockelstein der Kirche von Søndbjerg (Nordjütland, DR 148) zuerst volkssprachlich *Iakop vullæ, Skialm gørþæ*, dann lateinisch *Ubi āra, ibi oculus* ›Jakob gab in Auftrag, Skjalm machte. Wo der Altar, da das Auge [Gottes?].‹ Ferner begegnen Weihungen wie auf dem Türstein der Kirche von Øster Brønderslev (Nordjütland, DR 163): ›Die Kirche ist Christus geweiht für Erbarmen gegenüber Menschen. Sven, Germunds Sohn [ließ die Kirche erbauen].‹ Zum Abschluss der Bauarbeiten errichtete man den Stein von Norra Åsum (Schonen, DR 347) mit einer gut datierbaren Runeninschrift: ›Christus, Marias Sohn, hilf denen, die d[iese] Kirche [erb]auten: Erzbischof Absalon (**absalon:ærki:biskup**) und Æsbiorn Muli.‹ In der Zeit von 1178 bis 1201 leitete Absalon das Erzbistum Lund, Æsbiorn mit dem Beinamen ›Maul, Schnauze‹ (aisl. *múli*) könnte sein Bruder gewesen sein.

Auf einem Steinquader in der Kirche von Ørsted (Fünen, DR 200) ist eine bildliche Darstellung von Samsons Kampf gegen den Löwen (Ri 14,5 f.) im Relief herausgemeißelt und mit einem runischen Ko-Text versehen: ›Æskil in Gard schnitt (hieb ein) Samson. Er erschlug das Tier.‹ Samson, dessen Name übrigens auch auf dem norwegischen Trinkhorn von Voss (Hordaland, N 594) erscheint, ist im typologischen Beziehungssystem zwischen Altem und Neuem Testament ein Vorläufer Christi – wie Samson den Löwen besiegt (indem er ihm die Kiefer aufreißt), so überwindet Christus den Teufel (indem er die Höllenpforten sprengt).

Unter den nicht sonderlich zahlreichen Graffiti an Kirchenwänden (vgl. Moltke 1985, 428 ff.) finden sich einzelne Namen (z.B. **u͡uillælmus** DRØSSELBJERG, Seeland; DK-Sj 49), ferner Gebete und triviale Mitteilungen. So etwa ritzte ein Norweger in den Verputz der Kirche von Tornby (Nordjütland, DK-Njy 15; um 1200) eine Art Gästebucheintrag: ›Thorstæin Bræ[...] ritzte diese Runen zu Pfingsten [...]. Er hatte viel Vergnügen an den Noten [der Choralgesänge] am Morgen dort.‹ Was indessen die Feststellung ›Toki nahm Silber als Darlehen (*at lani*) von Rægn(i)ld‹ in der Kirche von Sønder Asmindrup (Seeland, DK-Sj 53) bezweckt, bleibt offen. Von Zeit zu Zeit kommen bei Kirchenrestaurierungen vereinzelt weitere Graffiti zum Vorschein, z.B. **kuþ** ›Gott‹ auf einem Quaderstein in der Kirche von Karlstrup (Seeland, DK-Sj 41).

Im Dom zu Lund gibt es bemerkenswerterweise zwei Runeninschriften, die von dem westfälischen Baumeister und Bildhauer Adam von Düren aus der Zeit um oder nach 1500 herrühren, und zwar zum einen **kot¦help** ADAMS børn = (mnd.) *Got, help* (adän.) *Adams børn!* ›Gott, hilf Adams Kindern!‹ (DR 312), zum anderen lediglich **kot¦help** (DR 313; vgl. Moltke 1985, 501 f.).

Auch Kircheninventar (Glocken, Reliquiare, Weihrauchgefäße und Taufbecken) wurde mit Runeninschriften ausgestattet. Von den Glocken blieb nur die aus Hæstrup (Nordjütland, DR 166; um 1200) erhalten, die – fehlerhaft geschrieben – ein vollständiges *Ave Maria* trägt, dazu den Männernamen Eskil (wohl der Glockengießer) und den Anfang eines zweiten *Ave Maria* (kopfständig), wobei die Schreibung **afe** auf deutsche Aussprache des Lateinischen deuten kann. Ein kleines Reliquienkästchen aus Blei stammt aus Stokkemarke (Lolland, DR 215): **æpiskôpus·gisiko**; der Genannte war von 1286 bis 1304 Bischof von Odense. Zur Weihe einer Kirche wurden solche Kästchen, die in Seidenstoff eingehüllte Reliquien enthielten, in ein ›Grab‹ in den Altar eingelassen. Insgesamt 15 runenbeschriftete Weihrauchgefäße sind erhalten. Davon stammt die Mehrzahl aus Fünen und datiert in die erste Hälfte des 13. Jh.s; fast alle tragen eine Herstellerinschrift à la *Mǣstær Iakop rø̄ð af Swīneburg gøræ mik* bzw. *Magister Iācōbus rūfus faber mē fēcit* (DR 172–176. 178–183). Das Taufbecken von Åker (Bornholm, DR 373; vgl. Snædal 2002, 108 ff.), eine aus Gotland importierte Steinmetzarbeit aus der Zeit um 1200, zeigt in elf Bildfeldern Szenen aus dem Leben Christi von der Verkündigung an Maria bis zur Kreuzigung Christi; in den abgebildeten Arkaden finden sich jeweils runischen Ko-Texte:

> [Arkade I:] ›Dies ist St. Gabriel und [er] sagte St. Maria, dass sie ein Kind gebären sollte.‹ [...]
> [Arkade XI:] ›Und hier nagelten die Juden Jesus an das Kreuz. Sieh weiterhin auf dieses [Bild]!
> Mei[st]e[r] Sigraif (**sihrafʀ** = agutn. *Siɣraifʀ*) [machte das Taufbecken].‹

Hinter dieses auch kunstgeschichtlich bedeutsame Werk treten die übrigen 14 bekannten Taufbecken zurück. Von diesen tragen fünf Steine aus Schonen die Herstellerinschrift **+marten:mik:giarþe+** ›Marten machte mich‹ (DR 327; ganz ähnlich DR 320. 322. 326. 332).

Wie in Norwegen haben Siedlungsgrabungen auch im alten Dänemark, namentlich in Lund, Ribe und Schleswig, zahlreiche neue Funde erbracht; nicht alle Runenobjekte, die zum kleineren Teil noch in die Wikingerzeit gehören, sind derzeit adäquat publiziert. Dies gilt vor allem für das Material aus dem wohl noch im späten 10. Jh. von König Sven Gabelbart (S. 139 f.) gegründeten Lund (vgl. Moltke 1985, 532 ff.; RGA XIX, 39 f.). Mittlerweile sind von diesem Fundort runenepigraphische Texte auf 42 Knochen, fünf Kämmen, fünf Lederscheiden, vier Knochennadeln etc. bekannt; insgesamt handelt es sich um mehr als 80 Inschriftenträger aus dem 11. bis 13. Jh. Viele Objekte und Runen sind beschädigt bzw. abgebrochen oder in einem schlechten Erhaltungszustand. In puncto Textsorten bietet sich das bekannte Spektrum. Häufig sind Fuþork-Inschriften; ferner finden sich Ritzerinschriften (*þetta ræist Rōlfr Þorgi[l]sson* DK-SkL 83, Zeilen I–II), Besitzerinschriften (**ulfkil** auf einem Spazierstock, DK-SkL 29), Gegenstandsinschriften (*bēn æs þætta, bēn æs þ[æ]tta* ›ein Knochen ist dies, ein Knochen ist dies‹, DK-SkL 15) und Schenkerinschriften (*Arngunn gāf mǣr kamb* ›Arngunn gab mir den Kamm‹, DK-SkL 5). Auch Obszönitäten fehlen nicht (**fuþtramʀ** ›Fut-Unhold‹, DK-SkL 55).

An. *fuð-* ›Fut, Vulva‹ ist hier wohl rein pejorativ (vergleichbar nhd. *Arsch-* oder *Scheiß-*) gebraucht wie auch im Fall von aisl. *fuðryttumát* (wörtlich: ›Futschwächlichsmatt‹; *Mágus saga jarls*, Fassung A, c. 7), eine besonders schmähliche Niederlage im Schachspiel (Nedoma 1992, 106).

Andere Inschriften spielen auf persönliche Verhältnisse an (*Sibbi sitr mið Āsa* ›Sibbi »sitzt mit« (hält sich auf bei) Asi‹, DK-SkL 56, Seite A), nehmen sich wie die Antwort auf eine Rätselfrage aus (**araʀ×ara×æru×fiaþraʀ** ›des Adlers Ruder sind Federn‹, DK-SkL 20, Seite B) oder entziehen sich jedweder Deutung (**tutaþorere** DK-SkL 30, Seite A).

Die Ausgrabungen in der Altstadt von Schleswig in den Jahren 1969 bis 1984 erbrachten 28 Runenobjekte (Stoklund / Düwel 2001), von denen aber drei Viertel in die Wikingerzeit gehören (s. S. 149 f.). Aus dem 13. Jh. stammen fünf fragmentarisch erhaltene hölzerne Daubenschalen, ein hölzerner Messergriff und ein Tierknochen. Glatt deutbar ist lediglich **mar͡ia** auf dem Boden einer Schale (DK-SlB 26). Die mit Abstand längste Inschrift findet sich auf den sechs Seiten des Messergriffes (DK-SlB 22); die Runen sind zwar einigermaßen gut zu lesen, die Deutung der Inschrift ist indessen kontrovers (s. Düwel 1989a; Grønvik 1989).

Auf den Seiten A und B ist ein unvollständiger Englischer Gruß eingeritzt; die übrigen vier Seiten bieten Volkssprachliches. Textident sind die Inschriften auf den beiden Seiten C und D, auf denen jeweils vier Personennamen wiedergegeben sind, und zwar [*Sv*]*ēn* **pæpæræ** (›Flötenspieler‹?; dazu Strid 2001, 167 f.), *Bō*, **olof** (wohl *Ōlof* f.) und **anderiuş** (i.e. Andreas?). Auf Seite E ist von einem ›roten Met‹ (**mio̞droþæn**) die Rede, das Übrige ist wie auch die gesamte Runenzeile der Seite F dunkel.

Bis vor kurzem blieben Inschriften auf Bleiamuletten weitgehend unbeachtet. Von den etwa 100 Stück, die aus dem alten Dänemark bekannt sind, wurde erst etwa die Hälfte auseinandergefaltet; nur ein kleinerer Teil trägt Runen (vgl. Düwel 2001a, 256 ff.; Imer 2018, 134 ff.). Weiteres s. S. 219 ff.

VIII.3. Schweden

Aus dem alten Schweden sind weit über 800 mittelalterliche Runeninschriften überliefert, die in der Hauptsache aus dem 12. und 13. Jh. stammen. In der Überlieferung treten Västergötland, Småland und die Insel Gotland hervor; hier begegnen zahlreiche runenbeschriftete Grabsteine und -platten sowie Einritzungen im Verputz der Kirchenwände. So etwa finden sich in der Kirche von Lye (G 104) ca. 25 Graffiti, die in erster Linie Gebete (*Ave Maria*) bzw. Anrufungen an Maria und Jesus Christus wiedergeben, ferner sind mehrere Fuþork-Reihen vorhanden, dazu ein ›Errate die Run[en]‹ etc. Ähnliche runische Graffiti treten auch in anderen Kirchen entgegen (Källström 2016c, 39 ff.); eine *Kilroy-was-here*-Inschrift ist ›Vill[ia]m hieß er, der hier w[a]r‹ (HEJNUM, Gotland; Källström 2013b, 83).

In den Grabinschriften setzt sich zunächst die Tradition der Wikingerzeit fort; so etwa ist auf dem Grabstein von Rådene (Vg 93, 12. Jh.) zu lesen: ›Rani ließ diesen Stein machen nach (zum Gedenken an; **a**[**t**]) Peter, seinem Vater‹. Später begegnen Inschriften wie ›Johan in Nori ließ diesen Stein machen über (**yfir**; [dem Grab]) seiner Mutter Hallvi‹ (G 4, 14. Jh.). Dem lateinischen *hic iacet* ›hier liegt‹ ist **+hier: likr:** auf der Grabplatte in der Kirche von Våsterhejde (G 210, 14. Jh.) nachgebildet; mehrfach wird die Wendung **:hier:huilis:** ›hier ruht‹ (lat. *hic requiēscit*) verwendet, z.B. auf der Grabplatte in der Kirche von Buttle (G 122, gegen 1400). Die massive Steinkiste in der Kirche von Hammarby (Uppland) trägt die Runeninschrift ›Kristin ließ das Denkmal machen nach ihrem Sohn. Jeder, der die Runen errät (liest), habe (spreche) Gebete für die Seele des Al(l)i. Suni war der Vater des Al(l)i‹ (vgl. Jansson 1987, 164).

Eines der bemerkenswertesten Grabmonumente Schwedens stellt das steinerne Grabmal von Botkyrka (Sö 286, Mitte 12. Jh.) dar, das die Form einer Kirche (Maße: 168 × 50 × 54 cm) hat.

Die am First angebrachte Runeninschrift lautet [Seite A:] ›Karl machte den Stein nach Björn, seinem Verwandten, dem Sohn Svens und Benkfrids [f.] in Hamarbyr.‹ Seite B: ›[...] Hier liegt er unter diesem Stein. Benkfrid [...] ihren Sohn.‹ Und am unteren Dachrand läuft in lateinischen Majuskeln die Reimzeile: +QI·LEGET·ET·NESCIT·VIR·NOBILIS·HIC·REQIESCIT·+ ›Wer liest und nicht weiß: ein edler Mann ruht hier‹ und weiter (gleichfalls in Latein): ›Es sei von Sünde frei Biorn, sag du Christus, bitte ich dich.‹

Die Platte von Ugglum deckte ursprünglich ein Gemeinschaftsgrab (Vg 94, frühes 13. Jh.): ›Drei Männer liegen unter diesem Stein: Gunnar, Sigvat, Hallsten.‹ Einmalig ist wohl das 2,32 m hohe steinerne Ringkreuz von Bondarve (G 132, zweite Hälfte 13. Jh.) mit einer darin umlaufenden Runenfolge: ›Betet für Jakobs Seele in **annuhanenkium** (Dat. Pl., unklarer Hofname), den Nikulas erschlug‹ und der bildlichen Darstellung dieses Totschlags auf dem Kreuzschaft; damit ist eine Art Marterl (Betsäule) für das mittelalterliche Gotland bezeugt. Im Portal der Kirche von Torpa (Sö 337) steht die kaum noch lesbare Bauinschrift **+øþulfær:ḳærþekiṛịḳịu** ›Ödulf machte die Kirche‹; der hier genannte Steinmetz hat im 12. Jh. fünf bemerkenswerte Kirchen erbaut (Svärdström 1993, 554). Aus der Zeit um 1300 hält eine Inschrift am Chorportal der Kirche von Hellvi (G 291) fest: ›Lafranz, Sohn des Meisters Botvid, machte (erbaute) diese Kirche, aus **yskilaim** (heute: Eskelhem)‹. Auf Gotland verwendete man Runen für die Beschriftung der großen Grabsteine noch bis ins 17. Jh. hinein; die jüngste sicher datierbare gotländische Inschrift überhaupt wurde in der Kirche von Atlingbo mit roter Kreide auf einem Pilaster des Chorportals angebracht (G 202; vgl. Snædal 2002, 181): ˡ62ˡ│ **iakob:isęm** (heute: Isums, ein ca. 2 km entfernter Hof); dieser Eintrag war aber schon im frühen 20. Jh. nicht mehr sichtbar.

Was das Kircheninventar betrifft, finden sich Taufbecken, Reliquiare, Eisenbeschläge an Türen und Kirchenglocken mit Runen beschrieben. So etwa heißt es auf dem Taufbecken von Burseryd (Sm 50, spätes 13. Jh.): ›Arinbjörn machte mich, der Priester Vidkunn schrieb mich, und hier werde ich eine Zeitlang (**um:s͡tund**) stehen.‹ Zwei andere Inschriften auf Taufbecken sind ›Alle Seelen werden hier getauft in die Gemeinschaft durch mich, die [Tauf-]Schale‹ (HEMSJÖ, Vg 244; spätes 13. Jh.) und ›Ich bitte dich [...], dass du namentlich (oder: ausdrücklich) für den Mann betest, der m[i]ch machte. Jakob hieß e[r]‹ (HOSSMO, Sm 164; frühes 13. Jh.). Hier wie auch auf anderem Kircheninventar spricht der beschriftete Gegenstand; eine Fuþork-Reihe bietet ÖVRE ULLERUD (Vr 4, frühes 13. Jh.), eine reguläre Herstellerinschrift ›Andreas machte das Gefäß (**kaʀ**)‹ findet sich auf GÄLLSTAD (Vg 252, spätes 12. Jh.).

Zum Taufbecken von Norum in Bohuslän (NIyR V, 222; um 1100) und der darauf abgebildeten Szene von Gunnars Tod in der Schlangengrube s. S. 182.

Zeichnungen eines verlorengegangenen Türbeschlages der Kirche von Fredsberg zeigen die Runeninschrift ›[Man] sieht: Michael erschlug die Schlange (i.e. den Drachen; **ormin**). Sven, Andres‹; es handelt sich offenbar um den Ko-Text einer figürlichen Darstellung an der hölzernen Tür (Vg 202, spätes 12. Jh.; vgl. Düwel 1986a, 265). Aus der gleichen Zeitspanne stammt ein eiserner Türbeschlag an der Kirchentür von Värsås (Vg 220), auf dem der Drachenkampf des heiligen Erzengels Michael (vgl. S. 154) zu sehen ist; die Runeninschrift nennt den Hersteller: ›Asmund machte die Tür‹. Der eiserne Türring der Kirche aus Delsbo (Hs 19, 13. Jh.; vgl. Åhlén 1994, 45 f.) bietet vier Textteile, die auf *mik* ›mich‹ enden, sowie eine Anrufung: ›Ansehen kannst du mich, nicht kannst du mich bekommen (erhalten). Gunnar machte mich. Die Kirche besitzt mich. Selige Maria (**siluk maria**)!‹

Unter den runenepigraphischen Texten auf Glocken ist derjenige von Saleby (Vg 210) hervorzuheben, in der der sprechende Gegenstand sein Entstehungsjahr 1228 angibt: ›Als ich gemacht (fertiggestellt) war, da war es tausendzweihundertzwanzig Winter und acht seit der Geburt Gottes.‹ Schutzfunktion haben die anschließenden drei Runenfolgen: *agla*-Formel (s. S. 217), Engelsgruß sowie Segen (vgl. RGA XII, 217).

Zahlreiche Inschriften kamen bei Grabungen in Siedlungen wie Alt-Lödöse (Lilla Edet, Västergötland) und Sigtuna (Uppland) an den Tag. Die über 50 runenepigraphischen Texte aus Lödöse (Vg 229–243. 254–256. 260–283, dazu einige neuere Funde) sind meist kurz und bisweilen in lateinischer Sprache (wie der Eintrag von Psalm 50,6 auf einem Griffelschaft; Vg 262, spätes 12. Jh.). Ein Holzstückchen (Vg 281, 12. Jh.) bringt die Folge **þnoþnoþnonnnooo** (mit doppelt geritzten *þ*-Runen). Man hat darin eine magische Inschrift – **þno** als Begriffsrunen (aisl.) *þurs* ›Riese, Dämon‹, *nauð* ›Not, Zwang‹, *áss* ›Ase‹ – gesehen, die gegen böse Mächte schützen oder eher deren Vernichtung bewirken sollte. Ist hier eine magisch-operative Wirkungsabsicht zwar keineswegs zu sichern, aber immerhin nicht unmöglich, so trifft dies schwerlich auf die 24 Runen auf einem anderen Holzstückchen (Vg 283) zu, das zweimal den Männernamen *Ōttarr* mit jeweils dreimal geritzten Runen enthält. Bei **ooottaaarrrooottaaarr** wird es sich nur um eine spielerische Namendarbietung handeln, vielleicht in der Funktion einer Art Eigentumszettel. Besitzerinschriften (z.B. *Helga ā mik* Vg 239, 13. Jh.) sind in Lödöse gut vertreten, ferner gibt es einige Fuþork-Reihen. Von Liebe und Freundschaft im 12. Jh. erzählen ein hölzernes Webschwertchen mit der Inschrift ›Denk du an mich, [ich] denke an dich. Lieb du mich, [ich] liebe dich‹ (Vg 279, Seite A; vgl. S. 206) und ein Holzstückchen mit den Runen ›Sei du mein Freund, Arnfinn‹ (Vg 280, Seite A). Auf volksmedizinische Praktiken scheint sich die nicht ganz verständliche Inschrift auf einem Hölzchen zu beziehen, das in die zweite Hälfte des 12. Jh.s oder in die erste Hälfte des 13. Jh.s zu datieren ist (Gustavson 1983, 236 ff.).

> Seite A enthält offenbar einen Männernamen **ḥagormr** nebst einer dunklen Runenfolge; Seite B bietet ›dünnes Blut, rinn heraus aus […], Blut, rinn heraus aus […]‹; vermutlich soll mit diesem operativen Text ein Aderlass gewährleistet werden.

Aus Sigtuna (RGA XXVIII, 406 ff.) sind über 50 teils nur fragmentarisch erhaltene Runensteine bekannt, die zumeist aus der Wikingerzeit stammen (vgl. S. 167). Seit der Mitte der 1980er Jahre intensivierte Ausgrabungen haben ferner um die 100 lose Runenobjekte, die in die Zeitspanne vom Ende des 10. Jh.s bis zum Ende des 13.

Jh.s gehören (vgl. S. 176. 177 f.), zutage gefördert. Davon stammt lediglich die Minderzahl aus dem Mittelalter (vgl. Gustavson / Söderberg 2014); hier treten vor allem Inschriften auf Knochen hervor. Was die Textsorten betrifft, so sind auch in Sigtuna Besitzer- und Ritzerinschriften, Gegenstands- und Materialangaben, Errate-die-Runen-Inschriften, Fuþorkreihen bzw. -zitate vertreten. Zu den interessanteren Funden gehört ein auf zwei Seiten beschriebener Knochen aus der Zeit um 1200 (Gustavson 1992, 165 ff.):

> [Seite A:] ›Mar(r)i (?) übergab den Knochen. [Er] hat den meisten Besitz [...]‹; [Seite B:] ›Der König ist der beste Mann(?), er hat den meisten B[esitz], er ist einnehm[end] (o.ä.)‹.

Der ›Sitz im Leben‹ dieser Runeninschrift bleibt freilich gänzlich unklar. Eine um 1100 zu datierende Rinderrippe enthält eine lange magische Heilformel gegen einen Fieberdämon (Gustavson 2010, 63 ff.; Naumann 2018, 287 ff.); es bestehen Parallelen zu der Inschrift auf einem Amulett aus Sigtuna und der sog. Canterbury-Formel (beide aus dem 11. Jh.; vgl. S. 178). Ein außergewöhnlicher Fund ist ein knapp 13 cm langer knöcherner Stimmschlüssel, der gleichfalls in die Zeit um 1100 gehört. Alle vier Seiten sind beschriftet, es sind jedoch nur die – offenbar von verschiedenen Händen eingeritzten – Runenfolgen auf zwei Seiten les- und deutbar (Gustavson 2008, 40 ff.):

[Seite A:] ×ᚼᛅᚱᛁ·ᚼᚢᛖᚱᛁᛏᛅ·ᚴᛁᛅᚱᛁ   [Seite B:] ᛖᚱᛁ×ᛋᛚᛁᛁᛁ×ᛁᛅᚱᛒᚢ×ᛁᛁᛋᛁ×ᚼᛅᛁᛚᚢᛗ×ᚼᛅᛏᚢᛗ
×hayrþu·huerhita·kiarþi   **eri×slibi×harbu×þisi×hailum×hantum**
Hæyr þū,·hværr hitta·giærði!   *Ærri slīði harpu þesse hæilum handum.*
›Hör du,·wer dies·machte!‹   ›Ærri möge diese Harfe mit heilen (glücklichen) Händen spielen.‹

Aus kontextuell-kombinatorischen Gründen wird die Verbalform *slīði* (3. Person Sg. Konj. I) das Harfespielen bezeichnen (ae. *slīdan*, mnl. *slīden*, schw. [17. Jh.] *slida* ›gleiten‹ in übertragener Bedeutung?). – Die Zeichensequenzen auf den Seiten C (rechtsläufig) und D (linksläufig) sind allem Anschein nach nicht-lexikalischer Art (vgl. Nordby 2018, 397 f.).

Eine 8,4 cm lange Tierrippe aus dem 13. Jh. (Källström 2010b) bietet auf einer Seite den Männernamen **haralt**, auf der anderen Seite das Wortspiel **sisasikhsaisasiksais** = *Sē, sā's sik sā ī sā, sik sā ī īs[i]* ›Sieh, derjenige, der sich sah im Kübel (Zuber, Bottich; aisl. *sár* ›großes Gefäß‹), sah sich im Eis‹, das ganz ähnlich auch auf einem *rúnakefli* aus Bergen erscheint (N B 566; vgl. Knirk 1994b, 196). Worauf der Ver- und Entfremdungseffekt abzielt, wenn man nicht im Wasser ein Spiegelbild seiner Selbst, sondern im Eis ein Zerrbild erblickt, lässt sich schwer sagen.

Runenkalender(stäbe) (schw. *runstav*, *primstav*) begegnen seit dem Mittelalter vielfach vor allem in Schweden, vereinzelt aber auch im östlichen Norwegen, Estland und anderen Gegenden, und zwar bis ins 19. Jh. hinein (Hallonquist 1994). Der älteste bekannte Runenkalender findet sich auf dem nur zum Teil erhaltenen Stab von Nyköping aus der Zeit um oder nach 1250 (Svärdström 1966; 1972, 91 ff.).

Auf mehrseitigen Holzstäben oder fächerartig verbundenen Holzplättchen eingeritzt, hat diese nordische Sonderform des ewigen Julianischen Kalender drei Rubriken. Zum einen stehen ›Sonntagsrunen‹ (die ersten sieben Runen des Fuþork) für die Wochentage, zum anderen bilden die Runen der ›güldenen Zahl‹ (die 16 Runen des Fuþork um die drei Zusatzrunen ᛏ *árlaug*, ᛉ *tvímaðr* und ᚦ *belgþór, -þorn* erweitert) den 19jährigen Mondzyklus ab, und zum dritten werden kirchliche Festtage markiert (mit Kreuzen und Symbolen). Die Mondphasenzyklen (ca. 29½ Tage) wiederholen sich alle 19 Jahre, sodass die beweglichen Feste bestimmt werden können.

Zuletzt sind die Runenkalender von Cucina (u.a. 2013; 2020; vgl. Palumbo 2015) mit neuen Zeugnissen aus dem Vatikan und Bologna in ihrem mittelalterlichen Kontext behandelt worden. Älter ist indessen ein einfacher Strichkalender aus Lödöse, der in die Mitte des 12. Jh.s gehört (Vg 233; Svärdström 1972, 93 f.; 1982, 33 ff.).

In der mittelschwedischen Region Dalarna war eine weiterentwickelte Variante des mittelalterlichen Fuþork, die sog. Dalrunen (schw. *dalrunorna*), vom späten 16. Jh. bis in das frühe 20. Jh. in Gebrauch (Gustavson / Hallonquist 1994; Jans et al. 2015; Fridell 2021). Die Runenreihe ist von einzelnen Lateinbuchstaben durchsetzt, z.B. D **d**, später auch L (neben ᚱ) **l**, N neben ᚽ **n** etc. Das Korpus umfasst gut 350 Inschriften (Gustavson / Hallonquist 1994, 157), die hauptsächlich auf Haushalts- und Arbeitsgeräten angebracht sind; die große Mehrzahl stammt aus Älvdalen, das sich auch durch eine eigene Sprach(vari)e(tät) auszeichnet. Meist handelt es sich um kürzere Mitteilungen, z.B. Herstellerinschriften, Besitzervermerke oder Geburtsdaten.

Ein Beispiel:

LM · AM RᚱᚦR1: DEN
4:ᚦᚼ:1ᚦB1R 1671

LMs **afe rgort:d**EN | 4:**oc:tober** l67l = ›Lars M(ats)s[on] hat [den Kasten] am 4. Oktober 1671 gemacht‹ (D Rv11). – Inschrift nach: Gustavson / Hallonquist 1994, 173.

Eine der längsten Inschriften in Dalrunen berichtet Einzelheiten über eine Revolte im Jahre 1743 (D Rv98; vgl. Jansson 1987, 175).

VIII.4. Runeninschriften in lateinischer Sprache

Mit der Missionierung und Christianisierung Skandinaviens kam auch das lateinische Alphabet, vor allem als Buchschrift für lateinische und volkssprachliche Texte, in Gebrauch. Für die Epigraphik blieb weiterhin die alteinheimische Runenschrift maßgebend, doch war sie keineswegs auf die jeweiligen Volkssprachen beschränkt, sondern wurde seit dem 11. Jh. immer stärker auch für lateinische Texte verschiedener Art verwendet; dabei finden sich auch Mixturen von volkssprachlichen und lateinischen (bzw. griechischen, hebräischen) Wörtern oder Wortgruppen. Ferner stehen auf manchen Objekten die beiden Schriftsysteme nebeneinander.

So etwa hat die Kirchenglocke I von Gjerpen (N 142, um 1150) das *Ave Maria* in Runen und eine lateinische Widmung an Christus in Lateinbuchstaben (Knirk 1998, 477); der Grabstein von Ukna (Sm 145, um 1200) bietet lat. HIC:IACET:TURGILLUS in Majuskeln und den übrigen – teils volkssprachlichen, teils lateinischen – Text in Runen (Jansson 1987, 164).

Auf das Phänomen von lateinischen Texten in Runen ist die runologische Forschung zwar bereits früh aufmerksam geworden, ein entschiedenes Sammel- und Untersuchungsinteresse richtete sich jedoch erst darauf, als mit den zahlreichen Runeninschriften in lateinischer Sprache von Bryggen in Bergen die Vielfalt der lateinischen Textüberlieferung mit europäischen Bezügen erkennbar wurde und sich damit die Frage nach dem sozialen Status und der Bildung der Schreiber bzw. ihrer Auftraggeber, nach den Adressaten und schließlich nach der runischen Schreib- und Lesekundigkeit (*literacy*) stellte (vgl. Gustavson 1994, 313 ff.; zu den Schreibungen Palumbo 2022, 181 ff.).

Grundlagen bieten vor allem eine Sammlung skandinavischer Runeninschriften des Mittelalters in lateinischer Sprache (Ertl 1994), die Edition der entsprechenden Inschriften von Bryggen in Bergen (NIyR VI[,1]) und ein Überblick über norwegische Runeninschriften, die Lateinisches enthalten (Knirk 1998); ferner kann die Edition der Steininschriften in lateinischer Sprache aus Schweden von 1050 bis 1250 (Blennow 2017) herangezogen werden. Die reiche Spezialliteratur der letzten drei Jahrzehnte nennt Palumbo (2022, 178; 2023, 72). – In Norwegen machen lateinische Texte in Runen um die 10 % der gesamten mittelalterlichen Runenüberlieferung aus.

Die Inschriftenträger sind aus Holz (Gebäudeteile, kirchliches Inventar, profane Gerätschaften wie Gefäße und Griffe, ferner *rúnakefli*), Stein (Grabsteine, Gebäudeteile, Skulpturen, kirchliches Inventar, profane Gebrauchsgegenstände wie Gefäße und Spindelsteine), Metall verschiedener Art (kirchliches Inventar, Schreibbleche aus Blei, Kupfer und Bronze, profane Gebrauchsgegenstände wie Gefäße, Schmuck und Waffen), Knochen und Horn (Handgriffe, Nadeln, Kämme) sowie in geringem Maße auch Leder (Schuhe, Messerscheiden).

Schwieriger gestaltet sich eine Gliederung nach inhaltlichen Kriterien oder gar nach Textsorten. Einige Inschriften aus Bergen bezeugen seit dem 12. Jh. die herausragende kulturelle und geistliche Geltung Roms: *Roma caput mundi* ›Rom, das Haupt der Welt‹ (N 607, Seite A; spätes 13. Jh.), wie es von der Antike bis ins hohe Mittelalter heißt. Ein verballhorntes *Amor-Roma*-Palindrom scheint auf einem anderen *kefli* (**amoþ:oþo:oþum:roma** N 646, Seite A; um 1300) vorzuliegen. Über Zitate in englischen und französischen Handschriften der *Carmina Burana* gelangte auch römische Dichtung nach Bergen. Auf dem bereits besprochenen Hölzchen (s. S. 206 f.) schließt an eine *dróttkvætt*-Strophe eine Zeile aus Vergils *Bucolica*, Ecloge 10, v. 69 an: *Omnia vincit Amor: et nos cedamus Amori* ›Alles besiegt Amor, auch wir wollen uns Amor fügen‹ (N B145, erste Hälfte 13. Jh.); der Beginn dieses Diktums findet sich mit prosaischer Wortfolge auch auf N 605 (um 1250; **amoruin**). Aus der Vagantenlyrik der *Carmina Burana* wurde fehlerhaft und verstümmelt in ein fragmentarisch erhaltenes Stäbchen geschnitten (N 603, ca. 1300; vgl. Kraggerud 2021):

> [Seite A:] [*Virginis e*]*gregie / ignibus calesco / [et] eius cotidie / in amore cresco; / [sol est in meridie / nec ego tepesco.*] ›Zu einer vortrefflichen Jungfrau bin ich feurig entflammt und täglich wachse ich an Liebe zu ihr; die Sonne steht im Mittag, und auch ich bleibe nicht mehr lau.‹ (Nr. 88,4; CB I,2, 78);
>
> [Seite B:] [*Quicquid*] *agant ceteri, / virgo, sic agamus: / [ut, quem decet fieri, / ludum faciamus;] / ambo sumus [teneri;] / [tenere ludamus!]* ›Was auch die anderen machen mögen, Jungfrau, so wollen wir es halten: dass wir ein Spiel treiben, das zu tun sich ziemt; beide sind wir jungzart: lass uns zärtlich spielen!‹ (Nr. 88,9; CB I,2, 78);
>
> [Seite C:] [*Iamque Dione /*] *iocis, agone / [relevat, cruciat / corda suorum.] Philomena querule / Terea r*[*etractat, ...*] ›[Und jetzt erleichtert [und] peinigt Dione die Herzen der ihren] mit Spaß [und] Streit. Philomena ergeht sich klagend über Tereus [...]‹ (Nr. 71,3b. 71,2b; CB I,2, 39).

Es handelt sich um Passagen aus *Amor habet superos* ›Amor beherrscht die Götter‹ (*Carmina Burana*, Nr. 88) und *Axe Phebus aureo* ›Phoebus mit seinem goldenen Wagen‹ (*Carmina Burana*, Nr. 71). Norweger mögen solche Vagantenlyrik, die in

Skandinavien sonst nirgends überliefert worden ist, im Studium an englischen oder französischen Universitäten kennengelernt und über ihren Lateinunterricht daheim verbreitet haben.

Ein korrekter mittelalterlicher Lateintext aus einem Gedicht in Hexametern steht auf dem flachen Stäbchen N 604 (um 1200?, um 1250?): *Ducite discrete vitam, que* [...] *vestra salus mete sit nescia* [...] ›Führt das Leben besonnen, das [...], euer Wohlergehen möge kein Ende kennen [...]‹. Während hierfür keine Parallele nachweisbar scheint, hat man für *Dum das, carus eris; dare des*[*ine/eris, despici*]*eris* ›Solange du gibst, wirst du beliebt sein; höre (hörst du) auf zu geben, wirst du verachtet‹ (N B598, ca. 1300) ein entsprechendes Sprichwort in englischen Handschriften des 14. und 15. Jh.s ausfindig gemacht (Dyvik 1988, 6; vgl. Knirk 1998, 485 f.). Diese Beispiele erweisen Lateinkenntnis und -gebrauch in gelehrten Kreisen, vor allem wohl der Geistlichkeit.

Da die Inschriftenträger häufig ins kirchliche Milieu gehören, finden sich vielfach Gebete, nicht nur in Bergen: *Pater noster* (z.B. N 615. A28. A173; vgl. Ertl 1994, 342) und *Ave Maria* (z.B. N 142. 617. A63; Sm 115; G 104. 127; vgl. Düwel 1989a, 44 ff.; Ertl 1994, 339), ferner auch das *Credo* (missverstandene Teile daraus: N 637. N A71; vgl. Knirk 1998, 488). Angerufen wird der dreifaltige Gott mit vielen seiner Namen:

- (hebr.) *Em(m)anuel, Sabaoth, Adonai* (BORGUND, N 348: **emanuelsabaoþaþo|nai**; BERGEN, N B619: **emanuelsa͡baotadon͡ai**; KILAARSARFIK [SANDNES], GR 43/296: **sabaot, a͡þ:onay**);
- gr. *Hagios* (Ἅγιος) ›Heiliger‹ (TONSTAD, N 216: **akios**; N 348: **agios**);
- gr. *tetragrammaton* (τετραγράμματον), das Vierbuchstabenwort JHWH, mit dem der Gottesname *Jahwe* ›Herr‹ gemeint ist (N 216: **tætra:k͡rama:ton**; HERJOLFSNES VII: GR 12/228 f.: **tet͡ragrama**; GR 43/296: **t͡atra|gram͡aton**);
- (hebr.-)gr. *Messias* (Μεσσίας) ›Gesalbter‹ (N 216: **messʳiˡas**; N 348: **mæssias**; N B619: **mesias**);
- gr. *Soter* (Σωτήρ) ›Retter, Erlöser‹ (N 348: **soþer**; N B619: **sot͡er**);
- lat. *Salvator* ›Retter, Heiland‹ (N 348: **saluat|or**);
- gr. *Athanatos* (Ἀθάνατος) ›Unsterblicher‹ (N 348: **oþan|naþos, oþonna|þos**);
- gr.-lat. *Alfa et O*[*mega*] (N 348: **alfaæþo**), erster und letzter Buchstabe des griechischen Alphabets, vgl. ›Ich bin das A und O, spricht Gott, der Herr, der ist und der war und der kommt‹ (Offb 1,8 u.ö.); als Quelle gilt die Sequenz *Alma chorus domini* (vgl. S. 221);
- gr.-lat. *parakletus* (gr. παράκλητος, lat. *paracletus*) ›Tröster, Fürsprecher vor Gott‹ (N B619: **pa͡raclitus**).

Auch das sehr häufig vorkommende **agla** (z.B. N 216. 636. 639. 642. 643. A154. A157. B583; DR 203. 204) gehört hierher; es handelt sich um ein Akronym, das aus den Anfangsbuchstaben des hebräischen Gottesanrufes *'attā(h) gibbōr lə'ōlām 'aḏōnāi* ›du bist stark in Ewigkeit, Herr‹ gebildet ist.

Ferner begegnen die Namen der vier Evangelisten (N 173. 216. 634. 635. B583. B596), der Apostel (N 216. 647; DR 368), von Erzengeln (N 636; Sm 23) und Heiligen (N 614. 642). An liturgischen Formeln sind belegt: *Gloria in excelsis Deo* ›Ehre sei Gott in den Höhen‹ (N B601), *Gloria patri et filio et spiri*[*tui sancto*] ›Ehre dem Vater und dem Sohn und dem Heiligen Geist‹ (G 104E), *Kyrie eleison* ›Herr, erbarme dich‹ (N 627) und *Christe eleison* (N 627). Es werden die letzten Worte

Jesu am Kreuz (*consummatum est* Joh 19,30: N 640. B596) und Psalm 109,1 (N 628) zitiert. Schließlich treten die Formeln *In nomine patris* etc. ›Im Namen des Vaters‹ etc. (N 345. 632) und *Christus regnat, Christus vincit, Christus imperat. Amen* ›Christus regiert, Christus siegt, Christus herrscht. Amen‹ entgegen (G 278, s. S. 179; vgl. Gustavson 1994, 318 f.) sowie auch Teile des Marienhymnus *Gaude Dei genetrix* ›Freue dich, Gottesgebärerin‹ (N 629). Ein frühes Zeugnis bieten die Runen auf einer in Bornholm gefundenen arabischen Silbermünze aus dem ausgehenden 9. Jh. (DR 410); die Inschrift hat Stoklund (2003a, 858 ff.) neu gelesen:

> [Seite A:] [...] *Jesus Christus filius dei vivi. In nomine Patris et Filii* [...] *et Spiritus.* [Seite B:] *Christus. Pius sanguis vivit, vitam eternam custodiat.* ›[...] Jesus Christus, der Sohn des lebenden Gottes. Im Namen des Vaters und des Sohnes [...] und des [Heiligen] Geistes. Christus. Das fromme Blut lebt, es möge das ewige Leben beschützen.‹

All dies – Namen, Gebete, Formeln etc. – steht im Dienst einer christlichen Magie, manchmal gemeinsam mit magischem Formelgut einheimischer oder sogar antiker Tradition. Es handelt sich um Amulette, mit denen Krankheitsdämonen und überhaupt alles Übel abgewehrt und vertrieben werden sollen; die Inschriften, gelegentlich verschiedene Textbausteine kombinierend, haben sonach apotropäische Funktion. Oftmals erscheinen die Formeln verstümmelt und missverstanden, ohne dass dadurch aber die abwehrende Wirkung beeinträchtigt wurde. Es begegnen auch sog. *Ephésia grámmata* (gr. Ἐφέσια γράμματα ›ephesische Buchstaben‹, unverständliche Vokal- bzw. Konsonantenkombinationen), von denen man sich vorstellte, dass sie der Sprache der Dämonen angehören und deshalb besonders wirksam sein müssten. So etwa findet sich eine solche kryptische Sequenz weitestgehend identisch auf zwei Seiten eines Runenhölzchens aus Bryggen in Bergen (N 640, spätes 12. Jh.):

> [Seite B:] **æekrær:kreærmannumænsiknumtæram r**
> [Seite C:] **æekrær:kreærmannumænsiknumtæram**

Es handelt sich beileibe um kein Zufallsprodukt, denn im Altenglischen sind mehrere ähnlich lautende Beschwörungsformeln überliefert, so etwa in dem wohl noch vor 900 entstandenen *Lǣċebōc* (›Arzneibuch‹) als Teil eines Rezeptes *Wið fleogendum ātre 7 ælcum æternum swile* ›Gegen fliegende Gifte (Aerosole?) und jede eitrige Schwellung‹ (I, Nr. XLV,5; Leonhardi 1905, 35). Der Spruch wird im Inhaltsverzeichnis von Buch I als *scyttisc* ›gälisch: schottisch, irisch‹ (ebd., 4) bezeichnet und ist anscheinend verballhorntes Altirisch, wie bereits von Zimmer (1895, 142 ff.) vermutet wurde; der ›sinnlose‹ Text geht wie folgt (ebd., 35):

> *Acræ. ærcræ. ærnem. nadre. ærcuna hel. ærnem* (und weiter: *niþærn. ær. asan. buiþine. aderice. ærnem. meodre. ærnem. æþern. ærnem. allū. honor. ucus. idar. adcert. cunolari.* [etc.]).

Es dürfte sich um (zumindest bei den Angelsachsen) beliebte *voces magicae* gehandelt haben: Liestøl (NIyR VI, 84) bringt eine Reihe weiterer Beispiele aus altenglischen Handschriften des 10.–12. Jh.s bei. An **ær:kre** bzw. *ærcræ* klingt auch **ærκriu** auf zwei englischen Runenringen (BRAMHAM MOOR und KINGMOOR, wohl 9. Jh.; s. S. 116) an.

Auf antike Tradition geht das auf dem Boden der silbervergoldeten Tasse von Dune (G 145, 14. Jh.[?]) eingeritzte magische Quadrat

s	a	t	o	r
a	r	e	þ̣	o
t	e	n	e	þ
o	ḅ	e	r	a
r	o	t	a	s

Abb. 42: *sator-arepo*-Palindrom in der Tasse von Dune, G 145 (nach SR XII,2, Pl. 7); ohne Maßstab.

zurück, das links oben oder rechts unten beginnend denselben Wortlaut ergibt. Fortlaufend geschrieben – **sator:arebo:teneþ:obera:rotas** (so auf Seite A des vorhin erwähnten Bergenser Runenhölzchens N 640); in **teneþ** ist Þ þ aus ᛏ **t** verbessert und steht gemäß der Aussprache von *(tene)t* für [ð] – liegt ein Palindrom vor, das von beiden Seiten her gelesen werden kann (vgl. Düwel 2001a, 228 ff.).

Das bereits im 1. Jh. n. Chr. mehrfach in Pompeii bezeugte Satzpalindrom lat. *sator arepo tenet opera rotas* – wörtlich etwa ›Der Sämann Arepo hält mit Mühe die Räder‹ – hat eine fast unüberschaubare Anzahl von Deutungen erfahren; der Weisheit letzter Schluss ist noch (und wird wohl auch) nicht erreicht. Größere Beachtung haben jedenfalls zwei Vorschläge gefunden: ›Der Schöpfer (Sämann, Vater) erhält seine Werke‹ (zweifach im *boustrophēdón* mit Doppellesung von *tenet*; Hommel 1953, 137 ff. = 1956, 36 ff.) und ›Der Sämann Harpocrates (Ἅρπων ~ *Arepo*) beherrscht (kontrolliert o.ä.) (Folter-)Räder und Mühen‹ (Marcovich 1983, 164 ff.).

Ein vollständiges Sator-Palindrom bietet ein weiteres *kefli* aus Bryggen in Bergen (N B583, vor/um 1300); hier schließt *pax portantibus, salus habentibus* ›Friede denen, die [es] tragen, Wohlergehen denen, die [es] haben‹ an – damit ist das Stäbchen gemeint, das mit seinen Inschriften den Träger vor Unheil aller Art schützen soll (s. Knirk 1998, 487).

Ein später Vertreter ist das Runenhölzchen von Bergþórshvoll auf Island (IsR 63/206 f., aus einer Fundlage des 17./18. Jh.s[?]): **sator:arepo:tenet:opera:rotas**. Auf der Rückseite der ›Brakteatenfibel‹ von Dune (G 149, 14. Jh.[?]) findet sich die Sator-Inschrift in drei Zeilen angeordnet; der Ritzer hat den Palindromcharakter offenbar nicht erkannt (vgl. Ertl 1994, 372). Unvollständige *sator-arepo*-Varianten finden sich auf zwei Hölzchen aus Bergen (N 636, erste Hälfte 13. Jh.) und Trondheim (N A153, ca. 1200). Schließlich zeigt der Boden einer hölzernen Trinkschale aus Örebro (Gustavson 1979, spätes 14. Jh.) die ersten drei Zeilen eines ursprünglich wohl kompletten Sator-Quadrates.

In den Umkreis dieser von christlicher Magie geprägten Inschriften gehört eine bemerkenswerte Gruppe von Bleiamuletten. Deren Zahl wurde in den vergangenen Jahren und Jahrzehnten ganz erheblich vermehrt, nachdem man erkannt hatte, dass diese schmalen, durchschnittlich 1 mm dicken Bleche, die meist mehrfach zu Päckchen zusammengefaltet und (z.B. mit einem Hammer oder auch mit den Zähnen!) zusammengedrückt wurden, Runenritzungen enthielten. Diese sind allerdings nicht selten – auch wenn es gelingt, die Streifen fachgerecht auseinanderzuklappen – nur schwer zu lesen; dafür verantwortlich sind zum einen Korrosionsschäden, zum anderen kann der Abdruck der Grate von Einritzungen nach dem Zusammenfalten und -pressen auf der anliegenden Seite ›virtuelle‹ Zeichen generieren, die manchmal kaum von tatsächlichen Runengravuren zu unterscheiden sind. Das Material wurde nicht zufällig gewählt: Blei galt als magisch wirkendes Metall (vgl. Düwel 2001a, 253 ff.). Die auf nur ein paar Zentimeter zusammengefalteten Amulette haben rechteckige oder quadratische Form, es gibt aber auch Kreuze verschiedener Art. Diese Objekte ließen sich bequem tragen; einige Exemplare wurden gelocht, sodass man sie, an einem Band befestigt, um den Hals legen konnte – körpernahe Trageweise scheint für die erwartete Schutzfunktion wichtig gewesen zu sein.

Einen dementsprechenden Anwendungshinweis gibt der spätantike Autor Marcellus von Bordeaux in seiner Sammlung *De medicamentis* (›Über Heilmittel‹, um 400) für *Ad corcum carmen* (›Zauberspruch gegen Kollern im Leib‹): *In lamella stagnea scribes et ad collum suspendes haec:* [...] ›Folgendes schreibt man auf ein bleiernes Blechplättchen und hängt es an den Hals: [...]‹ (c. 21,2; CML 5, 374).

Die Inschriften der zusammengefalteten Bleche blieben, so sie nicht beidseitig über die ganze Fläche beschriftet waren, verborgen.

Die Stücke stammen aus verschiedenen Kontexten (meist Einzelfunde, ferner etwa Siedlungs- oder Grabfunde, Funde in Kirchen etc.), sodass der genaue ›Sitz im Leben‹ nicht immer festzustellen ist. Im Allgemeinen wird es sich um von Lebenden getragene Amulette handeln, doch ist im Einzelfall auch eine Funktion als Totenschutz nicht auszuschließen. Da eine ganze Reihe von Objekten derzeit noch nicht publiziert ist, fällt es schwer, genaue Zahlen anzugeben.

In der vorigen Auflage dieses Werkes wird der Stand von 2007 mit insgesamt ca. 75 Objekten beziffert: 20 Bleche und 7 Kreuze (davon 3 mit lateinischen Inschriften) in Norwegen, über 30 Bleche (2 Kreuze mit lateinischen Inschriften) in Dänemark, 9 Bleche und 7 Kreuze in Schweden, dazu erste Funde aus England. Eine Übersicht bietet Düwel 2001a, 256 ff. – Aufgrund zahlreicher Neufunde, die mittels Metalldetektoren gemacht wurden, sind diese Zahlen überholt. Alleine aus dem heutigen Norwegen sind mittlerweile über 100 Exemplare (davon einige mit lateinischen Inschriften) bekannt, die vor allem aus dem Südosten Norwegens, aber auch aus anderen Landesteilen stammen (Auskunft Kristel Zilmer, Oslo). In Dänemark (plus Schonen) sind es nach jüngster Zählung sogar mehr als 130 Bleiamulette (viele mit lateinischen Inschriften; Imer 2021, 19), derzeit gibt es im Schnitt einen Neufund pro Monat! Schweden bringt es nunmehr auf etwa 25 Stück (die meisten mit Runen; Auskunft Magnus Källström, Visby). Im Hochmittelalter hat die Sitte, Bleiamulette zu apotropäischen Zwecken zu beschriften, weite Kreise gezogen; Funde inner- und außerhalb von Sachsen-Anhalt verbuchen Muhl / Gutjahr 2013, ein Exemplar aus Dřevíč (Mittelböhmen, CZ) stellen Vavřík et al. 2020 vor.

Die Inhalte entsprechen zu einem guten Teil dem aus der übrigen Amulettüberlieferung Bekannten. So etwa begegnen *Ave Maria* (N 638; DK-Sj 99) und *Pater noster* (N 53). Auf dem Bleikreuz von Osen (Sogn und Fjordane, N A123; 13./14. Jh.) geht dem Vaterunser +a·g·la voran, und danach folgen a̧lfa, der Gottesname aiþonai und die in die Antike zurückreichende Zauberformel *abracadabra*, und zwar in der Variante *abracalara* samt drei Verkürzungen, denen wohl ein Schwindeschema zugrunde liegt – die Krankheit soll ebenso schwinden wie das lange Zauberwort gekürzt wird.

Andere Gottesnamen bieten z.B. Bleikreuze aus Bru (N 262: adonai), Trondheim (N A157: a͡gios), Madla (N 248: tetragr|amato͡n) und Sola (Sande, A362:al|phaet |o+), ferner Bleche aus Tønsberg (Sande, unpubliziert: sa͡baoþ; Hinweis Kristel Zilmer, Oslo), Borgund (N A5: t|itragramalon), Allindemagle (DK-Sj 63: [tet]r[a]- gramato͡n), Kaupanger (N A122: soter) und Västannor (Dalarna; Gustavson 1980, 230: alfaæto). Oft begegnet agla (z.B. N A1 I. A122. A157. A284. A362; DK-Bh 36. DK-Sj 6. 25; vgl. Ertl 1994, 364 ff.); nicht selten werden auch die Namen von

Evangelisten (u.a. N 53. 638. A362; DK-Sj 6. 25) und Erzengeln (etwa N A284) genannt.

Mehrere Textbausteine sind in der achtzeiligen Inschrift auf dem Bleiplättchen von Odense (Fünen, DR 204) vereint, das auseinandergefaltet 7,2 × 3,5 cm misst und von dem früheren Friedhof der St.-Knuds-Kirche stammt. Nach einer unverständlichen Zeile am Beginn stehen zunächst die *Ephésia grámmata* **anakristi:anapisti** sowie **ḳardxxr:nardiar|:ipodiar:** Es folgen eine *Christus vincit*-Formel, die aus dem *Pater noster* herausgelöste und individualisierte siebente Bitte *Kristus ab omni malo me, Asam, liberet* ›Christus befreie mich, Asa, von allem Übel‹ sowie der Wunsch ›das Kreuz Christi sei über mir, Asa, hier und überall‹. In den beiden letzten Zeilen liest man **+khorda·+inkhorda+khordại** und **+agla+sanguiskristisignetme** ›*agla*; das Blut Christi segne mich‹.

Die in der vorletzten Zeile wiedergegebene Sequenz kehrt vielfach wieder. Parallelen auf weiteren Bleiamuletten finden sich in **gortin:gortaninkortan** (KASTELSBAKKE, DK-Bh 62; frühes 12. Jh.), **[g]ordin[gor]ḍan[i]ngoṛdan** (KÆLLINGEBY I, DK-Bh 20), **gorda[n]goridiningor[d]an** (KÆLLINGEBY II, DK-Bh 21; jeweils frühes 12. Jh.) und in **[g]o͡rdan|·go͡rdin·ingo͡r** (LUREKALVEN, Hordaland, N A194) sowie **+gordin:kordan:inkorþar** auf einem *kefli* (BERGEN, N B594, um/nach 1200) wieder. Ferner sind diese drei Namen in der lateinepigraphischen Inschrift auf dem Bleiblech von Svendborg (Imer / Dørup Knudsen 2019, 65; 14. Jh.) erwähnt: + G[o]rðan A(lpha) et o(mega) + Gorðın | A(lpha) et o(mega) + ınGo͡rðan A(lpha) et o(mega) +. Bemerkenswerterweise sind darüber hinaus zwei literarische Zeugnisse beizubringen: zum einen werden in einer Dichtung der *Carmina Burana* (um 1230) *Gordan, Ingordin et Ingordan* als Gespenster (*phantasmata*) genannt, die es auszutreiben gilt (Nr. 54,2; CB I,1, 109), und zum anderen ist eine Beschwörung in der Pergamenthandschrift UB Uppsala, C 222 (spätes 13. Jh. oder frühes 14. Jh.) gegen die *elphos elphorum* ›Alben der Alben‹ *gordin. ingordin. Cord'i et ingordin. gord'i* bzw. weiter gegen die *elphos* ›Alben‹ *gord'i et ingordin* gerichtet (fol. 97v; Gjerløw 1960, 21). Wie dieses Namennest zustande gekommen ist, bleibt unklar (Flussname *Jordan*, Lokalangabe *in Jordan* und Klangvariante *Jordin*, um die Dreizahl zu erfüllen?; vgl. abwägend Düwel 2001a, 250); an lat. *c(h)orda* ›Saite‹ (MacLeod / Mees 2006, 136) wird man auch wegen des fehlenden *n* im Auslaut nicht denken wollen. – Für das gespenstisch-dämonische Wesen (aisl. *álfr*, ahd. *alb*, ae. aschw. *ælf* etc.) verwende ich (R. N.) die Form nhd. *Alb* (vgl. nhd. *Alp-traum*) und nicht aus ne. *elf* entlehntes *Elf(e)*, das heutzutage vor allem durch Fantasyliteratur und -spiele tendenziell positiv konnotiert ist.

Zur Abwehr und Bekämpfung von Krankheiten werden u.a. herangezogen:

– die Siebenschläferepisode der *Legenda aurea* (Bleirolle von Alvastra: Ög 248, 14. Jh.; vgl. Gustavson 1984, 66 f.);

– die alttestamentarische Geschichte von den drei Jünglingen im Feuerofen (Dan 3; Bleikreuz von Lödöse: Vg 264, 13. Jh.), die Namen überliefert ein Hölzchen aus Bergen (N 633, 14. Jh.);

– Zitate aus dem Hymnus *Deus pater piissime* ›Gott, gütigster Vater‹ (Bleikreuze von Madla und Bru II: N 248. 263, 13./14. Jh.);

– Zitate aus der Sequenz *Alma chorus domini nunc pangat nomina summi* ›Der Chor soll jetzt die Namen des höchsten Herrn besingen‹ (BRU II: N 263);

Zur Erleichterung einer Geburt war eine gut überlieferte Formel geläufig, die auf Seite B eines Bergenser *kefli* N 631 (14. Jh.) steht: ›Maria gebar Christus, Elisabeth gebar Johannes den Täufer; in ihrer Verehrung sei erlöst! Komm heraus, »Unkahler« (Behaarter: das Kind), der Herr ruft dich in das Li[cht].‹ In Priester Wernhers *Driu liet von der maget* (›Drei Lieder von der Jungfrau‹, entstanden 1172) hilft in dieser Situation der Besitz seines ›Buches‹ (A, v. 2505 ff.; Düwel 2001b, 177 ff.).

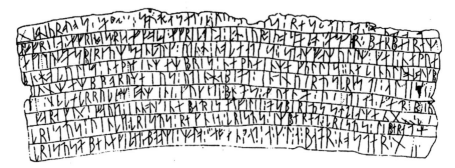

Abb. 43: Bleiplatte von Blæsinge (nach Stoklund 1987, 204); ohne Maßstab.

Für die kirchlichen Benediktionen des Mittelalters (Franz 1909) sind inzwischen sogar epigraphische Zeugnisse bekannt geworden. Das 1983 gefundene Bleiplättchen von Blæsinge (Seeland, DK-Sj 50; neuerdings in die 1. Hälfte des 13. Jh.s datiert) misst auseinandergefaltet 12×4 cm und ist mit nicht weniger als 440 Runen beschrieben (Abb. 43). Die Inschrift lautet:

›✕ Ich beschwöre euch, sieben Schwestern [...] / Elffrica, Affricea, Soria, Affoca, Affricala. Ich beschwöre und rufe euch als Zeugen an durch den Vater / und den Sohn und den Heiligen Geist, dass ihr nicht schadet diesem Diener Gottes weder / an den Augen, noch an den Gliedern, noch am Mark, noch an / seinen Gliedmaßen, damit in dir (scil. dem Diener Gottes) die Kraft Christi, des Allerhöchst- / -en, wohnt. Sieh das Kreuz des Herrn (**eccæcrruųçæmḷdoňmini**) – flieht, feindliche Mächte! Es hat gesiegt der Löwe aus dem Stamme Ju- / -da, die Wurzel Davids. Im Namen des Vaters (**innominæpaꞇris**) und des Sohnes und des Heiligen Geistes, Amen. / ✕ [...] Christus siegt, Christus regiert, Christus herrscht, Christus befreit,+ / Christus segne dich, beschütze dich vor allem Bösen. *Agla* (**a:k:l:a**). Vater unser (**baꞇær:nostær:**). ✕ II‹

Dieses ausführliche Beschwörungsformular kann in allen Teilen auf Vorlagen zurückgeführt werden (Stoklund 1987, 207; Düwel 2001a, 243 f.). Die Namen der sieben weiblichen Dämonen finden sich in Formularen gegen Fieber (insbesondere gegen Malaria) wieder, dazu bestehen Parallelen zu Beschwörungen gegen Kopf- und Nervenschmerzen aus kirchlichen Exorzismen und zur *Ecce crucem*-Antiphon in zahlreichen Benediktionen etc. Bemerkenswert sind die teilweisen Übereinstimmungen mit lateinepigraphischen Texten auf den drei Bleiplättchen aus Schleswig, Romdrup und Halberstadt (Düwel 2001a, 246 ff.). Dazu stellt sich auch die Runeninschrift auf dem Bleiblech von Kävlinge (Schonen, DK-Sk 20; 2. Hälfte 12. Jh. oder um 1200), die u.a. einen Hofsegen (*benedictio mansionis*) enthält: ›Der Friede des Vaters und des Sohnes, des gekreuzigten Christus, und des Heiligen Geistes sei be[ständig(?)] über allen, die an diesem Ort heimisch sind und ihn bewohnen.‹ (Die folgenden Textteile sind teilweise beschädigt.)

Zusammenfassend lässt sich festhalten, dass die Bleiamulette unterschiedlichen Fundkontexten entstammen und in den Zeitraum vom 12. bis zum 15. Jh. gehören. Unklar ist, ob in der Vorstellung der Hersteller und der Nutzerschaft die beabsichtigte magische Wirkung durch die Verwendung von Runen eher erzielt wurde. Jedenfalls liegt den Formeln und Formularen eine gelehrte, keinesfalls aber volkstümliche Tradition zugrunde. Die Funktion dieser Amulette ist die Abwehr von Dämonen, zu denen nicht zuletzt die Alben zählten (vgl. nhd. *Alpdrücken, Alptraum,* ae. *ylfa gescot* ›Hexenschuss‹). Ihnen legte man Unglück und Krankheit zur Last, und sie galt es abzuweisen; im Spätmittelalter waren alle allzeit von schadenbringenden Wesen bedroht – Dämonenfurcht und -abwehr prägte die Mentalität dieser Zeit.

Die Runeninschriften auf vier wohl in das frühe 12. Jh. zu datierenden Bleiamuletten aus Bornholm (KÆLLINGEBY I–II, KASTELSBAKKE und ØSTRE SKOVGÅRD, DK-Bh 20–21. 62. 67; vgl. Imer / Steenholt Olesen 2018, 134 ff.) wollen – volkssprachlich und im Einzelnen variierend – gegen den ›helkundigen‹ (**hælkuna**; i.e. mit schwarzer Magie vertrauten?) Thursen (Riesen), gegen den ewigen Alben bzw. gegen verständige Alben und gegen fürchterliche Trolle wirken. Alle vier Inschriften sind jedenfalls gegen ›den grimmigen (wilden) **greþ** (m.)‹ ([**þæ**]ɴ:**grimilika: greþ** KÆLLINGEBY II) gerichtet; welches schadenbringende Wesen oder Phänomen damit gemeint ist, bleibt indessen dunkel. Drei Inschriften enthalten jedenfalls die *Gordan*-Namen (s. S. 221).

Die Bleiamulette stellen die sachkulturelle Seite dieser auch in vielen literarischen Zeugnissen greifbaren Dämonenangst dar. Sie setzen um, was in der Handschrift UB Uppsala, C 222 auf fol. 97v am Seitenrand neben der vorhin (S. 221) genannten Beschwörung steht: *contra elphos hoc in plumbo scribe* ›gegen Alben schreibe dies auf Blei‹ (Gjerløw 1960, 21).

Erst vor kurzem wurden auf einem bereits 2010 bei Binge (Alva, Gotland) gefundenen Bleiplättchen Runen entdeckt (Källström 2023). Auf dem nicht auseinandergefalteten Stück sind in einer Zeile Geheimrunen (s. S. 241 ff.) angebracht, die beiden übrigen Zeilen scheinen eine Mixtur von Formen aus dem älteren und jüngeren Fuþark zu enthalten. Wenn das Objekt tatsächlich aus der frühen Wikingerzeit stammt, ist die Ansicht zu revidieren, dass Amulette aus Blei erst im Mittelalter gebräuchlich wurden.

IX. Runeninschriften außerhalb Skandinaviens

Während die wenigen wikingerzeitlichen Runeninschriften in östlichen und südöstlichen Gebieten – aus Russland und der Ukraine, aus Konstantinopel (İstanbul) und Piräus – unter den schwedischen Ostfahrerinschriften mitbehandelt sind (s. S. 166), werden die runenepigraphischen Texte aus den westlich von Skandinavien gelegenen Gebieten im Folgenden summarisch erfasst.

1. Aus Grönland kommen mehr als 100 Inschriften. Zu den ältesten Zeugnissen gehört der um 1000 zu datierende Holzstock I von Narsaq (GR 76/251 f.; vgl. Nordby 2018, 294 f.), der einen dunklen runenepigraphischen Text, eine Fuþorkreihe und Geheimrunen aufweist. Die Überlieferung reicht bis in die Zeit des Niedergangs der Siedlungen zur Mitte des 15. Jh.s. Die nördlichste und zugleich auch westlichste authentische Runeninschrift befindet sich auf dem Stein von Kingittorsuaq (Distrikt Upernavik, GR 1/243; GPS-Koordinaten N 72° 57′ 56″, W 56° 14′ 16″).

> Es handelt sich um eine Art Bauinschrift, die aus dem 13. oder 14. Jh. stammt: ›Erling, Sohn des Sigvat, und Bjarni, Sohn des Thord, und Eindridi, Sohn des Odd, schlichteten di[ese] »Warten« (Steinhügel) am Samstag vor Gangtag (Prozessionstag, 25.4.; **laùkardak·in:fyrir·gakndag**) auf und ru[n]ten (?; **rydu**) ᚼᚼᚠᚠᚠᚼ (unklare Geheimrunen).‹

Mit 27 Inschriften ist der Kirchensitz Garðar (Igaliku) in der Ostsiedlung der ergiebigste Fundort. Vielfach treten auf Gebrauchsgegenständen Besitzerinschriften entgegen, z.B. *Ljotr ā m[i]k* auf dem Knochen von Nipaatsoq I (GR 61/265, frühes 14. Jh.). Ferner sind etliche Fuþork-Inschriften belegt; von besonderem Interesse ist ein 1996 gefundenes Holzstück aus dem ›Hof unter dem Sand‹ im südöstlichen Teil der Westsiedlung (GR o. Nr./207, zweite Hälfte 12. Jh.). Die zwei Zeilen **fuþork[hn]** | **[ia]stbmly** sind in sog. geknoteten (mit Schlingen versehenen) Runen gehalten, die sonst nur selten begegnen (vgl. Stoklund 1995c, 531). Einen (noch) nicht vollständig gedeuteten poetischen Text zeigt das Hölzchen von Qorlortup II (GR o.Nr./275, wohl 12. Jh.), der an den Beginn einer in der altisländischen *Landnámabók* überlieferten Skaldenstrophe – *Hér megu hœlibǫrvar* ›Hier vermögen [...] die (prahlenden) Bäume ⌢) Krieger‹ (ÍF 1, 206) – anklingt (dazu Imer 2017a, 81 ff.). Aus dem von etwa 1260 bis 1450 belegten Friedhof von Herjolfsnes (Ikigaat) an der Südspitze Grönlands stammt eine Anzahl von Holzkreuzen; auf mehreren wird Maria genannt (z.B. GR 6/217). Ferner fand man dort in einem leeren Sarg einen Holzstock, dessen Runeninschrift vom Tod einer Frau auf See kündet (GR 15/234):

> [Seite A:] † **þæsi:kona:uar:lagþ:firi:borþ:i:grøna** [Seite B:] **laz:hafe:ær:guþueih:het**
> ›Diese Frau wurde über Bord in die Grönlandsee gelassen, die Gudveig hieß.‹

Dass die Verstorbene eine Norwegerin war, ist zwar möglich, aber nicht zwingend (Palumbo 2020, 291). Auf Grönland gibt es auch einige Runeninschriften in lateinischer Sprache, von denen das Holzkreuz VII von Herjolfsnes (GR 12/228 f.) und das Amulett von Kilaarsarfik (Sandnes; GR 43/96) bereits erwähnt wurden (s. S. 217); den Beginn eines *Ave Maria* liest man auf einem Holzstück aus Sandnes (GR 34/287).

© Springer-Verlag GmbH Deutschland, ein Teil von Springer Nature 2023
K. Düwel und R. Nedoma, *Runenkunde*,
https://doi.org/10.1007/978-3-476-04630-7_9

2. Island bringt es auf knapp 100 Runeninschriften, von denen allerdings nur etwa die Hälfte wikingerzeitlicher und mittelalterlicher Herkunft sind. Eine der ältesten Inschriften findet sich auf einem von der kleinen Insel Viðey im Kollafjörður stammenden *kefli* (Maße: 5,3 × 1,7 cm), das vermutlich in das späte 11. oder 12. Jh. gehört (IsR 56). Es handelt sich um ein Bruchstück, von dem der mittlere Teil erhalten ist; auf drei Seiten sind Runen zu erkennen, lediglich :**ast**: = *ást* ›Liebe‹ kann aber zweifelsfrei gedeutet werden (Knirk 2011b, 264 ff.). Bei Ausgrabungen in den Jahren 2008 und 2009 kamen im alten Zentrum von Reykjavík, und zwar nahe dem Alþingi-Gebäude, fünf Runenobjekte zutage. Das Fragment eines Eibenhölzchens (Maße: 11 × 1,5 cm) mit drei Runen **urn**[--- wurde in die Zeit um 900 datiert (Snædal 2011, 167 f.); dies ist allerdings fraglich (Bauer 2022, 55 f.). Zwei weitere Objekte sollen aus dem 11. Jh. stammen (Snædal 2011, 169 ff.): auf einem Spinnwirtel aus Sandstein liest man :**uilburk**:**amik**: ›Vilborg besitzt mich‹ (gefolgt von der unklaren Folge **yþa͡ubx**), und ein *kefli* trägt die Runen **r̩uonbaþi**, mit denen nichts anzufangen ist. Festeren Boden betritt man indessen mit den um 1200 angebrachten Schnitzereien an der Holztür der Kirche von Valþjófsstaðir in Ostisland.

Die über 2 m hohe Tür bietet zwei Bilddarstellungen. Im unteren Kreisfeld sind vier ineinandergeflochtene Drachen mit Flügeln und Greifvogelfüßen zu sehen, das obere Kreisfeld ist zweigeteilt: unten befreit ein Ritter einen Löwen (links neben einem Vogel), indem er einen Drachen tötet, und oben reitet der Ritter auf ein Gebäude zu, wo ein Löwe trauert(?), ein/der Löwe und ein/der Vogel folgt dem Ritter.

Ob das Bildwerk im christlich-allegorischen Sinn zu nehmen ist (Mensch = Ritter mit Hilfe von Christus = Löwe gegen das Böse = Drachen) oder ob es sich auf einen konkreten Stoff bezieht (etwa auf die Erzählung von *Íven*, dem Löwenritter?), lässt sich auch durch den runischen Ko-Text ›[Sieh den] mächtigen König hier begraben, der diesen Drachen erschlug‹ (IsR 88/181 ff.; vgl. RGA XXXII, 62 ff.) nicht entscheiden. Aus vorreformatorischer Zeit sind Fuþork-Inschriften (HVAMMUR, IsR 72/205) und Besitzerinschriften (HRUNI, **þo͡ra**:**amig**) bezeugt. Ab dem 15. Jh. häufen sich Grabinschriften des Typs ›Hier ruht X‹ (z.B. **her**:**huilir**:**margr**[**et**], HVALSNES I; IsR 3/76 ff.); die jüngsten Vertreter stammen aus dem 19. Jh.

Auch der Philologe Sveinbjörn Egilsson (1791–1852) hat eine derartige Grabinschrift bekommen (KIRKJUBÆJARKLAUSTUR, IsR 55).

Eine andere jüngere Inschrift befindet sich auf dem Runenhölzchen von Bergþórshvoll (IsR 63/206 f., 17./18. Jh.[?]) mit einem mittelalterlichen Runenalphabet und einer Sator-Inschrift (s. S. 219).

3. Neun Runeninschriften, die bis gegen 1500 reichen, gibt es auf den Färöern. Noch in die Wikingerzeit gehört die nur fragmentarisch erhaltene Inschrift auf dem Stein von Kirkjubøur (FR 1): ›[...] möge dem Vigulf(?) Frieden zukommen‹. Das ebenfalls wikingerzeitliche *rúnakefli* von Durhús (Eiði; FR 4) bietet eine Fuþork-Inschrift. Auf dem Stein von Sandavágur (FR 2, um 1200) wird schließlich festgehalten: ›Thorkæl, Sohn des Onond, **austmaþr** (ein »Ostmann«, i.e. Norweger) aus Rogaland, besiedelte diese Stätte zuerst‹.

4. Von den Shetland-Inseln sind bislang sieben Inschriften bekannt geworden. Wohl aus dem 11. Jh. stammen die beiden Steine von Cunningsburgh III (SH 3) und

Papil (SH 4), auf denen sich fragmentarisch erhaltene Steinsetzerformeln finden. Eine Grabplatte aus dem Friedhof von Cross Kirk (Eshaness, SH 6; spätes 13. Jh. bis ca. 1350) bietet Runen neben lateinischen Buchstaben.

5. Nicht weniger als 53 runenepigraphische Texte wurden auf den Orkneys entdeckt. Davon stammt die Mehrzahl von ein und demselben Fundplatz; im jungstein-zeitlichen Grabhügel von Maeshowe (Mainland; Durchmesser ca. 35 m, Höhe über 7 m) sind an den steinernen Wänden der zentralen Kammer etwa 33 Runeninschriften angebracht (OR-M 1–33; vgl. Holman 1996, 215 ff.; RGA XIX, 116 ff.).

Dass Nordleute vor Ort waren, ist auch literarisch bezeugt. In der altisländischen *Orkneyinga saga* (›Saga von den Bewohnern der Orkneys‹, c. 93) wird erwähnt, dass Jarl Harald und sein Gefolge, und zwar wohl im Winter 1153, auf der Hauptinsel in *Orkahaugr* (›-hügel‹) Schutz vor einem hef-tigen Schneesturm gefunden haben (ÍF 34, 247); dass es sich dabei um Maeshowe handelt, erweist die Runeninschrift OR-M 24 (s. sofort).

Soweit bestimmbar, deuten die Runen- und Sprachformen auf norwegische Her-kunft der Verfasser(innen); eine Zeit um die Mitte des 12. Jh.s ist durchaus wahr-scheinlich. Ob die fachkundig ausgeführten Inschriften jedoch bei einer einzigen oder bei mehreren Gelegenheiten verfasst wurden, lässt sich nicht sagen. Über dem Eingang zur zentralen Kammer ist die Mitteilung ›Es ist ein Wikinger, [...] kam hier herunter‹ angebracht (OR-M 1). Zwei andere Inschriften geben an, dass es sich um eine Pilgergruppe gehandelt hat, die nach (oder von?) Jerusalem (awn. *Jōrsalir*) un-terwegs war:

OR-M 14: ›Jerusalemleute (**iorsalamin** = -*menn*) brachen diesen Hügel auf‹;
OR-M 24: ›Jerusalemreisende (**iorsalafarar**) brachen Orkhaug (**orkǫuh**) auf. Lif (**lif**; aisl. *Hlíf*), die *matselja* (Wirtschafterin) des Jarls, ritzte [die Runen].‹

Dass in Maeshowe nicht nur Männer zugegen waren, wird auch aus einer weiteren, nicht ganz kohärenten Inschrift ersichtlich (OR-M 9; vgl. Spurkland 2005, 146 f.):

›Ingiborg, die schöne Witwe. Manche Frau ist vornübergebeugt (gedemütigt?) hier hereinge-gangen. Sehr protzige Person (*mikill oflāte*). Erling [in Geheimrunen].‹

Die *Orkneyinga saga* berichtet von einer Jerusalemreise, auf die sich Jarl Rögnvald mit großem Gefolge begab und die zur Mitte des 12. Jh.s ihren Ausgang von den Orkneys nahm (c. 85 ff.); ein Zusammenhang mit den Inschriften von Maeshowe ist zwar nicht auszuschließen, aber eben auch nicht zu erweisen. So müssen auch Überlegungen dahingestellt bleiben, ob die in OR-M 9 Genannten mit historischen Personen zu identifizieren sind. Im übrigen runenepigraphischen Material dominie-ren Ritzerinschriften, von denen eine besonders geartet ist (OR-M 20):

›Diese Runen [in Geheimrunen, s. S. 244] schrieb der Mann, der westlich des Meeres (scil. der Nordsee) der runenkundigste (**runstr**) ist, mit der Axt, die Gauk, Sohn des Trandil, im Süden des Landes (scil. Islands) besaß.‹

Womöglich war der Verfasser ein Isländer; der von ihm genannte *Gaukr Trandils-son* ist aus der altisländischen Literatur (z.B. *Brennu-Njáls saga*, c. 26) bekannt, of-fenbar war er der Protagonist einer verlorenen Saga. Häufiger in Maeshowe sind je-denfalls auch Ein-Namen-Inschriften, in denen sich mittelalterliche *tagger* nennen. Nur ein Beispiel gibt es hingegen für eine Fuþork-Reihe (OR-M 6). Um einen ominösen Schatz geht es in einem Verbund von vier Inschriften (OR-M 25–28). Man erfährt ferner, dass eine Ingigerd die schönste Frau ist (OR-M 21), und schließlich fehlt es auch nicht an einer Obszönität (OR-M 10):

þornysarþ hælheræist

Þornȳ sarð. Hælye ræist.

›Thorny (f.) fickte. Hælge ritzte (schrieb).‹

Die übrigen Runeninschriften von den Orkneys (OR 1–20) sind nahezu alle defektiv; vollständig ist indessen die Ritzerinschrift auf dem Stein von Tuquoy (OR 14, um/nach 1100).

6. Schottland hat lediglich vier Runeninschriften zu bieten (SC 1–2. 11. 15). Auf der Rückseite der prunkvollen Ringfibel von Hunterston (North Ayrshire, SC 2; um 700 hergestellt) findet sich der aus der frühen oder mittleren Wikingerzeit stammende Besitzervermerk ›**malbriþa** besitzt diesen Stiel (**stilk**; *pars pro toto*: diese Fibel)‹.

Die Runenfolge am Beginn setzt entweder direkt air. *Máel Brigt(a)e* (m./f., ›Diener[in] der Brigid‹) oder bereits germanisiertes **Melbrigða* um. Das maskuline Gegenstück **mail:brikti** = awn. *Melbrigði* erscheint auf dem Steinkreuz von Kirk Michael II auf der Insel Man (s. S. 229). – Die Fibel zeichnet sich durch eine lange Nadel (einen langen ›Stiel‹) aus.

Das Steinkreuz von Thurso I (Highlands, SC 11; 11. Jh.) zeigt eine Gedenkinschrift ›[... mach]te dieses *yfirlag* (diese Bedeckung) nach Ingolf, seinem (oder: ihrem) Vater‹. Ebenfalls in Thurso wurde 1987 auf einem Stein im Gemäuer des Turmes der alten St.-Peters-Kirche in über 6 m Höhe der Rest einer Gedenkinschrift für eine Frau namens Gunnhild entdeckt (SC 15, 11. Jh.[?]).

7. Auf den Schottland vorgelagerten Inseln verteilen sich die elf wikingerzeitlichen Inschriften folgendermaßen: je eine auf Barra (Kilbar, Äußere Hebriden; Steinkreuz, SC 8), Iona (Innere Hebriden; Grabplatte, SC 14) und Inchmarnock (im Firth of Clyde; Steinkreuz, SC 10); die acht übrigen Runeninschriften befinden sich an den Wänden einer dem irischen Heiligen Molaise (Laserian; † 639) zugeschriebenen Höhle auf Holy Island (im Firth of Clyde; SC 3–7. 9. 12–13). Soweit erkennbar, handelt es sich samt und sonders um *tagging* des Kyselak-Typs (**suæin**, SC 4) oder um ›X ritzte die Ru[nen]‹ (**ononṭr:ræịst:ru**, SC 5).

8. Aus England sind 16 Runeninschriften im jüngeren Fuþark bekannt (E 1–16). Die mit einem (gehörnten) ›großen Tier‹ im Relief abgebildete Grabplatte in der St.-Pauls-Kathedrale in London trägt am Rand die Inschrift ›G[i]nna ließ diesen Stein legen und Toki‹ (E 2 = DR 412, wohl frühes 11. Jh.). Auf dem hörnenen Kammfutteral von Lincoln (Lincolnshire, East Midlands; 11. Jh.) findet sich die Herstellerinschrift **kamb:koþan: kiari:þorfastr** ›Einen guten Kamm machte (*gjar[ð]i*) Thorfast‹ (E 4 = DR 418; vgl. Düwel 2001c, 15 f.). Im nordwestenglischen Cumbria verdichtet sich die Überlieferung. Das Taufbecken von Bridekirk bietet im unteren Bildfeld eine mit Buchstaben aus der angelsächsischen Schrift (Ƿ, 3, Đ für *w*, *g*, *ð*, dazu ⁊ ›und‹) vermischte Runeninschrift in mittelenglischer Sprache (E 1, 12. Jh.; vgl. Holman 1996, 28 ff.):

#rikarþ⦂he⦂m͡e⦂iƿrǫkte⦂7⦂to⦂þis⦂me⦂rĐ⦂3er⦂xx⦂m͡e⦂brokte

›Rikard, er machte mich, und zu dieser Pracht brachte [er] mich *ger*[...?; **xx** als **n͡arþ**?].‹

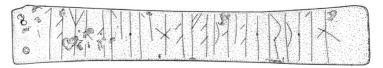

Abb. 44: Schwertscheidenbeschlag von Greenmount
(nach IrR, 51: Fig. 17); M ca. 1:1.

Nach bekannten Mustern liest man an einer Wand der Kathedrale von Carlisle: ›Dolfinn (aisl. *Dólgfinnr*) schrieb diese Runen auf diesen Stein‹ (E 3, 12. Jh.).

9. Aus Irland stammen 16 Runeninschriften (IrR 1–16). 12 Inschriftenträger kamen in Dublin (aisl. *Dyflinn*), das lange Zeit eine stark befestigte wikingische Enklave war, bei Grabungen in den 1980er und 1990er Jahren zutage. Die Mehrzahl der Inschriften ist jedoch schwer verständlich. Immerhin teilweise deutbar sind die Ritzungen auf der geglätteten Fläche eines Stückes Hirschgeweih (IrR 12, um 1000): es handelt sich um die Materialangabe **hurn:hiartar·** ›Geweih des Hirschen‹; die anschließende Sequenz **la:aysaʀ** bleibt indessen unklar (*lā ā ōs*[*i*] *āʀ* ›lag an der Mündung des Flusses‹?). Ferner ist auf den zwei Seiten eines Runenhölzchens (IrR 11, Mitte 11. Jh.) je eine Fuþork-Reihe zu erkennen. Von den vier außerhalb Dublins gefundenen Runenobjekten ist auf einem bronzenen Riemenbeschlag aus dem Grabhügel Greenmount bei Castlebellingham (Baile an Ghearlánaigh, County Louth; um 1100), der zu einem Schwertgurt gehört haben muss, der Besitzer der Waffe genannt (Abb. 44; IrR 1; vgl. Grünzweig 2004, 147 f.):

tomnalselshofoþasoerþeta

Domnall selshǫfuð ā sverð þetta.

›Domnal (air. *Domnall* → ne. *Donald*) Seehundskopf besitzt dieses Schwert.‹

Wie auch aus anderen Beispielen hervorgeht (vgl. S. 144. 207. 209), hat man im alten Skandinavien ein Faible für prägnante Beinamen gehabt; auf eine ›tierische‹ Gesichtsphysiognomie bezieht sich etwa auch aisl. *svínhǫfði* ›Schweinskopf‹, der Beiname des Landnehmers Sigurd (ÍF 1, 116 f.). Ein Zeugnis des multikulturellen Milieus im alten Irland bietet der fragmentarisch erhaltene Steinkreuzschaft von Killaloe (Cill Dalua, County Clar; 10./11. Jh.). Auf der Rückseite wird eine Kreuzigung stark vereinfacht abgebildet, auf der Vorderseite befindet sich eine Runeninschrift (IrR 2) und auf der rechten Schmalseite eine Ogam-Inschrift (CIIC 54/58 f.):

[Seite A:] **þurgrim‡ris⌈t⌉i+|[k]rusþina**   [Seite B:] BEANDACHT [AR]|TOROQR[IM]

Þorgrīm r[*e*]*isti* [*k*]*ros þenna.*   mir. *Beandacht* [*ar*] *Torokr*[*īm*].

›Thorgrim errichtete dieses Kreuz.‹   ›Segen [für] Thorgrim.‹ (X= EA)

10. Die Insel Man bringt es auf 35 Runeninschriften, die meist aus dem Zeitraum von ca. 925 bis 1020 stammen (MM 42. 43 [...] 193. 200; es handelt sich um Inventarnummern des Manx Museum). Die Runen- und Sprachformen deuten auf norwegische Provenienz. Die größtenteils in Kurzzweigrunen gehaltenen Inschriften sind durchwegs auf Steinen angebracht, und zwar hauptsächlich auf häufig nur fragmentarisch erhaltenen Steinkreuzen in keltischer Tradition, die (sofern noch vorhanden)

im Relief gearbeitete Radkreuze zeigen. Was die Textsorte betrifft, handelt es sich vorwiegend um Gedenkinschriften, die im Unterschied zu den festlandskandinavischen Gegenstücken, aber wie etwa auf KILLALOE (s. vorhin, S. 228) das Formular ›X errichtete das Kreuz (**krus**; nicht: den Stein) nach Y‹ realisieren. Ein gutes Beispiel bietet BRADDAN IV (MM 135/139 ff.; vgl. Holman 1996, 119 ff.):

> þurlibr:nhaki:risti:krus:þānā:aft:fiak:suṇ:sin:ḅruþur:sun:habrs×ıһʃՈʃ
>
> ›Thorleif Nacken (awn. *hnakki*) errichtete dieses Kreuz nach (dem Tode von, zum Gedenken an) Fiak, seinem Sohn, den Brudersohn (Neffen) des Hafr. Jesus.‹

> Wie Thorleif und der auf dem Stein von Storgården (Hindsberg; Vg 12, um 1000) in Västergötland genannte Olaf zu ihren Beinamen ›Nacken‹ gekommen sind, lässt sich nicht klären.

In den Inschriften auf der Insel Man folgen auf die Memorialformeln – anders als in Dänemark und Schweden – nur selten Signaturen der Art ›X ritzte (schrieb) die Runen‹ (MAUGHOLD IV, MM 142/213 ff.: *Arni*; ONCHAN, MM 141/227 ff.: *Þūrīðr*). Auf dem Stein von Kirk Michael II (MM 101/169 ff.; vgl. RGA XVI, 588) schließt an die Gedenkinschrift eine übertreibende Herstellerangabe an:

> Zeile I: ×mail:brikti:sunr:aþakans:smiþ:raisti:krus:þanā:fur:salu:sina:sin:brukuin:kaut:×
> Zeile IIa [Vorderseite, rechts oben]: kirþi:þanā:auk
> Zeile IIb [Vorderseite, links oben]: ala:imaun×
>
> ›Melbrigði (air. *Máel Brigti*, s. S. 227), Sohn des Schmiedes Aðakan (air. *Áedacán*), errichtete das Kreuz für seine Seele (*fyr sālu sīna*), von Sünde befreit (?, Olsen 1954, 211 f.; unsicher). Gaut machte dieses [Kreuz] und alle in Man (*ī Mǫn*).‹

Der hier genannte Gaut erscheint auch auf ANDREAS I (MM 99/89 ff.) in einer weiteren Herstellerinschrift: ›Gautr machte [das Kreuz], Sohn des Björn von Koll‹. Auf dem Bruchstück MAUGHOLD I (MM 145/203 ff.; vgl. Holman 1996, 151 f.) findet sich unterhalb einer zweizeiligen Runeninschrift (›Joan, der Priester, ritzte die Runen‹ und eine Fuþark-Reihe; um oder nach 1150) die erste Hälfte eines (beträchtlich?) früher als die Runen angebrachten Ogam-›Alphabets‹ (BLVSN HDTCQ; CIIC o. Nr./483; vgl. Ziegler 1994, 94 f.). Ferner sind auch auf der Kreuzplatte von Kirk Michael III (MM 130/174 ff.; vgl. Holman 1996, 137 ff.) Runen- und Ogamschrift vergesellschaftet.

> Einige unbeschriftete Steinkreuze von der Insel Man stellen Szenen aus der Sigurdsage dar (Düwel 1986a, 240 ff.; RGA XXVIII, 414 f.), so auch auf ANDREAS VI (MM 121/111 f.). Dort ist am Hals des abgebildeten Pferdes ein Graffito **kax** (vielleicht **kaṇ**) auszumachen; darin aber den unvollkommen wiedergegebenen Namen von Sigurds Pferd *Grani* zu erblicken (Page 1981, 133), ist nicht angängig.

Zu angeblichen Runeninschriften in Nord- und Südamerika s. S. 280.

X. Thesen zum Ursprung der Runenschrift

Die Frage nach der Entstehung der Runenschrift wurde schon im 19. Jh. gestellt und unterschiedlich beantwortet; die seinerzeit entwickelten Thesen wirken bis in die Gegenwart hinein. In den letzten Jahrzehnten ist eine ganze Reihe Arbeiten zu diesem Thema erschienen, ohne dass eine überzeugende Lösung erzielt worden wäre. Wenn nicht neue, aussagekräftige Funde Klarheit bringen, dürfte es auch weiterhin Gefechte im Dunkeln geben, deren stereotype Eröffnungsattitüde lautet: kein Problem sei schon so oft behandelt worden, bei keiner Frage würden die Meinungen so weit auseinandergehen etc. Bemerkenswert ist sowohl der Aufwand an Gelehrsamkeit und Buchwissen – dieses hatten der oder die Schöpfer der Runen nicht verfügbar – als auch die immer wieder zu beobachtende Tendenz, ungeklärte und unerklärbare Details mit Hilfe willkürlicher bis phantastischer Vorentscheidungen zu überdecken. Heutzutage herrscht (nur) in den folgenden zwei bzw. drei Punkten weitgehende Übereinstimmung:

– Die Runenschrift ist keineswegs aus dem Nichts entstanden bzw. keine rein einheimisch-germanische Erfindung, sodass
– ein mediterranes Alphabet als Anregung oder Vorlage gedient hat;
– für den Schrifttransfer ist die Verbreitung der ältesten Runendenkmäler zu berücksichtigen.

Was den letztgenannten Faktor betrifft, so ist eine These umso unwahrscheinlicher, je weiter in Raum und Zeit entfernt der vermutete Kulturkontakt stattgefunden hat, denn die zu überbrückenden Weg- und Zeitstrecken erfordern naturgemäß angreifbare (Zusatz-)Annahmen.

Im Einzelnen werden bei möglichen Vorlagenalphabeten verschiedene Aspekte im Vergleich zur Runenschrift betont, vor allem

– kulturgeschichtlicher Art:
  – Außenwirkung der betreffenden Schriftkultur, Intensität des Kontakts zu germanischen *gentes*;
  – Ort und Zeit des Schrifttransfers;
– schriftgeschichtlicher Art:
  – graphematisch: äußere Übereinstimmungen der Schriftzeichen (einer Alphabetschrift) und
  – graphophonematisch: Entsprechungen der den Schriftzeichen zugeordneten Laute;
  – (ortho)graphisch: Analogien in Schreibkonventionen (Schriftrichtung, Interpunktion, Wiedergabe von Doppellauten und besonderen Konsonantenverbindungen etc.; vgl. S. 8 f. 9. 10 f.).

Die unterschiedliche Gewichtung einzelner Gesichtspunkte erschwert es, die verschiedenen Lösungsversuche zu vergleichen. Nicht erheblich ist jedenfalls das häufig gebrauchte Argument, es sei unwahrscheinlich, dass der oder die Schöpfer der Runenreihe mehrere lokal oder regional benachbarte Vorlagenalphabete benutzt habe (eklektische Vorgehensweise). Genau dieser Fall ist ja bei der Schaffung der gotischen Schrift durch Bischof Wulfila um die Mitte des 4. Jh.s eingetreten; die Basis bildet hier das griechische Alphabet, einzelne Buchstaben haben aber ersichtlich lateinische (Ɍ *r*, Ⅎ *f*, im S-Typ auch S *s* ← R, F, S) und runische Vorbilder (ᚢ *u*, ᛟ *o* ← ᚢ **u**, ᛟ **o**; vgl. etwa Braune / Heidermanns 2004, 23 f. § 1G).

In allen Arbeiten zur Entstehung der Runenschrift geht es letztlich um sechs Fragen, und zwar (1) auf welcher Basis, (2) zu welcher Zeit, (3) in welchem Gebiet, (4) von welcher Person(engruppe), (5) zu welchem Zweck und schließlich auch (6) aus welchem Grund die Runenschrift geschaffen wurde.

(1) Woher?

Was die mögliche Vorlage(n) der Runenschrift betrifft, gibt es vier prinzipielle Ansichten (vgl. RGA XXV, 579 ff.; Düwel 2012a, 235 ff.):

(a) Die Latein-These – Entstehung der Runenschrift aus der kaiserzeitlichen Kapitalschrift – wurde von Wimmer (1874, 11 ff.; 1887) wissenschaftlich begründet. Seine Herleitung hat Pedersen (1923) unter Hinweis auf Gemeinsamkeiten mit der altirischen Ogam-Schrift weiter ausgebaut, wie denn auch in jüngerer Zeit Seebold (1991a; dazu Birkhan 2010, 52 f.) einen nicht greifbaren keltischen »Zwischenträger« annimmt. Agrell (1938) legte die lateinische Kursivschrift zugrunde; in diese Richtung argumentieren auch Rausing (1992) und Quak (1996; provinzialrömische Graffiti). Ob diese Möglichkeit nach dem Fund einer Vielzahl römischer Schreibtafeln in Vindolanda am Hadrianswall (Nordengland; vgl. RGA XXXII, 423 ff.) an Plausibilität gewinnt, stehe dahin. In abgewandelter Form erscheint die Latein-These bei Askeberg (1944, 85): die Runen seien nach dem Vorbild des lateinischen Alphabets bei den Goten an der Weichsel entstanden. Was die formale Seite betrifft, hat sich Odenstedt (1986; 1990, 145 ff.) Askeberg weitgehend angeschlossen. Moltke (1951; 1985, 38 ff.) sah in den Runen eine autochthone Schöpfung mit nur geringen Anleihen an das lateinische Alphabet (zustimmend Grønvik 2001a, 10 ff.). Erneut hat Williams (1996d; 1997) für die Latein-These votiert, und zuletzt hat sich mit Vorbehalt auch Düwel (2012a, 243) für die Schaffung der Runen auf Basis oder unter Berücksichtigung der Lateinschrift ausgesprochen.

Unbestreitbar ist der geradezu überbordende Kultureinfluss Roms. Seit der Mitte des 1. Jh.s v. Chr. bestand am Rhein eine Kontaktzone zwischen *imperium Romanum* und Germanien. Es gab regen Handel, und im römischen Heer dienten etliche germanische Söldner auch in hohen Positionen. – Etliche Runen haben jedoch keine lateinische Grundlage, auch die Schreibkonventionen weichen ab.

So etwa ist nicht einsichtig, warum ᚹ w auf Q (Lautwert [k]; Wimmer, Pedersen) oder P (Lautwert [p]; Askeberg, Odenstedt) oder ᚷ g auf X (Lautwert [ks]) zurückgehen sollte; auch die Erklärungsversuche von Robertson (2012) vermögen nicht zu überzeugen. Das lateinische Alphabet hat spätestens seit dem 3. Jh. v. Chr. durchgehend Rechtsläufigkeit und kennt die runographischen Besonderheiten nicht.

(b) Die norditalische These – Entstehung der Runenschrift aus einem oder mehreren der norditalischen Alphabete – hat Marstrander (1928) begründet und Hammarström (1929) weitergeführt.

Die norditalischen Alphabete sind eine Gruppe verwandter Schriftsysteme, die (wie übrigens auch die Lateinschrift) vom etruskischen Alphabet abstammen, das seinerseits auf ein westgriechisches ›rotes‹ Vorlagenalphabet zurückgeht. Die norditalischen Alphabete wurden bis gegen Christi Geburt von verschiedenen Sprachgemeinschaften in der Region nördlich des Po bis in die Alpen hinein verwendet; von Ost nach West handelt es sich um Venetisch, eine eigenständige italische Sprache, im heutigen Veneto (RGA XXXII, 136 ff.), Rätisch, dem Etruskischen verwandt, im heutigen Süd- und Nordtirol sowie im Trentino (RGA XXIV, 86 ff.), Kamunisch, dessen Sprachstatus unklar ist, in der nördlich von Brescia gelegenen Valcamonica (RGA XXXV, 334 ff.) und Lepontisch, eine keltische Sprache, im Gebiet um Lago Maggiore und Comer See (RGA XVIII, 273 f.).

In einem seiner letzten Werke vertrat Krause (1970, 36 ff.) noch einmal die Norditalisch-These; allerdings verknüpfte er sie stets mit dem Einwirken vorrunischer Sinnzeichen auf die Ausbildung der Runen. Die norditalische Herkunft fand Anklang in der italienischen Forschung (z.B. Pisani 1966; Prosdocimi 2003; 2006: Venetisch). Als Schöpfer der Runenschrift vermutete Höfler (1971) einen Eruler, der Kronzeuge, ⌐ΓⅤⴷⴶⵕ auf Helm A von Ženjak-Negau, kann jedoch nicht als k[enturia] Erul[i] gefasst werden, denn (Sondrio-)rätisches Γ steht für t (oder p?). Rix (1992) hingegen vertrat die Ansicht, die Runen seien verschiedenen norditalischen Alphabeten entnommen und von Söldnern nach Germanien gebracht worden. Auch Mees (2000) hat für die von ihm »North Etruscan« genannte These votiert (vgl. Salomon 2020a, 170). Die Bedeutung der kamunischen Inschriften, die schon Altheim / Trautmann (1939, 9 ff.) ins Auge gefasst hatten, wurde zuletzt wieder von Eichner (2006a) und Schumacher (RGA XXXV, 336) betont.

Auch die Völker im vorchristlichen Norditalien pflegten Kontakte zu den Germanen. Die blühende Kultur der Veneter hatte gewiss auch einige Außenwirkung, und die wohl venetische Inschrift auf dem Helm B von Ženjak-Negau (⌐ⴷⵑⴽⵕⵜⵏⵙⵜⴷⵔⵏⴷⴶⴽ = germ. *Harigasti Teiwā*; Nedoma 1995) zeugt von der Anwesenheit germanischer Söldner im Südostalpenraum des 2./1. Jh.s v. Chr. Die norditalischen Alphabete kamen allerdings bis zur Zeitenwende außer Gebrauch, sodass eine zeitliche Differenz zum Auftreten der frühesten Runeninschriften im (frühen oder) späten 2. Jh. n. Chr. besteht. – Zeichenformen und Schreibkonventionen stimmen im Großen und Ganzen mit den runischen Usancen überein.

(c) Die Griechisch-These – Entstehung der Runenschrift aus einem griechischen Alphabet – geht auf von Friesen (1904; 1918, 6 ff.; 1933, 5 ff.) zurück, der mit seinen Darlegungen seinerzeit einigen Zuspruch erfahren hat; er meinte, die Runen seien um 200 n. Chr. bei den Goten im Schwarzmeergebiet auf Basis der griechischen Kursivschrift mit lateinischen Einsprengseln entstanden (vgl. Giertz 1993). Nach Bugge (1905–1913, 120; zuvor bei Falk 1899, 5 f.) seien griechische und lateinische Schrift in den Runen zusammengeflossen (ähnlich in neuerer Zeit Antonsen 1982). Aus einer in Gallien im Umlauf befindlichen griechischen Kursive leitet hingegen Fairfax (2014) die Runen her. Ungefähr gleichzeitig mit Bugge und von Friesen hat Hempl (1899) ein westgriechisches (›rotes‹) Alphabet der Zeit um 600 v. Chr. als einzige Vorlage erwogen. In ähnlich frühe Zeiten, jedoch ohne eine nähere Bestimmung der konkreten griechischen Vorlage(n) oder des Szenarios des Schrifttransfers, führen die Vorschläge von Kabell (1967: 6. Jh. v. Chr.) und Morris (1988: offenbar 6./5. Jh. v. Chr.; begründete Kritik bei Düwel 1991).

Den/die Erfinder der Runen unter den Goten der Zeit um 200 n. Chr. zu suchen, ist mittlerweile aus zeitlichen Gründen hinfällig: die ältesten Inschriften stammen ja aus dem 2. Jh. (s. S. 29 f.). Schon weitaus früher, und zwar mindestens ab dem 3. Jh. v. Chr., sind ostgermanische *gentes* (Skiren, Bastarnen) in den Gesichtskreis der hochstehenden griechischen Kultur gelangt. Die Kontaktzonen – Schwarzmeergebiet, Balkanhalbinsel – sind allerdings von Skandinavien weit entfernt. Falls ein archaisches griechisches Alphabet als Quelle der Runen bemüht wird, kommt noch eine gewaltige zeitliche Kluft von 500 bis 600 Jahren dazu. – Zu den Runen würden die Zeichenformen der älteren griechischen Lokalalphabete eindeutig besser passen als die des ionisch-attischen ›Einheitsalphabets‹, das sich ab dem frühen 4. Jh. v. Chr. (in Athen 403/402 v. Chr.) etabliert hat. In puncto Schreibkonventionen bestehen Gemeinsamkeiten mit den Runen.

(d) Die phönizisch-punische These – Entstehung der Runenschrift aus einem von den Karthagern gebrauchten Alphabet – hat Vennemann in einer ganzen Reihe von Arbeiten (zuerst 2006; danach v.a. 2011; 2015; s. ferner Mailhammer / Vennemann 2019, 141 ff.) vertreten. Zuvor wollte bereits Troeng (2003), der das Lateinalphabet als Basis der Runenschrift anerkannte, einige Runen aus einer nabatäisch-aramäischen Variante der phönizischen Schrift herleiten (berechtigte Kritik bei Heizmann 2010, 14 Anm. 24). Vennemann meint, dass die Küstenregionen Germaniens von ca. 525 bis 201 v. Chr. unter karthagischer Vorherrschaft gestanden seien und die Runen direkt der phönizisch-punischen Schrift entstammen würden.

Kontaktzone wäre der »Nordostseeraum« bzw. genauer Dänemark. Freilich gibt es für eine karthagische Kolonisierung Skandinaviens in prähistorischer Zeit nicht die geringste Evidenz. Es ist befremdlich, dass sich eine immerhin dreihundertjährige Suprematie in keinem einzigen Bodenfund niederschlüge, und die Zeitspanne bis zum Einsetzen der runischen Überlieferung ist ebenfalls nicht leicht zu erklären. – Viele Zeichenformen gehen konform; die Germanen müssten allerdings unabhängig von den Griechen aus dem ursprünglich vokallosen phönizischen Alphabet in fast identischer Weise systematisch Vokalzeichen entwickelt haben; so etwa wäre aus dem ʾAjin ○ run. ⊗ (warum nicht ○ bzw. ◇?) [o(:)] wie gr. O [o(:)] generiert worden. Die Schreibkonventionen der phönizisch-punischen Schrift decken sich weitgehend mit den runischen Usancen.

Eine weitere Parallele zwischen den beiden Schriftsystemen besteht darin, dass jedem Zeichen ein Begriff zugeordnet ist; im Griechischen sind die phönizischen Buchstabennamen ›sinnlose‹ Termini technici, der Lateinschrift und den norditalischen Alphabeten ist Derartiges überhaupt fremd. Es fällt auf, dass run. ᚠ **f** ~ urgerm. *fehuⁿ* ›Vieh‹ am Beginn der Zeichenreihe ein Fast-Synonym von phöniz. ᚨ *ʾāleph* ›Rind‹ ist (z.B. Troeng 2003, 291; Vennemann 2006, 385 u.ö.); weitere Gemeinsamkeiten dieser Art bestehen aber nicht, denn Paare wie ᚢ **u** ~ *ūruz* ›Ur‹ und ∧ ~ *gīmel* ›Kamel‹ sind kaum beweiskräftig. Überhaupt harrt die beispiellose Reihenfolge der Schriftzeichen im Fuþark einer schlüssigen Erklärung. Seebold (1986, 541 ff.; 1993, 415 ff.) vermutet eine »magisch-mantisch begründete« Umordnung einer vorausliegenden (faliskischen) Alphabetreihe in Zeichenpaare nach dem sog. Atbasch-Verfahren, und in ähnlicher Weise nimmt Griffiths (1999) an, ein in Gallien verwendetes griechisches Alphabet sei mittels paarweise arrangierter Konsonanten restrukturiert worden. Beide Vorschläge setzen aber elaborierte, nicht weiter zu begründende Annahmen und Umbildungen voraus. Man hat auch den wesentlich bodenständigeren Gedanken geäußert, dass im Anfang der Runenreihe (an.) *fuð* ›Vulva‹ stecke (Schwink 2000, 241 Anm. 3; Liberman 2009, 270 f.) – aber hier wäre doch urgerm. *fuþiz* zu erwarten (vgl. S. 207). Und dass die Fuþark-Folge mnemotechnisch-pädagogische Vorzüge hätte (Straubhaar et al. 2020, 262 ff.; vgl. Reichmann 2011, 21: das Fuþark als Merkgedicht), will ebenfalls nicht einleuchten. – Als Hauptformen der in Frage kommenden Vorlagenalphabete dürfen jedenfalls gelten:

run.→	lat.→	norditalische Alphabete				gr.→	phön.←
		venet.←	S-rät.←	M-rät.←	kamun.←		
ᚠ f	F	ꓵ v	ꓵ v	ꓵ v	⊞⊞ⅎ v	[ꟻꟼ w]	ꓨꓶ w
ᚢ u	V	ᴧ u	V u	ᴧ u	ᴧV u	VY u	ꓵꓶ w
ᚦ þ	(D?)			(ꟿ /ts/)	◀ d	(⊙⊗ th)	(⊕⊖ ṭ)
ᚨ a	A	ꓯᴧ a	ᴧ a	ᴀ a	ꓯᴧ a	ᴀᴀ a	ꓗꟼꜟ
ᚱ r	R	ꓒ r	ꓒ r	ꓒ r	ꓒ r	ꓑꓓ r	ꓷꟼ r
<^ k	C, K	ꓘ k	ꓘ k	ꓘ k	ꓱ‖ k	ᴋᴋ k	ꓨꓬ k
ᚷ g	(X /ks/)	ꓬ g (X d)	(X θ)	(X θ)	⟩ꓶ g	ꓦ g (X kh)	ᴧᴧ g
ᚹ w	(P)			(ꓵ p)			
ᚺ h	H	⊩⧩ h	ꓧ h	ꓧ h	ꓧᴋ h	(ꓧꓜ ē)	ꓭꓮ ḥ
ᚾ n	N	ꓳ n	ꓳ n	ꓳ n	ꓵ n	ꓐꟼ n	ꓶꓭ n
ᛁ i	I	ꓲ i	ꓲ i	ꓲ i	ꓲ i	ꓲ i	
⟡ j	(G?)						ꙋꙌ j
ᚾᛁ ï							
ꓘ p	Pꓝ	ꓵ p	ꓵ p	ꓵ p	ꓳꓴ p	ꓒꓔ p	ꓢꓢ p
ꓦ⅄ z		(ꓦ g)	(ꓦ χ)	(ꓦ χ)	ꓦ⅄ z	(ꓦꓦ ps)	
⟨⟩ s	S	⟨ s	ꓢ s	ꓢ s	ꓓ s	⟨, ꓚ s	ꓪꓽ š
ꓔ t	T	ꓫ◈ꓔꓕ t	ꓩ t (↑ /ts/)	ꓕꓕ t	ꓕꓕ t	ꓕ t	ꓕꓕ t
ᛒ b	B	◈ b	◈ φ	ꓕ φ	ꓮꓷ b (ꟿ ś)	ᴃ b	ꓷꓷ b
ꓟꓚ e	Eꓲꓲ (M)	ꓜ e (ꓟ ś)	ꓜ e (ꓟ ś)	ꓜ e (ꓟ ś)	ꓜ e	ᴇꓜ e	(ꓘꟼ h)
ꓟ m	M	ꓹ m	ꓹ m	ꓹ m	ꓹ m	ᴍꟿ m	ꓹꓴ m
ꓩ l	L	ꓩ l	ꓩ l	ꓩ l	ꓩꓩ l	ᴧꓩ l	ꓡꓡ l
◇ ŋ		(◇ o)			(o o)	(O o)	(oo ꟼ)
ꓟ d	D	ꓫꓫꓕ◀ d			◀ꓟꓪ◀ d	ᴧ d	ꓥ d
⟡ o	O	◇ꓥ o			o o	O o, Ω ō	(o ꟼ)
—	Q, Y, Z	⊩ꓴ f		ꓷ z [ð]?	‖‖ θ, ꓬ x, ⊕ q [etc.]	ꓲ z, ꓲ x, ꓑ q, ꟼ ph	ꓩ z, ꓿ꟿ s, ꓦ ṣ, ꟼꟼ q

Entsprechungen der Schriftzeichen (standardisierte Hauptformen) in alten Alphabetschriften; bloß formale Übereinstimmungen bzw. Ähnlichkeiten in grauer Schrift und in Klammern. – Runen, Lateinisch, Griechisch rechtsläufige (dextroverse) Formen; Norditalisch, Phönizisch linksläufige (sinistroverse) Formen. – Lateinisch: wichtigere kursive Varianten (Rausing 1992, 202 f.) an zweiter Stelle. Venetisch: Untermann 1978, 869; RGA XXXII, 137; ꓧ h, ꓕ t Negau B: Nedoma 1995, 23; ◀ d Gurina: V-Gt 1; ꓥ o Este: V-Es 91. Rätisch (S[anzeno], M[agrè]): Salomon 2020b, 274; *TIR* sub Characters. Kamunisch: Zavaroni 2005; Salomon 2020a, 84. Griechisch: Ionisches ›Einheitsalphabet‹ (Zusatz: obsoletes Digamma ꟻ); ältere Formen an zweiter Stelle. Phönizisch: Friedrich 1951, Schrifttafel sub Nr. 10/11 und 38; punische Varianten an zweiter Stelle.

Über jeden Zweifel erhaben sind lediglich graphophonematische (Fast-)Entsprechungen, also etwa run. ᚢ **u** – venet. ᚢ für /u(:)/ etc.; vielfach muss es aber auch zu Formveränderungen bei gleichem oder ähnlichem Lautwert gekommen sein. In der Frage, inwieweit man rein formale Entsprechungen oder Ähnlichkeiten in Anspruch nehmen kann (z.B. run. ᚦ **þ** – lat. D), scheiden sich die Geister.

(2) Wann?

Der *terminus ante quem*, der Zeitpunkt, vor dem die Runenschrift entstanden sein muss, wird durch das Auftreten die ältesten Runeninschriften markiert – oder was man dafür hält. Sind etwa die Zeichen auf der Fibel von Meldorf (S. 28 f.) oder gar auf der Keramikscherbe von Osterrönfeld (S. 93), die beide in das 1. Jh. n. Chr. gehören, lateinische Buchstaben, ›Protorunen‹ (quasi noch in einem Experimentierstadium), schon regelrechte Runen oder nur Schriftimitate? Die archäologische Datierung der frühesten gesicherten Runenobjekte führt jedenfalls zumindest in die Mitte des 2. Jh.s oder kurz danach (Kamm von Vimose, Lanzenspitze von Øvre Stabu; S. 29), vielleicht auch in die erste Hälfte des 2. Jh.s, falls der kürzlich gefundene Stein von Svingerud/Hole (S. 66 f.) derart früh zu datieren ist. Zu beachten ist allerdings, dass es sich hier um Niederlegungsdatierungen handelt; wie weit die Beschriftung zurückliegt (etliche Jahre oder Jahrzehnte?), lässt sich nicht genau sagen, wenn auch nicht mit größeren Zeiträumen zu rechnen ist.

Öfter werden die von Tacitus im ausgehenden 1. Jh. n. Chr. beschriebenen *notae* ins Spiel gebracht (*Germania*, c. 10,1; Perl 1990, 88):

›Auf Vorzeichen und Losorakel achten sie [die Germanen] unter allen [Völkern] am meisten. Das gewöhnliche Verfahren der Weissagungen ist einfach: sie schneiden von einem fruchttragenden Baum einen Zweig ab und zerkleinern ihn in Stäbchen, die sie mit bestimmten Zeichen (*notae*) voneinander unterscheiden, und streuen sie über ein weißes Tuch, ganz wie der Zufall es will. Dann betet bei einer Befragung für die Gesamtheit der Priester der Gemeinschaft, bei einer Befragung für die Hausgenossenschaft der Familienvater selbst zu den Göttern. Indem er zum Himmel hochblickt, hebt er dreimal je eines auf und deutet die aufgehobenen [Stäbchen] nach den eingeschnittenen Zeichen.‹

Dass es sich dabei um Runen – dies müssten dann wohl Begriffsrunen sein – handelt, ist zwar möglich, aber nicht weiter zu erhärten. Auf den Orakelstäbchen können gleichwohl Symbole verschiedener Art angebracht worden sein, aus deren Konstellation die entsprechenden Ratschlüsse in öffentlichen wie privaten Angelegenheiten abgeleitet wurden.

Ein weiteres Problem betrifft die ›Inkubationszeit‹ zwischen der Ausbildung der Runen und dem Auftreten der ersten Inschriften. Vielfach setzt man eine überlieferungslose Spanne von etwa 50 oder 100 bis 200 Jahren voraus (vgl. u.v.a. Rix 1992, 439), diese Annahme lässt sich aber weder theoretisch begründen noch in irgendeiner Form nachweisen (Düwel 2012a, 233). Die Vorlaufzeit wird gern damit erklärt, dass die Runen mit ihren eckigen Formen zum Schreiben auf Holz geschaffen worden seien, Holz als organischer Inschriftenträger jedoch vergänglich ist. Wie wenig diese Annahme zutrifft, zeigen die frühen Moorfunde von Thorsberg, Vimose und Illerup (s. S. 31 ff.), die Runeninschriften auf Gegenständen aus Holz und Metall (diese auch mit gerundeten Runenformen; vgl. S. 33) tragen.

Je nach Entscheidung in diesen Fragen kommt man für die Entstehung der Runenschrift in die Zeit um 150 n. Chr. (bei ›Soforteinsatz‹) bis um 50 v. Chr. (mit Latenz von 200 Jahren, was eine Zusatzannahme impliziert). Im Rahmen einer Herleitung aus einem archaischen griechischen oder dem phönizisch-punischen Alphabet hat man längere Fundlücken (ca. 500–600 bzw. 300 Jahre) in Kauf zu nehmen.

(3) Wo?

Auf das Gebiet, in dem die Runen geschaffen wurden, gibt die Verbreitung der ältesten Inschriften im 2. und 3. Jh. einen Anhaltspunkt.

Es handelt sich um den Stein von Svingerud/Hole (S. 66 f.), den Kamm von Vimose und die Lanzenspitze von Øvre Stabu (S. 29), um die nicht vor Ort beschrifteten Kriegsausrüstungsfunde von Thorsberg, Vimose und Illerup (S. 31 ff.), mehrere Fibeln aus dänischen Frauengräbern (S. 35 ff.), Lanzen- und Speerspitzen aus Regionen südlich der Ostsee (S. 68 ff.) und schließlich den Kamm von Frienstedt (S. 76 f.).

In relativ kurzer Zeit sind nicht weniger als fast 30 Runeninschriften aus Südnorwegen, Westschweden, Schonen, von den dänischen Inseln, aus Jütland, Norddeutschland und Nordpolen belegt – das ›runische Epizentrum‹ liegt sonach in diesen Regionen. Davon unabhängig aber ist die Frage, wo die entscheidende Initialzündung stattgefunden hat. Bekanntschaft mit dem lateinischen Alphabet hat es, wie auch archäologische Funde aus Thorsberg und Illerup zeigen (Imer 2007a), im Gefolge intensiver Handelskontakte zwischen dem Römischen Reich und Germanien in den beiden ersten nachchristlichen Jahrhunderten (s. Lund Hansen 1987; Steuer 2021, 580 ff.) gegeben, wohingegen sprachliche Kontakte im Rheingebiet (und sogar an der Niederelbe; vgl. Eichfeld / Nösler 2019) zu erwarten sind. Hierin liegt ein Argument für die Latein-These und die Entstehung der Runenschrift – dies muss jedoch angesichts des Steines von Svingerud/Hole, der Lanzenspitze von Øvre Stabu und der in Südostnorwegen bzw. Westschweden beschrifteten Waffenopferfunde nicht unbedingt in Dänemark bzw. konkret in einem Reichtumszentrum wie Himlingøje (Seeland) vor sich gegangen sein, wie mehrfach vermutet wurde (Moltke 1985, 65; Grønvik 2001a, 20; Lund Hansen 2003, 397; Stoklund 2003b, 172; Heizmann 2010, 21 f.; Düwel 2012a, 243).

Im Rahmen seiner Norditalisch-These dachte Rix (1992, 423 ff.) daran, dass zurückkehrende germanische Söldner lose, in verschiedenen norditalischen Alphabeten beschriftete Objekte (Waffen, Schmuckstücke, Kleingeräte) nach Skandinavien gebracht hätten, wo dieses Konvolut als Rohmaterial für die Schaffung der Runen gedient habe. Eine derartige Annahme ist für die Ausbildung der Runenschrift außerhalb des Verbreitungsgebietes der Vorlagenalphabete durchaus denkbar; allerdings fehlen konkrete Nachweise – es ist bisher kein einziges norditalisches Schriftdenkmal in Skandinavien belegt. Der Makel der fehlenden Evidenz betrifft auch die phönizisch-punische These. Dass karthagische Kolonisten weder durch beschriftete Objekte noch durch andere Bodenfunde greifbar werden, erklärt Vennemann (2006, 378 u.ö.) damit, dass die ehemaligen Stützpunkte der Karthager an mittlerweile versunkenen Küstenstreifen lagen; dies lässt sich freilich nicht verifizieren. Zur Griechisch-These ist bisher kein vergleichbares Szenario vorgelegt worden.

(4) Wer?

Ob eine Einzelperson oder eine Personengruppe (gleich welcher Art) die Runen-schrift geschaffen hat, wird diskutiert, lässt sich aber nicht klären. So bleiben denn auch Zuschreibungen wie »merchant« (Moltke 1985, 69) »Priester« (Rix 1992, 437) oder gar »Zauberpriester« (Hachmann 1993, 347) im Singular wie im Plural will-kürliche Vermutungen, die allein auf einer Vorentscheidung über den Zweck der Runenschöpfung beruhen. Zweifellos setzen Übernahme und Entwicklung der Kul-turtechnik Schrift ein hohes Maß an intellektuellem Vermögen und Sprachbewusst-sein bzw. gewisse Kenntnisse der Sprache der gebenden Schriftkultur voraus. Dies kann man sich zumindest ebensogut bei abgemusterten Soldaten oder auch Geiseln aus führenden Kreisen (dazu Scardigli 1994, 148 ff.), die aus dem *imperium Roma-num* zurückgekehrt sind, vorstellen.

Eng verbunden mit der Frage, wo der Schrifttransfer stattgefunden hat und wo die Runen entstanden sind, hat man auch eine Ethnie zu bestimmen versucht. Im Rahmen der Griechisch-These hat man Goten im Pontus-Gebiet (aus chronologi-schen Gründen hinfällig; s. S. 232), Skiren und Bastarnen ins Treffen geführt. Unter den Norditalisch-Befürwortern haben sich Marstrander (1928, 97) und mit Vorbe-halt auch Krause (1970, 44 f.) für die Markomannen ausgesprochen. Falls man aber die Runenschrift im heutigen Dänemark entstanden sein lässt, kämen Angeln oder Eruler (diese eher ein Kriegerverband als ein Ethnos) in Betracht. Eine Festlegung auf einen »herminonischen Stamm« (Reichmann 2011, 46; damit sind die westger-manischen *Erminones* bei Tacitus gemeint) ist ohne Anhalt.

Die Inschrift auf dem Helm B von Negau (s. vorhin, S. 232) wird bisweilen als runisch bezeichnet (so u.a. Haarmann 1990, 458; Penzl 1995, 370; Schramm 2013, 146 f.), ist jedoch in einem nord-italischen, wohl venetischen Alphabet des Idrija-Typs gehalten und bietet für die Frage des Schrift-transfers bzw. der darin involvierten Person(en) keinen Fingerzeig (RGA XXI, 58).

(5) Wozu?

Offen bleibt auch, zu welchem Zweck die Runenschrift geschaffen worden ist. Zu kurz greift jedenfalls die Meinung, die älteste Funktion von Schrift sei »man schrieb nur, was man nicht sagen konnte« (Rix 1992, 426). Eher trifft das Motiv zu, das gesprochene Wort auf einem Gegenstand zu bewahren (›Schrift und Gedächtnis‹) oder eine wie auch immer geartete Mitteilung über Zeit und Raum hinweg an einen menschlichen, womöglich auch göttlichen oder dämonischen Adressaten zu richten. Es ist nicht zu klären, inwieweit das Faszinosum eine Rolle gespielt hat, dass man mit einem beschränkten Inventar einer Alphabetschrift alle menschlichen Gedanken wiedergeben kann, wie es in der Anekdote vom Kroaten Gschwebbt aus Johann Mi-chael Moscheroschs *Gesichte Philanders von Sittewald* so trefflich veranschaulicht wird (Moscherosch 1665, 672):

Wann ich Morgens aufstehe [...] so spreche ich ein gantz A.B.C., darin sind alle Gebett begrif-fen, unser HErr Gott mag sich darnach die Buchstaben selbst zusamen lesen, und Gebette drauß machen, wie er will, ich könts so wol nicht, er kann es noch besser.

Die Runen sind in der Vorstellung vieler mit dem Hauch des Geheimnisvollen (vgl. S. 1 f.) umgeben. In der Runologie äußert sich dies in der Annahme, die Runen seien zu kultischen oder magischen, vielleicht auch mantischen Zwecken geschaffen worden, worauf auch die beispiellose Reihenfolge der Schriftzeichen im Fuþark deute. Die erste Wirkung zielt auf Götterverehrung und Opferrituale, der zweite Aktionsbereich mit zwingender Wirkung auf Gegenstände und Mächte, ohne dass beides scharf voneinander zu trennen ist. Die dritte Möglichkeit schließlich entspräche dem Wunsch, mit Hilfe einer Zukunftsschau Gefahren erkennen und sich dagegen schützen zu können. Die früheste Runenüberlieferung bestätigt derartige Anwendungsbereiche nur schwach; über jeden Zweifel erhaben sind eigentlich nur die magischoperativen Waffennamen auf den Lanzenspitzen von Øvre Stabu (S. 29), Kovel' und Dahmsdorf (S. 68 f.). Frequent vertreten sind in diesem ältesten Runenkorpus die in fast jedem epigraphischen Korpus zu erwartenden Besitzer-, Hersteller- und Gegenstandsinschriften, wozu als runisches Spezifikum noch Ritzerinschriften kommen.

Festzuhalten ist jedenfalls, daß die Runen offenbar zunächst ausschließlich zur Fixierung kurzer, eher im privaten und halböffentlichen Raum angesiedelter Mitteilungen gedient haben; es handelt sich also (vorwiegend oder aussschließlich) um eine Gebrauchsschrift. Im öffentlich-rechtlichen Bereich scheinen Runen jedenfalls keine Verwendung gefunden zu haben (vgl. S. 12).

(6) Warum?

Fest steht, dass man eine Schrift »nicht einfach so« erfindet (Heizmann 2010, 16). Die Schaffung der Runen ist wohl nur aus der Kontaktsituation zum *imperium Romanum* heraus zu verstehen. Seit der Zeitenwende kam es nicht nur zu kleineren und größeren militärischen Auseinandersetzungen zwischen Römern und Germanen, es intensivierte sich auch der materielle und kulturelle Austausch (s. vorhin, S. 236). Die Annahme liegt nahe, dass man mit der Ausbildung einer eigenständigen germanischen Schrift der dominierenden römischen *literacy* eine Art Unabhängigkeitserklärung (Steuer 2021, 1261) in Sachen Kulturtechnik entgegenzusetzen versuchte. Ob die Etablierung der Runen jedoch als kleptokratisch bezeichnet werden kann (so Fischer 2005, 121), ist jedoch fraglich, denn die Runenschrift ist – gleich, welcher Herkunftsthese man anhängt – keine nur unwesentlich modifizierte Version ihrer Vorlage(n), wie schon äußerlich an Zeichenformen und -reihenfolge im Fuþark ersichtlich ist.

Noch radikaler sind indessen die Keltiberer vorgegangen, die ihre Schrift in einer Konkurrenzsituation zum *imperium Romanum* zur Mitte des 2. Jh.s v. Chr. nicht auf Basis des lateinischen Alphabets konzipierten, sondern auf die iberische semisyllabische Schrift zurückgriffen, die für die Wiedergabe ihrer keltischen Sprache nur bedingt geeignet war (vgl. Stifter 2020, 131 ff.).

Offenbar handelte es sich aber in beiden Fällen um ein kulturpolitisches Statement, das von den sozialen Eliten ausging und identitätsstiftenden Charakter hatte. Ein runenepigraphischer Text war für einen römischen Betrachter wohl nicht ohne Weiteres lesbar – die Runen sind damit eine ›Abstandschrift‹, aber trotz Grønvik (2001a, 52) keine Geheimschrift.

Zusammenfassend ist nun festzuhalten, dass eine in jeder Hinsicht überzeugende Antwort auf die Frage nach dem Ursprung der Runenschrift (noch) nicht gefunden ist; keine der vorgebrachten Herkunftsmodelle kann alle Aspekte zufriedenstellend erklären. Wie einleitend erwähnt (S. 230), wird den einzelnen Gesichtspunkten in der runologischen Literatur unterschiedliche Tragweite beigemessen, und so nimmt die bestehende Meinungsvielfalt nicht wunder.

Bei beiden in die engere Wahl kommenden Thesen gibt es Pro und Kontra. Für die Latein-These sprechen die äußeren Umstände – genauer gesagt, die seit der Zeitenwende enge kulturelle Verflechtung zwischen dem mächtigen römischen Reich als gebendem Teil und dem ›barbarischen‹ Germanien. Was die Schriftcharakteristika betrifft, wird man indessen der Norditalisch-These zuneigen – in puncto Zeichenformen und Schreibkonventionen gibt es kaum etwas, was sich nicht aus einem der norditalischen Alphabete herleiten ließe (vgl. Mäder 2022).

Das geht soweit, dass die norditalische (venetische) Inschrift auf Helm B von Negau von manchen für Runen gehalten wurde und wird (vgl. S. 237).

Solange jedoch im Rahmen der Norditalisch-These kein plausibles Szenario für den Schrifttransfer entwickelt werden kann und solange im Rahmen der Latein-These keine plausible Erklärung für die abweichenden Schriftcharakteristika geliefert werden kann, bleibt das Problem der Herkunft der Runen bestehen.

XI. Runische Kryptographie

Der Inhalt einer schriftlichen Mitteilung kann durch Verschlüsselung (auch: Chiffrierung, Kryptierung) kaschiert werden. Ein verständlicher Klartext wird dabei systematisch in einen für Außenstehende unverständlichen Geheimtext umgewandelt; der Adressat – wenn denn ein solcher vorausgesetzt wird – muss den Schlüssel kennen, um die betreffende Nachricht dechiffrieren zu können.

Wenn die Veränderung einer Normalzeichenfolge durch Schreibökonomie, Mangel an Beschreibfläche oder Ästhetisierung verursacht wird und es keinen planvoll einzusetzenden Schlüssel gibt, liegt keine Chiffrierung im eigentlichen Sinn vor. Dies betrifft

- Abkürzungen wie **f** für urn. *f[āhi]* ›schrieb‹ (Brakteat aus Raum Sønderby; S. 8. 58), wobei im Grundsatz auch Begriffsrunen (s. S. 8) hierher gehören, z.B. **j** für urn. **j[āra]* ›(gutes) Jahr‹ (Stein von Stentoften, S. 8. 25. 51);
- Tilgung von inlautenden Vokalen, so **rn̦z** für urn. *rūnōz* ›Runen‹ (Akk. Pl., Brakteat von Nebenstedt I; S. 56) oder **mkmrlawrtax** (Fibel von Etelhem, RäF 14) für urn. *m[i]k M[ā]r[i]lǣ w[o]rtǣ* ›mich (scil. die Fibel) machte M.‹ (wenig wahrscheinlich mit Antonsen 1975, 80 verschriebenes *ek er[i]laz w[o]rtǣ* ›ich, der Eril, machte‹);
- Fusion von Runen in Kreuzform (die Arme eines ✕ bilden die Stäbe vierer Runen) wie auf der Fibel von Soest (S. 83 f.) und auf dem Ringschwert von Schretzheim (S. 84);
- Fusion von Runen in vertikaler Form (sog. gebundene Runen; an einer langen Vertikallinie sind mehrere Runen aufgereiht), z.B. auf den Steinen von Haithabu I (S. 140 f.) und Sønder Kirkeby (S. 137).

Die Umstellung von Zeichen – z.B. **lua** für das Formelwort **alu** auf Pfeilschäften aus Nydam (S. 33) – ist als Kodierung ohne definierten Schlüssel ein Grenzfall. – Bei den Varianten **aul**, **lau** und **lua** in Brakteateninschriften (S. 62) ist aufgrund der besonderen Produktionsbedingungen nicht gut zu entscheiden, ob es sich tatsächlich um intendierte Anagramme oder um bloße Verschreibungen handelt.

Zu den im engen Sinn kryptographischen Verfahren, die in Runeninschriften angewandt werden (dazu grundlegend Nordby 2018, 53 ff.), zählen:

1. Inversion von Runensequenzen. Auf dem Stein von Rimsø (Nordjütland, DR 114 = DK-MJy 41; 10. Jh. oder frühes 11. Jh.) folgen auf ›Thorir, Bruder des Einrad, errichtete diesen Stein nach seiner Mutter und [...]‹ auf dem unteren Teil der Vorderseite die Runen →ᛁᚴᛅᛘ:ᛏᛋᚱᛅᚢ:ᛘᛅᛋ:ᛁᚦᚢᛅı, die nur gegen die Laufrichtung gelesen Sinn ergeben: **[t]auþi:sam:uarst:maki** ›der [T]od [der Mutter ist] am schlimmsten für den Sohn (*mægi* Dat.)‹.

2. Substitution von Runen durch zyklische Umsortierung um eine Position in der Runenreihe nach rechts. Derartige Verschieberunen finden sich in der Inschrift auf dem Stein von Rök; in der obersten waagrechten Zeile der Rückseite (s. Abb. 33.2, S. 155) sind die Runen **airfbfrbnhn** durch Verschiebung um eine Stelle im jüngeren Fuþark (**fuþãrkhniastbmlʀ**; also **a** ⇨ **s**, **i** ⇨ **a** etc.) als **sakumukmini** (zur Deutung s. S. 153 f.) zu entschlüsseln.

Ebenfalls in Verschieberunen heißt es weiter: ›welchem ein Nachkomme geboren ist‹; das Bezugswort von ›welchem‹ ist ›tapferen Mann‹ (*drængi* Dat.) in regulären Kurzzweigrunen in der darunterliegenden Zeile. Es schließt der Komplex **uilinisþat** an, der beträchtlich abweichende Interpretationen erfahren hat (›Wollt ihr das?‹, ›Das ist [noch jetzt] der Wille‹, ›Für Vilin ist das‹ etc.).

© Springer-Verlag GmbH Deutschland, ein Teil von Springer Nature 2023
K. Düwel und R. Nedoma, *Runenkunde*,
https://doi.org/10.1007/978-3-476-04630-7_11

Am Schluss dieser Zeile steht wiederum in Verschieberunen **rhfþrhis** ⇨ **knuăknat** = an. *knūā knātt(i)*, in der darunterliegenden Zeile fortgesetzt mit **iatun** (in regulären Runen): ›[er] konnte einen Riesen (er)schlagen‹.

Nicht immer lässt sich entscheiden, ob ein Klartext oder ein Geheimtext vorliegt. So kann **ftiʀfra** am Ende der rechten Zeile auf der Rückseite des Rök-Steins unverschlüsseltes [*æ*]*ftiʀ frā* ›fragte nach‹ oder – durchaus möglich, jedoch aus kontextuellen Gründen weniger wahrscheinlich – verschlüsseltes **ubafuks** = *upp af ōks* ›davon wuchs auf‹ (Lönnroth 1977, 12. 43) wiedergeben.

Dieses Verschiebeverfahren – es handelt sich um die sog. Caesar-Verschlüsselung – war schon in der Antike bekannt und findet sich auch in mittelalterlichen Handschriften verwendet (Bischoff 1954, 5, Nr. 13).

3. Substitution von Runen durch Verdoppelung der in der Fuþark-Reihe vorangehenden Rune und durch Verdreifachung der vorvorigen Rune (**ff** ⇨ **u**, **fff** ⇨ **þ**) etc. Ein Runenstäbchen aus Bryggen in Bergen (N B443, frühes 13. Jh.) gehört vermutlich in den Kontext des Schrifterwerbs; **f:ff:fffo:oo:oooh:hh:hhha:aa:aaab:bb:bbb** ergibt dechiffriert eine mittelalterliche Fuþorkreihe ohne **y** am Ende (Knirk 1994b, 187).

4. Substitution von Runen des jüngeren Fuþark durch ihre Gegenstücke aus der älteren Runenreihe. Das bekannteste Beispiel ist kopfständiges **sagwmogmenï** auf dem Stein von Rök, das entschlüsseltes **sakumukmini** ergibt (vgl. vorhin, S. 240). Nach dieser Folge in der untersten Zeile der Rückseite stehen eine Zweigrune (s. S. 243) **þ** und ein weiterer chiffrierter Komplex im älteren Fuþark; die Fortsetzung in der linken Zeile von unten nach oben verwendet ebenfalls die ältere Runenreihe für den Geheimtext.

Hier ist die Rede von einem *kvānaʀ hūsli* (Dat.) ›Opfer der Frau‹, das vergolten wird; auch diese Passage auf dem Rök-Stein hat unterschiedliche Deutungen erfahren.

5. Substitution (einer Gruppe) von Runen durch schriftähnliche Zeichen. So etwa erscheinen in der umlaufenden Inschrift auf der rechten Seite des Franks Casket (s. Abb. 24.4, S. 110 f.) nicht-runische Stellvertreter von Vokalrunen (z.B. ʜ und ⋋ ⇨ **a₂**; s. S. 111; vgl. Eichner 1991, 608).

6. Substitution von Runen durch kryptographische Elemente, die zwei Koordinaten anzeigen. Bei derartigen Positionsrunen oder Geheimrunen (im engeren Sinn) fungiert in der epigraphischen Überlieferung mit einer Ausnahme (HACKNESS; s. S. 243) das jüngere Fuþark als Klartextalphabet; der Code basiert auf der Einteilung der Runenreihe in drei Gruppen (*ættir*; vgl. S. 127), deren Reihenfolge jedoch umgekehrt wird. Die beiden ›Platzangaben‹ sind die Nummer der Runengruppe und die Nummer der Stelle innerhalb der betreffenden Gruppe; das Koordinatensystem für die Geheimrunen im jüngeren Fuþark sieht demnach wie folgt aus:

Gruppe ↓							
1	t	b	m	l	ʀ		
2	h	n	i	a	s		
3	f	u	þ	ã	r	k	
	1	2	3	4	5	6	← Stelle

Beispiele: 1/3 ⇨ **m**, 3/1 ⇨ **f**. – Für das mittelalterliche Fuþork gilt 1/5 ⇨ **y** und 3/4 ⇨ **o** (s. S. 130).

Die zwei Koordinaten der Geheimrunen werden in unterschiedlicher Weise angegeben; am gebräuchlichsten sind Zweigrunen (s. sofort).

Aus älterer Zeit lassen sich keine plausiblen Belege für die Verwendung von Geheimrunen beibringen.

Ein ganz unsicherer Kantonist ist der seit 1945 verschollene Ring von Karlino (Körlin; Westpommern, PL; vgl. S. 14). Auf älteren Abbildungen sieht man im oberen Teil einer Dreiecksfläche an der Ringaußenseite ein Gebilde ᛉ, in dem man mittels methodisch fragwürdiger Doppellesung zum einen eine Binderune **al** (a gestürzt) und zum zweiten eine Geheimrune 1/2 ⇨ **u** erkennen wollte; das so gewonnene **alu** fände sich im unteren Teil als Klartext ᚨᛚᚢ wieder. Mit solchen Überlegungen ist aber – abgesehen von der zweifelhaften Echtheit der Inschrift – kein Staat zu machen.

Ein bemerkenswertes Zeugnis ist der sog. *Isruna-Traktat*, eine kleine Abhandlung über Geheimschriften, überliefert in sechs Handschriften (9.–11./12. Jh.). Dort heißt es zuerst (Derolez 1954, 120 nach Cod. Sang. 270; hier ergänzt nach eCSg):

Iisruna dicuntur quae ǀ littera per totum scribuntur, ita ut quotus uersus sit primum breuioribus ɪ, *quae autem littera sit in uersu longioribus* ǀ *scribatur, ita ut nomen corui scribatur his litteris ita:*

ɪ · ǀǀǀǀǀ · ɪɪɪ · ǀǀǀǀǀǀǀ · ɪ · ǀǀǀǀǀ · ɪ · ǀǀ · ɪɪ · ǀǀǀ ·

›Isrunen werden genannt, die mit dem Buchstaben *i* durchgehend geschrieben werden, sodass [die Angabe,] die wievielte Zeile (~ *ætt*) es ist, zuerst mit kürzeren *i* (Pl.), welcher Buchstabe es aber in der Zeile ist, mit längeren *I* (Pl.) geschrieben wird, sodass das Wort *corui* mit diesen Zeichen so geschrieben wird: 1/6, 3/8, 1/5, 1/2, 2/3 (⇨ **korui**).‹

Bemerkenswert ist, dass diesem Code (ohne Vertauschung der Gruppen!) das ältere Fuþark zugrunde liegt, das im Karolingerreich des 9. Jh.s längst eine ›tote‹ Schrift war. Vermutlich referiert das lateinische Beispielwort als [*nomen*] *corui* (Genetiv Sg. zu *corvus* ›Rabe‹) auf Hrabanus Maurus (†856; Gelehrter, Abt und Erzbischof), dem dieser Traktat in der älteren Forschung auch fälschlicherweise zugeschrieben wurde. *Iisruna* sind ›Eisrunen‹, benannt nach dem Namen der *i*-Rune ǀ (**īsaz*); dass sich die Bezeichnung auf die Verwendung von Minuskel-*i* und Majuskel-*I* bezieht (RGA X, 567), hat angesichts der Parallelbildung *lagoruna* weniger für sich.

Diese zweite Version von Positionsrunen wird gleich im Anschluss erwähnt (Derolez 1954, 121; ergänzt nach eCSg):

Lagoruna dicuntur quae ita scribuntur per ǀ *litteram ut nomen corui:*

ᚱ ᚱᚱᚱᚱᚱᚱ · ᚱᚱᚱ ᚱᚱᚱᚱᚱᚱᚱ · ᚱ · ᚱᚱᚱᚱᚱ · ᚱ · ᚱᚱ · ᚱᚱ ᚱᚱᚱ

›Lagorunen heißen diejenigen, die so mit dem Buchstaben *l* geschrieben werden wie der Name *corui*: [Platzzahlen wie vorhin].‹

Zur Angabe der Koordinaten wird hier die *l*-Rune ᚱ (*Lago*- korrespondiert mit dem Runennamen urgerm. **laguz* ›Wasser, See, Meer‹) verwendet.

Ferner werden im *Isruna-Traktat* Hahalrunen beschrieben (Derolez 1954, 121; ergänzt nach eCSg):

Hahalruna dicuntur istae, quae in sinistra parte quotus uersus sit ostendunt, et in dextera quota littera ipsius uersus sit. ᛤ ᛥ ᛤ ᛦ ᛧ

›Hahalrunen werden jene genannt, die im linken Teil anzeigen, die wievielte Zeile (i.e. Gruppe, *ætt*) es ist, und im rechten der wievielte Buchstabe (i.e. die wievielte Rune) derselben Zeile es ist: [Platzzahlen wie vorhin].‹

Das Vorderglied von *hahalruna* wurde von Derolez (1954, 133) einleuchtend als ahd. *hāhal* m. (*hāhala* f.) ›Kesselhaken‹ erklärt, der mit seinen nach unten weisenden Zähnen Ähnlichkeiten mit den gegenständlichen Zeichen hat. In der Runologie hat sich für diese Art von Positionsrunen der Ausdruck Zweigrunen (schwed. *kvistrunor*) eingebürgert.

Der *Isruna*-Traktat schließt mit Erläuterungen zu Stopfrunen (*Stoph-*, *Stofruna*) sowie Klopfrunen (*Cloph-*, *Clofruna*); beide Kodierungsarten finden in der runischen Epigraphik keine Verwendung. Bei den Stopfrunen werden die Zahlen von Gruppe und Position in zwei Punktreihen angegeben; das Beispielwort *corui* ist wie folgt chiffriert: ..¦... ...¦¦¦.. ..¦... ∴ ∴. Die Klopfrunen sind eine Art Morsealphabet, gleich oder ähnlich der isländischen *Klapp-Rwnir*, die Jón Ólafsson aus Grunnavík in seiner *Runologia* ([2]1752; Autograph: AM 413 fol., 92v ff.) beschreibt: die Koordinaten werden durch schnelleres und langsameres Klopfen produziert. Die *chloph runa* eines Ekkehard im Cod. Sang. 176 (Ekkehard IV.?; Schuler 2015, 88 f.) sind an sich Klopfbuchstaben, deren Stelle im Lateinalphabet in der Handschrift doppelt, mittels Zahlen und Punkten, angegeben wird.

Aus dem englischen Runenkorpus zeigt lediglich die Inschrift auf dem von Wind und Wetter beeinträchtigten Steinfragment von Hackness (North Yorkshire, Yorkshire and the Humber, UK; 8./9. Jh.) Geheimrunen. Es handelt sich um Zweigrunen, die in dreieinhalb Zeilen angeordnet sind und bislang noch nicht entschlüsselt werden konnten (vgl. Page 1999, 83 ff.).

Die übrigen epigraphischen Zeugnisse für die verschiedenen Arten von Geheimrunen begegnen im wikingerzeitlichen und mittelalterlichen Norden; wie erwähnt (S. 241), dient das jüngere Fuþark als Klartextalphabet.

Der Stein von Rök (S. 152 ff.) bietet insofern eine Art Kryptorunenkompendium, als nicht nur verschobene und transponierte Runen (s. oben, S. 240 f., Punkte 2 und 4) entgegentreten, es werden auch mehrere Geheimrunenkomplexe zur Schau gestellt (vgl. Nordby 2018, 222 ff.). Zum einen finden sich auf der Rückseite (s. Abb. 33.2, S. 155) in der dritten Zeile von oben die Positionsrunen ◇◇''◇◇'''ʃ. Die *o*-Rune ◇ aus dem älteren Fuþark und die *s*-Rune ' aus der Kurzzweigreihe des jüngeren Fuþark geben Gruppe und Stelle an, ʃ ist eine Zweigrune; somit liest man 2/2, 2/3, 1/1 ⇨ **nit** (= *nyt* ›Nutzen‹?, *(h)nit* ›Zusammenstoß‹?). Zum anderen sind auf der linken Schmalseite folgende Zweigrunen angebracht:

2/5 2/4 3/6 3/2 1/3 3/2 3/6 1/3 2/3 2/2 2/3 ⇨ **sakumukmini**

(Zur Deutung dieser vieldiskutierten Folge s. S. 153 f.) Daran schließen auf der linken Schmalseite Positionsrunen an, für die Wendeformen der alten Eibenrune ⌐ und ʃ gebraucht werden:

$$\frac{\text{⌐⌐⌐ʃʃʃ⌐⌐⌐ʃʃ}}{\text{⌐⌐⌐ʃʃʃʃʃ}} \text{ i.e. } \frac{3/3,\ 3/2}{3/5} ⇨ \textbf{þur} = þor \text{ ›sei mutig‹ oder: } Þōrr \text{ (Göttername).}$$

Schließlich stehen auf der Oberseite und im anschließenden oberen Teil der Rückseite des Steins von Rök sechs Schrägkreuze, deren Arme jeweils die Stäbe von vier Runen (im Uhrzeigersinn gelesen: zwei Geheimrunen) bilden; zum Teil sind auch reguläre Runen ein- bzw. beigeschrieben:

| 2/5 2/3 **bi** | 3/2 2/3 **a** | 3/2 2/4 **ri** | 3/2 1/4 | 2/2 2/3 **i** | 3/5 3/2 **þʀ** |

Es ergibt sich **sibiuiauari｜ulniruþʀ** als Klartext, der verschiedene Deutungen erfahren hat, z.B. *Sibbi vīavari, ōl nīrøðr* ›Sibbi, der Wächter der Heiligtümer, zeugte neunzigjährig [einen Sohn]‹ oder jüngst (mit anderer Leseordnung) *ōl nē rȳðʀ sib ī wīa wæri* ›der Verderber rötet nicht eine Frau im Meer der Heiligen‹ (Williams 2021, 234 f. 271; vgl. S. 157) bzw. *ōl nī rȳðʀ sibi vīavari* ›die Hexe rötet nicht eine Heiliges beachtende Familie‹ (Ralph 2021, 493 f. 911).

Eine bereits in Kapitel IX (S. 226) erwähnte Ritzerinschrift in Maeshowe (Mainland, Orkneys; OR-M 20) beginnt mit den Zweigrunen

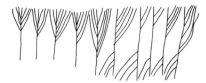

Abb. 45 (nach von Friesen 1933, 102; ohne Maßstab)

3/3, 2/3, 2/5, 2/4, 3/5, 3/5, 3/2, 2/2, 2/4, 3/5 ⇨ **þisarrunar** = *þessar rūnar* ›diese Runen‹ und setzt – abgesehen von 1/3 ⇨ **m** in *maðr* ›Mann‹ – unkodiert fort ›schrieb der Mann, der westlich des Meeres (scil. der Nordsee) der runenkundigste ist‹ (s. S. 226). Der (sich nicht bei seinem Namen nennende) Ritzer hat sein Selbstlob durch die Verwendung von Kryptographie untermauert; für diese wie auch für andere runenepigraphische Texte gilt, dass aus Platzgründen nur einzelne Partien in Geheimrunen geschrieben wurden.

Während Zweigrunen in zahlreichen, teils überraschenden Formvarianten auftreten, sind Eisrunen seltener bezeugt. Ein Beispiel findet sich auf dem Stein von Rotbrunna (U 1165, erste Hälfte 11. Jh.), in der sich der Runenmeister Erik (dazu Quak 2003) nennt:

〡〡ᛁᛁᛁᛁ〡〡ᛁᛁᛁᛁᛁ〡〡〡ᛁᛁᛁᛁᛁᛁ〡〡ᛁᛁᛁᛁᛁ〡〡〡ᛁᛁᛁᛁᛁᛁ〡〡ᛁᛁᛁᛁᛁ

2/4　2/3　3/5　2/3　3/6　　3/5　⇨ **airikr** = *Æirīkr* (**hiuk** ›schlug [die Runen]‹).

Aus der ältesten Handschrift des *Isländischen Runengedichts* (S. 254), AM 687d, 4° (um 1500), kennt man verschiedene Geheimrunenarten, die zumeist mit eigenen Benennungen versehen sind (vgl. Heizmann 1998a, 526 mit Taf. 16). Es werden unter anderem *haugrúnar* (›Hügelrunen‹, Stäbe mit gerundeten Zweigen), *belgrúnar* (›Balgrunen‹, Stäbe mit Halbkreisen), *fiskrúnar* (›Fischrunen‹, gezeichnete Fische mit Linien an Rücken und Bauch), *svínrúnar* (›Schweinerunen‹, Schweine mit Linien an Rücken und Bauch) und *skiprúnar* (›Schiffsrunen‹, Schiffe mit Linien an Vorder- und Hintersteven) aufgelistet; als Beispiel dienen jeweils die Positionsrunen 3/1, 3/2, 3/3, 3/4, 3/5 ⇨ **fuþar**.

Epigraphische Parallelen begegnen auf mehreren Runenhölzchen aus Bryggen in Bergen. Gleich vier verschiedene Arten von Geheimrunen hat der Ritzer auf dem

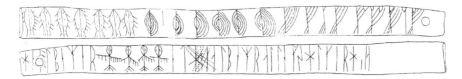

Abb. 46: Runenhölzchen von Bergen N B13 (nach Nordby 2018, 313).
Oben: Seite C (Nordby: A), unten: Seite D (Nordby: B); ohne Maßstab.

rúnakefli N B13 (Mitte 13. Jh.; vgl. Liestøl 1964, 16 ff.; Nordby 2018, 313 ff.) verwendet, das als Amulett gedient hat.

> Die Schmalseiten A und B (Nordby: C und D) bringen in unverschlüsselten Runen eine Anrufung verschiedener Heiliger und Gottes: [A:] ›[Mi]kæl, Petr, Ioannes, Andres, Lavranz (~ *Laurentius*), Tomas, Olaf, Klemet (~ *Clemens*), Nikulas – alle heiligen‹ [B:] ›Männer mögen mich beschützen, Nacht und Tag, meinen Leib und Seele! Gott behüte und segne mich.‹

Seite C bietet in ›Fischrunen‹ 3/6, 3/2, 3/3, 3/6, 2/3, 3/1, 2/3 ⇨ **kuþkifi**, in ›Balgrunen‹ 3/4, (Klartext-**s**), 1/2 (Korrektur aus 1/3 nach James Knirk), 1/5, 3/5, 3/4, 3/6 ⇨ **osbyrok** und in Zweigrunen à la Maeshowe 3/6, 2/4, 3/1, 3/4, 1/3, 2/4, 3/5, (Klartext-**i**), 2/4 ⇨ **kafomaria**. Es ergibt sich ›norrön-aisl.‹ *Guð gefi oss byr ok gæfu María* ›Gott gebe uns (günstigen) Fahrtwind und Maria Glück‹. Auf Seite D liest man nach unverschlüsseltem **hixlbemer** vier ›Männchenrunen‹ 3/6, 1/4, 2/3, 1/3 ⇨ **klim** und schließlich wiederum unverschlüsselt **ethialbemrallegzhlkirhxxą** = *hj[á]lpi mér Klemet, hjálpi m[é]r alli[r] g[u]ðs h[e]lgir [...]* ›möge mir Kleme(n)t helfen, mögen mir alle Heiligen Gottes helfen [...]‹.

Noch größerer kryptographischer Aufwand wurde dem Bergenser *kefli* N B287 (ebenfalls Mitte 13. Jh.; vgl. Liestøl 1964, 18; Nordby 2018, 324 ff.) zuteil. Auf den beiden Breitseiten gibt es nicht weniger als 13 Einträge, von denen die Mehrzahl geheimrunischer Art sind. Am Beginn von Seite A stehen die ›Fischrunen‹

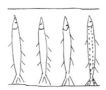

Abb. 47.1 (nach Nordby 2018, 325; ohne Maßstab)

2/4, 3/5, 2/3, 2/3 ⇨ **arii**, ein Beispiel dafür, dass man naturgemäß auch bei Geheimrunen mit Verschreibungen zu rechnen hat. Es scheint, als hätte die dritte ›Fischrune‹ an der rechten Seite eine Linie zu viel – mit gebessertem 2/2 ⇨ **n** ergibt sich jedenfalls der gut bezeugte Männername *Arni*. Auf Seite A findet sich ferner ein sternförmiges Gebilde, dem vermutlich ornamentale Funktion zukommt; danach folgen ›Gesichtsrunen‹ (*sjónrúnar*, bei denen zwei Reihen von Barthaaren der Platzangaben im jüngeren Fuþark dienen), ohne dass hier eine sinnvolle Deutung möglich wäre. Eine andere Art von ›Gesichtsrunen‹ trägt das Hölzchen N B384 (spätes 12. Jh.; vgl. Liestøl 1964, 18; Nordby 2018, 335 f.), und zwar

Abb. 47.2 (nach Nordby 2018, 335; ohne Maßstab)

---] ?/4̣ : 2/5, 2/3, 1/3, 1/4, 2/3, 1/2, 2/3 : 2/5, 2/3, 2/2, 3/2 ⇨ ---]**x:simlibi:sinu**; auch diese Folge entzieht sich einer schlüssigen Interpretation.

Offenbar zu Merk- bzw. Lernzwecken wurde die Fuþark-Reihe auf einem Knochen aus Schleswig (DK-SlB 12; s. Abb. 28.2, S. 130) als Darstellung des Geheimrunensystems eingerichtet (Stoklund 1997). Jeweils an den Spitzen der Runen markieren drei horizontal gereihte Punkte vor ᚠ **f**, zwei Punkte nach ᚼ **h** und ein Punkt vor ᛏ **t** die Gruppe (*ætt*), während ein bis sechs vertikal angeordnete Punkte vor oder nach jeder Rune ihre Stelle innerhalb der drei Gruppen angeben. Mit einem derartigen Schlüssel vor Augen lassen sich alle Positionsrunen bequem bestimmen.

Kryptischer Runengebrauch bedeutet keineswegs zwingend magische Funktion, wie die meist nur Teile einer Inschrift erfassenden Verschlüsselungen und die jeweiligen Kontexte zeigen. Wohl aber kann in eindeutig magischen Inschriften der Einschub von Geheimrunen die beabsichtigte magische Wirkung verstärken. In erster Linie werden aber andere Motive eine Rolle gespielt haben (vgl. auch Nordby 2018, 229 ff.):

1. Der Inhalt der sprachlichen Mitteilung bleibt einer mit dem Verschlüsselungssystem nicht vertrauten Person verschlossen.

2. Die Verwendung (insbesondere verschiedener Arten) von Geheimrunen in einer Inschrift kann darauf deuten, dass der Schreiber ostentativ mit seinen Kenntnissen prunken und zugleich die Dechiffrierung erschweren wollte.

3. Geheimrunen als vom Gewohnten abweichende Zeichen sollten einer Inschrift Außergewöhnlichkeit verleihen; die visuelle Besonderheit konnotiert einen Sonderstatus des Textes (in puncto Feierlichkeit, Würde, Magie etc.) bzw. der zugrundeliegenden Textintention.

4. Dass die vielfach ornamental wirkenden Geheimzeichen auch ästhetisch-dekorative Funktion erfüllten, ist vielleicht ein eher moderner Gesichtspunkt.

5. Nicht hoch genug ist schließlich auch der Unterhaltungswert des Kodierens und Dekodierens zu veranschlagen. Herausforderung und Befriedigung bei der Lösung einer Aufgabe bestätigt die reiche, vor allem im Altenglischen bezeugte Rätselliteratur; in den Runeninschriften begegnet auch des Öfteren die Aufforderung ›Errate (lese, deute) die Runen‹ u.ä. (vgl. S. 173).

Im Einzelnen lassen sich diese (und andere) Motive nicht immer klar erkennen und unterscheiden, wie die kontroversen Deutungen der Inschrift von Rök zu bestätigen scheinen.

Die Verwendung der Runenschrift selbst als Geheimschrift – auch andere Alphabete und Schriften (Griechisch, Hebräisch, Ogam etc.) kommen in dieser Funktion vor; vgl. Bischoff 1954, 6 ff. – begegnet schon seit dem 8. Jh. (Derolez 1954, 174 ff.). Zu erwähnen sind vor allem runische Griffelglossen in althochdeutscher Sprache, die sich in vier St. Galler Handschriften aus der Zeit um 800 finden (Nievergelt 2009, 29 ff.); so etwa wird im Cod. Sang. 11 lat. *allegoriam* mit ᛩᚱᚢᚾᛁ **k͡eruni** = ahd. (alem.) *kerūni* (Akk. Sg.) ›Geheimnis‹ und lat. *prodigia* mit ᚱᚨᚨᛒᚨᚢᚺᚺᚨᚾ **ra$_2$ba$_3$uh͡ha$_2$n** =

ahd. [*fo*]*rabouhhan* (Akk. Pl.) ›Vorzeichen, Wunderzeichen‹ glossiert. Sofern zu bestimmen, handelt es sich um Runen des anglo-friesischen Fuþork.

Bemerkenswert ist ferner eine aus dem alemannischen Gebiet stammende, in Prag (NB, cod. XXIII F 129) aufbewahrte Handschrift aus dem Ende des 15. Jh.s, die auf den erhaltenen 539 Blättern Hunderte von Einzeltexten, vorwiegend Rezepte zur Humanmedizin und medizinischen Naturkunde, enthält (Beckers 1984). Es sind jeweils nur einige Wörter runisch chiffriert, vor allem Bezeichnungen von Arzneimitteln und zu behandelnden Organen; stärker runisch durchsetzt ist eine Teufelsbeschwörung (fol. 533v; Beck W. 2021, 229 f.). Das Geheimtextalphabet ist ein mittelalterliches skandinavisches Fuþork; wie und wo der *medicus*, der wohl auch der Schreiber war, seine Runenkenntnisse erlangt hat, lässt sich nicht feststellen.

Zur Distel-Mistel-Formel, der kein kryptographischer Charakter zukommt, s. S. 135. 205. 257; vgl. ferner Nordby 2018, 104 ff.

XII. *Runica manuscripta*

Unter *runica manuscripta,* die auch (nicht ganz zutreffend) Manuskriptrunen oder Buchrunen genannt werden, versteht man Runeneinträge in mittelalterlichen Handschriften aus Pergament und Papier – dies ein Beschreibstoff, der hauptsächlich in der isländischen Überlieferung der Neuzeit vorkommt.

An der Grenze zwischen der epigraphischen Tradition (bezüglich Technik) und der Handschriftentradition (bezüglich Beschreibstoff) liegen die mit einem Griffel in das weiche Pergament eingeritzten Fuþork-Runen auf der Vorderseite des ersten Blattes der Wolfenbütteler Handschrift Guelf. 17 Weiss. (ein Psalmenkommentar, 9. Jh.), die den Anfang von Psalm 1 in lateinischer Sprache wiedergeben (Derolez 1991, 98 f.):

> *Beatus uir qui non habiit* [sic] *in consilio impiorum et in uia peccatorum* [*non stetit*].
> ›Glücklich der Mann, der nicht nach dem Rat der Gottlosen geht noch auf den Weg der Sünder [tritt]‹.

Weitere Zeugnisse für mit Griffel in Handschriften eingetragene Runen sind (Derolez 1954, 8. 263 f. 270 ff. 414; 1991, 97 f.; Nievergelt 2009, 70):

– Kassel, UB, LB und Murhardsche Bibl., 2° Ms. theol. 65: auf dem Buchrücken ein angelsächsisches Runenalphabet von ᚠ **a** bis ᚢ **u** (8. Jh.), dazu auf dem vorderen Einbanddeckel drei Runengruppen, die nach einer – keineswegs schlagenden – Vermutung von Derolez (1991, 98) *Iosep(p)i* »to indicate the contents« des (Pseudo-)Hegesippus-Codex wiedergeben;

– Köln, Diözesan- und Dombibl., cod. 43, fol. 70r: ungeklärte senkrechte Runenritzung;

– London, British Library, Cotton Domitian A IX, fol. 11v: angelsächsisches **fuþo**, Runenalphabet **a** bis **p** und separates **g** (11./12. Jh.);

– St. Petersburg, Russ. NB, Lat. F. v. I.8 (nicht verifiziert, R. N.): nach Page (1999, 198) mit einem Messer eingeschnittene angelsächsische Runen **eþelsdryþ**.

Dazu kommt ein neuerer Fund aus der Stiftsbibliothek St. Gallen (Nievergelt 2009, 74): in Cod. Sang. 109 wurde auf fol. 207 mit einem spitzen Griffel ein Runenalphabet ᚠ **a** bis ᛁ **i** im anglo-friesischen Fuþork eingetragen. Dazu finden sich in vier weiteren Handschriften aus St. Gallen Griffelglossen in althochdeutscher Sprache, denen kryptographische Funktion zukommt (s. vorhin, S. 246 f.).

Grundsätzlich wird diskutiert, ob Inschriftenrunen und Manuskriptrunen demselben Traditionsstrang angehören (Derolez 1983, 92) oder zwei Schriftvarianten darstellen (Page 1995, 4). Nicht ganz deckungsgleich ist das Gegenüber von alter, kontinuierlicher und neu(belebt)er, gelehrter Runentradition – so etwa ist die Inschrift auf dem Steinkreuz von Ruthwell (s. S. 106. 111 f.) epigraphisch, aber wohl gelehrt (Seebold 1991, 516). Fest steht, dass Manuskriptrunen ein Phänomen sind, bei dem Interesse an der Vergangenheit, Einsatz zu kryptographischen Zwecken und die Erkenntnis, dass ein sprachlicher Inhalt verschiedenen schriftlichen Ausdruck finden kann, zusammenfließen (Seebold 1991, 517). *Runica manuscripta* waren den Gelehrten seit dem 16. Jh. bekannt. Nachdem bereits Grimm (1821) systematisch auf diesem Felde gearbeitet hatte, legte Derolez (1954) eine grundlegende Studie vor, die er 1991 ergänzte. Die reiche Überlieferung der skandinavischen Manuskriptru-

© Springer-Verlag GmbH Deutschland, ein Teil von Springer Nature 2023
K. Düwel und R. Nedoma, *Runenkunde*,
https://doi.org/10.1007/978-3-476-04630-7_12

nen wird von Bauer / Heizmann (*in spe*) umfassend aufgearbeitet (vgl. vorerst Heizmann 1998a; Bauer 2011).

XII.1. Runenreihen und -alphabete

1. Die anglo-friesischen (hier genauer: angelsächsischen) Runen – teilweise in Fuþork-Reihenfolge, meist aber schon in alphabetischer Reihenfolge (sog. Hrabanische Alphabete) zusammengestellt – werden in den Handschriften oft mit den lateinischen Buchstabenentsprechungen und den Runennamen versehen; sie finden sich vielfach in Codices mit Texten zur Entstehung von Sprache und Schrift (einschließlich Geheimschriften). Die Handschriften stammen aus England und dem ›Kontinent‹ (worunter man vor allem Nordfrankreich und den deutschen Sprachraum zu verstehen hat), die Überlieferung erstreckt sich vom späten 8. bis ins frühe 15. Jh. hinein. Es sind dreierlei Gruppen zu erkennen (vgl. Derolez 1954, 1 ff.; vgl. Seebold 1991b, 519 ff.; 2010, 150 ff.):

– Fuþork-Reihen: vier englische Handschriften (11./12. Jh.) sowie vier ›kontinentale‹ Handschriften (ca. 800 bis 10. Jh.), deren älteste ÖNB Wien, cod. 795 (sog. Salzburg-Wiener Alkuin-Handschrift; s. Abb. 48.1, S. 250) ist;
– Fuþork-Reihen in sechs ›kontinentalen‹ Handschriften, die den *Isruna-Traktat* (s. S. 242 f.) enthalten (9.–11./12. Jh.), darunter Stiftsbibl. St. Gallen, cod. 270 (vgl. S. 242);
– Runenalphabete in hauptsächlich ›kontinentalen‹ Handschriften, zum einen für sich stehend (ca. 20 Handschriften, 8./9.–11. Jh.), zum anderen in einem Traktat über die Entstehung der Schrift (*De inventione litterarum* [auch: *linguarum*]; knapp 20 Handschriften ab dem frühen 9. Jh., zwei Redaktionen), früher fälschlicherweise Hrabanus Maurus († 856; Gelehrter, Abt des Klosters Fulda 822–841/842, Erzbischof von Mainz ab 847) zugeschrieben.

Einige dieser Manuskriptrunen stehen der inschriftlichen Tradition nahe, die in England in christlicher Zeit weitergeführt wurde (vgl. S. 105 f.), während sie auf dem ›Kontinent‹ (i.e. im südgermanischen Bereich) spätestens ab der Mitte des 7. Jh.s abbrach (vgl. S. 74). Dorthin wurden die *runica manuscripta* großteils im Laufe der angelsächsischen Mission (unter irischem Einfluss?; Seebold 2000) vermittelt. Verderbnisse der Runen und ihrer Namen im Zuge fortgesetzter Abschreibetätigkeit lassen sich kaum mit einer noch lebendigen *runic literacy* in Einklang bringen, sondern deuten auf gelehrt-antiquarische Hintergründe. In ›kontinentalen‹ Handschriften des sog. *De inventione*-Typs (Derolez 1954, 279 ff.) erscheinen Namenformen, in denen die Zweite (Hochdeutsche) Lautverschiebung (vgl. S. 73. 85) durchgeführt ist, z.B. c ᚳ *chen* ›Kien‹ (/kx/ < /k/), t ᛏ *tac* ›Tag‹ (/t/ < /d/, /k/ < /g/) und z ᛉ *ziu* (Göttername; /ts/ < /t/) etc. (z.B. ÖNB Wien, cod. 1761, fol. 100r/v; vgl. Derolez 1954, 360 f.).

Warum die Rune Nr. 29 im angelsächsischen Fuþork, ᛠ **ea**, die in englischen Inschriften ja den Diphthong /æa(:)/ wiedergibt, hier für die Affrikata /ts/ steht, ist nicht geklärt. Der Runenname ist jedenfalls der einzige unverbaute Beleg für die hochdeutsche Form des Theonyms *Zīu* (= aisl. *Týr* < urn. **Tīwaz* < urgerm. **Teiwaz*), das sonst nur in ahd. (alem.) *Zīestac* ›Dienstag‹ und in wenigen Ortsnamen entgegentritt.

2. Die älteste handschriftliche Überlieferung des nordischen jüngeren Fuþark ist ebenfalls in England und am ›Kontinent‹ angesiedelt. Besondere Bedeutung kommt

Abb. 48.1 (links): ÖNB Wien, cod. 795, fol. 20r (Ausschnitt): Angelsächsisches Fuþork mit Runennamen. – **Abb. 48.2** (rechts): ÖNB Wien, cod. 795, fol. 20v (Ausschnitt): Gotisches Alphabet mit spätgotischen Buchstabennamen. – Beide Abbildungen: ÖNB Wien (nach http://data.onb.ac.at/dtl/3112149; Stand: 3.8.2023).

einem Codex aus Leiden (UB, Voss. lat. Q 83) zu, der eine Reihe von Langzweigrunen sowie deren Namen in Runen und Lateinschrift enthält (von Grienberger 1898, 102); der Eintrag stammt aus dem 10. Jh., kann jedoch auf eine Vorlage aus der Zeit um 800 zurückgehen. Der aus der ersten Hälfte des 9. Jh.s stammende Codex Sangallensis 878 enthält mehrere Alphabete, darunter ein als *Anguliscum* bezeichnetes angelsächsisches Fuþork sowie das *Abecedarium Nord*[*mannicum*] (vgl. S. 251 f.). Die Oxforder Handschrift St. John's College, cod. 17 (frühes 12. Jh.) birgt je zwei Reihen des Fuþork und des Jüngeren Fuþark samt diversen Geheimalphabeten. Ein derartiges Nebeneinander von Runen und verschiedenen Alphabeten (griechischer, hebräischer, gotischer etc. Herkunft), wozu sich bisweilen auch Phantasiealphabete gesellen (von denen manche auch Runen enthalten!), ist in einer ganzen Reihe von Handschriften zu beobachten. Die Runenalphabete werden dabei gelegentlich unter exotischen Bezeichnungen (z.B. *siriace* und *Arabum* in Bair. Staatsbibl. München, clm 14436, fol. 1r; 11. Jh.) geführt. Einigen *runica manuscripta* lassen sich Hinweise zur Entwicklung des jüngeren Fuþark abgewinnen (vgl. Page / Hagland 1998). In Skandinavien setzt die handschriftliche Überlieferung der jüngeren Runenreihe, und zwar fast ausschließlich in alphabetarischer Ordnung und mehrfach im Kontext verschiedener Geheimschriften, erst viel später ein. Sie beginnt in Island zur Mitte des 14. Jh.s und reicht bis ins 19. Jh. (Heizmann 1998a, 520 ff.); zum Teil sind die Runen auch mit ihren isländischen Namen versehen.

3. Nicht zu den *runica manuscripta* gehören die gotischen Buchstabennamen aus der sog. Salzburg-Wiener Alkuin-Handschrift (ÖNB, cod. 795; s. Abb. 48.2, S. 250) die jedoch deutliche Übereinstimmungen mit den handschriftlich überlieferten Runennamen (vgl. S. 259 ff.) zeigen.

Der Kern dieser Handschrift ist zu Ende des 8. Jh.s im Skriptorium von St. Amand in Südflandern entstanden (Bischoff 1980, 69. 117 f.); der gegenständliche Eintrag – die Abschrift einer unbekannten Vorlage – dürfte etwas später erfolgt sein. Es handelt sich wohl nicht um die Pflege gotischer Tradition, sondern um die Tätigkeit von »Schrift-Sammlern in Frankreich« (Seebold 2000, 26). – Der Codex enthält auf der vorangehenden Seite (fol. 20r) ein aus 28 Runen bestehendes angelsächsisches Fuþork (s. Abb. 48.1, S. 250; vgl. S. 249) und rechts daneben ein unvollständiges gotisches Alphabet (bis *U u*).

Auf der ›gotischen‹ Seite (fol. 20v) steht links ein kursives gotisches Alphabet, daneben ein gotisches Alphabet in Unzialschrift (im Wesentlichen in der Reihenfolge des Lateinalphabets, vereinzelt mit Varianten) mit zugehörigen, durch den Schreiber der Erstaufzeichnung verfremdeten Buchstabennamen, z.B. Ⱥ *A aza*. Wenn das Ausmaß der Gotisch-Kenntnisse des Informanten sowie Bedingungen, Ort und Zeit der ›Transmission‹ auch dunkel bleiben (vgl. Wagner 1994, 269 ff.; Seebold 2000, 24 ff.), werden hier spätgotische Bezeichnungen greifbar, die für die Rekonstruktion der urgermanischen Runennamen von erheblicher Bedeutung sind (RGA XXV, 557; s. S. 259 ff.).

XII.2. Runengedichte

Zu den *runica manuscripta* zählen auch Runengedichte verschiedenen Zuschnitts, die die einzelnen Runen und ihre Namen mit Merkversen verbinden (Bauer 2003a; vgl. RGA XXV, 519 ff.).

1. Am ältesten und interessantesten ist das *Abecedarium Nord*[*mannicum*] in der vorhin (s. 250) erwähnten St. Galler Handschrift 878. Es handelt sich um eine Art Notizbuch, das Bischoff (1950, 41 ff.) dem Reichenauer Abt und Gelehrten Walahfrid Strabo (†849) zugeschrieben hat; nach neueren Untersuchungen (s. v. a. Licht 2022) trifft dies allerdings nicht zu. Dem ›Nordmännischen Alphabetarium‹ gehen jedenfalls ein hebräisches Alphabet (p. 320 unten), ein griechisches Alphabet und ein angelsächsisches Fuþork (p. 321 oben) voraus – anscheinend hat hier gelehrte Schriftreflexion ihren Niederschlag gefunden (vgl. Müller St. *in spe* [mit Lit.]).

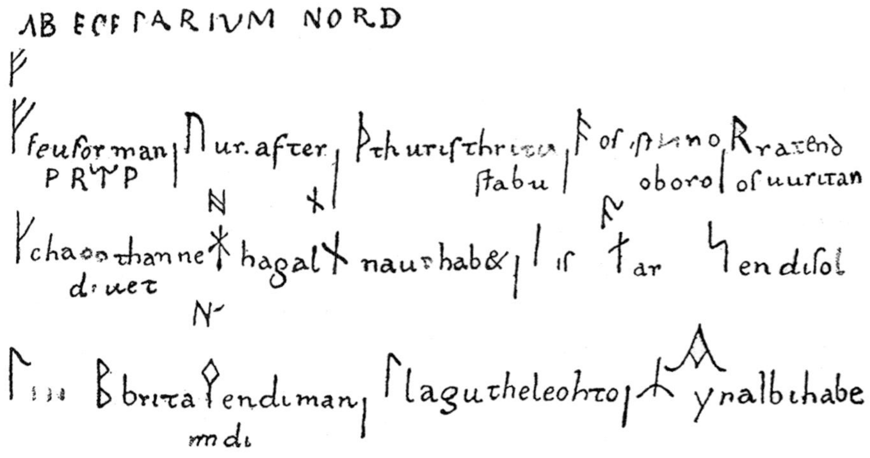

AB ECFTARIVM NORD

ᚠ

ᚠ *feu forman* | ᚾ *ur. after* | ᚦ *th uris thritten* | ᚠ *os* ᛁᛏ *himo* ᚱ *rat enð*
PRTP | ᚾ | ᛏ | *stabu* | *oboro* *of uuritan*

ᚴ *chaon thanne* ᚼ *hagal* ᚼ *naur hab&* | ᛁᚠ ᛏ *ar* ᚼ *en disol*
ðiuet ᚾ

ᛚ ... ᛒ *brita* ᛁ *endi man* | ᛚ *lagu the leohto* ᛡ *ynalbihabe*
mdi

Abb. 49: *Abecedarium Nord*[*mannicum*] (Stiftsbibl. St. Gallen, cod. 878, p. 321 unten; nach Ildefons von Arx bei Grimm 1828, 27).

Im Jahre 1828 wurde der in manchen Partien nicht gut lesbare Text mit einem Reagens beträufelt – mit gemischtem Erfolg: zunächst trat zwar einiges tatsächlich besser hervor (die in Abb. 49 wiedergegebene Zeichnung entstand kurz nach der ›Auffrischung‹), im Laufe des 19. Jh.s nahmen die behandelten Stellen jedoch schweren Schaden (Digitalisat: https://www.e-codices.unifr.ch/de/csg/0878/321; Stand: 19.7.2023). Der heutzutage kaum noch lesbare Text lautet:

Zeile I: ᚠ (ᚠ) *feu forman* PRTP, ᚾ *ur after*, ᚦ *thuris thritten stabu*, ᚼ *os ist himo oboro*, ᚱ *rat end*[i?]*os*[t] *uuritan*

Zeile III: ᚴ *chaon thanne cliuet* ᚼ (ᚾ) *hagal* ᚼᛁᛁ (ᛏ) *naut hab&*, ᛁ *is* ᛏ (ᚠ) *ar* ᚼ *endi sol*

Zeile III: ᛚ [*Tiu*] ᛒ *brita* ᛁ (ᚾ, wohl ᛗ) *endi man* [...]*midi*, ᛚ *lagu the leohto*, ᛡ (ᛁᚻ) *yr al bihabe*[t].

›ᚠ (ᚠ) *fēu* (Vieh) schreibe ich (*ᛈᚱᛁᛏᚾ *wrītu*?) mit dem ersten [Stab], ᚾ *ūr* (Ur) danach, ᚦ *thuris* (Thurse) mit dem dritten Stab, ᚼ *ōs* (Ase) ist ihm über, ᚱ *rāt* (Rad) zuletzt zu schreiben; ᚴ *chaon* (Geschwür) haftet (hängt daran), dann, ᚼ (ᚾ) *hagal* (Hagel) hat ᛏ (ᛏ) *naut* (Not) [im Gefolge o.ä.]; ᛁ *īs* (Eis), ᛏ (ᚠ) *ār* (Jahr) ᚼ und *sōl* (Sonne), ᛚ [*ᛏ Tiu*], ᛒ *birca* (Birke) ᛁ und *man* (Mann) [in]mitten, ᛚ *lagu* (Gewässer, See) der leuchtende; ᛡ (ᛁᚻ) *ȳr* (Eibe) beschließt alles.‹

Die bunten Sprachformen lassen sich am besten so erklären, dass ein dänisches Original, das noch in ein paar Runennamen durchschimmert (*ār* ›Jahr‹), ins Altsächsische, das den Grundstock des Textes bildet, übersetzt und von Walahfrid mit einigen hochdeutschen Formen (*chaon* ›Geschwür‹) versehen wurde. Die Runenformen sind die der Langzweigrunen des jüngeren Fuþark (vgl. S. 125), denen in manchen Fällen die angelsächsischen Entsprechungen über der Zeile beigefügt sind (hier in Klammern). Die Runennamen entspringen der skandinavischen Überlieferung; die Einteilung in drei Gruppen ist wohl beabsichtigt, die zweite *ætt* beginnt aber fälschlicherweise schon mit der *k*-Rune. Das *Abecedarium Nord*[*mannicum*] hat den Charakter einer Merkdichtung; »eine ältere magisch-kultische Schicht des Runenzaubers« (Sonderegger 1978, 8) ist nicht auszumachen.

2. Das *Altenglische Runengedicht* stand in den Teilen der Handschrift British Library London, Cotton Otho B X (um 1000), die 1731 bei einem Brand in London

zerstört wurden. Immerhin gibt es eine gedruckte Fassung, die auf einer Abschrift beruht (Hickes 1705, 135); die Zuverlässigkeit der Wiedergabe ist indessen fraglich. Der Text, der in das 8. oder 9. Jh. zurückreichen mag, umfasst 29 Strophen zu 2–5 Zeilen, denen die 28 Runen des angelsächsischen Standard-Fuþork und eine Zusatz-rune ᛡ *iar* (an vorletzter Stelle) zugrunde liegen; nach Transliteration und Rune samt hochgestelltem Namen folgt jeweils eine Strophe in Alliterationsversen, deren erste lautet wie folgt:

> F ᚠ *feoh* byþ frōfur   fira gehwylcum;
> sceal ðēah manna gehwylc   miclun hyt dǣlan
> gif hē̆ wile for drihtne   dōmes hleotan.

›f ᚠ *feoh* (Reichtum) ist Trost (Hilfe) für jeden Menschen; doch soll ihn jedermann reichlich verteilen, wenn er vor dem Herrn Ehre erlangen möchte.‹

Die letzte Strophe besagt:

›eaᚱ ᛠ *ēar* (Erde?, Grab?) ist grässlich für jeden edlen Mann, wenn der Leib stetig beginnt, als Leichnam zu erkalten, die Erde bleich zur Bettgenossin zu erwählen: Wohlstand verfällt, Freu-den verschwinden, Vereinbarungen werden beendet.‹

In dieser Weise werden die Bezeichnungen der Runennamen in lehrhafter Absicht unter Verwendung von Spruchgut und Rätselmotiven erklärt. Deutlich tritt bei die-sen Merkversen der christliche Grundton und der Bezug auf Fürst und Gefolgschaft hervor.

   3. Das *Norwegische Runengedicht* stand in einer Pergamenthandschrift, die beim Großfeuer in Kopenhagen 1728 zur Gänze verbrannte. Zwei gute Abschriften von Árni Magnússon und Jón Eggertsson aus dem späten 17. Jh. sowie ein Abdruck bei Worm (1636, 105 ff.; [2]1651, 95 ff.; danach Grimm 1821, 246 ff.) haben das wahr-scheinlich aus dem frühen 14. Jh. stammende Merkgedicht bewahrt. Weitere Hand-schriften, die auf den Abschriften bzw. dem Druck fußen, sind textkritisch ohne Be-lang. In 16 durch Alliteration und meist auch durch Endreim verbundenen Verspaa-ren werden die Runennamen des jüngeren Fuþark abgehandelt (Kålund 1884, 4 f.; Page 2003, 555 ff.; die Namen nur bei Worm); der Beginn lautet:

> ᚠ. (*Fe*) vældr frenda roge;
> føðezt ulfuer i skoghe.

›ᚠ. (Reichtum) verursacht Streit von Verwandten; der Wolf ernährt sich im Wald.‹

Dem folgt:

> ᚢ. (*Ur*) er af illu iarne,
> oft lôyper ræin a hiarne.

›ᚢ. (Schlacke, Schmiedeabfall; oder: Sprödigkeit?) ist aus (kommt von) schlechtem Eisen; oft läuft das Rentier auf Harsch.‹

Ob und inwieweit ein inhaltlicher (metaphorischer) Zusammenhang zwischen den An- und Abversen besteht (**f**-Passage: Geiz führt zur sozialen Isolation?), wird un-terschiedlich beurteilt. In der zweiten *ætt* kommt Christliches zutage, z.B. ›ᚼ. (Ha-gel) ist das kälteste Korn; Christus erschuf die alte Welt‹, und im dritten ›Runenge-schlecht‹ wird auch auf Heidnisches referiert, z.B. ›ᛏ (Tyr) ist der einhändige Ase; oft hat der Schmied zu blasen.‹

4. Das *Isländische Runengedicht* ist ab dem frühen 16. Jh. in zahlreichen Handschriften überliefert (Bauer 2003a, 163 ff.). Die ältere Fassung, die wegen ihres triadischen Formulierungsverfahrens *Þrídeilur* genannt wird, mag um oder nach 1300 entstanden sein; die jüngere Fassung bietet zusätzliche Strophen (dem mittelalterlichen Fuþork folgend, und zwar in alphabetischer Reihenfolge), wobei den Runennamen längere Listen von Umschreibungen beigegeben sind (Bauer 2003b, 46 ff.). Die handschriftlichen Texte beider Fassungen weichen, da offenbar auf verschiedenen mündlichen Traditionen beruhend, wiederholt voneinander ab. Was die ältere Fassung betrifft, so besteht das Gedicht in der Version der ältesten Handschrift (A: AM 687d, 4°, ca. 1500) aus 16 Zweizeilern im *ljóðaháttr* (Page 1998, 5 ff. 27 ff.; Runennamen ergänzt nach B: AM 461, 12°, um 1550). Am Anfang heißt es:

> ᚠ *(Fe) er frænda rog   ok flædar viti (fyrða gaman* B, *fafnis plogur* C: AM 749, 4°)
> *ok g*[*ra*]*fseids gata. – Aurum. fy*[*l*]*ker.*

›ᚠ (Reichtum) ist der Verwandten Streit und der Flut Feuerzeichen (der Menschen Freude *B*; des Fafnir Pflug *C*) und des Grabfisches (≙ der Schlange) Weg. – Gold [lat.]. Kriegsfürst.‹

Von den beiden Gold-*kenningar* referiert (aisl.) *grafseiðs gata* ›des Grabfisches (≙ der Schlange) Weg‹ auf einen weitverbreiteten heroischen Stoff, die Jung-Sigurd-Sage (vgl. S. 183 f.). Drachen werden als idealtypische Bewacher von Schätzen angesehen; so behütet auch der *ormr* (›Schlange, Drache‹) *Fáfnir* einen Goldhort, *Sigurðr*, der nordische Siegfried, tötet ihn und bemächtigt sich der Kostbarkeiten, die späterhin *hodd Niflunga* (›Hort der Nibelungen‹) genannt werden. ›Lager (Land, Weg) der Schlange‹ ist in der altisländischen Dichtung eine geläufige Umschreibung für ›Gold‹, und dies gilt auch für ›Feuer (Flamme, Glut) des Meeres (der Flut)‹ (vgl. Meissner 1921, 237 ff. 229 ff.).

Über diese *kenningar* unterrichtet Snorri Sturluson in seiner *Edda* (*Skáldskaparmál* ›Sprache der Dichtkunst‹, c. 46 [45] bzw. c. 40; Faulkes 1998, 61 ff. 46 ff.). – Um nur ein Beispiel zu nennen, wird ›Gold‹ in den *Reginsmál* (›Reginlied‹, Str. 1) der *Lieder-Edda* durch *lin*[*d*]*ar loga* (Akk.) ›Lohe der Quelle‹ umschrieben (Neckel / Kuhn 1962, 173).

Im *Isländischen Runengedicht* schließt an:

> ᚢ *(Ur) er skygia gratur   ok skara* (B, *skæra* A) *þuer*[*rir*]
> [*ok*] *hirdis hatr. – Vmbre. Visi.*

›ᚢ (Sprühregen [Nieselregen], Unwetter) ist der Wolken Weinen und der Mahdstreifen (Heu; oder: der Eisränder?) Verminderer (Verderber, Zerstörer) und des Hirten Hass. – Unwetter [lat. *imbre*]. Anführer.‹

Zunächst wird ›Regen‹ durch (aisl.) *skýja grátr* ›Weinen der Wolken‹ umschrieben. In der zweiten *kenning* ist ›Mahdstreifen‹ (nisl. *skári* Nom.) im übertragenen Sinne ›Heu(ernte)‹ aufgrund der Parallele *heys víti* ›des Heus Schaden‹ in der Runeninschrift von Bø (s. S. 255) wahrscheinlicher als ›Eisränder‹ (aisl. *skǫr* Nom.).

Bemerkenswert ist, dass die zahlreichen Umschreibungen des *Isländischen Runengedichtes* kaum christliche Elemente enthalten, um so mehr aber auf der heidnischen Mythologie fußen; zwei Beispiele (nur in Übersetzung):

›ᚫ (Ase) ist der alte Gaut (i.e. Odin) und Asgards Fürst und Walhalls Herrscher. – Jupiter (Odin in *interpretatio Romana*). Befehlshaber‹;

›1 (Tyr) ist der einhändige Ase und des Wolfes Überbleibsel und der Tempel Herrscher (Friggs Vater *B*, Balders Bruder *C*). – Mars (Tyr in *interpretatio Romana*). Fürst.‹

(Aisl.) *einhendr áss* ›der einhändige Ase‹ bezieht sich auf einen bekannten Mythos, der in der *Snorra Edda* (*Gylfaginning* ›Täuschung des Gylfi‹, c. 25. 34) geschildert wird: Tyr legt dem Fenriswolf seine rechte Hand als Pfand in das Maul; als dieser aber die von den Asen angelegte Fessel nicht abstreifen kann, beißt er zu, und Tyr *lét hǫnd sína* ›ließ seine Hand‹ (Faulkes 2005, 25. 28 f.).

Das *Isländische Runengedicht* unterscheidet sich von seinem norwegischen Gegenstück nicht nur in der poetischen Form, sondern es misst auch drei Runennamen andere Bedeutungen zu: *úr* ›Sprühregen, Unwetter‹ (: anorw. ›Schlacke‹; vgl. Senra Silva 2011, 120 f.), *ǫss* ›Ase‹ (: anorw. ›Flussmündung‹) und *ýr* ›Bogen‹ (: anorw. ›Eibe‹). In sieben Rubriken sind dieselben Begriffe behandelt, aber in auffällig abweichenden Formulierungen: *þurs* ›Riese‹, *reið* ›Ritt, Reiten‹, *kaun* ›Geschwür‹, *nauð* ›Not‹, *íss* ›Eis‹, *sól* ›Sonne‹, *lǫgr* ›Gewässer‹ (vgl. Page 1998, 32).

In diesem Zusammenhang ist eine norwegische Runeninschrift auf dem Holzrahmen eines Repositoriums in der Kirche von Bø (Telemark, um 1200; N A104) zu nennen, die in vier von unten zu lesenden rechtsläufigen Zeilen ein elaboriertes Namenrätsel enthält:

Zeile I: **suæfnbanarmer:soterbna**
Zeile II: **fionsfinkata:fialsibui**
Zeile III: **heztærfaþe:øukhuhishui**
Zeile IV: **ti:þrlsunsæla:þtskluraþa**

Die Lösung hat Louis-Jensen (1994) gefunden. Es handelt sich um eine Strophe im *fornyrðislag*, deren Halbverse jeweils auf einen Runennamen bzw. die betreffende Rune referieren; in ›norrönaltisländischer‹ Form lautet der verbesserte Text:

Svefn bannar mér: sótt er barna,
fjón svinkanda,   fjalls íbúi,
hests erfaði   ok heys víti,
þræls vansæla –   þat skulu ráða!

›Vom Schlaf hält mich ab: [das] ist die Krankheit der Kinder (≙ Geschwür, *kaun*: **k**), der Feind des Arbeitenden (≙ Sprühregen, Unwetter, *úr*: **u**), des Bergs Bewohner (≙ Riese, *þurs*: **þ**), des Pferdes Mühe (≙ Ritt, *reið*: **r**) und des Heus Schaden (≙ Sprühregen, Unwetter, *úr*: **u**), des Sklaven Unglück (≙ Not, *nauð*: **n**) – das sollen [sie] erraten (deuten)!‹

Die Aneinanderreihung der Runen ergibt den Frauennamen **kuþrun** = *Guðrún*. Es überrascht, dass die Inschrift von Bø in seinen metaphorischen Formulierungen dem *Isländischen Runengedicht* näher steht als dem norwegischen Pendant.

In drei anderen mittelalterlichen Inschriften aus Norwegen stehen die ausgeschriebenen Runennamen für die zugeordneten Runen; es ergeben sich jeweils Personennamen: **iṣọṣarnauþ** = *íss*, *ǫss*, *ār*, *nauþ* für **ioan** = *Jóan* (N B562, Seite B; Bryggen in Bergen), **arsolmaþrurnauþturræiþ** = *ār*, *sól*, *maðr*, *úr*, *nauð*, *Týr*, *ræið* für **asmuntr** = *Āsmundr* (N B604, Seite B; Bryggen) und **iṣurar:raiþ** = *íss*, *úr*, *ār*, *ræið* für **iuar** = *Īvarr*, gefolgt von vier Zweigrunen 3/5, 2/4, 2/3, 2/5 vor einer Bruchstelle ⇨ **rais[t]** = *ræis[t]* ›Ivar ritz[te (die Runen)]‹ (N 776 = N A110, Trondheim); Nordby 2018, 345 f. 360.

Die Merkverse der um 1200 zu datierenden Inschrift von Bø zeigen, dass die Existenz von altwestnordischen Runengedichten hinter die handschriftliche Überlieferung zurückreicht. Die reiche Bezeugung der Runengedichte mit ihren poetischen Umschreibungen in Island ist wohl mit der Beliebtheit von Namenrätseln zu erklären, die etwa in der *rímur*-Dichtung entgegentreten (Heizmann 1998a, 528 f.).

5. Ein *Schwedisches Runengedicht* nebst einer separaten Reihe von Runennamen hat der Schwede Nicolaus Andreae Granius, später Professor in Helmstedt, in einem mit 12.2.1600 datierten Brief an den Leidener Humanisten Bonaventura Vulcanius mitgeteilt (Molhuysen 1908, 36; Quak 1987, 83. 84). Im strengen Sinn handelt es sich nicht um ein Gedicht, sondern um sentenzartige Merkzeilen, die aus anderen Runengedichten Bekanntes, aber auch Neues bieten, z.B.

> Få frande [vielmehr: *frånde*] ro.
> ›Reichtum [ist] der Verwandten Ruhe‹ (: isl. *róg* ›Streit‹)

oder

> *ŭrVåder* [vielmehr: *ŭr Våder*] *Vårst.*
> ›Sprühregen (Nieselregen) [ist] das schlimmste Wetter‹ (*ŭrVåder* wäre an sich schw. *urväder* ›Unwetter‹, doch dann bestände die Begriffsbestimmung nicht wie sonst aus zwei Teilen).

Nur 14 Merkzeilen, die der Schreiber von alten Landbewohnern gelernt haben will, sind erhalten (es fehlen am Ende *Madher* und *övermagi*), die Reihenfolge entspricht nicht genau der des jüngeren Fuþark.

In der Aufzählung der Runennamen finden sich einige Varianten (z.B. *Fÿr, et Få* oder *Tÿr, Tÿf*), die schwer zu erklären sind (*Fÿr* ›Feuer‹?, *Tÿf* ›Dieb‹?; vgl. Quak 1987, 83 f.). Was es mit *övermagi* (statt *ÿr*) auf sich hat, ist ungewiss.

Fast gleichzeitig bildete der schwedische Gelehrte Johannes Bureus einen Runenkalender mit hinzugefügten Runennamen und entsprechenden Erklärungen ab (Bureus 1600; vgl. Bauer 2003a, 213 ff.). Diese späten und nur in Teilen mit den norwegischen und isländischen Runengedichten übereinstimmenden Aufzeichnungen sind wichtige Zeugnisse für die Kenntnis der Runennamen in entsprechenden Merkzeilen auch im östlichen Skandinavien.

XII.3. Nicht-alphabetarische *runica manuscripta*

In den mittelalterlichen Handschriften begegnen Runen nicht nur in inventarisierter Form (als Runenreihen, -alphabete bzw. in Runengedichten), sondern auch in anderer Art, und zwar von einzelnen Zeichen bis zu ganzen Texten (vgl. Derolez 1954, 385 ff.).

1. Zwei Runen finden als Sonderzeichen Eingang in das Lateinalphabet: zum einen *þ* für den inter- oder postdentalen Frikativ (phonetisch [θ]) in alt- und mittelenglischen sowie altwestnordischen Handschriften (im Wechsel mit *ð*, in England auch mit *th*), zum anderen *ƿ* für den bilabialen Approximanten (phonetisch [w]) in alt- und mittelenglischen Handschriften (im Wechsel mit *uu, u*), nur selten auch in altwestnordischen Handschriften.

Dass auch im althochdeutschen *Hildebrandlied ƿ́* (mit Akut; neben *uu, u*) verwendet wird, zeugt vom angelsächsischen Einfluss auf die Fuldaer Schreibschule.

Eine Rarität in althochdeutschen Handschriften ist die ›Sternrune‹ ✳, die als Silbenkürzel *ga* (bzw. streng-ahd. *ka*) dient (Schwab 1973).

Der Merowingerkönig Chilperich I. († 584) wollte das Alphabet um vier Buchstaben erweitern, darunter um das der *w*-Rune nachempfundene ᚹ (für *uui*, also bilabiales [w]); seine Schriftreform blieb aber ohne Resonanz (vgl. Düwel 1994, 232). – Im alten Island setzt Olaf Thordarson, Snorri Sturlusons Neffe, in seinem zur Mitte des 13. Jh.s verfassten *Dritten grammatischen Traktat* (c. 3–4) Runen und Lateinbuchstaben in Beziehung und befürwortet dabei die Verwendung von ᚫ für /au/ und ᚤ für /ey/ (Krömmelbein 1998, 60 ff.; dazu ausführlich Raschellà 2016).

2. In altenglischen Manuskripten stehen bisweilen einzelne Runen als Wortzeichen, die größtenteils auf die betreffenden Runennamen referieren, so etwa ᚹ für *wynn* ›Freude‹, ᚾ für *nȳd* ›Not(wendigkeit)‹, ᛗ für *mon* ›Mensch, Mann‹, ᛟ für *ēþel* ›Heimat‹ (z.B. *Bēowulf*, v. 520) und ᛞ*es* für *dæges* ›des Tages‹, ferner nach dem Rebus-Prinzip *Salo*ᛗ = *Salomon* (*Salomon und Saturn I*; Page 1999, 78) und ᚢ (an sich *ūr* ›Ur, Auerochse‹) = *ūre* ›unser‹ (*Schicksale der Apostel*, v. 101). Mehrdeutig sind indessen seltene nicht-begriffsrunische Abbreviaturen wie ᚣ **y** für *yfel* ›Übel‹ (?; *Schicksale der Apostel*, v. 103).

Hier wie auch in drei anderen Gedichten (*Elene, Christ II, Juliana*) hat der Autor, Cyn(e)wulf (um 800), Runen als Signatur ›installiert‹. In *Schicksale der Apostel* erscheinen nach dem Fingerzeig ›Hier vermag, scharf an Verstand, derjenige, den es nach Dichtung verlangt, den herauszufinden, der dieses Gedicht (*þās fitte*) zusammensetzte (verfasste)‹ (v. 96–98a) über die folgenden Verse (98b–104) verstreut die sieben Runen ·ᚠ·, ·ᚹ·, ·ᚢ·, ·ᛚ·, ·ᚻ·, ·ᚣ·, ·ᚾ· (**f, w, u, l, k, y, n**; ASPR II, 53 f.), die anagrammatisch für *Cynwulf* stehen (vgl. Page 1999, 191 f.).

Schließlich geben Einzelrunen Lösungshinweise zu manchen Texten der altenglischen Rätselliteratur; beispielsweise weist eine *s*-Rune ᛌ auf das Thema von Rätsel Nr. 4, und zwar ›Sonne‹ (Pinsker / Ziegler 1985, 26). Die altwestnordischen Handschriften machen nur von ᛘ für *maðr* ›Mensch, Mann‹ (ᛘˢ für *manns* ›des Mannes‹ etc.) häufig Gebrauch; selten ist ᚠ für *fé* ›Vieh, mobiler Besitz‹. Des Weiteren fungieren Runen gelegentlich wie lateinische Buchstaben als Verweis- und Lagenzeichen in mittelalterlichen Codices (vgl. Seebold 2000, 31 f.).

3. Die altisländische *Bósa saga ok Herrauðs* (›Saga von Bosi und Herraud‹), eine im 14. Jh. entstandenen Vorzeitsaga, erzählt von einem runischen Rätsel.

Bosi und sein Schwurbruder, der Königssohn Herraud, sollen auf Befehl von König Hring hingerichtet werden. In der Nacht davor schleicht sich Bosis zauberkundige Ziehmutter Busla in Hrings Schlafgemach und spricht dort eine Serie von Fluchstrophen, ›die seitdem *Buslubæn* (»Buslas Bitte«) genannt wurde‹. Im letzten Teil steckt ›der stärkste Zauber‹, und ›es ist nicht erlaubt, ihn nach Anbruch der Nacht zu sprechen‹; am Ende heißt es in Strophenform (c. 5; Jiriczek 1893, 19):

> ›Hier sollen sechs *seggir* (Krieger, hier: Gestalten o.ä.) kommen, sag du mir ihre Namen (Bezeichnungen), alle ungebunden (aufgelöst): ich werde [sie] dir zeigen; errätst du [sie] nicht so, dass es mir richtig scheint, dann sollen dich Hunde in der Hel (Unterwelt) zernagen, und deine Seele versinke in der Hölle!‹

Zu erraten ist eine Folge von Runen, die sich in drei Pergamenthandschriften des 15. bzw. 16. Jh.s findet (hier nach AM 510, 4°, fol. 11v):

ᚱ.ᛒ.ᚦ.ᚴ.ᚤ.ᚿ.|||||||.ᛌᛌᛌᛌᛌᛌ.ᛏᛏᛏᛏᛏᛏ.|||||||.ᚿᛏᛏᛏ ᛏᛏ:

Es ist die (Hring nicht) bekannte -*istil*-Formel (vgl. S. 135. 205), die hier in der Variante **ristil bistil þistil kistil mistil uistil** = *ristill* ›Pflugschar‹, *pistill* ›Epistel, Brief‹, *þistill* ›Distel‹, *kistill* ›Kistchen‹, *mistill* ›Mistel‹, *vestill* ›Westchen(?)‹ erscheint. In einer jüngeren Papierhandschrift (Landsbókasafn Íslands 423, fol., 18. Jh.; fol. 329v bis 331v) wird die *Buslubœn*, die Hring übrigens zum Einlenken zwingt, vollständig in Runen geboten, dazu weitere (aus der *Lieder-Edda*) bekannte und auch sonst unbekannte Fluchstrophen (Heizmann 1998a, 519 f.).

4. Bisweilen sind in mittelalterlichen Codices runische Randglossen vorhanden (s. Schwab 2001, 89 ff.); Runen können aber auch als Auszeichnungsschrift dienen (Derolez 1954, 403 ff.; Seebold 2000, 18 ff.) – das Interesse an fremden Schriften (nicht nur an Runen!) ist eine Art gelehrte Mode, die im Laufe des 9. Jh.s wiederum erlischt. Zu erwähnen sind hier vor allem Buchunterschriften, wie sie unter anderem in zwei Handschriften aus der Bayerischen Staatsbibliothek in München zu finden sind. Einer der sechs Schreiber von clm 6291 (Johannes Chrysostomus, *In epistulam ad Hebraeos*; vor der Mitte des 9. Jh.s) vermerkt im unteren Teil von fol. 246r in lateinischer Sprache, indem er das angelsächsischen Fuþork mit den offenbar in seinem Freisinger Skriptorium bekannten Sonderformen ᚴ **a**, ᛒ **b**, ᚼ **h**, ᛈ **p** und ᛩ **q** verwendet, Folgendes:

›Jegliche Mühe hat ein Ende (ᚠᛁᚻᛖᛗ **finem**), ihr Lohn hat kein Ende (ᚠᛖᚻᛖᛗ **fEnem**). Madalfrid (ᛗᚴᛞᚴᛚᚠᚱᛁᛗ) hat diesen Teil [der Handschrift] geschrieben – Gott sei Dank, dass (ᚩᚿᚠᚻ **quod**) ich mein Werk vollendet habe!‹

In der ebenfalls aus Freising stammenden Handschrift clm 6250 (Isidor von Sevilla, *Etymologiae*; bald nach 810) verwendet ein Schreiber für seine in Latein gehaltenen Schlussbemerkung (fol. 280r) drei verschiedene Schriften: Lateinalphabet (*explicit*-Satz), griechisches Alphabet (Hauptteil) und Runen (Schreibernennung):

›Es endet Buch 20 (*Explicit liber uigesimus*). Gott sei Dank, amen (ΔῶΓΡΑΘΚΛΣΛΜΕⱵ, mit *n*-Rune)! Nachdem das Ende erreicht ist, ruhe ich nun, weil ich ermüdet bis hierher gekommen bin. Cundpato (ᚴᚿᚼᛗᛗᚴᛏᚠ, ᚴ **a** kleiner eingefügt, ᛏᚠ **to** über der Zeile) hat mich (ᛗᛖ in Lateinbuchstaben) zum Teil am Anfang geschrieben‹.

5. Ein Exquisitum ist der um 1300 entstandene sog. *Codex runicus* (AM 28, 8°, Digitalisat: https://www.e-pages.dk/ku/579/; Stand: 6.8.2023), der das *Schonische Recht*, das *Schonische Kirchenrecht*, zwei kürzere historische Texte und schließlich einen Vers mit Neumen enthält; für die gesamte 100 Blätter umfassende Handschrift wurde das mittelalterliche Fuþork verwendet. Dem stellt sich ein in ähnlichen Runen geschriebenes Fragment einer Marienklage (Kungl. bibl. Stockholm, A 120, Digitalisat: https://manuscripta.se/ms/100248; Stand: 6.8.2023) an die Seite, das wohl aus demselben Skriptorium stammt. Diese Versuche, Runen als Manuskript-Schrift zu etablieren, sind jedoch ohne Nachfolge geblieben.

Zur sog. Canterbury-Formel (British Library London, Cotton Caligula A XV, fol. 123v–124r) s. S. 178.

XIII. Runennamen

Unter Runennamen versteht man die konventionalisierten Benennungen der einzelnen Graphe(me) des älteren Fuþark und der daraus entwickelten Runenreihen. Es handelt sich um lautbezogene Wortzeichen, die vorzugsweise nach akrophonischen Prinzipien gebildet sind (**f** /f/ ~ *fehu^n*, **u** /u(:)/ ~ *ūruz* etc.). Soweit sich erkennen lässt, ist das in den Runennamen Bezeichnete von der Form der Schriftzeichen unabhängig.

Anders liegen die Dinge im phönizischen Alphabet, wo ✛ /ʔ/ (Glottisschlag, ›Knacklaut‹) ~ ʾāleph ›Rind‹ die stilisierte Darstellung eines Stierkopfes ist, ५ /b/ bēth ›Haus‹ den Grundriss eines Hauses abbildet etc. Die davon abgeleiteten griechischen Buchstabennamen ἄλφα, βῆτα (álpha, bēta) sind reine Fachtermini ohne Anbindung an den appellativischen Wortschatz. Im lateinischen (und wahrscheinlich bereits im etruskischen) Alphabet werden bis auf den heutigen Tag Vokalbuchstaben einfach lautiert, bei Konsonantenbuchstaben wird zumeist e vor- oder ē nachgestellt: a, bē, ..., ef, dagegen aber hā etc.

Es wird angenommen (ist aber nicht zu erweisen!), dass die Runennamen bereits im Zuge der Ausbildung der Runenschrift geprägt wurden. Obwohl aus älterer Zeit keine direkten (epigraphischen) Belege vorhanden sind, lässt sich die Mehrzahl der ursprünglichen Bezeichnungen mit einiger Bestimmtheit rekonstruieren. Es ist dem ausgeprägten gelehrt-antiquarischen Interesse mittelalterlicher Tradierender zu verdanken, dass in den im vorigen Kapitel behandelten *runica manuscripta* (S. 249 ff. 251 ff.) Vertreter der alten Benennungen aufgezeichnet wurden. Zu beachten ist freilich, dass die Runennamen in einem artfremden Medium (in lateinischen Handschriften) gespeichert sind und die Überlieferung erst im frühen 9. Jh. einsetzt, sodass es nicht wunder nimmt, dass es in manchen Fällen zu Divergenzen bzw. Substitutionen gekommen ist.

Nachstehend werden folgende Belege genannt: indirekte alte epigraphische Zeugnisse (Begriffsrunen; S. 8); altenglische Runennamen aus dem *Altenglischen Runengedicht* und diversen Runenreihen (»ae.«, Abb. 48.1, S. 250. 252 f.); altnordisch-altsächsisch-althochdeutsche Runennamen aus dem *Abecedarium Nord[mannicum]* (»AbcdN«, S. 251 f.); altdänische Runennamen aus dem Leidener Codex Voss. lat. Q 83 (in runischer und lateinischer Schrift; »adän.«, S. 250); altnorwegische, altisländische, schwedische Runennamen aus den betreffenden Runengedichten (»anorw.«, »aisl.«, »schw.«, S. 253 ff.); verfremdete spätgotische Runennamen aus der sog. Salzburg-Wiener Alkuin-Handschrift (ÖNB, cod. 795; »spät-got.«, S. 251).
  Zu den rekonstruierten Runennamen s. auch S. 7 f. – An wichtiger allgemeiner Literatur ist zu nennen: Marstrander 1928, 139 ff. 148 ff.; von Friesen 1933, 61 ff.; Arntz 1944b; Polomé 1991; Page 1999, 65 ff.; RGA XXV, 558 ff.; Seebold 2010, 84 ff.

Die ursprünglichen Runennamen lassen sich wie folgt erschließen:
  1. **f** /f/ ~ urgerm. *fehu^n* ›Vieh, (beweglicher) Besitz, Vermögen, Reichtum‹: ae. *feoh*, *fech*, AbcdN (an.) *feu*, adän. **fiu**, *fiu*, anorw. aisl. *fé*, schw. *fá^e*, spät-got. *fe*.
  2. **u** /u(:)/ ~ urgerm. *ūruz* ›Ur, Auerochse‹: ae. *ūr*, AbcdN *ur*, adän. **urʀ**, *urr*, spät-got. *uraz* (= *ūrəs*?). Substitute: anorw. *ūr* ›Schlacke, Schmiedeabfall‹ und aisl. *úr*, schw. *ūr* ›Sprühregen, Unwetter‹. – Man hat auch vermutet, dass die *u*-Rune für ›männliche Kraft‹ steht (z.B. Elliott 1989, 66 f.); dies lässt sich nicht erhärten.

© Springer-Verlag GmbH Deutschland, ein Teil von Springer Nature 2023
K. Düwel und R. Nedoma, *Runenkunde*,
https://doi.org/10.1007/978-3-476-04630-7_13

3. **þ** /þ/ ~ urgerm. **þurisaz* ›Riese, Dämon‹: AbcdN (as.) *thuris*, adän. **þhurs**, *dhurs*, anorw. aisl. *þurs*, schw. *tors*. Substitute: ae. *þorn* ›Dorn‹ und spät-got. *thyth* (= got. *þiuþ* ›Gutes‹). – Entgegen Seebold (2010, 92) ist ein ursprünglicher Runenname **Þun(a)raz* (aisl. *Þórr,* Thor) nicht glaubhaft zu machen.

4. **a** /a(:)/ ~ urgerm. **ansuz* ›Ase (heidnische Gottheit)‹: aisl. *áss*; mehrdeutig sind AbcdN (as.) *os*, adän. **āus**, *aus* ›Ase; Flussmündung‹. Substitute: (ae.-)lat. *ōs* wohl ›Mund‹ (*Altenglisches Runengedicht*: ›Quelle jeder Sprache‹) und anorw. *óss*, schw. *ōs* ›Flussmündung‹. Unklar ist, ob spät-got. *aza* den alten Runennamen fortsetzt (etwa **anzaz?*), oder ein Substitut ist (got. **ahsa* ›Achse‹). – Dass mit **ansuz* der Ase schlechthin, und zwar **Wōd^{u}/$_a$naz* (aisl. *Óðinn,* Odin), gemeint ist, bleibt eine unverbindliche Vermutung.

5. **r** /r/ ~ urgerm. **raidō* ›Ritt, Fahrt, Wagen‹: ae. *rād*, AbcdN (as.-ahd.) *rat*, adän. **raiþu**, *reidu*, anorw. *ræið*, aisl. *reið*, spät-got. *reda*. Substitut: schw. *ridher* ›Reiter‹(?). Ae. *rād* ist zum Teil als ahd. *rāt* ›Rat‹ umgedeutet, etwa im Cod. Sang. 270 (vgl. S. 249). – Die Bedeutungen ›Totenfahrt, Weg in die Unterwelt‹ (Arntz 1944b, 228), ›Kultwagen‹ (Krause 1948, 107) sowie ›Reite (Feuerbock)‹ (Seebold 2010, 84 f.) sind hypothetisch.

6. **k** /k/: unklar. Bezeugt sind zum einen AbcdN (ahd.) *chaon*, adän. **kāun**, *caun*, anorw. aisl. *kaun* ›Geschwür, (Eiter-)Beule‹, schw. *kön̑* ›Geschwür; Geschlecht(strieb)‹, zum anderen ae. *ċēn* ›Kien‹ und schließlich spät-got.(-ahd.) *chozma* (= got. **kusma* ›Geschwulst‹?).

7. **g** /g/ ~ urgerm. **gebō* ›Gabe‹: ae. *gyfu, geofu*, spät-got. *geuua*. – An eine ›Opfergabe an die Götter‹ braucht nicht gedacht zu werden.

8. **w** /w/: nicht eindeutig. Als Runennamen sind ae. *wyn, wen* ›Wonne, Freude‹ (**wunjō*), zum anderen spät-got.(-ahd.) *uuinne* ›Weide‹ (: got. *winja*) überliefert. – Auch hier ist eine mythologische Deutung – ursprünglich **Wulþuz* (aisl. *Ullr,* Ull; Arntz 1944b, 236 f.) – rein spekulativ.

9. **h** /h/ ~ urgerm. **haglaz* ›Hagel‹: ae. *hægl*, AbcdN *hagal*, adän. **hākāl**, *hagal*, anorw. aisl. *hagall*, schw. *hagaller*; daneben urgerm. **hagla^n*: spät-got. *haal* (= **hayl*). – Dass die *h*-Rune für ›Verderben‹ allgemein steht, ist zwar möglich, jedoch keinesfalls zwingend.

10. **n** /n/ ~ urgerm. **naudiz* ›Not, Zwang‹: ae. *nȳd*, AbcdN (an.-ahd.) *naut*, adän. **nãuþr**, *naudr*, anorw. aisl. *nauð*, schw. *nȍdh*, spät-got. *noicz* (= got. *nauþs*; Wagner 1994, 272 ff.).

11. **i** /i(:)/ ~ urgerm. (**eisa-* >?) **īsa^n*, **īsaz* ›Eis‹: ae. *īs*, AbcdN *is*, adän. **is**, *is*, anorw. aisl. *ís(s)*, schw. *īs*, spät-got. *iiz*. – Eine ältere (Neben-)Bedeutung ›schleichendes Unheil‹ o.ä. (Arntz 1944b, 199) ist nicht zu sichern.

12. **j** /j/ ~ urgerm. **jēra^n* ›(gutes, gedeihliches) Jahr‹: spät-urn. **j** = *j(āra)* STENTOFTEN (S. 8. 25. 50 f.), ae. *gēr*, adän. **ār**, *ae* [sic], AbcdN (an.) *ar*, anorw. aisl. *ár*, schw. *år*, spät-got.(-wgerm.) *gaar* (: got. *jer*).

13. **ï** /i(:)/ ~ urgerm. **eihaz, *eiwaz* > **īhaz, *īwaz* ›Eibe‹: ae. *ēoh, īh*, adän. **ir**, *ir*, AbcdN (an.) *yr*, anorw. aisl. *ýr* (der Rune Nr. 16 des jüngeren Fuþark, R /R/ [»r₂«], zugeordnet).

14. **p** /p/: nicht eindeutig. Zum einen sind ae. *peorð* (Runengedicht), *peord* (ÖNB, cod. 795), *perd* (Cod. Sang. 270) belegt, zum anderen spät-got. *pertra*.

Im *Altenglischen Runengedicht* heißt es: ›*peorð* ist immer Spiel und Gelächter den stolzen [Männern?], sobald die Krieger im Biersaal fröhlich zusammensitzen‹. Da der Ausdruck sonst nirgends bezeugt ist, hat man kontextuell auf Bedeutungen wie ›Gurgel, Schlund‹, ›Tanz‹, ›Penis‹, ›Kunststück‹ oder ›Dichtung‹ (Seebold 2010, 101) geschlossen (vgl. RGA XXV, 559); keiner dieser Vorschläge vermag aber zu überzeugen.

Dem spät-got. *pertra* (= got. *pairþra) kann indessen urgerm. *pirdrō > *perdrō f. ›Birnbaum‹ zugrunde liegen (Lehnwort aus lat. *pirum* plus Suffix *-dra/ō-*; vgl. Birkhan 2006, 85 ff.); dies ist aus lautlichen Gründen der alten, von Marstrander (1928, 139 ff.) vorgetragenen Deutung als urgerm. *perþō ›Fruchtbaum‹, das aus kelt. (britann.) **pert(t)ā* entlehnt sei, vorzuziehen.

15. **z** /z/: ganz unklar. Überliefert sind zum einen ae. *eolhx(-)* ›Schilf(?)‹ (Runengedicht), ae. *elux, ílíx, ílcs*, zum anderen spät-got. *ezec* (= *ezet ›Zeta‹, der griechische Buchstabenname für ζ *z*?) überliefert. – Dass als ursprüngliche Benennung urgerm. *algíz, *álhiz ›(Abwehr,) Elch(gottheit)‹ anzusetzen und die Nominativ-Endung **-z* ›namengebend‹ sei (so die allgemeine Ansicht von Wimmer 1887, 132 f. bis Elliott 1989, 69), ist unwahrscheinlich, denn der Runenname wird schwerlich an einem Laut festgemacht sein, der nur in einigen Formen des Paradigmas vorhanden ist (: Dat. Sg. **-ǣi*, Akk. Sg. **-i^n* etc.). Allerdings sind auch andere Deutungen (von Grienberger 1898, 113: **aiz-* ›Erz‹; Seebold 1991b, 531 ff.: **auz-*, **euz-* ›Morgenröte‹) fraglich.

16. **s** /s/ ~ urgerm. **sōw^u/_ilō* ›Sonne‹: adän. **sulu**, *soulu*, AbcdN (an.) *sol*, anorw. aisl. *sól*, schw. *sōl*; daneben urgerm. **suwulija-* ›Sonne‹: ae. *sygil* (mit *y* aus *i* korrigiert; ÖNB, cod. 795), *sigel*, spät-got. *sugil* (: got. *sauil*). – Der Ansicht, dass christlich-metaphorische Benennungen vorliegen (ae. *sigel* als ›Kostbarkeit [Salböl], Zeichen des Heiligen Geistes‹, an. *sōl* als ›Licht der Welt‹: Griffiths 2012, 131), wird man mit Reserve begegnen.

17. **t** /t/ ~ urgerm. *Teiwaz, Göttername: ae. *Tī*, adän. **tiuʀ**, *iu* [sic], anorw. aisl. *Týr*, schw. *Týr*, spät-got. *tyz*, unsicher AbcdN *tiu (nur Reste dreier Buchstaben), ferner ahd. *Ziu* (s. S. 249; der *ea*-Rune ᛏ zugeordnet). Substitut: ae. *tīr* ›Zeichen: Sternbild?, Fixstern?‹ (Runengedicht: ›ist immer auf der Bahn durch das Dunkel der Nächte‹).

18. **b** /b/ ~ urgerm. **berkana^n* ›Birkenzweig‹: adän. **biarCãn** (mit lat. C, ã Korrektur für i), *biercan*, anorw. aisl. *bjarkan*; daneben **berk(a)nō*: spät-got. *bercna* ›Birke(nzweig)‹; ferner urgerm. *berkō ›Birke‹: ae. *beorc, berc*, schw. *biŏrka(-)*; schließlich *berkijō ›Birke‹: AbcdN (wohl as.) *brita* (*birca). Ae. *beorc* ist z.T. als ahd. *berg* ›Berg‹ umgedeutet, etwa im Cod. Sang. 270. – Als ursprünglich sind wohl die denominalen Bildungen **berkana-*, **berk(a)nō-* ›zur Birke Gehöriges‹ anzusetzen. Dass aber mit der *b*-Rune auf eine ›Birkengöttin‹ gezielt sei (Marstrander 1928, 157 ff.), ist nicht glaubhaft.

19. **e** /e(:)/ ~ urgerm. *ehwaz ›Pferd‹: ae. *eh*, spät-got. *eyz* (= got. *aíhʋs).

20. **m** /m/ ~ urgerm. *mannz (→ *mannuz?) ›Mensch, Mann‹ (s. Bammesberger 1999, 4 ff.): ae. *man, mon*, AbcdN (as.) *man*, adän. **mãnʀ**, *manr*, anorw. aisl. *maðr*; daneben urgerm. **mannō^(n)*: spät-got. *manna*. – Auch in diesem Fall wird man nicht an mythologisches Personal (scil. *Mannus*, den Sohn des germanischen Stammvaters; Tacitus, *Germania* 2,2) denken wollen.

21. I /l/ ~ urgerm. *laguz ›Wasser, Gewässer, See, Meer‹: ae. lagu, AbcdN (as.) lagu, anorw. aisl. lǫgr, ferner spät-got. laaz (= *laɣəs?). Substitute: schw. lagh ›Gesetz‹ und adän. **lãukr**, laucr ›Lauch‹ (wohl auch loer, z.B. Oxford, St. John's College, cod. 17; vgl. S. 250). Krause (1946/1947; 1966, 4) erblickt in *laukaz ›Lauch (Gedeihen)‹ (vgl. S. 62 f.) den ursprünglichen Runennamen, dem er »kultisch-magischen Charakter« (dazu abwägend Heizmann 1992, 370 ff.) beimisst; die ›flächendeckende‹ Verbreitung spricht indessen für *laguz.

22. ŋ /ng/ ~ urgerm. *Ingwaz, Göttername: ae. Ing (im Runengedicht ein profaner ›Held bei den Ostdänen‹), spät-got. enguz (= got. *Iggws).

23. **d** /d/ ~ urgerm. *dagaz ›Tag‹: ae. dæg, (ae.-)ahd. tag (z.B. Cod. Sang. 270), tac (z.B. ÖNB, cod. 1761), spät-got. daaz (= *daɣs).

24. **o** /o(:)/ ~ urgerm. *ōpala^n (wgerm. *ōþila^n) ›Stammgut, (ererbter) Besitz, Eigentum, Herkunftsland, -ort‹: got. **o** = ō(þal) ›Besitz‹ PIETROASELE (S. 8. 70 f.), ae. ǣþel, ēþel, spät-got. utal (für ūþal).

Für die Zusatzrunen des angelsächsischen Standard-Fuþork (S. 99) sind folgende altenglische Namen belegt:

25. ᚪ **a₂** (**a**) /a(:)/ ~ āc ›Eiche‹.

26. ᚫ **a₁** (**æ**) /æ(:)/ ~ æsċ ›Esche‹; aer (ÖNB, cod. 795) ist dunkel. – Rune Nr. 4 steht für /o(:)/ und hat eine neue Form: ᚩ **a₃** (**o**); s. S. 99.

27. ᛠ **y** /y(:)/ ~ ̆yr, Bedeutung unklar (›gespannter Bogen‹?; Page 1999, 75).

28. ᛠ **ea** /æa(:)/ ~ ēar, am ehesten ›Erde, Grab‹ o.ä. (s. S. 253), vgl. aisl. aurr ›Kies, schmutzige Erde‹, got. áurahjo* ›Grab(denkmal)‹.

In der sog. Salzburg-Wiener-Alkuin-Handschrift (ÖNB, cod. 795) sind zwei weitere spätgotische Buchstabennamen überliefert, die keine Gegenstücke im älteren Fuþark haben:

u q /kʷ/ ~ queṛtra (das erste r schwer lesbar; = got. *qaírþra), das ᛢ **q** ~ ae. cweorð (Altenglisches Runengedicht, ohne Strophe) entspricht: ›Köder, Lockspeise‹ (ahd. querdar)?, ›Docht‹ (ahd. querdar, as. querthar)?;

Θ hv /hʷ/ ~ uuaer (= got. *hvaír), wohl ›Gefäß, Kessel‹ (ae. hwer, ahd. (h)wer, aisl. hverr).

Mit zwei Ausnahmen sind die Runennamen akrophonisch gebildet: **z** /z/ und ŋ /ng/ beziehen sich auf den Inlaut der korrespondierenden Bezeichnungen; in den germanischen Sprachen treten weder /z/ noch /ng/ anlautend auf.

Bei den aus den Runengedichten gezogenen Namen ergeben sich ihre Bedeutungen aus dem Inhalt der jeweiligen Strophe, wobei gelegentlich mehr oder weniger große Unklarheiten bestehen. So etwa wird ae. ōs als ›Ursprung jeder Sprache‹ umschrieben; damit ist wohl ›Mund‹ (lat. ōs) gemeint und kein im Altenglischen nicht bezeugtes *ōs ›Ase‹. Vieldeutig ist ae. peorð; in derartigen Fällen gibt die Etymologie Fingerzeige. Im Falle von **z** ᛉ – im Altenglischen eine seltene ›halbtote‹ Rune, die nur als Pendant von lat. X dient; **x̌** transliteriert) fehlt es an jedweder Handhabe: das Altenglische Runengedicht gibt keine zuverlässige Auskunft (eolhx seccard bei Hickes 1705, 135 ist verderbt; das Bezeichnete ist jedenfalls ›meistens im Sumpf, wächst im Wasser, verwundet grimmig‹), die übrigen Belege sind nicht unter einen Hut zu bringen, und etymologische Überlegungen führen nicht weiter.

Was das Nebeneinander verschiedener Runennamen betrifft, so wurde heidnisch Vorbelastetes in christlicher Zeit durch neutrale Benennungen ersetzt, z.B. *þurisaz ›Riese, Dämon‹ durch ae. þorn ›Dorn‹ oder got. *þiuþ ›Gutes‹, *ansuz ›Ase‹ durch (ae.-)lat. ōs ›Mund‹ (s. vorhin) oder anorw. óss ›Flussmündung‹. Es ist aber zu keiner durchgreifenden Aussonderung verfänglicher Begriffe gekommen: *_Teiwaz_ und *_Ingwaz_, zwei Namen älterer, etwas blasser Göttergestalten, sind erhalten geblieben. Auffällig ist jedenfalls, dass die ›großen‹ germanischen Gottheiten, allen voran *_Wōd^{u}/_anaz_ (Odin), *_Þun(a)raz_ (Thor) und *_Frawjaz_ (Freyr), keinen Niederschlag im Inventar der Runennamen gefunden haben.

Zweifellos ist davon auszugehen, dass die Benennungen der Runen mnemotechnische und/oder kennzeichnende Funktion hatten und für das Aufsagen der Runenreihe, eventuell auch für das ›Buchstabieren‹, verwendet wurden. In der älteren Forschung hat man sämtlichen Bezeichnungen kultisch(-magisch)en Charakter untergeschoben bzw. in den Runennamen religiöse Kräfte gesammelt sehen wollen (so u.a. Marstrander 1928, 147 ff.; Arntz 1944a, 184 ff.; Krause 1948, 98 ff.; Klingenberg 1973, 276), derartige Verdikte finden jedoch heutzutage – außer in esoterischen Zirkeln (S. 289 f.) – keine besondere Zustimmung mehr. Einige Begriffe sind zwar tatsächlich im übernatürlichen Bereich angesiedelt, bei weiteren Runennamen sind religiöse oder magische Qualitäten unsicher, aber bei manchen Bezeichnungen (z.B. *_raidō_ ›Ritt, Fahrt, Wagen‹, *_gebō_ ›Gabe‹) lassen sich nicht-profane Bedeutungen nur mittels einiger Gedankenakrobatik konstruieren. In jedem Fall spiegeln die Runennamen des älteren Fuþark kein altgermanisches kosmologisches System wider.

Was mögliche begriffliche Zusammenhänge betrifft, so verweist man des öfteren auf das Gegenüber der Runennamen *_fehu^n_ als ›beweglichen Besitz‹ und *_ōþala^n_, *_ōþila^n_ als ›unbeweglichen Besitz‹ (besser aber: ›Erbbesitz‹), die **f** und **o**, der ersten und der letzten Rune, zugeordnet sind. Weitere Gegensatzpaare sind indessen nicht auszumachen, und wenn man sich bei anderen in der runologischen Literatur vorgeschlagenen Paarbildungen auf schwankendem Boden befindet (z.B. *_fehu^n_ ›zahmes Rind‹ – *_ūruz_ ›wildes Rind‹: Jungandreas 1974, 382), dann liegt dies daran, dass sowohl die eigentümliche Reihenfolge der Runen als auch die in den korrespondierenden Runennamen ›eingefangenen‹ Bedeutungen keine durchgreifende Systematik erkennen lassen (anders Seebold 1986, 541 ff.). So begnügt man sich denn auch meist damit, die Begriffe zu ›Sachfeldern‹ zusammenzufassen oder in verschiedene Vorstellungswelten eingebettet zu sehen, z.B.

– 1. anthropomorphe Wesen, 2. theriomorphe Gottheiten, 3. kultische Pflanzen, 4. Witterungserscheinungen, 5. schadenbringende, unangreifbare Mächte, 6. sonstige mit dem Kult zusammenhängende Erscheinungen (Krause 1970, 30);
– bäuerliche Umwelt und Weltall (darin jeweils Begriffspaare: Jungandreas 1974, 382 f.);
– Lebewesen, Natur, soziale Umwelt (je zwei Vierergruppen: Seebold 1986, 538 f.);
– Welt der Götter und Riesen, Welt der Natur, Welt des Menschen (Elliott 1989, 71 ff.; zustimmend Polomé 1991, 434 f.).

Bei derart weitmaschigen Oberbegriffen erhebt sich freilich fast zwangsläufig die Frage, ob die durchgeführten Einteilungen eher einem neuzeitlichen Ordnungsdenken Rechnung tragen oder tatsächlich als ursprüngliche konzeptuelle Größen zu gelten haben. Und letztlich muss auch die Frage, ob die Runen schon im Zuge der Ausbildung des älteren Fuþark oder erst in etwas späterer Zeit mit Runennamen versehen wurden, unentschieden bleiben.

XIV. Literarische Zeugnisse

Vielfach gelten die von Tacitus in der *Germania* (c. 10) erwähnten *notae* als älteste literarische Nachricht über Runen – eine nicht zu sichernde Annahme allerdings (s. S. 235), zumal die Verwendung von Runen im Losorakel aus älterer Zeit sonst nicht bezeugt ist (vgl. Seebold 1986, 554 ff.).

In der zweiten Hälfte des 6. Jh.s, also während der Blüte der südgermanischen Runenkultur, bittet der im Merowingerreich tätige Lyriker und Biograph Venantius Fortunatus in seinem Lied *Ad Flavum* den Adressaten, ihm zu schreiben – nötigenfalls auch in Runen (Carmen VII,18, v. 19 f.; MGH AA 4,1, 173):

> *Barbara fraxineis pingatur rhuna tabellis,*
> *quodque papyrus agit virgula plana valet.*

> ›Die barbarische Rune werde gezeichnet in eschene Schriftstücke, und was [sonst] der Papyrus leistet, vermag ein glattes Stäbchen.‹

Kleine Stäbe aus Holz (aisl. *rúnakefli*) waren, wie etwa auch die zahlreichen Funde aus Bryggen in Bergen erweisen (vgl. S. 203), leicht zu beschaffende und zu bearbeitende Inschriftenträger.

In dem in den Jahrzehnten um 800 entstandenen Traktat *De inventione litterarum* (›Über die Erfindung der Schrift‹; vgl. S. 249) heißt es in der in Frankreich verbreiteten Redaktion B, bei den *Northmanni* seien Formen von Buchstaben (*literarum figurae*) erfunden worden, um ihre Lieder (*carmina*) und Zaubersprüche (*incantationes*) zu bewahren; und diesen Schriftzeichen hätten sie den Namen ›Runen(stäbe)‹ beigelegt (*runstabas nomen imposuerunt*; Derolez 1954, 354 f.).

In der ›deutschen‹ Redaktion A werden die *Nordmanni* auch *Marcomanni* genannt, und die *litterae* dienen dazu, Lieder, Zaubersprüche und Divinationen ›anzuzeigen‹ (*significare*). Dass Runen dazu verwendet worden seien, um magische Texte zu überliefern, mutet indessen wenig wahrscheinlich an (Derolez 1954, 359).

Im ausgehenden 12. Jh. schildert der dänische Historiograph Saxo Grammaticus in seinen *Gesta Danorum* (›Taten der Dänen‹) gegen Ende von Buch III die Rachesage von *Amlethus* (die Stoffvorlage von William Shakespeares *Hamlet*).

Fengo hat seinen Bruder Horvendill beseitigt und die Herrschaft in Dänemark an sich gerissen; seinen Neffen Amleth will er vom König Britanniens töten lassen (III,6,16; Olrik / Ræder 1931, 81). Er gibt daher den Reisebegleitern Amleths ein »Schreiben auf Holz geritzt« (*litteras ligno insculptas*) mit, »in welchem dem Könige der Briten die Tötung des ihm zugeschickten Jünglings aufgetragen wurde. Als sie schliefen, durchsuchte Amleth ihre Taschen und entdeckte das Schreiben (*litteras deprehendit*). Als er die in ihm enthaltenen Aufträge gelesen, schabte er alles ab, was auf den Holzflächen stand und schnitt neue Runen ein (*novisque figurarum apicibus substitutis*); in diesen wendete er durch Veränderung des Wortlautes des Auftrags die Verdammung zum Tode von sich ab auf seine Begleiter« (Herrmann 1901, 120 f.). Später weiß Amleth seinen Vater zu rächen, indem er die Königshalle in Brand setzt und den Onkel erschlägt.

Derartige Runenbriefe werden in der altwestnordischen Literatur mehrfach erwähnt (Belege bei Seebold 1986, 527 ff.); realweltliche Entsprechungen bieten die Funde aus dem mittelalterlichen Bergen (s. S. 203 f.). Das Motiv des Briefes, in dem der

© Springer-Verlag GmbH Deutschland, ein Teil von Springer Nature 2023
K. Düwel und R. Nedoma, *Runenkunde*,
https://doi.org/10.1007/978-3-476-04630-7_14

Absender die Tötung des Überbringers fordert, findet sich schon in der Bibel (2 Sam 11,14 ff.). In den *Atlamál*, dem längeren (und jüngeren) ›Atlilied‹ der *Edda*, schickt Gudrun, Atlis Gattin, ihren beiden Brüdern Gunnar und Högni eine Warnung (Str. 4,1–4; Neckel / Kuhn 1962, 248):

> *Rúnar nam at rísta;   rengði þær Vingi*
> *– fárs var hann flýtandi –,   aðr hann fram seldi; [...].*

> ›Runen ritzte sie (Gudrun), es verfälschte sie Vingi – des Verderbens Förderer war er –, bevor er sie übergab.‹

Allein Högnis Gattin Kostbera, die sich über die verworrenen Ritzungen wundert (Str. 9), erkennt die Manipulation des hunnischen Boten Vingi und weiß den Sinn der ursprünglichen Botschaft – die verräterische Einladung an den Hunnenhof nicht anzunehmen – zu erraten, obwohl *vant er stafs vífi* ›es fehlt der Frau (vielmehr: der von ihr, Gudrun, geritzten Inschrift) an einem Stab (einer Rune)‹ (Str. 12,9; vgl. z.B. Olsen 1943, 31 ff.; Antonsen 1999, 135 f.; von See et al. VII, 454 f.).

Ebenfalls in der *Lieder-Edda* berichten die *Hávamál* (›Sprüche des Hohen‹, Str. 138–139) von Odins Runen(er)findung (Neckel / Kuhn 1962, 40; vgl. von See et al. I,1, 877 ff.):

> *Veit ek, at ek hekk   vindgameiði á*
> * nætr allar nío,*
> *geiri undaðr   ok gefinn Óðni,*
> * siálfr siálfom mér [...].*
>
> *Við hleifi mik sældo   né við hornigi,*
> * nýsta ek niðr;*
> *nam ek upp rúnar,   œpandi nam,*
> * fell ek aptr þaðan.*

> ›[Odin spricht:] Ich weiß, dass ich am windigen Baum neun ganze Nächte hing, mit dem Speer verwundet und dem Odin gegeben (geopfert), [ich] selbst mir selbst [...]. – Weder mit Brot noch mit dem Trinkhorn beglückten [sie] mich, ich spähte nach unten; ich nahm die Runen auf, nahm [sie] schreiend, ich fiel zurück von dort.‹

Diese eindrückliche Schilderung verarbeitet den weitverbreiteten Mythos von der Erfindung der Schrift durch einen Gott (Bertholet 1949, 9 ff.). Weiter heißt es in den *Hávamál* (Str. 142; Neckel / Kuhn 1962, 41):

> ›Runen wirst du finden   und zu erratende Stäbe (zu deutende Runen),
>   sehr mächtige Stäbe,
>   sehr starke Stäbe,
>   die der gewaltige Redner (*fimbulþulr*, i.e. Odin) malte (schrieb; *fáði*)
>   und die hohen Mächte schufen und der Verkünder der Mächte ritzte.‹

In Str. 144 (ebd.) werden bekannte Termini technici des Runenschreibens erwähnt (vgl. S. 13):

> ›Weißt du, wie man ritzen (*rísta*) soll,   weißt du, wie man erraten (lesen, deuten; *ráða*) soll?
> Weißt du, wie man malen (schreiben; *fá*) soll,   weißt du, wie man prüfen (scil. die Richtig-
>   keit des Geschriebenen?; *freista*) soll?‹

Der Mythos von der Schaffung der Schrift klingt schon in Str. 80,1–5 an (vgl. S. 41):

>Das zeigt sich da,   wenn du nach Runen fragst,
den götterentstammten (*reginkunnom*),
denen, die die hohen Mächte schufen
und die der gewaltige Redner (*fimbulþulr*) malte (schrieb).<

In den eddischen *Skírnismál* (>Reden des Skirnir<) macht der Diener und Bote des Gottes Freyr das schöne Riesenmädchen Gerd zur Begegnung mit seinem Herrn gefügig. Die Umworbene will aber von Freyr nichts wissen; nachdem sowohl gütliche Versprechungen als auch Androhung von Gewalt nichts fruchten, greift Skirnir in einer Reihe von Fluchstrophen zu schärferen Mitteln. Der Widerspenstigen Zähmung gelingt jedoch erst, als er ihr Runen in einen zuvor erwähnten *gambanteinn* >Zauberzweig< ritzen will (Str. 36; Neckel / Kuhn 1962, 76; vgl. S. 206):

Þurs ríst ek þér   ok þriá stafi,
ergi ok œði   ok óþola;
svá ek þat af ríst,   sem ek þat á reist,
ef goraz þarfar þess.

>Einen *þurs* ritze ich dir, und [zwar] drei Stäbe (Runen): [für] Argheit (*ergi*) und Wut (*œði*) und Unerträglichkeit (*óþola* Akk.); so ritze (schabe) ich das ab, wie ich es [vorher] einritzte, wenn sich Bedarf dafür ergibt (es nötig wird).<

Mit dem *þurs* ist eine *þ*-Rune gemeint, die diesen Namen trägt (S. 260). Sie bewirkt nach den drei altnordischen Runengedichten >der Frauen Qual< (vgl. Bauer 2003a, 143) und hilft nach einer aus dem 16. Jh. stammenden Passage der isländischen *Galdrabók* (>Zauberbuch<, auch *Schwarzkunstbuch* genannt) außerdem, die Liebe einer Frau zu gewinnen (Lindqvist 1921, 56: *Molldþuss* >Erd-Thurse<). Nicht ganz klar ist indessen, ob die in den *Skírnismal* genannten drei >Stäbe< *þ*-Runen (*ok* als >und zwar<) oder andere Runen (*ok* als >und<) sind, die eben für Argheit (Geilheit, Schamlosigkeit, Perversion; *ergi*), Wut (Raserei, Wahnsinn; *œði*) und Unerträglichkeit (unerträgliche [sexuelle?] Qual, Begierde; *óþoli*) stehen. Da aber Begriffsrunen bzw. Runennamen derartiger Bedeutung nicht belegt sind, ist die erste Möglichkeit vorzuziehen (von See et al. II, 135), zumal sich für die operative Dreifachritzung von Runen auch weitere Beispiele finden (GUMMARP: **fff**, s. S. 50; LÖDÖSE: **þ(no)**, s. S. 213). Runenzauber mit der Möglichkeit, schadenbringende Runen abzuschaben (und damit deren Wirkung aufzuheben), hat eine Parallele in der *Egils saga Skalla-Grímssonar* (s. S. 269).

Eindrucksvoll ist die Belehrung Sigurds durch die Walküre Sigrdrifa in den eddischen *Sigrdrífomál* (>Sigrdrifalied<, Str. 6 ff.; Neckel / Kuhn 1962, 191 f.; vgl. von See et al. V, 553 ff.) gestaltet:

>Siegrunen sollst du ritzen,   wenn du den Sieg haben willst,
und sie auf den Knauf des Schwertes ritzen,
einige auf die Klinge,   einige auf die Griffumhüllung (dazu von See et al. IV, 464 ff.)
und zweimal den Tyr nennen.<

In den folgenden Strophen werden *ǫlrúnar* >Bierrunen< gegen Frauentrug (>auf das Horn soll man sie ritzen und auf den Rücken der Hand und auf den Nagel eine *nauð* [Name der *n*-Rune]<) genannt, weiters *biargrúnar* >Schutzrunen<, *brimrúnar* >Brandungsrunen<, *limrúnar* >Zweigrunen< (weniger wahrscheinlich: >Gliedrunen<), *málrúnar* >Sprechrunen<, *hugrúnar* >Sinnrunen (oder: Gedächtnisrunen)<. Sigrdrifa erwähnt auch >wahre Worte< des weisen Mimir (Str. 15–17), nach denen Runen auf den Schild vor einer leuchtenden Gottheit, auf mythische Personen, Pferde und Gegenstände, auf Menschen, Sigurds Pferd Grani und wilde Tiere geritzt werden sollen – Zufall oder nicht, die Anzahl der hier aufgezählten Inschriftenträger, 24, entspricht der Anzahl der Runen im älteren Fuþark (Weber 1973, 88). Die Lehre der Sigrdrifa gipfelt dann in Str. 19 (Neckel / Kuhn 1962, 193 f.):

> Þat ero *bótrúnar,   þat ero biargrúnar
>   ok allar ǫlrúnar
>   ok mǽtar meginrúnar,
> hveim er þǽr kná óviltar   ok óspiltar
>   sér at heillom hafa;
>   nióttu, ef þú námt,
>   unz riúfaz regin!

›Das sind Besserungsrunen (Heilungsrunen), das sind Schutzrunen (Rettungsrunen, Bergungsrunen) und alle Bierrunen und treffliche Kraftrunen für denjenigen, der sie unverwirrt (unverfälscht) und unversehrt zu seinem Glück gebrauchen kann; nütze du [sie], wenn du [sie] erlerntest, bis die Mächte (Götter: regin) vernichtet werden!‹ – In 19,1 ist handschriftliches bócrúnar (bᴏᴄ ʀ.) nach Ausweis des Bergenser Runenzaubers N B257 wohl zu bótrúnar (bᴏᴛ ʀ.) zu bessern (s. S. 205).

In der nicht in der Haupthandschrift der *Lieder-Edda* enthaltenen *Rígsþula* (›Merkgedicht von Rig‹; vgl. RGA XXIV, 618 ff.) lehrt der Ase Rig (i.e. Heimdall) seinen Sohn Jarl, der den Adel repräsentiert, Runen zu gebrauchen (Str. 36); darin wird Jarl von seinem Sohn, *Konr ungr* (›Konr der junge‹, ein Wortspiel mit *konungr* ›König‹) sogar noch übertroffen (Str. 45). Auch sonst wird in der Literatur Angehörigen der sozialen Elite runische *literacy* zuerkannt (vgl. Düwel 1992b, 44 ff.; Schulz 2019, 48). Und in der *Ynglinga saga* (›Saga von den Ynglingern‹, c. 7), der ersten Hauptpartie der *Heimskringla* (›Weltkreis‹), spricht Snorri Sturluson dem (ver)menschlich(t)en Odin übernatürliche Kräfte zu (ÍF 26, 19; vgl. van Nahl 2013, 135):

> *Allar þessar íþróttir kenndi hann með rúnum ok ljóðum þeim, er galdrar heita.*

›Alle diese Fertigkeiten (Künste) vollführte er mit Hilfe von Runen und den Liedern, die Zauberweisen heißen.‹

In die reale Welt führt eine aus der ersten Hälfte des 12. Jh.s stammende Skaldenstrophe des schon früher (S. 226) erwähnten Orkadenjarls Rögnvald alias Kali Kolsson (†1158). Dort sagt der Autor von sich, dass er neun *íþróttir* (›Fertigkeiten‹) beherrsche – und *týnik trauðla rúnum* ›ich vergesse Runen(kenntnisse) kaum‹ (*Orkneyinga saga*, c. 58; ÍF 34, 130).

Die übrigen acht *skills* des Jarls sind Brettspiel (*tafl*, wohl Schach; an erster Stelle genannt!), Lateinschrift, Handwerk, Schilauf, Schießen, Rudern, Harfenspiel und Dichtkunst.

Die Isländersagas bieten etliche Schilderungen von Kenntnis und Gebrauch der Runenschrift (Dillmann 2006, 67 f. 127 ff.; Schulz 2019, 48 ff.; Bauer 2022, 61 ff.); die aussagekräftigsten Belege stammen aus zwei ›großen‹ Sagas. In der *Grettis saga Ásmundarson* (›Saga von Grettir, dem Sohn Asmunds‹, c. 79; ÍF 7, 249 ff.) trägt die alte zauberkundige Thurid entscheidend zum Tode Grettirs bei. Sie findet am Strand einen Wurzelstock,

›so groß, dass man ihn noch auf den Schultern tragen konnte. Sie begutachtete das Holzstück und verlangte da, es für sie umzudrehen; es war auf der anderen Seite wie angesengt und abgescheuert. Sie ließ eine kleine glatte Fläche dort einschnitzen, wo es abgescheuert war; danach nahm sie ihr Messer, ritzte Runen in die Wurzel, rötete sie mit ihrem Blut und sprach darüber magische Formeln. Sie ging rückwärts gegen den Lauf der Sonne um das Holzstück und sprach dort viele wirkmächtige Worte darüber. Danach ließ sie das Holzstück ins Meer stoßen und bestimmte, dass es hinaus nach *Drangey* (›Klippeninsel‹, auf der Grettir und seine Begleiter Zuflucht gefunden haben) treiben solle und Grettir zu allem Unheil gereiche.‹

Es kommt so, wie es kommen muss – beim Versuch, das Holzstück zu zerkleinern, fügt sich Grettir eine tiefe Wunde zu, die nicht verheilt. So geschwächt, wird Grettir schließlich von seinen Gegnern getötet.

Als besonders runenkundig wird der Skalde Egil dargestellt; mehrfach ist in der *Egils saga Skalla-Grímssonar* (›Saga von Egil, dem Sohn des Glatzkopf-Grim‹) die Rede davon. So etwa macht Egil bei einem für König Eirik (*blóðøx* ›Blutaxt‹) ausgerichteten Gelage einen Gifttrank, der ihm in einem Horn gereicht wird, auf folgende Weise unschädlich (c. 44; ÍF 2, 109):

›Egil zog da sein Messer und stach sich in die Handfläche; er nahm das Horn entgegen, ritzte Runen hinein und bestrich sie mit dem Blut. Er sprach:

»Wir ritzen (i.e. ich ritze) eine Rune in das Horn,   [*lausavísa* 5]
wir röten (i.e. ich röte) den Spruch mit Blut,
diese Worte wähle ich für den oberen Rand
des Baums der Ohren des wütenden Tieres. [...]«

Das Horn sprang entzwei, und der Trank floss in die Streu hinunter.‹

In der Skaldenstrophe ist *eyrna viðr* ›Baum der Ohren‹ *kenning* für ›Horn‹, und das ›wütende Tier‹ wird der ›Auerochse‹ sein. Es handelt sich wohl um ein *úrarhorn* ›Horn eines Auerochsen‹ (auch als Beiname belegt, s. S. 195), auf das der von Egil eingeritzte magisch-operative Text einwirkt.

Gegen seine Widersacher König Eirik und Königin Gunnhild errichtet Egil später auf der Insel Herdla eine *níðstǫng* (unübersetzbar: etwa ›Schimpf-, Hohnstange‹) gegen die beiden – die ärgste Verunglimpfung, die man jemandem im alten Island zufügen konnte (c. 57; ÍF 2, 171).

›Er nahm eine Haselstange in seine Hand und bestieg einen Felsvorsprung, der landeinwärts wies. Dann nahm er einen Pferdekopf und steckte ihn oben auf die Stange. Danach rezitierte er einen Spruch und sagte so: »Hier stelle ich eine Schimpfstange auf, und ich richte diese Beschimpfung gegen König Eirik und Königin Gunnhild,« – er drehte den Pferdekopf landeinwärts – »ich richte diese Beschimpfung gegen die Schutzgeister des Landes (*landvættir*), die dieses Land bewohnen, sodass sie alle irregehen mögen, keiner seine Heimstatt finden möge, bis sie König Eirik und Gunnhild aus dem Lande vertreiben.« Dann rammt er die Stange in eine Felsspalte und ließ sie dort stecken. Er drehte auch den [Pferde-]Kopf landeinwärts, in die Stange aber ritzte er Runen, und diese geben den ganzen Spruch (*formáli*) wieder.‹

Seinerzeit hat Olsen (1916, 235 ff.) gemeint, Egil habe zwei zuvor in der Saga mitgeteilte Fluchstrophen (Str. 28–29, c. 56 und 57) in die *níðstǫng* geritzt; runisch ›retransliteriert‹ (vgl. ÍF 2, CVII und gegenüber 163) umfasse jede Halbstrophe 72 Runen (= 3 × 24, die Anzahl der Runen im älteren Fuþark) – und 72 gelte als magische Zahl. Heutzutage hat man von solchen spekulativen Überlegungen längst Abstand genommen (zur Berechnung vgl. bereits Morgenroth 1961, 279 ff.).

Den alten Egil trifft der überraschende Tod seines Sohnes Bödvar schwer; seine Tochter Thorgerd versucht, den Lebensüberdrüssigen aufzumuntern und spricht ihn an (c. 78, ÍF 2, 245):

›Nun möchte ich, Vater, dass wir beide unser Leben verlängern, sodass du ein Lied zum Gedenken an Bödvar dichten kannst, und ich werde es in ein Stäbchen ritzen, aber dann können wir beide sterben, wenn es uns richtig erscheint.‹

Daraufhin dichtet Egil *Sonatorrek* (›Der Söhne Verlust‹) und fasst neuen Lebensmut. Obwohl zu bezweifeln ist, dass man dem Vortrag eines aus 25 Strophen bestehenden Preisgedichtes ›mitritzend‹ folgen kann, haben poetische Texte – zumindest *lausavísur* ›Einzelstrophen‹ – da und dort ihren Weg auf Runenhölzchen gefunden (vgl. Holm 1975). Davon legen ja *kefli* aus mittelalterlichen Städten wie Bergen unmissverständlich Zeugnis ab (s. S. 205 ff.); eine weitere literarische Erwähnung bietet die *Grettis saga Ásmundarson* (c. 66).

Egil beherrscht indessen nicht nur den Gebrauch von Schutz- und Schadenrunen, sondern er kennt auch Heilungsrunen. Als er und seine Gefährten von dem ostnorwegischen Bauern Thorfinn verköstigt werden, bemerkt Egil (c. 72; ÍF 2, 229 f.; vgl. Knirk 1994c, 412 ff. zu N A142),

›dass eine Frau krank auf der Querbank lag. Egil fragte Thorfinn, wer die Frau sei, der es da so schlecht gehe. Thorfinn sagt, sie heiße Helga und sei seine Tochter: »sie siecht schon lange dahin«, und das war ein schweres (auszehrendes) Leiden; sie konnte keine Nacht schlafen und war wie von Sinnen. »Ist irgendetwas gegen ihre Krankheit versucht worden?« fragt Egil. Thorfinn sagt: »Runen sind geritzt worden, und es ist ein Bauernsohn hier in der Nähe, der das gemacht hat, aber seither ist es viel schlimmer als vorher. Kannst du, Egil, etwas gegen eine derartige Krankheit tun?« Egil sagt: »Es kann sein, dass es nicht schlechter wird, wenn ich mich einschalte.« Und als Egil satt war, ging er dorthin, wo die Frau lag, und redete mit ihr. Dann hieß er sie vom Schlafplatz heben und reines Bettzeug unter sie legen, und das wurde sogleich gemacht. Danach untersuchte er die Stelle, auf der sie gelegen hatte, und dort fand er ein Stück Walbarte, und es waren Runen darauf. Egil las sie, und danach schnitt er die Runen heraus, indem er sie hinunter in das Feuer schabte. Er verbrannte das ganze Fischbein und ließ das Bettzeug, das sie vorher gehabt hatte, an die Luft bringen. Dann sprach Egil:

»Niemand soll Runen ritzen,	[*lausavísa* 40]

»Niemand soll Runen ritzen,
wenn er sie nicht richtig verstehen kann;
es widerfährt manchem, dass er
von einer unklaren Rune irregeführt wird.
Ich sah auf der geglätteten Walbarte
zehn Geheimrunen (*launstafi* Akk. Pl.) geritzt;
das hat der Linde des Lauchs (≙ der Frau)
langes Leid zugefügt.«

Egil ritzte Runen und legte sie unter den Polster des Lagers, auf dem sie ruhte. Ihr schien es, als ob sie aus einem Schlaf erwache, und sie sagte, dass sie jetzt gesund sei; sie war aber noch geschwächt. Ihr Vater und die Mutter freuten sich jedoch ungemein; Thorfinn kündigte an, dass Egil hier jedwede Unterstützung erhalten solle, die er zu benötigen glaube.‹

Wie an späterer Stelle der *Egils saga Skalla-Grímssonar* zu erfahren ist (c. 76; ÍF 2, 200), hatte der von Helga verschmähte Bursche im Sinn, ›ihr Liebesrunen (*manrúnar*) zu ritzen, aber er war dazu nicht imstande‹.

In der älteren Literatur hat man den Hergang wie folgt zu rekonstruieren versucht: Der verliebte Bauernsohn habe beabsichtigt, in Eisrunen (s. S. 242) entweder die beiden ersten Runen des jüngeren Fuþark (ᚢᛁ ᛁᛁᛁᛁ 3/1, 3/2 ⇨ **fu**; Olsen 1948) oder die erste Rune des jüngeren Fuþark und ›Ase‹ als liebeszauberkräftige Rune (ᛁᛁᛁᛁ ᛁᛁᛁᛁᛁᛁ 3/1, 3/4 ⇨ **fā**; Genzmer 1952, 45 ff.) auf die Walbarte zu ritzen; irrtümlicherweise habe er jedoch die zweite Positionsrune entweder (im ersten Fall) mit einer kurzen Vertikallinie zu viel oder (im zweiten Fall) zu wenig versehen, sodass beide Male |||''' 3,3 ⇨ þ, die schadenbringende *þurs*-Rune (s. S. 266), entstanden und zum Krankheitsauslöser geworden sei. Besonderes Zutrauen verdienen aber derartige Überlegungen naturgemäß nicht, da es unzählige andere Möglichkeiten gibt – etwa wenn man nicht mit zehn Positionsmarkern, sondern mit zehn Zweig- oder Verschieberunen rechnet, ganz zu schweigen von der hypothetischen Wirksamkeit von **fu** oder **fã**.

Zusammenfassend lässt sich festhalten, dass die literarischen Nachrichten über Kenntnis und Gebrauch der Runen im Großen und Ganzen die realhistorischen Gegebenheiten abbilden. Dies gilt vor allem für die Funktion der Inschriften, die sowohl der zwischenmenschlichen Kommunikation als auch der Kommunikation mit übernatürlichen Mächten dienen. Besonders in den altisländischen Sagas – die vorhin genannten Belege ließen sich unschwer vermehren – werden Prozess und Zweck des Runenschreibens thematisiert. Dabei handelt es sich um Werke, die frühestens um die Mitte des 13. Jh.s entstanden sind; auch die einschlägigen Eddalieder gehören der jüngeren Schicht ihres Genres an und sind kaum früher als im 12. Jh. entstanden. Diese Darstellungen runenschriftlicher Epigraphik in lateinschriftlicher Literatur (vgl. Schulz 2019, 45) zeigen zwar auffallendes Interesse an wirkmächtigem Runenzauber, es ist aber zu beachten, dass hier die vorchristliche bzw. umbruchzeitliche Erzählwelt der *söguöld* (›Sagazeit‹, ca. 930–1030) aus der christlich-hochmittelalterlichen Sicht der Entstehungszeit der Sagas (13. Jh. und danach) geschildert wird. Wenn also Runen in manchen Texten deutlich ›geheimnisvoll-heidnisch‹ konnotiert sind, ist dies ein Aspekt des Dialogs mit der alten Zeit. Und nicht zuletzt sind magisch-operative Runen auch erzähltechnisches Würzmittel.

XV. Runen und Magie

Die Frage, ob bzw. inwieweit Runeninschriften (kultischen,) magischen oder profanen Inhalts sind, hat in der Forschung reges Interesse hervorgerufen (vgl. S. 11 f. 19 f. 55 f. 237 f.).

Zwei Forschungsüberblicke zum Thema Runen und Magie geben Nielsen K. M. 1985 und Flowers 1986, 45 ff.; eine gute ideengeschichtliche Studie ist Andersson 1997. McKinnell et al. 2004 bieten eine Quellensammlung zum Komplex Runen, Magie und Religion mit Zeugnissen aus allen Runenperioden; ferner liegt eine Präsentation von ›runischen Amuletten und magischen Objekten‹ vor (MacLeod / Mees 2006), die unerwartet viele Runendenkmäler in durchaus eigenwilligen Deutungen einbezieht (s. Schulte 2007; Heide 2008). Eine in den beiden zuletzt genannten Werken fehlende Diskussion des Begriffs *Magie* leistet auf Basis der altwestnordischen literarischen Überlieferung, die oft als Bezugsrahmen für die Runeninschriften der Wikingerzeit und des Mittelalters genommen wird (s. vorhin, S. 270), die fundierte Arbeit von Dillmann (2006, 25 ff.).

Nicht immer hat man in der runologischen Literatur scharf zwischen *Religion* (bzw. der Konkretisierung im *Kult*) und *Magie* (bzw. *Zauber*) unterschieden. Vor allem in der älteren Forschung finden sich Bildungen wie »religiøs-magisk« (u.a. DR I, 37), »kultisch-magisch« (u.a. Krause 1966, 9) »magico-religious« (u.a. Flowers 1986, 24) etc. An sich liegen da aber zwei verschiedene Haltungen zugrunde: in der Religion unterwerfen sich Gläubige einer göttlichen Macht, in der Magie aktivieren und manipulieren Zauberkundige übernatürliche Wesen oder okkulte Naturkräfte. Weiters hat Religion eine stärkere soziale Komponente, Magie ist eher im Privatbereich angesiedelt. Zweifellos treten Religion und Magie aber in ein und derselben Kultur neben- und miteinander auf und sind auch meist miteinander verwoben, doch befreit dies Runolog(inn)en nicht, sich in Bezug auf die Wirkungsabsicht eines runenepigraphischen Textes möglichst präzise zu fassen.

Magie (RGA XIX, 145 ff.) ist aus lat. *magia* entlehnt, das seinerseits aus dem Griechischen (μαγεία *mageía*) stammt; der Ausdruck umfasst Theorie (Zauberwissen, Zauberkunst) und Praxis (Performanz im magischen Ritual), wogegen das Erbwort *Zauber* (ahd. *zoubar* ›Zauber, Zauberei‹, aisl. *taufr* Pl. ›Zauberei, Zauberutensilien‹ < urgerm. **taubra-*; RGA XXXV, 855 ff.) rein anwendungsbezogen gebraucht wird. Der/Die Akteur(in) wird als *Magier, Magierin* bzw. *Zauberer, Zauberin* bezeichnet, doch wird in deutschsprachigen runologischen Abhandlungen (z.B. Krause 1966, 33; Nielsen K. M. 1985, 81 f.) auch *Magiker* gebraucht (offenbar nur in der maskulinen Form), dem lat. *magicus* vorausliegt.

Der Charakter von Magie bzw. Zauber wurde vielfach erörtert, ohne dass eine allgemein anerkannte Definition erzielt worden wäre. In der runologischen Literatur geht Flowers (1986, 19 f.; vgl. Düwel 1992c, 90 f.) von einem semiotischen Modell aus:

By means of willed performative or operative acts/speech, the operator/magician (subject) is able to manipulate, or to participate in, a complex of symbols which have an analogical (»sympathetic«) connection to the indirect object of these acts. Because the psycho-cosmological and social frame of reference for such operative acts ascribes a grammatically subjective nature to this indirect object of the action, it is considered a partner in a phenomenologically communicative process, and it in turn becomes the subject/agent of an action of which the magician or some other person(s) or thing(s) become the object.

© Springer-Verlag GmbH Deutschland, ein Teil von Springer Nature 2023
K. Düwel und R. Nedoma, *Runenkunde*,
https://doi.org/10.1007/978-3-476-04630-7_15

Einfacher gesagt, handelt es sich bei Magie um eine Technik, durch die ein ›wissender‹ Mensch die subjektive und/oder objektive Realität mit Hilfe seiner Willenskraft zu beeinflussen vermag (vgl. Flowers 1986, 20). Die auf dieser Grundlage vorgenommene Klassifizierung von Runeninschriften als magisch bedient sich vier Typen von Formelelementen (1. elaborierte syntaktische Formeln, 2. Runenmeisterformeln, 3. Einzelwortformeln, 4. nicht-lexikalische Formeln wie Fuþark-Folgen oder *random*-Sequenzen), bleibt dabei allerdings auf die linguistisch-formularische Ebene reduziert, ohne dabei archäologische Befunde und epigraphische Gegebenheiten gebührend zu berücksichtigen (Nedoma 1998, 25 f.). Im Übrigen waren die angeführten Formeln – freilich ohne systematischen Zusammenhang – schon immer Gegenstand runologischer Arbeiten auf dem Felde der Magie.

Nach den frühen Arbeiten Olsens (vor allem 1916) herrschten magische Deutungen von Runeninschriften vor, die Bæksted (1952) einer grundsätzlichen Kritik unterzog, in seiner Skepsis gegenüber jeglicher magischer Interpretation aber wiederum zu weit ging. Mittlerweile hat sich die Auffassung durchgesetzt, dass die Runen – wie die Schriftzeichen anderer Alphabete – ein funktionales Kommunikationsmittel sind und die Runenschrift je nach Situation und Kontext profane, aber auch sakrale und magische Verwendung finden kann; dies ist allerdings im Einzelfall zu begründen (vgl. Nielsen K. M. 1985, 97; Nedoma 1998, 47). Es geht jedenfalls nicht an, Einzelrunen ohne Weiteres als Begriffsrunen zu fassen (vgl. S. 8) oder unverständliche (nicht-lexikalische) Runenfolgen schon wegen ihrer Unverständlichkeit prinzipiell als magisch einzuordnen.

Die Problematik, in Runen generell magische Zeichen zu sehen, kann anhand der Deutungsversuche der Fuþark-Inschrift auf dem Stein von Kylver (s. S. 30; Abb. 1, S. 2) veranschaulicht werden (dazu Düwel 1992c, 92 ff.; 1997b, 25 ff.; Düwel / Heizmann 2006, 31 ff.; vgl. RGA X, 275):

1. Runen als zahlenmagische Zeichen: Olsen (1916 u.ö.) und andere gehen von der festen Reihenfolge der 24 Runen im älteren Fuþark bzw. der 16 Runen im jüngeren Fuþark aus, die jeweils Produkte von Multiplikationen mit der Zahl 8 darstellen. Sofern eine Inschrift aus 24 Runen bzw. aus Teilen oder Vielfachen davon besteht, sei sie magisch (vgl. S. 268).

2. Runen als runennamenmagische Zeichen: Krause (1966, 10) und nach ihm etwa Klingenberg (1973, 276) erblicken den magischen Charakter einer Fuþark-Inschrift wie auf dem Stein von Kylver in den gesammelten Kräften der den 24 Runen zugeordneten Begriffe.

In diesem ›Energiepool‹ müssten Kontrahenten wie ›Wonne, Freude‹ (*wunjō* [?]) : ›Not, Zwang‹ (*nauðiz*) oder ›(gutes, gedeihliches) Jahr‹ (*jēra^n*) : ›Hagel‹ (*haglaz*) einander eigentlich neutralisieren (Düwel 1992c, 94) – oder ist das zu modern gedacht? Auf der Vorstellung eines derartigen heidnisch-magischen Kräfteuniversums bauen jedenfalls rezente esoterische Ansätze auf; stellvertretend nenne ich hier nur das Pionierwerk von Thorsson [i.e. Flowers] (1984 u.ö.). Zu Runen und Esoterik s. weiter S. 289 ff.

3. Runen als zahlenwertmagische (gematrische) Zeichen: Es wird angenommen, dass jeder Rune – wie den Buchstaben des griechischen oder auch gotischen Alphabets – ein bestimmter Zahlenwert zugeordnet sei (scil. 1–24). Die Summe aller Zahlenwerte ergibt 300, das Produkt von $3 \times 10 \times 10$. Nach Agrell (1932, 5 ff.; 1938, 45;

vgl. Andersson 1997, 209 ff.) sei 10 die Zahl der *i*-Rune (denn nach seinem Dafürhalten beginnt die Runenreihe nicht mit **f**, sondern mit **u**) – die Rune des Todes, die
der Runenmagier von Kylver statt einer Totenbeschwörung gematrisch wirken lasse
und dazu noch extra an den Anfang der Inschrift gesetzt habe (Rune Nr. 1, von der
nur ⏐ zweifelsfrei erkennbar ist, wird indessen üblicherweise als ᚠ **f** hergestellt). In
vergleichbarer Weise führt die Berechnung von Klingenberg (1973, 291) mit ⏐ als
Zahlzeichen ›1‹ am Beginn zwar an sich ebenfalls auf die Summe 300, da jedoch **f**
fehle, ergibt die Gesamtsumme der Runen (nicht der Zeichen!) nur 299 = 23 × 13.
Der Multiplikand 13 referiere auf die *i*-Rune ᛁ **ï**, die kraft ihres Namens für die Eibe
als den Weltenbaum und für den Eibengott *Wulþuz* stehe; dies glaubt Klingenberg
insbesondere an der Inschrift auf dem Goldhorn B von Gallehus festmachen zu können (s. S. 39).

4. Runen als magische Zeichen, die allein von ihrer Zusammensetzung und Reihenfolge im Fuþark her ein magisch wirkendes Konzept von Vollständigkeit und
Ordnung darstellen (Flowers 1986, 348; ferner Düwel 1992c, 97 f.; 2020b, CXXXI):
Das Fuþark vermittelt diese Vorstellung über den Inschriftenträger an menschliche
(auch tote) Adressaten oder außermenschliche bzw. übernatürliche Adressaten, um
Schaden abzuwehren (Schutzzauber, weiße Magie) oder zu bewirken (Schadenzauber, schwarze Magie; RGA XXVI, 564 ff.); dies entspricht im Wesentlichen auch
dem antiken Alphabetzauber (Dornseiff 1925). Dasselbe gilt nach dem Prinzip *pars
pro toto* auch für abgekürzte Fuþark-Reihen bzw. -Zitate (z.B. BEUCHTE, S. 21 ff.).
Darüber hinaus können Arkanisierungen von Runenfolgen (Anagramme, Palindro-
me etc.) dazu dienen, Geister und Dämonen zu verwirren (vgl. Düwel 1997b, 35).
Insgesamt gesehen erfüllen die Fuþark-Inschriften vor allem Schutz- und Abwehr-
funktionen gegen schadenbringende Mächte (häufig auf Amuletten) oder auch gegen Wiedergänger, wenn die beschrifteten Objekte mit der Niederlegung in einem
Grab in Verbindung stehen (s. S. 30. 59; Düwel 1997b, 29 ff.; Seim 1998a, 198 ff.;
Düwel / Heizmann 2006, 31 ff.).

Keiner der hier skizzierten vier Deutungsversuche hat ungeteilte Zustimmung erfahren. – Als einziges Beispiel für ›Buchstabenmagie‹ wird die Inschrift auf dem
Amulett von Lindholmen (s. S. 35) vom entschiedensten Befürworter (Olsen 1912,
18; 1916, 228 f.) wie vom stärksten Skeptiker (Bæksted 1952, 40) als magisch anerkannt (vgl. Flowers 2006, 72 ff. 78 f.).

Eindeutig sind naturgemäß Runeninschriften, in denen die magische Textintention ausdrücklich
formuliert ist, beispielsweise in den Fluchformeln von STENTOFTEN und BJÖRKETORP (**uþᴀrᴀbᴀ-
sbᴀ** = spät-urn. *ūþar₃baspā* ›Schadensprophezeiung‹; s. S. 50 ff.).

Das Magieproblem in der Runologie – und zwar hinsichtlich der älteren Inschriften – kennzeichnen zwei Aspekte. Da ist zum einen die Vorentscheidung einzelner
Interpreten, die Runenschrift sei zu magischen Zwecken geschaffen und verwendet
worden (vgl. S. 237 f.). Zum anderen fehlt ein außertextlicher Bezugsrahmen, von
dem her magische Deutungszugriffe zu stützen wären. Ersatzweise kann etwa für
das Korpus der Brakteateninschriften (Mitte 5. Jh. bis zweites Drittel 6. Jh.; dazu S.
53 ff.) auf die – in moderner Terminologie semiotisch zu nennende – Erklärung der
superstitiones mit ihren Zauberpraktiken durch Augustinus († 430) zurückgegriffen

werden, nach dessen Darlegungen in *De doctrina christiana* (II,24; CSEL 80, 60) Aberglaube ein »Komplex vereinbarter Zeichen, die der Verständigung mit den Dämonen dienen« (Harmening 1979, 305) darstellt. Auf der Basis einer Art von Kommunikationsvertrag zwischen Magier(n) und Dämon(en) behandelt Augustinus die Zeichen auf Amuletten, die Art und Weise, wie man diese trägt und wozu sie nützen (II,20; CSEL 80, 55; vgl. Harmening 1979, 238 f.). Es sind bestimmte als magisch wirksam vorgestellte Zeichen, Zauberzeichen, die hier eine Rolle spielen. Die Ausführungen des Augustinus richten sich gegen den Götzendienst, geben jedoch zugleich einen Einblick in die zugrundeliegenden Magievorstellungen seiner Zeit. Für das Verstehen von Runeninschriften – besonders auf Brakteaten – auf dieser Grundlage ist die Gleichzeitigkeit dieser Bezugsgröße wichtiger als die räumliche Distanz zur germanischen Randkultur (Düwel 1988, 92 ff.). Wie spätantike Parallelen, und hier vor allem ägyptische Zauberpapyri, zeigen, ist in diesem Zusammenhang ferner zu berücksichtigen, dass magische Rituale bei Sprech- und Schreibhandlungen mit zugehörigen Bewegungsabläufen (z.B. Gesten und Gebärden) und zum Teil an bestimmten Orten bzw. zu bestimmten Zeiten ausgeführt wurden, um den Zauber gelingen zu lassen und zugleich den Magier selbst zu schützen. Diese Prozeduren und Rituale sind in der Überlieferung magischer Runeninschriften natürlich nicht bewahrt, können aber gelegentlich aus kleinsten, anscheinend bedeutungslosen Hinweisen im inner- und außerschriftlichen Kontext rekonstruiert werden (dazu Düwel 1997b, 27 ff.).

Einfacher liegen die Verhältnisse im Mittelalter, kann man hier doch den reichen Schatz kirchlicher Benediktionen (dazu Franz 1909) mit Formeln zur Beschwörung und zum Exorzismus als Referenzrahmen christlich-magischer Inschriften (vgl. S. 218 ff.) beiziehen.

Grundsätzlich ist jedenfalls ein vor allem in der älteren Forschung häufig geübtes Deutungsverfahren nach dem Motto *in dubio pro deo* (›im Zweifel für den Gott‹), d.h. die Bevorzugung religiöser bzw. auch magischer Interpretationen, zu verwerfen und zu fordern, in jedem Einzelfall eine derartige Deutung aus Text und Kontext einer Runeninschrift plausibel zu machen. Jedenfalls darf als Binsenweisheit gelten, dass der Eintrag von Runen auf der Rückseite von Fibeln nichts mit Magie zu tun hat: die verzierten Vorderseiten bieten keinen Platz für die Anbringung von Inschriften nach der Herstellung des Stücks (RGA VIII, 539).

XVI. Fälschungen und Nachahmungen

Fälschungen aus altertumskundlicher Sicht (RGA VIII, 99 ff.) sind in täuschender Absicht hergestellte und verbreitete Objekte, die der neuzeitlichen Vorstellung eines Originals widersprechen. In der Runologie gelten als Falsifikate, wenn auf üblichen Inschriftenträgern – seien es alte Fundstücke bzw. künstlich gealterte Gegenstände aus Metall oder Knochen, ferner natürlich vorkommende Steine oder Felsformationen – in jüngerer Zeit Runen in der Absicht angebracht wurden, ein authentisches Zeugnis vorzuspiegeln. Von diesen Fälschungen sind indessen Nachahmungen bzw. Nachbildungen von Fundobjekten und Inschriften zu unterscheiden; solche Replikate, die manchmal auch gar nicht aus demselben Material wie das Original gefertigt sind, erheben keinen Anspruch auf Echtheit. Sofern es sich nicht um Stücke aus einem Museumsshop o.ä. handelt, bei denen der imitatorische Charakter offen liegt, können indirekte Hinweise auf die Modernität des beschrifteten Objektes durch ungewöhnliche Runen- und Sprachformen, eigentümliche Texte oder eine extravagante äußere Form der Inschrift gegeben sein. Im Einzelnen sind jedoch Fälschungen und Nachahmungen manchmal schwer auseinanderzuhalten; dabei kann der Umstand eine Rolle spielen, dass nach der Restaurierung und Konservierung runisch beschrifteter Gegenstände der zuvor erhobene originale Befund nicht mehr nachvollzogen werden kann. Da Falsifikaten immer eine betrügerische Absicht zugrunde liegt, besteht grundsätzlich ein öffentliches Interesse an der juristischen Verfolgung. Nachweise von Fälschungen bedürfen kriminalistischer Recherchen einschließlich der Anwendung verschiedener naturwissenschaftlicher Verfahren (vgl. RGA VIII, 107 ff.). Motive für Fälschungen sind:

1. Gewinnsucht: Auf dem Antiquitätenmarkt erzielen runenbeschriftete Fundobjekte begreiflicherweise höhere Preise als unbeschriftete Vergleichsstücke, hat doch jede Inschrift den Reiz des Einmaligen und erweitert in irgendeiner Form das Wissen über ältere Zeiten.

2. Eitelkeit: Wer sich gern einmal als Finder oder Entdecker (hier und im Folgenden nur maskuline Formen) eines aufsehenerregenden Fundes in traditionellen Massenmedien, in sozialen Medien oder gar in der Fachliteratur genannt finden möchte, kann durchaus bereit sein, eine Fälschung anzufertigen.

3. Schadenfreude: Bei Laien, deren Arbeit von Fachleuten nicht gebührend anerkannt wird, kommt es womöglich vor, dass sie ihre Frustration mit Hilfe eines Falsifikates zu kompensieren versuchen; dabei verschafft die Häme besondere Genugtuung, falls die Täuschung der Fachzunft gelingt.

4. Stolz: Immer wieder gibt es Personen, die eine fundleere oder fundarme Region oder Lokalität aufwerten wollen und deshalb Fälschungen herstellen und/oder in Umlauf setzen. Besonders in Zeiten, in denen politisch-ideologische Umstände wie im Dritten Reich die Suche nach Runenfunden begünstigen, sind Falsifikate aus diesem Motiv zu erwarten.

5. An sich kann auch eine zunächst aus Freude am Scherz angefertigte Nachahmung bzw. Nachbildung den Charakter einer Fälschung erhalten, wenn nämlich der

© Springer-Verlag GmbH Deutschland, ein Teil von Springer Nature 2023
K. Düwel und R. Nedoma, *Runenkunde*,
https://doi.org/10.1007/978-3-476-04630-7_16

Abb. 50: Rinderknochen von Maria Saal
(Foto: Robert Nedoma), ohne Maßstab.

Verfertiger keine Gelegenheit mehr hat, den Tatbestand aufzuklären oder er auch keine neuzeitlichen Signale gesetzt hat (vgl. Düwel 1998b, 547 ff.).

Ganz klar lassen sich aber die angeführten Motive nicht auseinanderhalten; bei vielen Fälschern dürften mehrere Beweggründe zusammenkommen. In den meisten Fällen ist man auf Vermutungen angewiesen, da sich die betreffenden Personen ja nur selten zu erkennen geben. Bei ›richtigen‹ Falsifikaten geht man davon aus, dass die Fälscher selbst dafür sorgen, ihre Produkte bekanntzumachen, wie die zugrunde liegenden Motive (Punkte 1–4) erwarten lassen. Im Folgenden werden einige wichtigere Falsifikate und Imitate (vgl. RGA VIII, 104 ff.; XXV, 518 f.) besprochen.

Älteres Fuþark

Zuvorderst sind zwei Funde – vor allem im Blick auf das Problem der Nachweisbarkeit – zu erwähnen:

1. Für einiges Aufsehen sorgte seinerzeit ein zunächst in vorchristliche Zeit datierter Rinderknochen, der bei Grabungen an einer wohl keltischen Ringwallanlage auf dem Maria Saaler Berg (Kärnten, A) 1924 zutage gefördert wurde (s. Abb. 50). Marstrander (1928, 90 ff.) bestimmte die sechs Zeichen als Runen, las ⌐mknfsz und gelangte mit ergänzten Vokalen zu der Deutung m[i]k N[e]f[ð/ō] s[e]z[ō] ›Nefo besäte mich [mit Runen]‹. Für Arntz (1935, 62. 51) war ⌐zsfnkm ein magisches Zeichen z samt Sfn [e]k [e]m › ich bin Sfn [als ergänzungsbedürftiger Name]‹ ein wichtiges Bindeglied für die norditalische Herkunft der Runenschrift. Diese beiden überaus spekulativen Deutungen verdienen keine nähere Auseinandersetzung, denn »um weitere Irreführungen zu vermeiden«, erklärte im Jahre 1930 ein an der Ausgrabung beteiligter Soldat, den Knochen geröstet und »wahllos« Runen eingeritzt zu haben (s. Pittioni 1937, 461). Erst dann veranlasste man chemische und physikalische Untersuchungen, die das rezente Alter von Inschriftenträger und Inschrift eindeutig bestätigten (Pittioni 1937, 462 ff.; Gangl 1937, 466 ff.). Dies ist einer der ganz wenigen Fälle, dass ein runisches Falsifikat aufgrund einer Selbstanzeige des Fälschers (und mit Hilfe naturwissenschaftlicher Nachweisverfahren erkannt) und damit aus der wissenschaftlichen Diskussion genommen werden konnte.

2. Bemerkenswerterweise gibt es auch ein Gegenbeispiel. Die nach Baggerarbeiten am Unterlauf der Weser nahe Brake (Niedersachsen, D) in den Jahren 1927 und 1928 gefundenen Tierknochen – zwei Rinder- und ein Pferdeknochen tragen Runen (S. 89 f.), auf vier weiteren Stücken sind Gravuren verschiedener Art angebracht –

wurden wegen der dubiosen Fundgeschichte sowie epigraphischer und sprachlicher Besonderheiten jahrzehntelang zumeist als Fälschungen angesehen. 1989 konnte indessen Pieper (1989 u.ö.) den Nachweis erbringen, dass es sich um authentische Runenzeugnisse handelt. Im Wesentlichen wurden mit Hilfe von optischen Verfahren (Auflichtmakroskopie, Lichtschnittmakroskopie) Verwitterungsspuren in den Ritzungen – Usuren, Sekundärmineralisation und natürliche Patinabildung – festgestellt, die auf eine länger dauernde Lagerung im Flussbett schließen lassen. Radiokarbondatierungen und Aminosäurenbestimmungen bestätigten diesen Befund und führten zu dem Ergebnis, dass die Runenknochen und die darauf befindlichen Runenritzungen aus dem 5. Jh., und zwar wohl aus der ersten Hälfte, stammen. Demgegenüber erwiesen sich drei andere, runenlose Knochen als rezente Fälschungen, die Authentizität eines weiteren, ebenfalls runenlosen Objekts bleibt wegen abweichender Meßergebnisse unsicher. Die Angaben des Finders, eines Hobbysammlers, der die Runenknochen an drei verschiedenen Aufspülungsplätzen des Baggergutes gefunden haben wollte, sind jedenfalls wenig vertrauenswürdig.

Durch derartige Nachweisverfahren wurden auch die Knochen aus der IJssel bei Deventer (Overijssel, NL), von denen einer mit vier Runen ᛩᚼᚼᚷ **zhkg** und Bilddarstellungen versehen ist, als Fälschungen entlarvt, die anscheinend während der deutschen Besetzung der Niederlande im Zweiten Weltkrieg entstanden sind (vgl. Pieper 1989, 134 ff.). Ebenso erwies sich ein Goldring unbekannter Herkunft (angeblich im bayrischen Illertissen oder im österreichischen Grenzgebiet zu Bayern gefunden), der eine Folge **g͡aːaluːïzϯ** trägt, als Falsifikat (Düwel 1997c).

Bei vielen anderen der Fälschung verdächtigen Runeninschriften bleibt es bei mehr oder weniger überzeugenden Indizien. Bei losen Gegenständen ist die Fundgeschichte, bei ortsfesten Objekten auch das Umfeld genau zu überprüfen; ferner kann ein auffälliger bzw. untypischer Inschriftenträger zur Vorsicht mahnen. Auf epigraphischer Ebene sind ungewöhnlichen Runenformen zu begutachten und zu beurteilen. Vom philologischen Blickwinkel aus muss geprüft werden, ob die sprachlichen Formen mit der archäologischen Datierung in Einklang zu bringen ist; ferner erregen Anklänge an bekannte inschriftlich (oder auch literarisch) bezeugte Wörter oder Syntagmen besonderen Verdacht. Nach Maßgabe dieser Kriterien wird die Runeninschrift **wodanịːhailag** ›dem Wodan geheiligt (o.ä.)‹ auf der Fibel von Kärlich als der Fälschung dringend verdächtig angesehen. Auch bei dem 1943 oder 1946/47 gefundenen Steinchen von Rubring (Niederösterreich, A) mit seiner undeutbaren dreizeiligen Inschrift ist wohl von einem Falsifikat auszugehen (Nedoma 2003a).

Dies sind nur zwei Beispiele aus der unlängst vorgelegten Edition der südgermanischen Runeninschriften (Düwel / Nedoma / Oehrl 2020), in die auch 14 Fälschungen und fälschungsverdächtige Zeugnisse Eingang gefunden haben (s. ebd., CCXX, Liste C.1; dazu Düwel 2020c) – bei Falsifikaten ergeben sich methodische Einsichten, bei zwielichtigen Stücken ist der Nutzen auch pragmatischer Art, denn derartige Inschriften werden, wenn sie einmal suspekt geworden sind, in der nachfolgenden Forschung oft nicht mehr berücksichtigt. Grundsätzlich gilt aber, dass stets mit der Möglichkeit einer perfekten Fälschung gerechnet werden muss (vgl. Pieper 1989, 147).

Ein Fall für sich ist die 1937 entdeckte Runeninschrift an einer Felswand in der Höhle Kleines Schulerloch bei Kelheim (Bayern, D). Die Authentizität der mit Bilddarstellungen eines Vierbeiners und einer Vulva sowie mit einem netzartigen Gebilde vergesellschafteten Ritzungen **birg:leub:selbrạde** wurde aufgrund eines ganzen Ensembles an Indizien – zweifelhafte Fundgeschichte, mittelalterlich anmutende Tiergestalt, Anklänge an urkundlich überlieferte Personennamen (ahd. *-piric, Selbraat*) und sprachliche Probleme – bezweifelt (dazu Düwel 2006; Eichner 2006b; Nedoma 2006b; Pieper 2006; Züchner 2006; Oehrl 2015b). Die Diskussion über Pro und Kontra Echtheit ist jedoch noch nicht abgeschlossen; nach Simon (2022) handelt es sich um eine authentische Runeninschrift.

Gelegentlich begegnen auch Nachahmungen, also Runeninschriften, die nicht als echt ausgegeben wurden und in der Forschung auch keine Rolle gespielt haben. Beispiele aus jüngerer Zeit sind gegossene Bronzearmreifen mit Tierkopfenden, auf denen sich Teile der beiden althochdeutschen *Merseburger Zaubersprüche* finden; s. RGA VIII, 104; XXV, 518 f.; Düwel 1998 (die drei dort zuletzt genannten Stücke sind Produkt eines Gelehrtenscherzes):

MACHERN (und HAVERLAH, wo am Ende **un** fehlt): **inwaṛwigandun** ~ *inuar uīgandun* ›entflieh den Feinden‹ (*Erster Merseburger Zauberspruch*, v. 4b); RAUM SCHLESWIG: **pluot·tsi·pluoda** ~ *bluot zi bluoda* ›Blut zu Blut‹ (*Zweiter Merseburger Zauberspruch*, v. 8b).

Anglo-friesisches Fuþork

Aus dem Korpus friesischer Runeninschriften ist wohl das Beinstück von Jouswier (Noardeast-Fryslân, NL), auf dem man – in puncto Lesung anfechtbar – den Hamlet-Namen (**amlhd** mit nachträglich durchgestrichenem ᛉ **h** am Beginn!) erkennen wollte, ein Falsifikat (Düwel / Tempel 1970, 376 ff.). Im Verlauf einer intensiven Untersuchung zahlreicher Funde aus Terpen in Friesland wurde eine umfangreiche Fälschungsaffäre aufgedeckt (Elzinga 1975), die in nationalsozialistische Kreise in Friesland bis zu Verbindungen mit dem »Ahnenerbe« der SS (vgl. S. 287) während der deutschen Besetzung der Niederlande führte. Metallurgische Analysen und runologische Überprüfungen ergaben, dass nicht weniger als 147 Gegenstände aus Silber und Knochen (darunter fünf Runenobjekte), der ›Wikingerschatz‹ von Winsum und 51 Numismatica in staatlichen und privaten Sammlungen Falsifikate sind.

Ein besonderes Stück ist der 1990 von einem Amateurarchäologen in Wijnaldum (Harlingen, Fryslân, NL) mit einem Metalldetektor aufgespürte Goldblechanhänger (Länge ca. 2 cm). Auf dessen Rückseite ist ᚺᛁᛈᛁ **hiwi** eingraviert; in epigraphischer Hinsicht fällt die einstrichige *h*-Rune ᚺ gegenüber der im friesischen Korpus sonst ausschließlich verwendeten zweistrichigen Form ᚻ (frühester Beleg um 600, ebenfalls aus Harlingen[!]; s. S. 120) auf. Höchst erstaunlich ist die Ähnlichkeit mit den (runischen?) Zeichen auf der Fibel von Meldorf (s. S. 28 f.); dies lässt Zweifel an der Echtheit der Inschrift aufkommen – ist tatsächlich mit einer identischen Inschrift aus dem frühen 1. Jh. (MELDORF) und aus dem späten 6. Jh. (WIJNALDUM) zu rechnen, die weder aus dem Urwestgermanischen noch aus dem Voraltfriesischen (oder einer anderen altgermanischen Sprache) problemlos gedeutet werden kann? Man wird in puncto Echtheit bis auf Weiteres skeptisch bleiben.

In der Korpusedition von Kaiser (2021, 289 ff.) wird auf die Authentizitätsfrage nicht eingegangen. Looijenga (2021, 383 Anm. 7) erkennt anders als in früheren Publikationen (u.a. 2003a, 323) keine Runen, sondern bloße Kratzer.

Jüngeres Fuþark

Auch Runeninschriften im jüngeren Fuþark wurden und werden gefälscht (vgl. etwa Moltke 1982, 6 ff.). Anfängliche Bedenken gegen die Echtheit des dänischen Runensteines von Malt (S. 146 f.; s. Abb. 27.2, S. 125) haben sich nicht bestätigt, dagegen ist es um die 1978 bis 1982 bei Vörå / Vöyri (Österbotten, SF) entdeckten Felsritzungen still geworden (Bågenholm 1999, 121 ff.). Eindeutig unecht ist der auf einem Steinblock im Gallavesa-Bach (mündet in den Lago di Garlate; Lombardei, I) angebrachte runenepigraphische Text ›Sergius (**serkius**) errichtete den Stein nach **rusenkl**, dein (**tin**) Gott helfe der Seele‹ (Tibiletti Bruno 1967, 39 ff.). Ein 1994 entdeckter Granitblock am Wasserfall der Rûnes (Département Lozère, Okzitanien, F) mimt einen schwedischen Runenstein der Wikingerzeit. In ein plumpes Schlangenband ist eine eigentümliche Inschrift **fra iorþu til himins þui fra himni til iorþar** (anstatt des korrekten **iarþar**) mit Wortabständen eingeschrieben (›Von der Erde zum Himmel, daher vom Himmel zur Erde‹); diese neuzeitlichen Ritzungen wurden offenbar vom Namen des Gebirgsflusses *Rûnes* angeregt (NoR 14, 14).

1976 wurde im Aushubmaterial von Ausgrabungen in Sigtuna (Uppland, S) ein Wetzstein (Länge 51 mm) gefunden, der zunächst in das (11./)12. Jh. datiert wurde. Auf einer Seite befindet sich eine bemerkenswerte Runeninschrift, die mit einer aus der *Guðrúnarkviða ǫnnor*, dem ›Zweiten Gudrunlied‹ der *Lieder-Edda*, bekannten Langzeile (Str. 8,3–4) beginnt: ›Da hörst du Raben schreien‹, und weiter folgt: ›bei dem (oder: zum Gedenken an den; **at**) Toten (?; **tauþr**, das aber im Nominativ steht). Befestigt mit Runen. **anþe** ritzte. Gott he[lfe] seiner Seele‹ (vgl. Snædal Brink 1984, 257). Die Stelle aus dem Eddalied sowie der Halbvers ›befestigt (Akk.) mit Runen‹ auf dem Stein von Hällestad I (DR 295, um 1000), zwei Gleichkänge mit der gegenständlichen Inschrift also, werden in der populären Einführung von Jansson (1963, 70. 88) zitiert. Die aufkeimenden Verdachtsmomente ließen sich letztlich erhärten – ein seinerzeit 13jähriger Bursche namens Andreas (~ **anþe**!), gestand ein, dass die Runeninschrift sowie das beigefügte Bildwerk (Umrisse einer Frau mit großen Brüsten und einer kleineren menschlichen Gestalt) von ihm und einem Mitschüler stammen (Gustavson 2012; vgl. Naumann 2018, 285 ff.).

Die 1992 entdeckten und in Laienkreisen publizierten Runen auf einem Felsvorsprung der bizarr geformten und daher von manchen Gruppierungen als ›Kraftort‹ angesehenen Externsteine im Teutoburger Wald (Horn-Bad Meinberg, Nordrhein-Westfalen, D) wurden von Pesch (2003) als Abschrift des von dem frühen Esoteriker und Ariosophen von List (1908; vgl. S. 289) gebrauchten »›Runenfuthark‹ (Runen-A-B-C)« – 16 Runen des jüngeren Fuþark plus ᛅ **e** und ᚷ **g** – entlarvt. Wann die Runen in den 2 m hohen ›Nebenfelsen‹ eingeritzt wurden (womöglich gar erst knapp vor ihrer Auffindung?), ließ sich nicht feststellen.

In der Umgebung von Schloß Rosenau (Zwettl, Niederösterreich, A) gibt es drei Granitblöcke mit gleichlautender Runeninschrift ᚼᛅᛁᛚ ᛒᛁᛋᛉᛅᚱᚴᛁ! **hail bismarck!** (mit ᛉ als **a**, Wortabstand und Ausrufezeichen). Evidentermaßen handelt es sich um keine intendierte Fälschung; der deutschnational (und antisemitisch) gesinnte Schloßherr Georg Ritter von Schönerer (†1921) ließ die Steine zu Ehren des deutschen Reichskanzlers Otto von Bismarck beschriften (und auch einen Gedenkturm ebenda errichten). Naturgemäß tauchen auch in Skandinavien gelegentlich rezente Runenartefakte auf, so etwa ein Holzschwert aus Litland (West-Agder, N; NoR 9, 23) oder zwei Runensteine aus Boo (Uppland, S; Lamm 2012, 2 ff.).

In Nordamerika kommen immer wieder vermeintlich von Wikingern hinterlassene Runeninschriften zutage. Ebenso berühmt wie auch berüchtigt ist der 1898 von dem schwedischen Immigranten Olof Öhman gefundene Stein von Kensington bei Alexandria (Minnesota, USA; vgl. RGA XVI, 444), der unentwegt neue Enthusiasten anzieht (u.v.a. Hall 1994; dazu Knirk 1996); die einschlägige populärwissenschaftliche Literatur geht in die Hunderte.

Die über 220 Runen umfassende Inschrift, die im Jahre 1362 entstanden sein will, kündet von einer von **winlanþ** ausgehenden Entdeckungsfahrt, die von **8:göter** und **22:norrmen** unternommen worden sei und für **10:man** mit dem Tod geendet habe.

Spätestens seit Wahlgren (1958) ist aber klar, dass es sich um eine Fälschung handelt (s. ferner Larsson 2012), denn die Inschrift weist etliche Ungereimtheiten epigraphischer und sprachlicher Art (Fridell / Larsson 2017) auf, abgesehen von sachlichen Merkwürdigkeiten. Der ›Runenmeister‹ wird in Öhmans Nachbarschaft ansässig gewesen sein (Fridell / Larsson 2017, 166); an einigen Runenformen zeigt sich, dass er Dalrunen (s. S. 215) des späten 19. Jh.s gekannt hat (Fridell / Larsson 2021). Soweit ersichtlich, sind auch alle anderen Runenzeugnisse aus Nordamerika gefälscht, nicht selten aus patriotischen Beweggründen (vgl. S. 275, Punkt 4). Eine Ausnahme ist ein 1952 in Waukegan (nördlich von Chicago, Illinois) aufgetauchtes Trinkhorn mit Bildwerk und Runeninschrift, das der isländische Tischler und Kunstschnitzer Hjálmar Lárusson († 1927) angefertigt hat (Haugen 1981, 153 ff.); wie dieses neuzeitliche Artefakt von Island nach Illinois gelangt ist, bleibt unklar.

Ganz unwahrscheinlich sind schließlich populärwissenschaftliche Versuche, sogar in Südamerika, vor allem in Brasilien und Paraguay, Runeninschriften auf Stein ausfindig zu machen, die von weitgereisten Wikingern und ihren Nachfahren stammen würden (de Mahieu 1975, 176 ff.; 1981, 154 ff. 271 f. u.ö.) – auch im Blick auf die Vergangenheit solcher ›Runenadvokaten‹ ist Skepsis angebracht. Nicht zuletzt kann es bei Gebilden auf ortsfestem Material (Stein oder Fels) sein, dass es sich um natürliche Verwitterungen oder Gesteinsfrakturen handelt; Runen (seien sie echt, nachgeahmt oder gefälscht), runenähnliche Zeichen und Brüche bzw. Schrammen sind nicht immer gut auseinanderzuhalten (vgl. Page 1969).

Man mag hier einen Hinweis auf das umfangreiche Werk *Runamo og Runerne* (1841) des isländischen Philologen Finnur Magnússon (1781–1847) vermissen; es handelt sich jedoch um keine Fälschung, sondern um einen Irrtum, der Mitte des 19. Jh.s hohe Wellen schlug. Was Finnur auf dem Runamo-Felsen in Blekinge als (meist Mehrfachbinde-)Runen erkennen wollte (und darin ein eddisches Lied wiedergegeben sah, das vor der sagenhaften Bravalla-Schlacht im 8. Jh. gesprochen worden sei), entpuppte sich als Ansammlung postglazialer Frakturen bzw. Rillen (Kjær 1994).

Eine Zusammenstellung und gründliche Aufarbeitung aller Funde mit gefälschten, fälschungsverdächtigen, nachgeahmten und Pseudo-Runen ist – auch aus methodischen Gründen – ein Desiderat.

XVII. Zur Geschichte der Runologie

Das gelehrte Interesse an Runen und Runeninschriften begann in Skandinavien im 16. Jh., als besonders auf Gotland Runen noch in praktischem Gebrauch waren. Der mühsame Prozess der Entzifferung, wie er für andere Schriften notwendig ist, war für die Runenschrift nicht erforderlich. Die vorwissenschaftliche Beschäftigung mit Runen im 16. und 17. Jh. kennzeichnen zwei Züge. Zum einen schrieb man der Runenschrift ein biblisches Alter zu; so glaubte sie Schwedens letzter katholischer Erzbischof, Johannes Magnus (1488–1544), in seinem postum erschienenen Werk *Historia de omnibus Gothorum Sveonumque regibus* [etc.] (1554; vgl. Johannesson 2018) ›vor oder kurz nach der Sintflut‹ entstanden, wogegen sie sein Bruder Olaus Magnus (1490–1557; RGA XXII, 78 ff.), ebenfalls Erzbischof, in der *Historia de gentibus septentrionalibus* (1555) im Norden aus ›der ältesten Zeit‹, als noch Riesen das Land bewohnten, herstammen ließ (vgl. Cucina 1999, 38 ff.). Die Rückführung der Runen auf die hebräische Schrift war zeittypisch, gelegentlich bemerkenswert ausgeschmückt, etwa wenn Johan Peringskiöld (1654–1720) in seiner *Vita Theodorici regis Ostrogothorum et Italiae, autore Joanne Cochlaeo* [etc.] (1699) annahm, die Runen seien von Japhets Sohn Magog, dem Enkel Noahs (vgl. 1 Mose 9), von Asien nach Skandinavien gebracht worden. Den Namen *Magog* glaubte er auf dem Runenstein II von Bällsta (U 226; S. 170 f.) zu erkennen (*Ättartal för Swea och Götha konungahus* [etc.], 1725: **uk** als *Ogg*). Johan Göransson (1712–1769) meinte in seinem verdienstvollen Werk *Bautil* (›Runenstein‹; Göransson 1750), in dem an die 1.200 schwedischen Runensteine abgebildet sind und das auch heute noch zur Identifizierung von wiedergefundenen Runenstein(fragment)en wichtig ist (vgl. S. 150), den Erfinder der Runen in einem weisen Mann namens Gomer, einem Bruder Magogs, zu erkennen; die Runen seien ›im Jahre der Welt 2000‹ entstanden, und Griechen, Etrusker und Römer hätten ihre Buchstaben aus dem (angeblich älteren) Fuþark mit 16 Zeichen entlehnt (vgl. Wimmer 1887, 12; Hunger 1984, 295).

Zum anderen spielte von Beginn an auch ein patriotisches Element besonders bei schwedischen Gelehrten eine Rolle, die mit Hilfe ihrer Thesen die politische Großmachtstellung Schwedens zu stützen versuchten. In dieser Gotizismus (schw. *göticism*) genannten Bewegung war der Vorbildcharakter der gotischen bzw. götischen Völker die Leitidee (RGA XII, 461). Man vermengte Schweden und Goten, indem man die aus Skandinavien ausgewanderten Goten – eine These, die bis in die Jetztzeit für wissenschaftliche Diskussion sorgt (Pro und Kontra etwa bei Wolfram 1990, 47 ff.) – mit den Gauten (aschw. *Gøtar*; RGA XII, 278 ff.), den Bewohnern von Götaland, das den Süden Schwedens einschließlich Väster- und Östergötlands und der Inseln Öland und Gotland umfasste, gleichsetzte. Im weiteren Sinne steht schw. *götisk* ab ca. 1600 nicht nur für ›altschwedisch‹, sondern auch für ›altnordisch‹ und ›germanisch‹ (RGA XII, 462).

Es bestand eine nationale Rivalität zwischen Schweden und Dänemark (Springer 1936, 109 ff.), in der es auch darum ging, wer die Herkunft der Runen für sich beanspruchen konnte – eine Rivalität, die sich selbst in persönlichen Querelen niederschlug (s. unten). Im Zuge der sog. Nordischen (Skandinavischen) Renaissance waren im 16. und 17. Jh.

> die skandinavischen Bemühungen um das nordische Altertum im allgemeinen wie um die Runen im besonderen von der geistigen Bereitschaft geprägt, ein selbständiges Kulturideal zu etablieren und sich damit gegen die antike Renaissance zu behaupten. (Hunger 1984, 297)

Als der eigentliche Begründer der schwedischen Runologie gilt Johannes Bureus (Johan Bure, 1568–1652; vgl. Svärdström 1936, 61); er war Lehrer des Prinzen Gustav Adolf sowie Reichsantiquar. Seine gedruckten Arbeiten umfassen Holz- und Kupferstiche von schwedischen Runensteinen. Bedeutend ist seine ›Lehrtafel der Runenkenntnis‹ (*Runakänslanäs läräspan*; Bureus 1600), eine große Runentafel mit der Abbildung von 19 Runensteinen, einem Runenkalender und den in Runen gebotenen Runennamen nebst Erklärungen. Seine ungedruckten Schriften zeigen bereits eine erstaunliche Kenntnis von Einzelheiten der Runenschrift, stellen sie aber auf eine kabbalistische Grundlage (vgl. Palm 2004, 406 f.; Stille 2006, 456 f.).

In Dänemark wurde die Runologie von Olaus Wormius (Ole Worm, 1588–1654; RGA XXXIV, 223 ff.), Mediziner in Kopenhagen, mit seinen *Runer seu Danica literatura antiquissima* [etc.] (Worm 1636/²1651) begründet (vgl. Hunger 1984, 297). Auf der Grundlage der dänischen Runenüberlieferung handelte er über Ursprung und Entwicklung der Runenschrift (vgl. Wimmer 1887, 12 f.; Jaffé 1937, 15 ff.). Er äußerte bereits die Ansicht, dass die Dänen die Runen zum größten Teil selbst erschufen – eine These, die Moltke (1951) im Grundsatz wieder aufnahm.

1643 erschien Worms Hauptwerk *Danicorum monumentorum libri sex* [etc.], eine vollständige Sammlung der damals bekannten 144 dänischen, norwegischen und gotländischen Runeninschriften (Gotland gehörte von 1361 bis 1645 zu Dänemark), die er mit Transliteration, lateinischer Übersetzung, sprachlichem Kommentar sowie Angaben über Lage, Größe und Aussehen jedes Denkmals versah. Wie Göranssons *Bautil* für Schweden sind Worms *Danica monumenta* von großem Wert, da sie einige heute verlorene Runensteine abbilden und behandeln (z.B. die von Hunnestad, s. S. 148 f.). Schon bei Worms erstem Werk, den *Fasti Danici* [etc.] (1626), einer Abhandlung über das Kalenderwesen samt Edition und lateinischer Übersetzung eines im Jahre 1328 auf Pergament geschriebenen Runenkalenders, kam es zur Auseinandersetzung mit Bureus, hinter der letztlich die jeweils patriotisch akzentuierte Auffassung von der Entstehung der Runen stand (s. vorhin). Noch nach Worms Tod führte in Schweden Olaus Verelius (1618–1682) in seiner *Manuductio compendiosa ad runographiam Scandicam antiquam, recte intelligendam* (1675) die Polemik fort.

> Runen spielen eine Nebenrolle in den großen Altertümerkompendien von Philipp Clüver (*Germaniae antiquae libri tres* [etc.], 1616, ²1631) oder von Johan Georg Keysler (*Antiquitates selectae septentrionales et celticae* [etc.], 1720), in denen die lange Zeit gültige Gleichsetzung der Germanen mit den Kelten erfolgte (Bieder 1939, 75 ff.).

Im letzten Viertel des 17. Jh.s bedeutet das vierbändige Hauptwerk von Olof Rudbeck (1630–1702; RGA XXV, 388 ff.), *Atland eller Manheim/Atlantica sive Manheim* [etc.] (1679–1702) – in Schweden einerseits hochgelobt, andererseits aber auch heftig befehdet – einen Rückschritt. Der Autor versteigt sich in seinem durchgängig lateinisch-schwedisch abgefassten Opus bei aller Detailgelehrsamkeit zu abstrusen Behauptungen: Platons Atlantis verlegt er nach Schweden (wo er auch das biblische Paradies findet), dem ältesten Staat der Welt mit dem Zentrum im Heidentempel von Alt-Uppsala, von wo die gesamte Menschheitskultur ausgegangen sei (*Manheim* als Menschenwelt). Ursprünglich habe es nur 16 Runen gegeben, die bodenständiger Kulturbesitz seien; Merkur habe sie aus seinem Stab hervorgezaubert und den Nordvölkern gebracht. Der kritische Zeitgenosse Leibniz nannte das zu Recht *chimérique* ›phantastisch‹. Der Niedergang der schwedischen Großmacht zu Beginn des 18. Jh.s entzog dann den patriotischen Phantasien der nordischen Vorzeit die Grundlage (Springer 1936, 117).

Im 16. und 17. Jh. haben gelehrte Humanisten bei ihren Handschriftenstudien auch *runica manuscripta* entdeckt und veröffentlicht, z.B. Bonaventura Vulcanius (1538–1614), der in seinem Werk *De literis et lingua Getarum sive Gothorum* [etc.] (1597) als erster in den Niederlanden Runenalphabete und -inschriften sprachvergleichend mit dem Gotischen behandelte (vgl. van Hal 2010). An diesen Gelehrten ist auch der Graniussche Brief mit dem *Schwedischen Runengedicht* gerichtet (s. S. 256). Melchior Goldast von Haiminsfeld (1578–1635) edierte den Traktat *De inventione litterarum* (vgl. S. 249) in seiner Sammlung *Rerum Alamannicarum scriptores aliquot vetusti* [etc.] II (1606); den Textabschnitt über die Runen und ein Runenalphabet hatte Wolfgang Lazius (1514–1565) bereits im Jahre 1557 in seinem Buch *De gentium aliquot migrationibus* [etc.] bekanntgemacht (Ebel 1981, 178). George Hickes gab in seinem *Linguarum veterum septentrionalium thesaurus* [etc.] das *Altenglische Runengedicht* heraus (Hickes 1705, 135; s. S. 252 f.), dessen Handschrift 1731 verbrannte. Wie in älteren Abbildungen dargestellte Runensteine später verlorengegangen sein können, gilt dies auch für im Druck überlieferte *runica manuscripta*, deren Original zerstört wurde. Aber auch in ungedruckten Werken wie der von Jón Ólafsson frá Grunnavík (1705–1779) verfassten *Runologia* (Autograph der Neufassung 1752; vgl. S. 243) findet sich umfangreiches weiteres Material zu den *runica manuscripta* (vgl. Bauer 2011, 119 f.).

Der außerordentliche Wert zeitgenössischer Zeichnungen, Stiche oder sonstiger Arten von Reproduktion zeigt sich im Falle der beiden Goldhörner von Gallehus (s. S. 37 ff.). Die beiden Stücke wurden im Jahre 1802 aus der Königlichen Kunstkammer in Kopenhagen gestohlen und sogleich eingeschmolzen.

Dieses Ereignis hat auch literarhistorische Bedeutung, inspirierte es doch den jungen Adam Oehlenschläger zu seinem Gedicht *Guldhornene* (›Die Goldhörner‹, 1802), das den Beginn der dänischen Romantik markiert.

Das längere, runenlose Horn A, im Jahre 1639 gefunden, ist u.a. durch einen Holzschnitt in Ole Worms *De aureo* [...] *cornu* (1641) bekannt. Für das kürzere, beschriftete Horn B, im Jahre 1734 in nur ca. 20 m Entfernung von Horn A entdeckt, gibt es zumindest drei unabhängig voneinander angefertigte, in Einzelheiten abweichende Bildwiedergaben (vgl. Nedoma 2022, 190 mit Anm. 10).

Dies sind: 1. Georg Krysing, *Cornu aurei typus* (1734, Kupferstich), 2. Paulli 1734 (Holzschnitt; s. Abb. 6, S. 38) und 3. R. Frost bei Gutacker 1736 (Kupferstich; s. Abb. 6, S. 38) bzw. bei Bartholomäus Grauer, *Gründliche und ausführliche Erklärung* [etc.] (1737, Kupferstich).

Vor einer folgenschweren Auswertung der zahlreichen Darstellungsdetails (wie von Klingenberg 1973 unternommen) muss wie auch bei divergierender handschriftlicher Überlieferung Textkritik (oder in diesem Fall: Bild-und-Text-Kritik) betrieben werden (Düwel 1979, 245 ff.), um die größtmögliche Nähe zum Original zu ermitteln.

Die im engeren Sinn wissenschaftliche Runenforschung beginnt im 19. Jh. Wilhelm Grimms (1786–1859; RGA XIII, 40 ff.) *Ueber deutsche Runen* (1821; dazu Düwel 2009) stellt eine Pionierleistung dar. Hauptsächlich behandelte er zahlreiche *runica manuscripta*, darunter das *Abcedarium Nord*[*mannicum*] (mit einer später publizierten Nachzeichnung; s. Abb. 49, S. 252), aus denen er die damals noch unerkannten älteren Runen als *deutsche* zu erklären suchte. Auch schloss er aus den literarischen Zeugnissen auf eine einst vorhandene epigraphische Runenüberlieferung in Deutschland – eine These, die durch die 1865 erfolgte Entdeckung der Runen auf der bereits im Jahre 1843 zutage geförderten Bügelfibel von Nordendorf I glänzend bestätigt wurde. (Zur Bedeutung von Grimms Brakteatenstudien vgl. Axboe et al. 2006, 383 ff.; Behr 2011, 169 f.)

Jakob Hornemann Bredsdorff (1790–1841) handelte über den Ursprung der Runenschrift (*Om Runeskriftens Oprindelse*, 1822), den er irrtümlich noch im gotischen Alphabet sah. Jedoch erkannte er als erster, dass die längere Runenreihe mit 24 Zeichen älter ist, die kürzere Runenreihe mit nur 16 Zeichen dagegen jünger. Mit der bedeutenden Abhandlung *Die Runenschrift* aus dem Jahre 1887 (Wimmer 1887, vom Verfasser umgearbeitete und vermehrte Version von Wimmer 1874) begründete Ludvig F. A. Wimmer (1839–1920; RGA XXXIV, 125 ff.) die moderne Runenforschung. Er wies endgültig nach, dass das aus 24 Zeichen bestehende Fuþark die ältere, gemeingermanische Runenreihe ist. Mit beachtenswerten Gründen sprach sich Wimmer für die Herkunft der Runenschrift aus der lateinischen Kapitalschrift aus (s. S. 231) und deutete im Zuge einer Entwicklungsgeschichte der Runenschrift einige dänische Runeninschriften auf Steinen in vorbildlicher Weise.

Im 19. Jh. setzte sich jedoch auch vielfach noch unkritische Sammeltätigkeit fort, vor allem in einem monumentalen vierbändigen Werk von George Stephens (1813–1895) mit dem Titel *The Old-Northern Runic Monuments of Scandinavia and England* [etc.] (1866–1901), komprimiert in seinem *Handbook of Old-Northern Runic Monuments of Scandinavia and England* (1884). Schon davor hatte Johan G. Liljegren (1791–1837) mit seinen *Run-Urkunder* (1834) eine Ausgabe der ihm bekannten Runeninschriften vorgelegt. Von deutscher Seite stellte Fritz Burg (1860–1925) erstmals *Die älteren nordischen Runeninschriften* (1885) zusammen, und kurz danach, im Jahre 1889, wagte es Rudolf Henning (1852–1930), *Die deutschen Runendenkmäler* herauszugeben (Henning 1889). Da seinerzeit nur 13 Inschriften bekannt waren, fasste er den Begriff *deutsch* großzügig und schloss die in Deutschland gefundenen Brakteaten und ostgermanische Runeninschriften mit ein.

Ab den 1890er Jahren erschienen die Korpusausgaben der drei skandinavischen Länder. In Norwegen gab Sophus Bugge (1833–1907; RGA IV, 108 f.) und gegen Ende seines Lebens unter Mitwirkung von Magnus Olsen (1878–1963; RGA XXII, 97 ff.) *Norges Indskrifter med de ældre Runer* (NIæR) in drei Bänden heraus (1891–1924); die Einleitung wurde in den Jahren 1905 bis 1913 veröffentlicht (vgl. Knirk

2022, 31 ff.). Auf dänischer Seite bearbeitete Ludvig F. A. Wimmer die vier Bände
De danske Runemindesmærker (1893–1908), denen Lis Jacobsen (1882–1961) eine
einbändige ›Handausgabe‹ (1914) folgen ließ. Vom schwedischen Runenwerk *Sveriges Runinskrifter* (SR; dazu Källström 2022, 10 ff.) erschien der erste Band, der
die Runeninschriften aus Öland behandelt, in den Jahren 1900 bis 1906; diese monumentale Korpusedition konnte bis heute noch nicht abgeschlossen werden.

Bedeutende Runolog(inn)en haben an diesem umfangreichen Werk mitgearbeitet (Detailangaben
s. Bibliographie, S. 295): Sven Söderberg (1849–1901), Erik Brate (1857–1924), der auch einige
zusammenfassende Bücher veröffentlicht hat (*Runverser* mit Sophus Bugge, 1891; *Sveriges runinskrifter*, 1921/²1928; *Svenska runristare*, 1925), Hugo Jungner (1880–1940), Elisabeth Svärdström
(1909–2007) und Ragnar Kinander (1893–1964); vor allem sind jedoch Elias Wessén (1889–1981)
und Sven B. F. Jansson (1906–1987) zu nennen, die unter anderem die zahlreichen Runeninschriften Upplands herausgegeben haben, Jansson hat darüber hinaus die verbreitete Einführung *Runinskrifter i Sverige* (³1984, engl. 1987) verfasst. Es liegt auf der Hand, dass die ersten Bände dieses
Editionsunternehmens nach mehr als 100 Jahren überholt sind.

Einer der angesehensten Runologen Schwedens war am schwedischen Runenwerk
nicht beteiligt: Otto von Friesen (1870–1942; RGA X, 1 f.). Lange Zeit maßgeblich
waren seine Ansichten in der Frage nach dem Ursprung der Runen (vgl. S. 232), die
er auch in dem von ihm herausgegebenen Runen-Band der Reihe *Nordisk Kultur*
(von Friesen 1933) vertrat. Seine grundlegenden Arbeiten über den Stein von Rök
(von Friesen 1920) und *Rö-stenen i Bohuslän och runorna i Norden under folkvandringstiden* (1924) haben weiterhin Bestand, während seine Übersichtswerke *Runorna i Sverige* (1907/³1928) und *Upplands runstenar* (1913) von neueren Darstellungen verdrängt wurden.

Eine Neubearbeitung des Korpus dänischer Inschriften erfolgte 1941/1942 unter
dem Titel *Danmarks Runeindskrifter* (DR, vier Bände) durch Lis Jacobsen und Erik
Moltke (1901–1984) unter Mitwirkung von Anders Bæksted (1906–1968) und Karl
Martin Nielsen (1907–1987); dazu erschien eine Taschenausgabe (1942). Bæksted
edierte überdies die isländischen Runeninschriften (Bæksted 1942). Drei Jahrzehnte
später legte Moltke eine aktualisierte Zusammenfassung der dänischen Runenüberlieferung vor (*Runerne i Danmark og deres oprindelse*, 1976; engl. Übersetzung:
Moltke 1985), die bis heute kaum an Relevanz eingebüßt hat. Weitere wichtige runologische Arbeiten haben Harry Andersen (1901–1988) sowie Niels Åge Nielsen
(1903–1986) verfasst.

Gleichzeitig mit dem dänischen Runenwerk begann Magnus Olsen 1941 die Edition der jüngeren norwegischen Inschriften, *Norges innskrifter med de yngre runer*
(NIyR; dazu Knirk 2022, 34 ff.), die zunächst in fünf Bänden, ab Band III in Zusammenarbeit mit Aslak Liestøl (1920–1983), bis 1960 erschien. Nach den zahlreichen
Neufunden in Bergen, aber auch in Trondheim und Oslo wurde das Unternehmen
zwei Jahrzehnte später fortgesetzt. Mit den 1980 und 1990 erschienenen beiden Faszikeln von Band VI, verfasst von Liestøl und Ingrid Sanness Johnsen (1909–1995)
mit Nachträgen und Korrekturen von James Knirk (1947–), liegt etwa ein Viertel
des Bergenser Materials vor.

Es ist noch ein weiter Weg bis zum Abschluss der Korpusedition. Ein in Arbeit befindlicher Band
VII ist den Trondheimer Funden gewidmet, die übrigen Bergenser Runeninschriften werden zwei

weitere Bände einnehmen, und dazu kommen noch einmal zwei oder drei Bände für die restlichen norwegischen Funde seit 1960 (vgl. Knirk 2022, 40).

Unter den Runologen Norwegens ist Carl J. S. Marstrander (1883–1965) zu nennen, der die norditalische Herkunftsthese verfolgte (Marstrander 1928; vgl. S. 231) und eine ausführliche Behandlung (›kein Corpus Inscriptionum‹) der älteren Inschriften aus Dänemark und Schweden vorlegte (Marstrander 1953).

Im deutschsprachigen Raum haben im 20. Jh. neben Theodor von Grienberger (1855–1932) und Sigmund Feist (1865–1943; RGA VIII, 295f.) insbesondere Helmut Arntz (1912–2007) und Wolfgang Krause (1895–1970) runologisch gearbeitet. Arntz verfasste neben einer Reihe von Aufsätzen eine *Bibliographie der Runenkunde* (1937), ein Handbuch in zwei Auflagen (Arntz 1935, Arntz 1944a), das Überblickswerk *Die Runenschrift. Ihre Geschichte und ihre Denkmäler* (1938) und zusammen mit dem Prähistoriker Hans Zeiss (1895–1944) *Die einheimischen Runendenkmäler des Festlandes* (Arntz / Zeiss 1939); ferner versuchte er, eine runologische Zeitschrift zu etablieren (*Berichte zur Runenforschung* 1,1 [1939], fortgeführt als *Runenberichte* 1,2–4 [1941/1942], danach eingestellt; dazu Düwel 2012b). Für einen Dreißigjährigen war dies eine unglaublich reiche wissenschaftliche Produktion, die unterschiedliche Aufnahme fand.

So bemerkt Moltke (1937, 363) mit Freude, dass sich Arntz ›scharf gegen die Pseudowissenschaft wendet, die Deutschland zum Nabel der Welt und die Runen zur ältesten Schrift auf Erden machen will und die eine Zeitlang in unserem südlichen Nachbarland unter Leitung von Herman Wirth im Kurs stand‹; ferner begrüßt Moltke auch Arntz' Äußerung »Herman Wirth ist abgetan [...]. Verantwortliche Germanistik duldet keine Einmischung des Wirthianismus.« Herman Wirth (1885–1981) vertrat in einer Geistesgeschichte der Urzeit eine Kulturkreislehre, in der Symbole, Ornamente und Schriftzeichen (also auch Runen) aller großen Kulturen der Menschheit eine Rolle spielen und letztlich auf eine Hochkultur in der älteren Steinzeit verweisen würden, in der die Arktis und Atlantis einen zusammenhängenden Kontinent gebildet hätten. Ihr Kennzeichen sei eine mutterrechtliche Organisation der Gesellschaft sowie eine monotheistische-kosmische Religion gewesen. Das Gotteserlebnis erfahre man im Umlauf der Sonne; die Sonne sei »der Weltengeist, der Weltschöpfer und Weltordner« (Wirth 1931–1936, 93); entsprechende Erkenntnisse würden durch Ursymbole überliefert (vgl. Hunger 1984, 186 f.). (Zur Person von Herman Wirth s. Kater 2006, 11 ff. und pass.; vgl. ferner Mees 2008, 135 ff., dessen Arbeit von Kater 2010, 991 indessen als »a hodgepodge of truths, half-truths, and misconceptions« beurteilt wurde.)

Bei aller Hochachtung vor Arntz' profundem Wissen und seiner Begeisterung kritisiert Moltke die fehlende Bescheidenheit und den mangelnden Überblick, dazu wie andere Rezensenten (ganz zu Recht) eine Reihe von Flüchtigkeiten. Doch nicht die Kritik, die für die Edition kontinentaler Runeninschriften (Arntz / Zeiss 1939) dann wesentlich positiver ausfiel, brachte die Karriere von Arntz an ein Ende, sondern Querelen mit dem Prähistoriker Hans Reinerth (1900–1990), ein sog. Heimtückeverfahren, eine angeblich nicht reine arische Abstammung und nicht zuletzt die Tatsache, dass er vehement die im Nationalsozialismus unerwünschte These eines nichtgermanischen (nämlich norditalischen) Ursprungs der Runenschrift vertrat, führten zu seiner Kaltstellung (Hunger 1984, 43 ff.). Auch nach 1945 konnte (und wohl auch: wollte) Arntz seine Hochschullaufbahn nicht fortsetzen. Da er anderen Tätigkeiten nachging, veröffentlichte er nur noch wenig Runologisches. (Zur Person von Helmut Arntz s. die ausführliche Dokumentation von Simon et al. 2007.)

Wolfgang Krause (1895–1970; Düwel 2009, 640 ff.; 2014b) trat 1937 mit seiner Edition *Runeninschriften im älteren Futhark* hervor, einem Werk, das auch in Skandinavien gut aufgenommen wurde. Fast 30 Jahre später legte der früh erblindete

Verfasser in Zusammenarbeit mit dem Prähistoriker Herbert Jankuhn (1905–1990; RGA XVI, 23 ff.) eine Neufassung unter dem Titel *Die Runeninschriften im älteren Futhark* (RäF) vor, flankiert von der postum erschienenen Grammatik *Die Sprache der urnordischen Runeninschriften* (Krause 1971). Er initiierte eine *Bibliographie der Runeninschriften nach Fundorten*, von der allerdings nur zwei Teile erschienen (Marquardt 1961; Schnall 1973). Erfolgreich erwies sich Krauses populäre Darstellung *Was man in Runen ritzte* (Krause 1935a, Krause 1943). Der ältere Krause war Mitforscher und Konkurrent des jüngeren Arntz; er fand aber mit seiner Ansicht einer ›Beteiligung‹ vorrunischer germanischer Sinnzeichen an der Entstehung der Runenschrift die Zustimmung weiter Kreise und schließlich auch höheren Orts; die Runen waren für ihn »Lautzeichen als Abkömmlinge der norditalischen Lautbuchstaben und Begriffszeichen als Nachfahren der vorrunischen Sinnbilder« (Krause 1937, 4). Es vertrug sich gut mit der nationalsozialistischen Ideologie, dass »nunmehr die Germanen nicht länger als ›Barbaren‹ dastünden und der Nachweis für ihre hohe Geistigkeit erbracht sei« (Hunger 1984, 91). Lapidar formuliert: Wenn schon die »Altgermanische Kulturhöhe« (so der Titel eines Buches Gustaf Kossinna, das von 1927 bis 1944 neun Auflagen erlebte) nicht etwa an Tempelbauten in Friesland zu zeigen war, dann doch wenigstens an den Runen und den Runeninschriften als genuiner germanischer Kulturschöpfung und -leistung.

Krauses Rückgriff auf Sinnbilder führte 1942 zur Zusammenarbeit mit der Forschungsgemeinschaft »Ahnenerbe« der SS unter Heinrich Himmler (Hunger 1984, 171 ff.; Kater 2006, 196 f.), dem das »Amt Rosenberg«, eine Dienststelle für Kulturpolitik, im ideologischen Kompetenzgerangel der nationalsozialistischen Organisationen eine Zeitlang entgegenstand (vgl. Hunger 1984, 108 ff.). Schon im Jahre 1943 wurde Krauses »Zentralstelle für Runenforschung« und die »Forschungsstätte für Sinnbildkunde« des SS-Sturmbannführers und ›Privatgelehrten‹ Karl Theodor Weigel (1892–1953; Nußbeck 1993) zur »Lehr- und Forschungsstätte für Runen- und Sinnbildkunde« unter der Leitung Krauses vereinigt. Dieser nutzte seine Position, um zum einen gegen runenbegeisterte Laien und Ideologen aufzutreten und zum anderen wissenschaftliche Konkurrenten, und zwar insbesondere Helmut Arntz, zurückzudrängen (vgl. Hunger 1984, 222; Düwel 2014b, 5). Immerhin hat sich Krause, so Paul (1985, 15),

> trotz der Verbindungen zu den genannten nationalsozialistischen Institutionen und trotz seiner Tätigkeit als Leiter der »Lehr- und Forschungsstätte für Runen- und Sinnbildkunde« beim Ahnenerbe e. V. [...] im Dritten Reich wissenschaftlich und politisch kaum kompromittiert.

Er zählte zu den wenigen Mitgliedern des »Ahnenerbes«, die nach Ende des Zweiten Weltkrieg »überhaupt die Möglichkeit einer persönlichen Verantwortung für ihre damalige Tätigkeit einräumten« (Hunger 1984, 220).

Der Missbrauch und die Pervertierung von Runen im Nationalsozialismus haben die Runologie im Deutschland der Nachkriegszeit mit Konsequenzen in vielen Ländern – vor allem natürlich in denen, die unter einer deutschen Besetzung zu leiden hatten – auf Jahrzehnte dem Odium der Nähe zur nationalsozialistischen Ideologie ausgesetzt. Von entsprechender Zurückhaltung war der Diskurs in der deutschsprachigen Germanistik geprägt. Spätestens aber mit dem von Klaus Düwel organisierten

Vierten Internationalen Symposium über Runen und Runeninschriften (Göttingen, 1995; Tagungsband: Düwel / Nowak 1998) wurde die deutsch(sprachig)e Runologie von dem ideologischen Schatten des Dritten Reiches befreit.

Soweit der Stand von 2001 bzw. 2008. Seit den 1990er Jahren, eigentlich jedoch bereits davor, ist das Interesse an Runen und Runeninschriften insgesamt – von den USA bis Japan, von Island bis Australien – sprunghaft angestiegen. Neben der ›klassischen‹ Deutung der runenepigraphischen Texte sind es vor allem graphematische, sprachwissenschaftliche und kulturhistorische Aspekte, die im Vordergrund der Beschäftigung mit diesen Originaldokumenten aus längst vergangenen Zeiten stehen. Mit dem Periodikum *Futhark* ist es gelungen, eine eigene Fachzeitschrift zu etablieren. Und nicht zuletzt hat die Runologie auch den Sprung in das Internet-Zeitalter gut gemeistert; nicht weniger als drei Inschriftendatenbanken (s. Bibliographie, S. 295 f.) bieten wertvolle Arbeitshilfen, die allerdings – das sei vor allem Vertreter(inne)n aus Nachbardisziplinen und interessierten Lai(inn)en gesagt – die Konsultation der zugrundeliegenden Editionen keineswegs zu ersetzen vermögen.

Eine Personen-und-Werke-Geschichte der letzten beiden Jahrzehnte möchte ich (R. N.) aus Gründen der Zeitnähe nicht schreiben. Über die Tätigkeit der mit verschiedenen Korpuseditionen befassten Runolog(inn)en – und das sind ja die meisten Personen aus dem *inner circle* – geben die Artikel in *Futhark* 12 (2021 [2022]) und 13 (2022, in Vorbereitung) Auskunft.

Heutzutage ist eine Auflistung von Zentren für Runenforschung, die frühere Auflagen dieses Werks begleitet hat, ohne Weiteres entbehrlich; jede Internet-Suchmaschine wird Personen und universitäre bzw. außeruniversitäre Institutionen, die mit Runen befasst sind, ohne Weiteres aufspüren. Ich verzichte hier auch auf das frühere Kapitel XVII. Aufbewahrungsorte der Runendenkmäler; zuverlässige, auf dem aktuellen Stand gehaltene Informationen finden sich ohnehin in den einschlägigen Inschriftendatenbanken oder in rezenten Korpuseditionen (Nedoma 2020b: südgermanische Inschriften; Kaiser 2021, pass.: voraltfriesische Inschriften).

XVIII. Appendix: Runen und Esoterik – eine Skizze

Im Vorwort zur vierten Auflage dieses Werks hat Klaus Düwel vermerkt (s. S. VI), er habe seinen ursprünglichen Plan aufgegeben, sich auch zur Runenesoterik zu äußern. Naturgemäß handelt es sich da um eine andere Gedankenwelt, die eine auf den Quellen basierende Nachprüfbarkeit ausblendet und in einem wissenschaftlichen Werk an sich nicht behandelt zu werden braucht. Angesichts der Beliebtheit von Runenorakeln, Runenmagie, Runentherapie, Runenyoga etc. seien hier aber einige wenige Bemerkungen als Anhang und Ausklang angeschlossen.

Die (Rezeptions-)Geschichte der Runenesoterik ist zuverlässig aufgearbeitet bei Gründer 2009, 147 ff.

Der Terminus *esoterisch* geht über frz. *ésotérique* letztlich auf gr. ἐσωτερικός *esōterikós* ›innerlich‹ zurück und meint ›für einen inneren Kreis (für Eingeweihte) bestimmt‹ bzw. ›verborgen, geheim‹. Ungefähr gleichbedeutend ist *okkult*, das aus lat. *occultus* ›versteckt, verborgen, geheim‹ entlehnt ist. *Esoterik* steht sonach (wie auch *Okkultismus*) für ›Geheimlehre, Geheimwissen‹ (zu Vorstellungswelten und Praktiken Zinser 2009, 37 ff.). Hinzuzufügen ist, dass es sich heutzutage ja insofern um offene Geheimnisse handelt, als (angeblich) Eingeweihte ihr Wissen eben nicht geheim halten, indem sie an die Öffentlichkeit treten und einen ›Supermarkt der Spiritualität‹ beliefern (vgl. Lau 2000).

Was Runen betrifft, war Guido von List (1848–1919; Hunger 1984, 316 ff.) einer der ersten Esoteriker; er ist als Begründer der völkisch-okkultistischen Ariosophie anzusehen. Geheimnisträger war ihm die alte Priesterschaft sogenannter Armanen, und ein – in den Quellen nirgends überliefertes – 18typiges Futhark (von List 1908, 8 ff.; vgl. S. 279) sei von den Ariogermanen schon seit Urzeiten verwendet worden. Die Annahme, dass die Runen hohen Alters seien, begegnet in der esoterischen Literatur des Öfteren; den Vogel in dieser Hinsicht schießt Herman Wirth (1885–1981; vgl. S. 286) ab, der die Anfänge der Runen »hoch in die atlantisch-ältere Steinzeit« zurückverlegt, die »jenseits des 16. Jahrtausends v. Chr. anzusetzen wäre« (Wirth 1934, 604).

Nach dem Zusammenbruch des germano- und runophilen Dritten Reiches wurden Runen in den deutschsprachigen Ländern erst ab den 1980er Jahren in Verbindung mit der New-Age-Bewegung wieder salonfähig – aber fast nur in der Esoterik, denn die Verwendung in der Öffentlichkeit ist noch immer belastet, haben doch einzelne Runen und Runenimitate auch weiterhin Symbolkraft in rechtsextremen Kreisen (Simek 2017). In der ›Runenesoterik 2.0‹ entledigte man sich jedenfalls des offen rassistischen Bodensatzes; diese Neuausrichtung leitete bereits Karl Spiesberger (1904–1992) – wohl der einzige, der in den beiden Jahrzehnten nach dem Zweiten Weltkrieg runenesoterische Werke publizierte – in den 1950er Jahren ein, obzwar er in seinen runenpraktischen Anleitungen (z.B. Spiesberger 1955) noch auf das 18typige ›Armanenfuþark‹ von Lists zurückgriff.

Heutzutage ist das Angebot an einschlägigen Druckwerken, vor allem aber an Texten und Videos im Internet kaum noch zu überschauen. Jeder Art von Runenesoterik gilt es aber – sei es ausdrücklich, sei es stillschweigend – als Axiom, dass das Wissen um die magisch-operativen Geheimnisse der Runen in nachmittelalterlicher Zeit verlorengegangen sei (s. etwa Thorsson 1987, 27; Blum 1995, 16) bzw. die Wissenschaft die magischen Qualitäten der Runen »in unverantwortlicher Weise heruntergespielt« habe (so Tegtmeier 1991, 13); nun, in einem »lang erwartete[n] Zeitalter«, werde »die Macht runischer Mysterien wieder offenbar« (Thorsson 1987, 11). Runenesoterische Autor(inn)en vermeinen also alte Weisheiten wiederzubeleben und scheuen sich auch nicht, neue Weisheiten hinzuzufügen.

Beispielsweise weist Wellert (1995, 18. 96) darauf hin, dass das Verkehrszeichen *Gefährliche Kurve* ⚠ nichts anderes als »*Kano*, die Rune der Öffnung« sei und als »Rune der kleinen Schritte« dazu auffordere, »das Lenkrad eingeschlagen zu lassen, der Kurve zu folgen und ab und zu kleine Korrekturen vorzunehmen«; dass man angesichts des Verkehrszeichens *Vorgeschriebene Fahrtrichtung* ↑ nur geradeausfahren dürfe, sei *Teiwaz* zu verdanken, »der Rune des geistigen Kriegers«, der sich als »Krieger unseres Selbst« entpuppe (ebd., 19. 98). (Wellert führt in diesen beiden Beispielen kurze Bemerkungen von Blum 1995, 33 f. weiter.)

Natürlich fällt es leicht, mit derartigen Blütenlesen humoristisch zu reüssieren, doch stellt sich in diesem Zusammenhang die nicht unwichtige Frage, wie Esoteriker(innen) die erwähnte Einbuße an altem Geheimwissen kompensieren. Im Rahmen der »Renaissance der Runen« (Thorsson 1987, 27) pflegt man eine eklektizistische Vorgangsweise:

– Zum einen wird auf altisländische Texte (Lieder der *Edda*, Isländersagas) zurückgegriffen, in denen von Runenzauber die Rede ist (vgl. S. 265 ff.); dabei beachtet man den fiktionalen Charakter dieser Werke freilich nicht, und dazu werden zumeist – Ausnahme: Edred Thorsson alias Stephen E[dred] Flowers – veraltete und/oder zweifelhafte Übersetzungen herangezogen.

– Zum anderen knüpft man an vorgängiges esoterisches Schrifttum an; als Referenzwerk dient vor allem Thorsson 1987 (vgl. Gründer 2009, 164 f.), daneben aber auch Blum 1995.

– Schließlich werden, und zwar in nicht zu geringem Ausmaß, auch eigene Eingebungen verarbeitet (s. vorhin); so etwa bekundet Blum (1995, 12), dass die unorthodoxe Reihenfolge seiner 25 (!) Runen und »die Buchstaben-Interpretationen« von ihm stammen.

Dieser modern(istisch)e Eigenanteil erfährt eine Erklärung dadurch, dass die runischen Mysterien »tief im *innersten Persönlichkeitskern* vieler Angehöriger der germanischen Stämme verankert« seien und daher »niemals vollkommen ausgerottet werden« konnten (Thorsson 1987, 27). Es handelt sich demnach um eine Art mentale Prädisposition, die sich da entfaltet – dies ähnelt der ariosophischen Maxime der Erberinnerung.

Grundsätzlich geht es den Esoteriker(inne)n um die Begriffswelt, die sich in den Runen widerspiegelt, die Funktion als Schriftzeichen spielt dagegen keine nennenswerte Rolle – Sinngehalt statt Lautwert also. Damit wird das aus der wissenschaftlichen Runologie bekannte Begriffsrunenkonzept (s. S. 8) verabsolutiert; hauptsächlich in der älteren Forschung hat man ja den Vorstellungen, die den Runennamen zugrunde liegen, durchgängig religiösen oder numinosen Charakter zuerkannt (s. S. 263). In diesem Zusammenhang führt Heinz (1987, 38) in nicht eben leicht verständlicher Weise aus:

> Die Runen sind energetische Abstraktionen gesetzeshaft faßbarer Prozeßverhältnisse; sie sind
> in ihrer geschichtlichen Erscheinung irgendwann einmal aufgetaucht, ihrem Wesen und ihrer
> Funktion nach aber in der Konstitution des Seins selbst begründet.

Und bei Thorsson (1987, 17) heißt es:

> Die Runen beschreiben die Energieebenen und Energieströme im Bezug auf das Selbst, auf den
> Planeten und letztlich auf das Multiversum.

Als Ausdruck von Weltkonzepten dienen Runen sodann »als Konzentrationspunkte
für magische und mystische Rituale« (ebd., 17).

Gerne werden Runen zu Wahrsagezwecken verwendet. Dabei wird an die von
Tacitus (*Germania*, c. 10,1) geschilderte divinatorische Praktik bei den Germanen
(s. S. 235) angeknüpft, bei der allerdings nicht zu klären ist, worum es sich bei den
erwähnten *notae* tatsächlich gehandelt hat. Inwieweit Runen »seinerzeit als das *I
Ging* der Wikinger« gedient haben (Blum 1995, 16), lässt man ebenfalls besser dahingestellt. In den verschiedenen Spielarten runenesoterischer Orakel neuerer Prägung werden ein oder mehrere Runensteinchen aus einem Säckchen (o.ä.) gezogen,
nach vorgegebenen Mustern platziert und je nach zugeordnetem Sinngehalt, Lage
und Ausrichtung interpretiert. Da hier nicht zuletzt auch von den jeweiligen Auto-
r(inn)en entwickelte Anschauungen einfließen (vgl. vorhin, S. 290), fallen die Ora-
kelbedeutungen der einzelnen Runen durchaus unterschiedlich aus.

Erwartungsgemäß geht der ausgebildete Altgermanist (Flowers alias) Thorsson (1987, 33 ff.) quel-
lengetreu von den für das ältere Fuþark anzusetzenden Runennamen aus, interpretiert diese aber
konsequenterweise in esoterischer Manier. Was etwa die *k*-Rune ‹ betrifft, stehe *kenaz* (vielmehr:
*kē₂naz), fortgesetzt in ae. *ćēn* ›Kien‹ (dies ist nur einer von mehreren belegten Namen; s. S. 260),
für »kontrolliertes Feuer, Verbrennung« und verkörpere »das Mysterium der Regeneration durch
Tod oder Opferung« (Thorsson 1987, 45). Demgegenüber entfernt sich Blum (1995, 59 ff.), der
seine Art »*Runen-Orakel* [...] in einer fruchtbaren, schlaflosen Nacht« empfangen hat (ebd., 13),
von der alten Überlieferung – auch in der Hinsicht, dass er die ältere Runenreihe um eine leere Rune Nr. 25 vermehrt, die das Unwissbare bzw. das menschliche Schicksal repräsentieren soll (ebd.,
106 f.; die Schaffung dieser Alles-steht-offen-Rune hat die Zustimmung manch anderer Runeneso-
teriker[innen] gefunden). Die *k*-Rune ‹ nennt Blum *kano*, und als »überlieferte Bedeutungen« gibt
er »Fackel, Skiff, Geschwür, assoziiert mit dem Kult der Göttin Nerthus« an (ebd., 1): es handle
sich um »die Rune der Öffnung, der neuen Klarheit, der Vertreibung der Dunkelheit«, die das Leben teilweise »verschleiert« habe (ebd., 85).

Für im engeren Sinn magisch-operative Handlungen gibt es konkrete Anweisun-
gen (s. etwa Thorsson 1987, 97 ff.; Tegtmeier 1991, 97 ff.), die indessen zwangsläufig nur wenig Rückhalt in den spärlich fließenden mittelalterlichen Quellen finden.
Unerlässliche Utensilien runenesoterischer Praxis sind ›eigene Runen‹ (selbst angefertigte kleine Steine oder Stäbe als Runenträger), Zauberstab und Altar; innerhalb
eines Schutzkreises intoniert der/die passend gewandete Magier(in) dann unter Ein-
haltung verschiedener Vorgaben Runennamen und/oder Zaubersprüche bzw. fertigt
auch Talismane oder Amulette an.

Die nun schon mehrfach erwähnte *k*-Rune auf einem Talisman bewirkt nach Tegtmeier (1991, 111:
»*kenaz*«) die »Steigerung der Kreativität« und »sexuellen Erfolg«.

Für weitere Anwendungen wie Runentheraphie, Runenyoga oder Runenmedita-
tion sind zwei Techniken charakteristisch. In einer Sprachhandlung werden Runen-

namen (meist mehrfach) einerseits gedehnt skandiert oder gesungen (*k*-Rune <: »kenaz kenaz kenaz« bzw. »kaunnnnnnnnnn«), anderseits lautiert (»ku, ka, ki, ke, ko«; s. Thorsson 1987, 46). Diese Runenintonation, in älteren esoterischen Schriften Runenraunen genannt, kann performativen Charakter erhalten, indem die Beteiligten eine runenimitierende Körperhaltung (~ aisl. *staða* ›Stellung‹) einnehmen, wobei »der ganze Leib […] buchstäblich zur Verkörperung der Rune« werde (Tegtmeier 1991, 138). Bei diesen verbalen und physischen Akten ist indessen kein Rückgriff auf die ältere Überlieferung möglich; es handelt sich um Novitäten oder aus anderen religiösen oder esoterischen Systemen übernommene Elemente (vgl. von Schnurbein 2006, 63).

Abb. 51: »Stadha« *k*-Rune (nach Tegtmeier 1991, 140), Negativ.

Die genannten runenesoterischen Praktiken erfreuen sich, indem Runen als Elemente einer nativ(istisch)en Religion angesehen werden, in den verschiedenen germanisch-neuheidnischen Kreisen ziemlicher Beliebtheit; dabei tritt die Bedeutung der Divination bei zunehmender Religiosität anscheinend zurück (Gründer 2009, 143 ff.). Ideologiebefreite Runenorakel sind aber populär, kann man doch nicht selten auf Mittelalterfesten persönliche Schicksalserforschung betreiben oder zumindest runische Talismane bzw. -amulette samt passenden Erläuterungen erwerben – damit werden heute wie damals bestehende Bedürfnisse nach Zukunftsschau, Glück und Schutz bedient.

XIX. Bibliographie

Bibliographische Abkürzungen (Zeitschriften, Reihen)

AaNO = Aarbøger for Nordisk Oldkyndighed og Historie

AAWGött = Abhandlungen der Akademie der Wissenschaften in Göttingen

ABäG = Amsterdamer Beiträge zur älteren Germanistik

ANF = Arkiv för nordisk filologi

FMSt = Frühmittelalterliche Studien

Fv. = Fornvännen

HS = Historische Sprachforschung

HSK = Handbücher zur Sprach- und Kommunikationswissenschaft

IBS = Innsbrucker Beiträge zur Sprachwissenschaft

IF = Indogermanische Forschungen

ÍF = Íslenzk fornrit

KVHAA = Kungl. Vitterhets Historie och Antikvitets Akademien

MGH AA = Monumenta Germaniae historiae, Auctores antiquissimi

MGH SS rer. Germ. in us. schol. = Monumenta Germaniae historiae, Scriptores rerum Germanica-
rum in usum scholarum

MMM = Medienwandel, Medienwechsel, Medienwissen

MoM = Maal og Minne

NoB = Namn och bygd

NoR = Nytt om runer

NOWELE = North-Western European Language Evolution

NStSF = Neue Studien zur Sachsenforschung

NTS = Norsk tidsskrift for sprogvidenskap

OBG = Osloer Beiträge zur Germanistik

PBB = Beiträge zur Geschichte der deutschen Sprache und Literatur (›Paul und Braunes Beiträge‹)

RE → Alphabetisches Literaturverzeichnis

RGA → Alphabetisches Literaturverzeichnis

RGA-E = Reallexikon der Germanischen Altertumskunde, Ergänzungsband

RUB = Reclams Universal-Bibliothek

SbÖAW = Sitzungsberichte der Österreichischen Akademie der Wissenschaften

SMS = Studia Medievalia Septentrionalia

SoS = Saga och Sed

SR = Sveriges Runinskrifter

WSS = Wiener Studien zur Skandinavistik

ZfdA = Zeitschrift für deutsches Altertum und deutsche Literatur

XIX.1. Systematisches Literaturverzeichnis

Hinweis: Die hier verbuchten Werke finden sich, wenn im Text (S. 1–292) zitiert, auch im Alphabetischen Literaturverzeichnis (dort unter der entsprechenden Sigle, z.B. Adetorp 2008).

© Springer-Verlag GmbH Deutschland, ein Teil von Springer Nature 2023
K. Düwel und R. Nedoma, *Runenkunde*,
https://doi.org/10.1007/978-3-476-04630-7

XIX.1.1. Bibliographien

Helmut Arntz, Bibliographie der Runenkunde (Leipzig 1937).

Helmut Arntz, Bibliographie der Runenkunde. Nachträge und Ergänzungen. I [A–O]. In: Berichte zur Runenforschung 1,1 (1939), 35–48.

Helmut Arntz, Bibliographie der Runenkunde. Nachträge und Ergänzungen. II [P–Z]. In: Runenberichte 1,4 (1942), 183–190.

Hertha Marquardt, Bibliographie der Runeninschriften nach Fundorten. I: Die Runeninschriften der Britischen Inseln (= AAWGött, Philolog.-Histor. Kl., 3. F., 48; Göttingen 1961).

Uwe Schnall, Bibliographie der Runeninschriften nach Fundorten. II: Die Runeninschriften des europäischen Kontinents (= AAWGött, Philolog.-Histor. Kl., 3. F., 80; Göttingen 1973).

Wolfgang Krause, Epigraphik und Runenkunde. In: Dahlmann–Waitz, Quellenkunde der deutschen Geschichte. Bibliographie der Quellen und der Literatur zur deutschen Geschichte, ed. Hermann Heimpel / Herbert Geuss. I: Abschnitt 1 bis 38 (Stuttgart [10]1969), Abschnitt 13, Nr. 28–125.

Runebibliografi (Runic Bibliography) 1985–2003. In: Nytt om runer 1–19 (1986–2004 [2006]).

Fornsvensk bibliografi och Svensk runbibliografi. Online: https://riksarkivet.x-ref.se/#!/Search?id=116&start (Stand: 6.8.2023).

XIX.1.2. Zeitschriften

Berichte zur Runenforschung 1,1 (1939). Danach als: Runenberichte 1,2–4 (1941–1942). [Mehr nicht erschienen.]

Nytt om runer: Meldingsblad om runeforskning 1–20 (1986–2004 [2006]). – Auch online: http://urn.nb.no/URN:NBN:no-39606 (Stand: 6.8.2023).

Futhark: International Journal of Runic Studies 1– (2010 ff.); zuletzt erschienen: 12 (2021 [2022]). – Auch online: http://futhark-journal.com (Stand: 6.8.2023).

XIX.1.3. Inschrifteneditionen

Runeninschriften im älteren Fuþark

Wolfgang Krause, Runeninschriften im älteren Futhark (= Schriften der Königsberger Gelehrten Gesellschaft, Geisteswissenschaftliche Kl., 13,4; Halle/Saale 1937).

Helmut Arntz / Hans Zeiss, Gesamtausgabe der älteren Runendenkmäler. I: Die einheimischen Runendenkmäler des Festlandes (Leipzig 1939). [Enthält ost-, südgermanische und friesische Inschriften.]

Carl J[ohan] S[verdrup] Marstrander, De nordiske runeinnskrifter i eldre alfabet. Skrift og språk i folkevandringstiden. In: Viking 16 (1952 [1953]), 1–277.

Wolfgang Krause / Herbert Jankuhn, Die Runeninschriften im älteren Futhark (= AAWGött, Philolog.-Histor. Kl., 3. F., 65; Göttingen 1966). I: Text. II: Tafeln. [Noch nicht ersetzte Gesamtausgabe von Inschriften in der älteren Runenreihe.]

Die Goldbrakteaten der Völkerwanderungszeit. I,1: Einleitung. I,2, II,1, III,1: Morten Axboe et al., Ikonographischer Katalog: Text. I,3, II,2, III,2: Karl Hauck et al., Ikonographischer Katalog: Tafeln (= MMS 24,1–3; München 1985–1989). [IV:] Morten Axboe et al., Katalog der Neufunde. In: Die Goldbrakteaten der Völkerwanderungszeit – Auswertung und Neufunde, ed. Wilhelm Heizmann / Morten Axboe (= RGA-E 40; Berlin – New York 2011), 893–1024. [Aufgenommen sind bis Ende 2010 bekanntgewordene Funde.]

Lisbeth M. Imer, Jernalderens runeindskrifter i Norden. [I:] Kronologi og kontekst. [II:] Katalog (= AaNO 2013–2014; København 2015). [Im Katalogteil sind 341 skandinavische Inschriften im älteren Fuþark erfasst, dazu jeweils in Auswahl ›kontinentale‹ Brakteateninschriften und ostgermanische Inschriften.]

Runische Schriftlichkeit in den germanischen Sprachen (RuneS). Online: https://www.runesdb.de/home (Stand: 6.8.2023). [Digitale Forschungsplattform; bietet »Basisdaten aller europäischer Runenfunde«. 8.313 Datensätze betreffen Inschriften im älteren Fuþark und im anglo-friesischen Fuþork, Inschriften im jüngeren Fuþark und mittelalterliche *Runica manuscripta* (Zimmermann 2022, 130 ff.).]

Skandinavien

Runor. Online: https://app.raa.se/open/runor/search (Stand: 6.8.2023). [Digitale Forschungsplattform; 7.166 Datensätze betreffen skandinavische Runeninschriften im älteren Fuþark und Runeninschriften im jüngeren Fuþark. Wichtig ist (und gilt auch für die eben erwähnte RuneS-Datenbank), dass »it is primarily an index of the existing Scandinavian runic inscriptions. It is not in itself a publication of these inscriptions« (Williams / Bianchi 2022, 123).]

Schweden

Sven Söderberg / Erik Brate, Ölands Runinskrifter (= SR 1; Stockholm 1900–1906).

Erik Brate, Östergötlands Runinskrifter (= SR 2; Stockholm 1911–1918).

Erik Brate / Elias Wessén, Södermanlands Runinskrifter (= SR 3; Stockholm 1924–1936).

Ragnar Kinander, Smålands Runinskrifter (= SR 4; Stockholm 1935–1961).

Hugo Jungner / Elisabeth Svärdström, Västergötlands Runinskrifter (= SR 5; Stockholm 1940–1970).

Elias Wessén / Sven B. F. Jansson, Upplands Runinskrifter. I–IV (= SR 6–9; Stockholm 1940–1958).

[Upplands Runinskrifter. V (= SR 10) ist noch nicht abgeschlossen; vorläufige Fassungen von ca. 60 Artikeln sind online zugänglich: https://www.raa.se/kulturarv/runor-och-runstenar/digitala-sveriges-runinskrifter/supplement-till-upplands-runinskrifter (Stand: 6.8.2023).]

Sven B. F. Jansson / Elias Wessén, Gotlands Runinskrifter. I [Nr. 1–137] (= SR 11; Stockholm 1962).

Elisabeth Svärdström, Gotlands Runinskrifter. II [Nr. 138–222] (= SR 12[,1]; Stockholm 1978).

[Helmer Gustavson / Thorgunn Snædal, Gotlands Runinskrifter. III [Nr. 223–393, Supplement zu den beiden ersten Bänden] (= SR 12,2) ist noch nicht abgeschlossen; vorläufige Fassungen von 172 Artikeln sind online zugänglich: https://www.raa.se/kulturarv/runor-och-runstenar/digitala-sveriges-runinskrifter/gotlands-runinskrifter-3 (Stand: 6.8.2023).]

Sven B. F. Jansson, Västmanlands Runinskrifter (= SR 13; Stockholm 1964).

Sven B. F. Jansson, Närkes Runinskrifter (= SR 14,1; Stockholm.1975).

Sven B. F. Jansson, Värmlands Runinskrifter (= SR 14,2; Stockholm 1978).

Sven B. F. Jansson, Gästriklands Runinskrifter (= SR 15,1; Stockholm 1981).

[Die genannten Bände 1–9, 11 und 12[,1]–15,1 des Korpuswerkes *Sveriges Runinskrifter* sind auch online (als pdf) zugänglich: https://www.raa.se/kulturarv/runor-och-runstenar/digitala-sveriges-runinskrifter/digitala-sveriges-runinskrifter-publicerade-volymer (Stand: 6.8.2023).]

Norwegen

Sophus Bugge / Magnus Olsen, Norges Indskrifter med de ældre Runer (= Norges Indskrifter indtil Reformationen 1; Christiania 1891–1924). Indledning: Runeskriftens oprindelse og ældste historie. I–III.

Magnus Olsen, Norges innskrifter med de yngre runer (= Norges Indskrifter indtil Reformationen 2). I: Østfold fylke. Akershus fylke og Oslo, Hedmark fylke, Opland fylke [Nr. 1–89] (Oslo 1941).

Magnus Olsen, Norges innskrifter med de yngre runer. II: Buskerud fylke, Vestfold fylke, Telemark fylke [N 90–179] (Oslo 1951).

Magnus Olsen / Aslak Liestøl, Norges innskrifter med de yngre runer. III: Aust-Agder fylke, Vest-Agder fylke, Rogaland fylke [N 180–270] (Oslo 1954).

Magnus Olsen / Aslak Liestøl, Norges innskrifter med de yngre runer. IV: Hordaland fylke, Sogn og Fjordane fylke, Møre og Romsdal fylke [N 271–449] (Oslo 1957).

Magnus Olsen / Aslak Liestøl, Norges innskrifter med de yngre runer. V: Sør-Trøndelag fylke, Nord-Trøndelag fylke, Nordland fylke, Troms fylke [N 450–602] (Oslo 1960).

Aslak Liestøl, Norges innskrifter med de yngre runer. VI: Bryggen i Bergen. I[,1] [Dei latinske innskriftene; N 603–647] (Oslo 1980).

Ingrid Sanness Johnsen (/ James E. Knirk), Norges innskrifter med de yngre runer. VI: Bryggen i Bergen. I[,2]: Forretningsbrev og eiermerker [N 648–773], rettingar og tillegg (Oslo 1990).

Jan Ragnar Hagland / James E. Knirk, Norges innskrifter med de yngre runer. VII: Trondheim (in Vorbereitung). – Ersatzweise ist vorerst zu benutzen: Jan Ragnar Hagland, Runer frå utgravingane i Trondheim bygrunn 1971–94. Med eit tillegg av nyfunne innskrifter elles frå byen (N 774–N 894) (1997/2003). Online: https://folk.ntnu.no/ivar/filer/Hagland1997-Trondheimsruner.pdf (Stand: 6.8.2023).

Dänemark

Lis Jacobsen / Erik Moltke (et al.), Danmarks Runeindskrifter. [I:] Text. [II:] Atlas. [III:] Register. [IV:] Zusammenfassung (København 1941–1942).

Ingeborg Andersen / Henrik Holmboe, Konkordans over de Danske Runeindskrifter. [I:] Transskription. [II:] Translitteration (= Sprog og Mennesker 5–6; Aarhus 1983).

Danske Runeindskrifter. Online: https://runer.ku.dk (Stand: 6.8.2023). [Digitale Forschungsplattform, enthält die Runeninschriften des alten Dänemark.]

Island, Grönland, Färöer

Anders Bæksted, Islands Runeindskrifter (= Bibliotheca Arnamagnæana 2; København 1942).

Þórgunnur Snædal, Rúnaristur á Íslandi. In: Árbók Hins íslenzka fornleifafélags 2000–2001 (2003), 5–68.

Lisbeth M. Imer. Peasants and Prayers. The inscriptions of Norse Greenland (= Publications from the National Museum, Studies in Archaeology & History 25; Odense 2017).

Marie Stoklund, Faroese Runic Inscriptions. In: Viking and Norse in the North Atlantic. Select Papers from the Proceedings of the Fourteenth Viking Congress, Tórshavn 2001, ed. Andras Mortensen / Símun V. Arge (= Annales Societatis Scientiarum Færoensis, Suppl. 44; Tórshavn 2005), 109–124.

Britische Inseln I: Fuþork

Benno Bruggink, Runes in and from the British Isles (Diss. [unpubl.], Univ. Amsterdam 1987).

Gaby Waxenberger, Towards a Phonology of the Old English Runic Inscriptions and an Analysis of the Graphemes (Habil. [unpubl.], Univ. München 2010), 26–127. [Eine mancherorts angekündigte konzise Edition altenglischer Runeninschriften (Autorin: Gaby Waxenberger) ist bislang noch nicht erschienen.]

Britische Inseln II: Jüngeres Fuþark

Michael P. Barnes, The Runic Inscriptions of Maeshowe, Orkney (= Runrön 8; Uppsala 1994).

Michael P. Barnes / Jan Ragnar Hagland / R[aymond] I[an] Page, The Runic Inscriptions of Viking Age Dublin (= Medieval Dublin Excavations 1962–81, Ser. B: Artefacts, 5; Dublin 1997).

Michael P. Barnes / R[aymond] I[an] Page, The Scandinavian Runic Inscriptions of Britain (= Runrön 19; Uppsala 2006).

Michael P. Barnes et al., The Runic Inscriptions of the Isle of Man (= Runrön 22; Uppsala 2019).

Mittel- und Osteuropa

Robert Nedoma, Schrift und Sprache in den ostgermanischen Runeninschriften. In: The Gothic Language. A Symposium, ed. Hans Frede Nielsen / Flemming Talbo Stubkjær et al. (= NOWELE 58/59; Odense 2010), 1–70. [Editio minor.]

Klaus Düwel / Robert Nedoma / Sigmund Oehrl, Die südgermanischen Runeninschriften. I–II (RGA-E 119; Berlin – Boston 2020).

Friesland

Concetta Giliberto, Le iscrizioni runiche sullo sfondo della cultura frisone altomedievale (= Göppinger Arbeiten zur Germanistik 679; Göppingen 2000).

Livia Kaiser, Runes across the North Sea from the Migration Period and Beyond. An Annotated Edition of the Old Frisian Runic Corpus (= RGA-E 126; Berlin – Boston 2021).

Osteuropa und Mediterraneum

E[lena] A[leksandrovna] Mel'nikova, Skandinavskie runičeskie nadpisi. Novye nachodki i interpretacii. Teksty, perevod, kommentarij (Moskva 2001). [Enthält (hauptsächlich) wikingerzeitliche Runeninschriften aus Osteuropa und Ostfahrerinschriften, dazu viele *dubia*.]

XIX.1.4. Überblickswerke (Auswahl)

Allgemein

Lucien Musset, Introduction à la runologie (= Bibliothèque de philologie germanique 20; Paris 1965, repr. 1976).

Wolfgang Krause, Runen (= Sammlung Göschen 1244/1244a; Berlin 1970, repr. 1993).

Elmer H. Antonsen, A Concise Grammar of the Older Runic Inscriptions (= Sprachstrukturen, A: Histor. Sprachstrukturen, 3; Tübingen 1975). [Strukturalistisch geprägte Darstellung.]

Ralph W. V. Elliott, Runes. An Introduction (Manchester – New York [2]1989).

Marlies Philippa / Aad Quak, Runen. Een helder alfabet uit duistere tijden (Amsterdam [1994]).

Tineke Looijenga, Texts and Contexts of the Oldest Runic Inscriptions (= The Northern World 4; Leiden – Boston 2003).

Michael Barnes, Runes. A Handbook (Woodbridge 2012).

Yukio Taniguchi, Rūn moji kenkyū josetsu. Einführung in die Runenkunde, ed. Minoru Ozawa (Tōkyō [2]2022).

Schweden

Sven B. F. Jansson, Runinskrifter i Sverige (Stockholm [3]1984). – S. B. F. J., The Runes of Sweden (o. O. [Stockholm] 1987, repr. 1997).

Thorgunn Snædal / Marit Åhlén, Svenska runor (Stockholm 2004).

Lena Peterson, Svenskt runordsregister (= Runrön 2; Uppsala [3]2006). – Auch online: http://uu.diva-portal.org/smash/get/diva2:437203/FULLTEXT01.pdf (Stand: 6.8.2023).

Lena Peterson, Nordiskt runnamnslexikon (Uppsala [5]2007). – Auch online: http://uu.diva-portal.org/smash/get/diva2:1108274/FULLTEXT01.pdf (Stand: 6.8.2023).

Norwegen

Gerd Høst, Runer. Våre eldste norske runeinnskrifter (Oslo 1976).

Terje Spurkland, I begynnelsen var ᚠᚢᚦᚨᚱᚲ (Oslo 2001). – T. Sp., Norwegian Runes and Runic Inscriptions (Woodbridge 2005).

Dänemark

Erik Moltke, Runerne i Danmark og deres oprindelse (København 1976). – E. M., Runes and Their Origin. Denmark and Elsewhere (Copenhagen 1985).

Niels Åge Nielsen, Danske Runeindskrifter. Et udvalg med kommentarer (København 1983, repr. 1994).

Lisbeth M. Imer, Danmarks runesten. En fortelling (København 2016).

Lisbeth M. Imer, Rigets runer (Aarhus 2018).

England

R[aymond] I[an] Page, An Introduction to English Runes (Woodbridge ²1999).

David N. Parsons, Recasting the Runes. The Reform of the Anglo-Saxon *Futhorc* (= Runrön 14; Uppsala 1999).

Mitteleuropa

Robert Nedoma, Personennamen in südgermanischen Runeninschriften (Heidelberg 2004).

Martin Hannes Graf, Paraschriftliche Zeichen in südgermanischen Runeninschriften. Studien zur Schriftkultur des kontinentalgermanischen Runenhorizonts (= MMM 12; Zürich 2010).

Martin Findell, Phonological Evidence from the Continental Runic Inscriptions (= RGA-E 79; Berlin – Boston 2012).

Michelle Waldispühl, Schreibpraktiken und Schriftwissen in südgermanischen Runeninschriften. Zur Funktionalität epigraphischer Schriftverwendung (= MMM 26; Zürich 2013).

1.5. Sammelbände

Tagungsbände der Symposien über Runen und Runeninschriften

Proceedings of the First International Symposium on Runes and Runic Inscriptions, ed. Clairborne W. Thompson. In: Michigan Germanic Studies 7 (1981), 1–213.

Runor och runinskrifter. Föredrag vid Riksantikvarieämbetets och Vitterhetsakademiens symposium 1985 (= Kungl. Vitterhets Historie och Antikvitets Akademien, Konferenser 15; Stockholm 1987). [Abhandlungen des Zweiten Internationalen Symposiums über Runen und Runeninschriften, Stockholm 1985.]

Proceedings of the Third International Symposium on Runes and Runic Inscriptions, Grindaheim 1990, ed. James E. Knirk (= Runrön 9; Uppsala 1994).

Runeninschriften als Quellen interdisziplinärer Forschung. Abhandlungen des Vierten Internationalen Symposiums über Runen und Runeninschriften, Göttingen 1995, ed. Klaus Düwel / Sean Nowak (= RGA-E 15; Berlin – New York 1998).

Runes and their Secrets. Studies in runology, ed. Marie Stoklund et al. (Copenhagen 2006). [Abhandlungen des Fünften Internationalen Symposiums über Runen und Runeninschriften, Jelling 2000.]

Selected papers from the Sixth International Symposium on Runes and Runic Inscriptions, Lancaster, 2005, ed. Michael P. Barnes / Judith Jesch. In: Futhark 1 (2010 [2011]), 7–248.

Proceedings of the Seventh International Symposium on Runes and Runic Inscriptions, Oslo 2010. I: Plenary lectures. In: Futhark 4 (2013), 5–171. II: Selected papers. In: Futhark 5 (2014 [2015]), 5–187.

Reading Runes. Proceedings of the Eighth International Symposium on Runes and Runic Inscriptions, Nyköping 2014, ed. Mindy MacLeod et al. (= Runrön 24; Uppsala 2021).

Andere Tagungsbände

Old English Runes and their Continental Background [Akten der Tagung Eichstätt 1989], ed. Alfred Bammesberger (= Anglist. Forschungen 217; Heidelberg 1991).

Runische Schriftkultur in kontinental-skandinavischer und -angelsächsischer Wechselbeziehung. Internationales Symposium, Bad Homburg 1992, ed. Klaus Düwel et al. (RGA-E 10; Berlin – New York 1994).

Frisian Runes and Neighbouring Traditions. Proceedings of the First International Symposium on Frisian Runes, Leeuwarden 1994, ed. Tineke Looijenga / Arend Quak (= ABäG 45; Amsterdam – Atlanta 1996).

Das *fuþark* und seine einzelsprachlichen Weiterentwicklungen. Akten der Tagung Eichstätt 2003, ed. Alfred Bammesberger / Gaby Waxenberger (= RGA-E 51; Berlin – New York 2006).

Zentrale Probleme bei der Erforschung der älteren Runen. Akten einer Tagung an der Norweg. Akademie der Wissenschaften, Oslo 2004, ed. John Ole Askedal et al. (= OBG 41; Frankfurt/ Main etc. 2010).

Archäologie und Runen. Fallstudien zu Inschriften im älteren Futhark. Beiträge zum Workshop am Zentrum für Balt. und Skandinav. Archäologie, Schleswig 2011, ed. Oliver Grimm / Alexandra Pesch (= Schriften des Archäolog. Landesmuseums, Ergänzungsreihe 11; Kiel – Hamburg 2015).

Runic Inscriptions and the Early History of the Germanic Languages, ed. Robert Nedoma / Hans Frede Nielsen (= NOWELE 73,1; Amsterdam – Philadelphia 2020). [Abhandlungen eines internationalen Symposiums, Odense 2017.]

XIX.2. Alphabetisches Literaturverzeichnis

Hinweise: 1. Für die alphabetische Reihung sind diakritische Zeichen nicht berücksichtigt: *á*, *ä* und *å* werden sonach als *a* verbucht, *ö* und *ø* als *o*, *š* als *s*, *ü* als *u* etc. Ferner gelten *æ* als *ae*, *ß* als *ss* sowie *þ* als *th*. – 2. Isländische Autor(inn)en werden unter ihrem Vaternamen geführt.

Adetorp 2008 = Johan Adetorp, De guldglänsande ryttarna. C-brakteaternas ikonografi i ny belysning (Lund 2008).

Agrell 1932 = Sigurd Agrell, Die spätantike Alphabetmystik und die Runenreihe (= Kungl. Humanist. Vetenskapssamfundet i Lund, Årsberättelse 1931/1932,6; Lund 1932).

Agrell 1938 = —, Die Herkunft der Runenschrift (= Kungl. Humanist. Vetenskapssamfundet i Lund, Årsberättelse 1937/1938,4; Lund 1938).

AhdWb I– = Elisabeth Karg-Gasterstädt / Theodor Frings (/ Rudolf Große / Hans Ulrich Schmid) et al., Althochdeutsches Wörterbuch. I– (Berlin 1968 ff.).

Åhlén 1994 = Marit Åhlén, Runinskrifter i Hälsingland. In: Bebyggelsehistorisk tidskrift 27 (1994), 33–50.

Åhlén 1997 = —, Runristaren Öpir. En monografi (= Runrön 12; Uppsala 1997).

Åkerström 2019 = Hanna Åkerström, Det tidigvikingatida runmaterialet: en inventering. In: Futhark 8 (2017 [2019]), 7–88.

Åkerström 2021 = —, Rökstenens visuella textstruktur. In: Futhark 11 (2020 [2021]), 5–84.

Åkerström-Hougen 2010 = Gunilla Åkerström-Hougen, Genesis och metamorfosis. En studie i de nordiska guldbrakteaternas ikonografi (= Gothenburg Studies in Art and Architecture 31; Göteborg 2010).

AKM 24,3 = Ibn Faḍlān's Reisebericht, ed./tr. A[hmed] Zeki Validi Togan (= Abhandlungen für die Kunde des Morgenlandes 24,3; Leipzig 1939).

ALEW = Wolfgang Hock et al., Altlitauisches etymologisches Wörterbuch (Berlin [1.1]2019). Online: https://doi.org/10.18452/19817 (Stand: 6.8.2023).

Altheim / Trautmann 1939 = F[ranz] Altheim / E[lisabeth] Trautmann, Vom Ursprung der Runen (= Deutsches Ahnenerbe, Reihe B: Fachwissenschaftliche Untersuchungen: Arbeiten zur Germanenkunde, [3]; Frankfurt/Main 1939).

AnB 10 = Die Dichtung des Eyvindr Skáldaspillir, ed./tr. Arnulf Krause (= Altnord. Bibliothek 10; Leverkusen 1990).

Andersen / Imer 2017 = Charlotte Boje Andersen / Lisbeth M. Imer, Ydby-stenen (DR 149) genfundet. In: Futhark 7 (2016 [2017]), 131–136.

Andersson 1997 = Björn Andersson, Runor, magi, ideologi. En idéhistorisk studie (= Acta universitatis Umensis, Umeå Studies in the Humanities 136; Umeå 1997 [auf der Titelseite falsch: 1995]).

Andrén 1991 = Anders Andrén, Guld och makt – en tolkning av de skandinaviska guldbrakteaternas funktion. In: Samfundsorganisation og Regional Variation. Norden i romersk jernalder og
folkevandringstid, ed. Charlotte Fabech / Jytte Fingtved (= Jysk Arkæologisk Selskabs Skrifter
27; Aarhus 1991), 245–256.

Andrén 2000 = —, Re-reading Embodied Texts – an Interpretation of Rune-stones. In: Current
Swedish Archaeology 8 (2000), 7–32.

Antonsen 1975 = Elmer H. Antonsen, A Concise Grammar of the Older Runic Inscriptions (=
Sprachstrukturen, A: Histor. Sprachstrukturen, 3; Tübingen 1975).

Antonsen 1982 = —, Zum Ursprung und Alter des germanischen Fuþarks. In: Festschr. Karl
Schneider, ed. Ernst S. Dick / Kurt R. Jankowsky (Amsterdam – Philadelphia), 3–14. – Wieder
[leicht verändert] in: Antonsen 2002, 93–117.

Antonsen 1984 = —, Die Darstellung des heidnischen Altars auf gotländischen Bildsteinen und
der Runenstein von Elgesem. Diskussionsbeitrag. In: FMSt 18 (1984), 334–335.

Antonsen 1993 = —, The Weser Runes: Magic or Message? In: NOWELE 21/22 (1993; Festschr.
Hans Bekker-Nielsen), 1–18. – Wieder [leicht verändert] in: Antonsen 2002, 315–328.

Antonsen 1998 = —, On Runological and Linguistic Evidence for Dating Runic Inscriptions. In:
Düwel / Nowak 1998, 150–159.

Antonsen 1999 = —, Rengði þær Vingi (Am. 4.2) ›Vingi distorted them‹: ›Omitted‹ Runes – A
Question of Typology? In: Language Change and Typological Variation. Festschr. Winfred P.
Lehmann. I, ed. Edgar C. Polomé / Carol F. Justus (= Journal of Indo-European Studies, Mono-
graph 30; Washington 1999), 131–138.

Antonsen 2002 = —, Runes and Germanic Linguistics (= Trends in Linguistics, Studies and Monographs 140; Berlin – New York 2002).

Arcamone 2007 = Maria Giovanna Arcamone, Iscrizioni runiche in Italia. In: I Germani e la scrit-
tura, ed. Elisabetta Fazzini / Eleonora Cianci (Alessandria 2007), 127–139.

Árnason 1862 = Jón Árnason, Íslenzkar þjóðsögur og æfintýri. I (Leipzig 1862).

Árnason 1954 = Jón Árnason, Íslenzkar þjóðsögur og æfintýri. I, ed. Árni Böðvarsson / Bjarni Vil-
hjálmsson (Reykjavík ²1954).

Arntz 1935 = Helmut Arntz, Handbuch der Runenkunde (= Sammlung kurzer Grammatiken german. Dialekte, B: Ergänzungsreihe, 3; Halle/Saale 1935).

Arntz 1937 = —, Bibliographie der Runenkunde (Leipzig 1937).

Arntz 1939 → ERF I.

Arntz 1944a = —, Handbuch der Runenkunde. (= Sammlung kurzer Grammatiken german. Dialekte, B: Ergänzungsreihe, 3; Halle/Saale ²1944).

Arntz 1944b = —, Runen und Runennamen. In: Anglia 67/68 (1944), 172–250.

Askeberg 1944 = Fritz Askeberg, Norden och kontinenten i gammal tid. Studier i forngermansk
kulturhistoria (Uppsala 1944).

Askedal et al. 2010 = Zentrale Probleme bei der Erforschung der älteren Runen, ed. John Ole Askedal et al. (= OBG 41; Frankfurt/Main etc. 2010).

ASPR I–VI = The Anglo-Saxon Poetic Records, ed. George Philip Krapp / Elliott van Kirk Dobbie
(New York – London 1931–1953, repr. 1961).

Auberson / Martin 1991= Laurent Auberson / Max Martin, L'église de Saint-Martin à Vevey au
haut Moyen Age et la découverte d'une garniture de ceinture en os gravé. In: Archäologie der
Schweiz 14 (1991), 279–288.

Axboe 1998 = Morten Axboe, Die innere Chronologie der A-C-Brakteaten und ihrer Inschriften.
In: Düwel / Nowak 1998, 231–252.

Axboe 2004 = —, Die Goldbrakteaten der Völkerwanderungszeit – Herstellungsprobleme und
Chronologie (= RGA-E 38; Berlin – New York 2004).

Axboe 2007 = —, Brakteatstudier (= Nordiske Fortidsminder, Ser. B, 25; København 2007).

Axboe 2011 = Morten Axboe, Die Chronologie der Inschriften-Brakteaten. In: Heizmann / Axboe 2011, 279–296.

Axboe 2022 = —, The World's largest Gold Bracteate: A brief presentation of the Migration Period gold hoard from Vindelev, Denmark. In: The European Archaeologist 74 (2022), 54–61.

Axboe et al. 2006 = — / Klaus Düwel / Wilhelm Heizmann / Sean Nowak / Alexandra Pesch, Aus der Frühzeit der Brakteatenforschung. In: FMSt 40 (2006 [2007]), 383–426.

Axboe / Grønnegaard 2019 = — / Tim Grønnegaard, Migration Period Jewellery from Høvlsbakke, Northeastern Zealand. In: Early medieval waterscapes. Risks and opportunities for (im)material cultural exchange, ed. Rica Annaert (= NStSF 8; Wendeburg 2019), 55–64.

Axboe / Imer 2017 = — / Lisbeth M. Imer, Local Innovations and Far-reaching Connections: Gold Bracteates from North-East Zealand and East Jutland. In: Life on the Edge. Social, Political and Religious Frontiers in Early Medieval Europe, ed. Sarah Semple et al. (= NStSF 6; Wendeburg 2017), 143–156.

Axboe / Källström 2013 = — / Magnus Källström, Guldbrakteater fra Trollhättan – 1844 und 2009. In: Fv. 108 (2013), 153–171.

Axelson 1993 = Jan Axelson, Mellansvenska runristare. Förteckning över signerade och attribuerade inskrifter (= Runrön 5; Uppsala 1993).

Bæksted 1942 = Anders Bæksted, Islands Runeindskrifter. (= Bibliotheca Arnamagnæana 2; København 1942).

Bæksted 1951 = —, Begravede runestene. In: AaNO 1951, 63–95.

Bæksted 1952 = —, Målruner og Troldruner. Runemagiske Studier (= Nationalmuseets Skrifter, Arkæolog.-Histor. Række 4; København 1952).

Bågenholm 1999 = Gösta Bågenholm, Arkeologi och språk i Norra Östersjöområdet. En kritisk genomgång av de senaste årens försök att finn synteser mellan historisk lingvistik och arkeologi (Göteborg 1999).

Bagge 2011 = Sverre Bagge, De første baglerne. Runeinnskriftene fra Vinje stavkirke. In: Collegium Medievale 24 (2011), 149–156.

Ball 1991 = Christopher Ball, Inconsistencies in the Main Runic Inscriptions on the Ruthwell Cross. In: Bammesberger 1991a, 107–123.

Bammesberger 1989 = Alfred Bammesberger, Urgermanisch *lugaþur(ij)a-. In: Indogermanica Europaea. Festschr. Wolfgang Meid, ed. Karin Heller et al. (= Grazer Linguist. Monographien 4; Graz 1989), 17–28.

Bammesberger 1991a = Old English Runes and their Continental Background, ed. Alfred Bammesberger (= Anglist. Forschungen 217; Heidelberg 1991).

Bammesberger 1991b = —, Three Old English Runic Inscriptions. In: Bammesberger 1991a, 125–136.

Bammesberger 1991c = —, Ingvaeonic Sound Changes and the Anglo-Frisian Runes. In: Bammesberger 1991a, 389–408.

Bammesberger 1994 = —, The development of the runic script and its relationship to Germanic phonological history. In: Language Change and Language Structure: Older Germanic Languages in a Comparative Perspective, ed. Toril Swan et al. (= Trends in Linguistics, Studies and Monographs, 73; Berlin – New York 1994), 1–25.

Bammesberger 1999 = —, MANNUM/MANNO bei Tacitus und der Name der m-Rune. In: Beiträge zur Namenforschung N.F. 34 (1999), 1–8.

Bammesberger 2017 = —, Anglo-Saxon Runic Writings and Philological Issues. In: Von den Hieroglyphen zur Internetsprache. Das Verhältnis von Laut, Schrift und Sprache, ed. Gaby Waxenberger et al. (= LautSchriftSprache 2; Wiesbaden 2017), 179–185.

Bammesberger / Wollmann 1990 = Britain 400–600: Language and History, ed. Alfred Bammesberger / Alfred Wollmann (= Anglist. Forschungen 205; Heidelberg 1990).

Bammesberger / Waxenberger 1999 = Pforzen und Bergakker. Neue Untersuchungen zu Runeninschriften, ed. Alfred Bammesberger / Gaby Waxenberger (= HS, Ergänzungsheft 41; Göttingen 1999).

Bammesberger / Waxenberger 2006 = Das *fuþark* und seine einzelsprachlichen Weiterentwicklungen, ed. Alfred Bammesberger / Gaby Waxenberger (= RGA-E 51; Berlin – New York 2006).

Barnes 1987 = Michael P. Barnes, The Origins of the Younger *fuþark* – A Reappraisal. In: Runor 1987, 29–45.

Barnes 1998 = —, The Transitional Inscriptions. In: Düwel / Nowak 1998, 448–461.

Barnes 2003 = —, Standardisation and Variation in Migration- and Viking-Age Scandinavian. In: *Útnörðr*: West Nordic Standardisation and Variation, ed. Kristján Árnason (Reykjavík 2003), 47–66.

Barnes 2006 = —, Standardised *fuþark*s: A useful tool or a delusion? In: Stoklund et al. 2006, 11–29.

Barnes 2010 = —, Phonological and Graphological Aspects of the Transitional Inscriptions. In: Askedal et al. 2010, 191–207.

Barnes 2014 = —, What Is Runology, and Where Does It Stand Today? In: Futhark 4 (2013 [2014]), 7–30.

Barnes / Page 2006 = — / R[aymond] I[an] Page, The Scandinavian Runic Inscriptions of Britain (= Runrön 19; Uppsala 2006).

Bauer 2003a = Alessia Bauer, Runengedichte. Texte, Untersuchungen und Kommentare zur gesamten Überlieferung (= SMS 9; Wien 2003).

Bauer 2003b = —, Die jüngere Fassung des *isl. Runengedichtes* und die Tradition der Runennamenumschreibungen. In: Heizmann / van Nahl 2003, 43–60.

Bauer 2011 = —, Die späten *Runica Manuscripta* aus Island. Was versteht man unter *málrúnir*? In: Futhark 1 (2010 [2011]), 197–223.

Bauer 2022 = —, Runen auf Island in epigraphischen und literarischen Quellen: ein und dieselbe Tradition? In: Magie und Literatur. Erzählkulturelle Funktionalisierung magischer Praktiken in Mittelalter und Früher Neuzeit, ed. Andreas Hammer et al. (= Philolog. Studien und Quellen 280; Berlin 2022), 51–76.

Bauer / Heizmann *in spe* = — / Wilhelm Heizmann, Runica manuscripta. Die nordische Tradition (= RGA-E; Berlin – Boston [für 2024 angekündigt]).

Beck 2001 = Heinrich Beck, Zur Götteranrufung nach altnordischen Quellen (in Sonderheit der Brakteaten). In: Stausberg et al. 2001, 57–75.

Beck 2010 = —, Isoliertes appellativisches Wortgut im proprialen Lexikon. Ein runologischer Beitrag. In: Probleme der Rekonstruktion untergegangener Wörter aus alten Eigennamen, ed. Lennart Elmevik / Svante Strandberg (= Acta academiae regiae Gustavi Adolphi 112; Uppsala 2010), 207–217.

Beck 2011 = —, Lese- und Deutungsprobleme im Namenschatz des Brakteatenkorpus. In: Heizmann / Axboe 2011, 297–315.

Beck et al. 1992 = Germanische Religionsgeschichte. Quellen und Quellenprobleme, ed. Heinrich Beck / Detlev Ellmers / Kurt Schier (= RGA-E 5; Berlin – New York 1992).

Beck et al. 2012 = Altertumskunde – Altertumswissenschaft – Kulturwissenschaft. Erträge und Perspektiven nach 40 Jahren Reallexikon der Germanischen Altertumskunde, ed. Heinrich Beck et al. (= RGA-E 77; Berlin – Boston 2012).

Beck W. 2003 = Wolfgang Beck, Die Merseburger Zaubersprüche (= Imagines medii aevi 16; Wiesbaden 2003 [²2011]).

Beck W. 2021 = —, Reading Runes in Late Medieval Manuscripts. In: MacLeod et al. 2021, 225–232.

Becker 1973 = Alfred Becker, Franks Casket. Zu den Bildern und Inschriften des Runenkästchens von Auzon (= Sprache und Literatur 5; Regensburg 1973).

Beckers 1984 = Hartmut Beckers, Eine spätmittelalterliche deutsche Anleitung zur Teufelsbeschwörung mit Runenschriftverwendung. In: ZfdA 113 (1984), 136–145.

Behr 1991 = Charlotte Behr, Die Beizeichen auf den völkerwanderungszeitlichen Goldbrakteaten (= Europ. Hochschulschriften, Reihe 28: Archäologie, 38; Frankfurt/Main etc. 1991).

Behr 2011 = —, Forschungsgeschichte. In: Heizmann / Axboe 2011, 153–229.

Behr / Hines 2019 = — / John Hines, Wer kommt im 4. und 5. Jahrhundert vom Kontinent nach Britannien, ab wann und warum? In: Ludowici 2019, 141–153.

Bemmann / Hahne 1992 = Jan Bemmann / Güd Hahne, Ältereisenzeitliche Heiligtümer im nördlichen Europa nach den archäologischen Quellen. In: Beck et al. 1992, 29–69.

Benneth et al. 1994 = Runmärkt. Från brev till klotter. Runorna under medeltiden, ed. Solbritt Benneth et al. (Stockholm 1994).

Bernobi 2020 = Giacomo Bernobi. Extemporierte Schriftlichkeit. Runische Graffiti (= Münchner Nordist. Studien 38; München 2020).

Bertholet 1949 = Alfred Bertholet, Die Macht der Schrift in Glauben und Aberglauben (= Abhandlungen der Deutschen Akademie der Wissenschaften, Philosoph.-Histor. Kl. 1948,1; Berlin 1949).

Bertram et al. 2019 = Marion Bertram / Dieter Quast / Andreas Rau et al., Das Schwert mit dem goldenen Griff. Eine Prunkbestattung der Völkerwanderungszeit (= Die Sammlungen des Museums für Vor- und Frühgeschichte [Staatliche Museen zu Berlin] 5; Regensburg 2019).

Bianchi 2010 = Marco Bianchi, Runor som resurs. Vikingatida skriftkultur i Uppland och Södermanland (= Runrön 20; Uppsala 2010).

Bianchi 2012 = —, Att vara eller att icke vara text: runtextens gränser. In: Språk och stil N.F. 22,1 (2012), 31–52.

Bianchi 2016 = —, Runstenen som socialt medium. In: Studier i svensk språkhistoria. 13: Historia och språkhistoria, ed. Daniel Andersson et al. (= Nordsvenska 25 = Kungl. Skytteanska samfundets handlingar 76; Umeå 2016), 9–30.

Bibel (alle Textstellen nach der Vulgata) → Weber et al. 1994.

Bieder 1939 = Theobald Bieder, Geschichte der Germanenforschung. I: 1500 bis 1806 (= Deutsches Ahnenerbe, A: Grundwerke, 2; Leipzig ²1939).

Birkhan 2006 = Helmut Birkhan, Keltisches in germanischen Runennamen? In: Bammesberger / Waxenberger 2006, 80–100.

Birkhan 2010 = —, Runen und Ogam aus keltologischer Sicht. In: Askedal et al. 2010, 33–61.

Birkmann 1995 = Thomas Birkmann, Von Ågedal bis Malt. Die skandinavischen Runeninschriften vom Ende des 5. bis Ende des 9. Jahrhunderts (= RGA-E 12; Berlin – New York 1995).

Bischoff 1950 = Bernhard Bischoff, Eine Sammelhandschrift Walahfrid Strabos (Cod. Sangall. 878). In: Aus der Welt des Buches. Festschr. Georg Leyh (= Zentralblatt für Bibliothekswesen, Beiheft 75; Leipzig 1950), 30–48. – Wieder in: B. B., Mittelalterliche Studien. Ausgewählte Aufsätze zur Schriftkunde und Literaturgeschichte. II (Stuttgart 1967), 34–51.

Bischoff 1954 = —, Übersicht über die nichtdiplomatischen Geheimschriften des Mittelalters. In: Mitteilungen des Instituts für Österreich. Geschichtsforschung 62 (1954), 1–27. – Wieder in: B. B., Mittelalterliche Studien. III (Stuttgart 1981), 120–148.

Bischoff 1980 = —, Die südostdeutschen Schreibschulen und Bibliotheken in der Karolingerzeit. II: Die vorwiegend österreichischen Diözesen (Wiesbaden 1980).

Bjorvand 2010 = Harald Bjorvand, Der Mensch und die Mächte der Natur. Bemerkungen zu Sprache und Botschaft des Eggja-Steins. In: Askedal et al. 2010, 209–236.

Blackburn 1991 = Mark Blackburn, A Survey of Anglo-Saxon and Frisian Coins with Runic Inscriptions. In: Bammesberger 1991a, 137–189.

Blankenfeldt 2015 = Ruth Blankenfeldt, Die Herkunft der germanischen Fundgruppen aus dem Thorsberger Moor. In: Grimm / Pesch 2015, 59–77.

Blennow 2017 = Anna Blennow, Sveriges medeltida latinska inskrifter 1050–1250 (= The Swedish History Museum, Studies 28; Stockholm 2017).

Blindheim 1985 = Martin Blindheim, Graffiti in Norwegian Stave Churches c. 1150 – c. 1350 (Oslo etc. 1985).

Blum 1995 = Ralph Blum, Runen. Anleitung für den Gebrauch und die Interpretation der Gemeingermanischen Runenreihe (München ⁷1995 u.ö., zuletzt 2008). – Davor: The Book of Runes (Los Angeles 1982 u.ö.).

Bollaert 2022 = Johan Bollaert, Rez. Bernobi 2020. In: Futhark 12 (2021 [2022]), 198–203.

Bonde / Christensen 1993 = Niels Bonde / Arne Emil Christensen, Dendrochronological dating of the Viking Age ship burials at Oseberg, Gokstad and Tune, Norway. In: Antiquity 67 (1993), 575–583.

Brate 1910 = E[rik] Brate, Zur Deutung der Röker Inschrift. In: Bugge 1910, 265–302.

Braune / Heidermanns 2004 = Wilhelm Braune / Frank Heidermanns, Gotische Grammatik. Mit Lesestücken und Wörterverzeichnis (= Sammlung kurzer Grammatiken german. Dialekte, A, 1; Tübingen ²⁰2004).

Braunmüller 1998 = Kurt Braunmüller, Methodische Probleme in der Runologie – einige Überlegungen aus linguistischer Sicht. In: Düwel / Nowak 1998, 3–23.

Bremmer 1989 = Rolf H. Bremmer Jr, Hermes-Mercury and Woden-Odin as Inventors of Alphabets: A Neglected Parallel. In: Palaeo-Germanica et Onomastica. Festschr. J[ohannes] A[lphonsus] Huisman, ed. Arend Quak / Florus van der Rhee (= ABäG 29 [1989]; Amsterdam – Atlanta 1989), 39–48. – Wieder in: Bammesberger 1991a, 409–419.

Brink 1996a = Stefan Brink, Forsaringen – Nordens äldsta lagbud. In: Beretning fra femtende tværfaglige vikingesymposium, ed. Else Roesdahl / Preben Meulengracht Sørensen (Aarhus 1996), 27–55.

Brink 1996b = Jämtlands kristnande, ed. Stefan Brink (= Projektet Sveriges kristnande, Publikationer 4; Uppsala 1996)

Bruder 1974 = Reinhold Bruder, Die germanische Frau im Lichte der Runeninschriften und der antiken Historiographie (= Quellen und Forschungen zur Sprach- und Kulturgeschichte der german. Völker 181 = N. F. 57; Berlin – New York 1974).

Bugge 1878 = Sophus Bugge, Tolkning af runeindskriften på Rökstenen i Östergötland. Et bidrag til kundskab om svensk sprog, skrift og skaldekunst i oldtiden (Stockholm 1878). – Auch in: Antiqvarisk Tidskrift för Sverige 5 (1873–1878), 1–148.

Bugge 1888 = —, Om Runeindskrifterne paa Rök-stenen i Östergötland og paa Fonnaas-spænden fra Rendalen i Norge (= K[ungl]. Vitterhets Historie och Antiqvitets Akademiens Handlingar 31 = N.F. 11,3; Stockholm 1888).

Bugge 1899 [Zusammenfassung eines Vortrags »om runeskriftens begyndelser«] → Falk 1899, 5–6.

Bugge 1905–1913 = —, Norges Indskrifter med de ældre Runer (= Norges Indskrifter indtil Reformationen 1). Indledning: Runeskriftens oprindelse og ældste historie (Christiania 1905–1913).

Bugge 1910 = —, Der Runenstein von Rök in Östergötland, Schweden, ed. Magnus Olsen (1910).

Bureus 1600 = Johann Th. A. Bureus [Johan Bure], ᚱᚢᚿᛆᚴᛅᚿᛋᛚᛆᚿᛅᛋ ᛚᛅᚱᛅ-ᛋᛒᛆᚿ [Runakænslanæs læræspan] (Uppsala 1599 [1600]). – Auch online: https://www.alvin-portal.org/alvin/imageViewer.jsf?dsId=ATTACHMENT-0001&pid=alvin-record:96478 (Stand: 6.8.2023).

Bursche 1999 = Aleksander Bursche, Die Rolle römischer Goldmedaillone in der Spätantike. In: Barbarenschmuck und Römergold. Der Schatz von Szilágysomlyó. Katalog der Ausstellung Wien 1999, ed. Wilfried Seipel (Mailand 1999), 39–53.

von Buttel-Reepen 1930 = Hugo von Buttel-Reepen, Funde von Runen mit bildlichen Darstellungen und Funde aus älteren vorgeschichtlichen Kulturen (Oldenburg 1930).

Carstens / Grimm 2015 = Lydia Carstens / Oliver Grimm, Landscape and lordship – an archaeological-historical analysis of Blekinge's topography of power (1st to 15th century AD). In: Grimm / Pesch 2015, 195–227.

CASSS I = Rosemary Cramp, Corpus of Anglo-Saxon Stone Sculpture. I: County Durham and Northumberland (Oxford 1984).

CASSS II = Richard N. Bailey / Rosemary Cramp, Corpus of Anglo-Saxon Stone Sculpture. II: Cumberland, Westmorland and Lancashire North-of-the-Sands (Oxford 1988).

CB I,1–2 = Carmina Burana, ed. Alfons Hilka / Otto Schumann. I: Text. 1: Die moralisch-satirischen Dichtungen (Heidelberg 1930 = ²1978). 2: Die Liebeslieder (Heidelberg 1941 = ²1971). – Nachdichtung: Carmina Burana, ed./tr. Benedikt Konrad Vollmann (Berlin ²2016).

CFHB 1 = Constantine Porphyrogenitus: De administrando imperio, ed. Gy[ula] Moravcsik / tr. R[omilly] J. H. Jenkins (= Corpus fontium historiae Byzantinae 1; Washington ²1969, repr. 1985).

Christensen 1969 = Aksel E. Christensen, Vikingetidens Danmark. Paa oldhistorisk baggrund (København 1969, repr. 1977).

CIIC [+ Nr. / Seite] = R[obert] A. St. Macalister, Corpus inscriptionum insularum Celticarum. I (Dublin 1945).

CML 5 = Marcelli de medicamentis liber, ed. Maximilian Niedermann / Eduard Liechtenhan. I–II (= Corpus medicorum Latinorum 5; Berlin ²1968).

CSEL 80 = Sancti Aureli Augustini opera. VI,6: De doctrina Christiana libri quattuor, ed. William M[cAllen] Green (= Corpus scriptorum ecclesiasticorum Latinorum 80; Wien 1963).

Cucina 1989 = Carla Cucina, Il tema del viaggio nelle iscrizioni runiche (= Studi e ricerche di linguistica e filologia 2; Pavia 1989).

Cucina 1999 = —, Literae Aquilonarium antiquiores. Le rune in Johannes e Olaus Magnus fra prospettiva antiquaria e tradizione etnica. In: I fratelli Giovanni e Olao Magno. Opera e cultura tra due mondi, ed. Carlo Santini (= I convegni di Classiconorroena 3; Roma 1999), 33–100.

Cucina 2013 = —, Libri runici del computo. Il calendario di Bologna e i suoi analoghi europei (Macerata 2013).

Cucina 2020 = —, A Runic Calendar in the Vatican Library. In: Futhark 9–10 (2018–2019 [2020], 261–274.

Derolez 1954 = R[ené L. M.] Derolez, Runica Manuscripta. The English Tradition (= Rijksuniversiteit te Gent, Werken uitgegeven door de Faculteit van de Wijsbegeerte en Letteren, 118; Brugge 1954).

Derolez 1983 = —, Epigraphical versus Manuscript English Runes: One or Two Worlds? In: Academiae Analecta. Mededelingen van de Koninklijke Academie voor Wetenschappen, Letteren en Schone Kunsten van België, Klasse der Letteren, 45 (1983), 71–93.

Derolez 1991 = —, Runica Manuscripta Revisited. In: Bammesberger 1991a, 85–106.

Derolez / Schwab 1983 = — / Ute Schwab, The Runic Inscriptions of Monte S. Angelo (Gargano). In: Academiae Analecta. Mededelingen van de Koninklijke Academie voor Wetenschappen, Letteren en Schone Kunsten van België, Klasse der Letteren, 45 (1983), 95–130. – Wieder in: Schwab 2009, 3–53.

DI = Deutsche Inschriften. Terminologie zur Schriftbeschreibung (Wiesbaden 1999).

Dietz et al. 1996 = Martina Dietz / Edith Marold / Hauke Jöns, Eine frühkaiserzeitliche Scherbe mit Schriftzeichen aus Osterrönfeld, Kr. Rendsburg-Eckernförde. In: Archäolog. Korrespondenzblatt 26 (1996), 179–188.

Dietz / Marold 1986 → Dietz et al. 1986, 183–186.

Dillmann 1981 = François-Xavier Dillmann, Le maître-des-runes: Essai de détermination socio-anthropologique: quelques réflexions méthodologiques. In: Thompson 1981, 27–36.

Dillmann 1996 = —, Les runes dans la littérature norroise. À propos d'une découverte archéologique en Islande. In: Proxima Thulé 2 (1996), 51–89.

Dillmann 2006 = François-Xavier Dillmann, Les magiciens dans l'Islande ancienne. Études sur la représentation de la magie islandaise et de ses agents dans les sources littéraires norroises (= Acta academiae regiae Gustavi Adolphi 92; Uppsala 2006).

Dinzelbacher 1973 = Peter Dinzelbacher, Die Jenseitsbrücke im Mittelalter (= Dissertationen der Universität Wien 104; Wien 1973).

Dinzelbacher 1981 = —,Vision und Visionsliteratur im Mittelalter. (= Monographien zur Geschichte des Mittelalters 23; Stuttgart 1981).

DK- [+ Sigle] = Danske Runeindskrifter. Online: https://runer.ku.dk (Stand: 6.8.2023).

Dornseiff 1925 = Franz Dornseiff, Das Alphabet in Mystik und Magie (= ΣΤΟΙΧΕΙΑ. Studien zur Geschichte des antiken Weltbildes und der griech. Wissenschaft 7; Leipzig – Berlin ²1925, repr. Leipzig 1979).

DR [+ Nr.] oder: [+ Band, Seite] → DR I–IV.

DR I–IV = Lis Jacobsen / Erik Moltke, Danmarks Runeindskrifter. [I:] Text. [II:] Atlas. [III:] Register. [IV:] Deutsche Zusammenfassung. (Kopenhagen 1941–1942).

Düwel 1972 = Klaus Düwel, Die Runeninschrift auf der silbernen Scheibe von Liebenau. In: Die Kunde N.F. 23 (1972), 134–141.

Düwel 1975 = —, Runische Zeugnisse zu ›Bauer‹. In: Wort und Begriff ›Bauer‹. Zusammenfassender Bericht über die Kolloquien der Kommission für die Altertumskunde Mittel- und Nordeuropas, ed. Reinhard Wenskus et al. (= AAWGött, Philolog.-Hist. Kl., 3. F., 89; Göttingen 1975), 180–206.

Düwel 1978a = —, Grabraub, Totenschutz und Platzweihe nach dem Zeugnis der Runeninschriften. In: Zum Grabfrevel in vor- und frühgeschichtlicher Zeit, ed. Herbert Jankuhn et al. (= AAWGött, Philolog.-Hist. Kl., 3. F., 113; Göttingen 1978), 229–243. – Wieder in: Düwel 2015a, 57–72.

Düwel 1978b = —, Die Bekehrung auf Island. Vorgeschichte und Verlauf. In: Die Kirche des frühen Mittelalters. I, ed. Knut Schäferdiek (= Kirchengeschichte als Missionsgeschichte 2,1; München 1978), 249–275. – Wieder in: Düwel 2020e, 69–95.

Düwel 1979 = —, Rez. Hartner 1969, Klingenberg 1973. In: Göttingische Gelehrte Anzeigen 231 (1979), 224–249.

Düwel 1981 = —, Runeninschriften auf Waffen. In: Wörter und Sachen im Lichte der Bezeichnungsforschung, ed. Ruth Schmidt-Wiegand (= Arbeiten zur Frühmittelalterforschung 1; Berlin – New York 1981), 128–167. – Wieder in: Düwel 2015a, 73–126.

Düwel 1986a = —, Zur Ikonographie und Ikonologie der Sigurddarstellungen. In: Zum Problem der Deutung frühmittelalterlicher Bildinhalte, ed. Helmut Roth (= Veröffentlichungen des Vorgeschichtlichen Seminars der Philipps-Universität Marburg a. d. Lahn, Sonderbd. 4; Sigmaringen 1986), 221–271. – Wieder in: Düwel 2020e, 148–209.

Düwel 1986b = —, Wege und Brücken in Skandinavien nach dem Zeugnis wikingerzeitlicher Runeninschriften. In: Sprache und Recht. Beiträge zur Kulturgeschichte des Mittelalters. Festschr. Ruth Schmidt-Wiegand, ed. Karl Hauck et al. (Berlin 1986). I, 88–97. – Wieder in: Düwel 2015a, 175–184.

Düwel 1987 = —, Handel und Verkehr der Wikingerzeit nach dem Zeugnis der Runeninschriften. In: Untersuchungen zu Handel und Verkehr der vor- und frühgeschichtlichen Zeit in Mittel- und Nordeuropa. IV: Der Handel der Karolinger- und Wikingerzeit, ed. Klaus Düwel et al. (= AAWGött, Philolog.-Hist. Kl., 3.F., 156; Göttingen 1987), 313–357.

Düwel 1988 = —, Buchstabenmagie und Alphabetzauber. Zu den Inschriften der Goldbrakteaten und ihrer Funktion als Amulette. In: FMSt 22 (1988), 70–110. – Wieder in: Heizmann / Axboe 2011, 475–523.

Düwel 1989a = —, Der runenbeschriftete Holzgriff aus Schleswig – zur Deutung einer rätselhaften Inschrift. In: Das archäologische Fundmaterial. I (= Ausgrabungen in Schleswig, Berichte und Studien 7; Neumünster 1989), 43–82.

Düwel 1989b = Klaus Düwel, Runenritzende Frauen. In: Studia Onomastica. Festschr. Thorsten Andersson, ed. Lena Peterson et al. (Lund 1989), 43–50. – Auch in: NoB 77 (1989), 47–54.

Düwel 1991 = ––, Rez. Morris 1988. In: Germania 69 (1991), 230–234.

Düwel 1992a = ––, Runeninschriften als Quellen der germanischen Religionsgeschichte. In: Beck et al. 1992, 336–364.

Düwel 1992b = ––, Zur Auswertung der Brakteateninschriften. Runenkenntnis und Runeninschriften als Oberschichten-Merkmale. In: Der historische Horizont der Götterbild-Amulette aus der Übergangsepoche von der Spätantike zum frühen Mittelalter, ed. Karl Hauck (= AAWGött, Philolog.-Histor. Kl., 3. F., 200; Göttingen 1992), 32–90.

Düwel 1992c = ––, Runen als magische Zeichen. In: Das Buch als magisches und als Repräsentationsobjekt, ed. Peter Ganz (= Wolfenbütteler Mittelalterstudien 5; Wolfenbüttel 1992), 87–100. – Wieder in: Düwel 2015a, 211–222.

Düwel 1994 = ––, Runische und lateinische Epigraphik im süddeutschen Raum zur Merowingerzeit. In: Düwel et al. 1994, 229–308. – Wieder in: Düwel 2015a, 359–458.

Düwel 1997a = ––, Zeichenkonzeptionen im germanischen Altertum. In: Semiotik. Ein Handbuch zu den zeichentheoretischen Grundlagen von Natur und Kultur, ed. Roland Posner et al. I (= HSK 13,1; Berlin – New York 1997), 803–822.

Düwel 1997b = ––, Magische Runenzeichen und magische Runeninschriften. In: Nyström 1997, 23–42. – Wieder in: Düwel 2015a, 223–238.

Düwel 1997c = ––, Ein gefälschter Runenring. In: Germanic Studies. Festschr. Anatoly Liberman (= NOWELE 31/32; Odense 1997), 93–99.

Düwel 1998 = ––, Über das Nachleben der Merseburger Zaubersprüche. Mit Beiträgen von Ralf Busch. In: *Ir sult sprechen willekomen*. Grenzenlose Mediävistik. Festschr. Helmut Birkhan, ed. Christa Tuczay et al. (Bern etc. 1998), 539–551.

Düwel 1999a: Die Runenschnalle von Pforzen (Allgäu) – Aspekte der Deutung. 3. Lesung und Deutung. In: Bammesberger / Waxenberger 1999, 36–54.

Düwel 1999b = ––, Die Runeninschrift auf dem Elfenbeinring von Pforzen (Allgäu). In: Bammesberger / Waxenberger 1999, 127–137.

Düwel 2001a = ––, Mittelalterliche Amulette aus Holz und Blei mit lateinischen und runischen Inschriften. In: Das archäologische Fundmaterial. II (= Ausgrabungen in Schleswig, Berichte und Studien 15; Neumünster 2001), 227–302. – Wieder in: Düwel 2015a, 251–330.

Düwel 2001b = ––, Ein Buch als magisch-christliches Mittel zur Geburtshilfe. In: Stausberg et al. 2001, 170–193.

Düwel 2001c = ––, Kämme mit Runeninschriften. In: Die deutsche Sprache der Gegenwart. Festschr. Dieter Cherubim, ed. Stefan J. Schierholz (Frankfurt/Main etc. 2001), 11–22. – Wieder in: Düwel 2015a, 331–344.

Düwel 2002a = ––, Runenkundige Frauen im Frühmittelalter. In: Lektüren der Differenz. Studien zur Mediävistik und Geschlechtergeschichte. Festschr. Ingvild Birkhan, ed. Ingrid Bennewitz (Bern etc. 2002), 23–35. – Wieder in: Düwel 2015a, 185–194.

Düwel 2002b = ––, Zu einem merkwürdigen Inschriftentyp: Funktions-, Gegenstands- oder Materialbezeichnung?. In: Forschungen zur Archäologie und Geschichte in Norddeutschland. Festschr. Wolf-Dieter Tempel, ed. Ullrich Masemann (Rotenburg/Wümme 2002), 279–289. – Wieder in: Düwel 2015a, 345–358.

Düwel 2004 → Fingerlin et al. 2004, [234–259].

Düwel 2006 = ––, Zur Runeninschrift im Kleinen Schulerloch bei Kelheim/Donau (Bayern). In: Bammesberger / Waxenberger 2006, 317–346.

Düwel 2007 = ––, Die Fibel von Meldorf. 25 Jahre Diskussion und kein Ende – zugleich ein kleiner Beitrag zur Interpretationsproblematik und Forschungsgeschichte. In: Zweiundvierzig. Festschr. Michael Gebühr, ed. Stefan Burmeister et al. (= Internationale Archäologie, Studia honoraria 25; Rahden/Westfalen), 167–174.

Düwel 2008 = Klaus Düwel, Runen als Phänomen oberer Schichten. In: Studien zu Literatur, Sprache und Geschichte in Europa. Festschr. Wolfgang Haubrichs, ed. Albrecht Greule et al. (St. Ingbert 2008), 63–76. – Wieder in: Düwel 2015a, 195–210.

Düwel 2009 → Grimm 2009, 7–68.

Düwel 2010 = —, Rez. Adetorp 2008. In: Germanistik 49,3–4 (2009), 558.

Düwel 2012a = —, Altes und Neues zur Entstehung der Runenschrift. In: Die Kunde N.F. 61 (2010 [2012]), 229–258.

Düwel 2012b = —, Helmut Arntz' Zeitschrift *Runenberichte*. In: Futhark 2 (2011 [2012]), 201–205.

Düwel 2014a = —, »Keine Denkmäler werden größer sein ...«: Was ist ein Runendenkmal? In: Futhark 4 (2013 [2014]), 31–60.

Düwel 2014b = —, Einführung [zur Person Wolfgang Krause]. In: Krause 2014, 3–18.

Düwel 2015a = —, Runica minora. Ausgewählte kleine Schriften zur Runenkunde, ed. Rudolf Simek (= SMS 25; Wien 2015).

Düwel 2015b = —, Runenkenntnis als Oberschichtenmerkmal (mit besonderer Berücksichtigung methodischer Aspekte). In: Grimm / Pesch 2015, 265–290.

Düwel 2017 → Steuer / Nugteren / Düwel 2017, 88–99.

Düwel 2020a = —, Entstehung, Verbreitung und Versiegen der südgermanischen Runeninschriften. In: Düwel / Nedoma / Oehrl 2020, XLIV–LI.

Düwel 2020b = —, Zum Sitz im Leben: Runen und Magie. Ebd., CXXIX–CXLI.

Düwel 2020c = —, Zu den fälschungsverdächtigen südgermanischen Runeninschriften. Ebd., CXLII–CXLVI.

Düwel 2020d = —, Inschriften auf Goldbrakteaten und Solidi. In: Nedoma / Nielsen 2020, 44–68.

Düwel 2020e = —,Von Göttern, Helden und Gelehrten. Ausgewählte Scandinavica minora, ed. Robert Nedoma (= WSS 28; Wien 2020).

Düwel 2021a = —, Neugier und Staunen: Von der akribischen Objektbetrachtung zur plausiblen Sprachdeutung. In: Res, Artes et Religio. Festschr. Rudolf Simek, ed. Sabine Heidi Walther et al. (Leeds 2021), 97–120.

Düwel 2021b = —, Die Geschichte vom Völsi. In: Heizmann 2021a, 11–86.

Düwel et al. 1994 = Runische Schriftkultur in kontinental-skandinavischer und -angelsächsischer Wechselbeziehung, ed. Klaus Düwel et al. (RGA-E 10; Berlin – New York 1994).

Düwel et al. 2001 = Von Thorsberg nach Schleswig. Sprache und Schriftlichkeit eines Grenzgebietes im Wandel eines Jahrtausends, ed. Klaus Düwel et al. (RGA-E 25; Berlin – New York 2001).

Düwel et al. 2020 → Düwel / Nedoma / Oehrl 2020.

Düwel / Gebühr 1981 = — / Michael Gebühr, Die Fibel von Meldorf und die Anfänge der Runenschrift. In: ZfdA 110 (1981), 159–175. – Wieder in: Düwel 2015a, 127–146.

Düwel / Heizmann 2006 = — / Wilhelm Heizmann, Das ältere Fuþark – Überlieferung und Wirkungsmöglichkeiten der Runenreihe. In: Bammesberger / Waxenberger 2006, 3–60.

Düwel / Heizmann 2009 = — / —, Einige neuere Publikationen zu den Merseburger Zaubersprüchen: Wolfgang Beck [Beck W. 2003] und andere. In: IF 114 (2009), 337–356.

Düwel / Kuzmenko 2013 = — / Yuriy Kuzmenko, Runic Inscriptions in Eastern Europe – an Overview. In: Studia Historyczne 56 (2013), 327–361.

Düwel / Nedoma 2011 = — / Robert Nedoma, Zur Runeninschrift auf dem Scheidenmundblech einer neuerworbenen Goldgriffspatha im Museum für Vor- und Frühgeschichte Berlin. In: Acta Praehistorica et Archaeologica 43 (2011), 203–214.

Düwel / Nedoma / Oehrl 2020 = — / Robert Nedoma / Sigmund Oehrl, Die südgermanischen Runeninschriften. I–II (RGA-E 119; Berlin – Boston 2020).

Düwel / Nowak 1998 = Runeninschriften als Quellen interdisziplinärer Forschung. Abhandlungen des Vierten Internationalen Symposiums über Runen und Runeninschriften, Göttingen 1995, ed. Klaus Düwel / Sean Nowak (= RGA-E 15; Berlin – New York 1998).

Düwel / Nowak 2011 = Klaus Düwel / Sean Nowak, Die semantisch lesbaren Inschriften auf Goldbrakteaten. In: Heizmann / Axboe 2011, 375–473.

Düwel / Tempel 1970 = — / Wolf-Dieter Tempel, Knochenkämme mit Runeninschriften aus Friesland. In: Palaeohistoria 14 (1968 [1970]), 355–391. – Wieder in: Düwel 2015a, 17–56.

Dybdahl / Hagland 1998 = Innskrifter og datering / Dating Inscriptions, ed. Audun Dybdahl / Jan Ragnar Hagland (= Senter for middelalderstudier, Skrifter 8; Trondheim 1998).

Dyvik 1988 = Helge Dyvik, Addenda runica latina. Recently Found Runic Inscriptions in Latin from Bryggen. In: The Bryggen Papers, Supplementary series 2 (Bergen 1988), 1–9.

E [+ Nr.] = Barnes / Page 2006, 278–337.

EA-A 2 = Óláfs saga Tryggvasonar en mesta, ed. Ólafur Halldorsson. II (= Editiones Arnamagnæanæ, Ser. A, 2; København 1961).

Ebel 1963 = Else Ebel, Die Terminologie der Runentechnik (Göttingen 1963).

Ebel 1981 = —, The Beginnings of Runic Studies in Germany: A Survey. In: Thompson 1981, 176–185.

eCSg = e-codices – Virtuelle Handschriftenbibliothek der Schweiz: Cod. Sang. 111, p. 352. Online: https://www.e-codices.unifr.ch/de/csg/0270/52 (Stand: 6.8.2023).

EETS-S 6 = The Old English Orosius, ed. Janet Bately (= Early English Text Society, Supplementary series 6; Oxford etc. 1980).

Eichfeld / Nösler 2019 = Ingo Eichfeld / Daniel Nösler, Bauern, Händler, Seefahrer: Ein neu entdeckter Handelsplatz des 1. Jahrtausends n. Chr. an der südlichen Niederelbe. In: Sächsische Leute und Länder. Benennung und Lokalisierung von Gruppenidentitäten im ersten Jahrtausend, ed. Melanie Augstein / Matthias Hardt (Wendeburg 2019), 183–199.

Eichner 1990 = Heiner Eichner, Die Ausprägung der linguistischen Physiognomie des Englischen anno 400 bis anno 600 n. Chr. In: Bammesberger / Wollmann 1990, 307–333.

Eichner 1991 = —, Zu Franks Casket/Rune Auzon. In: Bammesberger 1991a, 603–628.

Eichner 2003 → Eichner / Nedoma 2003.

Eichner 2006a = —, Zu den Quellen und Übertragungswegen der germanischen Runenschrift. Ein Diskussionsbeitrag. In: Bammesberger / Waxenburger 2006, 101–108.

Eichner 2006b = —, Zum Problem der Runeninschrift im Kleinen Schulerloch bei Oberau/Altessingen. In: Bammesberger / Waxenburger 2006, 356–379.

Eichner / Nedoma 2003 = — / Robert Nedoma, Die *Merseburger Zaubersprüche*: Philologische und sprachwissenschaftliche Probleme aus heutiger Sicht. In: *insprinc haptbandun*, ed. Heiner Eichner / Robert Nedoma. II (= Die Sprache 42 [2000–2001]; Wiesbaden 2003), 1–195.

Elliott 1989 = Ralph W. V. Elliott, Runes. An Introduction (Manchester – New York ²1989).

Ellmers 1970 = Detlev Ellmers, Zur Ikonographie nordischer Goldbrakteaten. In: Jb. des Röm.-German. Zentralmuseums Mainz 17 (1970), 201–284.

Elmevik 1978 = Lennart Elmevik, Inskriften på Möjbrostenen. Några tankar om läsningen och tydningen. In: SoS 1978, 65–92.

Elmevik 2001 = —, »Han var gästfri och vältalig«. Om berömmande epitet i vikingatida svenska runinskrifter. In: Libens merito. Festschr. Stig Strömholm, ed. Olle Matsson (= Acta academiae regiae scientiarum Upsaliensis 21; Uppsala 2001), 115–120.

Elzinga 1975 = G[errit] Elzinga, Rondom de »Vikingschat van Winsum«. In: De Vrije Fries 55 (1975), 82–122.

Engelhardt 1863 = Conr[ad] Engelhardt, Thorsbjerg Mosefund. Beskrivelse af de Oldsager, som i Aarene 1858–61 ere udgravede af Thorsbjerg Mose ved Sønder-Brarup i Angel [etc.] (Kjøbenhavn 1863).

ERF I = Helmut Arntz / Hans Zeiss, Die einheimischen Runendenkmäler des Festlandes (= Gesamtausgabe der älteren Runendenkmäler 1; Leipzig 1939).

Ertl 1994 = Karin Ertl, Runen und Latein. Untersuchungen zu den skandinavischen Runeninschriften des Mittelalters in lateinischer Sprache. In: Düwel et al. 1994, 328–390.

Euler 1985 = Wolfram Euler, Gab es ein ostgermanisches Sprachgebiet in Südskandinavien? (Zur Frage gotisch-ostgermanischer Runeninschriften in Südschweden und Dänemark.) In: NOWELE 6 (1985), 3–22.

EWAhd I– = Albert L. Lloyd / Rosemarie Lühr et al., Etymologisches Wörterbuch des Althochdeutschen. I– (Göttingen 1988 ff.).

Eythórsson 2013 = Thórhallur Eythórsson, Three Daughters and a Funeral: Re-reading the Tune Inscription. In: Futhark 3 (2012 [2013]), 7–43.

Eythórsson 2014 = —, On Tune's **sijostez** Once Again: A Reply to Bernard Mees. In: Futhark 4 (2013 [2014]), 191–194.

Fairfax 2014 = Edmund Fairfax, The Twisting Path of Runes from the Greek Alphabet. In: NOWELE 67 (2014), 173–230.

Fairfax 2015 = —, The Runic Inscription from the Nydam Axehandle. In: NOWELE 68 (2015), 153–181.

Falk 1899 = Forhandlinger paa det femte Nordiske Filologmøde, Kristiania 1898, ed. Hj[almar] Falk (Kristiania 1899).

Faulkes 1998 = Snorri Sturluson, *Edda*. *Skáldskaparmál*. I: Introduction, Text and Notes (London 1998). – Übs.: Die Edda des Snorri Sturluson, tr. Arnulf Krause (= RUB 782; Stuttgart 1997 u.ö.), 81–199.

Faulkes 2005 = Snorri Sturluson, *Edda*. Prologue and *Gylfaginning* (London ²2005). – Übs.: Die Edda des Snorri Sturluson, tr. Arnulf Krause (= RUB 782; Stuttgart 1997 u.ö.), 9–80.

Fell 1994 = Christine E. Fell, Anglo-Saxon England: A Three-Script Community? In: Knirk 1994a, 119–137.

Feulner 2001 = Anna Helene Feulner, Metrisches zur Runenschnalle von Pforzen. In: Die Sprache 40,1 (1998 [2001]), 26–42.

Findell 2012 = Martin Findell, Phonological Evidence from the Continental Runic Inscriptions (= RGA-E 79; Berlin – Boston 2012).

Findell / Kopár 2017 = — / Lilla Kopár, Runes and Commemoration in Anglo-Saxon England. In: Fragments 6 (2017), 110–137.

Fingerlin 1982 = Gerhard Fingerlin, Eine Runeninschrift der Merowingerzeit aus dem Gräberfeld von Neudingen, Stadt Donaueschingen, Schwarzwald-Baar-Kreis. In: Archäolog. Ausgrabungen in Baden-Württemberg 1981 (1982), 186–189.

Fingerlin et al. 1998 = — / Josef F. Fischer / Klaus Düwel, Alu und ota – Runenbeschriftete Münznachahmungen der Merowingerzeit aus Hüfingen. In: Germania 76 (1998), 789–822.

Fingerlin et al. 2004 = — / Klaus Düwel / Peter Pieper, Eine Runeninschrift aus Bad Krozingen (Kreis Breisgau-Hochschwarzwald). In: Naumann et al. 2004, 224–265.

Fischer 2005 = Svante Fischer, Roman Imperialism and Runic Literacy. The Westernization of Northern Europe (150–800 AD) (= Aun 33; Uppsala 2005).

Fischer et al. 2014 = — / Martin Hannes Graf / Carole Fossurier / Madeleine Châtelet / Jean Soulat, An inscribed Silver Spoon from Ichtratzheim (Bas-Rhin). In: Journal of Archaeology and Ancient History 11 (2014); online: http://urn.kb.se/resolve?urn=urn:nbn:se:uu:diva-218611 (Stand: 6.8.2023).

Fischer J. F. 1998 → Fingerlin et al. 1998, 796–811.

Fjellhammer Seim → Seim.

Flowers 1986 = Stephen E. Flowers, Runes and Magic. Magical Formulaic Elements in the Older Runic Tradition (= American University Studies, Ser. 1: Germanic Languages and Literature 53; New York etc. 1986 [und weitere, schwer zugängliche Auflagen, z.B. o.O. ³2014]).

Flowers 2006 = Stephen E. Flowers, How to Do Things with Runes: A Semiotic Approach to Operative Communication. In: Stoklund et al. 2006a, 65–81.

Föller 2021 = Daniel Föller, Gestaltung oder Zufall? Zur relationalen Platzierung von Worten auf Runensteinen der Wikingerzeit. In: MacLeod et al. 2021, 157–175.

Foote 1985 = Peter Foote, Skandinavische Dichtung der Wikingerzeit. In: Europäisches Frühmittelalter, ed. Klaus von See (= Neues Handbuch der Literaturwissenschaft 6; Wiesbaden 1985), 317–357.

FR [+ Nr.] = Marie Stoklund, Faroese Runic Inscriptions. In: Viking and Norse in the North Atlantic, ed. Andras Mortensen / Símun V. Arge (= Annales Societatis Scientiarum Færoensis, Suppl. 44; Tórshavn 2005), 109–124.

Franz 1909 = Adolph Franz, Die kirchlichen Benediktionen im Mittelalter. I–II (Freiburg/Breisgau etc. 1909).

Fridell 2001 = Staffan Fridell, De stavlösa runornas ursprung. In: SoS 2000 [2001], 85–100.

Fridell 2009 = —, Hå, Håtuna and the Interpretation of Möjbro **anahahai**. In: NOWELE 56/57 (2009), 89–106.

Fridell 2011 = —, Graphic Variation and Change in the Younger Fuþark. In: NOWELE 60/61 (2011), 69–88.

Fridell 2014 = —, Vad betyder *Bautil*? In: Futhark 3 (2013 [2014]), 181–185.

Fridell 2016 = —, Tendenser i skrifttecknens utveckling: Alfabet och runor. In: Futhark 6 (2015 [2016]), 7–19.

Fridell 2021 = —, Tidiga inskrifter med dalrunor. In: Futhark 12 (2021 [2022]), 177–182.

Fridell / Larsson 2017 = — / Mats G. Larsson, Språk och dialekt på Kensingtonstenen. In: SoS 2016 [2017], 149–168.

Fridell / Larsson 2019 = — / —, The Dialect of the Kensington Stone. In: Futhark 8 (2017 [2019]), 163–166.

Fridell / Larsson 2021 = — / —, Om Kensingtonrunornas ursprung. In: Futhark 11 (2020 [2021]), 155–165.

Fridell / Óskarsson 2012 = — / Veturliði Óskarsson, Till tolkningen av Oklundainskriften. In: SoS 2011, 137–150.

Fridell / Williams 2022 = — / Henrik Williams, **sakum** i Rökstenens inskrift. In: Futhark 12 (2021 [2022]), 151–155.

Friedrich 1951 = Johannes Friedrich, Phönizisch-punische Grammatik (= Analecta orientalia 32; Roma 1951).

Friedrich 1966 = —, Geschichte der Schrift. Unter besonderer Berücksichtigung ihrer geistigen Entwicklung (Heidelberg 1966).

von Friesen 1904 = Otto von Friesen, Om runskriftens härkomst (= Språkvetenskapliga Sällskapets i Uppsala förhandlingar 2 [1904–1906],1; Uppsala 1904), 1–55.

von Friesen 1918 = —, Runenschrift. In: RGA IV,1 (1918), 5–51.

von Friesen 1920 = —, Rökstenen. Runstenen vid Röks kyrka[,] Lysings härad[,] Östergötland (Stockholm 1920).

von Friesen 1933 = —, De germanska, anglofrisiska och tyska runorna. In: Runorna, ed. Otto von Friesen (= Nordisk Kultur 6; Stockholm etc. 1933), 1–79.

von Friesen 1940 = —, Sparlösastenen. Runestenen vid Salems kyrka[,] Spärlösa socken[,] Västergötland (= KVHAA, Handlingar 46,3; Stockholm 1940).

Fuglesang 1991 = Signe Horn Fuglesang, The axehead from Mammen and the Mammen style. In: Mammen. Grav, kunst og samfund i vikingetid, ed. Mette Iversen (= Jysk Arkæologisk Selskabs Skrifter 28; Aarhus 1991), 83–107.

Fuglesang 1998 = —, Swedish Runestones of the Eleventh Century: Ornament and Dating. In: Düwel / Nowak 1998, 197–218.

Fulk 2018 = R[obert] D. Fulk, A Comparative Grammar of the Early Germanic Languages (= Studies in Germanic Linguistics 3; Amsterdam – Philadelphia 2018).

G [+ Nr.] = Sven B. F. Jansson / Elias Wessén, Gotlands Runinskrifter. I (= SR 11,1; Stockholm 1962). Elisabeth Svärdström, Gotlands Runinskrifter. II (= SR 11,2; Stockholm 1978).

Gangl 1937 = Josef Gangl, Altersbestimmung des Pfriemens vom Maria-Saaler-Berg auf physikalischem und chemischem Wege. In: NTS 8 (1937), 466–469.

Gelting 2010 = Michael H. Gelting, Poppo's Ordeal: Courtier Bishops and the Success of Christianization at the Turn of the First Millenium. In: Viking and Medieval Scandinavia 6 (2010), 101–133.

Genzmer 1952 = Felix Genzmer, Die Geheimrunen der Egilssaga. In: ANF 67 (1952), 39–47.

Giertz 1993 = Martin Giertz, Replik till Gad Rausings debattinläg i Fornvännen 87 ›On the Origin of the Runes‹. In: Fv. 88 (1993), 27–28.

Giliberto 2000 = Concetta Giliberto, Le iscrizioni runiche sullo sfondo della cultura frisone altomedievale (= Göppinger Arbeiten zur Germanistik 679; Göppingen 2000).

Gjerløw 1960 = Lilli Gjerløw, Notes on the Book of Cerne and on MS Uppsala C 222. In: Nordisk tidskrift för bok- och biblioteksväsen 47 (1960), 1–29.

Glørstad et al. 2011 = Zanette Tsigaridas Glørstad / Jakob Johansson / Frans-Arne Stylegar, Minnelund og monument. Runesteinen på Hogganvik, Mandal, Vest-Agder. In: Viking 74 (2011), 9–24.

Goetting 2006 = Lauren Goetting, Þegn and *drengr* in the Viking Age. In: Scandinavian Studies 78 (2006), 375–404.

Göransson 1750 = Johan Göransson, Bautil, Det är: Alle Svea ok Götha Rikens Runstenar, Upreste Ifrån verldenes år 2000 til Christi år 1000 (Stockholm 1750). – Auch online: https://digital.ub. umu.se/node/249114 (Stand: 6.8.2023).

GR [+ Nr./Seite] = Lisbeth M. Imer. Peasants and Prayers. The inscriptions of Norse Greenland (= Publications from the National Museum, Studies in Archaeology & History 25; Odense 2017).

Graf 2010 = Martin Hannes Graf, Paraschriftliche Zeichen in südgermanischen Runeninschriften. Studien zur Schriftkultur des kontinentalgermanischen Runenhorizonts (= MMM 12; Zürich 2010).

Graf 2011 = —, Schrift, Sprache und was dazwischen liegt. Zur Materialität epigraphischer Schriftlichkeit der ältesten Runeninschriften. In: Schulte / Nedoma 2011, 213–247.

Graf 2012 = —, Schrifttheoretische Überlegungen zu nicht-lexikalischen Inschriften aus dem südgermanischen Runenkorpus. In: Futhark 2 (2011 [2012]), 103–122.

Graf / Waldispühl 2013 = — / Michelle Waldispühl, Neues zu den Runeninschriften von Eichstetten, Schwangau, Steindorf und Neudingen-Baar II. In: ABäG 70 (2013), 41–63.

Graf F. 1996 = Fritz Graf, Gottesnähe und Schadenzauber. Die Magie in der griechisch-römischen Antike (München 1996).

Gräslund 1994 = Anne-Sofie Gräslund, Rune Stones – On Ornamentation and Chronology. In: Developments around the Baltic and the North Sea in the Viking Age, ed. Björn Ambrosiani / Helen Clarke (= Birka Studies 3; Stockholm 1994), 117–131.

Gräslund 1996 = —, Kristnandet ur ett kvinnoperspektiv. In: Nilsson 1996, 313–334.

Gräslund 2006 = —, Dating the Swedish Viking-Age rune stones on stylistic grounds. In: Stoklund et al. 2006, 117–139.

Gräslund 2014 = —, The Late Viking Age Runestones of Västergötland. On Ornamentation and Chronology. In: Lund Archaeological Review 20 (2014), 39–53.

Gräslund 2015 = —, Runic Monuments as Reflections of the Conversion of Scandinavia. In: Dying Gods – Religious beliefs in northern and eastern Europe in the time of Christianisation, ed. Christiane Ruhmann / Vera Brieske (= NStSF 5; Hannover 2015), 233–239.

Gräslund / Lager 2008 = Anne-Sofie Gräslund / Linn Lager, Runestones and the Christian Mission. In: The Viking World, ed. Stefan Brink / Neil Price (London – New York 2008), 629–638.

von Grienberger 1898 = Theodor von Grienberger, Beiträge zur runenlehre. In: ANF 14 (1898), 101–136.

Griffiths 1999 = Alan Griffiths, The fuþark (and ogam): order as a key to origin. In: IF 104 (1999), 164–210.

Griffiths 2012 = —, The Anglo-Saxon Name for the s-Rune: Sigel, a Precious Jewel. In: Futhark 2 (2011 [2012]), 123–143.

Grimm 1821 = Wilhelm Carl Grimm, Ueber deutsche Runen (Göttingen 1821). – Wieder in: Grimm 2009, 133–463.

Grimm 1883 = —, Zur Literatur der Runen. Nebst Mittheilung runischer Alphabete und gothischer Fragmente aus Handschriften. In: Jahrbücher der Literatur [Wien] 43 (1828), 1–42. – Wieder in: W. G., Kleinere Schriften. III, ed. Otfrid Ehrismann (= Jacob Grimm und Wilhelm Grimm, Werke: Forschungsausgabe, Abt. II, 33; Hildesheim etc. 1992), 85–131. – Auch in: Grimm 2009, 465–508.

Grimm 2009 = —, Ueber deutsche Runen und Zur Literatur der Runen, ed. Klaus Düwel / Giulio Garuti Simone (= Jacob Grimm und Wilhelm Grimm, Werke: Forschungsausgabe, Abt. II, Ergänzungsbd. 2; Hildesheim etc. 2009).

Grimm / Pesch 2015 = Archäologie und Runen. Fallstudien zu Inschriften im älteren Futhark, ed. Oliver Grimm / Alexandra Pesch (= Schriften des Archäolog. Landesmuseums, Ergänzungsreihe 11; Kiel – Hamburg 2015).

Grønvik 1981 = Ottar Grønvik, Runene på Tunesteinen. Alfabet, Språkform, Budskap (Oslo etc. 1981).

Grønvik 1983 = —, Runeinnskriften på Rök-steinen. In: MoM 1983, 101–149.

Grønvik 1984 = —, Doktordisputats ved Universitetet i Oslo 9. april 1983. Svar fra doktoranden. In: MoM [76] (1984), 1–71.

Grønvik 1985a = —, Runene på Eggjasteinen. En hedensk gravinnskrift fra slutten av 600-tallet (Oslo etc. 1985).

Grønvik 1985b = —, Über den Lautwert der Ing-Runen und die Auslassung von Vokal in den älteren Runeninschriften. In: IF 90 (1985), 168–195.

Grønvik 1987a = —, Fra Ågedal til Setre. Sentrale runeinnskrifter fra det 6. århundre (Oslo etc. 1987).

Grønvik 1987b = —, Die Runeninschrift der Nordendorfer Bügelfibel I. In: Runor 1987, 111–129.

Grønvik 1988 = —, Om Eggjainnskriften. In: ANF 103 (1988), 36–47.

Grønvik 1989 = —, Zur Deutung des runenbeschrifteten Holzgriffes aus Schleswig. In: Das archäologische Fundmaterial. I (= Ausgrabungen in Schleswig, Berichte und Studien 7; Neumünster 1989), 83–99.

Grønvik 1992 = —, En hedensk bønn. Runeinnskriften på en liten kobberplate fra Kvinneby på Öland. In: Eyvindarbók. Festschr. Eyvind Fjeld Halvorsen (Oslo 1992), 71–85.

Grønvik 1994 = —, Zur Deutung der Inschrift von Westeremden B. In: Knirk 1994, 95–103.

Grønvik 1996 = —, Fra Vimose til Ødemotland. Nye studier over runeinnskrifter fra førkristen tid i Norden (Oslo 1996).

Grønvik 1998a = —, Enda en gang om Tuneinnskriften. In: MoM 1998, 35–40.

Grønvik 1998b = —, Runeinnskriften på doppskoen fra Thorsberg i Sønderjylland. Ebd., 113–130.

Grønvik 1998c = —, Untersuchungen zur älteren nordischen und germanischen Sprachgeschichte (= OBG 18; Frankfurt/Main etc. 1998).

Grønvik 1999a = —, Runeinnskriften på gullhornet fra Gallehus. In: MoM 1999, 1–18.

Grønvik 1999b = —, Runeinnskriften fra Ribe. In: ANF 114 (1999), 103–127.

Grønvik 2000 = Ottar Grønvik, Om Eggjainnskriften enda en gang. In: ANF 115 (2000), 5–22.

Grønvik 2001a = —, Über die Bildung des älteren und des jüngeren Runenalphabets (= OBG 29; Frankfurt/Main etc. 2001).

Grønvik 2001b = —, Die Runeninschrift auf dem Stein von Sparlösa – Versuch einer Deutung. In: Stausberg et al. 2001, 236–262.

Grønvik 2002 = —, Om Eggjainnskriften – epilog. In: ANF 117 (2002), 29–34.

Grønvik 2003a = —, Die Runeninschrift von Pforzen. In: Heizmann / van Nahl 2003, 174–185.

Grønvik 2003b = —, Der Rökstein. Über die religiöse Bestimmung und das weltliche Schicksal eines Helden aus der frühen Wikingerzeit. (= OBG 33; Frankfurt/Main etc. 2003).

Grønvik 2004 = —, Runeinnskriften fra Gamle Ladoga. Et nytt tolkningsforslag. In: Norsk Lingvistisk Tidsskrift 22 (2004), 3–23.

Grønvik 2005 = —, Runebrakteater fra folkevandringstida med lesbare og tydbare urnordiske ord. In: ANF 120 (2005), 5–22.

Grønvik 2006 = —, Thule – det eldste navnet på landet vårt? In: Historien i forhistorien. Festschr. Einar Østmo, ed. Håkon Glørstad et al. (= Kulturhistor. museum, Skrifter 4; Oslo 2006), 111–114.

Gründer 2009 = René Gründer, Runengeheimnisse: Zur Rezeption esoterischen Runen-Wissens im germanischen Neuheidentum Deuschlands. In: Aries N.S. 9 (2009), 137–174.

Grünzweig 2004 = Friedrich E. Grünzweig, Runeninschriften auf Waffen. Inschriften vom 2. Jahrhundert n. Chr. bis ins Hochmittelalter (= WSS 11; Wien 2004).

Grünzweig 2006 = —, Stentoften. In: ZfdA 135 (2006), 413–424.

Grünzweig 2009 = —, Das Schwert bei den »Germanen«. Kulturgeschichtliche Studien zu seinem »Wesen« vom Altertum bis ins Hochmittelalter (= Philologica Germanica 30; Wien 2009).

Gs [+ Nr.] = Sven B. F. Jansson, Gästriklands Runinskrifter (= SR 15; Stockholm 1981).

Gschwantler 1968 = Otto Gschwantler, Christus, Thor und die Midgardschlange. In: Festschr. Otto Höfler. I, ed. Helmut Birkhan et al. (Wien 1968), 145–168. – Wieder in: Gschwantler 2010, 395–422.

Gschwantler 1992 = —, ›Licht und Paradies‹. Fürbitten für Verstorbene auf schwedischen und dänischen Runeninschriften und ihr Verhältnis zur lateinischen Totenliturgie. In: triuwe. Studien zur Sprachgeschichte und Literaturwissenschaft. Gedenkschr. Elfriede Stutz, ed. Karl-Friedrich Kraft et al. (= Heidelberger Bibliotheksschriften 47; Heidelberg 1992), 51–67. – Wieder in: Gschwantler 2010, 446–462.

Gschwantler 1998 = —, Runeninschriften als Quelle der Frömmigkeitsgeschichte. In: Düwel / Nowak 1998, 738–765. – Wieder in: Gschwantler 2010, 472–506.

Gschwantler 2010 = —, Heldensage und Bekehrungsgeschichte. Gesammelte Aufsätze zur germanischen Heldensage in der Historiographie des Mittelalters und zur Bekehrungsgeschichte Skandinaviens, ed. Rudolf Simek (= SMS 16; Wien 2010).

Gullbekk 2018 = Svein H. Gullbekk, Coins and epigraphy: comments on literacy in eleventh-century Norway. In: Epigraphy in an intermedial context, ed. Alessia Bauer et al. (Dublin 2018), 43–58.

Güntert 1921 = Hermann Güntert, Von der Sprache der Götter und Geister. Bedeutungsgeschichtliche Untersuchungen zur homerischen und eddischen Göttersprache (Halle/Saale 1921).

Gustavson 1979 → Gustavson / Snædal Brink 1979, 233–235.

Gustavson 1980 → Gustavson / Snædal Brink 1980, 229–231.

Gustavson 1984 = Helmer Gustavson, Christus regnat, Christus vincit, Christus imperat. Runblecket från Boge och några paralleller. In: Den ljusa medeltiden. Festschr. Aron Andersson (= Statens Historiska Museum, Studies 4; Stockholm 1984), 61–76.

Gustavson 1983 → Gustavson et al. 1983, 236–239.

Gustavson 1992 → Gustavson et al. 1992, 165–167.

Gustavson 1994 = Helmer Gustavson, Latin and Runes in Scandinavian Runic Inscriptions. In: Düwel et al. 1994, 313–327.

Gustavson 2003 = —, Oklundainskriften sjuttio år efteråt. In: Heizmann / van Nahl 2003, 186–198.

Gustavson 2008 = —, Harpans magi. Om ett musikaliskt runfynd från Sigtuna omkring år 1100. In: Situne Dei 2008, 35–46.

Gustavson 2010 = —, Sårfeberbenet från Sigtuna. In: Situne Dei 2010, 61–76.

Gustavson 2012 = —, Därom tvistade de lärde: den sensationella runinskriften på nålbrynet från Sigtuna. In: Fv. 107 (2012), 89–95.

Gustavson et al. 1983 = — / Thorgunn Snædal Brink / Jan Paul Strid, Runfynd 1982. In: Fv. 78 (1983), 224–243.

Gustavson et al. 1992 = — / Thorgunn Snædal / Marit Åhlén, Runfynd 1989 och 1990. In: Fv. 87 (1992), 153–174.

Gustavson / Hallonquist 1994 = — / Sven-Göran Hallonquist, Dalrunorna. En vidareutveckling av de medeltida runorna? In: Benneth et al. 1994, 157–176.

Gustavson / Selinge 1988 = — / Klas-Göran Selinge, Jarlabanke och hundaret. Ett arkeologiskt/runologiskt bidrag till lösningen av ett historiskt tolkningsproblem. In: NoB 76 (1988), 19–85.

Gustavson / Snædal Brink 1979 = — / Thorgunn Snædal Brink, Runfynd 1978. In: Fv. 74 (1979), 228–250.

Gustavson / Snædal Brink 1980 = — / Thorgunn Snædal Brink, Runfynd 1979. In: Fv. 75 (1980), 229–239.

Gustavson / Snædal Brink 1984 = — / Thorgunn Snædal Brink, Runfynd 1983. In: Fv. 79 (1984), 250–259.

Gustavson / Söderberg 2014 = — / Anders Söderberg, Spår av skrivkunnighet och skrivvanor i det tidigmedeltida Sigtuna. In: Situne Dei 2014, 32–51.

Gustavson / Swantesson 2011 = — / Jan O. H. Swantesson, Strängnäs, Skramle och Tomteboda: tre urnordiska runinskrifter. In: Fv. 106 (2011), 306–321.

Gutacker 1736 = Philipp Ernst Gutacker, Erklährung über das Am 21. April 1734. In der Graffschafft Schackenburg von einem Gallehusischen Einwohner Nahmens Erich Lassen, gefundene Güldene Horn, Und der darauf befindlichen Runischen Sinnbilder und Inscriptionen (Altona 1736). Online: http://purl.uni-rostock.de/rosdok/ppn829083324 (Stand: 6.8.2023).

Gutsmiedl-Schümann 2015 = Doris Gutsmiedl-Schümann, Runenbeschriftete Fibeln und Gräberfeld von Aschheim: Archäologie. In: Grimm / Pesch 2015, 457–473.

Haarmann 1990 = Harald Haarmann, Universalgeschichte der Schrift (Frankfurt/Main etc. 1990).

Hachmann 1993 = Rolf Hachmann, Verzierte Lanzenspitzen der Jüngeren Kaiserzeit. Die Vorund Frühgeschichte und die Runeninschriften im älteren Fuþark. In: Kulturen zwischen Ost und West. Das Ost-West-Verhältnis in vor- und frühgeschichtlicher Zeit und sein Einfluß auf Werden und Wandel des Kulturraums Mitteleuropa. Festschr. Georg Kossack, ed. Amei Lang et al. (Berlin 1993), 327–423.

Hagland 1988 = Jan Ragnar Hagland, Runematerialet frå gravingane i Trondheim og Bergen som kjelder til islandshandelens historie i mellomalderen. In: Historisk tidsskrift [Oslo] 67 (1988), 145–156.

Hagland 1990 = —, Runefunna: Ei kjelde til handelshistorie (= Fortiden i Trondheim bygrunn: Folkebibliotekstomten, Meddelelser 8; Trondheim [2]1990).

Hagland 1994 = —, Runer frå bygrunnen i Trondheim og mangelen på daterte innskrifter frå ca. 1050–1150. In: Knirk 1994, 253–267.

Hagland 1997/2003 = —, Runer frå utgravingane i Trondheim bygrunn 1971–94. Med eit tillegg av nyfunne innskrifter elles frå byen (N 774–N 894) (1997/2003). Online: https://folk.ntnu.no/ivar/filer/Hagland1997-Trondheimsruner.pdf (Stand: 6.8.2023).

Hagland 1998 = Jan Ragnar Hagland, Innskrifta på Kulisteinen. Ei nylesing ved hjelp av Jan O. H. Swantessons mikrokarteringsteknologi. In: Dybdahl / Hagland 1998, 129–140.

Hagland 1999 = —, Note on Two Runic Inscriptions relating to the Christianization of Norway and Sweden. In: Scripta Islandica 49 (1998 [1999]), 34–44. – Wieder in: J. R. H., Runestudiar, ed. Ivar Berg et al. (Trondheim 2013), 165–176.

Hagland 2016 = —, Norvegr og Noríki? In: Namn og Nemne 32 (2015 [2016]), 119–122.

Hagland 2017 = —, The Northernmost Runic *alu*. In: Krüger et al. 2017, 163–167.

van Hal 2010 = Toon van Hal, Vulcanius and his network of language lovers. *De literis et lingua Getarum sive Gothorum* (1597). In: Bonaventura Vulcanius, Works and Networks. Bruges 1538–Leiden 1614, ed. Hélène Cazes (= Brill's Studies in Intellectual History 194; Leiden – Boston 2010), 387–401.

Hall 1994 = Robert A. Hall Jr., The Kensington Rune-Stone. Authentic and Important. A Critical Edition (= Edward Sapir Monograph Series in Language, Culture, and Cognition 19; Lake Bluff 1994).

Hallonquist 1998 = Sven-Göran Hallonquist, Primstaven. En runalmanacka. In: Benneth et al. 1994, 177–193.

Harder 1932 = Hermann Harder, Zur Deutung von ags. ›kiismeel‹. In: Archiv für das Studium der neueren Sprachen und Literaturen 161 (1932), 87–88.

Härke 2012 = Heinrich Härke, Die Entstehung der Angelsachsen. In: Beck et al. 2012, 429–458.

Hammarström 1929 = Magnus Hammarström, Om runskriftens härkomst. In: Studier i nordisk filologi 20 (1929), 1–67.

Harmening 1979 = Dieter Harmening, Superstitio. Überlieferungs- und theoriegeschichtliche Untersuchungen zur kirchlich-theologischen Aberglaubensliteratur des Mittelalters (Berlin 1979).

Hartner 1969 = Willy Hartner, Die Goldhörner von Gallehus. Die Inschriften, die ikonographischen und literarischen Beziehungen, das Entstehungsdatum (Wiesbaden 1969).

Haseloff 1981 = Günther Haseloff: Die germanische Tierornamentik der Völkerwanderungszeit. Studien zu Salin's Stil I (= Vorgeschichtl. Forschungen 17; Berlin – New York 1981). I–III.

Hauck 1970 = Karl Hauck, Goldbrakteaten aus Sievern. Spätantike Amulett-Bilder der ›Dania Saxonica‹ und die Sachsen-›Origo‹ bei Widukind von Corvey (= Münstersche Mittelalter-Schriften 1; München 1970).

Hauck 1972 = —, Neue Windgott-Amulette (Zur Ikonologie der Goldbrakteaten, I). In: Festschr. Hermann Heimpel (= Veröffentlichungen des Max-Planck-Instituts für Geschichte 36,3; Göttingen 1972), 627–660.

Hauck 1988 = —, Ein Königsname in einer Brakteateninschrift (Zur Ikonologie der Goldbrakteaten, XLI). In: Historiographia mediaevalis. Studien zur Geschichtsschreibung und Quellenkunde des Mittelalters. Festschr. Franz-Josef Schmale, ed. Dieter Berg / Hans-Werner Goetz (Darmstadt 1988), 38–59.

Hauck 1998b = —, Zur religionsgeschichtlichen Auswertung von Bildchiffren *und* Runen der völkerwanderungszeitlichen Goldbrakteaten (Zur Ikonologie der Goldbrakteaten, LVI). In: Düwel / Nowak 1998, 298–353.

Hauck 1998c = —, Die runenkundigen Erfinder von den Bildchiffren der Goldbrakteaten (Zur Ikonologie der Goldbrakteaten, LVII). In: FMSt 32 (1998), 28–56.

Hauck 1998a = —, Der Kollierfund vom fünischen Gudme und das Mythenwissen skandinavischer Führungsschichten in der Mitte des ersten Jahrtausends (Zur Ikonologie der Goldbrakteaten, LV). In: Die Franken und die Alemannen bis zur ›Schlacht bei Zülpich‹ (496/97), ed. Dieter Geuenich (= RGA-E 19; Berlin – New York 1998), 489–544.

Hauck 2003 → Hauck / Heizmann 2003.

Hauck / Heizmann 2003 = Der Neufund des Runen-Brakteaten IK 585 Sankt Ibs Vej-C[,] Roskilde. (Zur Ikonologie der Goldbrakteaten, LXII). In: Heizmann / van Nahl 2003, 243–264.

Haugen 1980 = Einar Haugen, Die skandinavischen Sprachen. Eine Einführung in ihre Geschichte (Hamburg 1980).

Haugen 1981 = —, The Youngest Runes: From Opedal to Waukegan. In: Thompson 1981, 148–175.

Haugen O. E. 2018 = Odd Einar Haugen, Høgmellomalderen (1050–1350). In: Norsk språkhistorie. IV. Tidslinjer, ed. Agnete Nesse (Oslo 2018), 197–292.

Heide 2008 = Eldar Heide, Rez. MacLeod / Mees 2006. In: Saga-Book of the Viking Society 32 (2008), 90–91.

Heinz 1987 = Ulrich Jürgen Heinz, Die Runen. Ursprung, Bedeutung, Wirkung, Weissagung (Freiburg/Breisgau 1987).

Heizmann 1992 = Wilhelm Heizmann, Lein(en) und Lauch in der Inschrift von Fløksand und im Vǫlsa þáttr. In: Beck et al. 1992, 365–395.

Heizmann 1998a = —, Runica manuscripta: Die isländische Überlieferung. In: Düwel / Nowak 1998, 513–535.

Heizmann 1998b = —, Anhang zum Schlußstück. Runologische Zeugnisse zum Odins-Namen Fimbultyr. In: Hauck 1998c, 530–535.

Heizmann 2001 = —, Bildchiffren und Runen von Kommunikationsformen und Heilverfahren auf goldenen C-Brakteaten. In: Stausberg et al. 2001, 326–359.

Heizmann 2004 = —, Die Hüfinger Kleinbrakteaten und die völkerwanderungszeitlichen Goldbrakteaten des Nordens. In: Naumann 2004 et al., 371–385.

Heizmann 2007 = —, Gold, Macht, Kult: Karl Haucks Studien zur Ikonologie der Goldbrakteaten. In: FMSt 41 (2007), 11–23.

Heizmann 2009 → Düwel / Heizmann 2009.

Heizmann 2010 = —, Zur Entstehung der Runenschrift. In: Askedal et al. 2010, 9–32.

Heizmann 2011 = —, Die Formelwörter der Goldbrakteaten. In: Heizmann / Axboe 2011, 525–601.

Heizmann 2012 = —, Die Bilderwelt der völkerwanderungszeitlichen Goldbrakteaten als religionsgeschichtliche Quelle. In: Beck et al. 2012, 689–736.

Heizmann 2021a = Völsi-Geschichten, ed. Wilhelm Heizmann (= Münchner Nordist. Studien 49; München 2021).

Heizmann 2021b = Der Text des Vǫlsa þáttr nach der Flateyjarbók (GkS 1005 fol), ed. Wilhelm Heizmann. In: Heizmann 2021a, 1–7.

Heizmann 2021c = —, Die Inschrift von Fløksand und der Vǫlsa þáttr. In: Heizmann 2021a, 89–158.

Heizmann / Axboe 2011 = Die Goldbrakteaten der Völkerwanderungszeit – Auswertung und Neufunde, ed. Wilhelm Heizmann / Morten Axboe (= RGA-E 40; Berlin – New York 2011).

Heizmann et al. 2009 = Analecta Septentrionalia [quasi Festschr. Kurt Schier], ed. Wilhelm Heizmann et al. (= RGA-E 65; Berlin – New York 2009),

Heizmann / van Nahl 2003 = Runica – Germanica – Mediaevalia [quasi Festschr. Klaus Düwel], ed. Wilhelm Heizmann / Astrid van Nahl (= RGA-E 37; Berlin – New York 2003).

Hempl 1899 = George Hempl, The Origin of the Runes. In: The Journal of Germanic Philology 2 (1899), 370–374.

Henning 1889 = Rudolf Henning, Die deutschen Runendenkmäler (Straßburg 1889).

Hermann 1989 = Rüdiger Hermann, Attos Gabe. In: Niederdeutsches Jb. 112 (1989), 7–19.

Herrmann 1901 = Paul Herrmann, Erläuterungen zu den ersten neun Büchern der Dänischen Geschichte des Saxo Grammaticus. I: Übersetzung (Leipzig 1901).

Heusler 1910 = Andreas Heusler, Heldennamen in mehrfacher Lautgestalt. In: ZfdA 52 (1910), 97–107. – Wieder in: A. H., Kleine Schriften. II, ed. Stefan Sonderegger (Berlin 1969), 582–597.

Hickes 1705 = George Hickes, Linguarum Vett. Septentrionalium Thesaurus Grammatico-Criticus et Archæologicus. I: Institutiones Grammaticæ Anglo-Saxonicæ & Mœso-Gothicæ (= Antiqua Literatura Septentrionalis 1,1; Oxford [1703–]1705, repr. Hildesheim –New York 1970).

Hills 1974 = Catherine Hills, A Runic Pot from Spong Hill, North Elmham, Norfolk. In: The Antiquaries Journal 54 (1974), 87–91.

Hines 1990 = John Hines, The Runic Inscriptions of Early Anglo-Saxon England. In: Bammesberger / Wollmann 1990, 437–455.

Hines 1998 = —, Grave Finds with Runic Inscriptions from Great Britain. In: Düwel / Nowak 1998, 186–196.

Hines 2006 = —, The Early Runic Inscriptions from Kent and the Problem of Legibility. In: Bammesberger / Waxenberger 2006, 188–206.

Hines 2019a = —, Practical Runic Literacy in the Late Anglo-Saxon Period: Inscriptions on Lead Sheet. In: Anglo-Saxon Micro Texts, ed. Ursula Lenker / Lucia Kornexl (= Buchreihe der Anglia 67; Berlin – Boston 2019), 29–59.

Hines 2019b = —, Two Personal Names in Recently Found Anglo-Saxon Runic Inscriptions: Sedgeford (Norfolk) and Elsted (West Sussex). In: Anglia 137 (2019), 278–302.

Hines 2020 = —, New insights into Early Old English from recent Anglo-Saxon runic finds. In: Nedoma / Nielsen 2020, 69–90.

Hoffmann-Krayer 1905 = E[duard] Hoffmann-Krayer, Zum Eingang des Weingartner Reisesegens. In: Schweizerisches Archiv für Volkskunde 8 (1905), 65.

Höfler 1952 = Otto Höfler, Germanisches Sakralkönigtum. I: Der Runenstein von Rök und die germanische Individualweihe (Tübingen etc. 1952).

Höfler 1957 = —, Die zweite Lautverschiebung bei Ostgermanen und Westgermanen. In: PBB [Tübingen] 79 (1957), 161–350.

Höfler 1966 = —, Zum Streit um den Rökstein. In: ANF 81 (1966), 229–254.

Höfler 1971 = —, Herkunft und Ausbreitung der Runen. In: Die Sprache 17 (1971), 134–156. – Wieder in: O. H., Kleine Schriften. Ausgewählte Arbeiten zur germanischen Altertumskunde und Religionsgeschichte, zur Literatur des Mittelalters, zur germanischen Sprachwissenschaft sowie zur Kulturphilosophie und -morphologie, ed. Helmut Birkhan et al. (Hamburg 1986), 285–307.

Hohler 1999 = Erla Bergendahl Hohler, Norwegian Stave Church Sculpture. I,1: Analytical Survey. I,2: Catalogue. II,1: Studies. II,2: Plates (Oslo etc. 1999).

Høilund Nielsen 2009 = Karen Høilund Nielsen, The Real Thing or just Wannebees. Scandinavian-Style Brooches in the Fifth and Sixth Centuries. In: Foreigners in Early Medieval Europe. Thirteen International Studies on Early Medieval Mobility, ed. Dieter Quast (= Monographien des Röm.-German. Zentralmuseums Mainz 78; Mainz 2009), 51–111.

Holm 1975 = Gösta Holm, Litteratur i runskrift och ett västgötskt ortnamn. In: Nordiske Studier. Festschr. Chr[istian] Westergård-Nielsen, ed. Joh[anne]s Brøndum-Nielsen et al. (København 1975), 103–121.

Holman 1996 = Katherine Holman, Scandinavian Runic Inscriptions in the British Isles: Their Historical Context (= Senter for middelalderstudier, Skrifter 4; Trondheim 1996).

Holmberg 2016 = Per Holmberg, Svaren på Rökstenens gåtor: En socialsemiotisk analys av meningsskapande och rumslighet. In: Futhark 6 (2015 [2016]), 65–106.

Holmberg 2021 = —, Rök Runestone Riddles Revisited. In: MoM 112,2 (2020 [2021]), 37–55.

Holmberg et al. 2020 = — / Bo Gräslund / Olof Sundqvist / Henrik Williams, The Rök Runestone and the End of the World. In: Futhark 9–10 (2018–2019 [2020]), 7–38.

Hommel 1953 = Hildebrecht Hommel, Die Satorformel und ihr Ursprung. Studien zum Problem Christentum und Antike. In: Theologia Viatorum 4 (1952 [1953]), 108–180. – Wieder [ohne eigenen Titel] in: H. H., Schöpfer und Erhalter. Studien zum Problem Christentum und Antike (Berlin 1956), 7–79, Nachträge 141–146.

Høst 1960 = Gerd Høst, To Runestudier. I: Innskriften fra Gamle Ladoga. In: NTS 19 (1960), 418–488. – Wieder (in Deutsch) in: Die Inschrift von Alt-Ladoga. In: Høst 2006, 33–78.

Høst 1976 = —, Runer. Våre eldste norske runeinnskrifter (Oslo 1976).

Høst Heyerdahl 1981 = —, ›Trylleordet‹ **alu**. In: Det Norske Videnskaps-Akademi. Årbok 1980 (1981), 35–49. – Wieder [in Deutsch] in: Das »Zauberwort« *alu*. In: Høst 2006, 171–183.

Høst Heyerdahl 2006 = —, Vom altgermanischen Kulturerbe. Ausgewählte Schriften zur Runologie und Altgermanistik, ed. John Ole Askedal et al. (= OBG 37; Frankfurt/Main etc. 2006).

Hübler 1996 = Frank Hübler, Schwedische Runendichtung der Wikingerzeit (= Runrön 10; Uppsala 1996).

Hultgård 1988 = Anders Hultgård, Rez. Lindquist 1987. In: Svenska landsmål och svenskt folkliv 1988, 137–143.

Hultgård 1998 = —, Runeninschriften und Runendenkmäler als Quellen der Religionsgeschichte. In: Düwel / Nowak 1998, 715–737.

Hultgård 2003 = —, *Ár* – »gutes Jahr und Ernteglück« – ein Motivkomplex in der altnordischen Literatur und sein religionsgeschichtlicher Hintergrund. In: Heizmann / van Nahl 2003, 282–308.

Hunger 1984 = Ulrich Hunger, Die Runenkunde im Dritten Reich. Ein Beitrag zur Wissenschafts- und Ideologiegeschichte des Nationalsozialismus (= Europ. Hochschulschriften, III: Geschichte und ihre Hilfswissenschaften, 227; Frankfurt/Main etc. 1984).

ÍF 1 = Íslendingabók, Landnámabók. I, ed. Jakob Benediktsson (= ÌF 1; Reykjavík 1968). – Übs. [*Landnámabók*, Auszüge]: Islands Besiedlung und älteste Geschichte, tr. Walter Baetke (= Thule 23; Jena 1928, repr. Düsseldorf – Köln 1965), 59–157.

ÍF 2 = Egils saga Skalla-Grímssonar, ed. Sigurður Nordal (= ÌF 2; Reykjavík 1933). – Übs.: Isländersagas, tr. Rolf Heller (Leipzig 1982). I, 59–305.

ÍF 7 = Grettis saga Ásmundarsonar, Bandamanna saga, Odds þáttr Ófeigssonar, ed. Guðni Jónsson (= ÍF 7; Reykjavík 1936). – Übs. [*Grettis saga*]: Isländersagas, tr. Rolf Heller (Leipzig 1982). II, 375–616.

ÍF 15,2 = Biskupa sögur. I: Kristni saga, Kristni þættir, Jóns saga ins helga [etc.]. 2: Sögutextar, ed. Sigurgeir Steingrímsson et al. (= ÍF 15,2; Reykjavík 2003). – Übs. [*Kristni saga*, Auszüge]: Islands Besiedlung und älteste Geschichte, tr. Walter Baetke (= Thule 23; Jena 1928, repr. Düsseldorf – Köln 1965), 159–185.

ÍF 16–18 = Snorri Sturluson, Heimskringla, ed. Bjarni Aðalbjarnarson. I–III (= ÍF 16–18; Reykjavík 1941–1951, repr. [3/4]2002). – Übs.: Snorris Königsbuch (Heimskringla), tr. Felix Niedner. I–III (= Thule 14–16; Jena 1922–1923, repr. Düsseldorf – Köln 1965).

ÍF 30 = Sverris saga, ed. Þorleifur Hauksson (= ÍF 30; Reykjavík 2007). – Übs. [Auszüge]: Norwegische Königsgeschichten. II (Sverris- und Hakonssaga), ed. Felix Niedner (= Thule 18; Jena 1925, repr. Düsseldorf – Köln 1965), 19–113.

ÍF 34 = Orkneyinga saga [etc.], ed. Finnbogi Guðmundsson (= ÍF 34; Reykjavík 1960), 1–300. – Übs. [*Orkneyinga saga*, Auszug]: Die Geschichten von den Orkaden, Dänemark und der Jomsburg, tr. Walter Baetke (= Thule 19; Jena 1924, repr. Düsseldorf – Köln 1966), 21–219.

IK [+ Nr.] = Die Goldbrakteaten der Völkerwanderungszeit (= Münstersche Mittelalter-Schriften 24,1–3; München 1985–1989). I,1: Einleitung. I,2, II,1, III,1: Morten Axboe et al., Ikonographischer Katalog: Text. I,3, II,2, III,2: Karl Hauck et al., Ikonographischer Katalog: Tafeln. [IV:] Morten Axboe et al., Katalog der Neufunde. In: Heizmann / Axboe 2011, 893–1024.

Ilkjær 1990 = Jørgen Ilkjær, Illerup Ådal. I: Die Lanzen und Speere: Textband (= Jutland Archaeological Society Publications 25,1; Aarhus 1990).

Ilkjær 1993 = —, Illerup Ådal. III: Die Gürtel. Bestandteile und Zubehör: Textband (= Jutland Archaeological Society Publications 25,3; Aarhus 1993).

Ilkjær 1996 = —, Runeindskrifter fra mosefund i Danmark – kontekst og oprindelse. In: Looijenga / Quak 1996a, 63–75.

Ilkjær / Lønstrup 1982 = Jørgen Ilkjær / Jørn Lønstrup, Runefundene fra Illerup ådal. En arkæologisk vurdering af vore ældste indskrifter. In: Kuml 1981 [1982], 49–65.

Ilkjær / Lønstrup 1983 = — / —, Der Moorfund im Tal der Illerup-Å bei Skanderborg in Ostjütland
(Dänemark). In: Germania 61 (1983), 95–116.

Imer 2007a = Lisbeth M. Imer, Latin og græsk i romersk jernalder. Fremmed indflydelse på Nordens tidligste runeskrift. In: AaNO 2004 [2007]. 63–105.

Imer 2007b = —, Greek and Latin inscriptions in the Northern Barbaricum. In: Beyond the Roman
Frontier: Roman Influences on the Northern Barbaricum, ed. Thomas Grane (= Analecta Romana Instituti Danici, Suppl. 39; Roma 2007), 31–60.

Imer 2011a = —, The Oldest Runic Monuments in the North: Dating and Distribution. In: Schulte
/ Nedoma 2011, 169–212.

Imer 2011b = —, Maturus Fecit – Unwod Made. Runic Inscriptions on Fibulae in the Late Roman
Iron Age. In: Lund Archaeological Review 17 (2011), 11–27.

Imer 2011c = —, Runes and Romans in the North. In: Futhark 1 (2010 [2011]), 41–64.

Imer 2015a = —, Jernalderens runeindskrifter i Norden. [II:] Katalog (= AaNO 2014; København
2015).

Imer 2015b = —, The inscriptions from Thorsberg. Germanic inscriptionmaking as a reflection of
Roman writing. In: Grimm / Pesch 2015, 109–115.

Imer 2017a → GR.

Imer 2017b = —, Gamle fund – nye opdagelser. In: Krüger et al. 2017, 193–203.

Imer 2018 = —, Rigets runer (Aarhus 2018).

Imer 2021 = —, Lumps of Lead – New Types of Written Sources from Medieval Denmark. In:
The Meaning of Media. Texts and Materiality in Medieval Scandinavia, ed. Anna Catharina
Horn / Karl G. Johansson (= Modes of Modification 1; Berlin – Boston 2021), 19–37.

Imer / Dørup Knudsen 2019 = — / Allan Dørup Knudsen, »Jeg besværger jer elvermænd og elver-
koner og alle dæmoner ...«. Blyamuletten fra Møllergade i Svendborg. In: Fund fortæller. Nye
arkæologiske fund på Fyn, ed. Kurt Risskov Sørensen (Kerteminde 2019), 64–67.

Imer / Steenholt Olesen 2018 = — / Rikke Steenholt Olesen, In the beginning was the Word ...:
new finds of lead amulets in Denmark. In: Epigraphy in an intermedial context, ed. Alessia
Bauer et al. (Dublin 2018), 123–155.

Imer / Vasshus 2023 = — / Krister S. K. Vasshus, Lost in transition: The runic bracteates from the
Vindelev hoard. In: NOWELE 76 (2023), 60–99.

IrR [+ Nr.] = Michael P. Barnes / Jan Ragnar Hagland / R[aymond] I[an] Page, The Runic Inscriptions of Viking Age Dublin (= Medieval Dublin Excavations 1962–81, Ser. B: Artefacts, 5;
Dublin 1997).

IsR [+ Nr./Seite] = [Nr.:] Þórgunnur Snædal, Rúnaristur á Íslandi. In: Árbók Hins íslenzka fornleifafélags 2000–2001 [2003], 5–68. – [Seite:] Anders Bæksted, Islands Runeindskrifter (= Bibliotheca Arnamagnæana 2; København 1942).

Iversen 2010 = Rasmus Birch Iversen, Jernalderen i Nordeuropa. Kragehul Mose – ein Kriegsbeuteopfer auf Südwestfünen (= Jysk Arkæologisk Selskabs Skrifter 73; Aarhus 2010).

Iversen et al. 2019 = Frode Iversen / Karoline Kjesrud / Harald Bjorvand / Justin J. L. Kimball /
Sigrid Mannsåker Gundersen, Irilen på Øverby i Vingulmark. In: Viking 82 (2019), 63–98.

Jackson 2006 = Tatjana N. Jackson, Navigare necesse est, vivere non necesse ›To sail the seas is
a necessity, to live is not‹ [Rez. Zilmer 2005]. In: ANF 121 (2006), 79–100.

Jaffé 1937 = Gerhard Jaffé, Geschichte der Runenforschung. Geistesgeschichtliche Betrachtung
der Auffassungen im 16.–18. Jahrhundert (Berlin – Leipzig 1937).

Jänichen 1951 = Hans Jänichen, Eine neue Runeninschrift von Schretzheim bei Dillingen. In: Germania 29 (1951), 226–230.

Jans et al. 2015 = Inger Jans / Rolf Lundqvist / Stig Welinder, Dalrunornas svanesång. In: Fv. 110
(2015), 43–47.

Jansson 1963 = Sven B. F. Jansson, Runinskrifter i Sverige (Stockholm 1963).

Jansson 1987 = —, Runes in Sweden (o. O. [Stockholm] 1987, repr. 1997).

Jensen 1958 = Hans Jensen, Die Schrift in Vergangenheit und Gegenwart (Berlin ²1958).

Jensen J. St. 2006 = Jørgen Steen Jensen, The introduction and use of runic letters on Danish coins. In: Stoklund et al. 2006, 159–168.

Jesch 1991a = Judith Jesch, Women in the Viking Age (Woodbridge 1991). – Übs.: Frauen der Vikingzeit (= Wiener Frauenverlag, Reihe Frauenforschung 22; Wien 1993).

Jesch 1991b = —, Who was **hulmkir**? Double apposition in the Ramsund inscription. In: ANF 106 (1991), 125–136.

Jesch 1997 = —, The Senja neck-ring and viking activity in the eleventh century. In: Blandade Runstudier 2 (= Runrön 11; Uppsala 1997), 7–12.

Jesch 1998 = —, Still Standing in Ågersta: Textuality and Literacy in Late Viking-Age Rune Stone Inscriptions. In: Düwel / Nowak 1998, 462–475.

Jesch 2001 = —, Ships and Men in the Late Viking Age. The Vocabulary of Runic Inscriptions and Skaldic Verse (Woodbridge 2001).

Jesch 2012 = —, Runic Inscriptions and the Vocabulary of Land, Lordship and Social Power in the Late Viking Age. In: Settlement and Lordship in Viking and Early Medieval Scandinavia, ed. Bjørn Poulsen / Søren Michael Sindbæk (= The Medieval Countryside 9; Turnhout 2012), 31–44.

Jesch 2014 = —, Runes and Words: Runic Lexicography in Context. In: Futhark 4 (2013 [2014]), 77–100.

Jesch 2017 = —, Runes and Verse: The Medialities of Early Scandinavian Poetry. In: European Journal of Scandinavian Studies 47 (2017), 181–202.

Jiriczek 1893 = Die Bósa-saga in zwei Fassungen, ed. Otto L[uitpold] Jiriczek (Straßburg 1893). – Übs.: E. Matthias Reifegerste, Die Bósa saga. Eine kritisch kommentierte Übersetzung. In: Mediaevistik 18 (2005), 157–208.

Johannesson 2018 = Johannes Magnus, Goternas och svearnas historia, tr. Kurt Johannesson. I–II (= KVHAA, Handlingar, Histor. serien, 35; Stockholm 2018).

Johnsen → Sanness Johnsen.

Jón → Árnason.

Jørgensen / Petersen 2003 = Erik Jørgensen / Peter Vang Petersen, Das Nydam Moor. Neue Funde und Beobachtungen. In: Sieg und Triumpf [sic]. Der Norden im Schatten des Römischen Reiches, ed. Lars Jørgensen et al. (o. O. [København] 2003), 258–284.

Jungandreas 1972 = Wolfgang Jungandreas, »God fura dih, deofile«. In: ZfdA 101 (1972), 84–85.

Jungandreas 1974 = —, Die Namen der Runen. Fuþark und Kosmologie. In: Onoma 18 (1974), 365–390.

Kabell 1967 = Aage Kabell, Periculum runicum. In: NTS 21 (1967), 94–126.

Kähler Holst et al. 2012 = Mads Kähler Holst / Mads Dengsø Jessen / Steen Wulff Andersen / Anne Pedersen, The Late Viking-Age Royal Constructions at Jelling, central Jutland, Denmark. Recent investigations and a suggestion for an interpretative revision. In: Prähistor. Zs. 87 (2012), 474–504.

Kaiser 2021 = Livia Kaiser, Runes across the North Sea from the Migration Period and beyond. An Annotated Edition of the Old Frisian Runic Corpus (= RGA-E 126; Berlin – Boston 2021).

Kaliff / Sundqvist 2004 = Anders Kaliff / Olof Sundqvist, Oden och Mithraskulten. Religiös ackulturation under romersk järnålder och folkvandringstid (= Occasional Papers in Archaeology 35; Uppsala 2004).

Källström 2007 = Magnus Källström, Mästare och minnesmärken. Studier kring vikingatida runristare och skriftmiljöer i Norden (= Acta Universitatis Stockholmenis, Stockholm Studies in Scandinavian Philology, N.S. 43; Stockholm 2007).

Källström 2010a = Magnus Källström, Forsaringen tillhör 900-talet. In: Fv. 105 (2010), 228–232.

Källström 2010b = —, Lönnrunorna i Långgränd. In: Situne Dei 2010, 77–83.

Källström 2011a = —, Some Thoughts on the Rune-Carver Øpir: A Revaluation of the Storvreta Stone (U 1022) and Some Related Carvings. In: Futhark 1 (2010 [2011]), 143–160.

Källström 2011b = —, Brottet på Forsaringen – ett tolkningsförslag. In: Hälsingerunor 2011, 39–49.

Källström 2013a = —, Nyfunnen runsten vid Odensala kyrka. In: Situne Dei 2013, 23–30.

Källström 2013b = —, Nyfunna runor i Hejnum kyrka. In: Byggnadshyttan på Gotland 2011–2012 (2013), 79–84.

Källström 2013c → Axboe / Källström 2013.

Källström 2014 = —, Vikingatida och medeltida skrifttraditioner: Några iakttagelser med utgångspunkt i det svenska runmaterialet. In: Futhark 4 (2013 [2014]), 101–128.

Källström 2016a = —, Byzantium reflected in the runic inscriptions of Scandinavia. In: Byzantium and the Viking world, ed. Fedir Androshchuk et al. (= Acta universitatis Upsaliensis, Studia Byzantina Upsaliensia 17; Uppsala 2016), 169–186.

Källström 2016b = —, Bär den norsk Vangstenen ett Ragnaröksmotiv? In: Fv. 111 (2016), 268–271.

Källström 2016c = —, Runor i puts – några nyfynd från Gotland och Västergötland. In: Meta. Historiskarkeologisk [sic] tidskrift 2016, 35–49.

Källström 2017 = —, *Hier mun standa stainn at merki*: Ett par bidrag till tolkningen av inskriften på Hogränstenen (G 203). In: Krüger et al. (2017), 205–216.

Källström 2020 = —, Ristarens lyckade ordlek. In: Språktidningen 2020,6, 56–63.

Källström 2021 = —, Apokalypsen i Hunnestad. In: Våra härader 53 (2020 [2021]), 14–20.

Källström 2022 = —, Corpus Editions of Swedish Runic Inscriptions. In: Fuþark 12 (2021 [2022]), 7–27.

Källström 2023 = —, Årets runfynd blir årets utmaning. Online: https://k-blogg.se/2023/06/25/arets-runfynd-blir-arets-utmaning/ (Stand: 6.8.2023).

Kålund 1884 = Et gammel-norsk rune-rim og nogle islandske rune-remser, ed. Kr[istian] Kålund [1884]. In: Småstykker 1–16 (= Samfund til Udgivelse af gammel nordisk Litteratur 13; København 1884–1891), 1–21.

Kater 2006 = Michael H. Kater, Das »Ahnenerbe« der SS 1935–1945. Ein Beitrag zur Kulturpolitik des Dritten Reiches (= Studien zur Zeitgeschichte 6; München ⁴2006).

Kater 2010 = —, Rez. Mees 2008. In: The Journal of Modern History 82 (2010), 991.

Kegler et al. 2013 = Land der Entdeckungen. Die Archäologie des friesischen Küstenraums. Begleitband zu den Ausstellungen Emden 2013, Assen 2013/2014, Leeuwarden 2013, Groningen 2013/2014, ed. Jan F. Kegler et al. (Aurich 2013).

KHM [+ Nr.] = Brüder Grimm, Kinder- und Hausmärchen. Ausgabe letzter Hand [Göttingen ⁷1857] mit den Originalanmerkungen der Brüder Grimm, ed. Heinz Rölleke. I–III (= RUB 3191–3193; Stuttgart 1980).

Kitzler Åhfeldt 2007 = Laila Kitzler Åhfeldt, Huggspårsanalys av ett runfragment från Strängnes (= Rapporter från Arkeologiska forskningslaboratoriet 8; Stockholm 2007).

Kitzler Åhfeldt 2014 = —, Setu stain, kiarþu merki, risti runᴀ. Tekniska termer i runstensinskrifter från vikingatiden. In: Fv. 109 (2014), 243–258.

Kjær 1994 = Iver Kjær, Risse und Runen in Blekinge und Kopenhagen. Glanz und Elend des Altertumsforschers Finnur Magnússon. In: Das Goldene Zeitalter in Dänemark. Kunst und Kultur in der ersten Hälfte des 19. Jahrhunderts, ed. Bente Scavenius et al. (København 1994), 126–133.

Kleiber 1965 = Boris Kleiber, Alstadsteinen i lyset av nye utgravninger ved Kiev. In: Viking 29 (1965), 61–76.

Klingenberg 1973 = Heinz Klingenberg, Runenschrift – Schriftdenken – Runeninschriften (Heidelberg 1973).

Kloekhorst 2008 = Alwin Kloekhorst, Etymological Dictionary of the Hittite Inherited Lexicon (= Leiden Indo-European Etymological Dictionary Series 5; Leiden – Boston 2008).

Klos 2009 = Lydia Klos, Runensteine in Schweden. Studien zu Aufstellungsort und Funktion (= RGA-E 64; Berlin – New York 2009).

Knirk 1994a = Proceedings of the Third International Symposium on Runes and Runic Inscriptions, Grindaheim 1990, ed. James E. Knirk (= Runrön 9; Uppsala 1994).

Knirk 1994b = James E. Knirk, Learning to Write with Runes in Medieval Norway. In: Medeltida skrift och språkkultur. Nordisk medeltidsliteracy i ett diglossiskt och digrafiskt perspektiv. II, ed. Inger Lindell (= Sällskapet Runica et Mediævalia, Opuscula 2; Stockholm 1994), 169–212.

Knirk 1994c = —, Runes from Trondheim and a Stanza by Egill Skalla-Grímsson. In: Studien zum Altgermanischen. Festschr. Heinrich Beck, ed. Heiko Uecker (= RGA-E 11; Berlin – New York 1994), 411–420.

Knirk 1995 = —, Tor og Odin i runer på Bryggen i Bergen. In: Arkeo 1 (1995), 27–30.

Knirk 1996 = —, Rez. Hall 1994. In: skandinavistik 26 (1996), 45–47.

Knirk 1997 = —, Kunne en gotlending finne romantikk i middelalderens Bergen? Kjærlighetsdikt med runer fra Bryggen i Bergen. In: Archiv und Geschichte im Ostseeraum. Festschr. Sten Körner, ed. Robert Bohn etc. (= Studia septemtrionalia 3; Frankfurt/Main etc. 1997), 25–37.

Knirk 1998 = —, Runic Inscriptions Containing Latin in Norway. In: Düwel / Nowak 1998, 476–507.

Knirk 2002 = —, Runes: Origin, development of the futhark, functions, applications, and methodological considerations. In: The Nordic Languages. An International Handbook of the History of the North Germanic Languages, ed. Oskar Bandle et al. I (= HSK 22,1; Berlin – New York 2002), 634–648.

Knirk 2003 = —, The Runes on a Kufic Coin from Hoen in Buskerud, Norway. In: Heizmann / van Nahl 2003, 348–355.

Knirk 2010a = —, Dotted runes: Where did they come from? In: The Viking Age: Ireland and the West, ed. John Sheehan / Donnchadh Ó Corráin (Dublin 2010), 188–198.

Knirk 2010b = —, Dateringa av Sigurd Jarlssons runeinnskrift i Vinje stavkyrkje. In: Collegium Medievale 23 (2010), 248–251.

Knirk 2011a = —, Hogganvik-innskriften: en hard runologisk nøtt. In: Viking 74 (2011), 25–39.

Knirk 2011b = —, The Viðey Rune-stick: Iceland's Earliest Runic Inscription. In: Viking Settlements and Viking Society, ed. Svavar Sigmundsson et al. (= Árbók Hins íslenzka fornleifafélags 2011, Beiheft; Reykjavík 2011), 260–270.

Knirk 2015 = —, The Runic Inscription on the Eikeland Fibula. In: Grimm / Pesch 2015, 427–432.

Knirk 2017 = —, Love and Eroticism in Medieval Norwegian Runic Inscriptions. In: Krüger et al. 2017, 217–232.

Knirk 2018 = —, Kuli-steinen og landsnamnet *Noreg*. In: Namn og Nemne 34 (2017 [2018]), 93–98.

Knirk 2022 = —, Corpus Editions of Norwegian Runic Inscriptions. In: Fuþark 12 (2021 [2022]), 27–48.

Knol / IJssennagger 2017 = Egge Knol / Nelleke IJssennagger, Palaeogeography and People. Historical Frisians in an archaeological light. In: Frisians and their North Sea Neighbours. From the Fifth Century to the Viking Age, ed. John Hines / Nelleke IJssennagger (Woodbridge 2017), 5–24.

Kopár 2021 = Lilla Kopár, The Rise and Fall of Anglo-Saxon Runic Stone Monuments. Runic Inscriptions and the Development of Sculpture in Early Medieval England. In: MacLeod et al. 2021, 143–156.

Köster 2014 = Janine Köster, Sterbeinschriften auf wikingerzeitlichen Runensteinen (= RGA-E 89; Berlin – Boston 2014).

Kraggerud 2021 = Egil Kraggerud, Understanding N 603 from Bryggen in Bergen in the Light of *Carmina Burana* Poems 88 and 71. In: Futhark 11 (2020 [2021]), 137–153.

Kramarz 1988 = Susanne Kramarz, Rez. Grønvik 1985. In: Zs. für dt. Philologie 107 (1988), 470–474.

Krause 1935a = Wolfgang Krause, Was man in Runen ritzte (Halle/Saale 1935).

Krause 1935b → Werner / Krause 1935, 330–333.

Krause 1937 = —, Runeninschriften im älteren Futhark (= Schriften der Königsberger Gelehrten Gesellschaft, Geisteswissenschaftliche Kl., 13,4; Halle/Saale 1937).

Krause 1943 = —, Was man in Runen ritzte (Halle/Saale [2]1943).

Krause 1946/1947 = —, Untersuchungen zu den Runennamen. I: Die Lauch-Rune. In: Nachrichten der Akademie der Wissenschaften in Göttingen, Philolog.-Hist. Kl. 1946/1947, 60–63. – Wieder in: Krause 2014, 218–222.

Krause 1948 = —, Untersuchungen zu den Runennamen. II: Runennamen und Götterwelt. In: Nachrichten der Akademie der Wissenschaften in Göttingen, Philolog.-Hist. Kl. 1948,2, 93–108. – Wieder in: Krause 2014, 223–243.

Krause 1960 = —, Die Runenschrift von Alt Ladoga. In: NTS 19 (1960), 555–563. – Wieder in: Krause 2014, 328–340.

Krause 1964 = —, Rez. Neckel / Kuhn 1962. In: Anzeiger für dt. Altertum 75 (1964), 145–156.

Krause 1966 → RäF.

Krause 1969 = —, Die gotische Runeninschrift von Leţcani. In: Zs. für vergleichende Sprachforschung 83 (1969), 153–161. – Wieder in: Krause 2014, 378–384.

Krause 1970 = —, Runen (= Sammlung Göschen 1244/1244a; Berlin 1970, repr. Berlin – New York [2]1993).

Krause 1971 = —, Die Sprache der urnordischen Runeninschriften (Heidelberg 1971).

Krause 1981 = —, Zur Inschrift der Runenfibel von Donzdorf. In: Haseloff 1981/III, 722–723.

Krause 2014 = —, Schriften zur Runologie und Sprachwissenschaft, ed. Heinrich Beck et al. (= RGA-E 84; Berlin – Boston 2014).

Kreutzer 2009 = Gerd Kreutzer, Der Runenlöwe von Piräus. In: Heizmann et al. 2009, 717–729.

Krogh / Leth-Larsen 2007 = Knud J. Krogh / Bodil Leth-Larsen, Hedensk og Kristent. Fundene fra den kongelige gravhøj i Jelling (= Vikingekongernes monumenter i Jelling 2; København 2007).

Krogh Hansen 2021 = Axel Krogh Hansen, Det stora djuret under vägen. Återfyndet av Hunnestadsmonumentets bildsten 6. In: Våra härader 53 (2020 [2021]), 6–13.

Krogmann 1937/38 = Willy Krogmann, Loki. In: Acta Philologica Scandinavica 12 (1937/1938), 59–70.

Krömmelbein 1998 = Óláfr Þórðarson Hvítaskáld, Dritte Grammatische Abhandlung. Der isländische Text nach den Handschriften AM 748 I, 4° und Codex Wormianus, ed./tr. Thomas Krömmelbein (= Studia Nordica 3; Oslo 1998).

Krüger 2021 = Jana Krüger, Der Gebrauch von punktierten Runen in dänischen Inschriften der Wikingerzeit. In: MacLeod et al. 2021, 215–224.

Krüger et al. 2017 = Die Faszination des Verborgenen und seine Entschlüsselung – Rāði sāʀ kunni. Beiträge zur Runologie, skandinavistischen Mediävistik und germanischen Sprachwissenschaft. Festschr. Edith Marold, ed. Jana Krüger et al. (= RGA-E 101; Berlin – Boston 2017).

Kuhn 1955 = Hans Kuhn, Zur Gliederung der germanischen Sprachen. In: ZdfA 86 (1955), 1–47. – Wieder in: H. K., Kleine Schriften. Aufsätze und Rezensionen aus den Gebieten der germanischen und nordischen Sprach-, Literatur- und Kulturgeschichte, ed. Dietrich Hofmann et al. I: Sprachgeschichte, Verskunst (Berlin 1969), 246–290.

Kuz'menko 1997 = Jurij K. Kusmenko, Zur Interpretation der Runeninschrift auf dem Anhänger von Alt-Ladoga. In: Germanic Studies. Festschr. Anatoly Liberman, ed. Kurt Goblirsch (= NOWELE 31/32; Odense 1997), 181–201.

Kuz'menko 2013 → Düwel / Kuzmenko 2013.

Kuz'menko 2017a = —, K interpretacii runičeskoj nadpisi na brakteate iz Troll'chèttana II (IK 639) [Zur Interpretation der runischen Inschrift auf dem Brakteaten von Trollhättan II (IK 639)]. In: Indo-European Linguistics and Classical Philology 21 (2017), 467–483.

Kuz'menko 2017b = —, Was bedeuten die Runen **rmþï** in der Runeninschrift auf dem Stein von By? In: Krüger et al. 2017, 243–259.

Lagman 1990 = Svante Lagman, De stungna runorna. Användning och ljudvärden i runsvenska steninskrifter (= Runrön 4; Uppsala 1990).

Laker / Nielsen 2021 = Early history of the North Sea Germanic languages, ed. Stephen Laker / Hans Frede Nielsen (= NOWELE 74,1; Amsterdam – Philadelphia 2021).

Lamm 2012 = Jan Peder Lamm, Om gamla och nya runstenar i Bro. In: Koldalsbladet 121 (2012), 2–6.

LaN I–II = Hermann Reichert, Lexikon der altgermanischen Namen (= Thesaurus Palaeogermanicus 1; Wien 1987–1990). I: Text. II: Register, erstellt von Robert Nedoma / Hermann Reichert.

Larsson 1990 = Mats G. Larsson, Runstenar och utlandsfärder. Aspekter på det senvikingatida samhället med utgångspunkt i de fasta fornlämningarna (= Acta archaeologica Lundensia, Ser. in 8°, 18; Lund 1990).

Larsson 2012 = —, Kensington 1898. Runfyndet som gäckande världen (Stockholm 2012).

Larsson P. 2002 = Patrik Larsson, Yrrunan. Användning och ljudvärde i nordiska runinskrifter (= Runrön 17; Uppsala 2002).

Lau 2000 = Kimberly J. Lau, New Age Capitalism. Making Money East of Eden (Philadelphia 2000).

Laur 2001 = Wolfgang Laur, Sprachen, Schriften, ›Nationalitäten‹ in Haithabu und Schleswig. In: Düwel et al. 2001, 61–76.

Leipold 2020 = Aletta Leipold, Gerauntes und Geritztes: die Wortfamilien um *rûna* im Althochdeutschen. In: ›In vriuntschaft als es was gedâht‹. Festschr. Hans-Joachim Solms, ed. Jessica Ammer et al. (Berlin 2020), 117–145.

Leonhardi 1905 = Kleinere angelsächsische Denkmäler. I, ed. Günther Leonhardi (= Bibliothek der angelsächs. Prosa 6; Hamburg 1905).

Lewis 2018 = Stephen M. Lewis, Death on the Seine: The Mystery of the Pagan King Setric. In: Northern History 55 (2018), 44–60.

LGLO I–III = A[ndries] D. Kylstra et al., Lexikon der älteren germanischen Lehnwörter in den ostseefinnischen Sprachen. I–III (Amsterdam – New York 1991–2012).

Liberman 2009 = Anatoly Liberman, Rune: The Word and the Thing. Latin *elementa* and the Scandinavian *futhark*. In: Studi anglo-norreni: ›He hafað sundorgecynd‹. Festschr. John S. McKinnell, ed. Maria Elena Ruggerini / Veronka Szőke (Cagliari 2009), 251–278.

Licht 2022 = Tino Licht, Revisiting the Question of Walahfrid Strabo's Autograph: New Evidence and a New Conclusion. In: The Journal of Medieval Latin 32 (2022), 65–80.

Lieder-Edda → Neckel / Kuhn 1962.

Liestøl 1964 = Aslak Liestøl, Runer frå Bryggen, Bergen. In: Viking 27 (1963 [1964]), 5–53.

Liestøl 1971 = —, En uartig historisk runeinnskrift. In: Kuml 1970 [1971], 91–97.

Liestøl 1973 = —, Runeninschriften von der Bryggen in Bergen (Norwegen). In: Zs. für Archäologie des Mittelalters 1 (1973), 129–139.

Liestøl 1974 = —, Runic Voices from Towns of Ancient Norway. In: Scandinavica 13 (1974), 19–33.

Liestøl 1977 = Aslak Liestøl, »Will you marry me?« under a church-floor. In: Mediaeval Scandinavia 10 (1977), 35–40.

Liestøl 1981 =, —, The Viking Runes: The Transition from the older to the younger *Fu-þark*. In: Saga-Book of the Viking Society 20,4 (1981), 247–266.

Lindeberg 1591 = Peter Lindeberg, Commentarii rerum memorabilium in Europa ab anno octuagesimo sexto, usque ad præsentem nonagesimum primum gestarum (Hamburg 1591). – Auch online: https://mdz-nbn-resolving.de/bsb00021764 (Stand: 6.8.2023).

Lindquist 1936 = Ivar Lindquist, Trolldomsrunorna från Sigtuna. In: Fv. 31 (1936), 29–46.

Lindquist 1987 = —, Religiösa runtexter. III: [Kvinneby-amuletten.] Det vikingatida kvädet på en kopparplåt från Södra Kvinneby i Stenåsa socken, Öland. Ett tydningsförslag, ed. Gösta Holm (= Skrifter utgivna av Vetenskapssocieteten i Lund 79; Lund 1987).

Lindqvist 1921 = En isländsk Svartkonstbok från 1500-talet, ed./tr. Nat[al] Lindqvist (Uppsala 1921).

Lindqvist S. 1941–1942 = Gotlands Bildsteine, ed. Sune Lindqvist. I–II (Stockholm 1941–1942).

Lipp 2016 = Rainer Lipp, Zur Etymologie des germanischen Runen-Wortes. In: »dat ih dir it nu bi huldi gibu«. Festschr. Rosemarie Lühr, ed. Sergio Neri et al. (Wiesbaden 2016), 239–256.

von List 1908 = Guido von List, Das Geheimnis der Runen. Mit einer Runentafel (= Guido-von-List-Bücherei, Folge 1, 1; Groß-Lichterfelde o. J. [1908] u.ö., z.B. [5]1938).

LIV = Martin Kümmel et al., Lexikon der Indogermanischen Verben. Die Wurzeln und ihre Primärstammbildungen (Wiesbaden [2]2001).

Ljung 2016 = Cecilia Ljung, Under runristad häll. Tidigkristna gravmonument i 1000-talets Sverige (Stockholm 2016).

Looijenga 2003a = Tineke Looijenga, Text and Contexts of the Oldest Runic Inscriptions (= The Northern World 4; Leiden – Boston 2003).

Looijenga 2003b = —, A Very Important Person from Borgharen (Maastricht), Province of Limburg. In: Heizmann / van Nahl 2003, 389–393.

Looijenga 2021 = —, Runic Literacy in North-West Europe, with a Focus on Frisia. In: Frisians of the Early Middle Ages, ed. John Hines / Nelleke IJssennagger-van der Pluijm (Woodbridge 2021), 375–400.

Looijenga / Quak 1996 = Frisian Runes and Neighbouring Traditions. Proceedings of the First International Symposium on Frisian Runes, Leeuwarden 1994, ed. Tineke Looijenga / Arend Quak (= ABäG 45; Amsterdam – Atlanta 1996).

Looijenga / Vennemann 2000 = — / Theo Vennemann, The Runic Inscription of the Gandersheim Casket. In: Marth 2000, 111–120.

Lönnroth 1977 = Lars Lönnroth, The Riddles of the Rök-Stone: A Structural Approach. In: ANF 92 (1977), 1–57.

Lönnroth 1981 = —, *Iǫrð fannz æva né upphiminn*. A formula analysis. In: Specvlvm Norroenvm. Norse Studies. Gedenkschr. Gabriel Turville-Petre, ed. Ursula Dronke et al. (Odense 1981), 310–327. – Wieder in: L. L., The Academy of Odin. Selected Papers on Old Norse Literature (= The Viking Collection 19; Odense 2011), 219–241.

Lönnroth 2017 = —, Theoderic Rides On. In: Skandinavische Schriftlandschaften. Festschr. Jürg Glauser, ed. Klaus Müller-Wille et al. (= Beiträge zur Nord. Philologie 59; Tübingen 2017), 5–10.

Louis-Jensen 1994 = Jonna Louis-Jensen, Norrøne navnegåder. In: Nordica Bergensia 4 (1994), 35–52.

Louis-Jensen 2001 = —, ›Halt illu frán Búfa!‹ Til tolkningen af Kvinneby-amuletten fra Öland. In: Northern Lights: Following Folklore in North-Western Europe. Festschr. Bo Almqvist, ed. Séamas Ó Catháin (Dublin 2001), 111–126.

Lozzi Gallo 2001 = Lorenzo Lozzi Gallo, On the Interpretation of **ialuns** in the Norwegian Runic Text B257. In: ANF 116 (2001), 135–151.

Ludowici 2019 = Saxones. Katalog der Niedersächsischen Landesausstellung 2019, ed. Babette Ludowici (= NStSF 7; Darmstadt 2019).

Lund Hansen 1987 = Ulla Lund Hansen, Römischer Import im Norden. Warenaustausch zwischen dem Römischen Reich und dem freien Germanien während der Kaiserzeit unter besonderer Berücksichtigung Nordeuropas (= Nordiske Fortidsminder, Ser. B, 10; Kopenhagen 1987).

Lund Hansen 1998 = —, Zur Ausstattung und sozialen Stellung runenführender Gräber der Kaiserzeit in Südskandinavien. In: Düwel / Nowak 1998, 160–179.

Lund Hansen 2003 = —, Die ersten Runen. In: Heizmann / van Nahl 2003, 394–398.

Lüthi 2006 = Katrin Lüthi, South Germanic runic inscriptions as testimonies of early literacy. In: Stoklund et al. 2006, 169–182.

M [+ Nr.] = Algot Hellbom, Medelpads runstenar (Stockholm ²1994).

Macháček / Nedoma 2020 = Jiří Macháček / Robert Nedoma, Die Runeninschrift auf dem Rinderknochen von Břeclav, Flur Lány (Südmähren, Tschechische Republik). In: Nedoma / Nielsen 2020, 116–122.

MacLeod 2002 = Mindy MacLeod, Bind-Runes: An Investigation of Ligatures in Runic Epigraphy (= Runrön 15; Uppsala 2002).

MacLeod et al. 2021 = Reading Runes. Proceedings of the Eighth International Symposium on Runes and Runic Inscriptions, Nyköping 2014, ed. Mindy MacLeod et al. (= Runrön 24; Uppsala 2021).

MacLeod / Mees 2006 = — / Bernard Mees, Runic Amulets and Magic Objects (Woodbridge 2006).

Mäder 2022 = Michael Mäder, Norditalische und germanische Runen im Lichte der Drop-in-Entlehnung: Neues aus Archäologie und quantitativer Linguistik [Abstract eines Vortrags, Ninth International Symposium on Runes and Runic Inscriptions, Sankelmark 2022]. Online: https://www.isrri2022.uni-kiel.de/abstracts/#mäder (Stand: 6.8.2023).

Magin 2023 = Elisabeth Maria Magin, Data-based Runes: Macrostudies on the Bryggen runic inscriptions (= The Bryggen Papers, Main Series 10; Bergen 2023); im Druck. – Auch online: https://doi.org/10.15845/bryggen.v10 (Stand: 8.9.2023).

de Mahieu 1975 = Jacques de Mahieu, Des Sonnengottes heilige Steine. Die Wikinger in Brasilien (Tübingen 1975).

de Mahieu 1981 = —, Das Wikingerreich von Tiahuanacu. Geschichte eines nordischen Imperiums in Südamerika (Tübingen etc. 1981).

Maier 1999 = Das Sagenbuch der walisischen Kelten. Die Vier Zweige des Mabinogi, tr. Bernhard Maier (= dtv 12628; München 1999 = ²2004).

Mailhammer / Vennemann 2019 = Robert Mailhammer / Theo Vennemann, The Carthaginian North: Semitic influence on early Germanic. A linguistic and cultural study (= NOWELE, Suppl. 32; Amsterdam – Philadelphia 2019).

Majewski 2022 = Kerstin Majewski, The Ruthwell Cross and its Texts. A New Reconstruction and an Edition of The Ruthwell Crucifixion Poem (= RGA-E 132; Berlin - Boston 2022).

Males 2023 = Mikael M. Males, The earliest Old Norse metrics. In: Filologia Germanica 15 (2023) [Sonderheft: Metro e ritmo nei testi germanici medievali], 121–144.

Malzahn 2001 = Melanie Malzahn, Rez. Bammesberger / Waxenberger 1999. In: Die Sprache 40 (1998 [2001]), 85–101.

Marcovich 1983 = Miroslav Marcovich, SATOR AREPO = ΓΕΩΡΓΟΣ ἉΡΠΟΝ (ΚΝΟΥΦΙ), ἉΡΠΩΣ, ARPO(CRA), HARPO(CRATES). In: Zs. für Papyrologie und Epigraphik 50 (1983), 155–171. Wieder [mit dem Titel: SATOR AREPO = GEORGOS HARPON] in: M. M., Studies in Graeco-Roman Religions and Gnosticism (= Studies in Greek and Roman Religion 4; Leiden etc. 1988), 28–46.

Marold 1974 = Edith Marold, »Thor weihe diese Runen«. In: FMSt 8 (1974), 195–222.

Marold 1998 = —, Runeninschriften als Quelle der Skaldendichtung. In: Düwel / Nowak 1998, 667–693.

Marold 2003 = Edith Marold, Die drei Götter auf dem Schädelfragment von Ribe. In: Heizmann / van Nahl 2003, 403–417.

Marold 2004 = —, Die Schnalle von Pforzen und die altnordische Heldensage. In: Verschränkung der Kulturen. Der Sprach- und Kulturaustausch zwischen Skandinavien und den deutschsprachigen Ländern. Festschr. Hans-Peter Naumann, ed. Oskar Bandle et al. (= Beiträge zur Nord. Philologie 37; Tübingen – Basel 2004), 217–238.

Marold 2015 = —, Die Inschrift von Tune als religionsgeschichtliches Zeugnis. In: Grimm / Pesch 2015, 145–164.

Marquardt 1961 = Hertha Marquardt, Bibliographie der Runeninschriften nach Fundorten. I: Die Runeninschriften der Britischen Inseln (= AAWGött, Philolog.-Histor. Kl., 3. F., 48; Göttingen 1961).

Marstrander 1928 = Carl J. S. Marstrander, Om runene og runenavnenes oprindelse. In: NTS 1 (1928), 5–179.

Marstrander 1929 = —, Germanische Waffennamen aus römischer Zeit. In: NTS 3 (1929), 218–235.

Marstrander 1930 = —, Tunestenen. In: NTS 4 (1930), 294–358.

Marstrander 1939 = —, Rez. Arntz / Zeiss 1939. In: NTS 11 (1939), 280–339.

Marstrander 1953 = —, De nordiske runeinnskrifter i eldre alfabet. Skrift og språk i folkevandringstiden. In: Viking 16 (1952 [1953]), 1–277.

Marth 2000 = Das Gandersheimer Runenkästchen, ed. Regine Marth (= Herzog Anton Ulrich-Museum, Kolloquiumsbd. 1; Braunschweig 2000).

Martin 1991 → Auberson / Martin 1991, 279–288.

Martin 1997 = Max Martin, Schrift aus dem Norden. Runen in der Alamannia – archäologisch betrachtet. In: Die Alamannen. Begleitband zur Ausstellung »Die Alamannen«, Stuttgart, Zürich und Augsburg 1997–1998, red. Karlheinz Fuchs et al. (Stuttgart 1997), 499–502.

Martin 2004 = —, Kontinentalgermanische Runeninschriften und ›alamannische Runenprovinz‹ aus archäologischer Sicht. In: Naumann et al. 2004, 165–212.

Matešić 2015a = Suzana Matešić, Die militärischen Ausrüstungen. Vergleichende Untersuchungen zur römischen und germanischen Bewaffnung (= Das Thorsberger Moor 3,1; Schleswig 2015). I: Text. II: Fundlisten, Hauptkomponentenanalysen, Katalog, Konkordanzen, Verzeichnisse, Tafeln.

Matešić 2015b = —, Runeninschriften und Runenähnliches aus dem Thorsberger Moor – Neue archäologisch-materialkundliche Untersuchungen. In: Grimm / Pesch 2015, 91–99.

McKinnell et al. 2004 = John McKinnell / Rudolf Simek / Klaus Düwel, Runes, Magic and Religion. A Sourcebook (= SMS 10; Wien 2004).

Mees 1997 = Bernard Mees, A New Interpretation of the Meldorf Fibula Inscription. In: ZfdA 126 (1997), 131–139.

Mees 2000 = —, The North Etruscan Thesis of the Origin of the Runes. In: ANF 115 (2000), 33–82.

Mees 2003 = Bernard Mees, Runic **erilaʀ**. In: NOWELE 42 (2003), 41–68.

Mees 2008 = —, The Science of the Swastika (New York 2008).

Mees 2009 = —, Alu and hale. In: Journal of the Australian Early Medieval Association 5 (2009), 107–131.

Mees 2012 = —, The Meldorf fibula inscription and epigraphic typology. In: Beiträge zur Namenforschung N.F. 47 (2012), 259–284.

Mees 2014a = —, The Tune Memorial's **asijostez**. In: Futhark 4 (2013 [2014]), 187–190.

Mees 2014b = —, On the typology of the texts that appear on migration-era bracteates. In: Early Medieval Europe 22 (2014), 280–303.

Mees 2017 = —, The Hogganvik Inscription and Early Nordic Memorialisation. In: Futhark 7 (2016 [2017]), 7–28.

Meijer 2000 = Jan Meijer, The s-rune in the Viking age and after. In: ANF 115 (2000), 23–31.

Meissner 1921 = Rudolf Meissner, Die Kenningar der Skalden. Ein Beitrag zur skaldischen Poetik (= Rhein. Beiträge und Hülfsbücher zur german. Philologie und Volkskunde 1; Bonn – Leipzig 1921, repr. Hildesheim etc. 1984).

Meli 1988 = Marcello Meli, Alamannia Runica. Rune e cultura nell' alto Medioevo (Verona 1988).

Mel'nikova 1987 = Elena A. Melnikova, New Finds of Scandinavian Runic Inscriptions from the USSR. In: Runor 1987 (1987), 163–173.

Mel'nikova 2017 = —, A New Runic Inscription from Hagia Sophia Cathedral in Istanbul. In: Futhark 7 (2016 [2017]), 101–110.

Meroney 1945 = Howard Meroney, Irish in the Old English Charms. In: Speculum 20 (1945), 172–182.

Metcalf 1998 = David Michael Metcalf, Runes and Literacy: Pondering the Evidence of Anglo-Saxon Coins of the Eighth and Ninth Centuries. In: Düwel / Nowak 1998, 434–438.

MF I = Des Minnesangs Frühling, ed. Hugo Moser / Helmut Tervooren. I: Texte (Stuttgart [38]1988).

MGH AA 4,1 = Venanti Honori Clementiani Fortunati presbyteri Italici opera poetica, ed. Friedrich Leo (= MGH AA 4,1; Berlin 1881, repr. München 1981).

MGH SS 60 = Die Sachsengeschichte des Widukind von Korvei, ed. Paul Hirsch / H[ans-]E[berhard] Lohmann (= MGH SS rer. Germ. in us. schol. 60; Hannover [5]1935). – Übs.: Widukind von Corvey, Res gestae Saxonicae. Die Sachsengeschichte, ed./tr. Ekkehart Rotter / Bernd Schneidmüller (= RUB 7699; Stuttgart 1981 u.ö.).

Mitchell 2008 = Stephen Mitchell, n-Rune and Nordic charm magic. In: »Vi ska alla vara välkomna!« Nordiska studier tillägnade Kristinn Jóhannesson, ed. Auður G. Magnúsdóttir et al. (= Meijerbergs arkiv för svensk ordforskning 35; Göteborg 2008), 219–229.

MM [+ Nr. / Seite] = Michael Barnes et al., The Runic Inscriptions of the Isle of Man (= Runrön 22; Uppsala 2019).

Molhuysen 1908 = P[hilipp] C[hristiaan] Molhuysen, Een runendicht. In: Tijdschrift voor Nederlandsche Taal- en Letterkunde 27 = N.R. 19 (1908), 32–37.

Möllenberg 2011 = Solveig Möllenberg, Tradition und Transfer in spätgermanischer Zeit (= RGA-E 76; Berlin – New York 2011).

Moltke 1937 = Erik Moltke, Rez. Arntz 1935. In: ANF 53 (1937), 363–366.

Moltke 1951 = —, Er runeskriften opstået i Danmark? In: Fra Nationalmuseets Arbejdsmark 1951, 47–56.

Moltke 1981 = —, Järsbergstenen, en mærkelig värmlandsk runesten. In: Fv. 76 (1981), 81–90.

Moltke 1982 = —, »Falske« runeindskrifter. In: Fra Nationalmuseets Arbejdsmark 1982, 5–12.

Moltke 1985 = —, Runes and their Origin. Denmark and Elsewhere (Copenhagen 1985). – Davor: Runerne i Danmark og deres oprindelse (København 1976).

Morgenroth 1961 = Wolfgang Morgenroth, Zahlenmagie in Runeninschriften. Kritische Bemerkungen zu einigen Interpretationsmethoden. In: Wissenschaftliche Zs. der Ernst-Moritz-Arndt-Universität Greifswald, Gesellschafts- und sprachwissenschaftliche Reihe, 10 (1961), 279–283.

Morris 1988 = Richard L. Morris, Runic and Mediterranean Epigraphy (= NOWELE, Suppl. 4; Odense 1988).

Moscherosch 1665 = Hanß Michael Moscherosch, Wunderliche und warhafftige Gesichte Philanders von Sittewald [etc.]. II (Straßburg 1665). – Auch online: https://www.digitale-sammlungen.de/de/view/bsb10114912 (Stand: 6.8.2023).

Muhl / Gutjahr 2013 = Arnold Muhl / Mirko Gutjahr, Magische Beschwörungen in Blei. Inschriftentäfelchen des Mittelalters aus Sachsen-Anhalt (= Kleine Hefte zur Archäologie in Sachsen-Anhalt 10; o.O. [Halle/Saale] 2013).

Müller 1970 = Gunter Müller, Studien zu den theriophoren Personennamen der Germanen (= Niederdeutsche Studien 17; Köln – Wien 1970).

Müller 1988 = Gunter Müller, Von der Buchstabenmagie zur Namenmagie in den Brakteatenin-schriften. In: FMSt 22 (1988), 111–157. – Wieder in: Heizmann / Axboe 2011, 317–374.

Müller St. 2007 = Althochdeutsche Literatur. Eine kommentierte Anthologie, ed./tr. Stephan Mül-ler (= RUB 18491; Stuttgart 2007).

Müller St. *in spe* = Stephan Müller, Das *Abecedarium Nordmannicum* im Kontext frühmittelalterli-cher Schriftdiskurse [Vortrag, Magdeburg 2021]; zum Druck eingereicht.

Musset 1965 = Lucien Musset, Introduction à la runologie (= Bibliothèque de philologie germani-que 20; Paris 1965, repr. 1976).

N [+ Nr.] → NIyR.

Nä [+ Nr.] = Sven B. F. Jansson, Närkes Runinskrifter (= SR 14,1; Stockholm 1975).

N A [+ Nr.]: in Norwegen (ausgenommen Bryggen, Bergen) gefundene, noch nicht in NIyR publi-zierte Runeninschrift; → *Runor*.

van Nahl 2013 = Jan Alexander van Nahl, Snorri Sturlusons Mythologie und die mittelalterliche Theologie (= RGA-E 81; Berlin – Boston 2013).

N B[+ Nr.]: in Bryggen (Bergen) gefundene, noch nicht in NIyR publizierte Runeninschrift; → *Ru-nor*.

Napier 1890 = A[rthur] Napier, Altenglische Miscellen. In: Archiv für das Studium der neueren Sprachen und Literaturen 74 (1890), 323–327.

Näsström 1996 = Britt-Mari Näsström, Från Fröja till Maria. Det förkristna arvet speglat i en folk-lig föreställningsvärld. In: Nilsson 1996, 335–348.

Naumann 1998 = Hans-Peter Naumann, Runeninschriften als Quelle der Versgeschichte. In: Dü-wel / Nowak 1998, 694–714.

Naumann 2018 = —, Metrische Runeninschriften in Skandinavien. Einführung, Edition und Kom-mentar (= Beiträge zur Nord. Philologie 60; Tübingen 2018).

Naumann et al. 2004 = Alemannien und der Norden, ed. Hans-Peter Naumann et al. (= RGA-E 43; Berlin – New York 2004).

Neckel / Kuhn 1962 = Die Lieder des Codex Regius nebst verwandten Denkmälern, ed. Gustav Neckel / Hans Kuhn (Heidelberg ⁴1962). – Übs.: Die Götter- und Heldenlieder der Älteren Ed-da, tr. Arnulf Krause (Stuttgart 2004 u.ö.).

Nedoma 1992 = Robert Nedoma, Die Schachszenen der *Mágus saga jarls*. In: *triuwe*. Studien zur Sprachgeschichte und Literaturwissenschaft. Gedenkschr. Elfriede Stutz, ed. Karl-Friedrich Kraft et al. (= Heidelberger Bibliotheksschriften 47; Heidelberg 1992), 91–108.

Nedoma 1993 = —, Zur Runeninschrift auf der Urne A.11/251 von Loveden Hill. In: Die Sprache 35,1 (1991–1993 [1993]), 115–124.

Nedoma 1994 = —, Abbildungen und Nachbildungen des unbeschädigten Runenrings von Pietro-assa. In: Die Sprache 35,2 (1991–1993 [1994]), 226–234.

Nedoma 1995 = —, Die Inschrift auf dem Helm B von Negau. Möglichkeiten und Grenzen der Deutung norditalischer epigraphischer Denkmäler (= Philologica Germanica 17; Wien 1995).

Nedoma 1998 = —, Zur Problematik der Deutung älterer Runeninschriften – kultisch, magisch oder profan? In: Düwel / Nowak 1998, 24–54.

Nedoma 1999 = —, Die Runeninschrift auf der Gürtelschnalle von Pforzen – ein Zeugnis der ger-manischen Heldensage. In: Bammesberger / Waxenberger 1999, 98–109.

Nedoma 2003a = —, Die Runeninschrift auf dem Stein von Rubring. In: Heizmann / van Nahl 2003, 481–495.

Nedoma 2003b = —, Rez. Nielsen 2000. In: Kratylos 48 (2003), 159–164.

Nedoma 2004a = —, Personennamen in südgermanischen Runeninschriften (= Studien zur altger-manischen Namenkunde I,1,1; Heidelberg 2004).

Nedoma 2004b = —, Noch einmal zur Runenschrift auf der Gürtelschnalle von Pforzen. In: Nau-mann et al. 2004, 340–370.

Nedoma 2005 = Robert Nedoma, Urnordisch **-a** im Nominativ Singularis der maskulinen *n*-Stämme. In: Papers on Scandinavian and Germanic Language and Culture. Festschr. Michael Barnes (= NOWELE 46/47; Odense 2005), 155–191.

Nedoma 2006a = —, Schrift und Sprache in den südgermanischen Runeninschriften. In: Bammesberger / Waxenberger 2006, 109–156.

Nedoma 2006b = —, Zu den Personennamen in der Runeninschrift vom Kleinen Schulerloch. Ebd., 347–355.

Nedoma 2007 = —, Die voraltfriesischen Personennamen der Runeninschriften auf dem Webschwert von Westeremden, dem Schwertchen von Arum und anderen Denkmälern. In: Advances in Old Frisian Philology, ed. Rolf H. Bremmer Jr et al. (= ABäG 64; = Estrikken 80; Amsterdam – New York 2007), 299–324.

Nedoma 2008 → Theune-Großkopf / Nedoma 2008, 46–64.

Nedoma 2009a = —, Text und Bild, Bild und Text: Urnordisch **undz** auf den Goldbrakteaten von Killerup-B und Gudme II-B. In: Heizmann et al. 2009, 803–833.

Nedoma 2009 b = —, Eine ostgermanische Silberblechfibel mit fragmentarischer Runeninschrift aus (Győr-)Ménfőcsanak (Komitat Győr-Moson-Sopron, Ungarn). In: Die Sprache 47,1 (2007 /2008 [2009]), 120–124.

Nedoma 2010 = —, Schrift und Sprache in den ostgermanischen Runeninschriften. In: The Gothic Language. A Symposium, ed. Hans Frede Nielsen / Flemming Talbo Stubkjær et al. (= NOWELE 58/59; Odense 2010), 1–70.

Nedoma 2011 = —, Personennamen in älteren Runeninschriften auf Fibeln. In: Language and Literacy in Early Scandinavia and Beyond, ed. Michael Schulte / Robert Nedoma (= NOWELE 62/63; Odense 2011), 31–89.

Nedoma 2014a = —, Voraltfriesisch **-u** im Nominativ und Akkusativ Sg. der maskulinen *a*-Stämme. In: Directions for Old Frisian Philology, ed. Rolf H. Bremmer Jr et al. (= ABäG 73; Amsterdam – New York 2014), 343–368.

Nedoma 2014b → Rau / Nedoma 2014, 68–73.

Nedoma 2015 = —, Wege und Probleme der areal- und sozioonomastischen Auswertung von Personennamen in älteren Runeninschriften auf Fibeln. In: Grimm / Pesch 2015, 291–332.

Nedoma 2016 = —, The personal names on the Loveden Hill urn and the Watchfield case fitting. Possibilities and restrictions resulting from the sound system. In: Grammarians, Skalds and Runic Carvers. I, ed. Robert Nedoma / Michael Schulte (= NOWELE 69,1; Amsterdam – Philadelphia 2016), 3–37.

Nedoma 2018 = —, Germanic personal names before AD 1000 and their elements referring to birds of prey. With an emphasis upon the runic inscription in the eastern Swedish Vallentuna-Rickeby burial. In: Raptor and human – falconry and bird symbolism throughout the millennia on a global scale, ed. Karl-Heinz Gersmann / Oliver Grimm (= Advanced studies on the archaeology and history of hunting 1; Kiel – Hamburg 2018). IV, 1583–1602.

Nedoma 2020a = —, Schrift und Sprache der südgermanischen Runeninschriften. In: Düwel / Nedoma / Oehrl 2020, LIX–CXXVIII.

Nedoma 2020b = —, Aufbewahrung. In: Düwel / Nedoma / Oehrl 2020, 883–886.

Nedoma 2020c = —, Südgermanische Runeninschriften: Stationen der Sprachgeschichte. In: Nedoma / Nielsen 2020, 91–115.

Nedoma 2021 = —, Die frühe voraltsächsische und voraltfriesische Runenüberlieferung: Stationen der Sprachgeschichte. In: Laker / Nielsen 2021, 27–65.

Nedoma 2022 = —, Zur Runeninschrift auf dem Goldhorn B von Gallehus. In: PBB 144 (2022), 188–213.

Nedoma / Düwel 2012 → Schmidt et al. 2012, 136–186.

Nedoma / Nielsen 2020 = Runic Inscriptions and the Early History of the Germanic Languages, ed. Robert Nedoma / Hans Frede Nielsen (= NOWELE 73,1; Amsterdam – Philadelphia 2020).

Neu 1974 = Erich Neu, Der Anitta-Text (= Studien zu den Boğazköy-Texten 18; Wiesbaden 1974).

Nevskaya / Erdal 2015 = Interpreting the Turkic Runiform Sources and the Position of the Altai Corpus, ed. Irina Nevskaya / Marcel Erdal (= Studien zur Sprache, Geschichte und Kultur der Turkvölker 21; Berlin 2015).

NIæR [+ Bd., Seite] = Sophus Bugge / Magnus Olsen, Norges Indskrifter med de ældre Runer (= Norges Indskrifter indtil Reformationen 1; Christiania 1891–1924). I–III.

NIæR, Indledning → Bugge 1905–1913.

Nielsen 1985 = Hans Frede Nielsen, Old English and the Continental Germanic Languages. A Survey of Morphology and Phonological Interrelations (= IBS 33; Innsbruck ²1985).

Nielsen 1996 = —, Developments in Frisian Runology: A Discussion of Düwel & Tempel's Runic Corpus from 1970. In: Looijenga / Quak 1996, 123–130.

Nielsen 1998 = —, The Linguistic Status of the Early Runic Inscriptions of Scandinavia. In: Düwel / Nowak 1998, 539–555.

Nielsen 2000 = —, The Early Runic Language of Scandinavia. Studies in Germanic Dialect Geography (Heidelberg 2000).

Nielsen 2015 = —, The grouping of the Germanic languages and the dialectal provenance of the oldest runic inscriptions of Scandinavia (AD 160–500). In: Grimm / Pesch 2015, 45–58.

Nielsen 2021 = —, Deciphering the inscription of the Undley bracteate under the possibilities/restrictions of the Pre-Old English sound system. In: Laker / Nielsen 2021, 66–79.

Nielsen K.M. 1960 = Karl Martin Nielsen, Til runedanskens ortografi. In: ANF 75 (1960), 1–78.

Nielsen K.M. 1985 = —, Runen und Magie. Ein forschungsgeschichtlicher Überblick. In: FMSt 19 (1985), 75–97.

Nielsen M.L. 1997 = Michael Lerche Nielsen, På sporet af Borups vikinger. Tanker omkring en by og dens runesten. In: Kulturhistorisk Museum i Randers, Årbog 1996 (1997), 22–35.

Nielsen M.L. et al. 2001 = — et al., Neue Runenfunde aus Schleswig und Starigard/Oldenburg. In: Düwel et al. 2001, 201–280.

Nielsen N.Å. 1969 = Niels Åge Nielsen, Runerne på Rökstenen. (= Odense University Studies in Scandinavian Languages 2; Odense 1969).

Nielsen N.Å. 1983 = —, Danske Runeindskrifter. Et udvalg med kommentarer (København 1983).

Nievergelt 2009 = Andreas Nievergelt, Althochdeutsch in Runenschrift. Geheimschriftliche volkssprachige Griffelglossen (= ZfdA, Beiheft 11; Wiesbaden 2009).

Nilsson 1996 = Kristnandet i Sverige. Gamla källor och nya perspektiv, ed. Bertil Nilsson (= Projektet Sveriges kristnande, Publikationer 5; Uppsala 1996).

Nilsson B.E. 1976 = Bruce E. Nilsson, The Runic ›Fish-Amulet‹ from Öland. In: Mediaeval Scandinavia 9 (1976), 236–245.

NIyR [+ Nr.] oder: [+ Band, Seite] = Magnus Olsen, Norges innskrifter med de yngre runer. I–II (Oslo 1941–1951). Magnus Olsen / Aslak Liestøl, Norges innskrifter med de yngre runer. III–V (Oslo 1954–1960). Aslak Liestøl, Norges innskrifter med de yngre runer. VI[,1]: Bryggen i Bergen (Oslo 1980). Ingrid Sanness Johnsen (/ James E. Knirk), Norges innskrifter med de yngre runer. VI[,2:] Bryggen i Bergen (Oslo 1990).

Noonan 2000 = Thomas S. Noonan, Skandinavier im europäischen Teil Rußlands. In: Die Wikinger. Geschichte und Kultur eines Seefahrervolkes, ed. Peter Sawyer (Stuttgart 2000), 144–165.

Nordby 2001 = K. Jonas Nordby, Etterreformatoriske runeinnskrifter i Norge. Opphav og tradisjon (MA-Arb., Univ. Oslo 2001). Online: http://urn.nb.no/URN:NBN:no-27534 (Stand: 6.8.2023).

Nordby 2018 = —, Lønnruner. Kryptografi i runeinnskrifter fra vikingtid og middelalder (Oslo 2018).

Nordén 1943 = Arthur Nordén, Bidrag till svensk runforskning. In: Antikvariska Studier. I (= KVHAA, Handlingar 55; Stockholm 1943), 143–224.

Nordenstreng 1912 = Rolf Nordenstreng, Vad är syftet med Rökstenens inskrift? (Studier i Nordisk filologi 3,9, ed. Hugo Pipping; Helsingfors 1912).

Nordström 2021 = Jackie Nordström, Dvärgen på Ribekraniet. In: ANF 136 (2021), 5–24.

Noreen 1904 = Adolf Noreen, Altnordische Grammatik. II: Altschwedische Grammatik mit Einschluß des Altgutnischen (= Sammlung kurzer Grammatiken german. Dialekte A, 8,2; Halle/ Saale 1904).

Noreen 1923 = ——, Altnordische Grammatik. I: Altisländische und altnorwegische Grammatik (Laut- und Flexionslehre) unter Berücksichtigung des Urnordischen (= Sammlung kurzer Grammatiken german. Dialekte A, 8,1; Halle/Saale [4]1923 = [5]1970)

Nösler / Kuhnert 2019 = Daniel Nösler / Martin Kuhnert, Rez. Ludowici 2019. In: Nachrichten aus Niedersachsens Urgeschichte 88 (2019), 319–332.

Nowak 2003 = Sean Nowak, Schrift auf den Goldbrakteaten der Völkerwanderungszeit. Untersuchungen zu den Formen der Schriftzeichen und zu formalen und inhaltlichen Aspekten der Inschriften (Diss., Univ. Göttingen o.J. [2003]). Online: https://ediss.uni-goettingen.de/handle/ 11858/00-1735-0000-0006-AEE1-A (Stand: 6.8.2023).

Nugteren 2017 → Steuer / Nugteren / Düwel 2017, 85–88.

Nußbeck 1993 = Ulrich Nußbeck, Karl Theodor Weigel und das Göttinger Sinnbildarchiv. Eine Karriere im Dritten Reich (= Beiträge zur Volkskunde in Niedersachsen 7; Göttingen 1993).

Nyström 1997 = Runor och ABC, ed. Staffan Nyström (= Sällskapet Runica et Mediævalia, Opuscula 4; Stockholm 1997).

Odenstedt 1983 = Bengt Odenstedt, The Inscription of the Meldorf Fibula. In: ZfdA 112 (1983), 153–161.

Odenstedt 1986 = ——, Om ursprunget till den äldre futharken. En granskning av några teorier om runskriftens ursprung, speciellt E. Moltkes (1976) och E. H. Antonsens (1982). Jämte ett förslag till ny teori. In: SoS 9 (1981–1984 [1986]), 77–116.

Odenstedt 1989 = ——, Further Reflections on the Meldorf Inscription. In: ZfdA 118 (1989), 77–85.

Odenstedt 1990 = ——, On the Origin and Early History of the Runic Script. Typology and Graphic Variation in the Older *Futhark* (= Acta academiae regiae Gustavi Adolphi 59; Uppsala 1990).

Oeftiger / Dollhopf 2001 = Claus Oeftiger / Klaus-Dieter Dollhopf, Fortsetzung der Ausgrabungen im alamannischen Gräberfeld »Zwerchweg« bei Herrenberg, Kreis Böblingen. In: Archäolog. Ausgrabungen in Baden-Württemberg 2000 (2001), 140–145.

Oehrl 2006 = Sigmund Oehrl, Zur Deutung anthropomorpher und theriomorpher Bilddarstellungen auf den spätwikingerzeitlichen Runensteinen Schwedens (= WSS 16; Wien 2006).

Oehrl 2009 = ——, Kindsmord und Buße der kymrischen Flügelstute und die missglückte Pilgerfahrt einer rätselfreudigen northumbrischen Taube. Ute Schwabs Deutung des *Franks Casket* [Rez. Schwab 2008]. In: IASLonline [2.9.2009], online: http://www.iaslonline.de/index.php?vorgang _id=2950 (Stand: 6.8.2023).

Oehrl 2011a = ——, Vierbeinerdarstellungen auf schwedischen Runensteinen. Studien zur nordgermanischen Tier- und Fesselungsikonografie (= RGA-E 72; Berlin – New York 2011).

Oehrl 2011b = ——, Rez. Graf 2010. In: ZfdA 140 (2011), 367–374.

Oehrl 2011c = ——, Runen, runenähnliche Zeichen und Tierdarstellungen auf Waffen. Überlegungen zu den Ritzzeichen auf Pfeilschäften aus dem Kriegsbeuteopfermoor von Nydam und tauschierten Lanzenspitzen der Römischen Kaiserzeit. In: Offa 63/64 (2006/2007 [2011]), 63–78.

Oehrl 2012 = ——, Rez. Åkerström-Hougen 2010. In: Germanistik 53 (2012), 473–474.

Oehrl 2015a = ——, Paganes und Christliches in der Vierbeinerikonographie der schwedischen Runensteine. In: Bilddenkmäler zur germanischen Götter- und Heldensage, ed. Wilhelm Heizmann / Sigmund Oehrl (= RGA-E 91; Berlin – Boston 2015), 463–534.

Oehrl 2015b = ——, Bemerkungen zu den Petroglyphen und der Runeninschrift im Kleinen Schulerloch. In: ZfdA 144 (2015), 281–293.

Oehrl 2017 = Sigmund Oehrl, Documenting and Interpreting the Picture Stones of Gotland. Old Problems and New Approaches. In: Current Swedish Archaeology 25 (2017), 87–112.

Oehrl 2019 = —, Die Bildsteine Gotlands. Probleme und neue Wege ihrer Dokumentation, Lesung und Deutung. I: Text. II: Tafeln (= Studia archaeologiae medii aevi 3; Friedberg 2019).

Oehrl 2020 = —, Paraschriftliche Zeichen(komplexe) im Kontext südgermanischer Runenüberlieferung. In: Düwel / Nedoma / Oehrl 2020, CXLVII–CLXXVII.

Oettinger 2008 = Norbert Oettinger, An Indo-European Custom of Sacrifice in Greece and Elsewhere. In: Evidence and Counter-Evidence. Festschr. Frederik Kortlandt, ed. Alexander Lubotsky et al. I: Balto-Slavic and Indo-European linguistics (= Studies in Slavic and General Linguistics 32,1; Amsterdam – New York 2008), 403–414.

Oettinger 2020 = —, Die Runeninschrift von Eggja und indogermanische Phraseologie. In: *Maiores philologiae pontes*. Festschr. Michael Meier-Brügger, ed. Matthias Fritz et al. (Ann Arbor – New York 2020), 161–169.

OG- [+ Nr.] → Nedoma 2010.

Ög [+ Nr.] = Erik Brate, Östergötlands Runinskrifter (= SR 2; Stockholm 1911–1918).

Okasha 1971 = Elisabeth Okasha, Hand-List of Anglo-Saxon Non-Runic Inscriptions (Cambridge 1971).

Okasha 1983 = —, A supplement to *Hand-List of Anglo-Saxon Non-Runic Inscriptions*. In: Anglo-Saxon England 2 (1983), 83–118.

Okasha 1992 = —, A second supplement to *Hand-List of Anglo-Saxon Non-Runic Inscriptions*. In: Anglo-Saxon England 21 (1992), 37–85.

Okasha 2004 = —, A third supplement to *Hand-List of Anglo-Saxon Non-Runic Inscriptions*. In: Anglo-Saxon England 33 (2004), 225–281.

Okasha 2018 = —, A fourth supplement to *Hand-List of Anglo-Saxon Non-Runic Inscriptions*. In: Anglo-Saxon England 47 (2018), 365–423.

Öl [+ Nr.] = Sven Söderberg / Erik Brate, Ölands Runinskrifter (= SR 1; Stockholm 1900–1906).

Olrik / Ræder 1931 = Saxonis Gesta Danorum, ed. J[ørgen] Olrik / H[ans] Ræder. I: Text (Havnia [i.e. Kopenhagen] 1931). – Übs.: Paul Herrmann, Erläuterungen zu den ersten neun Büchern der Dänischen Geschichte des Saxo Grammaticus. I: Übersetzung (Leipzig 1901).

Olsen 1907 = Magnus Olsen, Runeindskriften paa en guldbrakteat fra Overhornbæk (Stephens Nr. 28). In: AaNO 1907, 19–44.

Olsen 1912 = —, Über den Inhalt einiger Gruppen von urnordischen Runeninschriften. In: Festschr. Vilhelm Thomsen (Leipzig 1912), 15–20.

Olsen 1916 = —, Om troldruner. In: Edda 5 (1916), 225–245. – Auch als: M. O., Om troldruner (= Fordomtima 2; Uppsala 1917). – Wieder in: M. O., Norrøne Studier (Oslo 1938), 1–23.

Olsen 1943 = —, Grimhilds og Gudruns Runeinnskrifter (= Avhandlinger utgitt av Det Norske Videnskaps-Akademi i Oslo, II: Histor.-Filosof. Kl., 1943,1; Oslo 1943).

Olsen 1948 = —, »Ti lønnstaver«. In: MoM 1948, 122–124.

Olsen 1954 = —, Runic Inscriptions in Great Britain, Ireland and The Isle of Man. In: Alexander O. Curle / Magnus Olsen / Haakon Shetelig, Civilisation of the Viking Settlers in relation to their old and new countries (= Viking Antiquities in Great Britain and Ireland 6; Oslo 1954), 151–233.

Opitz 1979 = Stephan Opitz, Neue Runeninschriften aus alamannischen Gräbern des 6. und 7. Jahrhunderts. In: Fundberichte aus Baden-Württemberg 4 (1979), 364–370.

Opitz 1980 = —, Südgermanische Runeninschriften im älteren Futhark aus der Merowingerzeit (= Hochschul-Produktionen Germanistik, Linguistik, Literaturwissenschaft 3; Kirchzarten ²o.J. [1980] = ³1987).

OR [+ Nr.] = Barnes / Page 2006, 153–214.

OR-M [+ Nr.] = Michael Barnes, The Runic Inscriptions of Maeshowe, Orkney (= Runrön 8, Uppsala 1994).

Ottosson 2002 = Kjartan Ottosson, Old Nordic: A definition and delimitation of the period. In: The Nordic Languages. An International Handbook of the History of the North Germanic Languages, ed. Oskar Bandle et al. I (= HSK 22,1; Berlin – New York 2002), 787–793.

von Padberg 1998 = Lutz E. von Padberg, Die Christianisierung Europas im Mittelalter (= RUB 17015; Stuttgart 1998). [Im Nachfolgewerk (= RUB 18641; Stuttgart ²2009) fehlt der Quellenteil.]

Page 1968 = R[aymond] I[an] Page, The Old English Rune *eoh*, *íh* ›Yew-Tree‹. In: Medium Ævum 37 (1968), 125–136. – Wieder in: Page 1995a, 133–144.

Page 1969 = —, Runes and Non-Runes. In: Medieval Literature and Civilization. Gedenkschr. G[eorge] N. Garmonsway, ed. D[erek] A. Pearsall / R[onald] A. Waldron (London 1969), 28–54. – Wieder in: Page 1995a, 161–179.

Page 1973 = —, An Introduction to English Runes (London 1973).

Page 1981 = —, More Thoughts on Manx Runes. In: Thompson 1981, 129–137. – Wieder in: Page 1995a, 207–224.

Page 1989 = —, Roman and Runic on St Cuthbert's Coffin. In: St Cuthbert, His Cult and His Community to AD 1200, ed. Gerald Bonner et al. (Woodbridge 1989), 257–265. – Wieder in: Page 1995a, 315–325.

Page 1995a = —, Runes and Runic Inscriptions. Collected Essays on Anglo-Saxon and Viking Runes, ed. David Parsons (Woodbridge 1995).

Page 1995b = —, Quondam et futurus [1994]. In: Page 1995a, 1–16.

Page 1998 = —, The Icelandic Rune-Poem. In: Nottingham Medieval Studies 42 (1998), 1–37.

Page 1999 = —, An Introduction to English Runes (Woodbridge ²1999).

Page 2003 = —, On the Norwegian Rune-poem. In: Heizmann / van Nahl 2003, 553–566.

Page 2010 = —, The Position of Old English Runes in the Runic Tradition. In: Askedal et al. 2010, 137–150.

Page / Hagland 1998 = — / Jan Ragnar Hagland, Runica Manuscripta and Runic Datings: The Expansion of the Younger Fuþąrk. In: Dybdahl / Hagland 1998, 55–71.

Palm 1992 = Rune Palm, Runor och regionalitet. Studier av variation i det nordiska minnesinskrifterna (= Runrön 7; Uppsala 1992).

Palm 2004 = —, Vikingarnas språk 750–1100 (Stockholm 2004).

Palumbo 2015 = Alessandro Palumbo, Rez. Cucina 2013. In: Futhark 5 (2014 [2015]), 199–206.

Palumbo 2017 = —, Among Demons and Ave Marias. Runes and the Supernatural on Swedish Amulets. In: Annali dell'Università degli Studi di Napoli »L'Orientale«, Sezione Gemanica, N.S. 26 (2016 [2017]), 85–102.

Palumbo 2018 = —, Skriftsystem i förändring. En grafematisk och paleografisk studie av de svenska medeltida runinskrifterna (Uppsala 2018).

Palumbo 2020 = —, Rez. Imer 2017a. In: Futhark 9–10 (2018–2019 [2020]), 287–294.

Palumbo 2022 = —, How Latin is runic Latin? Thoughts on the influence of Latin writing on medieval runic orthography. In: Studien zur runischen Graphematik: Methodische Ansätze und digitale Umsetzung, ed. Edith Marold / Christiane Zimmermann (= Runrön 25; Uppsala 2022), 177–218.

Palumbo 2023 = —, Analysing bilingualism and biscriptality. In Journal of Historical Sociolinguistics 9 (2023), 69–96.

Pape 2000 = Hans-Werner Pape, Das Gandersheimer Runenkästchen – Technische Analyse, Material und Montage. In: Marth 2000, 19–34.

Parsons 1994 = David N. Parsons, Anglo-Saxon Runes in Continental Manuscripts. In: Düwel et al. 1994, 195–220.

Parsons 1999 = —, Recasting the Runes. The Reform of the Anglo-Saxon *Futhorc* (= Runrön 14; Uppsala 1999).

Paul 1985 = Fritz Paul, Fünfzig Jahre Skandinavistik an der Georg-August-Universität in Göttingen. Eine vorläufige Skizze (Göttingen 1985). – Auch online (als: Frühere Geschichte des Seminars): https://www.uni-goettingen.de/de/frühere+geschichte+des+seminars/661032.html (Stand: 6.8.2023).

Pauli Jensen 2003 = Xenia Pauli Jensen, Der Moorfund aus Vimose. In: Sieg und Triumpf [sic]. Der Norden im Schatten des Römischen Reiches, ed. Lars Jørgensen et al. (o. O. [København] 2003), 224–238.

Paulli 1734 = Joachim Richard Paulli, Zuverlässiger Abriß Des Anno 1734. Bey Tundern gefundenen Güldenen Horns (Copenhagen 1734). – Auch online: https://reader.digitale-sammlungen.de/de/fs1/object/display/bsb10630758_00001.html (Stand: 6.8.2023).

Pedersen 1923 = Holger Pedersen, Runernes Oprindelse. In: AaNO, 3. R., 13 (1923), 37–82.

Pedersen A. 2014 = Anne Pedersen, Das königliche Jelling. In: Die Wikinger. Katalog der Ausstellung Berlin 2014–2015, ed. Gareth Williams et al. (München 2014), 158–159. 245.

Penzl 1995 = Herbert Penzl, Runengermanisch. Zur Geschichte einer ›Trümmersprache‹. In: PBB 117 (1995), 369–380.

Penzl 1996 = —, Ist das nordisch-westgermanische Runengermanisch das ›Ur-Altenglische‹? In: NOWELE 27 (1996), 137–145.

Pereswetoff-Morath 2019 = Sonia Pereswetoff-Morath, Viking-Age Runic Plates. Readings and Interpretations (= Acta academiae regiae Gustavi Adolphi 155 = Runrön 21; Uppsala 2019).

Perl 1990 = Griechische und lateinische Quellen zur Frühgeschichte Mitteleuropas bis zur Mitte des 1. Jahrtausends u. Z. II: Tacitus, Germania, ed./tr. Gerhard Perl (= Schriften und Quellen der alten Welt 37,2; Berlin 1990).

Pesch 2002 = Alexandra Pesch, Frauen und Brakteaten – eine Skizze. In: Mythological Women. Gedenkschr. Lotte Motz, ed. Rudolf Simek / Wilhelm Heizmann (= SMS 7; Wien 2002), 33–80.

Pesch 2003 = —, Noch ein Tropfen auf die heißen Steine ... Zur 1992 entdeckten Runeninschrift an den Externsteinen. In: Heizmann / van Nahl 2003, 567–580.

Pesch 2007a = —, Die Goldbrakteaten der Völkerwanderungszeit – Thema und Variation. Die Formularfamilien der Bilddarstellungen (RGA-E 56; Berlin – New York 2007).

Pesch 2007b = —, Germanische Tierstilkunst. Charakteristik und Wege zur Deutung. In: Die Kunde N.F. 58 (2007), 221–236.

Pesch 2017 = —, Zu schön, um wahr zu sein: Moderne Fälschungen von Goldbrakteaten. In: Forschungen in Franconofurd. Festschr. Egon Wamers, ed. Peter Fasold et al. (Regensburg 2017), 147–157.

Peterson 1991 = Lena Peterson, Gæra bro fyriʀ sial. En semantisk studie över en runstensfras. In: Festschr. Nils Hallan, ed. Gulbrand Alhaug et al. (Oslo 1991), 341–351.

Peterson 1992 = —, Hogastenen på Orust. In: Blandade runstudier. I (= Runrön 1; Uppsala 1992), 81–111.

Peterson 1994a = —, The Graphemic System of the Staveless Runes. In: Knirk 1994a, 223–252.

Peterson 1994b = —, On the relationship between Proto-Scandinavian and Continental Germanic personal names. In: Düwel et al. 1994, 128–175.

Peterson 1998 = —, A Critical Survey of the Alleged East Germanic Runic Inscriptions in Scandinavia. In: Düwel / Nowak 1998, 556–575.

Peterson 2006 = —, Svenskt runordsregister (= Runrön 2; Uppsala ³2006). – Online: http://uu.diva-portal.org/smash/get/diva2:1108274/FULLTEXT01.pdf (Stand: 6.8.2023).

Peterson 2007 = —, Nordiskt runnamnslexikon (Uppsala ⁵2007). – Auch online: http://uu.diva-portal.org/smash/get/diva2:1108274/FULLTEXT01.pdf (Stand: 6.8.2023).

Peterson 2012 = —, »En **brisi** vas **lina** sunn, en **lini** vas **unaʀ** sunn ... En þa **barlaf** ...«. Etymologiska studier över fyra personnamn på Malsta- och Sunnåstenarna i Hälsingland (= Sällskapet Runica et Mediævalia, Opuscula 15; Stockholm 2012).

Pieper 1986 = Peter Pieper, Der Runenstempel von Spong Hill: Pseudorunen oder Runenformel? In: Neue Ausgrabungen und Forschungen in Niedersachsen 17 (1986), 181–200.

Pieper 1989 = —, Die Weser-Runenknochen. Neue Untersuchungen zur Problematik: Original oder Fälschung (= Archäolog. Mitteilungen aus Nordwestdeutschland, Beih. 2; Oldenburg 1989).

Pieper 2006 = —, Die Gravuren im Kleinen Schulerloch: »Echt« oder »falsch«? Überlegungen zum Problem ihrer Qualifikation und Datierung. In: Bammesberger / Waxenberger 2006, 385–394.

Pinsker / Ziegler 1985 = Die altenglischen Rätsel des Exeterbuchs, ed./tr. Hans Pinsker / Waltraud Ziegler (= Anglist. Forschungen 183; Heidelberg 1985).

Pisani 1966 = Vittore Pisani, Italische Alphabete und germanische Runen. In: Zs. für vergleichende Sprachforschung 80 (1966), 199–211.

Pittioni 1937 = Richard Pittioni, Zur Frage der Echtheit des Knochenpfriemens vom Maria-Saaler Berg. In: NTS 8 (1937), 460–466.

Polomé 1991 = Edgar C. Polomé, The Names of the Runes. In: Bammesberger 1991a, 421–438.

Polomé 1996 = —, Beer, Runes and Magic. In: Journal of Indo-European Studies 24 (1996), 99–105.

Poulsen 2020 = Simon Poulsen, Ek [...] **wraitalaþo**: The Proto-Norse strong preterite 1SG ending in light of the Trollhättan II bracteate. In: Nedoma / Nielsen 2020, 21–43.

Prosa-Edda → Faulkes 1998, Faulkes 2005.

Prosdocimi 2003 = Aldo Luigi Prosdocimi, Sulla formazione dell'alfabeto runico. Promessa di novità documentali forse decisive. In: Corona Alpium. II. Festschr. Carlo Alberto Mastrelli (= Archivio per l'Alto Adige 97–98 [2003–2004]; Firenze 2003), 427–440.

Prosdocimi 2006 = —, Luogo, ambiente e nascita delle rune: una proposta. In: Lettura dell'*Edda*. Poesia e Prosa, ed. Vittoria Dolcetti Corazza / Renato Gendre (= Biblioteca Germanica. Studi e testi 19; Alessandria 2006), 147–202.

Quak 1987 = Arend Quak, Zum altschwedischen Runengedicht. In: skandinavistik 17 (1987), 81–92.

Quak 1990 = —, Runica Frisica. In: Aspects of Old Frisian Philology, ed.. Rolf H. Bremmer Jr et al. (= ABäG 31/32 = Estrikken 69; Amsterdam – Philadelphia 1990), 357–370.

Quak 1994 = —, Die friesischen Inschriften im Spiegel kontinental-angelsächsischer Wechselbeziehung. In: Düwel et al. 1994, 221–228.

Quak 1996 = —, Noch einmal die Lateinthese. In: Looijenga / Quak 1996, 171–179.

Quak 2003 = —, Airikr hiuk. Zu den Inschriften des Runenmeisters Erik. In: Heizmann / van Nahl 2003, 647–657.

Quak 2017 = —, Bergakker Revisited. In: Krüger et al. 2017, 291–297.

Quak 2022 = —, Rez. Williams 2021. In: ABäG 82 (2022), 306–310.

Radtke 1999 = Christian Radtke, Haithabu, Jelling und das neue ›Jenseits‹ – Skizzen zur skandinavischen Missionsgeschichte. In: Röm. Quartalschrift für christliche Altertumskunde und Kirchengeschichte 94 (1999), 3–34.

RäF [+ Nr.] = Wolfgang Krause / Herbert Jankuhn, Die Runeninschriften im älteren Futhark (= AAWGött, Philolog.-Histor. Kl., 3. F., 65; Göttingen 1966). I: Text. II: Tafeln.

Ralph 2007a = Bo Ralph, Gåtan som lösning. Ett bidrag till förståelsen av Rökstenens runinskrift. In: MoM 99 (2007), 133–157.

Ralph 2007b = —, Rökstenen och språkhistorien. In: Nya perspektiv inom nordisk språkhistoria, ed. Lennart Elmevik (= Acta academiae regiae Gustavi Adolphi 97; Uppsala 2007), 121–143.

Ralph 2021 = —, Fadern, sonen och världsalltet. En nytolkning av runinskriften på Rökstenen. I–II (= Meijerbergs arkiv för svensk ordforskning 45,1–2; Göteborg 2021).

Randsborg 1980 = Klavs Randsborg, The Viking Age in Denmark. The Formation of a State (London 1980).

Raschellà 2016 = Fabrizio D. Raschellà, Óláfr Þórðarson and the ›Norse alphabet‹: A thirteenth-century Icelandic grammarian's account of runic writing. In: Grammarians, Skalds and Runic Carvers. II, ed. Michael Schulte / Robert Nedoma (= NOWELE 69,2; Amsterdam – Philadelphia 2016), 155–190.

Rau 2015 = Andreas Rau, Archäologische Forschungen zu den Opferungen von Heeresausrüstungen und Herkunftsbestimmung von Funden mit besonderem Hinblick auf runenbeschriftete Objekte. In: Grimm / Pesch 2015, 29–43.

Rau / von Carnap-Bornheim 2012 = — / Claus von Carnap-Bornheim, Die kaiserzeitlichen Heeresausrüstungsopfer Südskandinaviens – Überlegungen zu Schlüsselfunden archäologisch-historischer Interpretationsmuster in der kaiserzeitlichen Archäologie. In: Beck et al. 2012, 515–540.

Rau / Nedoma 2014 = — / Robert Nedoma, Eine Herstellerinschrift in Zierrunen auf einem Holzschaft aus dem Moor von Nydam. In: Die Sprache 50,1 (2012/2013 [2014]), 63–82.

Rausing 1992 = Gad Rausing, On the Origin of the Runes. In: Fv. 87 (1992), 200–205.

RE = Paulys Realencyclopädie der classischen Altertumswissenschaft. Neue Bearbeitung, ed. Georg Wissowa et al. I,1–XXIV. I A–X A. Suppl. I–XV (Stuttgart [später: München] 1893–1978). Register (München 1980). Gesamtregister I–II (Stuttgart – Weimar 1997–2000).

Reichert 1998 = Hermann Reichert, Runeninschriften als Quellen der Heldensagenforschung. In: Düwel / Nowak 1998, 66–102.

Reichert 2003 = —, Vier Miszellen zum Urgermanischen und ›Altrunischen‹. In: ZfdA 132 (2003), 335–356.

Reichl 2012 = Karl Reichl, Das Altenglische – Genese und Struktur. In: Beck et al. 2012, 459–513.

Reichmann 2011 = Christoph Reichmann, Zur Entstehung der Runen. In: Das Miteinander, Nebeneinander und Gegeneinander von Kulturen. Zur Archäologie und Geschichte wechselseitiger Beziehungen im 1. Jahrtausend n. Chr., ed. Babette Ludowici / Heike Pöppelmann (= NStSF 2; Stuttgart 2011), 18–50.

RGA = Reallexikon der Germanischen Altertumskunde, ed. Heinrich Beck et al. [2]I–XXXV. Register I–II (Berlin – New York [1968/]1973–2008).

Rix 1992 = Helmut Rix, Thesen zum Ursprung der Runenschrift. In: Etrusker nördlich von Etrurien. Etruskische Präsenz in Norditalien und nördlich der Alpen sowie ihre Einflüsse auf die einheimischen Kulturen, ed. Luciana Aigner-Foresti (= SbÖAW, Philosoph.-Histor. Kl., 589; Wien 1992), 411–441.

Robertson 2012 = John S. Robertson, How the Germanic Futhark Came from the Roman Alphabet. In: Futhark 2 (2011 [2012]), 7–25.

Robins 2019 = Jenny Robins, A Possibly Misidentified Rune and other Graphemic Peculiarities on the Bergakker Scabbard Mouthpiece. In: Interdisciplinary Journal for Germanic Linguistics and Semiotic Analysis 24 (2019), 81–112.

Ronneberger-Sibold / Kazzazi 2017 = Elke Ronneberger-Sibold / Kerstin Kazzazi, Fuþorc Rune 31: Überlegungen zu Form und Funktion. In: Krüger et al. 2017, 323–337.

Runer → DK.

Runor = Runor. Online: https://app.raa.se/open/runor/search (Stand: 6.8.2023).

Runor 1987 = Runor och runinskrifter. Föredrag vid Riksantikvarieämbetets och Vitterhetsakademiens symposium, 1985 (= KVHAA, Konferenser 15; Stockholm 1987).

Ruprecht 1958 = Arndt Ruprecht, Die ausgehende Wikingerzeit im Lichte der Runeninschriften (= Palaestra 224; Göttingen 1958).

Ruthström 1990 = Bo Ruthström, Forsa-ristningen – vikingatida vi-rätt? In: ANF 105 (1990), 41–56.

Salberger 2003 = Evert Salberger, Ågersta-stenens **tekr**. In: Heizmann / van Nahl 2003, 672–688.

Salomon 2020a = Corinna Salomon, Raetic and Runes: On the relevance of North Italic inscriptions for the question of the origin of the Runic script. In: Nedoma / Nielsen 2020, 153–192.

Salomon 2020b = —, Raetic. In: Palaeohispanica 20 (2020), 263–298.

Salomon 2021 = —, Divergency and Correlation in the North Italic Alphabets. Some Thoughts about Future Lines of Research. In: Wege zur Konfiguration der Zeichen-Phonem-Beziehung, ed. Alessia Bauer / Gaby Waxenberger (= LautSchriftSprache 3; Wiesbaden 2021), 75–83.

Sanness Johnsen 1968 = Ingrid Sanness Johnsen, Stuttruner i vikingtidens innskrifter (Oslo 1968).

Sanness Johnsen 1981 = —, Personal Names in Inscriptions from Towns of Medieval Norway. In: Thompson 1981, 119–128.

Sanness Johnsen 1987 = —, Die Runeninschriften über Handel und Verkehr aus Bergen (Norwegen). In: Untersuchungen zu Handel und Verkehr der vor- und frühgeschichtlichen Zeit in Mittel- und Nordeuropa. IV: Der Handel der Karolinger- und Wikingerzeit, ed. Klaus Düwel et al. (= AAWGött, Philolog.-Histor. Kl., 3. F., 156; Göttingen 1987), 716–744.

Santesson 1989 = Lillemor Santesson, En blekingsk blotinskrift. En nytolkning av inledningsraderna på Stentoftenstenen. In: Fv. 84 (1989), 221–229.

Santesson 1993 = —, Eine Blutopferinschrift aus dem südschwedischen Blekinge. Eine Neudeutung der einleitenden Zeilen des Stentoftener Steines. In: FMSt 27 (1993), 241–252.

Sawyer B. 1991 = Birgit Sawyer, Women as Bridge-Builders: The Role of Women in Viking-Age Scandinavia. In: People and Places in Northern Europe 500–1600. Festschr. Peter Hayes Sawyer, ed. Ian Wood / Niels Lund (Woodbridge 1991), 211–224.

Sawyer B. 1998 = —, Viking Age Rune-Stones as a Source for Legal History. In: Düwel / Nowak 1998, 766–777.

Sawyer B. 2000 = —, The Viking-Age Rune-Stones. Custom and Commemoration in Early Medieval Scandinavia (Oxford – New York 2000).

Sawyer B. / Sawyer P. 1993 — / Peter Sawyer, Medieval Scandinavia. From Conversion to Reformation, circa 800–1500 (= The Nordic Series 17; Minneapolis – London 1993).

Sawyer B. / Sawyer P. 2002 = — /—, Die Welt der Wikinger (= Die Deutschen und das europäische Mittelalter [1]; Berlin o. J. [2002]).

Sawyer B. / Sawyer P. 2003 = — / —, A Gormless History? The Jelling dynasty revisted. In: Heizmann / van Nahl 2003, 689–706.

SC [+ Nr.] = Barnes / Page 2006, 215–278.

Scardigli 1994 = Barbara Scardigli, Germanische Gefangene und Geiseln in Italien (von Marius bis Konstantin). In: Germani in Italia, ed. Barbara Scardigli / Piergiuseppe Scardigli (Roma 1994), 117–150.

Schietzel 2014 = Kurt Schietzel, Spurensuche Haithabu. Dokumentation und Chronik 1963–2013 (Neumünster – Hamburg 2014).

Schmidt et al. 2012 = Christoph G. Schmidt / Robert Nedoma / Klaus Düwel, Die Runeninschrift auf dem Kamm von Frienstedt, Stadt Erfurt. In: Die Sprache 49,2 (2010/2011 [2012]), 123–186.

Schnall 1973 = Uwe Schnall, Bibliographie der Runeninschriften nach Fundorten. II: Die Runeninschriften des europäischen Kontinents (= AAWGött, Philolog.-Histor. Kl., 3. F., 80; Göttingen 1973).

Schnapp 2014 = Alain Schnapp, Was ist eine Ruine? Entwurf einer vergleichenden Perspektive (= Histor. Geisteswissenschaften, Frankfurter Vorträge 7; Göttingen 2014).

von Schnurbein 2006 = Stefanie von Schnurbein, Neugermanisches Heidentum. Kontext – Ideologie – Weltanschauung. In: Odins Erben. Neugermanisches Heidentum: Analysen und Kritik, ed. Matthias Pöhlmann (= E[vangel.] Z[entralstelle für] W[eltanschauungsfragen]-Text 184; Berlin 2006), 51–67.

Schomerus 1936 = Rudolf Schomerus, Die Religion der Nordgermanen im Spiegel christlicher Darstellung (Göttingen 1936).

Schön et al. 2006 = Matthias D. Schön / Klaus Düwel / Rolf Heine / Edith Marold, Die Inschrift auf dem Schemel von Wremen, Ldkr. Cuxhaven. In: Germania 84 (2006), 143–168.

Schramm 1983 = Gottfried Schramm, Neues Licht auf die Entstehung der Rus'? Eine Kritik an Forschungen von Omeljan Pritsak. In: Jahrbücher für die Geschichte Osteuropas 49 = N.F. 31 (1983), 210–228.

Schramm 2013 = —, Zweigliedrige Personennamen der Germanen. Ein Bildetyp als gebrochener Widerschein früher Heldenlieder (= RGA-E 82; Berlin – Boston 2013).

Schuhmann 2002 = Roland Schuhmann, Zur Runeninschrift auf dem Schildbuckel von Thorsberg und urgerm. *arga-. In: Novalis Indogermanica. Festschr. Günter Neumann, ed. Matthias Fritz / Susanne Zeilfelder (= Grazer Vergleichende Arbeiten 17; Graz 2002), 453–464.

Schuhmann 2016 = —, Eine Neuinterpretation der abschließenden Sequenz auf dem Brakteaten von Trollhättan II (IK 639). In: ABäG 76 (2016), 447–454.

Schuler 2015 = Ivan Schuler, Die althochdeutschen Glossen Ekkeharts IV. in den St. Galler Handschriften. Erläuterungen zur Neuedition, zur sprachgeografischen Einordnung und zur paläographischen Analyse. In: Ekkehart IV. von St. Gallen, ed. Norbert Kössinger et al. (= Lingua Historica Germanica 8; Berlin – Boston 2015), 69–93.

Schulte 1998 = Michael Schulte, Grundfragen der Umlautphonemisierung. Eine strukturelle Analyse des nordgermanischen i/j-Umlauts unter Berücksichtigung der älteren Runeninschriften (= RGA-E 17; Berlin – New York 1998).

Schulte 2006 = —, The transformation of the older fuþark. Number magic, runographic or linguistic principles? In: ANF 121 (2006), 41–74.

Schulte 2007 = —, Rez. MacLeod / Mees 2006. In: Journal of Germanic Linguistics 19 (2007), 73–83.

Schulte 2009a = —, Neue Überlegungen zum Aufkommen des jüngeren Fuþarks. Ein Beitrag zur Schriftgeschichte ›von unten‹. In: PBB 131 (2009), 229–251.

Schulte 2009b = —, The Scandinavian Runic Reform. A Sound Notion or a Research Dogma? In: NOWELE 56/57 (2009), 177–188.

Schulte 2010 = —, Der Problemkreis der Übergangsinschriften im Lichte neuerer Forschungsbeiträge. In: Askedal et al. 2010, 163–189.

Schulte 2011a = —, Die sprachliche Deutung der Hogganvik-Inschrift. Ergänzungen zum vorläufigen Bericht. In: ABäG 67 (2011), 57–68.

Schulte 2011b = —, Early Scandinavian Legal Texts. Evidence of Preliterary Metrical Composition? In: Schulte / Nedoma 2011, 1–30.

Schulte 2012 = —, Pragmatic Runic Literacy in Scandinavia c. 800–1300: With a Particular Focus on the Bryggen Material. In: Epigraphic Literacy and Christian Identity. Modes of Written Discourse in the Newly Christian European North, ed. Kristel Zilmer / Judith Jesch (= Utrecht Studies in Medieval Literacy 23; Turnhout 2012), 155–181.

Schulte 2013 = —, The Norwegian Hogganvik Stone as an Emblem of Social Status and Identity. In: Journal of the North Atlantic 4 (2013), 120–128.

Schulte 2015a = —, Die Blekinger Inschriften als Status- und Machtembleme – ein kulturhistorischer Syntheseversuch. In: Grimm / Pesch 2015, 175–194.

Schulte 2015b = —, Runology and historical sociolinguistics, in Journal of Historical Sociolinguistics 1 (2015), 87–110.

Schulte 2018 = —, Urnordisch. Eine Einführung (= WSS 26; Wien 2018).

Schulte 2019 = —, Raskhet i de eldre runeinnskrifter. En runologisk og lingvistisk kommentar til den nyfunne Rakkestadsteinen fra Øverby i Østfold. In: Scandinavian Philology 17 (2019), 73–96.

Schulte 2020 = —, On the history of the dotted runes and the connexion to the British Isles. In: PBB 142 (2020), 1–22.

Schulte 2021 = Michael Schulte, *Tistel-mistel*-formelen i vikingtid og nordisk middelalder. In: MoM 112,2 (2020 [2021]), 97–125.

Schulte 2023a = —, Bauprinzipien runischer Formeln. Zur Lexis und Morphosyntax urnordischer Formeln. In: PBB 145 (2023), 1–34.

Schulte 2023b = —, Der Rökstein im ökokritischen Trend [Rez. Williams 2021]. In: NOWELE 76 (2023), 100–111.

Schulte / Nedoma 2011 = Language and Literacy in Early Scandinavia and Beyond, ed. Michael Schulte / Robert Nedoma (= NOWELE 62/63; Odense 2011).

Schulz 2019 = Katja Schulz, Inscriptions in Old Norse Literature. In: Writing beyond Pen and Parchment. Inscribed Objects in Medieval European Literature, ed. Ricarda Wagner et al. (= Materiale Textkulturen 30; Berlin – Boston 2019), 41–61.

Schwab 1973 = Ute Schwab, Die Sternrune im Wessobrunner Gebet. Beobachtungen zur Lokalisierung des clm 22053, zur Hs. BM Arundel 393 und zu Rune Poem V. 86–89 (= Amsterdamer Publikationen zur Sprache und Literatur 1; Amsterdam 1973).

Schwab 1981 = —, The Inscription of the Nordendorf Brooch I: A Double Reading in Line III? In: Thompson 1981, 38–49. – Wieder in: Schwab 2009, 71–84.

Schwab 1998a = —, *bada* – ein runisches Wunschwort. In: *Ir sult sprechen willekomen*. Grenzenlose Mediävistik. Festschr. Helmut Birkhan, ed. Christa Tuczay / Ulrike Hirhager / Karin Lichtblau (Bern etc. 1998), 139–156. – Wieder in: Schwab 2009, 179–199.

Schwab 1998b = —, Runen der Merowingerzeit als Quelle für das Weiterleben der spätantiken christlichen und nichtchristlichen Schriftmagie? In: Düwel / Nowak 1998, 376–433. – Wieder in: Schwab 2009, 85–177.

Schwab 1999a = —, Die Runenschnalle von Pforzen (Allgäu) – Aspekte der Deutung: 4. Diskussion. In: Bammesberger / Waxenberger 1999, 55–79. – Wieder in: Schwab 2009, 303–357.

Schwab 1999b = —, Zweierlei Runenwünsche aus alamannischen Fundstätten. In: *Ze hove und an der strâzen*. Die deutsche Literatur des Mittelalters und ihr »Sitz im Leben«. Festschr. Volker Schupp, ed. Anna Keck / Theodor Nolte (Stuttgart – Leipzig 1999), 12–27. – Wieder in: Schwab 2009, 201–224.

Schwab 2001 = —, Die beiden ›Runenglossen‹ im deutsch-insularen Gregorius-Homiliar Clm 3731 (saec. VIIIex.). In: Mittelalterliche volkssprachige Glossen, ed. Rolf Bergmann et al. (= Germanist. Bibliothek 13; Heidelberg 2001), 77–100. – Wieder in: Schwab 2009, 225–255.

Schwab 2005 = —, Zu den vielen fragwürdigen Tieren und dann zur letzten Szene auf dem kymrischen Teil des Bilderkästchens von Auzon (Bargello): Ein Versuch der Weiterentdeckung von Bild und Schriftsinn. In: Vom vielfachen Schriftsinn im Mittelalter. Festschr. Dietrich Schmidtke, ed. Freimut Löser / Ralf G. Päsler (= Schriften zur Mediävistik 4; Hamburg 2005), 487–520. – Wieder in: Schwab 2008, 179–200.

Schwab 2006 = —, **fa⚹ild** und **feha**. Ein altenglischer Runenname aus Rom und ein alamannisches Runenwort aus Weingarten. In: Bammesberger / Waxenberger 2006, 233–271. – Wieder in: Schwab 2009, 257–301.

Schwab 2008 = —, Franks Casket. Fünf Studien zum Runenkästchen von Auzon, ed. Hasso C. Heiland (= SMS 15; Wien 2008).

Schwab 2009 = —, Le rune in Italia, ed. Vittoria Dolcetti Corazza et al. (= Bibliotheca Germanica. Studi e testi 27; Alessandria 2009).

Schwerdt 2000 = Judith Schwerdt, Die 2. Lautverschiebung: Wege zu ihrer Erforschung (= Jenaer Germanist. Forschungen N.F. 8; Heidelberg 2000).

Schwink 2000 = Frederick W. Schwink, The Velar Nasal in the Adaptation of the Runic Alphabet. In: American Journal of Germanic Linguistics and Literatures 12 (2000), 235–249.

von See et al. I–VII = Klaus von See / Beatrice La Farge / Katja Schulz et al., Kommentar zu den Liedern der Edda. I–VII (Heidelberg 1997–2019).

Seebold 1986 = Elmar Seebold, Was haben die Germanen mit den Runen gemacht? Und wieviel haben sie davon von ihren antiken Vorbildern gelernt? In: Germanic Dialects: Linguistic and Philological Investigations, ed. Bela Brogyanyi / Thomas Krömmelbein (= Amsterdam Studies in the Theory and History of Linguistic Science, Ser. 4: Current Issues in Linguistic Theory, 38; Amsterdam – Philadelphia 1986), 525–583.

Seebold 1990 = —, Die Inschrift B von Westeremden und die friesischen Runen. In: Aspects of Old Frisian Philology, ed.. Rolf H. Bremmer Jr et al. (= ABäG 31/32 = Estrikken 69; Amsterdam – Philadelphia 1990), 408–427.

Seebold 1991a = —, Die Herkunft der Runenschrift. In: Festschr. Ottar Grønvik, ed. John Ole Askedal / Harald Bjorvand / Eyvind Fjeld Halvorsen (Oslo 1991), 16–32.

Seebold 1991b = —, Die Stellung der englischen Runen im Rahmen der Überlieferung des älteren Fuþark. In: Bammesberger 1991a, 439–569.

Seebold 1993 = —, Fuþark, Beith-Luis-Nion, He-Lamedh, Abgad und Alphabet. Über die Systematik der Zeichenaufzählung bei Buchstabenschriften. In: Sprachen und Schriften des antiken Mittelmeerraums. Festschr. Jürgen Untermann, ed. Frank Heidermanns et al. (= IBS 78; Innsbruck 1993), 411–444.

Seebold 1994 = —, Die sprachliche Deutung und Einordnung der archaischen Runeninschriften. In: Düwel et al. 1994, 56–94.

Seebold 1999 = —, Bemerkungen zur Runeninschrift von Pforzen. In: Bammesberger / Waxenberger 1999, 88–90.

Seebold 2000a = —, Die Runeninschrift auf dem Gandersheimer Kästchen. In: Marth 2000, 105–109.

Seebold 2000b = —, Die Iren und die Runen. Die Überlieferung fremder Schriften im 8. Jahrhundert als Hintergrund zum ersten Auftreten von Manuskript-Runen. In: Theodisca. Beiträge zur althochdeutschen und altniederdeutschen Sprache und Literatur in der Kultur des frühen Mittelalters, ed. Wolfgang Haubrichs et al. (= RGA-E 22; Berlin – New York 2000), 10–37.

Seebold 2003 = —, Schrapmesser – wirklich?. In: Heizmann / van Nahl 2003, 804–811.

Seebold 2010 = —, Die gotischen Buchstabennamen mit einem Exkurs über die englischen Manuskriptrunen. In: The Gothic Language. A Symposium, ed. Hans Frede Nielsen / Flemming Talbo Stubkjær et al. (= NOWELE 58/59; Odense 2010), 71–168.

Seebold 2011 = —, Typologische Chronologie der älteren nordischen Runen. Mit besonderer Berücksichtigung der Brakteateninschriften und der Inschriften der Übergangszeit. In: Schulte / Nedoma 2011, 91–168.

Seim 1989 = Karin Fjellhammer Seim, Runeinnskrifter fra Trondheim og Bergen som kilder til Islandshandelens historie? In: Historisk tidsskrift [Oslo] 68 (1989), 333–347.

Seim 1998a = —, De vestnordiske futhark-innskriftene fra vikingtid og middelalder – form og funksjon (Trondheim 1998).

Seim 1998b = —, Runes and Latin Script: Runic Syllables. In: Düwel / Nowak 1998, 508–512.

Seim 2021 = —, Runologie. In: Handbuch der norrönen Philologie, ed. Odd Einar Haugen (Oslo 2021). II, 11–88. – Auch online: http://omp.novus.no/index.php/novus/catalog/book/18 (Stand: 6.8.2023).

Senra Silva 2011 = Immaculada Senra Silva, The Names of the u-Rune. In: Futhark 1 (2010 [2011]), 109–122.

SG- [+ Nr.] → Düwel / Nedoma / Oehrl 2020.

SH [+ Nr.] = Barnes / Page 2006, 117–153.

Siegmund 2000 = Frank Siegmund, Alemannen und Franken (= RGA-E 23; Berlin – New York 2000).

Siegmund 2015 = —, »Jütländische« Bügelfibeln mit Runenritzungen im südgermanischen Bereich: Zeitstellung und Herkunft der Fibeln, soziale Einordnung der Grabinventare. In: Grimm / Pesch 2015, 475–486.

Simek 2004 = Rudolf Simek, Frauen auf Brakteaten? Methodologische Anmerkungen zu einem Problem der Brakteatenikonologie. In: Verschränkung der Kulturen. Der Sprach- und Kulturaustausch zwischen Skandinavien und den deutschsprachigen Ländern. Festschr. Hans-Peter Naumann, ed. Oskar Bandle et al. (= Beiträge zur Nord. Philologie 37; Tübingen – Basel 2004), 199–215.

Simek 2017 = —, Rechtsextremismus: Runen gestern, heute, morgen. Online: https://www.bpb.de/themen/rechtsextremismus/dossier-rechtsextremismus/257816/runen-gestern-heute-morgen/ (Stand: 6.8.2023).

Simon 2022 = Philipp M. Simon, Building Scaffolds [Abstract eines Vortrags, Ninth International Symposium on Runes and Runic Inscriptions, Sankelmark 2022]. Online: https://www.isrri2022.uni-kiel.de/abstracts/#simon (Stand: 6.8.2023).

Simon et al. 2007 = Gerd Simon / Dagny Guhr / Ulrich Schermaul, Chronologie Arntz, Helmut. Online: https://homepages.uni-tuebingen.de/gerd.simon/ChrArntz.pdf (Stand: 6.8.2023, als unsichere Seite eingestuft).

Sindbæk / Imer 2018 = Søren M. Sindbæk / Lisbeth M. Imer, Kæm, kam! In: Skalk 2018,1, 16.

Sm [+ Nr.] = Ragnar Kinander, Smålands Runinskrifter (= SR 4; Stockholm 1935–1961).

Smith 1869 = [R(obert) H(enry) Soden Smith,] The Treasure of Petrossa: and Other Gold-smith's Work from Roumania. A series of twenty photographs of ancient gold vessels, fibulæ, neck-rings, etc., found near Petrossa in Roumania, in 1837, and shown in the »History of labour« section of the Paris Universal Exhibition of 1867, and examples of goldsmith's art in Roumania (London 1869).

Snædal 1992 → Gustavson / Snædal / Åhlén 1992, 156–158.

Snædal 2002 = Thorgunn [i.e. Þórgunnur] Snædal, Medan världen vakar. Studier i de gotländska runinskrifternas språk och kronologi (= Runrön 16; Uppsala 2002).

Snædal 2003 → IsR.

Snædal 2011 = —, Rúnum ristir gripir frá Alþingisreitnum og Urriðakoti. In: Árbók Hins íslenzka fornleifafélags 2011, 167–185.

Snædal 2014 = —, Runinskrifterna på Pireuslejonet i Venedig (Stockholm 2014).

Snædal Brink 1984 → Gustavson / Snædal Brink 1984, 256–258

Snorra Edda → Faulkes 1998, Faulkes 2005.

Sö [+ Nr.] = Erik Brate / Elias Wessén, Södermanlands Runinskrifter (= SR 3; Stockholm 1924–1936).

Söderberg 1988 = Barbro Söderberg, En runstrof från Bergen. In: Festschr. Ingemar Olsson, ed. Jan Einarsson / Barbro Söderberg (= Meddelanden från Institutionen för nordiska språk vid Stockholms universitet 28; Stockholm 1988), 361–367.

Sonderegger 1978 = Stefan Sonderegger, ›Abecedarium Nordmannicum‹. In: Die deutsche Literatur des Mittelalters: Verfasserlexikon, ed. Kurt Ruh et al. I (Berlin – New York 1978, repr. 2010), 7–8.

Søvsø 2014 = Morten Søvsø, Om dateringen af Ribe runehjerneskallen. In: Futhark 4 (2013 [2014]), 173–176.

Spiesberger 1955 = Karl Spiesberger, Runenmagie. Handbuch der Runenkunde (Berlin 1955 u.ö.).

Spitzbart 1997 = Beda der Ehrwürdige, Kirchengeschichte des englischen Volkes, ed./tr. Günter Spitzbart (Darmstadt [2]1997).

Springer 1936 = Otto Springer, Die nordische Renaissance in Skandinavien (= Tübinger Germanist. Arbeiten 22; Stuttgart – Berlin 1936).

Spurkland 1987 = Terje Spurkland, Runologi – arkeologi, historie eller språkvitenskap. In: Norskrift 52 (1987), 46–58.

Spurkland 1995 = —, Kriteriene for datering av norske runesteiner fra vikingtid od tidlig middelalder. In: MoM 1995, 1–14.

Spurkland 2005 = Terje Spurkland, Norwegian Runes and Runic Inscriptions (Woodbridge 2005).
SR → G, Gs, M, Nä, Ög, Öl, Sm, Sö, U, Vg, Vr, Vs [+ Nr.].

Staecker 2016 = Jörn Staecker, Jelling. In: Wikinger! Katalog der Ausstellung Rosenheim 2016, ed. Michaela Helmbrecht (o.O. [Hamburg] 2016), 43–45.

Stausberg 2001 = Kontinuitäten und Brüche in der Religionsgeschichte. Festschr. Anders Hultgård, ed. Michael Stausberg et al. (= RGA-E 31; Berlin – New York 2001).

Steenholt Olesen 2013 = Rikke Steenholt Olesen, Runes about a Snow-White Woman: The Lund Gaming-Piece Revisited. In: Futhark 3 (2012 [2013]), 89–104.

Steinhauser 1968 = Walter Steinhauser, Die Wodansweihe von Nordendorf. In: ZfdA 97 (1968), 1–29.

Stephens 1901 = George Stephens, The Old-Northern Runic Monuments of Scandinavia and England. IV (London – Köbenhavn 1901).

Steuer 1998 = Heiko Steuer, Datierungsprobleme in der Archäologie. In: Düwel / Nowak 1998, 129–149.

Steuer 2017 → Steuer / Nugteren / Düwel 2017, 69–84. 99–109.

Steuer 2021 = Heiko Steuer, »Germanen« aus Sicht der Archäologie. Neue Thesen zu einem alten Thema. I–II (= RGA-E 125; Berlin – Boston 2021).

Steuer / Nugteren / Düwel 2017 = Heiko Steuer / Hans Nugteren / Klaus Düwel, Eine dreieckige Bronzeschale aus dem wikingerzeitlichen Haithabu mit einer Runeninschrift. Nach 50 Jahren neu gelesen. In: Zs. für Archäologie des Mittelalters 44 (2016 [2017]), 69–114.

Stifter 2020 = David Stifter, The early Celtic epigraphic evidence and early literacy in Germanic language. In: Nedoma / Nielsen 2020, 123–152.

Stiles 1995 = Patrick V. Stiles, Remarks on the ›Anglo-Frisian‹ Thesis. In: Friesische Studien. II, ed. Volkert F. Faltings et al. (= NOWELE, Suppl. 12; Odense 1995), 177–220.

Stille 2006 = Per Stille, Johannes Bureaus and the Runic Tradition. In: Bammesberger / Waxenberger 2006, 453–457.

Stoklund 1987 = Marie Stoklund, Runefund. In: AaNO 1986 (1987), 189–211.

Stoklund 1991 = —, Runesten, kronologi og samfundsrekonstruktion. Nogle kritiske overvejelser med udgangspunkt i runestenene i Mammenområdet. In: Mammen. Grav, kunst og samfund i vikingetid, ed. Mette Iversen (= Jysk Arkæologisk Selskabs Skrifter 28; Aarhus 1991), 285–297.

Stoklund 1993 = —, Runes and Runic Inscriptions: Denmark. In: Medieval Scandinavia. An Encyclopedia, ed. Phillip Pulsiano et al. (New York – London 1993), 552–553.

Stoklund 1994a = —,Von Thorsberg nach Haithabu. Ein Überblick über die dänischen Inschriften unter besonderer Berücksichtigung der möglichen Spuren von kulturellen und sprachlichen Kontakten nach außen. In: Düwel et al. 1994, 95–116.

Stoklund 1994b = —, Malt-stenen – en revurdering. In: Knirk 1994a, 179–202.

Stoklund 1995a = —, Neue Runeninschriften um etwa 200 n. Chr. aus Dänemark: Sprachliche Gliederung und archäologische Provenienz. Nordwestgermanisch, ed. Edith Marold / Christiane Zimmermann (= RGA-E 13; Berlin – New York 1995), 205–222.

Stoklund 1995b = —, Die Runen der römischen Kaiserzeit. In: Ulla Lund Hansen, Himlingøje – Seeland – Europa. Ein Gräberfeld der jüngeren römischen Kaiserzeit auf Seeland, seine Bedeutung und internationalen Beziehungen (= Nordiske Fortidsminder, Ser. B, 13; København 1995), 317–346.

Stoklund 1995c = —, Greenland Runes. Isolation or Cultural Contact? In: The Viking Age in Caithness, Orkney and the North Atlantic, ed. Colleen E. Batey et al. (Edinburgh 1995), 528–543.

Stoklund 1996 = —, The Ribe Cranium Inscription and the Scandinavian Transition to the Younger Reduced Futhark. In: Looijenga / Quak 1996, 199–209.

Stoklund 1997 = —, Futharken som nøgle til lønrunesystem på Schleswig-benstykke 5. In: Blandade Runstudier 2 (= Runrön 11; Uppsala 1997), 111–113.

Stoklund 1998= Marie Stoklund, Runestenen i Bjerring kirke. In: Nationalmuseets Arbejdsmark 1997 (1998), 56–64.

Stoklund 2001 = —, Die Inschriften von Ribe, Hedeby und Schleswig und die Bedeutung der Schwedenherrschaft. In: Düwel et al. 2001, 111–126.

Stoklund 2003a = —, Bornholmske runeamuletter. In: Heizmann / van Nahl 2003, 854-870.

Stoklund 2003b = —, Die ersten Runen – Die Schriftsprache der Germanen. In: Sieg und Triumph [sic]. Der Norden im Schatten des Römischen Reiches, ed. Lars Jørgensen et al. (o. O. [København] 2003), 172–179.

Stoklund 2006 = —, Chronology and Typology of the Danish Runic Inscriptions. In: Stoklund et al. 2006, 355–383.

Stoklund 2010 = —, The Danish Inscriptions of the Early Viking Age and the Transition to the Younger Futhark. In: Askedal et al. 2010, 237–252.

Stoklund / Düwel 2001 → Nielsen M. L. et al. 2001, 208–237.

Stoklund et al. 2006 = Runes and their Secrets. Studies in runology, ed. Marie Stoklund et al. (Copenhagen 2006).

Straubhaar et al. 2020 = Sandra Straubhaar / Douglas Simms / Collin Brown / Marc Pierce, The Ordering of the Futhark. In: ABäG 80 (2020), 255–269.

Strauch 2016 = Dieter Strauch, Mittelalterliches nordisches Recht bis 1500. Eine Quellenkunde (= RGA-E 73; Berlin – Boston ²2016).

Strid 2001 = Jan Paul Strid, On the runic personal names of the Schleswig loose finds. In: Düwel et al. 2001, 167–172.

SUGNL 39 = Yngvars saga víðfǫrla. Jämte ett bihang om Ingvarsinskrifterna, ed. Emil Olsen (= Samfund til Udgivelse af gammel nordisk Litteratur 39; København 1912). – Übs.: Die Saga von Yngvar dem Weitgereisten, tr. Rudolf Simek. In: Sagas aus der Vorzeit, ed. Rudolf Simek et al. III: Trollsagas (Stuttgart 2020), 359–388.

Sundqvist 1997 = Olof Sundqvist, Runology and history of religions. Some critical implications of the debate on the Stentoften inscription. In: Blandade runstudier. II (= Runrön 11; Uppsala 1997), 135–174.

Sundqvist 2009a = —, Urnordiska erilaʀ – en tidig kultledare i sydvästra Skandinavien. In: Järnålderns rituella platser, ed. Anne Carlie (Halmstad 2009), 299–316.

Sundqvist 2009b = —, The Hanging, the Nine Nights and the »Precious Knowledge«. In: Heizmann et al. 2009, 649–668.

Sundqvist 2015 = —, Contributions of the oldest runic inscriptions to the reconstruction of ancient Scandinavian religion. Some methodological reflections with reference to an example of the phenomenological category of »ritual specialists«. In: Grimm / Pesch 2015, 121–143.

Sundqvist / Hultgård 2004 = — / Anders Holtgård, The Lycophoric Names of the 6th and 7th Century. Blekinge Rune Stones and the Problem of their Ideological Background. In: Namenwelten. Orts- und Personennamen in historischer Sicht [quasi Festschr. Thorsten Andersson], ed. Astrid von Nahl et al. (= RGA-E 44; Berlin – New York 2004), 583–602.

Suzuki 2005 = Seiichi Suzuki, The Undley Bracteate Reconsidered: Archaeological, Linguistic and Runological Perspectives. In: Anglo-Saxon Studies in Archaeology and History 13 (2005), 31–49.

Svärdström 1936 = Elisabeth Svärdström, Johannes Bureus' arbeten om svenska runinskrifter (= KVHAA, Handlingar 42,3; Stockholm 1936).

Svärdström 1966 = —, Nyköpingsstaven och de medeltida kalenderrunorna (= KVHAA, Antikvariskt arkiv, 29; Stockholm 1966).

Svärdström 1971 = —, Tre föremål från Lödöse med runinskrifter på latin. In: Fv. 66 (1971), 255–269.

Svärdström 1972 = —, Svensk medeltidsrunologi. In: Rig 55 (1972), 77–97.

Svärdström 1978 → G.

Svärdström 1982 = Elisabeth Svärdström, Runfynden från Gamla Lödöse (= Lödöse – Västsvensk Medeltidsstad IV, 5; Stockholm 1982).

Svärdström 1993 = —, Runes and Runic Inscriptions: Sweden. In: Medieval Scandinavia. An Encyclopedia, ed. Phillip Pulsiano et al. (New York – London 1993), 554–555.

Swantesson 1998 = Jan O. H. Swantesson, Läsning av inskriptioner med hjälp av mikrokarteringsteknik. In: Dybdahl / Hagland 1998, 115–128.

Symons 2016 = Victoria Symons, Runes and Roman Letters in Anglo-Saxon Manuscripts (= RGA-E 99; Berlin – Boston 2016).

Tegtmeier 1991 = Ralph Tegtmeier, Zauber der Runen. Ein praktisches Arbeitsbuch der esoterischen Runenkunde (= Goldmann 11899; München 1991 u.ö.).

Theune-Großkopf 1997 = Barbara Theune-Großkopf, Der lange Weg zum Kirchhof. Wandel der germanischen Bestattungstradition. In: Die Alamannen. Begleitband zur Ausstellung »Die Alamannen«, Stuttgart, Zürich und Augsburg 1997–1998, red. Karlheinz Fuchs et al. (Stuttgart 1997), 471–480.

Theune-Großkopf / Nedoma 2008 = Barbara Theune-Großkopf / Robert Nedoma, Ein Holzstuhl mit Runeninschrift aus dem frühmittelalterlichen Gräberfeld von Trossingen, Lkr. Tuttlingen (Baden-Württemberg). Mit einem Exkurs: **Iguskaþi** auf dem Schemel von Wremen. In: Die Sprache 46 (2006 [2008]), 38–64.

Thews / Behrens 2009 = Stefanie Thews / Frank Behrens, Theorien zu merowingerzeitlichen Runeninschriften: Ritual und Mode. In: Dunkle Jahrhunderte in Mitteleuropa? Tagungsbeiträge der Arbeitsgemeinschaft Spätantike und Frühmittelalter, ed. Orsolya Heinrich-Tamáska et al. (= Studien zu Spätantike und Frühmittelalter 1; Hamburg 2009), 117–134.

Thoma 2021 = Sebastian Thoma, Unmännlichkeit in den Isländersagas. Zur narrativen Funktion von *ergi* und *níð* (= RGA-E 128; Berlin – Boston 2021).

Thompson 1975 = Claiborne W. Thompson, Studies in Upplandic Runography (Austin – London 1975).

Thompson 1981 = Proceedings of the First International Symposium on Runes and Runic Inscriptions, ed. Clairborne W. Thompson. In: Michigan Germanic Studies 7 (1981), 1–213.

Thöny 2017 = Luzius Thöny, The Chronology of Final Devoicing and the Change of *z to R in Proto-Norse. In: Futhark 7 (2016 [2017]), 47–62.

Thorgunn [i.e. Þórgunnur] → Snædal.

Thórhallur [i.e. Þórhallur] → Eythórsson.

Þórhallur → Þráinsson.

Thorsson 1984 = Edred Thorsson [alias Stephen E. Flowers], ᚠᚢᛏᚺᚨᚱᚲ [sic]. A Handbook of Rune Magic (York Beach 1984 u.ö.). – Dt. Übs.: Thorsson 1987.

Thorsson 1987 = —, Handbuch der Runen-Magie (Sauerlach 1987 u.ö.).

Þráinsson 1999 = Þórhallur Þráinsson, Traces of Colour. In: Runestones – a colourful memory, ed. Eija Lietoff (Uppsala 1999), 21–30.

Thunmark 1970 = Lena Thunmark, Spjutspetsen från Mos in ny belysning. In: Fv. 65 (1970), 231–235.

Thunmark 1971 = —, Spjutspetsen från Mos – ett tillägg. In: Fv. 66 (1971), 95–98.

Tibiletti Bruno 1967 = Maria Grazia Tibiletti Bruno, Rune in Lombardia. In: Rendiconti dell' Istituto Lombardo, Accademia di Scienze e Lettere, Classe di Lettere e Scienze Morali e Storiche 101 (1967), 39–80.

TIR = Thesaurus Inscriptionum Raeticarum, ed. Stefan Schumacher / Corinna Salomon / Sindy Kluge / Gudrun Bajc /Martin Braun (2013 ff.). Online: https://tir.univie.ac.at (Stand: 6.8.2023).

Tomescu 1994 = D[orina] Tomescu, Der Schatzfund von Pietroasa. In: Goldhelm, Schwert und Silberschätze. Reichtümer aus 6000 Jahren rumänischer Vergangenheit. Katalog der Ausstellung Frankfurt/Main 1994, ed. Jana Roth (Frankfurt/Main 1994), 230–235.

XIX.2. Alphabetisches Literaturverzeichnis   347

Trillmich 1961 = Magistri Adam Bremensis Gesta Hammaburgensis ecclesiae Pontificum, ed./tr. Werner Trillmich. In: Quellen des 9. und 11. Jahrhunderts zur Geschichte der Hamburgischen Kirche und des Reiches (= Ausgewählte Quellen zur deutschen Geschichte des Mittelalters. Freiherr vom Stein-Gedächtnisausgabe 11; Darmstadt 1961 u.ö.), 135–499.

Troeng 2003 = John Troeng, A Semitic origin of some runes. In: Fv. 98 (2003), 290–305.

Tronner et al. 2002 = Kate Tronner / Anders G. Nord / Helmer Gustavson, »... stenarna dessa, röda av runor ...«: undersökning av färgrester på bemålad sten från vikingatiden. In: Om runstenar i Jönköpings län, ed. Jan Agertz / Linnéa Varenius (Jönköping 2002), 197–210.

Tsitsiklis 2017 = Kieran R. M. Tsitsiklis, Der Thul in Text und Kontext. Þulr/Þyle in Edda und altenglischer Literatur (= RGA-E 98; Berlin – Boston 2017).

Tveito 2005 = Olav Tveito, ›Bannstrålen‹ frå Vinje. Om runeristarne Sigurd Jarlsson og Hallvard Grenske. In: Telemark Historie 26 (2005), 110–125.

U [+ Nr.] = Elias Wessén / Sven B. F. Jansson, Upplands Runinskrifter. I–IV (= SR 6–9; Stockholm 1940–1958).

Untermann 1978 = Jürgen Untermann, Veneti. In: Paulys Realencyclopädie der classischen Altertumswissenschaft, ed. Georg Wissowa et al. Suppl. XV (Stuttgart 1978), 855–898.

V- [+ Sigle] = G[iovanni] B[attista] Pellegrini / A[ldo] L[uigi] Prosdocimi, La lingua venetica. I: Le iscrizioni (Padova 1967).

Vavřík et al. 2020 = Daniel Vavřík / Konrad Knauber / Daniela Urbanová / Ivana Kumpová / Kateřina Blažková / Zdeněk Šámal, Unveiling magic from the middle ages: tomographic reading of a folded lead amulet from Dřevíč fortress (Czech Republic). In: Archaeological and Anthropological Sciences 12 (2020), Nr. 12. Online: https://doi.org/10.1007/s12520-019-00976-4 (Stand: 6.8.2023).

Vennemann 2006 = Theo Vennemann gen. Nierfeld, Germanische Runen und phönizisches Alphabet. In: Sprachwissenschaft 31 (2006), 367–429. – Wieder in: Th. V. gen. N., Germanica Semitica, ed. Patrizia Noel Aziz Hanna (= Trends in Linguistics, Studies and Monographs 259; Berlin – Boston 2012), 529–590.

Vennemann 2011 = —, Griechisch, lateinisch, etruskisch, karthagisch? Zur Herkunft der Runen. In: LautSchriftSprache. Beiträge zur vergleichenden historischen Grammatik, ed. Elvira Glaser et al. (= MMM 15; Zürich 2011), 47–81.

Vennemann 2015 = —, Origins of runic writing: A comparison of theories. In: The Linguistic Roots of Europe. ed. Robert Mailhammer / Theo Vennemann gen. Nierfeld / Birgit Anette Olsen (= Copenhagen Studies in Indo-European 6; Copenhagen 2015), 291–337.

Versloot 2014 = Arjen P. Versloot, The Runic Frisian vowel system: The earliest history of Frisian and Proto-Insular North Frisian. In: ABäG 72 (2014), 35–62.

Versloot 2016 = —, Unstressed vowels in Runic Frisian. The history of Frisian in the light of the Germanic ›Auslautgesetze‹. In: Us Wurk 65 (2016), 1–39.

Versloot 2019 = —, Reduction of unstressed vowels in Proto-Frisian and the Germanic ›Auslautgesetze‹. In: NOWELE 72 (2019), 78–98.

Vg [+ Nr.] = Hugo Jungner / Elisabeth Svärdström, Västergötlands Runinskrifter (= SR 5; Stockholm 1940–1970).

Vǫlsa þáttr → Heizmann 2021a. – Übs.: Edda, tr. Felix Genzmer. II: Götterdichtung und Spruchdichtung (= Thule 2; Jena 1920 u.ö., repr. Düsseldorf – Köln 1963), 185–187.

Vr [+ Nr.] = Sven B. F. Jansson, Värmlands Runinskrifter (= SR 14,2; Stockholm 1978).

Vs [+ Nr.] = Sven B. F. Jansson, Västmanlands Runinskrifter (= SR 13; Stockholm 1964).

Wagner 1994 = Norbert Wagner, Zu den Gotica der Salzburg-Wiener Alcuin-Handschrift. In: Histor. Sprachforschung 107 (1994), 262–283.

Wagner 1995 = —, Zu den Runeninschriften von Pforzen und Nordendorf. In: Histor. Sprachforschung 108 (1995), 104–112.

Wahlgren 1958 = Erik Wahlgren, The Kensington Stone: a mystery solved (Madison 1958).

Waldispühl 2013 = Michelle Waldispühl, Schreibpraktiken und Schriftwissen in südgermanischen Runeninschriften. Zur Funktionalität epigraphischer Schriftverwendung (= MMM 26; Zürich 2013).

Waldispühl 2020 = —, Roman and Runic in the Anglo-Saxon Inscriptions at Monte Sant' Angelo: A Sociolinguistic Approach. In: Futhark 9–10 (2018–2019 [2020]), 135–158.

Wamers 2000a = Egon Wamers, Zur Funktion des Gandersheimer Runenkästchens. In: Marth 2000, 73–82.

Wamers 2000b = —, ... ok Dani gærði kristna ... Der große Jellingstein im Spiegel ottonischer Kunst. In: FMSt 34 (2000), 132–158.

Wamers 2001 = —, Der Runenreif aus Aalen. Mit Beiträgen von Birgit Arrhenius, Klaus Düwel und Robert Nedoma (= Archäolog. Reihe 17; Frankfurt/Main 2000 [2001]).

Waxenberger 2003 = Gaby Waxenberger, The Intriguing Inscription of the Gandersheim Runic Casket Revisited. In: Bookmarks from the Past. Festschr. Helmut Gneuss, ed. Lucia Kornexl / Ursula Lenker (= Münchener Universitätsschriften 30; Frankfurt/Main etc. 2003), 143–176.

Waxenberger 2011 = —, The Old English Runic Inscription of the Whitby Comb and Modern Technology. In: AbäG 67 (2011), 69–77.

Waxenberger 2018 = —, All Good Things Come in Threes: The Three Sequences on the Undley Bracteate. In: Worte über Worte. Festschr. Ronneberger-Sibold, ed. Kerstin Kazzazi et al. (Tübingen 2018), 491–533.

Waxenberger 2019 = —, Absolute chronology of early sound changes reflected in Pre-Old English runic inscriptions. In: NOWELE 72 (2019), 60–77.

Waxenberger 2021 = —, The Runes c *čēn* ᚳ and g *ġ(i)efu* ᚷ and their Velar Counterparts in the OE *fuþorc* and Pre-*fuþorc*. In: Wege zur Konfiguration der Zeichen-Phonem-Beziehung, ed. Alessia Bauer / Gaby Waxenberger (= LautSchriftSprache 3; Wiesbaden 2021), 185–204.

Weber 1972 = Gerd Wolfgang Weber, Das Odinsbild des Altunasteins. In: PBB 94 (1972), 323–334.

Weber 1973 = —, Odins Wagen. Reflexe altnordischen Totenglaubens in literarischen und bildlichen Zeugnissen der Wikingerzeit. In: FMSt 7 (1973), 88–99.

Weber et al. 1994 = Biblia sacra iuxta Vulgatam versionem, ed. Robert Weber / Roger Gryson et al. (Stuttgart ⁴1994).

Webster 2012 = Leslie Webster, The Franks Casket (London 2012).

Wellert 1995 = Karl Wilhelm Wellert, Fragen Sie die Runen! Psychologische Hilfe für Alltag und Persönlichkeitsentwicklung (Genf – München 1995 u.ö.).

Werner / Krause 1935 = Joachim Werner / Wolfgang Krause, Die Runenfibel von Bad Ems, Hessen-Nassau. In: Germania 19 (1935), 329–333. – Wieder in: Krause 2014, 140–145.

Werner 1990 = —, Die Beinschnalle des Leodobodus. In: Kölner Jb. für Vor- und Frühgeschichte 23 (1990), 273–288.

Wessén 1957 = Elias Wessén, Om vikingatidens runor (= KVHAA, Filolog. arkiv 6; Stockholm 1957).

Wessén 1958 = —, Runstenen vid Röks kyrka (= KVHAA, Handlingar, Filolog.-filosof. ser., 5; Stockholm 1958).

Wessén 1976 = —, Rökstenen ännu en gång. Tillika ett svar till professor Höfler. In: ANF 91 (1976), 42–50.

Westlund 1989 = Börje Westlund, Kvinneby – en runinskrift med hittills okända gudanamn? In: Studia anthroponymica Scandinavica 7 (1989), 25–52.

Wicker 2006 = Nancy L. Wicker, Bracteate Inscriptions through the Looking Glass: A Microscopic View of Manufacturing Techniques. In: Stoklund et al. 2006, 415–436.

Wicker 2015 = —, Bracteate Inscriptions and Context Analysis in the Light of Alternatives to Hauck's Iconographic Interpretations. In: Futhark 5 (2014 [2015]), 25–43.

Wicker / Williams 2013 = Nancy L. Wicker / Henrik Williams, Bracteates and Runes. [Rez. Heizmann / Axboe 2011]. In: Futhark 3 (2012 [2013]), 151–213.

Widmark 1993 = Gun Widmark, Varför ristade Varin runor? Tankar kring Rökstenen. In: SoS 1992 [1993], 25–44.

Widmark 1997 = —, Tolkningen som social konstruktion. Rökstenens inskrift. In: Nyström 1997, 165–175.

Williams 1990 = Henrik Williams, Åsrunan. Användning och ljudvärde i runsvenska steninskrifter (= Runrön 3; Uppsala 1990),

Williams 1996a = —, Runjämtskan på Frösöstenen och Östmans bro. In: Brink 1996b, 45–63.

Williams 1996b = —, Vad säger runstenarna om Sveriges kristnande? In: Nilsson 1996, 45–83.

Williams 1996c = —, Runstenstexternas teologi. In: Nilsson 1996, 291–312.

Williams 1996d = —, The Origin of the Runes. In: Looijenga / Quak 1996, 211–218.

Williams 1997 = —, The Romans and the Runes – uses of writing in Germania. In: Nyström 1997, 179–194.

Williams 2010 = —, Personal names on rune stones as a source for the reconstruction of lost words. In: Probleme der Rekonstruktion untergegangener Wörter aus alten Eigennamen, ed. Lennart Elmevik / Svante Strandberg (= Acta academiae regiae Gustavi Adolphi 112; Uppsala 2010), 195–205.

Williams 2011 = —, Read What's There: Interpreting Runestone Inscriptions. In: Futhark 1 (2010 [2011]), 27–39.

Williams 2012 = —, »Dead in White Clothes«: Modes of Christian Expression on Viking Age Rune Stones in Present-Day Sweden. In: Epigraphic Literacy and Christian Identity. Modes of Written Discourse in the Newly Christian European North, ed. Kristel Zilmer / Judith Jesch (= Utrecht Studies in Medieval Literacy 4; Turnhout 2012), 137–152.

Williams 2013 → Wicker / Williams 2013, 183–207.

Williams 2014 = —, Runstenarnas sociala dimension. In: Futhark 4 (2013 [2014]), 61–76.

Williams 2016 = —, Kyrklig norm huggen i sten: runstenarnas trosbekännelse. In: Kyrklig rätt och kyrklig orätt – kyrkorättsliga perspektiv. Festschr. Bertil Nilsson, ed. Martin Berntson / Anna Minara Ciardi (= Bibliotheca theologiae practicae 9; Skellefteå 2016), 27–40.

Williams 2021 = —, Rökstenen och världens undergång (o. O. [Stockholm] 2021).

Williams / Bianchi 2022 → Williams / Bianchi / Zimmermann 2022, 117–129.

Williams / Bianchi / Zimmermann 2022 = — / Marco Bianchi / Christiane Zimmermann, Corpus Editions of Runic Inscriptions in Supranational Databases. In: Futhark 12 (2021 [2022]), 117–135.

Wimmer 1874 = Ludv[ig] F. A. Wimmer, Runeskriftens Oprindelse og Udvikling i Norden. In: AaNO [9] (1874), 1–270.

Wimmer 1887 = —, Die Runenschrift (Berlin 1887).

Wimmer 1893–1895 = —, De danske Runemindesmærker. I,2: De historiske Runemindesmærker (København 1893–1895).

Winroth 2012 = Anders Winroth, The Conversion of Scandinavia: Vikings, Merchants, and Missionaries in the Remaking of Northern Europe (New Haven – London 2012).

Wirth 1931–1936 = Herman Wirth, Die heilige Urschrift der Menschheit. Symbolgeschichtliche Untersuchungen diesseits und jenseits des Nordatlantik. I–II (Leipzig 1931–1936 u.ö.).

Wirth 1934 = —, Der Aufgang der Menschheit. Untersuchungen zur Geschichte der Religion, Symbolik und Schrift der atlantisch-nordischen Rasse (Jena o. J. [²1934]).

Wißmann 1975 = Wilhelm Wißmann, Die altnordischen und westgermanischen Nomina postverbalia (Heidelberg 1975).

Wolfram 1990 = Herwig Wolfram, Die Goten. Von den Anfängen bis zur Mitte des sechsten Jahrhunderts. Entwurf einer historischen Ethnographie (München ³1990).

Worm 1636 / ^{2}1651 = Ole Worm, ᚱᚢᚾᛁᛦ Seu Danica literatura antiquissima, Vulgò Gothica dicta luci reddita (Hafnia [i.e. Kopenhagen] 1636, ^{2}1651). – Auch online: http://data.onb.ac.at/rep/10AE9B95 (1636), https://mdz-nbn-resolving.de/bsb10867609 (^{2}1651; Stand: 6.8.2023).

Worm 1643 = —, Danicorum monumentorum Libri Sex: E Spissis antiquitatum tenebris et in Dania ac Norvegia extantibus ruderibus (Hafnia [i.e. Kopenhagen] 1643). – Auch online: https://mdz-nbn-resolving.de/bsb10800415 (Stand: 6.8.2023).

Wulf 1989 = Fred Wulf, **Goðr** in Runeninschriften Götalands. In: Altnordistik – Vielfalt und Einheit. Gedenkschr. Walter Baetke, ed. Ernst Walter / Hartmut Mittelstädt (Weimar 1989), 109–118.

Wulf 1994 = —, Runenmeisternamen. In: Knirk 1994a, 31–43.

Wulf 1997a = —, »Hann drunknaði ...« in wikingerzeitlichen Runeninschriften. In: Blandade runstudier. II (= Runrön 11; Uppsala 1997), 175–183.

Wulf 1997b = —, Der Name des zweiten Sohnes in der Fjuckby-Inschrift. Ebd., 185–199.

Wulf 2003 = —, Runenverse und Runenritzer. In: Heizmann / van Nahl 2003, 969–1006.

Zavaroni 2005 = Adolfo Zavaroni, Gli alfabetari camuni. In Res Antiquae 2 (2005), 363–380.

Ziegler 1994 = Sabine Ziegler, Die Sprache der altirischen Ogam-Inschriften (= Histor. Sprachforschung, Ergänzungsheft 36; Göttingen 1994).

Zilmer 2005 = Kristel Zilmer, ›He drowned in Holmr's Sea – his cargo-ship drifted to the sea-bottom, only three came out alive‹. Records and representations of Baltic traffic in the Viking Age and the early Middle Ages in early nordic sources (= Dissertationes philologiae Scandinavicae universitatis Tartuensis 1 = Nordistica Tartuensia 12; Tartu 2005).

Zilmer 2006 = —, Christian Runic Inscriptions in a Dynamic Context. In: Stoklund et al. 2006, 437–453.

Zilmer 2014 = —, Christian Prayers and Invocations in Scandinavian Runic Inscriptions from the Viking Age and Middle Ages. In: Futhark 4 (2013 [2014]), 129–171.

Zilmer 2016 = —, Words in Wood and Stone: Uses of Runic Writing in Medieval Norwegian Churches. In: Viking and Medieval Scandinavia 12 (2016), 199–227.

Zilmer 2020a = —, Runic sticks and other inscribed objects from medieval Bergen: Challenges and possibilities. In: MoM 112,1 (2020), 65–101.

Zilmer 2020b = —, Survey of medieval inscribed objects from Bergen: Items other than wooden sticks or pieces of wood. In: MoM 112,1 (2020). Nur online: http://ojs.novus.no/index.php/MOM/article/view/1805/1789 (Stand: 6.8.2023).

Zilmer / Vasshus 2023 = — / Krister Vasshus, Runic Fragments from the Svingerud Grave Field in Norway – Earliest Datable Evidence of Runic Writing on Stone. In: NOWELE 76,2 (2023); im Druck.

Zimmer 1895 = H[einrich] Zimmer, Keltische Studien. XIII: Ein altirischer Zauberspruch aus der Vikingerzeit. In: Zs. für vergleichende Sprachforschung 33 (1895), 141–153.

Zimmermann 2022 → Williams / Bianchi / Zimmermann 2022, 129–135.

Zinser 2009 = Hartmut Zinser, Esoterik. Eine Einführung (München 2009).

Züchner 2006 = Christian Züchner, Überlegungen zum Alter der Felsbilder im Kleinen Schulerloch. In: Bammesberger / Waxenberger 2006, 380–384.

XX. Abbildungen

© Springer-Verlag GmbH Deutschland, ein Teil von Springer Nature 2023
K. Düwel und R. Nedoma, *Runenkunde*,
https://doi.org/10.1007/978-3-476-04630-7

XXI. Konkordanz für Runeninschriften im älteren Fuþark (nach Fundorten)

Hinweise: 1. Für die alphabetische Reihung sind diakritische Zeichen nicht berücksichtigt: *ä* und *å* werden sonach als *a* verbucht, *ö* und *ø* als *o*, *ü* als *u* etc. Ferner gelten *æ* als *ae*, *ř* als *r* sowie *þ* als *th*. – 2. Runenobjekte sind unmarkiert (Aalen), (vermutliche) Fälschungen und Nachahmungen sind mit Asterisk versehen (*Rubring). – 3. Die Siglen der Editionen sind im Alphabetischen Literaturverzeichnis (S. 299 ff.) aufgelöst; die Zahlen verweisen auf die Nummern. Hier nicht verbuchte Inschriften haben noch in keine gedruckte Edition Eingang gefunden, sind jedoch über Internet-Datenbanken (z.B. *RuneS*, *Runor*) zu eruieren. Nach 2010 gefundene und nur in Einzelpublikationen bekanntgemachte Brakteateninschriften sind durch mit Asterisk versehene IK-Nummern gekennzeichnet. – 4. Abkürzungen: A = Anmerkung, Br. = Brakteat.

	RäF	DR	SR	NIæR	ERF I	SG	OG	IK
Aalen						1		
Aquincum	7					2		
Års (II)-C	108	Br. 29						8
Årstad	58			15				
Aschheim I, Fibel						6		
Aschheim II, Fibel						7		
Aschheim III, Fibel						8		
Åsum	131	Br. 64						11
Austad	127 A			48				214
Bad Ems	142				12	9		
Bad Krozingen						10		
Berga	86		Sö 24					
Bergakker							8	
Beuchte	8					12		
Bezenye	166				27–28	13		
Björketorp	97	360						
Bjørnerud-A	103 A1			36				24
Bø	78			16				
Bolbro (II)-C		Br. 39						31[,1]
Bopfingen II, Fibel						16		
Bopfingen III, Fingerring						17		
Börringe-C	110	Br. 63						26
Bratsberg, Fibel	16							
Břeclav						139		
Breza	5				8	19		
Charnay	6				11		9	
Chéhéry						21		

© Springer-Verlag GmbH Deutschland, ein Teil von Springer Nature 2023
K. Düwel und R. Nedoma, *Runenkunde*,
https://doi.org/10.1007/978-3-476-04630-7

	RäF	DR	SR	NIæR	ERF I	SG	OG	IK
Dahmsdorf	32				1		2	
Darum (I)-B	117	Br. 9						42
Darum (V)-C	104	Br. 13						43
Djupbrunns-C	103 A1		G 205					44
Donzdorf						25		
Eggja	101			55				
Eichstetten						26		
Eikeland	17a							
Einang	63			5				
Elgg						27		
Elgesem	57			7				
Eskatorp-F	128	Br. 74						241,1
Etelhem	14		G 98					
Fjärestad-C / Gantofta								55
Fløksand	37			51				
Førde	49			24				
Frei-Laubersheim	144				15	34		
Frienstedt						36		
Fünen (I)-C	119	Br. 42						58
Gadegård-C								578
Gallehus	43	11–12						
Garbølle/Stenmagle	30							
Gårdlösa	12							
Geltorf (II)-A		Br. 2						255
Griesheim						44		
Grumpan-C	3		Vg 207					260
Gudme II-B								51,3
Gudme II-C								392
Gummarp	95	358						
Gurfiles-C	116		G 121					264
Győr-Ménfőczanak							7	
Hailfingen I, Sax	159				18	47		
Halsskov Overdrev-C	130 A	Br. 56						70
Heide-B	103 A1							74
Herbrechtingen	154				22	52		
Himlingøje I, Fibel	9	232						
Himlingøje II, Fibel	10							
Himmelstalund	54							
Hitsum-A								76
Højstrup Strand-C	116	Br. 49						83

	RäF	DR	SR	NIæR	ERF I	SG	OG	IK
Holvsbakke-C								*678
Hüfingen I, Kleinbrakteat						54		
Hüfingen II, Kleinbrakteat						55		
Ichtratzheim						57		
Illerup, Schildfessel III						36$^{\text{add.}}$		
Istaby	98	359						
Järsberg	70		Vr 1					
Kårstad	53							
Killerup-B		Br. 35						51,2
Kinneved	52		Vg 134					
Kjellers Mose-C								290
Kjølevik	75			19				
Kläggeröd-C	103	Br. 63a						97
(*)Kleines Schulerloch	150					65		
Kongsvad Å-A (›Fakse‹)	122	Br. 48						101
(*)Körlin, Ring	46							
Kovel'	33				2		1	
Kragehul I, Lanzenschaft	27	196						
Kragehul II, Messerschaft	28	195						
Krefeld-Gellep						66		
Krogsta	100		U 1125					
Kylver	1		G 88					
Lauchheim I, Fibel						68		
Lauchheim IV, Fibel						71		
Lellinge Kohave-B	121	Br. 55						105
Letcani							5	
Liebenau	139					72		
Lindholmen	29	261						
Lindkær-C	4							110
Maglemose (III)-C	119 A	Br. 54						300
Mannheim-Seckenheim						75		
*Maria Saal						76		
Mayen (›Engers‹)	143				13	77		
Möjbro	99		U 877					
Mos	34		G 269				4	
München-Aubing I, Fibel						82		
Næsbjerg	13							
Nebenstedt (I)-B	133							128
Neudingen I, Holzstab						85		
Niederstotzingen						87		

	RäF	DR	SR	NIæR	ERF I	SG	OG	IK
Noleby	67		Vg 63					
Nordendorf I, Fibel	151				24	88		
Nordhuglo	65		49					
Norwegen(?)-B	124		42					131
Nøvling (Lundegårde)	13a							
Nydam, Pfeilschäfte	19	13						
Ølst-C	123	Br. 25						135
Osthofen	145				26	95		
Overhornbæk II-A	129	Br. 21						312,1
Overhornbæk III-A	4	Br. 22						140
Øvre Stabu	31		34					
Peigen						96		
Pforzen I, Schnalle						97		
Pforzen II, Ring						98		
Pietroasele (Pietroassa)	41				4		6	
Pleidelsheim						99		
Raum Køge-C (›Seeland‹)	127	Br. 61						98
Raum Mariedam-C	2		Nä 10					377,2
Raum Sønderby-C	132	Br. 45						340
Raum Tønder-B		Br. 4						353
Raum Trollhättan-A	130		Vg 228					189
Raum Vadstena-C	2		Ög 178					377,1
Raum Vendsyssel(?)-A								312,2
Rävsal	80							
Roes	102		G 40					
Rosseland	69							
Rozwadów	35				41		3	
*Rubring						101		
Schonen (I)-B	120	Br. 67						149,1
Schonen (II)-C	4 A2	Br. 68						153
Schonen (III)-C	125	Br. 69						152
Schretzheim II, Kapsel	157				29	105		
Schretzheim IV, Schwert						107		
Selvik-A	103 A2			18				331
Sievern-A	134							156
Skåäng	85		Sö 32					
Skodborghus-B	105	Br. 8						161
Skonager (III)-C	118	Br. 16						163
Skrydstrup-B	109	Br. 6						166
Slangerup-C	103	Br. 59						78

	RäF	DR	SR	NIæR	ERF I	SG	OG	IK
Slipshavn-B								394
Småland(?)-C								339
Soest	140				30	109		
Sønder Rind-B	135	Br. 23						341
Stavnsager-D								649
Steindorf	158				31	111		
Stentoften	96	357						
Strand	18							
Strøm	50			52				
Szabadbattyán	167				32	113		
Thorsberg I, Ortband	20	7						
Thorsberg II, Schildbuckel	21	8						
Tirup Heide-C	106	Br. 71						352
Tjurkö (I)-C	136	Br. 75						184
Tjurkö (II)-C	125	Br. 76						185
Trollhättan (II)-C								*639
Trossingen I, Fibeln	163					118		
Trossingen III, Holzstuhl						120		
Tune	72			1				
UFo-B								149,2
UFo ›Berlin‹, Mundblech						122		
UFo-C	107 A2	Br. 81						199
UFo Odermündung(?)-C								600
Uppåkra-C								591
Værløse	11							
Valsfjord	55			28				
Väsby-F	128	Br. 66						241,2
Vimose I, Ortband	22	205						
Vimose II, Beschlag	23	207a						
Vimose III, Schnalle	24							
Vimose IV, Hobel	25	206						
Vimose V, Kamm	26	207						
Vindelev I-C								*31,2
Vindelev II-A								*731
Vindelev III-A								*735
Vindelev IV-C								*737
Vindelev V-C								*738
Vindelev VI-C								*739
Weimar I, Fibeln	147				33–34	125		
Weimar II, Schieber	148				35	126		

	RäF	DR	SR	NIæR	ERF I	SG	OG	IK
Weimar III, Perle	149				36	127		
Weingarten I, Fibel	164					128		
Weingarten II, Fibel	164					129		
Welbeck Hill-(?)								388
Weser (Brake)						134		
Wremen						135		
Wurmlingen	162					136		

XXII. Register

XXII.1. Fundorte

Hinweise: 1. Für die alphabetische Reihung sind diakritische Zeichen nicht berücksichtigt: *ä* und *å* werden als *a* verbucht, *ö* und *ø* als *o*, *ü* als *u* etc. Ferner gelten *æ* als *ae*, *ř* als *r* und *þ* als *th*. – 2. Runenobjekte erscheinen in Kapitälchen (AALEN), (vermutliche) Fälschungen und Nachahmungen sind mit Asterisk (*IJSEL) versehen, Gegenstände aus anderen epigraphischen Korpora und Schriftimitationen sind mit Kreuz gekennzeichnet (ˣBÖRNICKE). – 3. Verschiedene Runengegenstände von demselben Fundort werden – mit Ausnahme der drei Sammeleinträge für die Objekte aus Bergen, Lödöse und dem Maeshowe-Tumulus – einzeln verbucht.

© Springer-Verlag GmbH Deutschland, ein Teil von Springer Nature 2023
K. Düwel und R. Nedoma, *Runenkunde*,
https://doi.org/10.1007/978-3-476-04630-7

XXII.2. Sachen

Hinweis: Für die alphabetische Reihung sind diakritische Zeichen nicht berücksichtigt: *ä* und *å* werden als *a* verbucht, *ö*, *ø* und *ǫ* als *o*, *ü* als *u* etc. Ferner gelten *æ* als *ae*, *ð* als *d* und *þ* als *th*.